雅众
elegance

智性阅读
诗意创造

LEONARD COHEN
ON LEONARD COHEN

再次远行：莱昂纳德·科恩访谈录

[美]杰夫·伯格 编　　韩晓蕾 译

北京联合出版公司
Beijing United Publishing Co.,Ltd.

雅众文化　出品

献给玛德琳

目 录

代序 | 苏珊·薇格   1

序 | 杰夫·伯格   3

第一部分：60 年代和 70 年代

电视访谈 | 阿德里安娜·克拉克森
    1966 年 5 月 23 日，《观点三十分》，加拿大广播公司   13

毁灭之后，是重生 | 桑德拉·迪瓦
    1967 年 2 月 3 日，《尤比西报》（加拿大温哥华）   20

女士们先生们，有请莱昂纳德·科恩 | 杰克·哈弗坎普
    1970 年末采访，1971 年 2 月 4 日刊登于《滚石》   29

莱昂纳德·科恩著名的最后访谈
（这位诗人最后的访谈，他希望如此） | 保罗·萨尔茨曼
    1972 年 6 月，《麦克林》（加拿大）   40

科恩后悔了 | 阿利斯泰尔·皮里
    1973 年 3 月采访，1973 年 3 月 10 日刊登于《新音乐快递》（英国）   56

莱昂纳德·科恩 | 帕特里克·哈布伦
    1973 年夏采访，1973 年 12 月刊登于《甲壳虫》（加拿大）   61

令人沮丧？谁？我？ ｜ 史蒂夫·特纳

　　1974 年 6 月 29 日，《新音乐快递》（英国）　　　　　　　　　67

采访 ｜ 罗宾·派克

　　1974 年 9 月 15 日采访，1974 年 10 月刊登于《之字形》（英国）　　74

访谈 ｜ 霍尔迪·塞拉·依·法布拉

　　1974 年 10 月 12 日至 14 日采访，收录于 1978 年出版的
　　《莱昂纳德·科恩》（西班牙）　　　　　　　　　　　　　　92

莱昂纳德·科恩：拾荒产业中的浪漫主义者 ｜ 保罗·威廉斯

　　1975 年 3 月，《龙虾！》（美国）　　　　　　　　　　　　99

为粉丝和利益而煎熬：莱昂纳德·科恩的回归 ｜ 米克·布朗

　　1976 年 5 月 24 日采访，1976 年 7 月 3 日刊登于《声音》（英国）　117

莱昂纳德的近况：一次与莱昂纳德的对话 ｜ 比尔·康拉德

　　1976 年秋采访，2012 年 5 月 7 日刊登于 NoDepression.com　　126

莱昂纳德与神秘的 M 先生之间鲜为人知的事件 ｜ 布鲁斯·波洛克

　　1976 末采访，1977 年 2 月刊登于《天黑之后》（美国）　　　131

菲尔·斯佩克特与莱昂纳德·科恩相遇时发生了什么？ ｜ 哈维·库布尼克

　　1978 年 1 月，《洛杉矶留声机》（洛杉矶）　　　　　　　　138

第二部分：80 年代

电视采访 ｜ 帕特里克·沃森

　　1980 年 2 月 1 日及 2 月 8 日采访，《作家》，加拿大广播公司　　147

与莱昂纳德·科恩的一次对话 ｜ 史蒂夫·文莱特

　　1983 年 5 月采访，1983 年 8 月刊登于《阴影》（多伦多）　　164

电台采访 | 薇琪·加贝罗
1984 年 5 月采访，1984 年 9 月 6 日在《多彩今夜》播出，
加拿大广播公司电台　　172

采访 | 罗伯特·斯沃德
1984 年 12 月采访，1986 年 12 月刊登于《马拉哈特评论》（加拿大）　191

采访 | 克里斯汀·麦肯纳
1985 年 1 月采访，2001 年刊登于《变化之书》（美国）　201

电视采访 | 雷·马丁
1985 年 5 月 24 日，《雷·马丁午间秀》，九号电视网（澳大利亚悉尼）　205

莱昂纳德·科恩的音乐与思考 | 罗伯特·奥布莱恩
1987 年 1 月采访，1987 年 9 月刊登于《摇滚比尔》（美国）　212

莱恩 | 乔恩·王尔德
1987 年 12 月采访，1988 年 2 月刊登于《闪电》（英国）　217

采访 | 克里斯汀·麦肯纳
1988 年 3 月采访，1988 年 5 月 6 日刊登于《洛杉矶周刊》（洛杉矶）　230

莱昂纳德·科恩：厄运的馈赠 | 史蒂夫·特纳
1988 年 4 月，《Q》（英国）　236

我是你的男人 | 阿尔贝托·曼萨诺
1988 年 5 月，《缤纷摇滚》（西班牙）　245

与莱昂纳德共进晚餐 | 伊丽莎白·博莱曼-赫林
1988 年 6 月 18 日采访，1988 年 9 月刊登于《雅典人》（希腊雅典）　258

电台采访 | 汤姆·施纳贝尔
1988 年 7 月 13 日，《包罗万象的清晨》，KCRW-FM（加利福尼亚圣莫尼卡）271

电台采访 | 克里斯汀·麦肯纳
1988 年 10 月，《献给哈利的八小时》，KCRW-FM（加利福尼亚圣莫尼卡）276

第三部分：90 年代

莱昂纳德·科恩和"酷"之死 | 黛博拉·斯普拉格
　　1991 年 11 月采访，1992 年春刊登于《你的肉体》（美国）　　287

烟雾弥漫的生活 | 珍妮·庞特
　　1992 年 1 月，《音乐快报》（北美）　　298

莱昂纳德·科恩：走入歌之塔 | 保罗·佐罗
　　1992 年 2 月采访，1993 年 4 月刊登于《歌论》（美国）　　304

电视采访 | 芭芭拉·高迪
　　1992 年 11 月 19 日，安大略电视台（加拿大安大略）　　338

坚忍的民谣歌手和他的孤独 | 韦恩·罗宾斯
　　1992 年 11 月 22 日，《新闻日》（纽约长岛）　　348

在热情中老去 | 艾伦·杰克逊
　　1992 年 11 月 22 日，《观察者报》（伦敦）　　353

莱昂纳德·科恩：摇滚界的拜伦 | 凯伦·舒默
　　1992 年 11 月 29 日，《纽约时报》（纽约）　　357

未来 | 阿尔贝托·曼萨诺
　　1993 年 5 月采访，刊登于《欧洲人》（西班牙）1993 年春季刊　　366

电台采访 | 文·谢尔萨
　　1993 年 6 月 13 日，《白痴的快乐》，WXRK-FM（纽约）　　387

凝视深渊的爱之先知：和莱昂纳德·科恩的一次对话 | 汤姆·尤雷克
　　1993 年 8 月 18 日，《大都会时报》（底特律）　　414

"我是那个写《圣经》的小犹太人" | 亚瑟·库日韦尔
　　1993 年 11 月 23 日采访，1994 年 1 月刊登于《犹太书讯》（美国）　　422

电台采访 ┃ 克里斯·杜里达斯

1993 年 12 月，《包罗万象的清晨》，KCRW-FM（加利福尼亚圣莫尼卡）　448

采访 ┃ 理查德·吉利亚特

1993 年 12 月 12 日，《星期日泰晤士报杂志》（伦敦）　455

电视采访 ┃ 斯蒂娜·伦德伯格·达布罗夫斯基

1997 年 9 月，瑞典国家电视台（斯堪的纳维亚）　466

电视采访 ┃ 瓦莱丽·普林格

1997 年 10 月 28 日，W5，CTV 电视网（加拿大）　483

第四部分：新千年

电视采访 ┃ 斯蒂娜·伦德伯格·达布罗夫斯基

2001 年初，瑞典国家电视台（斯堪的纳维亚）　493

终开笑颜：告别禅修生活，诗人携新专辑和阳光心情回归 ┃ j. 珀伊特

2001 年 11 月，《脉动！》（美国）　535

流亡大街 ┃ 布莱特·格兰杰

2001 年 11 月，《榆树街》（加拿大）　540

情欲与失败之王子 ┃ 约翰·利兰德

2001 年 11 月，《GQ》（美国）　548

仁慈的兄弟 ┃ 米卡尔·吉尔摩

2001 年末采访，2002 年 3 月刊登于《旋转》（美国）　558

电台采访 ┃ 希拉·罗杰斯

2006 年 2 月 7 日，《非常加拿大》，CBC（加拿大）　571

情圣的生活 ┃ 莎拉·汉普森

2007 年 5 月 26 日，《环球邮报》（加拿大）　580

他是你的男人 | 吉莉安·G.加尔

　2007 年 6 月，《竖琴》（美国）　　　　　　　　　　　　　　　　　　592

科恩去迪伦的演唱会时戴着耳塞？ | 布莱恩·D.约翰逊

　2008 年 6 月 4 日采访，2008 年 6 月 12 日刊登于《麦克林》（加拿大）　　603

电视和电台采访 | 吉安·戈梅西

　2009 年 4 月 16 日，《吉安·戈梅西的 Q 系列》，QTV（魁北克），

　加拿大广播公司一台（加拿大）　　　　　　　　　　　　　　　　　　613

我能写进歌里的只有我的亲身经历 | 多里安·林斯基

　2012 年 1 月 19 日，《卫报》　　　　　　　　　　　　　　　　　　627

科恩作品年表　　　　　　　　　　　　　　　　　　　　　　　　　635

关于采访者　　　　　　　　　　　　　　　　　　　　　　　　　　639

关于编者　　　　　　　　　　　　　　　　　　　　　　　　　　　655

代序

我曾有机会在一些场合与莱昂纳德·科恩交谈，有些是私下的，有些是公开的。

你应该知道，在这本书里你也会看到，他说话时倾向于用完整的句子，措辞谨慎、准确。事实上，科恩先生有点正经。

这是真的，即使在一两瓶红酒下肚后也是一样。我们之前一起接受过一次采访。在唱片公司大楼预留的房间里，我们坐着相互打趣一个多小时。他很关心我即将发行的专辑。那次的访问很有趣，谈话密度也很大；他表现得非常挑衅，询问我有关个人生活和音乐方面的（相当直接的）问题，我并不愿意回答，尤其是在我们的对话会被录下来送到电台去播放的情况下。

不过，访问结束后，我们一起去吃了晚餐，我决定或许可以在适当的时候向他透露一些他想知道的答案。意外的是，我发现尽管他依旧表现轻佻，却不再拼命想要知道答案，于是我也没有引导他再问我。因此一切都未被揭晓。虽然他在采访时很率直，但那毫无疑问仍是一场表演，因为他私下里更礼貌、更友善、更友好。

但仍然有点正经。

有一次我问他关于偏爱穿西装这件事。"我父亲是个裁缝，"他说，"我可不想穿得像个伐木工。"

某个周六，我在洛杉矶的一家酒店里碰见他。他邀请我第二天早上10点到泳池边吃早餐。我准时露面。我在想他会不会穿一套标志性的西装。但他出现时穿着牛仔裤、T恤、牛仔靴，好像还戴了一顶软呢帽，穿了一件合身的夹克。

"你愿意听我正在写的一首歌吗?"

"当然!"我说。

于是在随后的8分钟里，他在没看任何纸稿的情况下给我唱了那首歌（不幸的是，我忘了是哪一首），结构精妙，韵脚工整。我坐在那里，入了迷。

然后，我看见一个穿着比基尼的女孩在他身后出现，接着是另一个。她们来泳池边享受一整天的太阳浴。

到歌曲结束的时候，泳池边差不多有九个穿着比基尼的女孩。

"你绝对猜不到发生了什么!"我对他说，然后开心地向他描述他身后的场景。他没有转身去看，只是耸了耸肩，然后微笑。

"这每次都奏效。"他说。

青少年时期，我是朋友们当中唯一听他的音乐的人，每天放学后，我都会不停地听。我感觉他是我的朋友，这感觉并没有在与他见面后发生改变。我爱他的黑暗和复杂，他在歌曲选择方面的无畏。见证他一步一步享誉世界的感觉非常奇怪。如今我必须与无线电城和麦迪逊花园[1]成千上万的观众一同分享他。

还有你们! 尽情享受这本书和这个男人的口才吧。

苏珊·薇格[2]

纽约，2013

1　无线电城与麦迪逊花园均为演出场地，且均位于纽约。(本书正文脚注如无特殊说明，均为译注。)

2　苏珊·薇格（Suzanne Vega, 1959— ），美国创作歌手。

序

截至2013年，入驻摇滚名人堂的701人中，有多少人在古稀岁月的中后期达到事业巅峰？或许只有一个：莱昂纳德·科恩。2008年，73岁的他时隔15年再次举行巡演，并于当年入驻摇滚名人堂。从那以后，他在世界各地为自己有史以来数量最多的观众表演，发行了三张广受欢迎的DVD，《伦敦现场》（*Live in London*）、《旅途之歌》（*Songs From the Road*）和《1970年怀特岛现场》（*Live at the Isle of Wight 1970*）；他还发表了自己近半个世纪的歌唱生涯里最成功的专辑，感染人心的《旧时想法》（*Old Ideas*）。2012年的这张录音室专辑——仅仅是他的第十二张录音室专辑——在排行榜上的名次比先前的任何一张都要高，它在十几个国家排名第一，在其他国家达到第二或第三名，包括美国。

除了达到巅峰的时间迟之外，科恩起步也很迟，至少对一个歌手而言是这样的。他1934年9月21日出生于蒙特利尔，直到33岁才发行第一张专辑。在这部分内容里，我们不会着眼于他在这之前做了什么，因为他早年的经历在其他几本传记里已经记载得很完整，尤其是西尔维·西蒙斯（Sylvie Simmons）的《我是你的男人》（*I'm Your Man*）。在此，我们只消说，他的青年时代清晰地预示了他之后的人生方向。高中时的他是一个诗歌迷，对费德里科·加西亚·洛尔迦[1]的作品表现出强烈的兴趣。他还学会了吉他并且组

---

1 费德里科·加西亚·洛尔迦（Federico Garcia Lorca，1898—1936），20世纪最杰出的西班牙诗人，"二七年一代"的代表人物。

了一个乡村民谣乐队：鹿皮男孩（Buckskin Boys）。接着，在20世纪50年代初，入学麦吉尔大学的他初次发表诗歌并获得了一项文学比赛的胜利。

从麦吉尔大学毕业以后，科恩心血来潮想成为律师（你能想象吗？），并在麦吉尔大学法学院修了一学期课程。之后他在纽约哥伦比亚大学待了一年。不过在这期间他开始愈发专注于小说和诗歌。1956年，他出版了自己的第一本诗集《让我们比照神话》（Let Us Compare Mythologies）。翌年，他从纽约回到蒙特利尔，为了可以专注于写作而开始做一些零工。四年之后的1961年，他出版了第二本诗集《尘土香料盒》（The Spice-Box of Earth），这本诗集最终被许多大学生收入囊中，并为他的未来奠定了坚实的基础。《至爱游戏》（The Favorite Game），他的第一本小说，在1963年出版；《美丽失败者》（Beautiful Losers），另一本小说，在1966年问世。

但是直到1967年12月27日，科恩才发行了他的首张专辑《莱昂纳德·科恩之歌》（Songs of Leonard Cohen）。他花了很长一段时间才成为如今这样的表演者。尽管在《苏珊》（Suzanne）、《别了，玛丽安》（So Long, Marianne）以及许多其他早期的作品中，你可以明显感受到他的创作才华和文学背景，但所有人都觉得早年的科恩是一个踟蹰、拘束的表演者。而如今，乐评人称他那极其深沉的声音是"一股本能的力量"，他目前和一群杰出的伴奏乐手和伴唱歌手一起表演，他们之间的配合非常完美。不过，看完1970年他在怀特岛演出的视频后，你必须得承认，当时他在很大程度上是依靠歌词与个性中蕴含的巨大力量才得以顺利完成表演的。

自那之后的几十年里，他卖出了2100多万张唱片，收获了无数热忱的歌迷。他成为了许多纪录片和致敬专辑的主角，他的歌曲出现在五十余部电影中，被诸如朱迪·柯林斯[1]、鲍勃·迪伦、约翰尼·卡什[2]、乔·科克尔[3]、鲁弗斯·温赖特[4]、尼克·凯夫[5]、詹妮弗·沃恩斯[6]、斯汀[7]、R.E.M.[8]、金发异端[9]、杰夫·巴克利[10]等崇拜者翻唱1300余次。

然而，科恩的生活远非称心如意。尽管近年来抑郁症的阴云似乎已经消散，但科恩在此前的几十年里一直在遭受它的折磨。爱情对他来说无疑很重要，但是他经历了很多段失败的关系，并且从未结婚。而且，在凯莉·林奇（Kelly Lynch）——他长达17年的经纪人和曾经的爱人——据说挪用了500万美元之后，2004年，他发现自己的退休储蓄金减少到大约只剩15万美元（2006年5月，科恩赢得了涉及730万美元的与林奇之间的民事诉讼案。西尔维·西蒙斯在2012年写道："在经过一系列法律程序之后，尽管并不是全部，但莱昂纳德还是拿回了一部分失去的钱。"与此同时，林奇在2012年因骚扰科恩被判18个月）。

他的音乐事业也充满坎坷。1977年，他和传奇制作人菲尔·斯

1　朱迪·柯林斯（Judy Collins，1939—），美国著名创作歌手。

2　约翰尼·卡什（Johnny Cash，1932—2003），美国著名乡村音乐创作歌手。

3　乔·科克尔（Joe Cocker，1944—2014），英国著名摇滚歌手、布鲁斯歌手。

4　鲁弗斯·温赖特（Rufus Wainwright，1973— ），加拿大裔美国创作歌手，其父为著名歌手劳登·温赖特三世（Loudon Wainwright III），其母为著名歌手凯特·麦葛瑞格（Kate McGarrigle）。鲁弗斯是科恩的外孙女伊娃的父亲。

5　尼克·凯夫（Nick Cave，1957— ），澳大利亚著名摇滚歌手、诗人、作家，摇滚乐队"尼克·凯夫和坏种子"的主唱。

6　詹妮弗·沃恩斯（Jennifer Warnes，1947— ），美国歌手、词曲创作者、制作人。詹妮弗是科恩的挚友，也是长达几十年的音乐搭档，曾在科恩的演出和专辑中担任伴唱歌手，1986年发表翻唱的科恩的专辑《著名的蓝色雨衣》。

7　斯汀（Sting，1951— ），英国著名摇滚歌手、演员，"警察"乐队主唱。

8　R.E.M.，美国著名另类摇滚乐队。

9　金发异端（Concrete Blonde），美国著名另类摇滚乐队。

10　杰夫·巴克利（Jeff Buckley，1966—1997），美国著名创作歌手，蒂姆·巴克利之子。

佩克特[1]一起合作录制了《情圣之死》(*Death of a Ladies' Man*)，这张专辑在很多乐评人看来——包括他自己——是个严重的错误。随后，于1984年问世的专辑《多种角度》(*Various Positions*)尽管完全不是一个错误——事实上，它处处闪烁着智慧的光芒——但哥伦比亚唱片公司认为它并没有优秀到能在美国发行（厂牌只在加拿大和欧洲发行了这张专辑，不过之后一家独立音乐公司在美国发行了这张专辑，最终它在1990年被列入哥伦比亚发行目录）。

在本书收录的采访中，科恩深入思考且巨细无遗地谈论了这些浮沉起落，其中很多内容在之前从来没有以印刷物或英语的形式出现过。这些对话中呈现的这个男人和他的职业生涯一样复杂且令人惊喜。他曾经说他"讨厌交谈"，有时却非常健谈。有几年他的采访总是没有时间限制——经常是在他家里——并且他几乎会接受所有采访请求。然而也有几年，他隐居在禅院，成为法号"自闲"（意思是"沉默的人"）的禅僧，在很长一段时间里完全不接受任何采访（他从公众视线里消失了长达13年之久的时间，直到2006年才露面）。在本书收录的有关科恩的全新回忆内容里，有相当一部分记者表示科恩是他们遇见过最迷人、最绅士的人；其他一些人则回忆了他怪异的举动和假醉时的诳言。至于谈话内容，有谁还会在采访中谈论"塔木德[2]式的人类可能性"以及与詹尼斯·乔普林[3]口交呢？

在这些对话中，科恩的情绪状态随着主题的变化而变化，但他的情绪很难捉摸，尤其是他青年和中年的时候。早在半个世纪

1　菲尔·斯佩克特（Phil Spector，1939—2021），美国著名音乐人、制作人。"音墙"制作技术开创者。

2　《塔木德》(*Talmud*)，犹太教中地位仅次于《塔纳赫》(*Tanakh*，即基督教所称的《圣经·旧约》) 的宗教文献。源于公元前2世纪至公元5世纪间，记录了犹太教的律法、条例和传统。"塔木德"在希伯来文中原意为教导或学习。

3　詹尼斯·乔普林（Janis Joplin，1943—1970），美国著名摇滚、布鲁斯歌手。

以前，他就以忧郁——以及对此种名声的辩驳而闻名。"如果我们太过热衷于扮演忧郁的角色，那么我们将会错过生命中的很多事情。"1961年6月16日，他在一次简短的访谈中告诉加拿大广播公司的杰德·亚当斯，"没错，是有一些要反抗和厌恨的事情，但也有相当多该去享受的事情，包括我们的身体和想法……如果我们拒绝它们或是蔑弃它们，那么我们就和那些活得自满的人一样有错。"

科恩似乎不会对任何事情感到愤怒，正当亚当斯因此感到惊讶时，他回答道："有很多事情让我感到愤怒，（但是）我们不要让仇恨毁了自己，不要让自己变得偏执。如果有些事情需要反抗，那就让我们用一种健康和理性的方式。我不想成为一个狂暴的诗人，我想成为一个能够直面周遭事物的健康的人。"

那整场采访科恩看上去都很认真，然而1963年12月19日，在同加拿大广播公司的比尔·麦克尼尔交谈时，他听起来却有点像早年的鲍勃·迪伦——他以对严肃，有时愚蠢的问题做出愚蠢的回答而闻名于记者。科恩说他已经在希腊的伊兹拉（Hydra）岛上生活了四五年，"但我一直抱着想要生病的目的回加拿大。对我的生活而言，那是一种不可或缺的神圣疾病"。在被问及是否着迷于性时，他说道："如果一个男人不着迷于此，那他就是一个傻瓜。但我写这本书（《至爱游戏》）并不是为了刺激欲望，如果它的确起到了刺激的作用，那也是额外的效果。"

1966年5月8日，当记者贝丽尔·福克斯代表加拿大广播公司电视台采访科恩时，他眼中闪烁的光芒绝对不容错过。他告诉福克斯他考虑去文身，当她问"哪里"时，科恩面无表情地说："圣劳伦斯大道上的一个地方。"他同时还提到"有时候我会沿着街道步行，如果我不在状态，无法像礼拜仪式时一样去祝福他人，那么我会逃离所有人……所有屋子里的人，我看见人们从前门涌出然后奔向不同的方向，我觉得我真的把街道清理干净了……逃离所有人。很多人都想经历一次逃离"。

正如许多类似的回答所示，科恩在早期以及中期的采访中有时尖刻辛辣，有时愤世嫉俗，有时又很顽皮。他也并非完全坦率，或许即使在面对自己时也是如此；有时他似乎更执着于展现一种形象，而不是说出真正的心声。但是他一直都很有趣，甚至是——有时候尤其是——在他重复自己的话或自相矛盾时。曾经有一段时间，大概是1990年代后期，他称自己长久以来的公众形象是一则"封面故事"。在那段时间里，他不断揭开那层封面，更加坦诚地谈论他的抑郁症，他的爱情和他的事业。

我从来没有见过他，但是在读完访谈以及收录在此书中、建立在访谈基础上的文章后，我感觉自己像是和他一起度过了这些年，并且获益匪浅。我相信你也会有这样的感觉。

我已经统一书中内容的排布、页码、标点和其他相关部分；把英式拼写美式化；纠正了一些语法和事实错误，尤其是引用部分之外的内容。和此前发表过的文章不同，对于那些刊登在杂志和报纸上的文章，我尽可能地保留了原貌，没有做大的改动。我对音频和视频的文本做了较多的改动，移去了重复的内容，并且将口语化的词转化成更符合书面习惯的用语。访谈基本上以它们实际发生的顺序出现，如果某场访谈的日期未知，则用发布或播出时间代替。

感谢芝加哥评论出版社的全体工作人员，尤其是主编尤维尔·泰勒和执行编辑艾米莉亚·埃斯特里奇。这是我和芝加哥评论出版社合作的第二本书，我仍然觉得他们很棒。也感谢所有为这本书贡献了文章、音频、视频和文本的人。特别感谢为本书提供了全新回忆和叙述的人，还有阿尔贝托·曼萨诺（Alberto

Manzano），他为本书的摄影和翻译贡献了力量。感谢凯瑟琳·戴斯抄录和翻译了法语文章，以及运营着例如 leonardcohenfiles. com, leonardcohenforum.com 和 1heckofaguy.com 等非常实用的网站的粉丝们。

我非常感激我在AIN新闻社[1]的同事们，尤其是出色的詹妮弗·里奇·英格雷斯。感谢我的兄弟和姐妹：托德·伯格和艾米·唐恩斯，以及我永远的朋友肯·泰瑞。始终感谢我的妻子玛德琳·贝雷斯福德，和我的孩子们安德鲁和梅里安，他们对此一直都没有怨言——好吧，大多数时候都没怨言——当我在家中办公室一消失便是数小时或者数天时。

最后，感谢近半个世纪以来一直为我们的生活贡献音乐的莱昂纳德·科恩。我非常高兴他能获得如今这样的赞誉，他早该得到了。当我写下这些话时，他已经79岁，我知道他不可能永远活下去。但正如他所唱的："宝贝，你会收到我的消息，在我离开许久以后／我会温柔地与你对话，透过歌之塔的窗户。"

杰夫·伯格

新泽西里奇伍德，2013

---

1 Aviation International News Publications，航空国际新闻社。

第一部分

60 年代和 70 年代

科恩因他的诗和小说受到关注，然后他拿起吉他，创作出《苏珊》、《仁慈的姐妹》（Sisters of Mercy）、《电线上的鸟》（Bird on the Wire）和《著名的蓝色雨衣》（Famous Blue Raincoat）这样的经典歌曲。

电视访谈

阿德里安娜·克拉克森（Adrienne Clarkson）| 1966 年 5 月 23 日，《观点三十分》（*Take 30*），加拿大广播公司

　　尽管莱昂纳德·科恩在1960年代早期接受过几次采访（其中有几篇在本书序言中引用过），但他大部分时间还是在希腊的伊兹拉岛上过着半隐居的生活。他在70年代也一如60年代时一样离群索居，只零星接受了几次采访。

　　其中一次采访的采访者是加拿大广播公司的阿德里安娜·克拉克森，她在数十年后表示自己是狂热的科恩粉丝，去过全世界数十场科恩的演唱会。克拉克森与科恩的访谈发生在科恩的第二部小说《美丽失败者》出版后不久。尽管那时距离科恩的第一张专辑问世还有一年半时间，但这位31岁的艺术家已经凭借小说和诗歌获得了许多关注，尤其是在他的祖国加拿大。正如克拉克森的采访引言所说，这些关注并不都是正面的。——编者

　　阿德里安娜·克拉克森（以下简称AC）： 下面来听一下评论家对他最新作品的评价。

　　播音员：（朗读评论）"这是加拿大有史以来最令人作呕的作品"（罗伯特·富尔福德，《多伦多每日星报》）；"我刚刚读完莱昂纳德·科恩的新小说《美丽失败者》，我得去洗一下我的脑子"（格拉迪斯·泰勒，《多伦多电讯报》）；"书面手淫"（《环球邮报》）；"我们已经滥采、滥杀，现在我们滥性"（《环球邮报》）；"《美丽

失败者》顶多是恶心的性欲展示"（《时代》）。

（科恩朗诵诗歌）

AC：朗诵一首你已经忘记的诗歌是什么感觉？像是在朗诵别人的诗吗？

莱昂纳德·科恩（以下简称LC）：这次我只是假装记得，为了让节目顺利进行，我必须朗诵这首诗，但我已经有一段时间没读这首诗了，刚刚还漏了一小节，我已经想不起整首诗的意思了。

AC：这会干扰你吗？作为一个诗人，难道不是每首诗都是你的一部分吗？

LC：这不会干扰我，因为我认为这没什么要紧的。我觉得信息可以通过身体、眼神和声音传递。你也可以朗诵鞋油罐上的说明。

AC：如果也可以朗诵鞋油罐上指导你擦鞋的说明的话，那写诗的意义是什么？

LC：这得看情况。如果你希望人们能穿上闪亮的鞋子，那就写清楚的说明书。如果你想擦亮自己的其他部分，那就写诗。

AC：你是怎么把艺术创作与擦鞋这件事联系在一起的？

LC：这取决于你的着眼点。这完全取决于你将视线放在哪里。如果你站得足够远，这两件事或许就是一样的。你知道那个杂技演员在圣母像前表演杂技和平衡游戏的故事吧？我觉得道理是一样的。你必须做实用的事。

AC：这就是你如此多面的秘密吗？

LC：我只是我而已。

AC：在你自己看来或许是这样的。但你必须承认，在别人眼里，你是诗人、小说家，住在（希腊）伊兹拉岛上一座白色房子里的男人，一个蒙特利尔犹太家族的后裔，流行歌手、流行歌曲创作者……或许把所有这些身份整合起来就是莱昂纳德·科恩，但乍一看它们真的很复杂。

LC：我认为很多尝试之间的界限已经消失了，人们不能止步于表面上的装腔作势，比如穿着披风站在山顶的诗人或者一味迎合大众的歌手。这些姿态全都是毫无意义的。只有你着手去做的事才是重要的，如果你着手去做的事情可行，那你就去做。如果现在有人叫我设计一座房子，我会答应。如果有人叫我去管理一个小国，我会答应。任何事情我都愿意去尝试。

AC：如果你设计的建筑倒了或者你治理的国家变得一片混乱的话，你会难过吗？

LC：我认为那建筑不会倒，而且我有一个或许有些自大的梦想，那就是那个小国可以（长久存在）……我知道一个人（编注：迈克尔·X[1]），他在尝试接管一个国家。他是我在英国的一个朋友。他是当地一个大型黑人运动的领导人，他或许很快就会接管那个国家。我问他，将来他的政府执政目标是什么，他说："目标将是保护人民免遭政府迫害，因为他们本身已经很优秀，让他们自己生活就好，我的政府将会阻止一切迫害。"事物远比我们想象的要稳固。我认为我的建筑或许可以留存下来。它要么伫立要么坍塌，这都取决于建筑内人们的意愿。某些时候，有些人会想让建筑坍塌。我的一个朋友为一家蒙特利尔的咖啡店设计了壁饰，上面用了一种非常特殊的胶水。每年冬天这种胶水都会变干，壁饰会裂成碎片，然后他就会被叫去修补。他说："汽车能被有意设计成计划性报废的物件，壁饰为什么不能呢？"

AC：那诗呢？

LC：我认为历史和时间几乎完全将衰朽注入诗中，除非那作

1　迈克尔·X（Micheal X，1933—1975），美国黑人民权运动领导人。

品实在非常出色，但你永远也不会知道你是否写出了那样的东西。

AC：你有过吗？

LC：有时候会有。但我并不关心身后成就，有人说这样的永恒毫无意义。我想看见属于自己的头条报道……但不是斯宾塞事件那种（编注：科恩似乎是指温哥华邮政人员乔治·维克多·斯宾塞，他被抓到替苏联搜集情报），而是像"唐恩（编注：加拿大画家哈罗德·唐恩）今天完成了绘画"这样的头条。我希望我的作品能获得那种横向的即时性，而不是很久以后才会发生。我没兴趣为我的作品准备一份养老保险计划。

AC：那你想做的跨界项目呢？你想写音乐喜剧吗？就像唐恩想做的那种。

LC：哦，是的，当然啦。我想写音乐喜剧。

AC：会是什么内容？

LC：我得好好想想。但我的确想写音乐剧。或许唐恩会做主唱。

AC：他会唱歌吗？

LC：会。他是一个非常棒的歌手。

AC：你是指音准之类的吗？

LC：他可不会被任何事情束缚。

AC：这对唱歌有帮助吗？

LC：我认为这对一切事情都有帮助。

AC：那是不是意味着你将退出公众视线？这是一个很糟糕的说法，但这是我唯一能想到用在你身上的说法。

LC：如果可以做到的话当然很好，但据我所知没人能做到。所有人都住在这颗星球的表面。我想没有人能摆脱它，除了那些宇航员，不过他们最终也都会回来。他们还自己带熏肉三明治。没有人真的想要离开。

AC：当你回到位于伊兹拉岛的家后，你会想要离开吗？在那里，你是否会把很多事情都抛到脑后？

LC：我并不打算回那里。我已经在希腊断断续续住了六年。我过去几天刚刚开始探索多伦多。这里很棒。

AC：这里令人兴奋吗？

LC：我认为这里在上演一场快乐的革命。

AC：一场革命？

LC：如今我们就是这样描述一切现象的。在魁北克上演的是一场寂静的革命，而我认为这里则是一场快乐的革命。我昨晚在约克维尔街，那里的人很美。我想这样的情景或许可以传播到其他街道上，甚至是……金融街在哪儿？卑街（Bay Street）？

AC：国王街和卑街。

LC：国王街和卑街。我想或许他们很快也会把这样的情景带到那些地方。

AC：人们需要那种快乐吗？或许会被你写进歌里的那种快乐。

LC：我不会为快乐设定任何标准。我只是喜欢唱歌。我没有什么计划需要通过唱歌来确定。我只是喜欢起身唱我的歌，然后坐下听别人唱歌。

AC：你不会对自己想做和不想做的事情进行价值判断吗？比如你现在在写歌。你不写诗，你不写小说，所以你现在更喜欢写歌。

LC：我准备出版一本新诗集……但我不想让我的作品在市场上过剩，所以我暂停了一段时间。不，一切事物要么持续进行要么就停止。你知道自己何时是快乐的。关于快乐的方式众说纷纭——精神病学、药物、正面思考和意识形态——但我认为方法就在眼前。你要做的只是安静片刻，然后你就会知道自己的感觉。

AC：所以了解自己的感觉这件事……你不需要借助药物或

酒精之类的东西吗？

LC：重点不在于借助的对象。你可以借助酒精带给你的幻觉。你可以借助致幻剂带给你的幻觉。那些东西都是植物做的，它们就在那儿，我认为我们应该使用它们。但拒绝使用它们也会带来一种快感。获得快感的方式有很多。禁欲主义是很棒的一种。感官享受也是。酒精也是。哈罗德·唐恩在酒精的作用下会变得很美。而我却只是变得愚蠢，而且基本上都会吐。但有些人在酒精的作用下就会变得很美。

AC：你用快感和低潮来衡量事物吗？还是容易被感觉吸引？

LC：这不仅仅只是关于感觉。我所说的"快感"不是指摇晃、撞击建筑物，或者歇斯底里地大笑这样的疯狂状态。我指的是一种沉浸的状态。那是一种绝妙的平衡。你处在自我世界的中心，或者就像迪伦说的，你隐身在自己的个人游行中。

AC：你在一首诗 [编注：诗集《献给希特勒的花》（*Flowers for Hitler*）中的《为何我碰巧自由》（*Why I Happen to Be Free*）] 里写道："此刻我比任何时候都渴望敌人。"你在诗里写到别人如何合谋给予你自由。对于作品的恶评你是否有相同的感受呢？

LC：哦是的。如果被那些之前狠狠批评我的人夸赞，我会感觉非常糟糕。我认为，首先，在某种程度上有一场战争正在上演。

AC：什么样的战争？

LC：一场非常古老的战争，我认为如果我尝试过于清楚地描述它，我就会加入另一边，但我认为你知道我的意思是什么——有一场战争正在上演，如果我必须选择站边——而我一般不喜欢这么做，那么我选择让权威媒体以之前的方式来定义我。

AC：谢谢你，莱昂纳德·科恩。

关于自律

  "写作需要一种美妙的内在冲动。写作者之中没有人缺乏自我驱动力。我暗自感觉我比我认识的所有人都要更加高度自律。我了解那种在书桌前坐很久然后完成作品的感觉。在创作《美丽失败者》时我每天都写，一天至少写4小时，最多的时候20小时。最后两周时我每天写20小时。我就是在那时候发疯的。"

  ——摘自《世界（或者有任何人）对莱昂纳德·科恩做好准备了吗?》，乔恩·鲁迪（Jon Ruddy），《麦克林》（*Macleans'*）（加拿大），1966年10月

毁灭之后，是重生

桑德拉·迪瓦（Sandra Djwa）| 1967年2月3日，《尤比西报》（*Ubyssey*）
（加拿大温哥华）

接受桑德拉·迪瓦采访的科恩当时32岁，即将因音乐而得到
正式的肯定。尽管距离他的第一张专辑《莱昂纳德·科恩之歌》
的发行还有十个多月，但是朱迪·柯林斯版的《带妆彩排拉格泰
姆》（Dress Rehearsal Rag）和《苏珊》在此次对话前不久已经问世［两
首歌都收录于她的第六张专辑《在我的生活中》（*In My Life*），这
张专辑发行于1966年11月，在美国流行乐排行榜上榜34周］。

这次访谈出现在英属哥伦比亚大学学生报第八页上，并未在
头版有所宣传，是迪瓦在该校攻读博士学位时做的。当我给现任
编辑约翰尼·韦克菲尔德发邮件请求收录此篇访谈时，他回复道：
"天哪！我们采访过莱昂纳德·科恩？"

不过，迪瓦对那次采访记得很清楚。"在那之前我写过一篇
题为《莱昂纳德·科恩：黑暗浪漫主义者》的论文，"她告诉我，
"我把那篇文章投到了《加拿大文学》（*Canadian Literature*）。在那篇
文章里，我提出科恩是一名'黑暗'浪漫主义者，写那篇文章让
我对在访谈中提怎样的问题有了一些感觉。"迪瓦还表示，在那
次对话中，"我感觉他有些心不在焉，但是他非常配合，还谈到
他在希腊时'销声匿迹'的感觉"。

这次采访并不是迪瓦最后一次与科恩打交道。"80年代中期，
他从加利福尼亚打来电话，跟我谈起他与加拿大诗人、律师和政

20

治活动家F. R. 斯科特（F. R. Scott）的友谊，我当时在写斯科特的传记《想象的政治》（*The Politics of Imagination*），"迪瓦回忆道，"他说他曾经有一段时间就读于麦吉尔大学法学院，因为那里是斯科特的福地，斯科特当时是法学院院长。他允许科恩在他位于北哈特利（编注：加拿大魁北克省的一个小镇）的夏日小屋里待了一段时间，他在那里完成了（他的第一部小说）《至爱游戏》的大部分内容。科恩对离开家族服装事业转而成为一名作家感到迷惘，但他回忆称斯科特'给了我失败的勇气'。"——编者

桑德拉·迪瓦（以下简称SD）：曾经，当我在读《尘土香料盒》，看着那些被你简简单单称作"歌"的诗，以及后来当你开始在电视节目《星期天》（*Sunday*）上唱歌时，我想到了那个意第绪词"ngin"，我想它的意思是"人民的歌手"。

莱昂纳德·科恩（以下简称LC）：Ngin，没错。这个说法和传统意义很接近。过去的10到15年里，我们不知为何都失去了理智。无论我们被告知了什么，尽管我们没有忘记，有时也会以那种方式为人处世，但对于那些事物，我们没有深刻持久的信念——即使是对最嬉皮或最新奇的事物。所有人都有这样一种感觉，他们处在自己狭小的空间里，而我一直身处的那个空间，这么说可能不准确，是唱诗者的处所——一个新近创立的地下宗教的祭司，我是许多唱诗者中的一个，是许多祭司中的一个，绝不会是最高祭司，而是那些将帮助创立教会的祈祷书作者之一。

SD：在你的作品中，主要人物的身份都是诗人兼祭司，这是否就是其中一个原因？即使是在《美丽失败者》里，身为历史学家的叙述者也是经过选举产生的祭司。

LC：没错，既然这是我们在这次讨论中使用的词汇，那么我想说《美丽失败者》是一部救赎性的小说，是一次拯救灵魂的

实践。

SD：我认为这还是一场通俗艺术的末日。

LC：没错，当然，这么说很对。

SD：但你是怎么将这两者结合的？这是我不明白的地方。

LC：彻底的毁灭之后，便是重生。在那本书里，我试着挑战所有如今尚存的神祇——圣洁、纯粹、通俗、麦克卢汉主义[1]、邪恶和非理性之类的概念——所有我们为自己设立的神祇。

SD：但是设置与之角力的概念，然后试着将一本书的框架固定在此之上，这其中难道不存在着一种虚假的艺术性吗？它不会一直奏效。

LC：如果你可以看透写这本书的人的话就可以。我一直说我的长处就是我没有任何想法。我感到空空如也。我从来不会因想法而困惑，尤其是我自己的想法——我的心从未倾向于这种方式。

当你说"一个歌手"时，一切就仅此而已。歌手是一个表达自我想法的人。我从来没觉得自己是一个文学家。我一直觉得无论如何，我就只是我，我和我的读者之间从来不曾有任何距离。我从来不觉得自己是在写书，而是走上前扯某人的衣领或衣褶。

我一直希望我是像祭司为弥撒和集会创作祷词一样被创造出来的。这个过程的重点并不在于念诵祷词，而在于祭司创造了他们本身最好的部分。这项工作比其他任何事情都令我感兴趣。

SD：你的作品似乎有一种固定的模式，一种创作模式，在热望与崩溃之间转换。在我看来，你的艺术神话中有两种女性形象，一种受人喜爱、令人梦寐以求，另一种则疯狂且具有毁灭性。整个结构看起来很像俄耳甫斯神话。

LC：没错。我尊崇狂暴的神祇，也尊崇和悦的神祇，我始

1　马歇尔·麦克卢汉（Marshall McLuhan，1911—1980），加拿大著名媒介理论家，曾提出"媒介即信息"。

终处在这样的状态中。在日常生活中，没有任何场合能将我与我所做的事情分离，我也系统地将所有可能会造成影响的事物割弃。我自绝了所有后路。你说得很对，而且既然我们坐在这里对话，我就要承认这一点。我感觉我只是一个孩子。我昨天刚写了一首类似主题的诗，现在不能准确地复述："我来到这座青山/我三十三岁/是双重三一论的孩子。"一重是黑暗的，一重是光明的，而自其中衍生出的第三重则像是一条吸收了前两者颜色的穗带，就像一只火蜥蜴。对我来说，那似乎能代表我自己。事情一直以来都是如此，我觉得我无法控制它。老实说，我已经尝试了许多练习——比如瑜伽和希伯来式训练——试图控制我的思想，但是我发现我控制不了。人没有选择他所崇拜的神，而是神选择了他。只有当我们最靠近神时，我们才能创作。但我感觉这些是我身上无法触及的部分。有些时候我感觉我再也不会做其他事情了。创作一件作品是非常痛苦的，那是我一直在尝试克服的事情。正是因为痛苦，所以我还没有机会看见事情的全貌。

我并没有刻意夸大事实，但我的确经常因想法而作呕。问题不是我做了什么，而是事情在纠缠我，我因此感到恶心。有些事情我必须得做。当然你必须得监督自己不痴迷于痛苦，并且要记住还有另一个神，在另一边才能实现狂喜。而两边是互相通向彼此的。

SD：我们来谈谈莱昂纳德·科恩，那个民谣歌手莱昂纳德·科恩。

LC：我不会称自己是一个民谣歌手。我认为这个国家患有严重的精神分裂。某种程度上，在电视上观看我的人和剩下的其他人之间没有联系。我真的不在乎他们如何称呼我。我不是一个特别出色的画家，但我现在也会画一些画，把它们做成一个合集。我有种感觉，那就是一旦你解开对自我的束缚，你做的所有事情都将变得耀眼。职业性是创造力与发明的敌人。人是有可能以一种不断改变周遭环境的方式生活的。这取决于你是否相信一个人可以改变他所处的环境。我相信可以。我的画和我的歌是同一种东西。

我不在乎人们如何称呼我的作品，无论是你说的民谣，还是别人说的祭司职责，又或者别人眼里的革命运动，瘾君子眼里的迷幻革命，诗人眼中的诗歌通俗化。我都没有异议。这些人是那些说我们可以改变，可以摆脱痛苦的人。这也是我对通俗文化感兴趣的原因。在某种程度上，这是第一次有人说："这是我们的时代，我们在其中赞美，我们在其中欣喜，这是我们的时代。"这是对历史的抨击，是对那些一直告诉我们什么是美的权威声音的抨击。我喜欢被通俗文化塑造，因为在我存在的这个时代里，它是我的同盟。我的时代说它是美的，它是我的一部分，因此我想接受它的塑造。

SD：这是否是你从雷·查尔斯[1]的专辑里选取"有人说，提起那捆东西"［出自歌曲《老人河》(Ol' Man River)］作为《美丽失败者》的题词的原因？

LC：是的，我认为那是如今大街上真正的新闻。有人说事情会变得更好……或许不能，但是我们可以有办法更接近我们的中心。有人说我们可以改变我们周围一切令人厌恶的事情——庞然大物已经开始瓦解。

SD：你在《献给希特勒的花》开头引用了（意大利犹太作家）普里莫·莱维（Primo Levi）的话，你是否在暗指人格的瓦解？

LC：那句话是："小心别让它在你自己家里发生。"他是在说："如果这些折磨与伤害仍然在家庭中继续，那么政治举措又有什

1　雷·查尔斯（Ray Charles, 1930—2004），美国著名灵魂乐歌手，节奏与布鲁斯音乐（R&B）先驱。

么意义呢?"这就是《献给希特勒的花》所表达的东西。它将集中营的故事带到了客厅里,然后说:"这是我们对待彼此的行径。"我们将种族灭绝、集中营以及毒气和其他事物列为非法行为,但如果一个男人离开他的妻子或是他们对待彼此的方式非常残忍,如果这个男人恰好拥有政治权力,而他的确有,那么这种残忍的行径便会造成相应的后果。

拒绝认可狂暴的神祇是没有意义的。那就像维多利亚时期的人给钢琴腿套上裤子一样。事实是,我们全都臣服于欲望、邪恶与痛苦。

SD:借由这种认可,你是否在暗指你与——或许先从塞利纳[1]说起——包括巴勒斯[2]、塞尔比[3]、君特·格拉斯[4],以及《恶心》(*Nausea*)的作者萨特[5]在内的当代作家使用相同的架构方式。

LC:我和那些作家之间唯一的区别是我将狂喜作为一种解决方法。只要人们高兴起来,他们就能面对邪恶。如果一个人的心只能平淡地面对情感,并且必须时刻对自己复述诺曼·文森特·皮尔[6]的口号"变得更好,变得优秀",那么他就无法体会到疯狂的滋味。

他从未兴奋过,他从未挣脱束缚,他不知道成为神是一种什么样的感觉。对他来说,一切有关神圣与圣殿之身的故事都是没

---

1 路易-费迪南·塞利纳(Louis-Ferdinand Céline, 1894—1961),法国作家,代表作《茫茫黑夜漫游》《死缓》等。

2 威廉·巴勒斯(William S. Burroughs, 1914—1997),美国垮掉派文学代表作家,代表作《瘾君子》《酷儿》《裸体午餐》等。

3 小胡伯特·塞尔比(Hubert Selby Jr., 1928—2004),美国作家,代表作《布鲁克林黑街》《梦之安魂曲》等。

4 君特·格拉斯(Günter Grass, 1927—2015),德国著名作家,代表作《铁皮鼓》等。

5 让-保罗·萨特(Jean-Paul Sartre, 1905—1980),法国著名哲学家、作家,代表作《恶心》《存在与虚无》等。

6 诺曼·文森特·皮尔(Norman Vincent Peale, 1898—1993),美国牧师、演讲家、作家,代表作《积极思考》《态度决定一切》等。

有意义的。

SD：萨特所谈论的浑蛋和懦夫是我们所有人，是那些拒绝体验恶心的人。你会允许自己去做某些事，不允许自己去做另一些事。劳伦斯[1]也谈论过这个问题。

LC：萨特的问题是他从来没有失去过理智。他代表了一种完美的塔木德式的人类可能性，我知道他永远不会说"然后屋子变成了金色"这种话。他会说："这间屋子变成了屎。"但是屋子有时候的确会变成金色，除非你提到这个概念，否则你的哲学就不完整。就像伯特兰·罗素[2]一样，萨特从来没有失控过。所有发过疯且幸存下来的人，没有因顺服或像丧失活动能力这样彻底地疯狂而崩溃的人，都经历过迷狂与幻觉，都懂得有关行星、天体音乐[3]、永恒之力、生活以及神的概念——这些东西足够让你发疯并且轰掉自己的脑袋。我不认为萨特曾想过要轰掉自己的脑袋。如今人们感兴趣的事情就是轰掉自己的脑袋，这也是为什么像我这样的精神分裂症患者的作品如此重要。

1　D. H. 劳伦斯（D. H. Lawrence，1885—1930），英国著名作家，代表作《查泰莱夫人的情人》等。

2　伯特兰·罗素（Bertrand Russell，1872—1970），英国哲学家、数学家、逻辑学家、历史学家，代表作《幸福之路》等。

3　天体音乐（Music of the spheres）是古希腊数学家、哲学家毕达哥拉斯提出的概念。他认为恒星与行星等天体沿着各自轨道做规律运动时，会发出音乐般的和谐声音。

科恩剪报
关于写作《美丽失败者》

"我是在（希腊的）伊兹拉岛写完《美丽失败者》的，那时我认为自己是个失败者。我被遗忘了，我不喜欢我的生活。我发誓我会用墨水涂黑[1]我的纸张，然后自杀。在写完这本书后，我节食了10天，然后彻底失去意识。那是我最疯狂的一次经历。整整一周我都出现了幻觉。他们把我带到了伊兹拉岛上的一家医院里。某天下午，整片天空黑压压的全是鹳，它们停在每一座教堂上，第二天早上飞走了……我感觉好多了。于是我决定前往纳什维尔，成为一名创作歌手。"

——摘自《美丽的怪物》，理查德·戈德斯坦（Richard Goldstein），《村声》（*Village Voice*）（纽约），1967年12月28日

科恩剪报
关于女人

"当我看见一个女人因我们共同达到的高潮发生变化时，我知道我们真正相遇了。其余的一切都是虚假的。那是我们如今使用的词汇。那是唯一留存下来的语言……我希望女性赶紧接手世界。这件事情一定会发生，所以让我们一起完成它。然后，我们终于可以承认，女人的确可以凝聚一切思想与力量，而男人则的确爱嚼舌根，适合做艺术家。因此，我们可以从事幼稚的工作，而她们可以维持世界运作。我绝对是母系社会的支持者。"

——摘自《我从15岁起就是法外之徒》，威廉·克洛曼（William Kloman），《纽约时报》（*New York Times*），1968年1月28日

---

1 Blackening pages（涂黑书页）是反复出现在科恩的作品与采访中的一种表述，是他对自己工作的描述。这其中当然有他自谦的成分，但也真实地反映了他的创作过程——一遍又一遍地修改、重写、丢弃，直到作品成形。

科恩剪报
关于革命

　　"我有一种感觉，那就是每次你一提起'革命'这个词，你就将它延迟了25秒。我刚刚才明白，抽象地思考和谈论革命——我眼中的'革命'全部都是红色大写字母——并不能产生任何实质性结果。无论如何，每个人都得依据自己所认为的美好生活去决定将要过什么样的生活。作为一种政治活动，我会把它留给理论家来解答。作为一种街头行动，我会将它留给战略家来解答。无论我身处何处，我都会尽力正派地生活，尽量遵守规矩。以某种方式过好自己的生活，如同革命已经发生过一样。"

　　——摘自《莱昂纳德·科恩》，P. 丁戈（P. Dingle），《老鼠地下新闻报》（*Rat Subterranean News*）（纽约），1969年

科恩剪报
关于买衣服

　　"那件雨衣我已经买了有10到12年了。那件就是我的雨衣。我有一件雨衣和一套西装，因为首先，我发现在这种时候买衣服对我来说很困难。不知道为什么，我觉得买衣服和我对好施者的认知之间存在着很难调和的矛盾，当其他地方的人们处于困难中时，我又怎么去买衣服？所以我会把我已经有的衣服都穿破。同时，我还发现没有衣服可以代表我。衣服具有魔力，是一种具有魔力的手段，它会改变你每天的状态。所有女人都懂，而男人现在也发现了。我的意思是，衣服对我们很重要，但在我能更清楚地理解我对自己来说意味着什么之前，我会一直穿旧衣服。"

　　——摘自《与莱昂纳德·科恩的一次对话》，迈克尔·哈里斯（Michael Harris），《对决》（*Duel*）（加拿大），1969年冬天

女士们先生们，有请莱昂纳德·科恩

杰克·哈弗坎普（Jack Hafferkamp）| 1970 年末采访，1971 年 2 月 4 日刊登于《滚石》（Rolling Stone）

为了追求音乐事业，科恩于1967年搬到美国，他的首张专辑《莱昂纳德·科恩之歌》于当年12月27日发行，自此他便开始获得关注。那张专辑在排行榜上榜14周，最高排名83位，其中一些歌曲如今已成为经典，比如《苏珊》《仁慈的姐妹》《别了，玛丽安》以及《嘿，我们不该如此分别》（Hey, That's No Way to Say Goodbye）。

他的第二张专辑《来自房间里的歌》（Songs from a Room）于1969年4月7日问世。尽管这张专辑可能不如上一张，但它还是收录了像《电线上的鸟》（经常被称作《线上之鸟》）、《一群孤独的英雄》（A Bunch of Lonesome Heroes）和《古老的革命》（The Old Revolution）这样深入人心的佳作。这张专辑上榜17周，最高排名63位。

或许这些专辑销量不佳的一个原因是科恩只接受了为数不多的唱片宣传采访，而且事实上，他在1967年到1971年间的演出也很少。然而1970年末，他却同作家杰克·哈弗坎普谈及《来自房间里的歌》和即将发行的第三张专辑《爱与恨之歌》（Songs of Love and Hate）。这张新专辑于1971年3月19日发行，收录了《圣女贞德》（Joan of Arc）和《著名的蓝雨衣》这样技艺上乘的佳作，后者的歌词是一封关于一段三角恋的书信，并以"谨启，L. 科恩"结尾。很显然，这位艺术家的创作来到了另一个巅峰。

哈弗坎普曾经写过有关科恩早期演唱会的文章，他在加利福尼亚的伯克利对科恩进行了采访。"当时，"他告诉我，"我正处于一段极为混乱的时期：刚刚被年轻的妻子抛弃，正在躲避征兵，不知道如何赚到房租。科恩那种谨慎的疯狂像是一座理性的岛屿。这一点从那时起就没怎么变过。"——编者

莱昂纳德·科恩的粉丝都是爱好文字的人。他们认为一首歌的歌词比音乐、包装，或者主唱的裤裆来得重要。甚至对他们中的大多数人而言，在情感的预防性拘留所（Preventive detention camp）里，文字就是急救站。他们显然都是无助的浪漫主义者，在效率的时代里陷入愤怒。

科恩自然是疯狂的，但他足够狡猾，因此能逃脱一劫。他是一个长着大鼻子的神秘男子，一个"美丽的怪物"。他想变得帅气，但最终看上去却比他希望的还要好。他希望变得圆滑，他恰好足够成功，因此能不断有所期盼。他不想成为一个流行歌手，却想卖唱片。

在我向他保证我们将会以平等的地位进行对话后，透过古老威严的伯克利克莱蒙特酒店的套房电话，他答应接受几个提问。"我从来不接受采访。"他说，"我更喜欢采访者与我承担相同的风险。换句话说，不要做问答类的采访，因为我感兴趣的……是一种从你的角度出发的描述……去展现一种小说家而非采访者的艺术。比如说采访者的感受，以及这种感受如何与我们都知道的作品联系在一起。而不是……把我推到这样或那样的问题面前。"

科恩通过客房服务替我点了一杯苏格兰威士忌混苏打水，这在当时似乎是一杯理想的饮品。他把我介绍给他的巡演乐队"军队"的成员——查理·丹尼尔斯（Charlie Daniels）。查理曾经是一个一天要抽80根烟的烟鬼，现在骤减到一天5片口香糖了。

在我设置好录音机后，科恩调低了电视机音量。他把画面调到了《灵犬莱西》(*Lassie*)。一种明显的不确定感停留在我们这两个入侵者周围。科恩仔细地审视着我们两个人。他一再坚持我们的会面必须建立在平等的基础上。"我得经过提醒才能想起我之前说过的一些话。支撑我进行采访的只有极度的疲惫。我不信任它。

"我巡演的原因之一是为了与他人相遇。我把巡演当作侦察。我认为自己像是处在一项军事行动中。我并不感觉自己是一个平民。我觉得我完全知道自己必须做什么。其中一点就是要让自己熟悉别人的所思所行。我关心的是人们所处的境况……因为我想要分享我所拥有的一切信息，而且要以一种合适的方式。所以如果在任何时刻我都可以清楚地了解人们的境况，我就能更轻易地意识到，在这种场合下我是否有些相干的话想说。"

他已经36岁了，是一个男装行业的流亡者（采访期间他还推了一下衣架）。他的穿着很有品位，棕色喇叭裤，黑色衬衫，以及衬衫式的棉夹克，但他通过保持极度瘦削精心地掩饰了自己的富有。他坚定地相信女性将会掌握世界的控制权，并且这是公平的。他强调："女性真的非常强大。你注意到她们有多强大了吗？赶快让她们接手世界吧。让我们成为我们应该成为的样子：爱嚼舌根的人、音乐家、摔跤手。有自由的女性，才有自由的男性，这是前提。"

他的故事、诗歌和音乐都非常私密，全都关于他自己以及他所经历的人生。他有时毫无遮拦，有时幽默诙谐，他从十字架上俯瞰世界，然后断言被钉上十字架也是神圣的。他总是小心翼翼地回答问题，然而对话一旦开始，话题就会在书籍写作和歌曲写作之间自如切换。"正如我之前所说的，歌词没有占满整张纸并不一定就代表它们是诗，而就算占满了整张纸也并不代表它们就

31

是散文。嗯，我一直在不断地涂黑书页……

"我从15岁起就经常自弹自唱。我18……17岁左右时是一个叫作'鹿皮男孩'的谷仓舞（barn dance）乐队的成员。有时候，我会感觉自己写了一些好歌，它们需要……或者说能够吸引更多的听众。当你写了一首好歌时，你感觉你可以把它唱给别人听。但是如果你写的歌并没有那么好，那么你只会把它们唱给自己听。我不知道……我想这和贪婪有关吧。

"我忘了说，很多事情其实也和贫穷有关。我过去写的书（两本小说和四本诗集）评价都非常好，但我发现我很难靠它们来支付日常开支。我说过，情况真的就是这样。我在饿肚子。我的书收到了美妙的评价，而且我在熟悉我的小圈子里评价很高，但是我真的在饿肚子。所以我开始把一些歌整理成合辑。这确实改变了我的境况。"

莱昂纳德·科恩的朋友、音乐制作人以及键盘手鲍勃·约翰斯顿（Bob Johnston），和"军队"乐队的吉他手以及队长罗恩·科尔内留斯（Ron Cornelius）走进来通知科恩车到了。针对他的第一张专辑《莱昂纳德·科恩之歌》封套上的照片，我提出了自己的疑问。

"封套背面的照片是一幅墨西哥宗教绘画，叫'Anima Sola'，即'孤独的心灵'或'孤独的灵魂'。这是一个关于灵魂战胜现实的故事。灵魂是指那个冲破锁链、火焰和监牢的美丽女子。

"这张专辑刚出来的时候，我和制作人（约翰·西蒙，John Simon）之间有些矛盾。我不是指恶意。更像是误解。在录制专辑时，由于我不太了解这个过程，因此无法向他转述我的想法。所以他自然而然地接手，填补了我的无知与无能造成的空缺。我现在挺喜欢这张专辑。我想很多人都听过它。

"我从人们的反应里可以看出来……第二张专辑（《来自房间

32

里的歌》）非常不受欢迎。它非常萧瑟和消沉。专辑中的歌声也包含了极度的绝望和痛苦。我觉得它准确地反映了我当时的……状态。对大多数人来说，那太过准确了。但我相信，总体的消沉近在眼前，很多人将会经历和我相同的崩溃，这张专辑会变得更有意义，崩溃的人越多，这张专辑就越有意义。

"（刚刚发行的）第三张专辑是一条出路。它是一次回归……或许连回归也说不上——是一份声明，是另一种力量……"

这难道不是一种沉重的责任吗？你难道不是在声称自己是一位向导或先知吗？你似乎是在通过专辑发布声明。

"非常对，非常对。"他说，"听着，我觉得日子很艰难……这些日子非常艰难。无论如何我都不想把我自己塑造成像蒂莫西·利里[1]或艾伯特·霍夫曼[2]之类的人。我和他们不一样。对于如何远离痛苦，进入另一个世界，我有自己的看法。而且我已经尽可能小心地规划我的路线。我经历了一些事情。我不想就此吹嘘。我甚至都不想谈论这些事情。听着……这些歌是我受启发写的。我不会自称为向导。但有些时候，我的确会把自己当作是某些信息的载体。但并非时时刻刻都这样，和我作为人的身份没有任何关系。我或许是一个十足的无赖……事实上，我和……镜头前的那个人没什么两样。但有些时候，我是某些信息的载体。"

加拿大国家电影局发行的电影《女士们先生们，有请莱昂纳德·科恩》（*Ladies and Gentlemen, Mr. Leonard Cohen*）（编注：一部1965年的纪录片）中有一幕是你坐在浴缸里，在墙上写了一些话。

"'Caveat emptor'，就是买家注意事项。我认为那是条很好

1　蒂莫西·利里（Timothy Leary, 1920—1996），美国心理学家、作家，以其对致幻剂的研究闻名。

2　艾伯特·霍夫曼（Albert Hofmann, 1906—2008），瑞士化学家，致幻剂（LSD）的发明者。

的建议。尤其是在当下。并不完全是我的建议，但是……我允许所有人用他们认为最严重的话语来评判我……我只是觉得，在地铁两侧的站台上，已经有太多让我们实践怀疑论的场合了。"

随着科恩的讲述，有一件事渐渐变得清晰起来，那就是，遇见更多的人仅仅只是这次巡演的原因之一，另一个更加重要的原因是，对他而言，"巡演就像斗牛。每一晚都是对人的一次考验。"他说，"我对此很感兴趣。"

当前这次美加巡演有一个刻意不做宣传的部分，那就是在很多精神病院举行的演出。科恩坚持表示，他发起这些演唱会没有任何慈善方面的原因，只是因为他很享受这些演出。其中"没有任何工作、商业演出，或者激起人们兴趣的因素"。他这么做，是因为那些地方的人们能与这些音乐产生共鸣。"那些人与这些歌曲来自同一片土壤。我觉得他们能理解这些歌。"

科恩已经用自己的方式探索了许多领域，物质上的和精神上的。作为歌曲创作者和表演者获得的成功让他可以在各地漫游：从他的家乡蒙特利尔，到古巴、伊兹拉、巴黎、纳什维尔——然后再回到蒙特利尔。他离开了希腊，他说那是因为"我当时已经准备好要离开。无论政权变更与否。事实上，现在的希腊是一个生活非常平静的地方"。

带着对西班牙内战的想象，科恩在猪湾事件[1]期间来到古巴，保卫哈瓦那。渐渐地，他意识到，他"就是卡斯特罗的支持者们所描述的敌人类型：中产阶级、个人主义者、自我放纵的诗人"。他开始和一些失去工作并且不站任何一派的人交往，"皮条客、毒贩、妓女，以及晚场电影放映员"。在一众中国和捷克斯洛伐克

---

1 猪湾事件，又称吉隆滩之战。1959年1月，菲德尔·卡斯特罗领导的政权推翻古巴原政府，建立新政府。1961年4月17日，在美国的支持下，古巴反政府力量在古巴西海岸的猪湾向卡斯特罗政府宣战，但这一行动在3天后便以失败告终。

技术人员之间，他感觉自己是哈瓦那唯一的游客。

他在秘密军事组织[1]暴乱期间的巴黎以及所谓"占领城市"运动期间的蒙特利尔观察到了同样的现象。他为一件事情感到苦恼，那就是他阅读到的世界上其他地方对这些他所目睹的事件的报道，与事件发生地的实际情况"几乎毫无相近之处。这些报道与我了解的事实没有丝毫关系"。

科恩上台时迟到了15分钟，伯克利社区剧院几乎座无虚席。观众们形形色色，都很年轻。街头青年和加州大学兄弟会成员以及他们的死党混在一起。他们突然被一张久经世事的脸打断。他唱起了《苏珊》，却又停了下来，在充满善意的掌声中走下舞台。在他来到这个剧院之前，这些观众就已经是他的忠实听众。科恩，这个自称浑蛋的人，像一个充满期待的母亲一般微笑着，他回到舞台上，邀请礼堂后方的人坐到舞台前面的空位和空地上。这个过程极为自然，不需要太多鼓动。一大批人挤上前来。他要求打开灯光。"我们应该看见彼此。"

演出继续，他唱起了《陌生人之歌》（The Stranger Song）。他的声音状态好得出奇，而且富有力量。又一首歌过后，"军队"现身。两个吉他手、一个贝斯手、一个键盘手和两个伴唱女歌手——埃尔顿·弗勒（Elton Fowler）、苏珊·穆斯曼（Susan Musmann），当晚还有米歇尔·霍普（Michelle Hopper），这些人一起组成了"军队"。他们开始演唱《电线上的鸟》。

莱昂纳德·科恩与"军队"之间的合作是在鲍勃·约翰斯顿的帮助下偶然促成的。他们为科恩的歌曲提供了恰到好处的上层

---

1 秘密军事组织（Organisation Armée Secrète）于1961年成立于西班牙马德里，是一个法国右翼军事组织，存在时间很短，旨在通过恐怖袭击阻止阿尔及利亚脱离法国统治。

音乐架构。他们专业但不强势，为科恩的想法注入了他之前的专辑所缺乏的广度与多样性。这场演出过后，他们会和科恩一起回到纳什维尔，完成新专辑的最后一首歌。如果今晚的演出可以算作一次准确的暗示，那么新专辑中将会有几首包含典型乡村音乐元素的歌。

与此同时，当人们发现已经没有更多的空间可以容纳他们之后，他们开始坐在过道上。尽管——所有人都知道——坐在过道上是不合规定的。此时，一份声明是十分必要的。"我从权威机构处获得了一则重要新闻。"他开玩笑说道，然后唱起了一首即兴编成的歌：

> 坐在过道是被禁止的/但我才不会在意/我不在意你们坐在哪儿/我也不在意你们站在哪儿/或者你们倾向的姿势如何/然而，我认为我的义务是/告诉你们马上离开过道/所以到舞台上来吧/于是他们来到舞台/他们不再回去/于是他们来到我的舞台/他们不会再回去/噢，我承诺我会做任何事情/但他们不会再回去/不，他们不会再回去。

观众们鼓掌、欢笑、歌唱，他们再一次向前移动。"军队"被人群淹没。只有科恩仍然十分显眼，人们似乎不敢靠他太近。高票价区传来了一些不满的嘟哝声，但没什么用。不仅舞台上挤满了人，过道上也依然十分拥挤。

另一份严肃的声明随即到来："我并无遗憾地听到了关于这场闹剧的最后的消息……他们说我们只能再唱一首歌了……如果过道不清空的话，这场演出就要结束了。"科恩背后有一个人喊道："唱一首时间长的。"他回答："我认为他们不会让我们的诡计得逞。过一会儿他们就会切断电源，然后开始怒斥我们……我不在乎有什么事会发生在我身上，因为我感觉很不错……我不在乎那些事情。我的工作不是将人赶走。"

当歌声响起时，令人大为震惊的事情发生了。犹豫之间，一些人开始返回他们最开始的位子。很多坐在位子上的人发出赞许的掌声，这让更多的人开始思考占据过道可能产生的道德后果。大规模的回位开始了。在那一刻，据说已经集合准备采取行动的警察做出了退让，允许人们坐在过道上。欢呼声响彻礼堂。中场休息离开舞台时，莱昂纳德·科恩仍然咧嘴笑着。

中场休息？他和"军队"走入舞台侧面，互相看着对方，然后默默地回到了舞台。"那本来确实是中场休息。但这一切那么棒，为什么要停下来？"尽管这场演出的定位是音乐与诗歌之夜，但当晚只朗诵了两首诗歌。科恩自信地演唱了几首新歌。他显然很高兴，而他的快乐也得到了观众的回应。

乐队不唱安可曲就无法离开。科恩虽然很累，但也十分乐意，他回到舞台上，唱起了《似乎已是很久以前，南希》(Seems So Long Ago, Nancy)。他解释称不确定自己是否还能记起这首歌。《南希》的核心内容依然非常清晰，但是他们已经很久没有表演过这首歌了。为了帮助自己唤起那段关于她的记忆，科恩讲述了她的故事。很多年前，他们在加拿大相识。1961年。那是在"伍德斯托克国度"以及嬉皮报刊出现之前。当时，孤独一人是一件非常奇怪的事。南希的父亲是一名位高权重的法官，但她住得离街道很近。她的朋友告诉她，她是自由的。"她和所有人上床。所有人。她有了一个孩子，但是被带走了。于是她在浴室里开枪自杀了。"

安可之后，观众们仍然想要听更多的歌。但科恩只是回到舞台鞠躬。演出结束了。在后台，巡演经理比尔·多诺万(Bill Donovan)为了科恩丢失的吉他找遍了所有地方。莱昂纳德问候了一些熟人以及一些他已经记不起来的人。他优雅地从一个又一个人身边走过，前往出口。一群人站在附近低声交谈，非常肯定地点着头。吉他找到了，它被装在了其他吉他盒里。

回到宾馆的莱昂纳德·科恩精疲力尽，在喝完香槟、与粉丝约会（一些是精神层面的，另一些则是通常的那种方式）之后，他疲惫地缩进沙发。大家开始传递酒瓶。"南希与我们同在。如果没有她，我们不可能顺利完成演出。"

他脱掉靴子。人们陆续抵达派对。一半是因为演出后的疲倦，一半是因为演出的顺利，他畅谈着演唱会和其他更宏大的话题。"我喜欢那种公众场合。我也喜欢事物遭到质疑的时刻，社会最基础的部分遭到质疑的时候。我很享受那些时刻。"

他在观众与警察之间化解的冲突印证了他之前说过的话。"我相信社会和人身上存在很多善意……重点是你将自己的力量运用在何处。在某种程度上，你可以让那些真实存在的善意引领你……或者你也可以说社会不存在善意，我们必须做的事情就是毁掉一切。我相信，即使在最腐败和最保守的群体里也存在善意。我相信人是可变的，事物也是可变的……重点在于我们希望事物如何改变。"

越来越多的人陆续抵达。老朋友们、罗恩·科尔内留斯的亲戚以及希望有机会能和科恩交谈的陌生人。尽管很疲惫，但科恩还是做好准备迎接他们。"兄弟，你知道拥有一群好听众然后给予他们你所拥有的一切这件事情中最棒的部分是什么吗？是随之而来的语无伦次。那是……嘿，那群14岁的女孩子在哪里？这是加州，不是吗？那群14岁的女孩子在哪里？"

科恩剪报
关于歌曲的出处

　　"我的歌找到了我。我必须将它们从我的心里挖掘出来。它们每次以片段的形式出现，有时连续，有时断续，如果我能将它们拼凑成一首歌，在这探索的最后有所收获，那么我会十分感激。这些歌可以告诉我，我身在何处，去过何处。我不会预先为这些歌做任何背景或政治方面的设定，但我活在政治世界里，我知道正在发生什么，我的歌来自对无知的察觉。我的很多歌都来自于无知。"

　　——摘自《复杂性与科恩先生》，比利·沃克（Billy Walker），《声音》（*Sounds*）（英国），1972年3月4日

科恩剪报
关于他的声音

　　"我的声音很单调，而且我有些爱抱怨，所以它们被说成是悲伤的歌。但你也可以高兴地唱它们。但一旦我唱自己的歌，它们听起来就非常忧郁，这完全是生理事故。"

　　——摘自《神秘背后》，托尼·威尔森（Tony Wilson），《新音乐快递》（*New Musical Express*）（英国），1972年3月25日

莱昂纳德·科恩著名的最后访谈
（这位诗人最后的访谈，他希望如此）

保罗·萨尔茨曼（Paul Saltzman）| 1972年6月，《麦克林》（加拿大）

与哈弗坎普的谈话过去大约一年半后，科恩在多伦多和纳什维尔两地与保罗·萨尔茨曼进行了对话。"我只是很困惑，朋友。"这位歌手说道，暗示即将到来的演唱会或许将是他的最后一次演出，而这次采访或许也将是他的最后一次访谈。他在几个月后与英国记者罗伊·霍林沃思的对话中也发表了类似的言论。（见本书第40页[1]）

至今仍是科恩粉丝的萨尔茨曼当然很高兴他改变了想法。"我和莱昂纳德·科恩的相遇始于70年代初，当时我为他制作了4场演出。"他告诉我，"带莱昂纳德巡演是我的荣幸，因为读了他的诗和他的小说《美丽失败者》之后，作为一个年轻人，我深受影响。而时间的流逝只是加深了他对我的影响：变得更加谨慎、深沉、清醒。"——编者

去年秋天，我听一个朋友说莱昂纳德·科恩将要过境多伦多。这是莱昂纳德的粉丝获取有关他的消息的方式。一个朋友会悄悄地告诉另一个："你知道莱昂纳德在城里吗？"或者"你听说了莱昂纳德上周在城里吗？"不过，当你听说这消息时，莱昂纳德·科

1　原书第40页，本书第55页。

恩往往早就已经离开了。

不过这次传闻是真的，他仍然在城里，我们在一家优雅的法式餐厅相遇，他和一位作家朋友正快乐地沉浸在少有的海鲜大餐中。我到的时候，他们正在享用丰盛的牡蛎、蛤蜊和虾的大餐，并且惊喜地发现甜点菜单上有龙虾派。莱昂纳德看上去比以往任何时候都要健康。曾经有一段时间，他形容自己是"一个肥胖、邋遢的25岁的孩子"，但如今37岁的他身形完美，这是瑜伽、冥想、节食，以及出于身体考虑的饮食习惯带来的影响。

他在这儿的原因是多伦多大学购买了一批他的手稿，他每天都在仔细查阅这些材料，回顾早年的自己。他说他马上就要再次启程，先去温尼伯取他的丰田吉普车，然后开车前往洛杉矶附近山上的一座日本禅院，在里面待一个月。

他补充说下山之后他将前往纳什维尔，和新乐队一起为欧洲巡演排练。他必须再交两张专辑给哥伦比亚唱片公司，他认为履行合约的最好方式就是交两张巡演现场专辑。我告诉他我正在写有关他的作品，问他是否可以到那里去看他。他停住了，盯着龙虾派，然后说："好啊，为什么不呢？"于是这件事就这么定了下来。我们保持了联系，我也说好将在排练期间到纳什维尔去采访他。

我第一次遇见莱昂纳德·科恩是在1970年圣诞节前。他当时正在美国巡演，我应邀去这些地方制作4场演出：多伦多的梅西音乐厅、渥太华的卡尔顿大学、蒙特利尔的艺术广场，以及一家位于蒙特利尔的精神病院。我听说莱昂纳德喜欢为精神病人表演，他欣赏这些观众的诚实。"如果他们不喜欢你，他们就会起身离开。"此时我早已为他着迷。三年前，和很多人一样，我被他的音乐深深地打动了。

后来我读了他的诗以及那部疯狂的小说《美丽失败者》，而且如今每当我想评判他人时，我都会想起他在加拿大广播公司电视台的采访中说过的一句话。他说："不存在近乎完美的故事，因此我无权将自己想象成英雄。不存在邪恶至极的故事，因此我也不会把自己想象成恶人。"

只是，这个已然迷失、接近疯狂的诗人究竟是谁？他是谁？我想知道答案。你很难找到他身上的这种感性，也很难有机会接近。

我们在布鲁尔街的温莎阿姆斯酒店碰面（是葛洛丽亚·斯旺森[1]在城里时会住的那种酒店），莱昂纳德看上去比在电视上更加精力充沛、健康。他清瘦整洁，走路时身体有一种令人惊讶的准确性，他的说话方式和走路方式一样，有自己的速度。他和他的团队一起住在那里（两个女歌手、四个乐手、一个巡演工作人员、一个录音师和一个设备人员）。

第二天，在大获成功的梅西音乐厅演唱会结束之后，我们一起飞往渥太华。六周紧锣密鼓的演出过后，乐队成员都呈现出了疲惫感。但是我感觉很棒，我焦急地等待着在忙乱过后与莱昂纳德共度的时光。我想知道的事情太多了。

渥太华那晚的演出非常神奇。演唱会下半场，巡演经理比利·多诺万和我从舞台的黑暗一侧移动到了靠近钢琴的光亮一侧。从黑暗处到明亮处的空间转换令人震惊，就像反向充电一样。观众们消失在舞台前那一片令人惊叹的黑色空间中。一股强烈的紧张感在莱昂纳德与黑暗之间滋长。那一刻，我为他感到惊慌——他的面前是一个黑暗的实体，像是某种能量怪物，正在将他吸入。我想打开灯光解救他。观众的渴望也同样令人恐惧。他的脸上有一些痛苦的痕迹，他在努力保持克制。突然间，他与某件事物建立了情感上的联系，于是整个夜晚都在他的掌控之下。阿道司·赫

1　葛洛丽亚·斯旺森（Gloria Swanson，1899—1983），默片时代和有声片初期美国著名女演员。代表作《日落大道》。

胥黎[1]对人类的设想是去唤醒，而莱昂纳德在那一晚唤醒了黑暗。演唱会结束，观众们站起身，大声、热烈地回应他。莱昂纳德从肩膀上摘下吉他背带，静静地站了一会，然后说道："回到加拿大的感觉很好，我回家了，感谢你们与我一起分享这个时刻。"

20分钟后，所有音响设备都已被搬走，场馆空空荡荡，一个女孩焦虑地走近我们，请我们带她去莱昂纳德的化妆间。她很尊敬我们，可以说毕恭毕敬。当我们朝外走向去往化妆间的楼梯时，她安静地跟在后面。而在我们面前，莱昂纳德和乐队正一边开心地大笑，一边朝对方扔雪球。她非常震惊。这个女孩显然无法调和眼前的场景与她作为粉丝的崇拜之情。

当晚晚些时候，音响组的弗莱迪和我非常疑惑地讨论着这个女孩、这种魔力以及观众的需求，还有那种陌生的能量，我想知道，为什么莱昂纳德能忍受这种令人筋疲力尽的巡演，他是如何做到的。这很可怕。我们决定去找他谈谈。我们知道他不会感到困惑。凌晨三点，我们敲响了他的酒店房门。一个疲倦的声音从里面传来，询问门外的是谁。

"是保罗和弗莱迪……我们能和你聊聊吗？""可以等到早上吗，朋友？"我们想了一会儿。"不能，真的……"

门开了，我们一起坐在门口的地毯上，一直聊到天亮。莱昂纳德解释称，巡演"就像一场意大利式婚礼。你认识新娘，或许也曾碰见过新郎一两次，但你从来没有遇见过那里的其他人。人人都喝得烂醉，吃了很多东西。第二天早上，你已经不太记得清那场婚礼。在我看来，这是我的最后一次巡演。但这种意愿很弱，我或许会回来，再开十次巡演然后最终退出，又或者一切只是这样了"。

莱昂纳德跟我和弗莱迪都很熟悉，也很亲密，因此这样坐着

---

1 阿道司·赫胥黎（Aldous Huxley，1894—1963），英国著名作家，代表作《美丽新世界》等。

聊天的场景对我和弗莱迪来说很自然，但我永远不会忘记他转向我们说道："听着，我很喜欢你们，但不要因为我们坐在这里这样聊天，就认为我们是亲密的朋友。古代的日本人见面时会互相鞠躬半小时，说些寒暄的话，然后再慢慢靠近彼此，他们知道必须要谨慎地进入他人的内心。"

他举起双手，掌心朝外，然后将手轻轻地推向我们。他想让我们更加清楚我们之间的距离。

几天以后，巡演结束了，莱昂纳德也离开了，我意识到他所说的话的意义。从那以后，友谊的意义对我而言变得更加深刻。我想再次见到他。

我离开多伦多时气温零下10摄氏度，一片雪白。达美航空的飞机正穿越纳什维尔上空的粉色积云向下降落，我可以看见下方田纳西乡村渐浓的绿色与棕色。现在是3月初。

比利和莱昂纳德的主音吉他手罗恩在等我，再次见到他们的感觉很好。自从加拿大巡演之后我们就再也没见到彼此。我们开心地钻进租来的卡普里车里，驶过附近富丽堂皇的南方宅邸，它们被精修过的草坪包围，这些草坪需要"精心照料"，每一座房子都是很久以前由黑奴建造的，它们的周身覆盖着相似的砖墙。之后我们穿过城里的一片黑人居住区。那里的路还没有铺好。

哥伦比亚录音室A棚是一间配备了高级隔音墙、混音器、合成器、扬声器的屋子，天花板很高，里面所有的硬件设施都相当不错，鲍勃·迪伦、西蒙和加芬克尔[1]、皮特·西格[2]，以及迈克尔·墨

1　西蒙和加芬克尔（Simon & Garfunkel），美国著名二重唱乐队，于1970年解散，成员为保罗·西蒙（Paul Simon）和阿特·加芬克尔（Art Garfunkel）。
2　皮特·西格（Pete Seeger, 1919—2014），美国著名民谣歌手，有"美国现代民歌之父"之称。

菲[1]等数不胜数的音乐人都在这里录制过音乐。莱昂纳德正在里面和他的乐队一起排练，乐队成员包括：来自旧金山的原声贝斯与电贝斯手彼得（Peter），来自加州的原声吉他手大卫（David），以及两位女歌手：来自多伦多的李（Lee）和英国的斯蒂芬妮（Stephanie）。

莱昂纳德转向我，然后轻松地说道："嗨，朋友。"罗恩加入乐队，他坐在一张高脚凳上，将格雷奇（Gretsch）电吉他放在两条大腿上，然后他们唱起了《圣女贞德》。那天下午的排练进展很糟糕。女生们的声音很美，但是它们无法与莱昂纳德的声音契合。女孩子们之后会被告知这次合作并没有取得预期效果，化学反应没有产生，她们只能回去。她们会很失望，但应该也会庆幸紧张感消失了。而现在你能看到的，是莱昂纳德和他的唱片制作人兼管风琴手鲍勃·约翰斯顿的疲惫和沮丧。莱昂纳德出去的时候说他之后会在基督教青年中心健身房与我见面，他每天都去那里健身一次。如果他感觉身体僵硬紧绷的话就每天去两次。

在健身房放松身体后，我们一起去了他住的酒店吃饭，饭后，我们坐下来开始第一次对话。莱昂纳德需要倾诉，但他似乎有所保留，不过他和我谈到那座他刚刚待了5周的日本禅院。那座禅院虽然很简朴但很漂亮，高高地建造在加州大山的林木线之上，寒冷且优雅。一位年轻的僧侣会准备美味的素斋。莱昂纳德每天早上四点起床，一整天都要冥想与工作。他说这种经历会给予他力量，不是强壮的身体力量，而是源自内在各部分彼此连接的感觉。当下这趟历时40天、跨越23个欧洲城市的巡演对他来说是负担，是一种他必须忍受的消耗。他对于唱七年前写的那些情歌感到厌倦，并且受够了音乐产业。"三年来我一直在尝试离开

---

1 迈克尔·墨菲（Michael Murphey，1945— ），美国著名乡村歌手。

纳什维尔，"他说，"而现在我必须做好准备迎接巡演路上会遇到的十万人。"

之后，我和他的恋人苏珊，以及罗恩一起待在他的房间里，我再次注意到他对开启对话的犹豫。大多数时候他都选择倾听，他开心地把注意力集中在苏珊的手上，那只手正在抚摸他的脚。他们在一起时很融洽。温暖、平静，充满爱意。她是一个可爱的女人，像莱昂纳德一样不怎么说话。但她一旦开口，便逻辑清晰，头头是道。她对莱昂纳德说："我所知道的事情几乎都是你教我的。"罗恩补充道："他教我的肠道保护知识比任何人都多。"

接下来的几天，我轻松地适应了莱昂纳德早上健身下午排练的行程。莱昂纳德和我偶尔会开着他的丰田吉普车兜风，那些午后暖阳下的时光十分惬意，但我们之间有一股不断滋长的紧张感。有好几次我们都约好为这篇文章做一次采访，但他总是在最后一刻将其延后。

周日，苏珊要前往迈阿密并在那里待几天。下午排练过后莱昂纳德走进控制室，终于提议完成这次采访。我们把他的吉他和我的挎包装进丰田车后备厢，然后前往他住的酒店。我可以看出来，这次谈话对他来说是件苦差事。

我们来到他的房间，彼此都因对方的存在而颇有压力，同时也对谈话感到紧张。他不想说话，不想被问及有关他本人的问题。我不希望令他感到不安，进而伤害我们仍处在萌芽阶段的友谊。但由于实在太过紧张，我走到了阳台上。

夜晚的空气让我平静下来，独自待在自己的房间里也让莱昂纳德感到更自在。当我回到室内时，他坐在床上，于是我坐到了另一张空床上。

此时大概七点半，我们决定给这场对话定时一小时。他点了一块芝士三明治和一杯牛奶，我点了一杯番茄汁，等待时，我设置好了带来的磁带录音机。

食物送来后，我打开录音机，我们继续轻松的对话：

"我没钱时的生活好得多，奢侈得多。这一点令人非常困惑，你可能也这么想。我的生活质量随着收入的增加反而下降了。"莱昂纳德转向他那一侧，一只手撑着头，另一只手拿着三明治开始吃，"相信我，这就是钱的本质。"

"钱在某些人手里只会让他们的生活质量下降。我没钱时的生活要好得多。我住在希腊小岛上一座漂亮的小房子里。我每天都游泳、写作、工作，认识来自世界各地的人，而且行动自如。我无法想象还有什么生活比那更好，我当时一年花1000美元左右。我现在花的钱是当时的好几倍，但我发现自己住在酒店房间里，呼吸着糟糕的空气，而且行动十分受限。"

他把手伸向床尾，拿起杯子喝了一些牛奶，我问他现在对加拿大是什么感觉。

"这是我的故土，我的故乡，我对它的感觉就是一个人对他的故乡所怀有的一切感觉……非常温柔的感觉。我不喜欢听到它被批评。我喜欢听到它被赞美。我经常回来，每年都会在这里住一段时间。这是我拥有的最后的家。"

几年来，莱昂纳德一直没有一个真正的家，他总是在四处搬迁。不过现在他在蒙特利尔给他自己、苏珊以及他的朋友莫特（·罗森加滕，Mort Rosengarten）买了套房子，他打算回家。

"这是下一个家。我想我们很幸运，因为这里不是一个超级国度，这是……我不知道，这是我的故乡，我能说什么呢？这里甚至不是加拿大，这里是蒙特利尔。也不是蒙特利尔，只不过是几条街道：贝尔蒙特和旺多姆。这儿太棒了。"

回忆童年时的他既热情又快乐，这让我想起他前几天说过的话，那就是除了因为音乐事业遇见的人之外，他唯一的朋友就是他童年时的那些朋友：莫特、亨利·泽梅尔（Henry Zemel），以及亨利·莫斯科维茨（Henry Moskowitz）。那天晚上早些时候，他从浴室出来后在镜子前停了下来。他看着自己，用手捋了捋头发，露出了笑容，他略带活力地说道："最近我感觉自己非常像个小男孩，非常像。"

此时，当我坐在那里，看着他谈论蒙特利尔时脸上洋溢的活力与喜悦，我想起他母亲仍然保留着他的房间，与他离开时别无二致。莱昂纳德的父亲在他很小的时候就去世了，这造就了他作为诗人的敏感性，却也令他成为家中唯一的男人，过早地承负了重担。他虽然怀着对安定的恐惧长大，但也从兑现各种急迫且严苛的要求的过程中获得了力量。

我想知道他的真实状态是否像他看起来那样健康。他回答："我很迷茫，朋友。我很迷茫。有时候，一件事做到一半后我会不知道该如何继续。比如为了完成这次巡演，我想尽一切办法让自己保持正常。但大多数时候，我是在困境中艰难前行。毫无疑问，造成这些困境的是我自己。我认为每个人都应该为自己的处境负责。但我不打算待在这里，为了能离开这里，我已经尝试了很多计划，我打算终结当前这项计划，因为它没有奏效。事情的关键不在于因此责怪自己。事情的关键在于要尽可能准确。"

"你知道吗？"他继续说道，"这就是我不愿意给别人建议，介入别人生活的原因。至于我的观点从何而来，如何形成，真相就是我没有任何特别的秘密。我曾经在一首歌里写过：'请你明白，我从未拥有一张秘密地图，为我指明通往事件核心的道路[1]。'"

莱昂纳德吃完了他的三明治，我吃了几块曲奇饼干，还喝了番茄汁。我们安静了几分钟，彼此都对这段沉默和对方的存在感

<hr />

[1] 歌词出自《陌生人之歌》，这首歌收录于专辑《莱昂纳德·科恩之歌》（1967）。

到非常放松。

"你对友谊有什么特别的理解吗?"

"不去审视朋友的行为,但用朋友的标准来审视自己的行为。你的朋友是你最棘手的敌人。我觉得我没能为我的朋友们做些什么……你知道的,我的目的不够单纯,我不会说我是一个合格的朋友。"

"你有好朋友吗?"

"有,我有一些好朋友,但我认为他们是我最棘手的敌人;他们在伤害我的同时帮助了我,在帮助我的同时伤害了我。我的意思是,友谊常常是相互理解的一个先决条件,但相互理解会纵容缺点,对谁都没有好处。"

"但是友谊难道不是一个共同觉醒的过程吗?"我问道。

"那是诚实。"

"好吧,难道那种不是友谊吗?"

"不会持续很久,因为它很难维系。这正是我尝试用来对待此次对话的方式。如果我能再强硬一点的话,我就会说'保罗,你最不需要做的就是坐在这里谈论这些事情。比最不需要去做的事情还要多余的,就是去担心需要做的事,而你最不需要做的事情就是高谈阔论。在其他时候和其他情况下谈论这些事情或许还有些价值'。"

我想知道莱昂纳德认为自己需要什么,被问及这个问题,他的回答是:"在为逝者举行的希伯来仪式中有一句经文我很喜欢,'我们的需求如此之多,以至于我们不敢把它们说出来',为什么我们不敢把它们说出来?我们总是在愤世嫉俗地抱怨自己的不快,没完没了。真的没完没了。这样做并不能让你高兴起来。这就是它的弊端,唯一的弊端,它不能给你带来你想要的结果。就是这样。"

他把杯子倾倒过来，将牛奶饮尽。"那就是我不愿意谈论自己的原因之一，因为你会忘记你真正的想法是什么。你会错误地把描述当成真实的感觉。"

"虽然我不爱说话，可我依旧在说。保持沉默需要强大的意志。想法是一回事，真正去做又是另外一回事。同时，做到不去谈论的关键是你要让自己置身于这样一个环境里，这环境有利于你做想做的事，并且不会迫使你做不想做的事。这就是建立修道院的原因，并不是因为它自成一体。而是因为在修习的时候，你会想给自己一个机会。如果我想给自己一个机会去练就某些长处，我不会去巡演，或者说我可能能去巡演，得到完全负面的反响之后我就不需要再去了。比如这次巡演就是我最后一次做这类事情。"

他看着录音机，然后又看着我，接着换了一种更舒服的姿势躺在床上：

"这也是我最后一次做这样的访谈。我的意思是，这种采访对我而言没有效果，它不是一种有效的自我完善的方法。这是被禁止的……通过谈论达到兴奋的方式是被禁止的，因为我们知道这违背了目的。苏菲派[1]有一个故事，一个年轻人去拜谒一位著名的智者，这个年轻人一回来，他的同学就问他'关于灵魂转世，他说了什么？'。他回答说'我不知道，我没听见他说了什么'。'那关于灵魂的实体，他说了什么？''我不知道。'他回答道。他的同学有些懊恼地问他'那你为什么去那里呢？'。然后他回答'去看看他是怎么系鞋带的'。"

莱昂纳德停顿了一会，然后继续说道："真正优秀的报道应当如此。我们之间的这种对话永远无法体现人的本质。因为印刷品的密度无法传达这些本质。"

1　苏菲派（Sufi），又称苏菲主义，是伊斯兰教徒中的一种信仰方式和生活原则，泛指追求禁欲生活和在宗教中具有神秘主义倾向的穆斯林。

莱昂纳德之前提到他即将完成一本新书，当我注意到一份像手稿一样的东西时，我向他问起了这件事。

"我刚刚写完一本书，题目是《奴隶的力量》（*The Energy of Slaves*），我在其中谈到我正处于痛苦之中。我没有用这些词汇，因为我不喜欢它们。它们无法描述真实的情况。我用了80首诗来刻画自己目前的真实境况。对我来说，那完全免去了我公开发行专辑时所需承担的责任。我把专辑写成了书。这本书非常细致。我花了很多年来写这本书，现在已经完成了。它将存在于硬皮书封之间，只要公众希望它继续流通，它就会永远存在。细致、克制，这就是我们称作艺术的东西。"

"你为什么要出版它？"我问道。

"这是我的工作，仅此而已。它的部分本质就是接触人群。我的意思是，我不想对着空荡荡的礼堂演出。我的工作是写歌和写诗，我会利用我手头现有的所有素材。我的素材并不是很多。我对于主题方面不是很满意。我希望能拓宽主题的范围，但目前，我只能凭借已有的素材工作。"

他起身走向桌子，拿起一只棕色皮袋，然后捧出一堆厚厚的纸稿，每一张上面都密密麻麻地写满了诗歌，他将它们放在床上，然后开始浏览。我记得曾经有一次在蒙特利尔，他给我读了几首诗，还告诉我几年来他一直在磨炼自己的技艺，从而能让作品变得更优美，但现在他对写作优美的作品已经失去了兴趣，他只为真实而作。

"我关心的，"他继续说道，"是书的反响。我关心的，是它如何能比别的书更受欢迎，因为我有一种感觉，那就是公开发行这本书或许是一个错误。我希望我会发现这种痛苦的感觉是错误的或者说是我想多了。"

"难道你不认为你的作品会让人获得更深的觉悟吗？"

他想了一会儿，然后看着我，用一种真诚的善意说道："或许吧，但我不这么认为。我能对你说的最重要的事情就是你不可能通过说话来获取知识。那些博学的人不会喋喋不休，而那些喋喋不休的人不可能博学。这是有一定真实性的。你不可能看到那些伟大开明的大师们到处说个不停。你无法通过那种方式获取知识。"

就在我准备关掉录音机的时候，我注意到它已经停止工作，应该要换新电池了。我们因此大笑，莱昂纳德转身躺下说道："很明显，我们今晚的谈话中最重要的部分可能没有被录下来。"

大约十点半的时候，苏珊从迈阿密打来电话。尽管莱昂纳德说只有女人才会谈"爱"，但是当苏珊出现在电话另一头时，他还是明显面露喜色。他说："你好，小宝贝。"他的语气如此亲密，以至于我感觉自己被直接拽出房间，扔到了阳台上。

接近最后时刻，要来的终究会来。这是周二晚上，詹妮（·沃恩斯，Jenny Warnes）以及唐娜（·沃什伯恩，Donna Washburn）第一次加入彩排，她们是新的伴唱歌手，刚刚从洛杉矶来到这里。你可以感觉到这里弥漫着强烈的兴奋感。灯光很暗，垃圾桶里全是冰块、酒和香槟。这两个女孩必须得去工作了。

詹妮很高，一头金色披肩直发。她站着的时候身体笔直但很放松，有一种沉静的感觉。她之前在洛杉矶担任"秀发"乐队的主唱。唐娜稍微矮一点，身材更加丰满性感，淡金色的自然卷长发披落两肩。她不如詹妮那样冷静，更需要鼓励。

彩排过程很顺利。这是第一首歌。如果这次彩排要成功，那就必须从此刻开始。莱昂纳德看起来真的很像少年。他穿着破旧的棕色运动鞋和钟爱的黑色宽松长裤，心爱的灰色旧毛衣随意地挂在肩头。他在听女孩们唱歌，轮到他唱时，他露出了笑容。他们站在麦克风前，肩膀微缩，脚同步轻踏，慢慢地从一边转到另一边。"噢你真是一个如此美丽的人/我知道你已经离开并再次改名。"电贝斯手彼得一边微笑一边打着拍子。大卫看上去也很开心。"就在我攀上这座山/任雨冲刷我的眼睑时。"

音乐响起。罗恩露出笑容，鲍勃也是。"别了，玛丽安/是时候/让我们再次为这一切/欢笑和哭泣，哭泣和欢笑。"

新来的女孩们声音极美，她们再一次唱起副歌。结束了。莱昂纳德转向女孩们。他非常高兴地笑着。"太精彩了……太精彩了……真是太精彩了。"他无法从音乐的美妙中恢复过来。他一边和女孩们握手，一边说"恭喜"。他就像一个孩子，如此快乐。大家都停下来去喝酒，但莱昂纳德太兴奋了。"快点，我们继续。嘿，说真的，这实在太精彩了。我太激动了，甚至丢了吉他上的弦枕。"他在话筒杆和椅子间艰难地穿梭，在地板、桌子和椅子上寻找弦枕。"嘿，有人看见我的弦枕了吗?"女孩子们正咯咯笑着，她们为事情进展顺利而感到高兴。而莱昂纳德仍在四处艰难穿梭："这歌声实在是太美了，就像传入我耳中的音乐，我没法开口唱歌。我很高兴有这样的歌声存在，而且它们来到了这里。"此刻，他站在原地，心情难以平复。

他们重新聚到一起，莱昂纳德说："我们来唱《绿色细蜡烛》（Thin Green Candle）吧［编注：即《我们其中之一绝无过错》（One of Us Cannot Be Wrong）］……不，不，还是唱《圣女贞德》吧。"他们开始了，但唱到一半时，莱昂纳德突然停住了："对不起。我们把这首也放一放吧。我唱不了这首歌。它太美了。"他们互相看着对方。"我需要女孩们来跟我一起唱的原因是我的歌声令我自己感到压抑。"唐娜对此表示反对："不……没有。"但莱昂纳德继续说道："不，是真的，这就是事实。我需要用你们的声音来柔化我的声音。没错，这就是事实。所以，请试着为我唱些简单

53

的和声。"然后，他们重新开始唱起了另一首歌……这一次，奏效了。

第二天接近午夜的时候，我们都在整理东西，准备离开录音室。经过这次与莱昂纳德的共处，我意识到他是在寻找造就他的那些事物。这句话并没有任何科幻层面的意思。它的意思仅仅是说，莱昂纳德身上有许多他自己讨厌，甚至是厌恶的部分。在某次谈话时，我问他是否喜欢自己。他想了一会儿，然后说："我喜欢真实的自己。"我理解的这句话的意思是，他和我们中的大多数人一样为自己创造了许多自我、公开人设、英勇形象和风流事迹，但他现在正在逐渐卸下它们，成为真实的自己。从某个时刻开始，或许是二十多岁决心改掉邋遢时，他一步步走上漫长艰难的斗争之路，寻找真实的自己。

抚平内心的冲突可以解放灵魂。莱昂纳德一直在革新他获得快感的方式。药物不再奏效。公众的赞誉、音乐行业，或者科学教（他曾经信奉过此教）也都无济于事，但瑜伽、禁食以及他的写作可以起到作用。苏珊也可以。这一过程是持续性的，并且随着时间的流逝变得越来越深刻。你可以从他的脸上看出来。革新。一直在革新。那就是我研究莱昂纳德的原因。我爱这个男人的原因。莱昂纳德非常了解"寻找"这回事，而我则一直努力让自己在这方面变得更为擅长。他促使我面对这件事。有一天，我的兄弟将我拉到一边，点破了这一切，他说："你非常讨厌你自己。那就是你四处游荡的原因。你害怕自己一旦慢下来，就会发现一切对你来说都没有意义……但其实是有的。"

我向录音室里的所有人一一告别，然后走向莱昂纳德。我们握了握手，接着随意地说了声再见。就像我们第一次打招呼时那样。仅限于彼此认识。只是另一次相遇。共度时光。不做承诺。

科恩剪报

关于接触更多的听众

"有时候我感觉我背叛了自己，但我认为如果我不能接触更多的听众，我也会有这样的感觉。那时，我就会认为我应该更加努力地去接触人群。但有些时候，我感觉我本应该努力与更少的听众接触。"

——摘自《莱昂纳德·科恩那奇异、悲伤而美丽的世界》，安德鲁·弗尼瓦（Andrew Furnival），《衬裙》（*Petticoat*）（英国），1972年12月30日

科恩剪报

关于宣称离开音乐行业

"现在我要离开了，我的兴趣已经在别的地方了。有些时候，我真的觉得音乐具有一种社会意义——但现在它仅仅只是音乐了。我自己很喜欢听音乐，但是，嗯，我觉得我不想再和音乐保持这样的关系了。这一切已经结束了。我祝福所有'摇滚行业'里的人，但我不想再待在这里。我发现自己已经完全不再写作了。我不知道自己是否还想写作。事已至此，我决定毁了它。然后离开。或许在另一种生活里也不会有很多美好的时刻，但我已经看透这种生活，我不想要它……我只想闭嘴。只想闭嘴。"

——摘自《科恩，科恩，消失》，罗伊·霍林沃思（Roy Hollingworth），《旋律制造者》（*Melody Maker*）（英国），1973年2月24日

科恩后悔了

阿利斯泰尔·皮里（Alastair Pirrie）| 1973 年 3 月采访，1973 年 3 月 10 日刊登于《新音乐快递》（英国）

1973年4月1日，哥伦比亚唱片公司发行《现场歌曲》（*Live Songs*），这是一张歌曲合辑，录自科恩于1970年到1972年间在伦敦、布鲁塞尔、巴黎、柏林、怀特岛和田纳西的演唱会。包括《电线上的鸟》和《以撒的故事》（Story of Isaac）在内的其中几首歌之前已经有录音室版本，但其他歌曲，例如《经过》（Passing Through）和《请勿与我错过（耻辱）》[Please Don't Pass Me By（A Disgrace）] 则没有。

或许是为了宣传，科恩在专辑发行前不久接受了初出茅庐的记者阿利斯泰尔·皮里的采访。但皮里希望谈一些别的话题——包括科恩不久前向《旋律制造者》的罗伊·霍林沃思透露的将要"离开摇滚圈"的决定。

"在这次采访前，我曾经和科恩匆匆见过一面，"皮里告诉我，"那场演唱会应该是别人推荐我去的。虽然我和他说过话，但他不会记得我。我只不过是人群中的一张面孔，可我完全入了迷。"

"很快我就到了十五六岁，"皮里继续说道，"虽然是自由职业者，但我梦想成为作家和制作人，这篇报道最终成为我的第一份出版作品。我因此得到了7镑的报酬，我还记得我在泰恩河畔的纽卡斯尔皇家车站酒店附近徘徊了很久，因为一直以来我都被告知莱昂纳德·科恩不接受采访。我鼓足勇气订了一个房间，走进电梯后幸运地发现科恩正在和一个女孩聊天。她长得不错——

很漂亮，真的。我没有听他们小声争吵的内容，那么做不礼貌，但他们显然认识对方。"

"我当时是偷偷溜出学校的，身上有一台靠胶带粘在一起的录音机，"皮里回忆道，"我还为它买了电池，电池和酒店的费用花光了我在BBC实习时攒下的所有积蓄。我花的每一分钱都是一次梦想对零经验取得的胜利。总之，那个可爱的女孩走出了电梯，当电梯继续下行时，我战战兢兢地询问科恩是否可以接受采访。他给了我一本书，然后回答说'当然可以'，接着把我领到了公共酒吧。他给我买了酒，跟我一起坐了一会儿，我们开着录音机聊天，他还给我读了一首诗……"

"我给《新音乐快递》打电话，告诉他们我完成了这次采访，他们说这不可能，科恩不接受采访。为了增加可信度，我把这篇报道用BBC的信笺给他们寄了过去，就在那一周，《新音乐快递》刊登了这篇报道。我非常激动。科恩给予一个书呆子小毛头的随意善举为我带来了关注，我之后得以在英国和美国制作成百上千小时的音乐电视节目，如今，我是一个电视和电影编剧。

"能记住哪些访谈和人物这件事是很奇怪的。我在和科恩见面之前就已经是他的粉丝了，而见面之后，我更加钦佩他了。"

皮里在我们谈话的末尾感谢我让他想起了与科恩的这次对话，"以及这篇我在其中拼命扮演成熟作家的拙作，还有很久以前那些茶与橘子的日子"。——编者

如果科恩坚持此前宣布的退出音乐行业的决定，那么对熟知他的人来说这一点也不奇怪。

他经常对朋友表示自己厌恶把歌卖给人们的这种商业行为，他还厌恶把这种行为变成必要的社会。

几天前的一个晚上，他告诉了我他想退出的原因。"我不再

是一个自由的人，我是一个被压榨的人。曾经，很久以前，我的歌还没有被交易，但它们总有办法抵达人群。

"后来，人们发现它们有利可图，而我也对那些利益很感兴趣。我得在很多层面上和很多人打交道，同时还得为钱斗争。"

他停下来喝了一小口酒。"在这个行业里，你的歌得完全交由他人处置，而且还会发生许多让你感到后悔的事。

"唱片公司现在逼着我宣传自己的歌，因为唱片店想把它们卖出去。我不会为了他们而宣传我的歌。"

科恩三十五年前出生于加拿大蒙特利尔。他在麦吉尔大学学习艺术时开启了自己的职业生涯，不过他之后由于对商业感兴趣而转去了商科。

他后来还在纽约哥伦比亚大学学习过法律，离开后在家族服装厂找了份工作。（编注：事实上，他是在麦吉尔学的法律，后来就读于哥伦比亚通识教育学院。）

他14岁开始写作——大多数是为了追求女人而写的祷词和诗歌。在家族企业工作后不久，他出版了第一本诗集，而有关工厂管理的所有计划全都被他抛在了脑后。

50年代末，科恩和一个叫玛丽安（·伊伦，Marianne Ihlen）的女人一起消失，并在希腊小岛伊兹拉岛上过了八年近乎与世隔绝的生活。

离开小岛后，他遭受了一次精神崩溃，在那之后不久，他开始把他的诗歌谱成音乐。

他说生活中的他完全不懂宗教信仰，但非常奇怪的是，他在上一张专辑《爱与恨之歌》里写了一首关于圣女贞德的歌。

"这的确是一首非常奇怪的歌，它源自我的内心，带着庄严的意味。我承认，录制那首歌时，我感觉到一股强烈的宗教氛围。我想这种感觉再也不会出现了。"

科恩是一个阴郁、悲伤的人，有时候，他那低沉、平稳的声音会弱化成一阵深思的沉默。

他不喜欢列侬式的抗议歌曲。"我不会为我的音乐做任何设定，"他告诉我，"我只写那些浮现在我眼前的事物。"

"如果我对日常琐事感兴趣，那我就会写那些琐事。总之，我觉得我的歌是在用它们自己的方式反抗。

"我并不一定得写一首叫《给和平一个机会》(Give Peace A Chance[1])的歌。我可以写一首关于冲突的歌，然后，如果我用一种平静的方式来演唱，那它就会传达同样的信息。我不喜欢那些口号写作者。"

他所有的歌和诗都关于他在生命中遇见的那些人和事。

他的第一张专辑《莱昂纳德·科恩之歌》中的《苏珊》，描述的是他和一个叫苏珊的女孩一起度过的时光。这是真实发生的事情，她的确用从中国远道运来的茶和橘子招待他。

同一张唱片中的另一首歌是他在阿尔伯塔写的，他在一家咖啡店里遇见了两个女孩。

"当时我独自一人，"他严肃地缓缓说道，"那天晚上我无处可去。我跟她们一起回到了她们的房间，我们三个人睡在一起。醒来后我写了一首关于她们的歌。我把它取名为《仁慈的姐妹》。"

尽管科恩一直对唱片行业感到不满，但他并不感觉自己是在一个与全新经历完全隔绝的深渊里工作。

"我的经验是，没有虚假的情形，但的确有虚伪或虚假的回应。

"我的意思是，我们现在坐在这里喝酒。你和我一起坐在这里。没有空间可以容下谎言：只有我们这两个坐着聊天的人。"

如果科恩只能因自己的一首歌被铭记，他会选《电线上的鸟》。

1　这首歌的作者是约翰·列侬（John Lennon），发行于1969年。

"这首歌对我来说很重要。因为我在其中一小节里说'我以这首歌，以及我的所有过错起誓，我会悉数弥补你'。

"那是一句誓言，我发誓会努力挽回一切出错的事情。我想到现在为止我已经起誓太多次了，但我还是喜欢不断重申。"

科恩对他制作的每一张专辑都感到越来越不满，对上一张专辑《爱与恨之歌》的沮丧几乎达到极点。

"如果你对我刻薄一些的话，我想你可以说这张专辑金玉其外，败絮其中。我经常因为这张专辑而感到自责，并且为很多事情感到懊悔。这张专辑的制作和演绎都过度了……它是一次失败的尝试。"

我和科恩最后一次对话时，他变了。他几乎一刻不停地抽我的烟，而且内向了许多，他回答问题非常含糊，更加频繁地陷入沉默。

《电线上的鸟》中有一句歌词，他在里面唱道："我已经试过用自己的方式追求自由。"或许对他而言，最近的这个决定是一次获得自由的新机会。我认为，对像科恩这样的自我探索者来说，自由是极其遥远的。

科恩剪报

关于受欢迎程度下降

"我已经很少听见赞美了。我有一种感觉，大家已经不再喜欢我的歌了。人们会从外界得到一些回应，而我得到的回应并非真心的欣赏。在英国，我的歌和我本人都遭到了讽刺。我被讽刺为一个有自杀倾向、忧郁且自我放纵的人。"

——摘自《我被讽刺为有自杀倾向、忧郁且自我放纵的人》，迈克·扬（Mike Jahn），《纽约时报》特邀供稿，1973年6月

莱昂纳德·科恩

帕特里克·哈布伦（Patrick Harbron）| 1973 年夏采访，1973 年 12 月刊登于《甲壳虫》(*Beetle*)（加拿大）

和阿利斯泰尔·皮里一样，帕特里克·哈布伦告诉我，他把与科恩的会面列为他早期职业生涯的最佳时刻之一。"对一个20岁的写作者来说，《甲壳虫》杂志派给我做的莱昂纳德·科恩访谈简直好比一篇独家报道，"哈布伦回忆道，他如今已是一位备受推崇的摇滚摄影师，"这不是我的第一篇封面故事，却是最好的一篇。60年代末以来，加拿大见证了许多本土摇滚杂志的诞生与消亡。《甲壳虫》是最大的一家，但不是存在最久的。"

"作为一名歌手、诗人和歌曲创作者，四十年前的科恩也和今天一样受人尊敬。我当时就很熟悉他的作品，基本上都是他的音乐，我的多数工作都是和摇滚歌手以及当时的反文化喜剧演员打交道，我打赌科恩并不知道当中的很多艺术家，但他们很可能都知道科恩。

"这次访谈在滨湖尼亚加拉进行，这是一个靠近美国边境的维多利亚式小镇，距多伦多南部大约90分钟车程。被称作NOTL[1]的滨湖尼亚加拉以萧伯纳戏剧节闻名，这里一直是一个戏剧艺术中心。

"对莱昂纳德·科恩来说，1973年的夏天非常热闹，因为根

---

1 滨湖尼亚加拉的英文 "Niagara-on-the-lake" 的缩写。

据他的歌曲和构想写成的半自传体戏剧《仁慈的姐妹》(*Sisters of Mercy*) 将在新萧伯纳戏剧节剧院首演，这场演出要早于百老汇。科恩非常热情、自信、优雅。尽管他是因为宣传戏剧才坐下来接受采访的，但他表现得非常放松，甚至有些热情。

"作为一名自由写作者以及从业几十年的摄影师，我跟许多艺术家和表演者一起工作过，但我依然深深怀念和莱昂纳德·科恩一起度过的那个下午。"——编者

帕特里克·哈布伦（以下简称PH）：你觉得如何才能最贴切地定义你的音乐？有人说是民谣。

莱昂纳德·科恩（以下简称LC）：那我们就希望它能变成民谣吧。

PH：为什么？

LC：如果这些歌能一直存在，久到成为民谣，那会很好。不过其他定义同样也不错。

PH：你的音乐听上去虽然风格很阴郁但也让人感到放松。有任何原因吗？

LC：我不知道原因是什么。不过我觉得你说的是对的。

PH：这种风格是你个性的体现吗？

LC：只是我发声的方式而已。我不会过多地考虑演唱方式。只是因为我的发声方式，所以有了这样的音色，有了这样的歌声。

PH：《别了，玛丽安》一发行就成为热销单曲，受到了很多人的喜爱，但他们或许并不知道这是莱昂纳德·科恩写的。这只是一首他们很喜欢的歌而已。你写那首歌的时候有考虑过商业方面的事情吗？

LC：写歌的人当然希望歌能受欢迎。但这并不是计划好的。首先，作为一首商业歌曲，它太长了。这首歌的诞生与当时的情

形有关，长度就是这么长……没有任何规划。我从来不会考虑商业方面的事情。不过取得商业成果的感觉很美好。

PH：你是否想通过音乐来向你的听众强调某种意图呢？

LC：我没什么可以说的。我只是尽自己所能写一首好歌。

PH：音乐是你情绪的延伸还是思绪的一个独立部分？

LC：它会汲取一切你所知道的事情。包括你的感受。

PH：你的音乐有多少是想象，又有多少是自真实生活中截取而来的呢？

LC：我会说它们全都源于真实的情形。经历是真实的，但人们会尝试用想象的方式来对待经历。

PH：你的境况有影响到你的作品吗？

LC：有。当然有影响。

PH：就你的情况来说，是哪方面？

LC：很难确切地说是哪方面，但总的来说，我居住过的那些地方发挥着巨大的影响。它们以自己的方式渗透在我的音乐中。

PH：法语文化和英语文化之间的差异对你有影响吗？

LC：尽管我去过很多次多伦多，并且游历过整个加拿大，但除了加拿大法语区之外，我从来没有在任何地方真正地生活过。我的经历很有限。我只了解蒙特利尔，仅此而已。

PH：你在写作的时候，心里会不会想着某种特定的文化？

LC：不，我不会想着任何一种文化。

PH：在你的音乐中，乐器部分的重要性有多大？

LC：我尝试过好几种乐器，其中有一些乐器比别的效果好。目前考虑使用的编排比前几张专辑简单很多。只有吉他和人声。

PH：你最近发行的专辑《现场歌曲》中的乐器配置就很简单。而且没有打击乐器。

LC：我想尝试用鼓。但我只在一两首歌里使用过鼓。因为在弹吉他的时候，我的节奏和我的速度都非常松弛。我喜欢保持那种感觉。当你和一个鼓手合作时，一般来说，你必须得让某种东西保持稳定，让它在身后驱使你，但我只想让节奏保持在非常松弛的状态。

PH：你如何通过一首歌来表达感受？

LC：这不是你能控制的事情。你要么有所表达要么没有。如果你没有表达，那你就可以把这首歌扔了。

PH：在没有任何观众的情况下，你还能知道自己的表现是否到位吗？

LC：我大致可以判断当时的情况。我偶尔喜欢骗自己，因为一个人需要丢掉包袱。但如果我的状态是可信的，那我大致可以判断。

PH：你会试着去主动接触听众还是等他们来关注你？

LC：我认为追求一个听众可不比追求一个人来得容易。

PH：你选择为自己表演，为观众表演还是同时兼顾两者？

LC：我不想将任何人排除在外，包括我自己以及任何在听歌的人。但那和跟在他们屁股后面转是不一样的。你不能那么做，不能。

PH：你认为购买你的作品的人群是否属于一个特定的年龄层？

LC：我不清楚具体是哪些人买了我的唱片，但我能在演唱会上看到各个年龄层的人。

PH：你是否试着在同一首歌里表达多种情感？

LC：这真的不是你在创作时会考虑的东西。你的确知道自己正在尝试阐述一种经历。但经历，从它的本质上来说，是复杂的，它牵涉到很多不同方面的东西。所以你不会止步于思考表达一种还是多种情感。你开始创作时的念头就只是去阐述一种经历。

PH：是什么原因让你将音乐保持在最本真的状态？

LC：有很多原因。一是我的技艺无法让我的音乐变得很复杂；二则是因为我喜欢简单，我喜欢让它保持简单。

PH：音乐是你最重要的工作形式吗？

LC：我从来不会这么想。弹吉他和唱歌是我一直都在做的事。这就是很自然的事情罢了。我试着尽可能只做那些一个人就能完成的事。所以我并没有经常参与戏剧工作，因为这是一种集体劳动。我不拍电影，因为这也是一种集体劳动。电视剧也是一样的道理。我只做那些可以独自完成的事情。而写作和音乐就是这样的一类工作。

PH：有什么特别的原因让你喜欢独自工作吗？

LC：只是这样对我来说更容易罢了。

PH：你会带着成功的目的去创作吗？

LC：我认为我和所有人一样，都受到野心——贪婪——的驱动，人喜欢获得成功。但另一方面，获得成功并不是唯一动机。人们喜欢和别人分享自己的作品。

PH：你所理解的成功是否只是金钱意义上的成功？

LC：不。赚钱生活当然很好。一个人必须得赚钱生活，我一直都很喜欢凭借自己的工作获得报酬，但我不喜欢为了获得报酬而工作。

PH：一直以来，你希望通过音乐达成什么目标？

LC：我没有任何长期的目标。从你提的这些问题来看，相较于我，音乐对你而言的目的性更强。这是我一直以来在做并且一直会做的事情，只要我还有能力去做。我没有任何目标，也没有任何长期、巨大的野心，我没有想着要达到什么目的，或者事情的走向会如何发展，以及这个过程中必须发生什么。

PH：但你不是有野心吗？

LC：我唯一的野心是我要生存下来并且保持活力，不要让灵魂死去。（停顿）还要赚一百万美元。

PH：你为什么只开这么几场演唱会呢？

LC：这真的不是我擅长的事情。我可以举行演唱会，也可以做其他诸如此类的事情，但是我不喜欢一有新歌或者新编曲就必须出去巡演。我不喜欢这种我在舞台上表演但这仅仅只是工作的感觉。当我感觉自己已经准备好巡演的时候我就会出发。我想要认识更多的人，同时演唱新歌。但这隔几年才会发生一次。

PH：你更喜欢你写的诗还是音乐？

LC：我没有太多偏好。

PH：你会怎样描述爱？

LC：哇。我不知道。我完全不了解爱。

PH：你肯定思考过。

LC：我并不会经常思考。说实话，我从不思考。我的个人生活很混乱。任何了解我个人生活的人都会迅速得出一个结论，那就是我完全不思考。在我看来，一切事物都具有一种内在迫切性。我会对这种迫切性做出回应。总体上，在日常生活中，我会以一种完全错误的行事方式来回应它。我的一个朋友曾对我说："莱昂纳德，你能确定你现在正在做错误的事吗？"[1]我几乎从不思考。如果某件事情发生了，我就会用一首诗、一首歌或者我自己的作品来回应它。我对爱一无所知。

1　语出科恩的挚友、加拿大诗人欧文·莱顿（Irving Layton）。

令人沮丧？谁？我？

史蒂夫·特纳（Steve Turner）| 1974年6月29日，《新音乐快递》（英国）

1974年8月11日，哥伦比亚唱片公司发行了科恩的专辑《旧典的新生》（*New Skin for the Old Ceremony*），这是他继1971年《爱与恨之歌》后的第一张全新作品集。这张唱片虽然不如之前几张卖得好，但它收录了《谁燃于火》（*Who by Fire*）这样氛围独特的歌，以及《切尔西酒店二号》（*Chelsea Hotel No.2*）这样的经典之作。长久以来，这张专辑为科恩树立了"同时代音乐巨匠之一"的名声。

科恩在这张专辑问世前不久接受了英国记者史蒂夫·特纳的采访，史蒂夫·特纳当时已经是科恩长达七年的粉丝了。"我第一次听说科恩是在1968年，当时伦敦的时装店开始相继播放《莱昂纳德·科恩之歌》里的歌，它们还进入了英国海盗电台的歌单，"特纳告诉我，"他特别吸引我。因为他横跨了文学、流行乐、图书和唱片的世界。尤其特别的是，他是一个投身于音乐事业且出版过作品的诗人，而不是一个喜欢把自己想象成诗人的成功词作者。"

"关于那次采访我记得的不多，"特纳继续说道，"只记得那个房间很小，而且我是在《新音乐快递》的摄影师佩妮·史密斯（Pennie Smith）的陪同下进行采访的，她将在之后的朋克时代声名大噪，尤其是她拍摄的那张充满戏剧性的冲撞乐队（The Clash）照片，它之后有幸成为《伦敦召唤》（*London Calling*）的封面。"

"事后回想，我很后悔一直用关于抑郁、英雄主义以及自杀的问题逼问他，因为我确定，相比更积极的问题，他一定有很多话可以说。如果我可以问一些例如快乐的时刻、喜剧以及生命中的美好事物之类的问题，那次采访将变得截然不同。但在1974年，科恩被认为是一名忧郁的诗人，那是我跟进的主线。

"这次对谈的主要契机是《线上之鸟》（Bird on a Wire），英国导演托尼·帕尔默拍摄的一部时长90分钟的纪录片，它将于当年7月在伦敦彩虹剧院举行世界首映，'可能的话，我更希望它用华丽的镜头来刻画我，让我变得更有魅力、更帅气，'科恩说道，'我想通过这部纪录片来宣传自己，告诉大家我是一个多么优秀的人，一个多么敏感的艺术家。它没有起到这些效果，但是在某种程度上，它对歌曲和情绪的刻画非常准确。'"

在这次采访中，科恩简单谈及加拿大诗人欧文·莱顿和魅力出版社（Charisma Books）。"这次采访之所以交给我来做，是因为在1972年的时候，魅力出版社看中了我的第一本诗集，"特纳说道，"科恩知道我即将成为一名魅力出版社旗下的作家，而且他似乎很熟悉我的作品，但我一直不太确定他为什么和出版社断绝了往来。在这次采访中，他告诉我，他想让魅力出版社出版达芙妮·理查森（Daphne Richardson）的作品，这个女孩的作品被印在《现场歌曲》的专辑背面，1972年，她在伦敦市中心的BBC总部跳楼自杀。"——编者

莱昂纳德·科恩不接受采访。他所做的，是安排你到他的宾馆房间见面，在顶多两小时的时间里，他将用涵盖多个话题的精彩论述来招待你。

他是一个谨慎的人。谨慎到言语中没有任何浅薄和做作的东西。毕竟，我们是在跟一个作家打交道，而非仅仅只是一个创作歌手。文字是这个男人的工作。他的过往履历由两本小说、5册诗

集、33首录音室歌曲和一部戏剧组成。而且，这33首歌是最近新添的成果。科恩从一开始就是小说家、诗人、剧作家，而不是摇滚明星。

他和两年前交谈过的记者（罗伊·霍林沃思）之间发生了一些不快，那次交谈的结果是头条文章《科恩要退出？》。科恩认为这不是一篇访谈，而是那天他身上的一种情绪的反映，是他被明确告知会被当作"私下谈话"的东西。

"我没料到那次随意的谈话会出现在一则头条里，"他说道，"当时我非常疲惫，而且我说过不要把这段对话描述成一则宣言或最后通牒之类的东西，我不想看见这种文章。当然，之后它还是出现了。"

"这对我的实际生活造成了很多麻烦，因为如果我退出的话，大家就不会再认真考虑续约之类的事情。但就算我是真的想过要退出，发生了这种事之后也会改变主意。有那么一刻，我沉浸在遭遇背叛的奢侈感受中。"

所以，要小心看上去手无寸铁，实际上却有强大的记忆力或者在厕所里藏了本笔记本的缺德记者。不过，科恩对我们这些记者的态度似乎不是最近才形成的。"我更喜欢与我承担相同风险的采访者，"他这样告诉杰克·哈弗坎普，1971年，后者代表《纽约时报》对科恩进行了采访，"换句话说，不要做问答类的采访。"（编注：这句话实际上出自哈弗坎普刊登于《滚石》的文章。见本书第18页[1]。）

某个周三下午4点，我决定碰碰运气，去切尔西酒店和他见面。他的房间很小，像一个大橱柜，两张单人床占去了大部分的空间。科恩看上去也很小，八年来，我看见的一直是照片里郁郁

1　原书第18页，本书第30页。

寡欢的他，而眼前的这个人则完美复刻了我的期待。不过，科恩私下里会大笑。那像是矮小干练的男孩发出的笑声，大笑的时候，他的嘴巴左侧还会发出各种稀奇古怪的声音。看见科恩大笑的感觉很好。

他现在在伦敦，一方面似乎是为他1972年的巡演纪录片《线上之鸟》做宣传，另一方面是为欧文·莱顿的《诗歌全集》(*Collected Poems*)造势，欧文·莱顿是一位加拿大诗人，也是科恩长达25年的挚友。

事实上，出版莱顿作品的魅力出版社，最初是因为托尼·斯特拉顿–史密斯[1]和科恩的共同想法创立的，这个出版社的主要目的是支持尚未出版过作品的年轻作家。然而，由于某些他不愿透露的原因，科恩在这个项目里不再担任关键角色。

"我们是亲密的朋友，"科恩谈及莱顿，"我非常欣赏作为作家和作为人的他。我并没有拜他为师，但是我从他身上学到了很多，我幸运地拥有一个比我年长一辈的挚友，因此不费吹灰之力就得以见证他这些年的经历。"

不过很明显，这部电影才是科恩到访的主要原因，而这部电影在过去的两年里还给他造成了一些麻烦。上一次接受英国媒体采访时，他看上去对这部影片的问世非常没有信心。他形容这部影片"完全无法令人接受"，而且还让他赔了12.5万美元，导致他陷入"财政危机"。然而之后发生的事情是，这部影片被重新剪辑——要校样编辑的素材时长长达90多个小时——将于7月5日在彩虹剧院首映的正是第二个版本。

"他们本来完全不应该把它拿给我看的，"科恩谈及第一个版本，"我很了解这次巡演，我记得所有美好的时刻，但我认为这

<hr>

[1] 托尼·斯特拉顿–史密斯（Tony Stratton-Smith, 1933—1987），英国音乐经纪人，"魅力唱片"（Charisma Records）创始人。

些时刻并没有出现在那个版本里。"他认为第二版剪辑更令人满意，主要是因为其他人似乎更喜欢这一版本。"我告诉你我所认为的优点和缺点分别是什么，"他说道，"这里面有音乐，非常好。还包含了音乐制作时的情况，这非常不错。"

"不过我认为其中的一两处地方有些刻意——通过设计的方式来表现人物的敏感。我会说，这样的画面零零散散大概有5到10分钟，我认为这些画面并不令人满意，而且令人尴尬。

"影片还捕捉到几场加场演出中流露的真实强烈的情感，我认为两相平衡之后，好的部分取代了弱的部分，你最终看到的结果将会十分有趣。

"我认为巡演是一门和人有关的大学问。受不为人知的虚荣心驱使，我希望这部影片对我进行华丽的刻画，但事实完全相反，它揭示了一些我性格上的严重缺陷。那不是任何人的错——那些缺陷都是真实存在的。"

电影活动之余，科恩还回到录音室重新开始工作，录制一张他希望能在9月发行的专辑（编注：即之前提到的《旧典的新生》，这张专辑于1974年8月11日发行）。这些歌写于过去的两年间，他认为它们和他之前的作品有所不同。他没法说出具体哪里不同，因为这些差异隐藏在歌曲里，而不是描述里。

大多数人将莱昂纳德·科恩看作一位绝望的诗人。他知道这一点，当我问及此事时，他还玩起了定义游戏。"你是在叫我对一件我无法将其与他人的情况进行比较的事情做出评价。"被问到是否会从一种悲观的角度去看待事物时，他回答："我只有一扇属于自己的窗，我透过它观察外面的世界。"

之后我对他讲了贾妮（Janie）的故事，她是我朋友的朋友，曾经患过非常严重的抑郁症，她待在一个黑暗的房间里，用科恩的专辑让自己陷入更深的绝望，直到痛苦近乎变成享受。之后我问了他在加拿大多家精神病院表演的事情。

"是的，我为一些……患有精神类疾病的听众表演。"他回答道。被问到吸引他这么做的原因是什么时，他停顿了至少二十几秒，然后给出了理由。"我有一种感觉……那就是很多精神病患者的经历会让他们特别适合成为我的听众。"

"说得好，莱昂纳德，"我心想，"但你所说的是什么意思？"问答又持续了5分钟，他没有做出任何深入的解释，以至于我不得不说："你很擅长避开我想知道的东西。"

"好吧，我告诉你，"科恩回答道，"真相是——我并没有试图对你隐瞒什么，我在尽我所能，准确且详细地回答你。"

然后，像是出现了意外一般，他说出了他的理由。"某种程度上，当某个人同意住进精神病院或者被送进精神病院时，他已经接受了一场巨大的失败，"他说道，"换句话说，他已经做了一个选择。而我认为，导致他需要做这个选择的原因，做出这种选择的原因，以及造成这一失败的原因，和组成我的音乐的一些元素之间存在联系，有这种经历的人会和我在音乐中记录的经历产生共鸣。"

显然，科恩的人生场景中既有被击败的人，也有英雄。那些被击败的人，真正被击败的人，存在于精神病院和墓地。他们要么接受被拘束的生活，要么选择放弃生命。而英雄们则是一边面对毫无意义的一切，一边挣扎着活下去。

"我在我的周围观察到了令人惊叹的英雄主义，"科恩说道，"那些人早上起床、工作。到了晚上再上床睡觉，日复一日。当你使用'精神失常'这个词的时候，似乎是在暗示有些人已经越界，进入了一个无可救药的世界。但我的经验是，那些所谓'精神失常'的人，他们和这个房间里的我们没什么大的不同，除了他们会说'操！我不会再继续玩这些游戏了。我要退出。你想对我做什么就做吧'。"

"拿他们中的很多人来说，我认为他们的眼界比你我更宽广，因为他们看见的是真实的事物，是迫使他们放弃普通生活的事物。或许是因为我们看待事物不如他们清楚，于是我们只能继续在令人手足无措的现实面前挣扎。"

科恩说他以前想过自杀，但因为顾及自杀对那些活着的人的影响，所以一直拒绝这个想法。"这对被你抛下的人而言，是一种侵犯行为，"他说道，"这件事太棘手了！你会让他们在余生中一直遭受着那种滋味的折磨。这种行为会造成漫长且持续的后果，而你对此具有实际控制力。我想，自杀的人一定在意，也一定明白他们的行为会造成的后果，那就是——这件事并不会以他们的离世告终。"

"你知道的，他们会把自己的身体留在某处，然后还会留下字条和指控性的证据，但最糟糕的是，他们会让所有亲近的朋友怀有罪恶感，无论这些人是否应当承受这种感觉。如果我自杀的话，埃夫丽尔（Avril，科恩的公关人员）会想是不是她做错了什么……你或许也会想是不是你把我逼到了绝路！"

最后，我问他是否在自己的生活中发现了很多乐趣。他露出了微笑。"我不知道，"他说，"这不是我所关注的内容。"

"我不会四处寻找乐趣。我也不会四处寻求忧郁。我没有计划。我不是一个考古探险家。"

采访

罗宾·派克（Robin Pike）| 1974 年 9 月 15 日采访，1974 年 10 月刊登于《之字形》（Zigzag）（英国）

罗宾·派克在史蒂夫·特纳之后不久采访了科恩——此时距离《旧典的新生》登陆唱片店仅仅过去了几周。和特纳一样，他从很久以前开始就是科恩的粉丝。

"我第一次遇见莱昂纳德大概是 1967 年在伦敦当代艺术学院，他在那里办诗歌朗诵会，"派克告诉我，"关于这次采访，七年后仍让我记忆犹新的是他对我极为礼貌。我是在没有事先打招呼的情况下抵达那家酒店的，而且当时他刚刚经历了一场极为艰难的旅程——他的大巴抛锚了。在那种情况下，很多艺人都会拒绝接受采访，但是科恩在洗衣卡的背面写了宾客通行许可，我们因此才得以在他的更衣室见面。"

"奇怪的是，在回家的路上，我的车在科恩驶经的同一条高速公路上抛锚了。我可比某位科恩先生紧张多了。"

派克在这次采访中谈及了很多有趣和新鲜的话题，包括犹太教、致幻剂、菲德尔·卡斯特罗和滚石乐队。——编者

这年的 9 月 15 日是一个星期天。温布利演唱会[1]的后一天。不

---

[1]　1974 年 9 月 14 日，短暂重组的 CSNY、乔尼·米切尔、汤姆·斯科特和洛杉矶快车（Tom Scott & The L. A. Express）、"乐队"乐队（The Band），以及杰西·科林·杨（Jesse Colin Young）在伦敦温布利球场举行演唱会，吸引了共计近 8 万名观众。

论是我们离开艾尔斯伯里时，还是抵达布里斯托时，天都在下雨。此前我们被告知巡演团队住在布里斯托万豪皇家酒店，但是他们并不知道我们要去。下午3点15分，我们站在冷清的酒店大堂里，想要见科恩先生。接待员打了一个简短的电话，随后我们被带到二楼。

房间的门开着，莱昂纳德·科恩坐在床上，手里拿着电话。我们被要求在隔壁房间等待，其间和贝斯手约翰·米勒进行了交流。这次巡演始于上周在伊斯特本举行的哥伦比亚广播公司的活动。在那之后，乐队去了巴黎的"人道报节"（Fête de l'Humanité）演出，这是法国共产党举办的一次集会，有30万人参加，汇集了（希腊作曲家）米基斯·塞奥佐拉基斯（Mikis Theodorakis）、科恩以及其他文化界名人。

英国巡演在爱丁堡拉开帷幕，昨晚他们在利物浦演出。在巡演巴士抵达距布里斯托20英里的地方之前，一切都十分顺利。但就在那个时候，车抛锚了，它的冷却系统完全失灵了。于是他们下车搭便车。但没有人停车——你们或许还记得，那时正下着倾盆大雨。最终，莱昂纳德和约翰搭了一个好心人的顺风车，这个人自己本身正好是一个大巴车司机。乐队剩下的成员直到很久以后才抵达。他们错过了午餐，酒店在周六下午又不供应食物，所以约翰只好外出去找吃的。他找到一家叫温培的酒吧，带回来四个汉堡、四杯可乐、一些薯条和一块巧克力蛋糕。我们一边吃一边采访。贝斯手约翰对摄影表现出强烈的兴趣，还从一些非常奇怪的角度为我们拍了几张照片。他特别喜欢那张在衣柜里拍的照片。

布里斯托竞技场剧院是一座非常美丽的剧院，它更像是剧场，而不是音乐厅。剧院侧面的后门旁有一条小路。差不多正对后门的是一家破旧的小吃店。演出正式开始前5分钟，细心的路人会注意到一个有些熟悉的身影坐在一张桌子前喝咖啡。那就是科恩先生。更衣室里没有烟酒。什么也没有。只有等待上台的演出者。巡演经理是唯一一个表现出一丝紧张的人。整个剧院座无虚席，观众们非常热情和活跃，当晚最后，他们甚至不愿离场。观众和歌手一起唱起他们熟知的那首歌：《嘿，我们不该如此分别》。

1934年，莱昂纳德·科恩在蒙特利尔出生。他有一个姐姐。他的父亲在他9岁时去世。莱昂纳德形容他的成长环境和维多利亚时期一样严格。他的家庭是一个保守的传统犹太家庭。他们完全遵守犹太教的信仰和习俗，但不如东正教那样严苛。莱昂纳德的外祖父是一个希伯来学者。所罗门·克利尼茨基（Solomon Klinitsky）拉比是一个庄重的人，留着未修剪的长发，非常受他的外孙尊敬 [编注：科恩把他外祖父的姓氏拼为克利尼茨基（Klinitsky）和克利尼茨基-克莱恩（Klinitsky-Kline），但实际上似乎应该是拼成克罗尼茨基-克莱恩（Klonitzki-Kline）]。莱昂纳德在一家基督教学校接受教育。回想那些年的时光，他的心中并无波澜。学校的生活很枯燥。他编辑校报，打曲棍球，还是啦啦队队长。上大学时，他在一个乐队里弹吉他，他形容那个乐队"充满活力"。他在15岁时离开学校，到麦吉尔大学学习英语文学。同时，他从家里搬了出来，住进蒙特利尔市中心的一间公寓。小说《至爱游戏》便与他这段时期经历的事情有关。

罗宾·派克（以下简称RP）：有人被开除之类的吗？

莱昂纳德·科恩（以下简称LC）：最糟糕的结果是留级一年然后重读。市中心才是生活上演的地方——结识艺术家和诗人，探索小资生活。那时候我很年轻。无须遵守严苛的规矩……所以生活自由自在。那时候很有趣。周围只有几个人。

RP：我想知道你有没有读完莎士比亚的所有剧作——你是不是读了很多更风格化的诗？

LC：我读了很多诗——但和我所修的课程并没有什么联系。有一些莎士比亚的剧作我还没有读过。还有一些则是非常、非常仔细地读过。我曾经和一个莎剧女演员约会过一段时间，所以我必须学习她出演的所有剧目才能了解它们的内容是什么。但我对英国文学完全没有深入的了解。

RP：你有什么特别喜欢的剧作吗？尤其是，比如，莎士比亚的戏剧。

LC：我非常喜欢《雅典的泰门》（*Timon of Athens*）。我记得那是非常后期的一部作品。

RP：我以为是《李尔王》（*King Lear*）、《哈姆雷特》（*Hamlet*）或者《麦克白》（*Macbeth*）这样的悲剧。

LC：对我来说，这就像是在回答"你对高耸入云的喜马拉雅山有什么看法"之类的问题。这些剧作是有关人类经验的伟大阐述，出自人类这个种群之中的大师级诗人。我做不到一边吃着汉堡，一边讨论自己喜欢或者不喜欢哪部作品。我非常尊敬这些大师。我绝对不能随意对待他们。

RP：我换个话题，能问你有关政治活动，尤其是，比如说，革命运动方面的问题吗？

LC：我认为我和这些运动的内在联系应该与加缪的经历类似，不过当然了，我没有像他一样冒险。我在猪湾事件发生前夕去了古巴，在那里观察和参与了革命。

RP：你见到卡斯特罗了吗？

LC：没有，我没到那个位置。我只是个小卒。对我来说，再次谈论那些事情变得很困难。我现在的感受已经和当时大不相同。我认为在工业社会，那种武装革命是不应该受到鼓励的。我觉得这种事情一旦发生，必将是一次灾难。真的会非常糟糕。你认为呢？

RP：没错。我认为那种革命是无法取得结果的。应该更多地采取循序渐进的方法，而不是武装斗争。我想你应该参与过"黑人力量"（Black Power）运动。

LC：我认识其中的一些人物。我跟迈克尔·X很熟。当时他马上就要被执行绞刑。我跟他交谈过很多次。在某些种族里，一些具有想象力的人受到了严重的压迫，除了发起运动之外，毫无其他办法可言。无论他们的内心是否真的相信这种做法，他们都只能采取这种方式。他们必须拥有一个可以依附的体系。等待与观望并不能满足他们的欲望和想象。他们只会发现自己被身后的那股力量推向社会边缘。你没法和他们争论。你不能叫他们冷静一点，否则除了更多的暴力之外，还能有什么结果？好，就让我们成为那些对你们施暴的人，因为我们已经做够了暴力的承受方。

但他自己也知道这种方式的局限性。那是我们所不明白的地方。这场运动的领导者们（在这场运动中拥有如此权力意味着他们本身是极其耀眼的）一直都非常清楚这种方式的局限性。迈克尔对我说——他坚决反对让美国的黑人走向武装化；他说这是疯狂的——他们永远无法抵挡白人的机器。白人拥有子弹、军工厂和枪。你给黑人几把枪，然后就叫他们去抵抗军队？他甚至反对用刀。他说我们应该依靠我们的牙齿。人人都有的东西。这就是他的看法。这种观点具有特殊的颠覆性。颠覆现实生活，向其中灌输对黑人的恐惧。他会邀请我到他的住处，然后招待我喝酒，非常醇美的酒。我说："天哪，这酒你是怎么做的？"他回答："你别指望我告诉你。如果你知道了我们食物的秘密，你就知道我们种族的秘密，以及我们力量的秘密。"你知道吗，他想实现这样的设想。同样很好。

RP：你如何看待自己的犹太人身份？举个例子，你支持在苏俄发生的释放犹太囚犯运动吗？尤其是像帕诺夫夫妇[1]这样的艺术家囚犯。

LC：没错，我支持。包括发生在乌克兰的运动。我想见证俄罗斯帝国的瓦解。我觉得很多俄罗斯人也是这么想的。很多俄罗斯人都对统治捷克斯洛伐克、保加利亚、乌克兰和拉脱维亚不感兴趣。他们使自己陷入了一种困难的处境。犹太人也正处在同样的情况中。

RP：你在这方面活跃吗？你是否给予了支持？

LC：没有。我没有，但如果有人要求，我会贡献我的力量。我认为我的能力并不体现在这些方面。我从来没有掩饰自己是犹太人的事实，并且无论以色列遭遇什么危机，我都会赶到那里。上一次战争时我在那里，下一次战争时我依然会在那里。我志在为犹太人的生存而奉献，我认为在苏联那种地方，犹太人的生存受到了威胁。而在美国，犹太人的生存则受到了另一种程度的威胁。这只是我带有种族立场的感觉。事情还没有实际发生。

RP：你提到上一次战争的时候你回到了以色列，而且还进行了演出。你能具体谈谈吗？你究竟是如何参与的？

LC：我只是加入了一支空军慰问队。我们会随机到一些小地方，比如火箭基地，他们会用闪光灯给我们照明，然后我们就会唱几首歌。或者他们会给我们一辆吉普，然后我们就一直往前线开，只要看见在等直升机之类的士兵，我们就会唱几首歌。我们有时候会在空军基地办小型演唱会，可能还会带音响。演出很不正式，而且强度很大。无论在哪里看见士兵，你都要停下来唱歌。

RP：我觉得这非常危险，难道你不担心自己被杀吗？

1　瓦列里·帕诺夫（Valery Panov）和其第二任妻子嘉莉娜（Galina）为前苏联芭蕾舞艺术家。

LC：担心过一两次。但你会不自觉地沉浸在其中。而且沙漠很美，某些时刻，你会觉得自己的生命是有意义的。战争是美妙的。他们永远无法消除战争。战争是人类可以发挥自己最佳状态的少数机会之一。从动作和行动方面来说，战争是非常精确的。每一个动作都准确无误，每一分努力都要最大化。没有人偷懒。每个人都要对自己的战友负责。战争体现的是集体意识、亲密感、手足情谊和忠诚之心。在战争中，你能有机会去感受在现代城市生活中无法体会到的东西。这种经历令人非常难忘。

RP：很明显，那段经历对你有所启发。那你是否认为它启发了你的写作呢？

LC：有一点，但并不明显。我在那里写了一首歌。

RP：很多人在战争期间或结束后创作出了伟大的作品。

LC：我没有遭受太多的痛苦。我没有失去任何熟悉的人。

（这时，话题转到了莱昂纳德为精神病院病人唱歌的经历。他相信对一个乐队来说，举办免费演唱会是件好事，他在加拿大举行了很多这样的演出。）

RP：你认为当时的你是一个表演者还是一位治疗师？

LC：我非常欣赏专业治疗师。我认为一位治疗师应该是一个表演者。无论你的职业是什么，你首先都应该是一个表演者。如果你要在别人面前展示自己，那他们就应该被取悦。他们的想象力应该得到调动，他们必须进入想象、放松和悬念的旋涡里，这是娱乐活动的要素。

RP：我在想，如果你加入到一群人中间，然后再离开，在没有任何管理措施的情况下，这应该会很困难。或者你是不是想过让一名专业治疗师也加入活动，然后在你离开后继续你之前和病人们的互动？在精神病院的演出应该会很仓促，不是吗？

LC：受伤只需要非常短暂的一瞬。但这份伤痛可能会伴随你的余生。我认为触动我们的东西也一样——我不知道自己是否意外的是那些病人中的一员，我只是处在一项传统中——我或许只是一项伟大传统中的基层执行者。音乐、艺术以及一切值得一提的事物带来的慰藉几乎不可能被探讨，因为只有特定的观众能感受到这种慰藉的力量。作品中的某些部分从其中跳脱出来，以某种方式触动观众。在其他观众身上也会有类似的情况发生。作品与观众之间产生了某种联系。我认为这是只有最敏锐的医生或者工人才能发现的东西。当然了，这种联系并不一定会发生在很多人身上。大多数情况下，演出只是晚间的娱乐活动。以此度过夜晚罢了。

RP：我想知道，如果这种火花真的碰巧产生了，如果当时你在场，之后你离开了，已经发生的事情将因你的离去而结束，但你或许也不会因此感到恐惧或紧张。但这种情况足以摧毁他们拥有的那份微弱的力量。

LC：我同意。如果你跟我一样从事创作，你就会发现这种情况在医院之外也一定会发生。你不需要从事特殊或者专业的创作。每一个歌手都有过这样的经历。汤姆·琼斯就有。人们认为你的作品有一种特殊的疗愈性或预见性，而且他们认为你是大师，你是这支香膏[1]，这支药膏，这份治疗药的制造者和专家，和你接触莫名地就可以保证疗效。他们通过各种方式与我取得联系，要么写信，要么经人介绍，当然，他们注定会失望，毕竟，从专业角度来说，艺术家本身并不能充当治疗师的角色。所以如你所说，人们经常因此陷入痛苦的心境。前几天我刚刚经历过这样的情况。你看见那个女孩了吗，约翰，那个黑人女孩？她的作品叫《痛苦金字塔》（ *Pyramid of Suffering* ），是一份对痛苦的记录。

1　香膏或膏油在《圣经》中出现过几百次，在不同场合使用的香膏具有不同的作用，其中一项即医治，它象征着圣灵带来的疗愈与安舒。

约翰·米勒（科恩的贝斯手）（以下简称JM）：你在这次经历中充当了什么角色？

LC：我全程参与其中。她引用了我的歌。她是一个精神病人。

RP：那达芙妮·理查森呢？你把她的信印在了《现场歌曲》这张专辑的封套背面。你能谈一谈她吗？因为她和我们谈论的话题之间似乎存在联系。

LC：我一开始是通过信件认识她的。我努力读完了我收到的所有信件，然后被她言语中蕴含的力量震撼了。当时她正尝试出版一本非常实验性的拼贴诗集。那些诗一点也不粗陋。相反，水准很高。那些是由（鲍勃·）迪伦、我以及她自己的作品拼贴而成的诗。迪伦不允许她出版这些作品片段。但是我允许。我开始与她进行交流。她的来信透露的信息如此疯狂、热烈，因此我知道她必定经历过很多次痛苦带来的巨大袭扰。另一方面，我认为她的想法很有魅力，而且令人愉快。

她的故事由此逐渐展开。她给我寄了一些很长很长的信，还有为我写的书，其中当然包含一些十分过激的内容，她在信里说要过来跟我一起住，或者——你懂的。另一方面，她的医生以及她进进出出的那些医院里的病友们根本不相信她在跟我通信。他们觉得这完全是幻想。

因此当时她的生活极其诡异。他们会把她绑起来之类的，她会告诉他们："我将和莱昂纳德·科恩一起完成他的书。"我之前告诉她："我想让你来为我的书画插画。"她是一个非常优秀的画家，我想让她替我最近出版的《奴隶的力量》画插画。她会冲医生大喊："你必须放我出去！我马上要为莱昂纳德·科恩的下一本书画插画。"

上一次巡演的时候，我们安排了一次见面，那是我第一次和她见面，她三十多岁，是个非常有魅力的女孩，很友好，她的风格和举止跟我认识的一些人很相似。我知道她在好几家精神病院住过。我们打算一起完成这本书，我看了她的其他画作，它们给我留下了非常深刻的印象。后来我回了美国。在那段时间里，我失去了与外界的通信，后来我突然想起了她，然后发现了一些电报和信件，上面写着"请帮帮忙。我又被关起来了。他们不相信我。我需要你的帮助，请帮帮忙"。我打电话给我在伦敦的经纪人，我说："马上去救达芙妮，她现在有麻烦。我已经迟了，这些电报已经送到一个月了。"我还说："告诉她，书的相关工作已经启动了，我希望她开始画插画，我会把稿子给她。"

但她在三天前自杀了。

我行动得太迟了。

迟了三个星期，或者一个星期。她就这样等着我去救她。

RP：嗯，我明白。

LC：她在遗书里提到了我。这太糟糕了。

RP：你为什么把它印在唱片背面？

LC：噢，因为她一直希望自己的作品能获得出版。她找不到人出版她的作品。这封遗书是写给我的。她在精神病院里写了一本书给我。我告诉你，那本书非常令人震惊。那是一份痛苦的证词。我从来没有见过那样的作品。

JM：那本书跟《痛苦金字塔》之间有什么区别？

LC：很相似，但达芙妮的痛苦是一种没有希望的痛苦。达芙妮和坐在这个房间里的人没什么两样。她是完全清醒的。没有任何反常的地方。她不是那种冲动或偏执的人。她陷入了无法抵挡的痛苦中，以至于动弹不得。但她始终清楚自己是谁以及自己在做什么。这个女孩像是被压在金字塔底下——一座真正的金字塔——这种形容她的处境的描述很美。她被埋在痛苦的金字塔下，那里别无他物。然而，达芙妮有一种幽默感。她很迷人。她是一个很有魅力的人。很温暖。这个女孩很疯狂。这个黑人女孩很疯狂。毫无疑问。达芙妮她……我真的把那件事搞砸了。我很难过。

但你是对的，这件事对我影响很大……你刚才非常委婉地建议我，如果我不能保证每天跟进，那我就不应该管这些事。我现在的感觉的确如此。

RP：没错，我认为一个人必须像治疗师一样去了解的一件事情是，如果离别终将来临，那么他应该非常细致地帮助病人为那一刻做好准备。这个过程可能会非常痛苦。

好吧，或许我应该再换个话题，问你有关一两首歌的问题。《苏珊》和"对牛弹琴"乐队[1]。他们比你早录制那首歌，对吗？

LC：（对米勒说）你听说过那个乐队吗？

JM：从来没听过。他们比你先录制《苏珊》？

LC：他们录制了《苏珊》，没错。

JM：但不是在你之前吧。

LC：差不多同一时间——很早。

JM：他们很有趣。"对牛弹琴"。

RP：他们是你的朋友吗？那到底是怎么回事？

LC：我认为只是因为当时这首歌正好在纽约流行。他们又正好发现了它。他们还在一起吗？这个乐队还在吗？

RP：我相信不在了。我还在上学的时候，有一场巴菲·圣玛丽[2]的演唱会，我为一份报纸写了这场演唱会的评论，她唱了《苏珊》。我在我的文章里提到我发誓她说了："既然我写了这首歌，那我就要唱。"谁写了《苏珊》这件事存在疑问吗？

1　"对牛弹琴"乐队（Pearls Before Swine），美国民谣摇滚乐队，成立于1965年，于1974年解散。

2　巴菲·圣玛丽（Buffy Sainte-Marie，1941—），加拿大裔美国歌手、词曲创作人、视觉艺术家、社会活动家。

LC：没有，没有疑问。从版权意义上来讲，这首歌是从我这里窃取的，而且从来没有人说写这首歌的人不是我。你可能搞错了，不过她很出色。事实上是我一句一句教她的。

JM：她唱得很棒。

LC：她是一个被严重低估的歌手。我认为她是最伟大的歌手之一。

RP：她还录制了一两首你没有录制过的歌，对吗？

LC：她从《美丽失败者》中节选了很长一部分谱成歌，那首歌叫《上帝是存在的》（God Is Alive）。她唱得很美。

RP：我记得还有一首叫作《钟》（Bells）的歌。

LC：她确实录制了《钟》。我们录制的是一个很早、很早的版本。我刚刚录完那个版本。我录制的这版和我教她的版本完全不同。

RP：你能谈谈妮可[1]吗？

LC：我希望我们回法国后可以见到她。或者在伦敦，如果她在城里的话。

RP：她一直在伦敦录唱片。

LC：她非常出色。她是一个伟大的歌手和创作者。相比我所认识的她，大众眼里的她被严重低估了。我想她卖出的唱片不到五十张，但我认为她是整个行业里才华最独特的人之一。

RP：你写《圣女贞德》的时候想的就是她，对吗？

LC：噢，我可不会这么说。你从哪里听说的？

RP：你最近的一次采访里。

LC：哦真的吗？我不记得是不是这么回事了。我记得我当时在追求她——我当时对很多人感兴趣。那段时间里，我被妮可迷

1　妮可（Nico，1938—1988），德国歌手、模特、演员。曾与地下丝绒乐队合作经典专辑《地下丝绒与妮可》（Velvet Underground & Nico）。

住了。我确实是在那个时候写的那首歌。

RP：那卢·里德[1]和地下丝绒乐队呢？

LC：我们是在纽约认识的。我第一次到纽约时——我想是1966年左右——妮可正在多姆（Dom）驻唱，那是当时安迪·沃霍尔（Andy Warhol）在第八街上的一家俱乐部。有一天晚上，我正好走进那里，我并不认识这些人。我看见这个女孩在吧台后面唱歌。她是一道非常值得注意的风景。我想她是当时我见过最美丽的女人。我直接走过去站在她面前，直到其他人把我推开。我那时开始为她写歌。在那段时间，她将我介绍给了卢·里德。卢·里德让我大吃一惊，因为他有一本我的诗集。我当时还没在美国出版过作品，就算在加拿大，我的读者也很少。所以，当卢·里德请我在《献给希特勒的花》上签名时，我觉得他的这一举动非常友善。当时地下丝绒乐队已经解散了。他给我唱了几首他的歌。那是我第一次听他们的音乐。我觉得他们很出色——真的很棒。我以前经常这么夸他。

RP：你跟他多熟？

LC：我跟他并不是很熟。他是《美丽失败者》很早的一批读者之一，他认为那是一本好书。那时候他的作品并没有得到很多赞誉，当然我也没有。所以我们会互相告诉对方我们有多出色。我立刻就喜欢上了他，因为妮可喜欢他。

RP：我能问你有关其他音乐人的问题吗？比如范·莫里森（Van Morrison）。

LC：我非常喜欢他的作品。我并不认识他。事实上，我非常欣赏他的作品。（对米勒说）你呢？

JM：非常棒。他也是一个非常优秀却永远无法成为一个巨星，

1　卢·里德（Lou Reed, 1942—2013），美国著名摇滚歌手，是地下丝绒乐队（Velvet Underground）的成员。

并且可能并不想成为巨星的人。

RP：我能问你有关滚石乐队的事吗？你跟他们有过任何接触吗？你有没有认真思考过他们的音乐？你对他们的音乐有什么看法？

LC：我曾经在广场饭店大堂里见过米克·贾格尔（Mick Jagger）一面，他说："你来纽约是为了诗歌朗诵会吗？"我非常喜欢他们的一些歌。我觉得"滚石"现象很棒——米克·贾格尔的形象。他们是流行乐队的面包和酒[1]。我比其他人都要年长，在认识他们之前，年轻时的我早已领略过那些更年长、更出格的人带来的震撼，所以我并没有折服于他们在年轻人中制造的狂热。但说得稍微幽默一点的话，我一直很崇拜他们。我从来没有认真想过米克·贾格尔到底是不是恶魔。但我认为作为名人，滚石乐队的各位非常有趣。

RP：某种程度上，对音乐界的很多人而言，你是一个怪人，我想知道你认为自己与这种形象的差别有多大。

LC：我认为完全不同。我喜欢摇滚现象，但我并不按照摇滚圈子中任何一个人的方式生活。我的个人风格非常、非常不同。我的音乐风格和他们完全不同。我的生活也完全不同，它扎根于完全不同的土壤，早在流行文化运动之前就存在于我的设想里。我的生活方式在50年代中期就已经成形，之后几乎毫无变化。我能在这种方式中找到自己。

RP：我能再问一两首歌吗？比如《以撒的故事》。你能稍微讲讲你为什么写这首歌吗？这首歌里包含了对父亲的指涉。是你自己的父亲吗？

LC：写完一首歌后，你就很难再从中走出来，向包括你自己

---

1 面包和酒（bread and wine）是基督教的圣餐食物，是耶稣基督肉体的化身，是他的真实存在。科恩在这里意指滚石乐队对于流行乐的重要性。

在内的任何人解释它。作为一名写作者，一名艺术家，或者一个处理并操弄符号的人，你所能知道的一切就是你的作品是否具有内在真实性。我认为这首歌确实具备一种内在真实性。它包含了父亲和儿子，献祭和杀戮，结尾部分的宣言也非常诚实。我能说的就只有这些。

反战阵营声称这首歌属于他们，没问题。法西斯阵营也可以声称这首歌属于他们，没问题。我知道那首歌是真实的。它关于父亲和儿子，还有那个特殊的地方，一个充满杀戮的街区，不同代际之人在那里相遇，产生交集。至于这首歌的意思或是别的方面，我不知道，我只知道它的存在是一种精神事实。有关这首歌我能说的就只有这些。

RP：这首歌是在某种特殊的情形之下写成的吗？

LC：我确实在某种程度上认为战争存在的原因之一是年长的男人可以借机杀光年轻的男人，消除争夺女人的劲敌。还有一个原因则是关于地位。我确实认为这是真的。战争总是发生的原因之一就是年长的男人可以因此拥有女人。同时，在他们的组织地位方面，竞争也彻底消失了。我知道在《圣经》中以撒的故事还有其他意义，有关信仰、荒谬，以及50年代所谓的存在主义神学。

这首歌的传播并非一帆风顺，在这个过程中，它为自己招徕了一些文化附属品，除去所有那些东西，我只知道作为一种经历，它的本质是真实的。它没有背叛自己。我的意思是，这首歌没有以祈求和平作为结束。它也没有以祈求世代间相安无事作为结束。这首歌的结尾是："如果可以，我会杀了你们；如果必要，我会帮助你们；如果必要，我会杀了你们；如果可以，我会帮助你们。"有关这首歌我能说的只有这些。我父亲在我9岁的时候去世了，这就是我说"我们之中必须有一个人离开"的原因。

RP：你想谈谈《屠夫》（The Butcher）吗？

LC：《屠夫》也是一首具有真实内核的歌。你可以从宗教的角度去解读它，让它变得更加神圣。不过即使人们从这个角度去解读这首歌，我也不会关心。如果他们想把它神圣化，或是在祭坛、解剖台，以及其他任何地方研究它——我都不会介意。每个人的工作都应该受到保护。在我看来，当一股力量在体内莫名积聚，驱使你去创作时，这件作品的成败只取决于它自身内部的结构。在我看来，这首歌的存在同样也得益于它自身的内在真实性和准确性。

RP：谈谈药物？

LC：我不使用药物。我认为药物对人有很大的坏处。我觉得大麻很糟糕。我不会对任何人说这句话，因为没有人相信我。大麻文化非常盛行，我绝不想干涉年轻人寻乐。我吸过很长一段时间的大麻。我知道它是什么，我知道使用它的后果是什么，我认为我们的文明还没有睿智到能控制它的摄入量。我跟一些摩洛哥人交流过，他们观察过美国人吸大麻，他们认为我们非常疯狂。他们也吸很多大麻。

JM：为什么？

LC：因为我们一直在吸。

JM：我们吸得比他们少吧？

LC：多，多很多。我们一直在吸。

JM：我以为摩洛哥人除了闲坐吸大麻，别的什么也不做，是我想错了吗？

LC：我肯定有一些人的确是这样的。爱尔兰的一些人整天除了坐在酒吧里喝酒外别的什么也不做。但总的来说，我们能控制自己的酒精摄入量。可是美国的年轻人会吸完他们所有的大麻，一直吸，直到大麻被吸完为止。我认为有一些人控制得稍微好一些。我不是想夸这些人。因为在我看来，他们的状况也没有多好。

神秘高深的东方人在控制这些问题方面也没有那么好。有些人显然需要依靠大麻来写出一些优美的东西。我对它催生出的那些杰出美妙的作品没有任何异议。就我个人而言，我见识过它对我自己和他人造成的伤害。我认为它并没有那么好。但它（大麻）却被认为是无害的。

RP：我之所以在讨论《屠夫》之后问你这个问题，是因为《屠夫》中的那句歌词[1]。

LC：我用过药物。我几乎使用过所有我能接触到的药物。我用尽了各种可能的使用方法。我认为，在缺少圣礼、仪式以及对其力量真正深刻的了解的情况下，使用药物是危险的。我所说的并不是禁止或不使用药物。我所说的，是随意、毫无区分、社交性质的药物使用，这非常、非常危险。真的很危险。我认为致幻剂是目前为止社会上最强力的药物。这一点毫无疑问。

RP：你在一座修道院里待过，这是真的吗？

LC：我和一些常去的修道院一直保持着联系。

RP：你去那里是静修，还是作为见习修士？或者你会考虑立誓吗？

LC：我是作为院长的朋友去那里的，没有其他任何原因。

RP：修道院里的秩序如何？

LC：我去过一两座特拉普派修道院，以及一两座佛教寺院。我不想就此说太多——谈论这个话题似乎会把我刻画成一个高尚的人，但我的本意和高尚毫无关系。我非常享受一些人的陪伴，他们非常强大和有趣。他们碰巧在宗教领域活动，随便你称这种领域是宗教还是别的东西。他们会让你发生改变，会驱使你工作，你每个晚上顶多只能睡三四个小时。

RP：你会遵守他们的规矩吗？

1　这段歌词是："我找到一根银针/我将它扎进胳膊/它带来一些好处/也带来一些坏处/但在冰冷的夜晚/它让我感到温暖/这夜为何如此漫长？"

LC：嗯，我会遵守他们的规矩。如果你想在海德堡大学跟从一位非常优秀的教授学习，那你就必须学习德语。这是他们的词汇。为了能享受他们的陪伴，我非常愿意学习他们的词汇。这是他们做事的方式。他们从自己的传统中继承了这种方式，并且非常擅长运用它。虽然传统范畴之外的情况完全不同。但在他们的传统范畴之内，真的处处绽放着智慧之花。为了能从他们的人格中获益，你必须学习他们的语言。

RP：上周日我们有档广播节目——还是上上周日？——要求米克·贾格尔必须选出12张唱片。那些唱片非常有趣，他选了一些他喜欢听的经典印第安音乐和意料之中的美国黑人音乐。但你可能选不出来吧？

LC：我对音乐不是特别感兴趣。大多数时候我连唱片机都没有。我对这些东西不太感兴趣。如果你问我是否有一些歌是我想记住的，要是有一天一场规模巨大的遗忘症席卷世界，是否有一些歌是我不想忘记的，是否有6首歌是我想记住的，我或许能够回答。但是就唱片和书来说——要坐下来列一份真实、准确的清单真的需要费一番大工夫。

近期我们不太可能再看到莱昂纳德·科恩来英国巡演。他打算每隔几年出现一次，向我们展示他正在做的事。他认为如果一直不间断地录音和巡演，那么一个艺人很有可能会对自己的重要性产生一种夸张的认知。反正不管怎样，他写完一首歌都大概需要三年。他不喜欢音乐行业烦琐的商业机制。事实上，相比有关他的最新电影《线上之鸟》，他更喜欢早年的影片《女士们先生们，有请莱昂纳德·科恩》。

科恩的英国巡演于9月19日在阿尔伯特音乐厅结束。他没有告别。他对观众说的最后一句话是：

"感谢你们记得这些歌，它们诞生于多年前的那个房间。"

访谈

霍尔迪·塞拉·依·法布拉（Jordi Sierra I Fabra）| 1974 年 10 月 12 日至 14 日采访，收录于 1978 年出版的《莱昂纳德·科恩》（*Leonard Cohen*）（西班牙）

1974 年 9 月到 10 月，科恩在比利时、法国、英国、丹麦、德国、荷兰、奥地利以及西班牙共举行 29 场演唱会，为专辑《旧典的新生》做宣传。10 月中旬，这次巡演的最后两场演唱会在巴塞罗那举行，西班牙著名记者霍尔迪·塞拉·依·法布拉利用这次机会与科恩进行了一场主题广泛、历时多日的对话。这次对话在 4 年后被收录在由阿尔贝托·曼萨诺编著的西班牙语版《莱昂纳德·科恩》一书中，本次采访英文版由简·丹科（Jane Danko）翻译。——编者

"我并不认为自己是歌手、作家或其他任何身份。身为一个人的职责远大于那些身份。"

——莱昂纳德·科恩

1974 年 10 月 12 日，周六，莱昂纳德·科恩在西班牙巴塞罗那的加泰罗尼亚音乐宫举行演出。由于第一场演唱会大获成功，因此第二场演唱会立即作为"午夜场"被安排在周日，即 10 月 13 日。科恩虽然沉默寡言，但开口说话时极其善于表达自己，第一场演唱会当晚，他只同意和三个记者在位于音乐宫内的化妆间会面。

第二天早晨，趁着他在酒店的短暂空闲时间，他同所有靠近他或者向他提问的人进行了畅谈。

接下来的这篇访谈就是由10月12日的采访以及其他几天里的两次对话整合而成的，那次巡演是科恩第一次站在西班牙的土地上。

霍尔迪·塞拉·依·法布拉（以下简称JF）：你之前宣布要退出音乐界，那为什么还会有这次巡演和这张新专辑呢？

莱昂纳德·科恩（以下简称LC）：其实我从未离开过。那番退出的言论是一个要么把我的话看得太过随意，要么对它肆意解读的记者在危言耸听。人有时候会面临危机，在那种时候发表的言论会被缺乏想象力的人过分解读。在那些幸运或不幸的真诚时刻，言语更多源自内心而非大脑，那番言论便是在那种情况下产生的。

JF：你常常会经历那种真正的抑郁吗？

LC：我不会称它为抑郁。人们必须注意到我们正处在一个糟糕、灾难性的时代，它影响着很多人。每一天，当我在唱歌，你在听歌时，成百上千不知姓名的人在死去。这是一场持续性的末日，它会在某些人身上留下印记。

JF：对你来说，结束独自一人的状态，转而去录制专辑或者在公众面前抛头露面是不是一件很困难的事？

LC：最初很难，也就是当我想到自己将再次陷入无休止的旅行、采访和演唱会的忙乱中时。今天我在这里唱歌，明天我会在那里唱歌，这意味着我将不能去认识更多的人，了解他们居住的城市、他们的问题和他们的处境。这让我感觉很怪异，就好像我从来不是真正的我，只是一个路过的人，人们注视着他，听他唱歌，但除此之外什么也没有。同时，我这么做也是为了能在生命的某些时刻给自己一些确定的答案。举个例子，我决定将这次巡演作为一种检验我能力的方式，一次深刻的分析。

JF：通过这次分析，你目前有哪些发现？

LC：就现在来说，我只想呈现精彩的演出，这既是出于对买票的观众的尊重，也是出于对我自己的尊重。至于剩下的事，只有等这轮巡演结束，再次回归个人生活时我才会知道。

JF：你是否真的像你的歌那样悲伤、消极，有时候还有些尖刻？

LC：我的作品始终带有自传性质，与此同时，我希望它们是客观的。当然，我和我的歌非常相似，但我自认并不悲伤，所以我认为我的歌也并不悲伤。

JF：关于你之前提到的那个灾难的世界，有没有人探讨过那个世界催生的忧郁？

LC：真诚可能会被误认成很多别的东西，尤其是在音乐行业，这里涌动着许多商业暗流。总而言之，这只是表达的问题。我的音乐反映了我的性格，而我的性格反映了我周遭的一切。对我来说，我把这一切都看成是我的作品，作品的关键在于要有价值。所以，我用必要的真诚和尊重来对待周遭的世界，然后通过我自己，将这个世界带给其他人。

人们的精神状态将决定这个世界对她或他产生何种影响。一个人可能会因为自己的精神状态而认为我或者我的歌是悲伤的，因为他们无法体会我周围的混乱情绪，因为他们的生活是另一种状态，我的意思并不是说那种状态更虚假或更普通。相反，每一个人的生活方式都是由自己造就的。他们的理解力会被他们的感受影响，被他们给予事物的意义影响。我的歌是生活，是日常每一天发生的真相，我就是我的歌。

JF：但很明显，和你一样，很多人都会去思考和感受这些事情，否则你不可能收获如此之多的共鸣，以及这种存在于人们和作为诗人与歌手的你所表达的事物之间的联系。你觉得这是一件好事吗？是你必须提供的益处吗？

LC：我的歌必须从内部去欣赏。如果有人站在歌曲的外部，那么他们什么也看不到。事实上，人们购买我的专辑，对我感兴趣，这意味着很多人都处在这些歌曲的内部。我们不能说提供益处，只能说创造一些联结，让人们能感受到共鸣。

JF：你所说的"人们"，是独立的个体，还是群体？

LC："人们"是日常生活中所有英雄的集合，至少我是这么认为的。人的脸和个性有成百上千万种，但是他们合起来就组成了一个"人们"的集合。然后，在每一个集合内部，一种价值体系的形成使得有些人成为领导者，而其余人则成为追随者，也令有些人成为名人，而其余人则默默无名。所有人都是英雄，但各自拥有不同的命运。

JF：尽管你是加拿大人，但是你把地中海地区当作像家一样的地方。希腊和西班牙这样的国家对你来说意味着什么？

LC：在这个技术化的世界里，它们是残存的两个非常纯粹的国家。这两个国家的民俗在别处几乎无从寻觅，但是就我抵达巴塞罗那后看到的景象来说，这种民俗正在因美国化而渐渐消失。一个拥有弗拉门戈艺术的国家，一个拥有洛尔迦这样的诗人的国家，不应该让自己受另一种气质的音乐影响，当然更不能受其掌控，它不应该任凭商业利益把这种音乐强加在自己身上。

JF：你女儿叫洛尔迦，这是真的吗？

LC：没错。

JF：这里，或者说这里的人有没有对你产生任何影响？

LC：我并没有在这里找到想象中的一切，也没有发现任何特别的人或物，如果你是这个意思的话。但是当人们在我的音乐中找到共鸣，当我看到他们非常开心的时候，我感觉自己和他们紧密地联系在一起，因此我非常开心地致敬了洛尔迦，并且将这场演唱会作为对他的怀念。

JF：加西亚·洛尔迦对你的人生而言有什么意义？

LC：我在台上的时候已经讲过了。他对我的政治作品和个人作品都产生了非常深远的影响。我很崇拜他。我在14岁的时候意识到，我可以从洛尔迦身上找到"纯粹"和"诗歌"的定义。

JF：说回地中海文化对你的影响，你觉得在西班牙举行的这几场演出会不会对你产生深远的影响？

LC：会，毫无疑问，因为我深受地中海文化的影响，我住在地中海地区，西班牙是一个典型的地中海国家。所有人都知道我非常想来西班牙，我的感觉驱使我来到这里，当然还有洛尔迦，除此之外，我非常期待认识更多的人。

JF：结合这次巡演，以及英美乐评人对你的糟糕评价，你怎样看待自己在国际范围内受到的瞩目？

LC：我并不认为自己是一个出众的歌手。我只是一边弹吉他一边诠释我的歌词罢了。我之所以做这些事情，是因为我需要做，我需要表达我知道的东西，需要向人们展示我做的事情。这次巡演确实有一些棘手的情况，尤其是在美国和英国，但那些不愉快的时刻并不是公众造成的，而是评论家，不过我并不在意他们。评论家在看待事物时有些冷酷。他们关注声音，关注它是好是坏，一个人吉他弹得好不好，台下观众多不多，有时候，他们看不见真正的成功，因为他们既不会关注观众的灵魂，也不会关注歌手的灵魂。我见过真心鼓掌的人，对我来说那才是真正重要的东西。今晚的情况也是如此，在这里，在巴塞罗那。因此在我看来，这次巡演非常顺利，我很满意，很高兴。

JF：今晚和你一起演出的乐队编制非常完整，一架键盘、一支萨克斯、一把低音提琴、一把大提琴、一把吉他、一支小号，还有两个弹吉他和伴唱的女孩。你为什么不再自弹自唱了？

LC：因为我意识到我会累，如果独自在舞台上，我有时会无法将注意力集中在观众身上。因此我让一群优秀的音乐人聚集在我周围，跟他们一起唱歌。一个人必须改变，但是当然也不能迷失自我，我不可能还做我八年前做的事。

JF：你在舞台上时从不走动，从不微笑，非常严肃，看起来像是在走神，这是什么原因？

LC：有些人在唱歌时会笑，有些人会走来走去，尽力地展现自己。我唱的是严肃的歌，我在舞台上之所以这么严肃，是因为我无法用别的方式唱歌。我想一个斗牛士不会大笑着走进斗牛场。相反，走进场地时，他心里想的是自己将用生命和牛较量。

JF：你为什么要在演出结束时敬军礼？为什么每场演唱会都要这么做？

LC：因为我不认为自己是一个平民。我认为自己是一个军人，军人就是那样敬礼的。

JF：可是……一个军人？哪一边的？哪种意义上的？

LC：这些问题留待你自己想象了。我是一个军人。仅此而已。我不想讨论战争和站边。

JF：但是，《爱人，爱人，爱人》（Lover Lover Lover）这首歌就是献给你在赎罪日战争中的"兄弟们"的，而且你当时还在战场上为他们唱歌。这意味着你已经选择了自己的立场，同时在某种意义上，你在为这种立场战斗。

LC：个人面对战争的处理方式是一回事。这种方式和血统有关，是一个人对自己的根与源的认同感。作为一个人，一个写作者，我奉行的军事主义则是另一回事。

JF：但你很关心战争，从这个角度来说，你应该对两方都很关心。

LC：我不想讨论战争。

JF：当你的专辑卖出几百万张的时候，你会不会有一种被商业化的感觉？

LC：那不是问题。卖出一百万张专辑的时候我不会有那种感觉。但之后会，在我接受自己录制的歌被卷入商业游戏的事实后。对此我既不羞愧也不高兴，我明白这个体系在利用我，就像我利用它一样，所以我们得从合作的角度看待问题。我关心的是如何接触更多的人，所以我向体系规则妥协，这个体系是我的唯一选择，只有它能让我去做我必须要做的事情。

科恩剪报

关于翻唱

"说实话，我还没有听见过让我完全满意的翻唱，我觉得或许只有朱迪·柯林斯版的《苏珊》是例外。她对其他几首歌的处理也同样非常精妙和细致，但我不知道是否真的存在让我如自己所期待般深受触动的翻唱版本。我自己的版本同样也没有那么触动我……"

——摘自与凯瑟琳·肯德尔（Kathleen Kendall）的对谈，WBAI-FM（纽约），1974年12月4日

莱昂纳德·科恩：拾荒产业中的浪漫主义者

保罗·威廉斯（Paul Williams）| 1975 年 3 月，《龙虾！》（*Crawdaddy!*）（美国）

1974年9月到10月的欧洲巡演过后，科恩从当年11月开始到1975年3月一直在美国和加拿大演出。就在那段时间里，他和开创性的摇滚杂志《龙虾！》的创办者保罗·威廉斯进行了一场深具启发性的对话。这场对话的内容在哥伦比亚唱片公司发行《莱昂纳德·科恩精选集》两个月后刊登在《龙虾！》上。——编者

"我认为如今就灵魂而言，婚姻是最焦热的火炉，"莱昂纳德从墨西哥打来电话，"它比孤独更难忍受，对向往独自生活的人来说更具挑战性。婚姻中不存在借口，大多数时候难以忍受，但也只有在婚姻中，一切才有可能得以实现。因此我对婚姻的感觉非常矛盾。"

这个电话——莱昂纳德在阿卡普尔科的一个电话公司办公室里看着孩子们跑进跑出（他还看见了一只蝴蝶），而我则在纽约一家唱片公司十二楼的小房间里——是我们前一次对话的后续，大概三周前，我们在曼哈顿42街，莱昂纳德·科恩的律师的办公室里进行了第一次对话。

莱昂纳德刚刚结束一轮历时54天、共计38场演出的巡演，这其中包括在巴黎举办的一场面对13万观众的户外演出。在法国，他是一个超级巨星（"如果一个巴黎的女孩只拥有一张唱片，那

一定是莱昂纳德·科恩的专辑。"我的一个四处旅行的朋友这样告诉我），整个欧洲大陆的情况都是如此。他的最新专辑《旧典的新生》发行最初6周在欧洲卖出了25万张。

在美国以及他的祖国加拿大，作为表演者和歌手的科恩并没有获得同等的认可。他最出名的身份是歌曲创作者（《苏珊》《电线上的鸟》）、诗人和小说家。他的第二部小说《美丽失败者》在各个大学校园里的销量经久不衰，甚至还登上了一些现代文学课程的课堂……虽然十年前它差点因为太过污秽而无法出版。

和莱昂纳德·科恩交谈的感觉，就像是在地铁站台和超市间连续穿梭数月后突然触碰到土地的感觉。这个男人和他的自我认知中有一种韧性，他似乎清楚地知道自己在做什么。大多数当代创作歌手都不是成熟的艺术家：他们要么还太年轻，要么太早品尝到成功的滋味，并且从未克服它所造成的困扰。科恩是一个例外。

他今年40岁。在见到他的一瞬间，无论你之前是否知道他的作品，你都会不由自主地承认他就是他自己的作品。"我很幸运，"他在谈论与音乐产业之间的关系时说道，"没有人向我施加过压力。或许是因为没有人认为我的作品有利可图。"或许是这样，但更有可能是因为他们早就意识到无法强迫莱昂纳德·科恩发行更多作品（他在8年里发了5张专辑），或者举办更多巡演（他上一次在美国露面已经是四年前），又或是将他的声音进行商业包装。并非是他抗拒这些事情——而是他并不会轻易受影响。他必须以自己的真实面貌在这个产业里进行交易。

科恩的父母是一对富裕的蒙特利尔犹太夫妇，他们都是"达迪·克拉维茨"[1]——"我的童年非常弥赛亚式，"他在1967年的

---

[1] 加拿大作家莫迪凯·里奇勒（Mordecai Richler）的小说《达迪·克拉维茨的学徒生涯》（*The Apprenticeship of Duddy Kravitz*）的主人公，是一个犹太商人。

时候这样告诉理查德·戈德斯坦，"我被告知是最高祭司亚伦的子孙。"他20岁的时候就已经是一个出版过作品的诗人，还在一个希腊的小岛上住过8年，出版了几本小说，1966年来到纽约，以一首题为《苏珊》的歌得到了流行音乐界的关注，这首歌由朱迪·柯林斯和约书亚·里夫金[1]录制，收录于他们惊为天人的专辑《在我的生活里》。

约翰·哈蒙德（John Hammond）把科恩签给了哥伦比亚唱片公司，很多人抗议称这是哈蒙德自签下鲍勃·迪伦之后所做的最愚蠢的事。科恩在1967年发行了他的第一张专辑。"毫无疑问，这个过程非常困难，"哈蒙德在1971年的一次采访里说道，"你无法让莱昂纳德跟其他音乐人合作，因为他感觉他们都在嘲笑他。而他们中大多数人确实在嘲笑他。"《莱昂纳德·科恩之歌》问世后，《来自房间里的歌》于1969年发行，《爱与恨之歌》于1971年发行，《现场歌曲》于1972年发行，《旧典的新生》于1974年发行。他从1967年开始便陆续出版诗集，这些诗集在加拿大早已非常受欢迎，而他作为一个歌曲创作者受到的关注则进一步促使他的诗集被印成平装版并且得到了广泛的认可。

他参演了几场音乐节——怀特岛、纽约森林小丘——7年里举办了3次欧洲巡演，1975年初之前他从来没有举行过美国巡演。他大多数时间都住在蒙特利尔和希腊伊兹拉岛，1969年左右在纽约住了一年，1971年到1972年这两年间则住在田纳西州富兰克林市郊外的一个农场里［他的小屋曾属于《再见，爱人》（Bye Bye, Love）的词作者布德洛·布莱恩特（Boudleaux Bryant）］。

在写完《苏珊》后多年，他遇见了他的妻子苏珊（编注：事实上，他们从未结婚），他们有两个孩子——亚当和洛尔迦（男

1　约书亚·里夫金（Joshua Rifkin, 1944—　），美国学者、指挥家、音乐人。

孩两岁半，女孩大约6个月大）。"我和一个女人还有一个孩子一起住在这里，"他在最新专辑里这样唱道，"这种情况让我有些紧张。我从她怀中起身，她说'我猜你称之为爱，但我称之为兵役'。你为什么还不回到战场……"

莱昂纳德·科恩依然是一个浪漫主义者——将两性间的关系比作一场战争非常浪漫（也很贴切）——他仍是第一次出现在美国音乐圈时的那个他。但他的浪漫主义已经成熟。阅读他的下一部小说一定会很有趣。

罗伯特·奥特曼（Robert Altman）以科恩最初两张专辑中的几首歌为基础（这是奥特曼告诉科恩的）拍摄了影片《花村》（*McCabe & Mrs. Miller*）。我和科恩一起坐在他的律师的办公室里（豪华且时髦，要坐两部电梯才能到。科恩穿着剪裁精致的西装，不过他依然住在破旧狭小的切尔西酒店里），我问他是否考虑过为其他电影写配乐。

"偶尔想过，"他告诉我，"归结起来说，我最喜欢的配乐，应该要忠于自己，可以被任意使用，同时拥有自己的人生。"他说话时很温柔，也很友好，他知道要回答问题，他是与严肃的话题形成对比的那一丝温暖。"如果人们能在其他领域使用这些歌，我会很高兴。"

科恩的脸非常迷人，透露着一股显而易见的成熟。"关于《花村》里使用的歌，你有没有收到过相关咨询？"我问道。

"我当时住在富兰克林，在田纳西，那天我准备去纳什维尔看一场电影——我们已经在乡下住了很久。然后我看了一部叫《空中怪客》（*Brewster McCloud*）的电影。你看过吗？它非常、非常美，我觉得那部电影非常出色。我看了两遍。或许是因为我很久没有看过电影了，但它真的很棒。那天晚上我在纳什维尔的录音室里，然后我接到了一个叫罗伯特·奥特曼的人打来的电话。他说：'听着，我很喜欢这些歌。我围绕它们拍了一部电影。我可以用这些歌吗？'我说：'你是谁？'他说：'我拍了《陆军野战医院》（*M*A*S*H*）。那部电影是我拍的。'

"我说：'我知道那部电影很成功，但我还没看过。你还有没有别的我可能知道的作品？''我拍了一部完全被忽略的电影，你不会知道的。它叫《空中怪客》。'

"我说：'听着。我刚从电影院出来，这部电影我看了两遍。你可以用任何你想用的东西！'

"我确实又写了一些音乐——但只有一处被采用。我为沃伦·比蒂（Warren Beatty）的一段独白加了段吉他背景音，它很难被注意到，但这是我写过最好的东西之一。我很喜欢那一段。

"然后我看了影片，那是还没有加配乐的成片。配乐还没有完成。然后我说：'听着，兄弟，我必须告诉你——我们可能还会再次合作，所以我希望你能从我这里得到真实的想法——我不喜欢它。'他很受伤，换作是我也会这样，但是……

"后来我去蒙特利尔的电影院看了加上配乐和其他所有部分的版本，非常好！我打电话给当时在伦敦的奥特曼——我花了两天时间才找到他——然后对他说：'忘掉我说过的所有话，这部电影真的很美。'"

科恩的生活和他的艺术似乎契合得非常好。随着我们的对话主题越来越广，他是谁，他去过哪里，他一直在做什么，这些问题的答案渐渐浮出水面：

关于作为一个加拿大人：

"加拿大人和犹太人一样——他们在不断地审视自己的身份。我们与一个庞大的帝国接壤，这为加拿大的处境提供了一种特殊的帮助。加拿大人一直都明白，我们必须在某种程度上与美国保持一致。但尽管如此，还是有很多文章（在加拿大媒体上）拿身份消亡来恐吓我们。我认为，在加拿大，没有人真的觉得我们会变成美国人。这是一种很奇怪的执念。

"我住在蒙特利尔，那是一个法语城市，它在魁北克，魁北克就像是个法语国家——尤其是现在，它实质上就是个国家。我在蒙特利尔是一个小作家，几乎处于流亡状态，因为我住的地方没有英语写作群体。这些是非常特殊的加拿大式问题，对我来说，这些问题造就了加拿大的特点，因为我们非常在意什么是小众，什么是大众；但尽管这些问题无处不在，每个人似乎仍然还有自己的空间。因为加拿大完全没有'大熔炉'这个概念，我们有一个联邦体系，它直达这个国家的心脏。

"因为我的法语说得没那么好，所以在某种程度上，我像一个外国人一样生活在自己的城市里。我能用法语交流，但我无法用法语传达自己的思想和内心想表达的东西。

"因为我住在加拿大的法语区，所以我们和那些住在多伦多、温尼伯，以及温哥华的作家们彼此隔绝。所有事物都是一堵神秘的墙，作用无非是隔离、保护，或排他，具体取决于你如何看待这堵墙。

"我觉得在蒙特利尔，没有人知道我是作家或者歌手。魁北克有自己的电影产业，自己的音乐，自己的剧院，它比加拿大更有活力。当然，我的作品没有被翻译成魁北克法语，而是标准法语，但魁北克人有一种优越感，那就是他们的语言更加重要。他们的语言无论如何都是不同的。节奏当然也是不同的。跟我住同一条街，在我北面的米歇尔·加尔诺（Michel Garnot）经常说我的作品——我的口语化措辞和实验性英语——应该被翻译成魁北克法语，而不是标准法语。

"对我来说，蒙特利尔是坚强的后盾，是世界的中心。我们在市区的移民区有一栋很小的房子，里面有两三个房间。那片区域在市中心，大多数居民是葡萄牙和希腊的移民工人，英语区在我们的西边，法语区在我们的东边。跟我一起长大的几个朋友也住在那条街上。我们买了几栋连在一起的房子。

"我在希腊、田纳西和墨西哥都待过，但我始终会回到蒙特利尔。"

关于歌曲主题：

"很多人都想知道你是否和你的歌一样忧郁，如果是的话，原因是什么呢？"我问道，"你的形象已经深入人心。这种深度的绝望从何而来？"

"我真的没法回答，"科恩说道，"我认为人们听歌时所听到的东西和这些问题毫无关系。这些问题只有在听完之后才会浮现。歌曲本身并不具有快乐或绝望之类的特点。这就像异性间的拥抱——只有当你离开怀抱，将你自己从怀抱中抽离时，问题才会出现。"

我必须赞成。我并不认为科恩的歌令人绝望。曾经跟我一起生活过的一位女士总是在心情低落的时候用吉他弹唱科恩的歌。她可以与这些歌产生共鸣，但我想她之所以喜欢这些歌，是因为它们能带给她慰藉，我并不认为它们加剧了她的忧郁。布鲁斯音乐之所以成为一种艺术形式，并不是因为黑人比白人悲惨，而是因为黑人在创作时对自己更坦诚。我改变了提问的方式。

"在我看来，你的作品中，"我开口说道，"存在一种真正的私密性——这种私密性体现在你谈论自己的方式，以及你所描述的情况的本质中。你觉得艺术或者写作应该具有这种私密性吗？还是说你觉得自己必须这么做？又或者……"

"当然，我们知道，不同的人和作品，创作角度和风格也不同，但我并没有刻意选择某种创作方式。这只是我的风格，是我唯一了解的说话方式，这并不是我计划好的，同时我也并不认为它比其他更普遍、更克制，或更客观的方式好。

"我一直觉得自己很客观。我一直觉得自己很清晰。我也一直觉得自己实事求是。私密性是一种相对的感觉。就我的内心而言，这种私密性的程度还不够，还远未触及内在的真相。这是我目前正在做的事。

"我认为目前我的作品中确实有一些具备了私密性。我认为这些歌正在接近真相，但它们还是没有……在某种意义上，被我有意当作目标，甚至是导向的其中一条标准并非私密性，而是歌曲所描述的经历的准确性和真实性。

"我一直在尝试记录内心世界。我对自己说：'究竟发生了什么？现在究竟怎么回事？你为什么会想到这个女人？'这就是我尝试去做的事，确保这份记录真实、无误。还有准确。

"语言就是由此诞生的，毫无疑问——一个词语接着一个词语，如果文字恰好是你所使用的媒介，你就会知道，它们自身具有传染性和易感性，会向其他文字发出邀请，非常热情。你由此进入语言的世界，那个世界有自己的规则和律法。

"但说到主题和方法，一定是以记录的形式，努力呈现真实的事件。"

关于早年的生活：

"来纽约之前，我零星举办过几场演出，数量十分有限，我走遍了加拿大，朗诵、唱歌。我刚成年时，二十岁出头时，以及青少年时期的尾声，全都是在音乐中度过的。那时候还没有录音之类的事情，但音乐确实是我们度过夜晚的方式；所有事情都和音乐相关。我们总是四处唱歌。

"但是城里有一个非常优秀的诗人团体，我在那里学习诗歌。我们会出版自己的书和自己的杂志。我们和世界上余下的人之间不存在任何协议或往来。我们觉得可以依靠自己，大家对彼此非常严格。"

"这个团体在蒙特利尔？"我问道，"你早些年有没有到各处去演讲？"

"我一直认为蒙特利尔是一座思想圣城，我从来没有离开蒙特利尔的念头。我直到24岁时才离开蒙特利尔，这个年纪对四处游历而言已经很迟了。我去了欧洲。我因为一本书得了奖，《让我们比照神话》，一本非常、非常早的诗集。

"我去了伦敦，然后——我并不是一个在行的游客——我去了希腊，接下来的8年我都待在那里。我从来没有去过阳光明媚的地方，也从来不知道阳光是什么样的，于是我爱上了那里的阳光，一个金发女孩，还有一座白色的房子。"

"你的两本小说是在那时候写的吗？"

"没错，大部分是在那里写的，情况到现在也没什么变化，有些新歌我写了3到4年，甚至5年，但是直到去年夏天在希腊的那10到12天里我才有收尾的头绪，并且得以把它们完成。

"我现在还留着希腊那套房子——我听说一些欧洲媒体将它描述成'庄园'，我每次都觉得很好笑，那只是一座建在山上的小房子——那里一直是个工作的好地方。"

"从政治或者经济方面来说，"我问道，"在希腊保留一座房子困难吗？"

"虽然希腊政变的时候我已经搬出那座房子并且不住在希腊了，但还是有很多人批评我——我的行为并非出于政治考量，我并没有从中得到任何好处和利益。当时，那个国家和我自身的某些东西已经改变了，而且那之后我几乎不再去希腊。

"但是这和政治毫无关系，我认为在某种程度上，希腊人凌驾于他们的政治之上——虽然这么说很傲慢，但是……在我看来，希腊的普通民众对于政治行动不屑一顾，操作堪称驾轻就熟，他们会换下现任领导人的照片，摆上下一任领导人的照片，会走出家门为下一任统治者挥舞旗帜。因为他们真正在乎的，是自身的存在。"

"你有没有因为是美国人或加拿大人而遭受恶劣的对待？"

"没有，我是那里的第一批外国人，当时我们只有五六个人，对那里的人而言，我们非常新奇。我们是他们的娱乐项目，你知道吗，因为我们一直在喝酒，在跟女孩们调情，我们是他们的剧院。他们会夸赞我们，而且对我们非常好，帮助非常大……

"我有一个靠电池运作的小唱机。我会在外面的阳台上工作，如果我忘了太阳移动有多迅速，因而忘记变动自己的位置，那么唱片就会直接融化在转盘上。我当时一直播放雷·查尔斯的唱片，其中几张已经化了。剩下的我到现在还保存着。它们就像达利的手表一样，滴挂在转盘的边缘。"

关于成为一名小说家：

"关于你的身份，"我问道，"你认为自己是一名小说家吗？"

"我从来不会纠结于形式……我们所谓的小说，是一本散文集，其中包含了人物、发展、变化和情节，这些东西总是吸引着我，因为在某种程度上，小说就是拳击赛场。我喜欢写小说——从像拳击赛场这个角度来说，它令我恐惧——因为它牵涉到框架。我无法在移动中写作。写小说需要一张桌子、一个房间、一台打字机和一个框架。我非常喜欢写小说。"

"《美丽失败者》之后，你还有没有出版过这一类作品？"

"没有，我没有。现在这本书将是自《美丽失败者》之后的第一本散文集。这本书叫《一个即将出生的女人》(*A Woman Being Born*)——这基本上就是我目前正在做的事。我本来以为已经完成了,但是……它不断显露出越来越庞大的规模,因此我只能顺着写下去。这本书的很多内容都是靠听写完成的——我发现前面的部分全都是以'无论你说什么'开头的……"

关于在欧洲比在美国受欢迎:

我提到我有一个写小说的朋友也在经历同样的情况,科恩回应称:"我认为在美国,这是有才华的人的必经之路。很明显。这是发生在福克纳[1]、弗罗斯特[2]、米勒[3],以及很多爵士音乐家身上的事。美国人非常、非常守旧。他们在接受新事物方面犹豫不决。他们完全不知道别的国家正在发生什么。欧洲的那些国家文化历史非常悠久,他们有极大的包容度和好奇心。因此他们会关注新的美国作品。而我们则是对他们的作品以及对自己的作品都不感兴趣。"

关于评论家:

"在当前的评论圈里,我似乎受到了两个阵营的关注。一边是文学圈的人,他们反感我在摇滚圈赚钱。对他们来说,这莫名意味着我背叛了文学。

"另一边是很多摇滚圈的人,我注意到他们总是在文章里声称我对音乐一窍不通,我的旋律非常有限,就好像即使我觉得有必要使用增和弦,我也没法用。他们还说我的声音单薄,就好像

---

1 威廉·福克纳(William Faulkner, 1897—1962),美国著名作家,代表作《喧哗与骚动》《野棕榈》等。

2 罗伯特·弗罗斯特(Robert Frost, 1874—1963),美国桂冠诗人,代表作《新罕布什尔》等。

3 亨利·米勒(Henry Miller, 1891—1980),美国著名作家,代表作《北回归线》。

我们还活在卡鲁索[1]的年代。他们用一套从来没有在别人身上用过的标准来衡量我。

"然而在欧洲，这种情况根本不存在，没人会浪费力气给我定位，因为欧洲的文化非常博大，完全能包容我这样的人，不会出现任何摩擦。"

"这些评价对你有影响吗？或者，一般来说，你认为评论对歌手有影响吗？"我问道。

"目前来讲，有，我非常关心作品在市场中会经历怎样的过程，不过我也对评论家的观点非常感兴趣，我想知道他们在数十年里会如何变化，一个人会如何对待新作品。他是抱着好奇、友好、关心的态度，还是将它作为自我宣传的机会，作为职业的跳板。他会把它当作展示人性的机会，还是展现残忍的机会。我的意思是，对我来说，评论家们目前正在接受这样的审判。"

在科恩的最新专辑里，他本人至少在两首歌中受到了审判，结果非常严厉，一次来自这个世界——"法官别无选择：一个歌手必须因他歌声中的谎言而死"[《一个歌手必须死》（A Singer Must Die）]；另一次来自他本人——"我从未过问，但我听说你选择与穷人同在。我无意间听到你的祷告，你竟然只想成为一个女人最爱的感恩、忠诚的百万富翁歌手，妒忌的主保圣人，绝望的贩卖者，为北方佬的钱工作"[《战地指挥官科恩》（Field Commander Cohen）]。很明显，他对自己的评判要更严厉，但不如前者那样不留余地。自嘲与自知这两条欢乐的主线贯穿新歌，主题基本上仍然关于紧张、活跃的男女关系。

1　恩里科·卡鲁索（Enrico Caruso，1873—1921），意大利著名男高音歌唱家。

关于歌手的感性，1966—1975：

"带着我的歌初到纽约的时候，我还不知道摇滚乐，我真的不知道正在发生什么。我当时准备去纳什维尔，我了解很多那里的事情，因为我们在加拿大听了很多乡村音乐。我年轻的时候还在一个乡村乐队里待过。

"所以我以为我会去纳什维尔。我以为我可能会写一些乡村风格的音乐。这主要是出于经济原因，我出版了很多书，但是销量一直不好。到纽约之后，我发现自己处在别人口中的'民谣'圈里……那大概是1966年。那个圈子里有朱迪·柯林斯、菲尔·奥克斯[1]——我认识了玛丽·马丁（Mary Martin），一个来自多伦多的女孩，她知道我是一个作家，她当时正在（歌手经纪人阿尔伯特·）格罗斯曼的工作室工作，并且想尝试自己单干。她是朱迪·柯林斯的朋友，我给她唱了几首歌……

"纽约当时的情景让初来乍到的我非常感动。那里弥漫着一种感性——但我对这种感性并不陌生，因为当时我已经32或33岁了——在此之前，我以为这种感性是我独有的。它并不是凯鲁亚克式的感性，也不是金斯堡式的感性，而是在他们之后出现的东西。我自认为我的一些书具备那种感性。五到十年后，我到了纽约，我在那里发现了这种感性，一种包容的感性正在蓬勃发展！我非常高兴。我感觉到强烈的归属感。

"那个时刻带给我巨大的喜悦，但我想对那种时刻的期待和后来它所带来的失望把我压垮了。不过我认为这种变化跟人的年纪也有关系。在25岁到35岁这段时间里，你能学到很多有关这个世界的事情。我认为，这段时期是真正具有教育意义的时期，你跨入了成年人的生活，你会发现一切总是来来往往，思绪、信仰

1　菲尔·奥克斯（Phil Ochs，1940—1976），美国抗议民谣歌手。

的召唤、挑战自我的困境……但是还有一种人类的存在在延续，一种不容小觑的存在。我指的是新生、婚姻、死亡。这些更为宏大的行为谱写了人类的乐章。

"当你深陷在偏执、失落和破灭的幻想中的同时，另一种讯息也会在你的内心和脑中产生，你会有一种原来这就是世界，你很高兴认识这个世界的感觉。

"然后，或许你会全力支持其他的可能。你开始理解其他人类制度——比如婚姻，比如工作，比如秩序。你开始变得保守……虽然一部分热情还是始终投入在无政府、混乱，以及自由的创造力之类的概念中。你开始平衡这些概念与法则和秩序之类的事物之间的关系。我说的是真正意义上的法则和秩序，不是政治口号，而是为我们的存在提供指引的，真正的法则和秩序。"

关于音乐、诗歌和演出：

"对你来说，"我问道，"音乐和诗歌的区别大吗？"

"它们之间的界限一直很清楚。总的来说，歌曲就是被设计成歌曲的样子，而诗歌则被设计成诗歌的样子。"（莱昂纳德给了我一本精装版的诗集——一本被严重忽视的诗集——《奴隶的力量》，他的最新作品。"你介意把封面扔掉吗？"他问道。我照做了，在愉悦、肯定与震惊中，我读完了这本书。封面的问题在于它让这本书看起来像是伦纳德·尼莫伊[1]写的。）"这本书可以被当作一首诗，一首长诗来读。"

"你更喜欢写歌还是写诗？"

"这取决于写作时的状态。写歌无疑很美好。我的意思是，音乐是独一无二的。你可以唱给你的女人听，或者唱给你的朋友

1　伦纳德·尼莫伊（Leonard Nimoy, 1931—2015），美国著名演员、导演、摄影师、音乐人和作家。曾在电影与电视剧版《星际迷航》中扮演斯波克一角。

听。大家会来你家，你可以在一群观众面前唱歌，然后把它录下来。我的意思是音乐有一股神奇的力量。而诗，它被印在纸页上供人阅读，以一种更秘密的方式在世界上传播，而且……总之它们有各自的传播方式。"

"演出对你而言是创作的自然延伸吗？"

"在某种程度上是自然的，但正如其他我们称作'自然'的事物，演出需要投入大量的努力和练习。"

"但我的意思是，"我再次说道，"这种行为是否独立于创作而存在？"

"不是，演出同样包含恐惧、隐患和遭受羞辱的可能。就我个人而言，这是一份有些危险的工作，但是在讲述自己的生活时，创作也具有风险。"

"但是演出的风险更即时吧？"

"对，演出。我的意思是你真的可能遭到羞辱。当然其他的回报和奖励也会随之而来——你会感到荣耀，女孩们可能会爱上你，而且你会得到丰厚的报酬。堕落、物质、自满都将随之而来——但同时也存在长期的风险和潜在的羞辱。"

"你觉得自己能在13万人面前展示歌曲中包含的非常私人的内心想法吗？"

"当你为那么多人演出的时候，"科恩解释道，"歌曲会再度变得私人。"

"我上次在巴黎办演唱会的时候，舞台很高，就像建筑物的一侧一样，观众们在非常、非常、非常下面的地方，所以你真的只需要管好麦克风就可以了。他们在观看演出，但他们在外部，风在呼啸；这是一场非常特殊的演出，那一刻，你只要在自己的位置上做应该做的事。

"不过两千，或者三四千的观众确实是一场考验，因为你可能会做错所有事情。你可以为观众演出，你可以为博得欢笑演出，你可以出于自怜而演出，你也可以为了彰显自己而演出，在观众面前表现自己的方式有很多种。没有什么演出可以随意对待，大家非常清楚你应该在那里做什么。"

"原谅我这么问，"这个问题很重要，不过我的问法似乎让它沦为陈词滥调，但这个问题还是需要一个答案，"你尝试在歌曲里实现什么？你的目标是什么？"

"创造朦胧的幻想，"科恩回答道，"让自己看起来更迷人，掌握写歌的方法，保持忙碌，避免泡在台球室里，努力把正在做的事做好。真的，其实这些都只是托词，从来没有人能回答这个问题。"

"我对歌曲的看法基本上就是，如果你想唱某首歌，那它就是你的歌。无关歌曲应该是什么样，也无关选择；你写这首歌是因为这是你能写的唯一一首歌，这是属于你的歌。事实就是，你想唱歌，唱你所知道的那首歌。"

"从规律上来说，"我问道，"是先有曲还是先有词？"

"嗯，"他说，"大多数时候你只能退而求其次，有什么就用什么。加起来可能也就是几个单词，一段旋律，和两个和弦——我像是在拾荒；我并不是只需站在山顶就可以等着作品飞过来。"

当我在莱昂纳德·科恩的律师的办公室里与他交谈时，他无法确定自己在美国是否还有听众，他想知道他们是否还存在。他将在纽约的底线俱乐部举办3晚共计6场演出。"我很想知道在纽约会发生什么。我已经4年没在这里演出了。我或许已经被彻底遗忘……"

底线俱乐部演出的第三晚，当晚的天气是典型的纽约天气，阴冷、潮湿、难忍。我在演出快开始前抵达俱乐部，想看看那里有没有人。然而俱乐部里只剩下站立的空间了。外面还有一排像街道那样长的队伍，大家靠着墙挤在一起，玩着破了的雨伞，等待机会买第二场演唱会的票。

俱乐部里的观众看上去状态很好。莱昂纳德和他的乐队也是。莱昂纳德的新歌由他的新制作人和钢琴手［"约翰·利绍尔（John Lissauer）非常出色。人们将会见识到他真正的才华，远超过我的音乐所体现的水平。"］编曲，是他的作品中音乐性最好的一首。歌词方面，这首歌虽然不能与科恩之前的作品中那种令人震惊、无处不在的智慧和文字游戏相比，但它依然在其他方面吸引了我——成熟的观点，恰当的意象，还有对我们近来庸常（但依然充满挣扎）的生活的讽刺。

虽然新专辑里的每首歌都反复在我的脑海里回响，但我最喜欢的是《我试过离开你》（I Tried to Leave You），这是一首令人放下戒备的简单的情歌，一首香颂，直接道出科恩所处困境的核心：如何做一个成熟的男人，如何在有妻子和孩子的情况下保持活力。他试探道："晚安，亲爱的，希望你满意。"唱到这句时，他还用了转音。

但这份焦虑源自他的真心。他确实希望如此。"岁月流逝。你失去了你的骄傲。孩子在哭，所以你无法外出。"歌曲的旋律很完美。它带来的共情直击内心。歌手从未贬损自己与其爱人的尊严，一刻也没有。科恩的描述中蕴含的痛苦和美丽，是对约瑟夫·海勒[1]笔下那个事业有成的北美已婚男人所体现的痛苦和丑陋的最佳反驳。愿上帝保佑我们的浪漫主义者，他们给了我们继续前行的力量。

在经历了很多意外情况（拨往墨西哥的所有线路都忙线，他的女朋友又拿走了他的车钥匙）之后，莱昂纳德·科恩的电话终

1　约瑟夫·海勒（Joseph Heller, 1923—1999），美国小说家、剧作家，代表作《第二十二条军规》《出事了》。采访者在这里提到的应该就是《出事了》的男主人公。

于在阿卡普尔科接通了，在底线俱乐部和洛杉矶吟游诗人俱乐部收获的热烈反响让他非常高兴且深受鼓舞。他跟他的家人住在阿卡普尔科郊外的一座小房子里，写作、放松，为之后持续数月的美国巡演做准备。他在40岁的时候成为了摇滚世代创作者中第一个以意识观念、勇气，以及完美的幽默感实现成熟的人。

科恩剪报

关于作为一个"小"作家

"我觉得自己是一个小作家。这不是谦虚，而是因为我喜欢做一个小作家，像罗伯特·赫里克[1]一样。我并不是索尔仁尼琴[2]那样的作家，我没有那么伟大、深刻的见解。我的眼界很小。我觉得我更像是自己那片小天地的主人，而非任何其他的头衔，不是诗人、作家或词作者。"

——摘自《在路上的科恩》，卡尔·达拉斯（Karl Dallas），《旋律制造者》（英国），1976年5月22日

1　罗伯特·赫里克（Robert Herrick，1591—1674），英国"骑士派"诗人。

2　亚历山大·索尔仁尼琴（Aleksandr Solzhenitsyn, 1918—2008），俄罗斯著名作家，被誉为"俄罗斯的良心"。

为粉丝和利益而煎熬：莱昂纳德·科恩的回归

米克·布朗（Mick Brown）| 1976 年 5 月 24 日采访，1976 年 7 月 3 日刊登于《声音》（英国）

1976年的情况和1975年一样，科恩没有发表任何新作品。不过，他抽空举办了一次历时两个半月，演出场次总计55场的欧洲巡演。英国布里斯托站的其中一场演唱会结束后，他在后台同记者米克·布朗进行了对谈。"他非常友好、绅士、优雅，"布朗告诉我，"他是周围一切事物的中心，沉静、镇定。我很喜欢他。"——编者

布里斯托科尔斯顿音乐厅外的海报介绍当晚出场的人是"摇滚诗人"。

音乐厅内，一个女孩拍了几张在舞台上摆放器材的巡演工作人员的照片——她解释称，这是为了一个艺术项目。她非常想拍这场演唱会，因此她只能省吃俭用，存钱、求人，然后再借钱凑齐几张门票的费用。但她今晚不能看演出，因为她要准备明天的考试。她花了几个小时把票卖给了朋友们。她才16岁。

莱昂纳德·科恩显然对此感到很困惑。他回到更衣室，露出一个浅浅的微笑，然后说当他写第一首歌的时候，这些人才8岁，这难道不是一件很奇妙的事情吗？科恩今年41岁。

舞台上，由于单筒聚光灯的强光作用，科恩的脸被分成了明

和暗两部分。他看起来很古怪，就像是莱尼·布鲁斯[1]和《旧约》里的先知结合的产物——突出的鹰钩鼻，深色的眼睛，脸上和前额的皱纹。

在后台的他看上去出奇地脆弱，他穿着熨过的宽松长裤和棕色皮夹克，苗条、瘦小，指间燃烧着一根香烟。有人说科恩内向到交流困难。事实上，他非常迷人、礼貌、平易近人。

他从不在演出前接受采访或接待歌迷，他会利用上台前的这几个小时养精蓄锐，专注于手头的工作，这是他巡演时的规矩。

他会在演出过后和人交谈，在照片或纸张上签名，收礼物，亲吻，以及握手。那时的他非常高兴。他说他很珍视歌迷们给予的关注。

他住在蒙特利尔的一个移民工人社区，在那里，他为人所知的身份是一个有两个孩子、一栋小房子，并且似乎常常不在家的男人。

他在希腊的一个小村子里度过了很多"久坐的时光"，那里的人同样也不关心他是谁，他做什么。巡演路上获得的些许关注让他感到安慰。

在他的更衣室外，一大群戴着墨镜，面露渴盼神情的已婚女子在不停地徘徊，她们把节目单丢给巡演经理，后者则把签了名的节目单带给她们。

里面的小房间里，科恩正在接待本地一家校报的记者，他蜷缩在一张椅子里，整个人被烟圈环绕，四周围满了真诚、好奇的脸庞，有一些纸散落在地上——科恩的诗，是其中一个提问者认真手抄的。

"我想知道的是，为什么你的诗如此直接，如此坦率——比

<hr />

1　莱尼·布鲁斯（Lenny Bruce，1925—1966），美国喜剧演员、社会评论家、讽刺作家和编剧。

如，这首诗……"科恩接过对方递来的纸，浏览起上面的文字。"嗯——我喜欢这首诗……要不是因为这首诗里有'婊子'这个词，我可能会在台上大声朗读它。但我还没准备好说这个词。有些东西注定要停留在纸页上，不被说起……"

"你在写诗和写歌时用的是同一种方法吗？"

"没错——一个字一个字地写……"

"诗歌应该在多大程度上与时间相关？或者说，你觉得诗歌是否应该对一个事件、一个时刻进行总结，然后将它永远保存在纸页上？"

在缭绕的烟雾中，科恩冲着提问者眨了一下眼睛。"我不知道，永远是很长的一段时间……"

莱昂纳德·科恩并没有回归——他从未离开过。当其他表演者都在试图前行，尝试在盛名的光辉中站稳脚跟时，科恩却在他自己所谓的一方小天地里默默辛勤耕耘——有时候写歌，有时候写诗，有时候写书——完全以自己的节奏。

一直在旅行……他总是在四处工作——他的工作足迹遍布世界各地，从蒙特利尔到纽约，从纳什维尔到希腊——但在过去的六七年里，这种情况变得更为常见，"因为我可以负担得起机票了，"埃塞俄比亚内战爆发前他刚好在那里，"所以我只管去一个地方，住进一家旅馆，随意去闲逛。"他就是这样一个四处游荡的犹太人。

"但说实话，我现在对那一切感到有些厌倦。一次巡演能让我在一段时间内摆脱这种厌倦。"但他并没有经常巡演，他说比起巡演可以给予他的东西，他更需要的是私人生活的滋润。然而不管出于什么原因，今年他重新上路了——他在美国南部进行了一小轮俱乐部演出，现在又到了欧洲，相比其他地方而言，他在这里的追随者似乎更多，而且更忠实。

到目前为止，巡演所有场次的门票已全部售罄，布里斯托也不例外——观众里有很多年纪稍大的面孔，毫无疑问，很多年前，《房间里的歌》陪伴他们经历了在卧室和起居室上演的那些悲伤故事；观众里还有多得惊人的年轻面孔，他们顶多听过一两首科恩的歌，却在演出过程中陷入了忧虑，那种忧虑与音乐完美契合；一个一头长发、穿着中筒系带靴和披风的男人在科恩演出中途一阵意味深长、令人起敬的沉默中大喊"愿上帝保佑你，莱昂纳德"，余下的观众爆发出赞同的掌声，简而言之，这些观众证明了科恩是一位"诗人"，而非"摇滚诗人"那么简单。

巡演宣传人员称，举凡科恩演出的地方，情况都是如此，明晚他在（皇家）阿尔伯特大厅的演出无疑也会是这样，不过科恩本人坚信他会得到负面评价。

对负面评价的预期初听让人感到很奇怪，但转念一想，科恩在媒体间向来不如在付钱的观众间受欢迎，媒体或许很难克制自己不去嘲讽科恩歌词中令人放下戒备的坦诚和悲伤，以及他那低沉、神秘、单调的歌声。事实上，用巡演宣传负责人的话来说，这种行为是本末倒置的虚伪小人行径。

莱昂纳德第一次来伦敦演出的时候，英国媒体非常喜欢他，然而当他声名鹊起之后，他们改变了态度。毫无疑问，阿尔伯特音乐厅的演出评价一般，主要矛头还是指向科恩歌词中的绝望，以及与以往作品太过相似的主题，更不用说与之前在英国的几次演出类似了。

它们确实很相似。但熟悉感是科恩魅力的一部分，而且他本来也不能算是高产的创作者。

他的上一张专辑《旧典的新生》是近两年前发行的，由于科恩没有通常那种一年发行一到两张专辑的合约压力，因此他倾向于以自己的节奏工作，而他也承认这种节奏很慢。

"我写一首歌要很久，"他说，"我不知道为什么，而且花这么久写的歌也没有特别好。事实上，我对创作完全没有任何紧迫感。我觉得人类并不会因为我不发新专辑或者不写新书就毁灭。"

不过，他还是为新专辑写了五六首歌，其中一首歌题为《我是否必须彻夜舞蹈》（Do I Have to Dance All Night），科恩在慕尼黑的音乐岛录音室匆匆录完这首歌，将它作为单曲发行（编注：尽管这首歌经常出现在演唱会上，并且现场版在1976年以单曲的形式发布，但它从未出现在任何一张科恩的专辑里）。科恩说如果这首歌能成为热门单曲，他会"非常高兴"，他在布里斯托唱了两次这首歌——一次是作为上半场演出的结束曲，另一次是作为无数安可曲中的一首——来为其成为热门单曲助力。

科恩的作品中难得有这么欢快的歌，不过它非常契合当晚乐队的情绪，他们——吉他手兼踏板滑棒（pedal-steel）吉他手、鼓手、贝斯手、体验了一把合成器带来的晕眩的键盘手，以及两个歌声凄美得恰到好处的实力女声，她们还在演唱《我试过离开你》时熟练自如地采用了兰伯特、亨德里克斯和罗斯（Lambert/Hendricks/Ross）风格的拟声吟唱方式为莱昂纳德和声——似乎很珍惜这次尽情摇摆的机会。

一般来说，科恩的演出没有太多的起伏，为数不多的起伏也是因为他在歌曲开场白中自嘲，在舒缓的爵士风格伴奏声中朗诵亦悲亦喜的诗，而不是因为他的歌。

但科恩的听众们并不是为"起伏"而来的。他的演唱会总是弥漫着一种公开忏悔的气氛，他与听众在痛苦的灵魂深处徘徊，彼此心领神会，流露着对世界的厌倦。

科恩的作品流露着他的痛苦，这是犹太作家的传统风格。或许，对自己的痛苦基本绝口不提的英国人，喜欢让别人替自己表达这种感受。

一个人如此清晰、细致地表达着我们在某个时刻都经历过的情绪危机，这无疑是一件令人安慰的事。如果有人会让你的心为所有人流血，尤其是为他，这个人一定是莱昂纳德·科恩。而我个人为此非常感谢他——至少在某些时刻。

科恩也认为他的听众非常善于共情，和他在一起的时候，他们总是愿意将自己的秘密与他分享。"有些人听我的歌，是为了替自己的问题寻求启示，"他说，"我想这是因为他们觉得我写的是他们正在经历的事情。但我一般无法给予很大的帮助——对那些处于危机中的人，你并不能多说什么。"

人们可以感觉到，科恩自己的生活里就已经有足够多的麻烦。这倒并不是说他的生活支离破碎。然而无论生活发生什么，科恩始终给人一种非常知足的感觉——至少是泰然地接受。

他和家人的生活非常简单，他说那是因为他直到三十多岁才品尝到成功的滋味，他早已非常习惯于自己的方式，无法养成奢侈的作风。他的朋友们还是那些在蒙特利尔同一条街上一起长大的人。他的笑容比你料想的多得多，而且几乎不皱眉。

你会有一种感觉，科恩并不是每天早上一睁眼就会有灵感，就能找到所有让作品具备感染力的元素，而且探索痛苦的灵魂深处一定是一件很困难的事。有些人或许会说科恩在探索时过于努力，以至于他的视角过于私密，甚至到了不体面的程度。

科恩说他在写作时只遵循一句箴言：始终恪守呼喊与作品的区别。"一声痛苦的呼喊就仅仅只是呼喊罢了，"他说，"它会影响你，但你也可以选择放弃它。而对造成痛苦的经历进行探讨的作品则完全不同。呼喊会被作品和某种客观性转化，发生质变，这种变化并不会破坏情绪，反而会赋予其形式。这就是生活和艺术的区别。"

他所有的作品都是同一种观点的延伸——客观的自我启示

录，带有自传性质，"因为我只能利用我知道的东西——而我只知道一方很小的天地。有一些作者极具远见，他们可以描述浩大的变迁——或者类似的事物。他们是伟大的作家，而我与他们相反"。

他认为自己的作品也具有和其他作品一样的疗愈作用。"相比于不写作的时候，我在写作时的感觉要更好，然而有两种感受同时在我身上产生——写作的需求和停止写作的需求。写作的需求时不时地要更强烈。有时候你会厌倦一切，想去做一份踏实的工作。有时候你知道自己正在处理的只是污水管，你想离开地下室。但你选择接受自己的不足，并试图在它们的束缚下工作……"

他是一个完美主义者——对他的作品最苛责的评论家。他的第一本小说《至爱游戏》在出版前经历了四稿。过去的两年里，他一直在写另一部小说，却在最后时刻撤稿（编注：这里显然是指未能出版的第三本小说。科恩早在《至爱游戏》之后，本次采访发生前十年，就出版了第二本小说《美丽失败者》）。

"那本书一无是处，"他说话时带着淡淡的笑容，"但有人说过，写一本烂书跟写一本好书一样难，所以我想写这本书让我保持了状态。在某些方面，它太私人了，其中有关我身边亲密的人的细节并不准确而且非常片面。"

这本书只是痛苦的呼喊，算不上是作品？他大笑："没错——这本书并不具备我认为作品应有的客观性。我试图在我所做的每一件事情里都尽力保持真实——不是忠于事实，而是忠于那段经历的实质。这本书是真实的——但并不公正。"

然而他的出版商们依然想出这书。"他们觉得自己有办法把它卖出去。"

但情况并不总是如此。科恩几乎在蒙特利尔寂寞的酒店房间里度过了自己所有的青春时光，他努力地写书，虽然有些人非常喜欢这些书，但没有人愿意花钱买它们。最终，"为了支付账单"，他开始专注于歌曲创作。他时不时地会在蒙特利尔各个地方演出，后来他搬到了纽约。

他在那里认识了朱迪·柯林斯，然后给她唱了几首自己的歌，她随后便录制了其中的一首。那首歌让他得到了和约翰·哈蒙德见面的机会——后者是发掘了鲍勃·迪伦和艾瑞莎·富兰克林[1]的传奇星探——以及一份哥伦比亚唱片公司的合约。

后来，有人骗走了《苏珊》以及其他几首歌的版权。"我完全搞不懂美国的行业准则，"他的语气很宽容，"但不久之前，我在科孚岛听见有人在唱《苏珊》，这似乎确实说明它不再属于我了。"

大约在他发表第一张专辑的时候，他遇见了詹尼斯·乔普林，这段人生插曲促成了《切尔西酒店二号》的诞生，这首歌是科恩舞台生涯的高光时刻之一。"我清楚记得切尔西酒店的你/说话时的你如此勇敢和甜美/你在凌乱的床上为我口交/豪车在街上等待。"

"她的死让我很难过，"他说道，"并不是因为有人死了——这件事本身并不糟糕。但我很喜欢她的作品，她太优秀了，以至于你感觉她留下的作品实在太少。"

"有些艺术家的光芒十分耀眼，却转瞬即逝——兰波、雪莱、蒂姆·巴克利[2]——诸如这一类人，詹尼斯也是其中之一。

"还有一类人，比如萨特和萧伯纳，他们非常小心翼翼，注意风险。你不能过得太安全，但在不断变老的过程中，你会懂得

---

1 艾瑞莎·富兰克林（Aretha Franklin，1942—2018），美国著名灵魂乐歌手，有"灵魂歌后"之称。
2 蒂姆·巴克利（Tim Buckley，1948—1975），美国著名民谣创作歌手，歌手杰夫·巴克利的父亲。

一些有关生存的事情。这场游戏从很多角度来看都非常棘手，因为它的奖励很可观，但代价也很大。

"生活很残酷，摧毁它的机会数不胜数。我？我尽可能小心翼翼，不让生活成为一种累赘。总之，我年纪太大了，不适合那样轰轰烈烈地死去。自杀或者吸食过量药物，对我来说已经……"——他停顿了一下，想找一个恰当的词——"不太相称（unbecoming）了……"

莱昂纳德的近况：一次与莱昂纳德的对话

比尔·康拉德（Bill Conrad）| 1976 年秋采访，2012 年 5 月 7 日刊
登于 NoDepression.com

比尔·康拉德在米克·布朗之后几个月采访了科恩。他当时代表得克萨斯州的《哥们儿》（*Buddy*）杂志与科恩进行了对谈，2012年，他在 nodepression.com 上回忆了那次对话。以下是后者的内容。——编者

收录了 10 首歌的《旧时想法》勾起了我的回忆，这是莱昂纳德·科恩的新专辑，我和他曾在田纳西州的纳什维尔共度一个下午和一个晚上的时光。

我最近在听凯蒂莲[1]版的《哈利路亚》（Hallelujah），我想莱昂纳德一定很喜欢这首歌奇异的发行历程。1984 年，尽管他的唱片公司表示这首歌不值得被收录在《多种角度》里，他还是将它收录其中并发行了这张专辑。近二十年后，这首歌被二百多名歌手用不同语言录制，我们别忘了它还成为了《怪物史莱克》（*Shrek*）和电视剧《实习医生风云》（*Scrubs*）的配乐。在一众黑暗、忧郁的歌曲中，它是《银色圣诞》（White Christmas）[2]般的存在。甚至连

1　凯蒂莲（k. d. lang, 1961— ），加拿大著名歌手，曾在 2010 年温哥华冬奥会开幕式上演唱《哈利路亚》。
2　电影《假日旅馆》主题曲，由宾·克罗斯比（Bing Crosby）演唱，是一首家喻户晓的圣诞歌曲。

科恩自己都说：“我觉得这是一首好歌，但是唱的人太多了。有些人已经要求暂时停止录制《哈利路亚》了。”

《苏珊》和其他自白

"普通生活变得毫无可能。"莱昂纳德·科恩，加拿大版的鲍勃·迪伦，在1976年重新开启巡演时这样表示。他收录在《房间里的歌》以及《爱与恨之歌》中的忧郁民谣，黑暗的实验小说《美丽失败者》，都为乏味的70年代增添了许多光彩。

他在故乡蒙特利尔和隐居地希腊小岛伊兹拉岛间来回居住了15年。踏上美国的土地后，他开始享受纽约与洛杉矶最高处鲍尔迪山（Mount Baldy）两地在生活方面的巨大差别。对莱昂纳德来说，在旅途中，地缘界限悉数消失。他说：“这不是一个国家，这是一个酒店房间。”

1976年秋天，当我第一次和科恩见面时，他住在罗杰·米勒（Roger Miller）建造的公路之王酒店[1]418号双人房里，享受着从四楼可见的纳什维尔风光。科恩的粉丝，一个叫迈克尔·墨菲的新生代歌手也在那里。科恩的胡子刮得很干净，头发也修剪得很整齐，他之所以出现在“音乐之城”[2]，是因为在温馨的“Exit-In”俱乐部举行的两晚演出，这个俱乐部只有不到150个位子。70年代的科恩时髦、精瘦、非常内向——和现在一样。

尽管科恩的演出和专辑令他在欧洲成为了焦点人物，而且他在1967年发行的专辑《莱昂纳德·科恩之歌》大获成功，但美国哥伦比亚唱片公司将他看作一个罕见、敏感，作品很难大卖的人。他的最新作品《旧典的新生》在大西洋对岸成为了金唱片，但在美国连唱片店里都很难找到。

1　即克拉丽奥酒店。

2　纳什维尔的别称。

他不会对公司的疑惑感到惊讶。莱昂纳德知道自己是民谣与布鲁斯的古怪结合，而忧郁的歌手不会卖得动摇滚唱片。他承认媒体是一种必要的宣传途径，因此同意和我见面，我是《哥们儿》杂志的流动记者，这份杂志创立于得克萨斯州达拉斯市。

当被问到有关新小说的事情时，他坦承最近的一次尝试失败了。过去的近两年里，他多数时候都待在希腊小岛伊兹拉岛上，写一本在他看来"一无是处"的书。这怎么可能？他向我保证："这是真的，我并不是故作谦虚，就像有人曾说的，写一本垃圾小说和写好的小说一样难。"

莱昂纳德非常支持让文字陈化："我想是罗马诗人贺拉斯（Horatius）曾经说过，你写完之后应该把作品放上9年。"考虑了一会儿后，他补充道："我觉得并不需要9年，但3年或4年在我看来是个不错的主意，尤其是带着它在路上度过几年。"这种受到抑制的陈化和平淡的生活促使他准备好"重寻精神归属"。

科恩对纳什维尔和这里的乡村乐并不陌生，1969年到1970年间，他就住在纳什维尔往南的富兰克林。我们在"公路之王"的那段时间里，他回忆起一个叫威利·约克（Willie York）的黑人邻居，他说自己当时非常享受威利的陪伴，后者对威士忌非常懂行。当时致幻剂非常流行，因此莱昂纳德决定给威利来一点。"然后第二天他来到我家，我说'威利，你觉得那东西怎么样?'。他酒瘾很大。他说'莱昂纳德，那玩意儿让人很紧张'。"科恩非常喜欢回忆那个时刻。最后，科恩说道："他就说了这么一句，你知道吗？那是他的唯一一句评价。"莱昂纳德再次露出一丝苦笑。

谈到政治的时候，科恩说他会为"长相不错，言谈得体，最不可能让国家难堪"的候选人投票。他最近发现了一个很有潜力的人选："今天早上我很早就看起了电视，他是'餐车行李员与服务员协会'的创立人之一——一个黑人，大概65岁。当时他正在说话，听起来就像摩西。他说的话很有水平。一点也不冠冕堂皇。不是那种类型的流利。他的言语非常正统。很显然，这个人是从小研读《圣经》长大的。我甚至连模仿他说话都做不到。他的话是最……我说：'那个人应该当总统！'你知道吗？他竟然在当服务员，每周只拿85块钱！"

我们随后谈到演出。科恩目前的乐队是四人编制，大多是原声乐器，此外还有一双塞壬女声——两位有着天使般嗓音的迷人女歌手。其中一个是深褐发，另一个是金发。前者的歌声流露着世故，而后者则是天真。两个人都穿了黑色。金发女孩穿着一条紧身及地长裙，褐发女孩则是西装套装配白衬衫和领带。这两位是传说中在阿尔伯塔暴雪中救下科恩，并启发他写下1967年那张专辑中的经典颂歌的"仁慈姐妹"吗？"噢，我希望你能遇见她们/你已经游荡得太久。"

莱昂纳德的表演是他阴暗一面的柔焦影像。就连他的歌曲开场白都如此精彩："这首歌从一个角度切入检验背叛，"以及"这首歌是你与你的完美爱人之间的对话……一首永无止境的悲观主义之歌。"他献给已故的詹尼斯·乔普林的温柔冷静的哀歌，透露她曾拒绝他的求爱："我清楚记得在切尔西酒店的你……你再次告诉我/你更喜欢帅气的男人/但为了我你可以破一次例。"科恩所运用的玩笑式的韵脚与他的忧郁交织呈现在歌曲中。他为了"让场地彻底变换气氛"而持续不断地努力。他思考后说："我喜欢提供酒的场地。你知道吗，一旦观众喝了酒，有些事情就有可能会发生。"他非常希望能把观众们逗乐，凭借"你是马龙·白兰度/而我只是史蒂夫·麦奎因/你是高级的KY凝胶/而我只是普通的凡士林"这样的歌词，他做到了。

莱昂纳德·科恩深深鞠躬——既浪漫又夸张——然后以众多黑暗杰作之一的《电线上的鸟》开启演出。他跟观众们说他喜欢在俱乐部演出，因为"人们可以跟你讲话，可以赞美你，也可以令你失望"。舞台成为他与小岛隐居生活之间最遥远的距离。在这里，"每晚都是一个难题，一次挑战，一场需要努力克服，尽量不让自己被羞辱的考验"。科恩喜欢忍耐，"恫吓观众，让他们臣服于这种紧张感。我有时候对此感到很愧疚，但人必须要讨生计"。

"Exit-In"俱乐部

科恩的回归演出仅有百来个粉丝，他们填满了纳什维尔的"Exit-In"俱乐部，他第三次停下来给吉他调音。一个醉醺醺的声音突然从黑暗中冒出来："对民谣来说够好了！"一些粉丝轻声笑了起来。

莱昂纳德最后调整了一下，然后随意地回答道："没错，但就永恒而言还不够好。"他面带讪笑，观众们的笑声充满了整个空间。莱昂纳德回来了，我们这些少数的幸运儿和他一起相聚在这里。

最后，他跟我讲了对富兰克林生活的最后记忆，以及他为什么离开田纳西："跟我在一起的那个女孩毁了这一切，因为她疯狂迷恋上了克里斯塔尔汉堡。我的意思是，这个问题很严重。她拒绝做饭，所以我们必须每天开（20英里）车去吃芝士汉堡，这毁了整个隐居生活。"在说出她的名之前，他静静地陷入了温暖的回忆。"苏珊。"

"……带你去她在河边的住所/她用茶和橘子招待你/它们远从中国运来。"

莱昂纳德与神秘的 M 先生之间鲜为人知的事件

布鲁斯·波洛克（Bruce Pollock）| 1976 年末采访，1977 年 2 月刊登于《天黑之后》（*After Dark*）（美国）

布鲁斯·波洛克采访过很多音乐人，但他告诉我，他与莱昂纳德·科恩的会面依然是这当中最诡异的采访之一。"除了科恩之外，"波洛克说，"最让人惊讶的关键之处在于那位来自《克里姆》（*Creem*）杂志，在我抵达后依然拒绝离开科恩公寓的记者，他坚持在我采访期间继续和科恩的对话。而且在我们两人的采访都结束之后，他还是拒绝离开。"

"或许是因为天生的礼貌——又或是恐惧——科恩没有指出这位第三者的行为是有失体统的，"波洛克补充道，"或许是因为当时情况过于荒谬——又或是恐惧，我忍受了那个越喝越醉的怪人的干扰。但这次意外同时也是一个独特的切入点，可以让人观察到科恩与粉丝建立私人关系的能力，这种关系用科恩自己的话来说就是，'总是以糟糕的结局收场'。我一直在想，我是否见证了科恩与这个着迷的入侵者之间友谊的开始——以及科恩最终是否得叫警察来把他带走。至少是叫他的公关人员过来。"——编者

当我赶往位于第六大道的阿尔冈昆酒店，去采访哥伦比亚唱片公司艺人，《苏珊》《电线上的鸟》以及《带妆彩排拉格泰姆》等充满文学气息的流行歌曲的作者莱昂纳德·科恩时，我期待的是一场史诗级的对话，一场巨大的词汇盛宴，一场哲学趣闻与类

比论证的狂欢。毕竟，科恩远不只是"又一位"歌曲创作者，他是15岁时就出版过作品的诗人，还发行过两本小说（《至爱游戏》《美丽失败者》），当时我自己也即将成为一名出版作家。科恩读过我的书，他的两本小说我也都读过。我们将作为两个作家对谈。我敢确定，下午还没过去，他就会求我给他寄一本（就算不是全部7本）我还未发行的小说。或许一段通信将由此开启——著名的科恩-波洛克通信集，之后将会以昂贵的精装硬壳本形式发行。

当我走进科恩的房间时，我非常惊讶地发现里面还有一个即将结束行程的采访者。这个窃听者显然是一个颓废的摇滚客，他坐在沙发上喝着酒，我和科恩要如何在他在场的情况下实现对文学的顿悟？科恩远远地坐在角落里的一张桌子旁，穿着前一晚演唱会上穿的灰色西裤和黑色衬衫。

"如果你想单独采访，M会离开。"科恩在我设置桌上的录音机时说道。

"他可以留下，"一阵意味深长的停顿后，我说道，"可以再多待5分钟。"

设置好录音机后，我开始提问，第一个问题和他的第一本小说有关。他是如何应对这本书的出版以及随后的惨淡销量的？当他在组织语言的时候，我开始准备跟他讨论我的第一本小说——还未出版——那本书凝结了我的期待和幻想。然而我还没开口，他就先说话了。

"作为一个写作者，我所接受的训练不是去刺激欲望，"他轻松地说道，"在50年代的蒙特利尔，当我开始写作的时候，人们还没有超级明星的概念。当时也没有像现在这样多的文学奖项，所以一个人对写作这门职业的看法也比较谦逊。"

我没法说得这么好。M仍然坐在沙发上，毫无离开的迹象。他一边缓缓地喝酒，一边微笑地看着我们，这笑容似乎是在向科

132

恩传达某种信号。"我希望这不让你觉得很无聊，"我对M说，"我的意思是，我或许会问跟你一样的问题。"当然，我知道这绝不可能。我会向科恩提只有作家才会提的深度问题。重量级的问题。

M笑了。"噢，不会的，"他含糊不清地说道，"我们的采访不是这样的。我和你的采访方式完全是两种。"

愤怒之下，我立刻引用了科恩八年前写的一篇文章里的话，有关他作为歌手的第一场舞台演出，以及那场失败背后的美丽，那篇鲜为人知的文章刊登在一本叫《书》的杂志上，这本杂志同样很少有人知道。完全两种？好啊，我要让他们俩看看什么是不同！经历过此后辉煌的职业生涯后，他是否依然认为"失败比成功好"？我急中生智，向科恩提问道。

这个不可思议的引用让M肃然起敬，科恩自己也记不起这句话。然而当他想起来之后，我可以看出他非常钦佩我。他用一则寓言做出回答：

"一个人去拜访一位生活环境非常恶劣的大师，那个人说'你是怎么能在这里活下来的？'。大师说'如果你觉得现在这里的情况很糟糕，那你应该看看这里夏天时候的样子'。'夏天会发生什么？'那个人问。'我会把自己丢进一锅热油里。''那不是更糟吗？'那个人问。'不，'大师说，'你在里面感受不到痛苦。'"

"事情确实就是这样。"在对M的笑声做出回应后，科恩继续说道，"如果你在不断地付出努力，那么情况就不会有更好或更坏之说。人就像变色龙，如果一段经历的强度足够大，你就会呈现与之相应的颜色，你在其中就感受不到痛苦。"

"演出毫无疑问就是热油。你无法用一种智性的观点去看待它——我的意思是，你身在其中。你意识到自己下一刻可能会蒙羞——或者可能将完全进入某一首歌曲的情绪中。但你已经走到这一步，你早已置身在这热油中。"

就在这时，M突然问科恩，《美丽失败者》中的某个角色是否是真实的人物。"虚构与真实的复合。"科恩回答道。然后，在我回过神之前，M复述了那本书第143页上的一段话——很明显，这让科恩非常欣喜。我也读了这本书，但我根本没想过要记住里面的内容。M得一分。为了复仇，我提起他在某场演唱会上的一段极美的独白，关于寻找启发他写下《仁慈的姐妹》的那两个女人。我想知道他是否像他笔下那个真正的浪漫主义者一样，被过去纠缠。

他似乎对这个话题非常很感兴趣。

"我认为每个人都处在一种'基督山伯爵'式的情感中。你希望你的过去能得到正名。你渴望召唤故人。我自己的经历是，我所期望的一切都发生了。我一直在与故人重逢。不仅如此，我一直在与我过去想创造的人物相遇。比如南希……"科恩引用自己的一首歌，继续顺着刚刚的思路说下去，"那句歌词是'如今你放眼望去，她无处不在……'。虽然这只是我的创作，但很显然，对于这样的人物，有一种集体的渴望存在。当这样的人物被创造出来之后，你会感觉自己是这件作品中微小的一部分。"

这是一个非常严肃的概念，只有两个小说家才能真正深入探讨其内里。但就在我想专注于讨论这个话题时，M再次闯入："那首歌和玛丽莲·梦露有关系吗？"

"不，"科恩说，"那首歌是关于真正的南希的。"

当他们结束讨论玛丽莲·梦露时，我的动力已经消失了。尽管这不是我的计划，但我还是出人意料地提出有关歌曲创作者职业生涯长度的问题，"为什么很少有人能坚持到中年？"

"我认为有好几个原因，"科恩干净利落地回答了这个棘手的问题，"一个原因是你可能把自己耗尽了。青春期后期到二十多岁的阶段总体上是创作者职业生涯中一个活跃奔放的时期。如果你在这个时期获得了足够的声誉、女人和金钱，那你就会退出，因为总的来说那些就是你的动机。我没有获得足够的金钱、女人以及声誉，所以无法退出。我现在还没有，所以我只能继续唱歌。"他笑道，"我知道40岁还在唱歌非常不合理，但我必须这么做。"

我不知道他是不是在忽悠我。正当我的思绪列车抛锚熄火时，M却在高速行驶。"你为什么在歌里说自己丑陋？"他问道。

科恩朝他露出笑容。"我今天看起来怎么样？"

"你看起来很帅气，"此时的M陷入痴迷，"充满活力和生机。"

"我需要理发。"科恩反驳道。

"或许我也该来点酒。"我说道，虽然并没有人给过我酒。

在科恩继续谈论自己外观的同时，M给我递来酒瓶。

"事实上，在我说自己丑陋之后，我变得好看多了。"

M认为科恩厌恶自己。

"或许是自我厌恶，"科恩表示同意，"又或是力求准确。"

"奶酪？"我自言自语道，"当然，谢谢。"

"60年代的时候，我根据那时的经历写下这些歌，"科恩解释道，"当时我周围全是非常美丽的年轻人。美丽这件事是相对而言的。如果你是在一场成人礼上，那你可能看着很不错；然而，如果你是在1966年，和切尔西酒店里一群美丽、高大、年轻的金发吉他手在一起……"

"我并不这么认为，"M抗议道，"我认为他们中很多人看上去很邋遢。我觉得40岁的时候依然好看才更难。"

"这些吉他手中的大多数都没活到40岁。"我觉得我必须插嘴说一句。他们俩都忽视了我。我将手里的酒瓶一饮而尽。

"我最近感觉不错，你知道的。我在赚钱维持生计。我成功逃离了我的家庭。我经历了一场战争。我感觉不错。"

M突然转向我。"继续。"他说道，指示我接着进行采访。

"啊?"

"我的一个朋友曾经在谈起诗歌时表示,"科恩对M说,"一个年轻的诗人必须具备的两样东西是自负和无知。"

M似乎对此表示肯定。

"那对一个小说家而言呢?"我在惊慌中大声说道,"你认为也是一样吗?"然而,M早已在向科恩复述一首他自己的诗。尽管我觉得这首诗不值一提,但科恩似乎很喜欢它。我为没有意识到给科恩带一本作品,哪怕不是所有7本未出版的小说而责怪自己。当M在复述另一首诗的时候,我意识到他们正处在我一直想要实现的状态中。M和科恩一同在那里,诗人对诗人,而我这个采访者、配角、密探,则远远落后于他们。

终于,M起身去了厕所。终于,只剩我和科恩。这对我来说是一次重要的机会。我可以用一个决定性的问题力挽狂澜,重新在科恩眼里确立与其旗鼓相当的地位。然而事情却以我问他是否收到过粉丝来信以及他如何回应告终。

"你必须认真倾听。"他说,"你可以选择让自己完全卷入听众的生活,但那必将是一场灾难。我尽我所能地创作。我的作品源自我的生活。它在我的生活中占据了相当大的一部分。如果它对另一个人的生活而言非常重要,那我能理解。但你是否选择让自己卷入他人的生活则是另一回事。"

"我并不是在说有人对歌手存在幻想。这些人对你的经历确实深有共鸣,倒过来说也一样。他们现在或许正处在一个无人与之共情的环境里。你所描述的自己与这些人很相像,他们意识到了这一点,而这也确实是真实的。这件事的美妙之处就在于此。你和他们相遇,你瞬间意识到他们和你拥有相同的经历。这些年来,我的作品将我带入了一些人的生活,其中一些人的人生已经结束——非常突然,非常不幸……"

当M从厕所回来后，科恩告诉我们他必须离开去录音了。M问科恩自己是否可以一起去，科恩说不行，这让我高兴得不能自已。我向M提议，如果他要往市中心方向走，我可以陪他一段。他说可以。

科恩和他的歌、他的书之间存在一种对应的关系，对此我非常确定。M和我组成了另一个篇章——两个前往拜访大师的寻觅者、新信徒。而且至少现在我们会一起离开。我不仅将自己从这一天的事件中解救了出来，我感觉我还将科恩从一个可能会与M一起度过的伤感夜晚中解救了出来。下辈子科恩或许会因此感谢我。

然而，就在我们快到达电梯时，M像是忘记了什么事情似的，转身返回科恩的房间，并建议我先离开。这算什么事！我呆呆地站在走廊上，除了离开之外似乎别无选择，于是我便只好就这么走了。M再得一分。

菲尔·斯佩克特与莱昂纳德·科恩相遇时发生了什么？

哈维·库布尼克（Harvey Kubernik）| 1978 年 1 月，《洛杉矶留声机》（*Los Angeles Phonograph*）（洛杉矶）

1977 年 11 月 13 日，距离 1974 年 8 月 11 日，莱昂纳德·科恩发表《旧典的新生》已经过去三年多的时间，哥伦比亚唱片公司终于发行了他的新作品集《情圣之死》。不幸的是，漫长的等待以失望告终，后者目前普遍被认为是科恩的一次重大失误。

这张唱片刚问世的时候，《滚石》杂志的评论员保罗·奈尔逊（Paul Nelson）尽力保持态度友好，他表示，这"不是一张有巨大缺陷的唱片，就是一张虽有缺陷但依然优秀的唱片——我确信它是后者"。然而，如今大家的共识却倾向于前者。《滚石》杂志称这张专辑"完全一无是处"，科恩本人似乎也至少在一定程度上表示同意。

这种不满在以下访谈中已经有迹可循，它发表于专辑问世后不久，让我们得以一窥科恩与斯佩克特的这次合作。——编者

莱昂纳德·科恩——歌手、歌曲创作者、吉他手、诗人、小说家，有时还是人类境况可笑讽刺之处的严肃发言人——走进灯光昏暗的录音室控制间。这个地方叫金星，是耀眼的音乐力量中心，坐落在好莱坞一处格外破败、死气沉沉的地方。

科恩的脸上微微带着笑意，但除此之外别无表情。他是一个即使在私人场合也不会将自己的情绪完全展露在脸上的人。他穿

着一件剪裁精致的深蓝色夹克和一条灰色宽松长裤，表现出与四周格格不入的沉着。他充满魅力，因此我们也不难理解为什么有人如此痴迷于他的艺术作品。他是什么样的并不那么重要，他让人觉得是什么样的才重要——他说了什么并不重要，他的言下之意才重要。

当科恩在控制间坐下后，一声喊叫打破了黑暗中的寂静："这不是朋克摇滚！这是摇滚朋克！"然后，节奏组音轨的第一个音符从控制台传来。

这个声音属于菲尔·斯佩克特。他像在位的国王一般坐在混音台后面，发号施令，他不停摆弄着一个空瓶，那里面曾经装有32盎司纯马尼舍维茨康科德葡萄酒。他穿着一套利落、严肃的黑色西装，一件绿色衬衫，和一双非常昂贵的黑色亮皮皮靴——永远只为摇滚而存在的那种皮靴。

这一年我们见证了很多不可思议的艺人-制作人组合——海伦·瑞迪（Helen Reddy）-金·福雷（Kim Fowley）、罗贝塔·弗莱克（Roberta Flack）-鲍勃·艾兹林（Bob Ezrin）、大放克铁路（Grand Funk）-弗兰克·扎帕（Frank Zappa）——但这个组合或许是最不可思议的：菲尔·斯佩克特，鬼才摇滚制作人，给莱昂纳德·科恩，不再满足于原声音乐的苦行预言家，制作最终名为《情圣之死》的专辑。

"我们给这张专辑做了一些巨他妈好的歌。"斯佩克特说道，他的声音既尖厉又急促，像是阿诺德·斯坦德[1]和杰瑞·马瑟斯[2]的混合体。话刚说完，他从椅子探出身，拥抱房间里的所有人。他很满意自己的作品。他想让所有人都知道。

对斯佩克特来说，70年代是非常诡异的十年。在这十年的开

1　阿诺德·斯唐（Arnold Stang，1918—2009），美国著名喜剧演员。
2　杰瑞·马瑟斯（Jerry Mathers，1948— ），美国演员。

头，他和约翰·列侬合作了两张绝妙的专辑。然后是和哈利·尼尔森（Harry Nilsson）以及雪儿（Cher）合作的两部作品，虽然有趣，但总体上令人失望。去年斯佩克特为华纳唱片的迪恩（Dion）重金制作了一张专辑，然而华纳决定不在美国发行该唱片。

华纳随后同意发行一张菲尔·斯佩克特精选集，包装精美，内容详尽，菲尔·斯佩克特全程参与其中，然而在某种程度上，对斯佩克特而言，最糟糕的打击也正是来自于这张专辑。这张音乐集的选曲很精彩，设计出彩——但菲尔·斯佩克特的精选集甚至都没登上公告牌专辑榜前两百名。

内部人员或许能解释这张唱片销量低迷的原因：华纳唱片在唱片发行之时备货不到3000张，使得这张专辑成了献给斯佩克特忠实粉丝和音乐圈内支持者的"真情馈赠"。唱片公司甚至没有在全国范围内的音乐节目上进行充分宣传。这张专辑本身就不曾被寄予商业方面的厚望。

然而，从这张精选集发行到现在，就已经有三张专辑问世——《然后我亲吻了她》（*Then I Kissed Her*）[1]、《哒嘟昂昂》（*Da Doo Ron Ron*）[2]以及《做我的宝贝》（*Be My Baby*）[3]。迈克尔·劳埃德[4]和吉米·莱纳[5]将毫无疑问地发现，从现在开始直到80年代，对他们的少女歌手来说，这张精选集将会成为永不枯竭的翻唱之源。因此，尽管这

1　这首歌的原曲是《然后他亲吻了我》（Then He Kissed Me），由菲尔·斯佩克特、艾莉·格林尼治（Ellie Greenwich）和杰夫·巴里（Jeff Barry）写于1963年，原唱为罗尼特组合（The Ronettes）。《然后我亲吻了她》（Then I Kissed Her）是沙滩男孩乐队（The Beach Boys）于1965年发行的翻唱版本，他们更改了标题，并重新填了词，此处所指是对沙滩男孩乐队版本的翻唱。

2　由菲尔·斯佩克特、艾莉·格林尼治和杰夫·巴里写于1963年，原唱为水晶组合（The Crystals），歌名是艾莉·格林尼治和杰夫·巴里的即兴创作，目的是填满未填词的旋律部分，并无实际意义。

3　由菲尔·斯佩克特、艾莉·格林尼治和杰夫·巴里写于1963年，原唱为罗尼特组合。

4　迈克尔·劳埃德（Michael Lloyd，1948— ），美国著名唱片制作人。

5　吉米·莱纳（Jimmy Lenner，1945— ），美国著名唱片制作人。

张唱片就销量来说不算理想，但它已经证明，也将继续证明自己是真正的版税金矿。

但对菲尔·斯佩克特来说，那远远不够，写歌时，他的智慧仅仅只是初露锋芒，当他带着这些歌走进录音室时，智慧才将真正绽放光芒。因此，与莱昂纳德·科恩的合作对他来说无疑非常重要，几乎具有疗愈性。他在对待自己的作品时格外认真：最近他在录音室里明显不再那么夸张，一贯的斯佩克特马戏团氛围似乎至少在一定程度上，被一种对音乐本身的兴趣所取代，这种兴趣或许从前就存在，也或许是全新的。对斯佩克特和科恩来说，这似乎都是一剂良药。

尽管斯佩克特和科恩在个人风格和音乐方向上都存在显著的差别，但他们的音乐品味却有着强烈的相似之处——对摇滚乐的热爱。这种热爱在他们心中深深扎根，遍布在他们合作的作品中。这是他们之间的媒介，是他们的共同点。摇滚乐的伟大无须多言，对它的热爱将这两个人紧紧联系在一起，让他们的合作得以实现。

"和菲尔一起工作时，"然而，科恩说，"我发现他对音乐的一些处理方式……对我而言非常陌生。我从来没有和25个音乐人一起在录音室里工作过——包括两个鼓手、三个贝斯手和六个吉他手。"

目前科恩和斯佩克特特别喜欢听的一首歌是《不要带着勃起回家》(Don't Go Home With Your Hard-On)，这是整张专辑里最喧闹的歌，其中有洪亮的号声，有令人振奋的鼓声，贯穿全曲，由两个配合完美的鼓手一起演奏。最重要的是，还有科恩坚定无畏的歌声，带着威胁的口吻，意外却有效地占据了歌曲的中心位置。"你知道吗，我确实可以大声唱歌的。"这位歌手说完便喝了一大口金快活龙舌兰。

科恩和斯佩克特相识于1974年末，当时科恩罕见地出现在洛杉矶的一家俱乐部——在"吟游诗人"举行了两晚演出。第二晚的演出结束后，斯佩克特在自己家里——南加州常见的气派、奢华的西班牙式别墅——为科恩举行了一场非正式的欢迎会。

科恩和斯佩克特是通过马丁·马查特（Martin Machat）认识的，马查特分别是前者的律师和后者的商业经纪人。他带斯佩克特去看了科恩的演出。在长达90分钟的演出里，斯佩克特安静地坐着，一动不动，他瞬间便折服于（他之后自己说的）科恩的神秘和技艺（又或是技艺的秘密……或者神秘的技艺……）。

他们在"吟游诗人"演出后的欢迎会上相处得非常融洽，之后也保持着偶尔的联系。1976年末，当科恩再次来到洛杉矶时，斯佩克特邀请他住到自己家里。第一晚，两个人就完成了对帕蒂·佩吉《我参加了你的婚礼》（I Went to Your Wedding）的改编，到第二天早餐时间前，他们已经一起写了两首新歌——科恩作词，斯佩克特作曲（用钢琴写的旋律）。最终名为《情圣之死》的作品至此已经埋下了种子。

据说科恩曾经评价斯佩克特称"菲尔不是一个伟大的创作者，但他是无畏的。他无畏到敢于使用最平平无奇的旋律，却能设法让它们取得理想效果。那就是他的作品如此出色的原因"。科恩尤其受斯佩克特早期作品的触动——《认识他，就会爱上他》（To Know Him Is to Love Him）、《（你已经失去了）爱的感觉》[（You've Lost That）Lovin' Feeling]等等。"那些歌的故事线非常清晰。人物形象非常生动——那些人物在对我们所有人说话。斯佩克特真正的伟大之处在于让我们体会到那种心酸的渴望，那些美好的渺小时刻。"

科恩作品中的人物形象也非常生动，这毫无疑问。在《情圣之死》中，这一点似乎格外直观。"这是我职业生涯迄今自传性最强的专辑，"他说道，"虽然歌词很温柔，并不严肃，但其中仍然包含着深深的苦涩、消沉和沮丧。有时候，我希望叙事者的个性能有多一点的发展空间，但是总体上，这张专辑的风格非常开放，毫无保留。"

他继续说道："今年我有些迷茫。"《碘》（Iodine）、《真爱不会留下痕迹》（True Love Leaves No Traces），以及专辑同名曲反映了这种状况。一切科恩惯常的关注点——失去的爱、个人的困境、怀疑、情感困境、疏离、欲望等等——存在感都十分强烈。"不要忘了还有幽默。"科恩补充道。他同时还说"我崇拜女人"，并且认为，在这张专辑发行之后，"所有人都会知道在这具平静的佛教徒躯壳之下，跳动着一颗少年的心"。

直到早上6点，斯佩克特和科恩还在一首又一首地听初混带。鲍勃·迪伦的声音混杂在斯佩克特那浩大、复杂的音墙中。还有哈尔·布莱因（Hal Blaine）、吉姆·凯尔特纳（Jim Keltner）、尼诺·泰姆波（Nino Tempo）、杰西·埃德·戴维斯（Jesse Ed Davis）、艾伦·金斯堡、阿尔特·蒙森（Art Munson）、雷·波尔曼（Ray Pholman），以及爵士吉他手巴尼·凯瑟尔（Barney Kessel）的两个儿子——丹·凯瑟尔（Dan Kessel）和大卫·凯瑟尔（David Kessel）。这些音乐刺耳、密实、深情。最重要的是，没有任何"洛杉矶"的痕迹。

直到今天，斯佩克特还是会遇到一些不相信他的杰作诞生于南加州的人。"他们以为金星在纽约，"他说，"当然，我的作品确实不是典型的加州风格。我的专辑里没有四部和声……可能有三十二部和声……"他环顾房间，"所有会听庇护所[1]发行的唱片的人请离开。所有懒散的人都给我滚出这个房间！"

科恩喜欢洛杉矶。他是土生土长的蒙特利尔人，近年来大部

1　庇护所（Asylum Records），美国唱片公司，成立于1971年，现属华纳唱片旗下公司。

分时间都隐居在法国南部和欧洲的其他地方，现在，他搬到了南加州。"我喜欢这里，"他说，"这里的情况非常严峻，以至于完全没有任何问题。除此之外，对我来说，这里是世界上唯一一个，我光是坐在停车道上的车里就写完了一首歌的城市。"

当天早晨稍晚一些的时候，斯佩克特回到别墅，他一面听着唱机里播放的埃尔维斯、迪伦、韦伦[1]、奥蒂斯[2]，以及漂流者[3]的音乐诗篇，一面思考自己的人生。"对我来说，改变自己并没有费很大的力气，"他表示，"我必须停止做我之前在做的事情。意识到这一点并不难，尤其是当你在巅峰期遭遇接二连三的挫折之后。"

"我必须承认，我确实在某种程度上非常享受——财富，一个百万富翁，住在自己的别墅里，穿得像蝙蝠侠……但现在我可以看到那背后的东西，看到财富是多么无益和无用。"

"现在我已经准备好面对一切。没有任何事物能令我恐惧。我感觉我现在可以做的事比以往任何时候都要多。我在音乐方面做好了充足的准备。我比以前更自在、更放松、更稳重。我知道我想做什么，而且我要去完成它。是时候该重新认真起来了。"

然后他又说："到另一个房间里来。我想再给你听几首莱昂纳德·科恩的歌。"

他再一次播放了《不要带着勃起回家》，那密不透风的音乐弥漫在空气中，这首歌的编曲以弦乐为主，构思非常巧妙，他说："我们当中没有人愿意认输。我会随时准备好挑战世界上任何一个制作人。"他面带微笑，"我们仍然充满杀伤力！"

1　韦伦·詹宁斯（Waylon Jennings，1937—2002），美国著名创作歌手。

2　奥蒂斯·雷丁（Otis Redding，1941—1967），美国知名灵魂乐歌手。

3　漂浮者（The Drifters），美国节奏与布鲁斯乐队。

第二部分

80年代

科恩仅仅发行了两张录音室专辑，但其中包含了《哈利路亚》《我无法忘却》（I Can't Forget）以及《歌之塔》（Tower of Song）这样的杰作。

电视采访

帕特里克·沃森（Patrick Watson）| 1980 年 2 月 1 日以及 2 月 8 日采访，《作家》（*Authors*），加拿大广播公司（加拿大）

80 年代初，科恩已经将斯佩克特的作品抛在身后，为相比之下更受好评的《最近的歌》（*Recent Songs*）进行宣传，哥伦比亚唱片公司在 1979 年 9 月 27 日发行了这张专辑。与加拿大广播公司的帕特里克·沃森进行的这场发人省思的对谈由两部分组成，科恩在其中谈及了很多话题，包括《一位女士的爱人之死》（*Death of a Lady's Man*），这是他于 1978 年出版的诗集（不要把它和斯佩克特制作的那张名字相似的专辑搞混）。——编者

帕特里克·沃森（以下简称PW）：从 16 岁第一次写歌开始，莱昂纳德·科恩似乎就一直在用他自己的歌来疗愈伤痛。我所说的"歌"包括那些精湛的抒情诗，两册大胆、疯狂的小说，以及让他闻名于世的伤感的音乐。

莱昂纳德·科恩很少接受电视采访，但是在这周以及下周的《作家》节目里，他将与我们探讨这些痛苦和疗愈方式。接下来，你或许会认为有些用词非常冒犯，有些想法难以理解、离经叛道。但是莱昂纳德·科恩在感情和人生之路中经历的起落足以让他成为一个个人价值超越作品价值的作家。

（对科恩说）我可不可以认为，你只有在写诗的时候才能看清自己，也就是说，写诗并不是思考过后的行为，你不会说"好，

我知道我现在要把它写下来"，你在写诗的时候才会明白自己在想什么，对吗？

莱昂纳德·科恩（以下简称LC）： 这是其中一种情况。

PW：在《一位女士的爱人之死》中，我认为我发现了一种不断增长的渴望——对安稳与平静，对人与人之间关系的和谐，对感觉的契合的渴望。我认为你在写这本书或者其他反映这种渴望的作品时，找到了一种实现它的方式，对吗？

LC：我认为这种渴望存在于意识层面上，而对其力量的运用则体现在这部作品中。我知道我想待在某个地方。我知道我不想再四处游荡。但我认为那是因为我想尝试去做某件重大的事情，我需要一个稳定的环境来获得真正出发的力量。

PW：当我读到献给玛莎·科恩（Masha Cohen）的题词——"纪念我的母亲"——以及结尾那句"我已满足，我将顺从。愿男女间的婚姻天长地久，愿合一的心永远跳动"时，我在想，无论玛莎·科恩如今身在何处，她都会说："莱昂纳德正在回家的路上。"

LC：（面带微笑）我喜欢这种说法。

PW：在你四处游荡、充满渴望的探索时期，她有对你暗示或明说过什么吗？我的意思是对经历的渴望——在我看来，这种形象出现在你早期的很多作品中，他想了解一切，拥有一切，同时检验一切。她对此有任何反应吗？

LC：我认为她的反应包含了一种双重性。她会用一种辩证的观点看待我的生活，有时候会感到不悦。但我一直感觉那种不悦的背后是巨大的支持，是对我的所作所为的认可。

PW：我在读《一位女士的爱人之死》的过程中一直想着你和她，我还想起一个有关杰克·凯鲁亚克和他的支持者的故事，后者找到他，发现40岁的他穿着一件手织羊毛开衫，和他的母亲住在一起。他们有些失望，然后转身离开了，因为他们发现他并不是《在路上》里的那个凯鲁亚克。你现在也会和粉丝见面，会巡演，会接受采访，如果他们也依然还在寻找《苏珊》或者更早期的作品中的莱昂纳德的话，你会怎么看待这种情况？或者说，他们现在还在寻找那个科恩吗？他们现在希望你变成什么样子？

LC：我认为人们非常体谅也非常善于观察你的处境。我不知道自己的处境如何，也不知道他们的处境如何，但我认为我们都很乐意偶尔对自己做些细微的改变。我在各地遇到的那些人，他们提出的问题，以及他们的存在让我深受触动。

PW：你没有一种被吞噬的感觉吗？

LC：完全没有。

PW：那很好。我想邀请你在我们谈话间隙朗读一首诗。昨天我在读到它的时候忍不住大笑，因为我联想到了一些事情。我说："你知道这是什么吗？这就像是 T. S. 艾略特给《全家福》(*All in the Family*)[1]写了集剧本。"你知道我说的是什么吗？

LC：嗯，我很喜欢《全家福》……

PW：这首（他指了指那首诗）。

LC：啊，这首。

PW：你可以读一下吗？因为整首诗的行文非常妙。

LC：这首诗叫《这场婚姻》(*This Marriage*)（科恩开始读诗）。

PW：你刚才说你并不清楚自己以及他们的处境。昨天当我第一次读完这首诗，放下书时，我有一种非常强烈的感觉，我觉得自己的手指像是刚刚触摸过一块打磨精细的玉石。当你回顾以前写的一些作品时，你会不会有这样的感觉？你会不会对自己说"很好。没错。这太他妈好了"？

LC：有时候有，但不会经常像你所说的那样。不过，有时候

1　美国情景喜剧，共有9季，在1971年到1979年间播出。

我会在电台里听见一首很不错的歌，有时候也会因为别人而注意到一些很好的作品。

PW：对你来说，是否存在某些时刻，你必须得和乐队一起去巡演，去为人们唱歌，接受他们的回应？当你的注意力转向固定的栖身之所，以及专一的关系时，这一点有没有发生改变？

LC：那个过程变了。我依然对巡演很感兴趣，如果我完成了另一张专辑，我还是会想去巡演，但一开始，吸引你巡演的是摇滚乐，是路上的那种生活以及无限的可能性。

PW：哪些可能性？女人？陪伴？刺激？药物？

LC：一切。所有。充满欲望的生活。一段时间过后，在第二场或者第三场演出之后，你会开始关心音乐和演出，关注演出相关人员所面临的考验。我认为你会变得像运动员一样去看待整个过程。你只想保持合适的状态去进行每晚的演出。你整整一天的注意力都会集中在人前的那三个小时。

PW：即时的回应对你来说意味着什么？你写一本诗集要花一年或者两年，当它发行之后，你需要等待，你可能会等来一篇评论或者一次采访，接着这本诗集便渐渐销声匿迹，这个过程与巡演、发行专辑、造成轰动、收获人们的尖叫和欢呼在时间上的差别就是后者得到的回应是即时的。对你来说，这两种回应的重要性如何？

LC：即时的回应无疑让人心怀感激，但同时你还得一直承担一种风险，那就是即时的羞辱。但我已经对作品进行了设计，让它们可以超越即时的感知。我对诗歌所作的设计让它们至少可以保质到下一个季度，歌曲也一样。所以，在对作品进行评价的时候，时间才是我最感兴趣的关注点。

PW：多长时间？

LC：我并不贪心。我没想过要一千年之类的。但我希望一首歌可以存在几年，一本书可以一直流通，人们可以始终对它感兴趣。或者至少我自己拿起这本书时不至于尴尬就行。

PW：所以这其中包含了一种非常重要的满足感。我可能对此有误解，但是刚才，当我说起我对《一位女士的爱人之死》里那首《这场婚姻》的感受时，我觉得你其实是想说"对这首诗的评价对我而言并不重要"。我想你的意思是"我已经完成了这首诗，它已经不属于我。如果它给别人带来了乐趣，那很好，但与我无关"。但这确实与你有关。

LC：只有当你本人评价自己的作品时，那种乐趣才与你有关，但我很少这么做。我认为这并不是一个作者应该做的事。我偶尔会这么做，但不会经常，因为否则你就会一直回头看，用一种股票市场的观点来检视你的职业生涯。我偶尔确实会这么做，但那绝对不是我经常会做的事。总之，人生中常有意外的突发情况，容不得你做那些回顾。

PW：不过，《一位女士的爱人之死》似乎非常值得回顾。

LC：只有当你坐在书桌前，或者在思考这部作品中的某些问题时，这种回顾才是合适的，除此之外我认为都不合适。当且仅当那时，才是评价自己的作品、思考人生问题的恰当时刻。否则，如果你每次看见别人都问"我做得怎么样"，你会让别人厌倦，也会让自己厌倦。

PW：寻找一个固定的栖身之所，以及追求稳定性背后的原因是想做一件重大的事情。这句话是什么意思？

LC：意思就是去接受写一部小说、一篇长文、一部交响曲，或者其他作品时的生活作息。我非常喜欢那种作息：早上起床，喝一杯咖啡，弹半小时左右吉他，然后坐到打字机前，完成每天的任务量。一整天都很充实。

PW：你现在是这么做的吗？

LC：不是。

PW：那你会马上开始这么做吗？

LC：希望如此吧。

PW：这是否意味着你必须先解决个人的困境，直到能拥有一处地方，然后规律地生活……

LC：我并不确定是否需要解决它。我认为你必须直接面对困境。或许只需要安顿自己，然后开始工作，任混乱在作品周围以它自己的方式存在。我认为这是阻止很多人写作的原因。

PW："等之后再解决"的心态？

LC：对。我不觉得靠这种心态能写出东西来。

PW：所谓的"要是我有时间，我会……"。

LC：没错。

PW：你有没有在混乱中，在经受巨大的痛苦并且受其驱动的时候，写出过自己认为的佳作？

LC：我认为混乱和痛苦的程度存在某个临界点，一旦超过那个点，你将无法工作。

PW：噢，当然。烦恼程度不断增加的话。

LC：对。我觉得这取决于你的痛苦程度。我认为一定程度的痛苦是必要的。

PW：根据我个人有限的经验，以及诗歌和文学史上的许多实例，我知道有很多人通过书写自身所处的黑暗而从中走了出来，或者至少在某种程度上获得了启示。

LC：我认为你需要付出很多努力才能通过写作来证明自己的价值。我记得波德莱尔在一首散文诗里写过："今天我背叛了三个朋友，我拒绝推荐一个值得我这么做的人，我把名额给了一个不值得我这么做的人，我撒了六七个谎。现在我在自己的房间里，房门已经上锁，既然如此，我要做一件能在自己面前为自己正名的事。"我认为他在描述处理这种困境的方式时非常准确。

PW：莱昂纳德，你在充满渴望的时期——或者说是我擅作主张称为欲望期的时期——主动探索了所有事物。关于药物，很多我们的同龄人或者年轻人所相信的神话是，它们会带你进入一个新的世界，在那里，当前现实世界里的许多恐惧和压力将会消失。你是否也曾通过致幻剂和其他药物来寻找这个世界？你找到了吗？

LC：我不确定我的动机是什么。我确实试过那些药物。各种药物和它们的药效之间差别巨大，我很难笼统地概括这种经历，虽然想要概括也不是完全无法做到。我无论如何都不会推崇这种行为。我认为它十分危险。不管怎么说，它确实摧毁了许多原有的体系。对很多人而言，这些重要边界的消失是不幸的。但另一方面，我认为作为一个特定的实验阶段，这么做是合适的，不过药物使用绝对不能作为一种终生行为。

PW：你能否从自己的作品中找出某样东西，然后说"我跨过了一扇大门，要不是因为那种体验，我或许连它的轮廓也无法看清"？

LC：你很难具体描述药物的效果。致幻剂是一种非常、非常强效的药物，毫无疑问将使你日常生活的基础瓦解，并且让你无法切合实际地思考。另一方面，它将你与一种幻象联系在一起。那真的不是自由，只是另一种束缚。但在这个严苛的社会中，对一个从刻板背景中成长的年轻人来说，这种药物确实能炸毁不少束缚。

PW：所以可以有机会重新开始……

LC：对，但正如我所说，这是一件非常危险的事情，因为很多人其实没有能力重新开始。有时候它让人完全瘫痪。你完全无法重新开始，你只是停下了正在做的事情，然后什么也做不了。

致幻剂将很多人彻底摧毁。

PW：我发现自己在读《一位女士的爱人之死》时一直在笑，读完后我又回头去看我究竟在笑谁，是谁在经受嘲笑，又是谁在笑。但我也读过你写的其他的诗，我发现其中包含了很多令人沮丧的事情，这个世界极其丑陋、沉重的方面，你一直在用各种方式对抗它们。

LC：比如？

PW：我们所有人都深有共鸣的：糟糕的亲密关系……

LC：没错……

PW：还有死亡，个人的不足和无能，《一位女士的爱人之死》中所有关于失败的或严肃或可笑的事……我想失败是让人沮丧的事情之一，但你或许会发现其他更多更复杂的事情同样也令人沮丧，我想知道那些是什么，以及你现在是否正在寻找方法，切换身心看待这个世界的角度，看到沮丧之外的东西？

LC：我并没有用消极的观点来看待这个世界。我觉得它一点也不令人绝望。我认为我对自己的处境负有全部责任，而且我的生活中有很多美好的时刻。我真的不知道该说什么。我想告诉你我已经开始练习先验冥想，我现在感觉好多了，但我真的……

PW：你想告诉我你已经开始练习？这是什么意思？你已经开始了吗？

LC：不，我还没有。我的意思是说我还没有开始练习任何项目。我以前依赖过一些项目，一天练习两到三个，但我现在认为，我需要练习的项目就是尽力度过困境。

PW：但是当你说"我需要练习的项目就是尽力度过困境"时，这句话听起来像是你正如履薄冰，有很大可能将无法度过困境。

LC：嗯……现在这种情况确实不同，你这么热情，而且还有美酒……在这种时刻，我完全没有危机感。

PW：（编注：加拿大广播公司在下一周播放了采访的第二部分，帕特里克·沃森在开始前做了一些介绍。）莱昂纳德·科恩曾经告诉一位采访者〔编注：指加拿大广播公司的贝丽尔·福克斯（Beryl Fox），她在1966年5月6日的一次广播节目中对科恩进行了采访。〕，他考虑将自己的名字改成"九月"。"莱昂纳德·九月？"那位记者不可置信地问道。"不，是'九月·科恩'。"莱昂纳德眨了眨眼说道。除了悲伤的歌曲和神秘的诗歌外，莱昂纳德·科恩体内还酝酿着调皮的恶作剧，这些玩笑偶尔会呈现在他的诗和小说中，但最明显的时候，当属他以荒诞的口吻谈论自己在公众视野中的生活时——名气、声誉、形象、过多的巡演，以及在我看来最关键的东西，一个男人悲伤而又美丽的虚荣心。

在上周的《作家》节目里，莱昂纳德·科恩和我详细探讨了他在公众视野中的生活，他还朗读了一首收录在新书《一位女士的爱人之死》中的诗——滑稽、忧喜参半，在我看来像是T. S.艾略特给《全家福》写的剧本。但这首诗所写的，是一段失败的婚姻，虽然科恩并不以消极的态度看待生活，但在精彩的字句间，我还是感受到了他对安稳、平静和一致性的极度渴望。或许现在是时候该对莱昂纳德·科恩的人生做一次回顾，对其中穿插的重大事件做一次评价。

这周我们将把目光转向更为私人的，对艺术、亲密关系以及自我的探讨。首先，我请他为我们朗诵一首诗，这首诗叫作《余下皆是糟粕》（*The Rest Is Dross*）。

LC：（读诗）好久没读这首诗了。

PW：这首诗怎么样？

LC：有一些缺陷，但我认为它的内在是真诚的。

155

PW：什么缺陷？

LC：最后三句是我随便写的，我的本意是告诉读者："我并没有随便写诗。"但我觉得我确实写得很随便。

PW：你是不是会从手法、缺陷之类的方面去分析自己的作品……比如"我该怎么进入下一个阶段呢？"。存不存在一种技术性的作品分析方式，类似于钻石切割工通过观察解理面（lines of cleavage）来思考切割方式？

LC：我认为有这种技术，说得难听点，就是（欧文·）莱顿所说的每一个诗人迟早都会学会的一系列把戏。但另一方面，有些东西是你无法伪造的，我认为没有人能完全成功。我们刚刚说的这首诗从头到尾都不差。或许还不错。

PW：我觉得不错，我很喜欢它。你还记得鲍勃·迪伦曾经说过，自己在三年或者五年，总之就是在他给自己设定的时间里，会成为巨星吗？作为一个表演者，你曾经是不是也有过这样的目标？

LC：我不记得我有过这样的目标，没有。我一直认为我的作品相比之下更另类，如果它们能偶尔进入主流视野，我会觉得自己已经非常幸运。但它们从来没有像迪伦的作品一样在音乐行业里取得主导性的地位。他那样想是合理的，因为他的作品确实能引领主流，能长期在其中占据一席之地。

PW：但如果你把那当成目标，除了变成一个极其敏感的反应者，你还能成为创作者和创造者吗？

LC：我认为一个真正优秀的艺术家一定是集两种角色于一身的，而且会在刺激之下做出即时、瞬间的反应。

PW：所以你的意思是，无论你是否处在其中，你都必须在某种程度上与主流保持一致。

LC：我认为不仅仅是保持一致。你必须代表主流。你必须对周围的一切保持开放的态度，做到不去转化或阐释。你要呈现人们内心最深处的感受。我认为你无法伪造这些感受。你要么也是他们之中的一员，和他们拥有相同的感受，要么不是。如果你是，那就没什么好说的，因为这意味着情况十分棘手。

PW：你的创作灵感来自于哪里？我觉得十到十五年前，你的灵感是你认识的女孩，以及你在她们身上所做的投射——你在她们身上寻找谜团和慰藉，但莱昂纳德的人格在很大程度上投射在其中。我说的对吗？这种情况现在有什么变化吗？

LC：女人确实占很大比重。我们注定要坐在这里谈话，既然如此，我们应该讨论这个话题。我要先引用一段话——我不记得它有没有出现在我的第一本小说里——来自威廉·福克纳的《熊》（*The Bear*）。它是这么说的：

> "好，"他说，"听着。"然后又读了一遍，但这一次只读了一小节，他合上书，把它放在桌上。"她不会老去，纵然你无法如愿，"麦卡斯林说，"你将永远爱她，她将永远美丽。"
>
> "他所谈论的是一个女孩。"他说。
>
> "他必须谈点什么。"麦卡斯林说。

我的意思是，你必须要谈点什么，否则你就是在写神学作品，在解抽象的数学题，我认为我们都渴望去崇拜，因此我们自然会去寻找彼此，男人和女人之间的关系是一个谜团，我们应该去发掘彼此之间那种神圣的关系。

PW：你年轻时遇见的那些人，有些已经消失，在他们身上，你是否做了更多的自我投射？你的作品中反复出现自我抹除这个主题，在《一位女士的爱人之死》里也不例外。我不知道你是不是在跟我们玩游戏，抑或那确实是你所做的探索，我想知道这一主题是否意味着你发生了改变，从一直强调"我找到了自己"，到将自我擦除，转而去进行其他探索。

LC：没错，我觉得我已经厌倦了那套主体和客体的机制，厌倦了从这个角度去观察世界，《一位女士的爱人之死》毫无疑问就是这一章节的结束语。我确实有个想法，我想写一本书，甚至是去过一种生活，让"我"在其中隐形。

PW：大写的"我"？

LC：没错，我认为走出痛苦的唯一方式，就是消除或打击这种思考方式。

PW：你认为这种认识，是一个成熟的蒙特利尔犹太中产阶级的正常想法，还是源于大量的旅行，和东方思考方式的濡染——

LC：对，我是一个来自蒙特利尔的犹太中产阶级……

PW：但你不是一个普通人。你没有追随家族的步伐。

LC：我认为每一个成年人都经历了那些过程。对于艺术家是什么这个问题，我们都存在误解。

PW："我们"是谁？西方世界吗？

LC：对，我们所有人，甚至是艺术家本人，都认为我们的生活是特别的。

PW：你不这么认为吗？

LC：艺术家的生活之所以特殊，是因为它是经由一种可以长久存在的形式得到呈现的，但我认为所有工作养家的人都会遭遇一样的事情，都会经历同样的成熟过程。

PW：据说你曾经说过，抚养孩子是唯一能让你与人类社会产生联系的事情，是一种对自我的适度打击。

LC：我觉得婚姻和孩子确实是唯二能让你退出中心舞台的事情。否则你就一直只能在初级舞会上约会，交换刻有姓名的手镯，音乐放错时再把它拿回来。

PW：莱昂纳德，按现在的观点来说，你对男女关系的看法和描述非常保守、古板和老派，你自己会感到惊讶吗？

LC：不，我并不惊讶。这种观点即使放到现在也很合适。再者，我并不觉得我是在鼓吹这种观点。我并不认为每个人都得结婚和生孩子。我甚至不知道这对我来说是不是正确的。我只是感觉这种制度正在遭受攻击，而我想去拯救它。它是人类生活的基础，一个人的婚姻失败与否，或者会不会再次尝试婚姻，其实都不重要。这种关系是神圣的，是人类社会的基础，它必须得到正名。

PW：有一个商人比你我都大几岁，而且对你非常熟悉，他曾经对我说，你是他所知道的最高尚的人。我不知道他说的是现在的你，还是这些年来他所熟悉的那个你，因为他很久以前就已经听说过你，无论如何，他显然觉察到你拥有一些经历，你表现出一种弱化自我的意愿，一种弱化所谓的"我"的意愿，你希望去为别人服务，让自己的意志映照他人的意图。这种描述与你所认为的自己相符吗？

LC：这是一种很高的评价。

PW：真的有必要称赞它是一种很高的评价吗？你这么说让我很意外。

LC：如果一个人觉得另一个人很高尚，那么这就意味着他们之间存在一种特殊的交流，我不会把这种交流看得很严重，相反，我会很平常地对待它。我不知道这个人是谁。但显然他已触及我，而我也已触及他。至于我是否是他认为的那种人……总之，一个人不会那样评价自己。但在变老的过程中，弱化自我总归是一件稳妥慎重的事情。

PW："慎重"并不包含任何道德意义。它仅仅只是一种继续生活下去的策略。

LC：没错，我也这么认为。这是一种务实的举措，因为你无法再继续保有那些能支撑自我的事物。它们终将随着时间流逝而消失，我们的作品微不足道，我们的身体脆弱不堪，我们的感情终会结束，因此试图将自我建立在这些基础之上是没有结果的，只会导致痛苦。

PW：当你说我们对艺术家都存在误解时，你其中一层意思其实是在控诉艺术家群体惊人膨胀的自我——我觉得整个媒体界都在夸大和吹捧艺术家，你在创作专辑的时候就不可避免地进入了那个世界，（进入了）表演艺术家的世界。你曾经很享受那个世界。你在那里至少有过片刻的心满意足。你还想再次去经历。

LC：嗯，没错，我想再次和乐队一起去巡演。我记得在（苏格兰）格拉斯哥阿波罗剧院的演出……那是几年前的事了，舞台监督拉上幕布后说："科恩先生，今晚你让很多人在回家时非常高兴。"那种感觉很棒。

PW：如果你在最后回顾时能说"嗯，这些诗不错，而且在某些时刻，我还触及了他人的生活，为他们带去了慰藉、转机和帮助"，后者带来的满足感会不会更强烈？我认为你的意思是这个。

LC：如果你真的能帮助别人，那我想的确会。那种满足感一定会非常强烈。但是将一首歌带入这个世界然后放任它在其中自行流转也是一件很美妙的事。

PW：但只有人才能将一首歌带入世界。只有"我"才能找到方法将声音、词语和经历整合到一起。不是什么委员会和组织。

LC：只有当"我"被弱化，当这种意愿的力量超越"我"时，这个世界的某些东西才会在作品中扎根或成形，然后重现。让这个过程失败的正是"我"，正是自负。一个诗人不能自命不凡，否则他将一事无成。

PW：当威廉·莎士比亚拿着脏兮兮的笔坐在桌子前面，而（他

160

的朋友，演员理查德·）伯比奇说"这周五你必须写出一个剧本"时，莎士比亚回答："看好了，朋友，我可以做到。"然后他写出了《麦克白》——

LC：那是因为他没有把坐在桌子前面的自己看成是威廉·莎士比亚，没有想过自己会成功还是会失败。他有作品的整个框架，有退居作品之后的意愿，他放任作品经由自己向外流动。"经由他向外流动"并不意味着他写作很随意。他的高超技艺会控制和修正作品向外流动的过程。但他不能对抗世界，对抗世界便是自负。

PW：你知道哪些对抗世界的艺术家？或者你知道哪些艺术家本可以成功，但他赋予自我的荣耀以惊人的方式摧毁了一切？达利？

LC：一个人为保护自己而建立的表面人格要另当别论。真正与你有联系、得到你支持的人，和坐在空白画布前的那个人是不同的。

PW：你已经44岁了，对于这个问题，现在的你倾向于哪种选择？放弃和遗忘表面人格，成为一个充满秘密的人？还是寻找能将你和他人联结起来的全新社交方式？

LC：其实我完全没想过。对我来说，各种意外来得太突然，因此我没有时间真正思考这个问题。你不断地写歌，几年以后，或许已经有10或12首，然后你开始着手制作专辑，于是，对技术、技艺以及职业的要求也接踵而至。

PW：和他人建立联系对你来说是问题吗？是困难或挑战吗？

LC：我喜欢与他人建立联系。在由作品搭建的论坛上与他人交流是一件很美妙的事。

PW：共同臣服于作品的力量。

LC：非常美好。谈论歌曲创作无疑不会有障碍，因为歌曲具有很强的即时性，很容易被听到。歌曲具备实用价值。洗碗、做爱、调情，生活中很多平常、重要的事情都被写成了歌。能成为其中一个为这些活动谱曲的人……我感到非常高兴。

PW：我们的节目快要结束了，你能从《一位女士的爱人之死》中找出一首你觉得能让观众们听完以后开开心心回家的诗吗？

LC：我不知道能不能找到这么一首诗。（浏览诗集）哈，有一首关于婚姻的诗，叫《缓缓地，我与她结了婚》（*Slowly, I Married Her*）。

PW：我不知道这首诗会不会让他们感到快乐，但或许他们能体会到伤感的快乐。（科恩朗读诗歌。）我想我要收回"伤感"这个词。我第一次读到这首诗的时候感觉很伤感。但是听到你读这首诗让我感到很温暖。这确实是一首好诗，对吧？

LC：嗯，我觉得它是一首好诗。哈里·贝拉方特[1]的妻子之前觉得我很可疑，因为我建议他改变演出主题，不要再唱卡利普索小调[2]，改唱关于他自己的歌。他是一个非常优秀的歌手，那天我们在四季酒店喝酒喝到很晚。然后我拿出了这首诗。我觉得他可以把它写成一首歌。我不知道是不是因为伏特加的关系，他的妻子哭了，她的眼泪为那个夜晚画上了美丽的句点。

PW：谢谢你，莱昂纳德。你没有把名字改成九月·科恩吧。

LC：没有。

PW：你甩不掉莱昂纳德。

LC：已经太迟了。改名太迟了。自杀太迟了。

1　哈里·贝拉方特（Harry Belafonte，1927— 2023），牙买加裔美国著名歌手。
2　卡利普索小调，英文为calypso，一种加勒比海地区的民族音乐，以时事为主题。

关于成为民谣歌手

　　"我以为我只会出一张专辑。我当时发表了《美丽失败者》，但我真的无法维持生活。所以我想，我要成为一个西部乡村歌手。我准备去纳什维尔。我写了几首在我看来是乡村风格的歌。我从小就是听那些歌长大的。然后在去纳什维尔的途中，我在纽约遇到了一些人，其中一个人把我介绍给了朱迪·柯林斯，然后我就莫名进入了纽约音乐圈，当时我对它一无所知。我从来没听说过迪伦、菲尔·奥克斯、朱迪·柯林斯，或琼·贝兹[1]。"

　　——摘自《房间里的对话》，汤姆·查芬（Tom Chaffin），《加拿大论坛》（*Canadian Forum*），1983年8/9月

1　琼·贝兹（Joan Baez，1941— ），美国著名民谣歌手。

与莱昂纳德·科恩的一次对话

史蒂夫·文莱特（Steve Venright）| 1983 年 5 月采访，1983 年 8 月刊登于《阴影》（Shades）（多伦多）

80年代初期是科恩销声匿迹的时期之一。他整整四年——从1981年到1984年——没有巡演，自1979年发行《最近的歌》之后，他直到1984年才发行新专辑。他大部分时间都在修禅。不过他还是零星接受了几次采访，其中包括和时年21岁的服务生，立志成为作家的史蒂夫·文莱特的对话。

2008年，在总部位于多伦多的线上杂志《蒙多》（Mondo）上，文莱特回忆了催生这次对话的特殊情形：

> 差不多整整二十五年前，我坐在多伦多爱德华国王酒店的酒吧里，向莱昂纳德·科恩询问有关艺术与人生、真相与美、神圣与世俗的问题。前一周，在城市另一边的一座建筑里，我问他想吃薯条配辣热狗还是沙拉配辣热狗。他前不久刚刚下山——洛杉矶的鲍尔迪山，他在那里的一座禅院里过着严格的苦行生活——而现在他在这里，在我工作的地方，点热狗和可乐。
>
> 幸运的是，除了科恩先生和他的女性友人之外（如果其他桌有客人，那么他们或许会遭遇噩梦，因为替我最崇拜的偶像服务势必让我分心），餐馆里碰巧没人。不那么幸运的是，主厨才告诉我，辣热狗已经卖光了。

在鼓起勇气告诉他这个消息后——他非常淡定地接受了（这应该是禅修内容）——我又鼓起勇气问他是否能接受采访。

我当时是一个在多伦多市中心工作、立志成为作家的21岁服务生（除了年龄之外，有些事情似乎并不会改变）。当时我正处在一段濒临破灭的关系中，和我一起生活的那个女人是一个或许比我还要忠实的科恩粉丝。当她听到我遇见了莱昂纳德，并且将要在他当时拍摄《我是一座酒店》（*I Am a Hotel*）的爱德华国王酒店采访他，而我又显然不会透露房间号时，她威胁称要和我分手。这是一个"我得仔细想清楚"的时刻：如果我拒绝告诉我女朋友如何去另一个男人的房间，那么我就会成为过去式。但这就是这位来自加拿大，"忧郁的音乐诗人"的魅力（话说回来，苏西，是327号房）。

我真正接触莱昂纳德·科恩是之前一段感情结束的时候，已经是好几年前了。那段恋情的终结比较平和，但鉴于那是我第一次真正意义上的分手，我经历了比预想中更为沉重的痛苦。就在我悲伤得无法自已的时候，我那位即将成为前任的女友播放了一张唱片，比我以前听过的所有音乐都要深情和悲伤。那个声音和那些歌词用一种难以置信的美讲述着我的爱人希望我明白的事：一切都结束了，我们将分道扬镳，但过去的共同回忆将永远成为我们的一部分。

那首歌是《嘿，我们不该如此分别》，而那个声音来自一位转而创作歌曲的加拿大诗人和小说家。我之前听说过这个名字：莱昂纳德·科恩，但从那一刻起，它变得非常重要，并且随着时间的流逝，这种重要性将愈发深远。

有人曾经说过，莱昂纳德·科恩的音乐让他觉得人生不值得过活。乐评人——以及最近那些意图提供自救建议的博主——称之为"用来自杀的音乐"。

我回想起第一次听见那首歌（事实上，它被认为是科恩早期作品中比较欢快的曲子）的时候，虽然未曾经历过其中的那些情感，但对我来说，它们不难理解。我很年轻，我的情感丰富且强烈。听见与我的悲伤如此相像的音乐，开始时几乎令人伤心欲绝。怎么会有人受得了，我想。而现在我也必须经历这一切！但那声音中的某些东西——魔力、脆弱、怜悯、莫名的勇敢——促使我去听，在撕裂我的心的同时给予我慰藉，让我莫名感觉我的生活，总而言之，非常值得继续下去。自从那次令人震撼的聆听体验之后，莱昂纳德·科恩的写作和音乐始终是我的灵感来源。

临近采访的时候，尽管我十分紧张，但还是努力准备了一串有关科恩的文字作品和音乐作品的问题。在一个以拍摄各种现场演出闻名、名叫汤姆·罗伯（Tom Robe）的优秀摄影师的陪同下，我信心大增。汤姆那天拍了很多非常好的照片，他的存在让我免于过分紧张。莱昂纳德的热情举止和冷面幽默，以及对那些严肃问题的知无不答让我更加安心。

不过，直到似乎是在刻意等待最后一个问题结束之后无缝切入的室内小乐团开始演奏梦幻的音乐，以及莱昂纳德说完"这场采访非常好"之后，我才真正放松下来。或许是喝了苏格兰威士忌的缘故，莱昂纳德随后再次对这场采访表示认同，他认为我们的对话没有局限于那些陈词滥调，他很高兴我们一起探索了新的领域。如果他偶然看见了这篇文章里记录的片段，我希望他仍旧认为这场许久以前的对话有很多值得认同的地方。

这周，我儿子将第一次去现场观看莱昂纳德的表演，他比当年采访时的我就大了几个月，立志要成为一名歌曲创作者。他对莱昂纳德的音乐产生深刻认同的时间比我当时要早——凯里还在他妈妈肚子里的时候，我们俩一起去看了《多种角度》巡演的其中一场演出（莱昂纳德经常表示这是他最喜欢的一张专辑）。

将莱昂纳德带回多伦多的这次巡演（巡演也是在这里宣布开启的）早已在加拿大其他地方得到了充满敬意的评价和呼声。73岁的他依然拒绝懈怠演出，哪怕一丝一毫，他的每场演出都会持续近3个小时，最后以多首安可曲结束。他和他的九人乐队在多伦多即使举办体育场级别的演出也可以轻松售罄，但他选择了更为温馨的场地来进行4晚演出，若用其他场地，或许一两晚就够了。

这次巡演的起因也许确实是因为财务考量，但很显然它已经不仅仅关于钱。它甚至不仅仅关于音乐。而是有关艺术与人生、真相与美、神圣与世俗，观众们得以再次与这个四十多年来始终用坦诚、善意和真心将这些主题写入音乐的男人进行亲密对话。

我衷心希望这不是科恩最后一次为这个世界带来他的歌曲，但如果最终这确实是他的告别巡演——那么，这毫无疑问是种合适的告别方式。

在这次发生于1983年的对话开头，文莱特与科恩就当时后者正在进行的项目进行了一些并未公开的讨论，这些项目包括一张计划中的录音室专辑（很显然是《多种角度》），和一张以即将出版的《仁慈之书》（*Book of Mercy*）为基础、正在构思中的朗诵专辑。随后，采访者将话题转向禅修。——编者

史蒂夫·文莱特（以下简称SV）：能说说禅对你的生活产生了什么影响吗？

莱昂纳德·科恩（以下简称LC）：它就像打扫房子。灰尘和脏衣服时不时会在角落里堆积起来，那时候就该打扫了。

SV：这让我想起了你在《一位女士的爱人之死》里写的一首诗——我记得叫《如何读诗》（*How to Speak Poetry*）——你在其中说（读诗）就像读衣物清单。

LC：是的——没什么特别的。

SV：那你的歌和歌声符合这种类比吗？我觉得你的歌曲包含的情绪非常丰富……

LC：噢，我明白你的意思——这是个好问题。（沉思）唱歌的时候，我也会追求自然的表达。

SV：最近由于作品的关系，你似乎把部分关注点放在加拿大。目前你有参与任何国外的项目吗？

LC：没有，目前没有。我一直都算是个爱国的人，我想和加拿大重新建立联系，因为我已经很长时间没有在这里活动了。我以前住在加拿大，但在过去七八年里，我所有的演出都在欧洲。

SV：我觉得这背后的原因应该是你在那里积累的听众。

LC：没错。

SV：然而在加拿大，你或许得更努力……

LC：而且花销会更大，因为城市与城市之间的距离远得多。另一个原因是，我觉得我在魁北克经历的事——差不多就是攻击我所使用的语言——和我想用英语在这里工作有关。

SV：你打算为这张专辑举办巡演吗？

LC：我愿意。我已经三年没有巡演了，我不知道是不是跟这张专辑有关，但有时候你就是会非常想念巡演的路上发生的事，想念和一晚接一晚陪你演出的人之间建立的友谊。

SV：听你这么说的感觉真好。总的来说，你的作品在这里获得的反响和在欧洲相比有什么不同？

LC：这座城市从一开始就对我的作品非常热情。从我出版第一本书开始，我的作品在这里始终受到极大的关注。

SV：多伦多和蒙特利尔对你作品的重视程度，或者对作品给予的关注有什么不同吗？

LC：蒙特利尔对我来说就像京都或者耶路撒冷。

SV：北方的耶路撒冷。

LC：对，一座圣城，或许那里的人并不在乎这类神圣的字眼。他们关心更为严肃的事情，比如血统的命运之类的问题。而多伦多是这个国家的文化中心——我想埃德蒙顿的人或许不想听见这种说法——所以我在这里工作很合适。

SV：你在60年代的流行文化场景里十分活跃。你对当前由朋克摇滚和类似事物铸造或造就的流行文化看法如何？

LC：我觉得社会整体上粗俗化了——总的来说，我对此感到非常难过。

SV：你或许有时候会因此而自责。

LC：噢，自从我公开弹奏第一个吉他和弦开始，我就一直背负着叛徒的骂名。

SV：我刚才说你"粗俗"是在特指《美丽失败者》获得的反响。神圣与世俗……

LC：那本优雅的书？

SV：那本书已经是很久以前的事了，我刚反应过来。

LC：它依然还在被阅读，我觉得"粗俗"是个错误的……事情似乎非常无趣。我认为我们或许在期待粗俗。它似乎非常无趣，千篇一律。但或许这只是中年人的想法。

SV：你曾经在一篇有关你的诗集《献给希特勒的花》的个人陈述中写道："我只求你将它放在与我同一世代的人手中，它自会得到认可。"那已经是差不多二十年前了。你的作品是否获得了你期待它实现的那种认可？

LC：是的，而且远不止如此。远远不止。

SV：《最近的歌》的主题和情感相较之前的专辑发生了变化。这张专辑包含了一种之前似乎并不可见的平静。

LC：哪种平静？

SV：我感觉，或许是你已经不再那么焦虑，又或许是那张专辑相较之前几张攻击性变弱了。（科恩点头表示赞同）你认为这是一种自然的变化，还是由于其他原因？

LC：我觉得是因为我不再抱怨。

SV：（许久的停顿）这感觉如何？

LC：好了很多！（笑）

SV：这个问题可能很严肃，但我记得你曾经说过，对你来说，美已经不如真相重要了。你是否曾为了真相而牺牲美，或者反过来的情况？这种牺牲是不是无法察觉？

LC：我认为我们的对话违背了济慈那条著名的结论："美即是真，真即是美"——《希腊古瓮颂》(Ode on a Grecian Urn) 的结尾。我不知道我当时是怎么被诱导着去探讨真与美的！（笑）

SV：你在作品中对这一主题的探讨，或许已经是一个人一生中有关这个问题所需要了解的全部了。那么，下一部作品是什么呢？从目前来看，12月过后能发行那张专辑，《诗篇集》(编注:《仁慈之书》的原名)，和那部歌剧吗？还是说等你想到了再做？

LC：应该是想到了再做。在逐渐变老的过程中，如果还能做出作品，你应该心怀感激。

SV：你的灵感还和以前一样强烈吗？

LC：我指的是时间。你指的是灵感、作品，或者创作能力之类的东西。

SV：我是站在创作欲望和创作必要性的角度思考。

LC：嗯，我感觉非常强烈。之后你会意识到，如果你的健康状况良好，那么一部分原因就是音乐。

科恩剪报

关于对观众负有的责任

"我经常思考这个问题……你会想你是不是失败了……你是不是一个负责任的人，或者你是不是搞砸了，你能做什么事情来补救。它会导致一连串情绪危机。"

——摘自与彼得·格佐斯基（Peter Gzowski）的对谈，《晨间》（*Morningside*），加拿大广播公司电台，1984年5月1日

电台采访

薇琪·加贝罗（Vicki Gabereau）| 1984 年 5 月采访，1984 年 9 月 6 日在《多彩今夜》（*Variety Tonight*）播出，加拿大广播公司电台

直到与加拿大广播公司电台的薇琪·加贝罗对谈时，科恩仍然没有开始巡演，但他当时正在筹备《多种角度》，这张专辑于 1984 年 12 月 11 日在加拿大发行，收录了《哈利路亚》《若你意愿如此》（*If It Be Your Will*）这样的经典之作（之前我们提到过，哥伦比亚唱片公司当时拒绝在美国发行该专辑）。在这场漫谈中，加贝罗成功引导科恩谈论了很多话题，包括他的孩子、锻炼习惯，以及着装品位等。——编者

播音员：莱昂纳德可以说是加拿大的传奇人物。如果你认为他是一位深情款款的诗人，还是成功的小说家，或是蒙特利尔小餐馆的常客，又或是希腊小岛上的移居者，那么你对他算是已经有一些了解了。他目前已经发行了 8 张专辑，5 月，当薇琪与他对谈时，他正在筹备新专辑，当时他刚刚出版了第 8 本诗集《记忆之书》（编注：事实上应该是《仁慈之书》）。薇琪很高兴与科恩见面——终于。

薇琪·加贝罗（以下简称VG）：我经常怀疑你究竟是否存在。我看过你演出，但已经是好多年前了……你几乎像是另一个世界

的人。你经常音信全无。

莱昂纳德·科恩（以下简称LC）：我的作品的准备工作耗时很长，所以两部作品之间的三四年里我基本什么都不会做。

VG：6年不出现的话，你的出版商不会紧张吗？

LC：不会。嗯……我偶尔会遇到（发行人）杰克·麦克莱兰（Jack McLelland），我们会一起喝酒，所以我们了解彼此。我们知道对方还在。

VG：作品最终总会问世。

LC：希望吧。

VG：在一次又一次地完成作品时，你会不会有一种感觉，当下的这部作品或许会是你的最后一部？你有过这种想法吗？

LC：你始终会因你得到的东西而心存感激，但同时也会担心它们已被用尽。

VG：你是从什么时候开始写（这本诗集里的）50首诗的？

LC：大概两年前。我花了一年左右的时间整理。当时我发现自己已经有三四年的时间都处在某种状态中，我觉得我有必要深入探索自己的传统、圣典和根基。这些诗就是探索的结果。

VG：你是在某个下午沿街散步的时候做出的决定吗？

LC：不是，我觉得你不可能单凭一个决定就写出这本书。你要么发现自己陷入某种困境走投无路，要打破当前的沉寂状态，写这些诗是唯一的方法（要么情况并非如此）。

VG：我觉得这些诗现在的排列顺序并不是当初你写下它们的顺序。

LC：顺序基本差不多，但有几首诗必须要移动位置。

VG：你还记得你写的第一首诗是哪首吗？我自己有一个答案，但究竟是哪一首？

LC：不记得，我已经想不起来了。应该是前几首诗中的一首。

VG：我觉得可能是第33首。你记得这些诗吗？你知道第33首是哪首吗？是献给你儿子的那首诗，一则有关你儿子的祷词。

LC：那首诗我记得非常清楚。那不是第一首，不是，但我清楚记得我写那首诗时的情形。

VG：写这些诗的时候有乐趣吗？你每次写完一首诗的时候会有松一口气的感觉吗？

LC：我感觉自己获得了救赎，因为它们是祷词。我很难谈论这种感觉，不过在写作的过程中，我的祈祷得到了回应，就在这些赞美诗结束的时候——当救赎到来之际。

VG：你感觉到一种救赎？

LC：感觉到救赎，没错。

VG：你是在哪里写这些诗的？有什么特定的地方吗？

LC：大部分诗都是我在一辆小拖车上写的。我当时住在法国南部乡村的一辆拖车里。

VG：类似于房车？

LC：房车，没错。

VG：在露营区？

LC：不，是私人地盘，我认识那里的主人，他们愿意让我把车停在角落里。非常棒。

VG：我经常去法国。我前夫是法国人，所以以前我们每年都会回去看他的父母，我看到那些露营地的时候会想："这太可怕了。"它们全都紧挨着，那些房车，后来每辆车都变得一模一样，全都脏兮兮的，而且——

LC：——都停在路边。

VG：完全是个噩梦。我一直不明白那些人是怎么做到的，但我想，逃离就是逃离，对吧？

LC：对。

VG：我们本来打算请你朗读一些东西，但我们坐在录音室里，所以我觉得现在这个情形不太合适。

LC：在这本诗集做巡回宣传的时候我试过一两次。采访者请我读诗，但我完全愣住了，因为这些诗非常私密，你很难做到在公众场合进行祷告。

VG：我必须得说，虽然你的所作所为和生活方式向来无秘密可言，但这部诗集确实触及内心。它非常私人。令人震惊。

LC：它体现了从内心最深处发声的渴望。

VG：你觉得那样做需要勇气吗？评论家都说你这么做非常勇敢。

LC：我有时候会担心这么做很草率。我觉得，首先，我们已经拥有一部非常伟大的《诗篇》，完全没有必要再写一本。但这本诗集是我唯一能写的东西，这让它的存在具备了合理性。我知道这些诗是真诚的，我觉得它们会对某些地方的那么一两个人有帮助。

VG：我也这么觉得。我觉得它们非常鼓舞人心。

LC：人们会被迫去读这些文字，它们虽然过时，却拯救了我——

VG：从什么之中拯救了你？

LC：从绝望之中。我认为除非你是被迫的，否则你不可能选择写这个主题，除非所有的表达方式都被阻断了。

VG：我觉得，你本来应该是打算称它为《诗篇集》，但后来改了主意。

LC：没错，因为首先，我想避免提及大卫写的那本伟大的书；其次，这些诗并不是严格意义上的赞美诗，因此我选择了改名。

VG：为什么它们不是严格意义上的赞美诗？

LC：我认为赞美诗从本质上讲必须令人喜悦，虽然这一点在这些诗中并没有完全缺失，但我认为这些诗更像是与绝对概念的对话。它们出现在一种私密的场合，面对着怀疑、愤怒、绝望和求助，而赞美诗则更多是出现在仪式上。

VG：没错。这些诗是不是不止50首？

LC：50多一点，但有几首并不那么真诚。在整理它们的时候，这个事实变得非常、非常清晰——这个选择并不困难。有几首诗就是无法体现（真诚）。

VG：或许它们之后会被重写？

LC：我觉得我不会重写那几首诗。如果有必要，我当时就会决定重写。我觉得你不会想要重新回到那种状态，而且在救赎到来的同时，灵感就消失了。

VG：你现在还在继续静修吗？

LC：我已经跟着一位日本老人学习很多年了，他是我的朋友。

VG：你还跟他一起喝酒——

LC：跟他一起喝干邑。他教会了我如何喝酒。有人问我，我从他那里学到了什么：如何喝干邑白兰地。

VG：你们是怎么喝的？喝很多吗？

LC：这只是其中一个方面。我们俩已经是非常亲密的朋友。如果没有友谊，一切都乏味无奇。我很幸运能与其他或年长或年轻的世代成为朋友。有一位老人在你周围是一件很美好的事，他——

VG：没错，他们似乎知道很多事情。

LC：他们比你知道得多。

VG：没错，毫无疑问。但我不明白的是，一个人怎么能坐那么久——我坐5分钟都困难，我想是因为我不擅长久坐16个小时吧。

LC：他们说修禅的人是宗教世界的海军。如果你天生就对磨难或者严格的修习感兴趣，那么你很适合禅修，但禅宗里有一句话是这么说的："最好不要开始。"

VG：（笑）胜过搞砸？

LC：这种修习是非常严格的，并不适合所有人，而且最棘手的问题是，修习的效果无法得到保证。世界上有很多种宗教，关键是你要找到能让自己在其中沉浸片刻的那一种。

VG：我想你第一次去的时候，心里并非是深信不疑的。

LC：第一次去的时候，我无法相信眼前发生的一切，因为那里有一位日本大师，还有一位德国住持，那个地方在山顶，而我们居然凌晨三点在雪中散步。我觉得他们是在为第二次世界大战复仇。我尽可能快地离开了那里，但关于那个地方的某些东西在我脑中挥之不去，我开始越来越频繁地去那里，直到我渐渐明白那东西是什么。

VG：是什么？求求你——请你告诉我。噢，莱昂纳德，你一定知道。（笑）这一切的意义是什么？

LC：一切的关键就在于，有时候，你要对自己诚实。修习并非奢侈的举动。有些时候，你就是能感觉到自己必须要做一些修习。

VG：你会运动吗？你看上去并不像是会打网球的。

LC：我很厉害。

VG：真的吗？（笑）哪种运动？

LC：不久前我的膝盖出了问题，在那之前，我每天都会锻炼，在我的膝盖出了问题之后，我开始做些轻量的负重练习。但后来我的背也出了问题。我的膝盖现在恢复得很好，所以我打算重新开始——

VG：你可以更换部位。今天早上我在看电视的时候竟然发现我们可以换一对全新的膝盖。

LC：（加拿大小说家）莫迪凯·里奇勒有一本类似主题的小说，我很喜欢。你读过他的那本书吗？是关于一个百万富翁的，他有一群妻妾，他会使用这些人的肝和肾。那本小说非常出色。

VG：嗯，那本书的构思很不错。或许如果我们出生在两百年后，我们就可以更换所有东西。我觉得我们已经错过那个机会了。

LC：没错。但我觉得，我们的寿命无论多长都足够了。我不会想——

VG：对有些人来说太长，有些人太短。〔编注：此处录音暂停。似乎是播放了朱利安·布里姆（Julian Bream）演奏的罗德里戈（Rodrigo）的《阿兰胡埃斯协奏曲》（Concierto de Aranjuez）。〕朱利安·布里姆的作品，是罗德里戈的《阿兰胡埃斯协奏曲》。莱昂纳德·科恩选择了这首曲子。弹得非常好，对吧？

LC：非常美。

VG：或许你会认为我这么说很不敬，但我记得小时候，我父亲带我去看的那部电影，那是他带我去看的唯一一部电影，是《万世英雄》（El Cid）。你记得那部电影吗？

LC：不记得。

VG：我猜你不会去看那种电影的。总之，那部电影全程都在放这首曲子，我哭得停也停不下来。它非常催泪，对吧？

LC：对，非常、非常忧伤。

VG：你会听这种音乐吗？你平常会听很多音乐吗？

LC：我经常到处跑。我不会带磁带。但我有时候会放这首曲子。前几天，一个出租车司机在车里放了这首曲子，所以我想到了它。

VG：改变一下很好。他们通常都会放乡村音乐，我并不介意，但当时对你来说，这首曲子一定是绝佳的调剂。

LC：完全出乎意料。那个纽约的出租车司机非常强壮，说话时嘴里还叼着一支雪茄，他说："好，那你现在想听变奏曲吗？"

VG：（笑）很有意思。告诉我：你的手稿在哪里？你这么多年写的东西都放在哪里？你送给大学了吗？

LC：事实上，差不多十二年前，多伦多大学买了我的很多手稿、衣物清单、旧纸巾，还有一些别的东西，将我从贫穷中解救了出来——

VG：他们确实很喜欢那些东西，不是吗？

LC：那个时刻非常美好。我现在又积累了很多新的东西。或许我可以再卖给他们。但其中很多都放在蒙特利尔、希腊，以及其他地方的很多箱子里，由他人为我保管。

VG："请帮我保管几年"这样？你有囤积症吗？你会保存东西吗？

LC：会，我会尽量保留所有东西。我保存了所有要回信的信件。

VG：随时保存？

LC：随时保存。

VG：我有好几箱一年一年攒下来的信件，有些还没有回信。不过除了解救你于贫穷并且给你实实在在的钱去支付账单之外，他们肯定是站在后世的角度看待这些信件的。"这个人对我们很重要，我们需要他的物品。"但说了这么多，我最关心的问题是，从历史的角度思考，你如何看待自己？几百年之后，这个世界会怎么看待你？

LC：起初你对自己的看法会非常夸张不实，后来则会完全相反。有时候我感觉那些手稿比我出版的任何作品都重要——它们的价值可能不在于文学性或者卓越性，而在于它们是作者对自己的想法和经历的细致记录。我认为它们的价值或许在于这一点。

VG：你记日记吗?

LC：呃，某种程度上我记着一本被配上了吉他伴奏的长篇日记。

VG：（笑）天哪，你确实是个诗人。我一直很害怕诗人。我一直觉得他们知道我不知道的东西，我不会明白他们在写什么。如果我的邮箱收到了一本诗集，我会想："哦……"

LC：关于诗歌，我的感受和你一样。

VG：是吗?

LC：唯一让我感到安慰一点的是，大多数诗歌都很糟糕，这种形式极具魅力，很多人都在尝试，但只有零星的几个人能真正做到精通。所以带着这种安慰，当我拿起一本诗集时，如果我看不懂，而实际情况往往就是如此，我会把它放下。

VG：很多时候，我会在诗里读到取自古希腊文本的人物名字，但我往往对此一无所知，直到我发现自己完全搞不懂它们在讲什么的时候才会意识到这点，它们本来可以是很好的双关语或评论，却完全没在我的脑袋里停留。

LC：没错，发现诗人比自己有文化不是一件让人开心的事情。

VG：（笑）不知道为什么，他们都喜欢炫耀这一点。

LC：没错。那种精英主义仍然存在于很多诗里，这种主义包含了一种假设，那就是存在一种我们都参与其中的宏大的集体文化。但很不幸，这种文化正在一点一点走向支离破碎，现在大多数人知道的都是T先生[1]之类的。

VG：你在筹备新专辑对吧? 还是已经发行了?

LC：我快完成了。秋天就会面世。它叫《多种角度》，由哥伦比亚唱片公司发行。

1　T先生（Mr. T, 1952—），美国前职业摔跤手、演员、电视名人。

VG：你还弹吉他吗？

LC：嗯，在其中好几首歌里都弹了。

VG：你有没有带录音带？我们能放一首吗？

LC：我有几首完成了初混工作的。

VG：你把这些歌放在口袋里带着到处走？你的初混带？

LC：这就是一卷初混带而已。我一直在路上研究这些歌，因为我打算回录音室去把它们完善一下。

VG：你把它们放在口袋里到处走。这些不是母带吧，我希望，不是吧？肯定不是。你给儿童写过东西吗？

LC：没有。不过我给我自己的孩子编过很多故事。

VG：他们现在多大了？

LC：9岁和11岁。

VG：还很小。你会去看他们吗？你跟他们住在一起吗？

LC：我不跟他们住在一起，但我尽可能每天都去看他们。

VG：噢，嗯，那很幸运。但如果你一直住在希腊的话……

LC：不，我大多数时候都住在蒙特利尔和纽约。他们现在在纽约上学。他们之前在法国南部住了很久。在那里上学。那也是为什么我找了一辆房车住在附近。

VG：过去给他们讲故事的爸爸？

LC：对，他们也喜欢来房车里。

VG：我打赌他们肯定喜欢。房车里很好玩。而且可能还会晃。

LC：没错，起风的时候。它确实会晃。

VG：如果你经常跳上跳下的话可能也会晃。你现在不住在伊兹拉岛了吗？

LC：我很久没去希腊住了，不过夏天的时候我偶尔还是会带孩子们去那里。

VG：那演唱会呢？你上次演出是什么时候？

LC：我上次演出还是发行上一张唱片的时候，1979年到1980年。我在欧洲和澳大利亚举行了大约一百场演出。九月的时候我会带着新专辑巡演。秋天的时候我会去欧洲，冬天的时候去澳大利亚，然后希望春天能到北美演出。

VG：巡演之间隔这么长时间的话，你会感到陌生吗？换作是我，一周都会要了我的命。

LC：我知道你的意思。我猜那就是我有一支乐队的原因。否则，我就得自己依靠一把吉他完成整场演出，但最初两三场演出的时候，我的手指完全动不了，我会非常紧张。

VG：你跟菲尔·斯佩克特一起工作的时候会紧张吗？

LC：我非常、非常担心他的枪走火。

VG：他有枪？

LC：录音室看起来就像一座小型军火库。他带着一把枪，三四个保镖也带着枪，地上还散落着子弹。到了晚上，马尼舍维茨酒就会被喝完——

VG：噢天哪，你怎么能喝那玩意儿？

LC：我没喝。局面变得非常不受控制。没错，变得有些危险。

VG：这应该是好多年前了。是什么时候？

LC：对，那张专辑是1977年完成的。

VG：他几乎消失了，你也知道。他完全隐居了。

LC：没错，他住在一座大别墅里，里面的温度保持在32度。

VG：华氏[1]？

LC：对。里面非常、非常冷。等你认识菲尔之后，你去看他时就会穿皮毛大衣。他还会锁门。他不会让你出去。

VG：噢太好了。

1　32华氏度相当于零摄氏度。

LC：这很危险。

VG：你有没有问："这里怎么会那么冷？"

LC：我不知道。他真的是个十足的怪人。跟他单独合作确实是一件很快乐的事。我们用了几个月就一起写出了那些歌，我去看他的时候，我们也确实很开心，会一直工作到早上8点。可是一旦走进录音室，他就完全变了个人，他变得非常夸张，非常疯狂，我完全失去了对专辑的控制权。每天晚上，他都会在武装保镖的陪同下把录音带带走，然后秘密地混音。他不会让我参与。

VG：你有抗议吗？恳求？

LC：他消失了。我找不到他。在一年的合作之后，我面临一个选择，要么拒绝，要么就让专辑以这种面貌问世，我觉得那张专辑已经足够好，可以发行，但它完全不是我设想中的样子。我认为我们的天性非常适合一起工作，而且那些歌也非常、非常好，但我觉得人声在混音后消失了。问题的关键在于人声。

VG：或许他希望你消失，谁知道呢。

LC：我觉得他希望我消失。有一次，凌晨4点的时候，他过来找我，一只手拿着半瓶马尼舍维茨，另一只手拿着一把.45柯尔特自动手枪，他把手臂搭在我的肩膀上，用.45的枪管顶住我的脖子，上膛，然后说："我爱你，莱昂纳德。"

VG：噢我的天。你的人生有过这么疯狂的时刻吗？你经历过如此接近疯狂的时刻吗？

LC：他的疯狂带有戏剧性。而我的疯狂总是非常安静。

VG：噢，现在不要安静。再5分钟。

LC：（轻笑）好的。

VG：不过，你有没有想过你会发疯？

LC：有，我觉得人偶尔确实会有那些想法。

VG：我也觉得你有。你从来没想过终结这一切吗？

LC：没有。不知道为什么，我一直接受的教导，以及学到的观念就是，这么做是错误的。

VG：嗯，我也这么觉得。你害怕死亡吗？

LC：不害怕。

VG：这个问题听起来可能很愚蠢但是——

LC：有关这个问题，我觉得莱顿说得很好。他有一首诗是献给已故的莫提默爵士[1]的，他说："我不介意死亡，我担心的是对死亡的准备工作。"

VG：（笑）你经常和莱顿见面吗？

LC：去年我没和他见面，我非常想他。我试过联系他，但他搬去蒙特利尔后，他的前妻贝蒂去世了，我到蒙特利尔的时候，他去参加贝蒂的葬礼了。但我很想在接下来的一两周里和他见一面。

LC：你第一次认识他是什么时候？

VG：我17岁的时候。我想我应该读大二或大三，我当时写诗，而他是城里的明星之一。

LC：他会给你指点作品吗？

VG：我们之间从来不是学生与老师的关系。我们很快成了朋友……我们会给对方看自己写的诗。那就是他慷慨的地方之一，尽管他当时比我更有成就，现在或许也是。我们之间不存在指点的情况。

LC：十七八岁，在大学里的时候，你会被认为是个怪人吗？

VG：不知道，我不知道，或许是吧。但至少在我的朋友以及我认识的人中，没有人试图以任何特别的方式脱颖而出。我们觉得自己在演绎麦吉尔大学版的《故园风雨后》（*Brideshead*

1　莫提默·戴维斯爵士（Sir Mortimer Barnett Davis，1866—1928），加拿大犹太裔商人、慈善家。

Revisited）。

VG：真的是这样吗？

LC：那是在斯普特尼克[1]之前……在大学开始担心自己在教什么之前。当时的生活非常惬意。我记得我们把大部分时间都用来听罗德里戈的吉他协奏曲，喝酒，写诗，追女孩子。

VG：你差点就以此为生。你当时因此很有名气。我觉得你变得平静了。

LC：我不知道那算不算生计。

VG：但你变得平静了。用今天年轻人的话来说，就是"你的飞机冷却了"[2]。

LC：我想是的。

VG：你变得平静了吗？

LC：其实并没有。

VG：没有吗？

LC：你的意思是这方面？和女人调情这方面？

VG：对。

LC：我仍然对女人非常感兴趣，但调情之类的事确实少了一点。

VG：（笑）好吧，我们不继续讨论这个话题了。在读大学时，你觉得你自己会做什么？你有没有想过"我要以诗人、以作家的身份为生"或者"我要开出租车"或者"我要继承家族生意"，或者别的？

LC：我当时觉得自己会成为一名作家。我真的从来没有过别的想法。

VG：你有过真正的工作吗？

1　前苏联于1957年发射的第一颗人造地球卫星。

2　原文是"cool your jets"。

LC：有。我做过电梯接待员，也在工厂工作过，还担任过露营顾问。我打过很多零工。我之前还做过一段时间的电台记者。

VG：真的吗？

LC：我差不多什么都做过。最开始五六年，我去了希腊，我去那里的原因有很多。其中一个是经济原因，我会回加拿大，筹齐六七百美元，然后再回希腊，我可以靠这些钱生活一年左右。

VG：没开玩笑吧。

LC：我的目标是一年赚1200美元。所以我会给《骑士》之类的杂志写故事，可以赚700美元，或者给加拿大广播公司写东西，赚三四百美元，我用这样的方式生活了好几年，把时间都拿来写作。

VG：所以你并不介意斯巴达式的清苦生活？

LC：苦行生活的丰实感一直都很吸引我。我之所以选择这种生活方式，并不是因为它痛苦。事实完全相反。我感到最舒适、最充实的时候，就是一切都非常简单的时候，我知道所有东西的位置，四周也没有任何我不需要的东西。

VG：所以你对镜面墙、长绒地毯之类的东西不感兴趣。

LC：不感兴趣，那些东西让我感到不舒服。虽然参观那些装饰华丽的房子很愉快，但就我自己而言，我喜欢把自己的房子布置得非常简单。

VG：你今天打算做什么？跟我说说。你和我现在正在做的事情属于工作。

LC：没错，当然。

VG：那你今天会（做音乐方面的）工作吗？你今天会写作吗？

LC：可能会在飞机上写——飞机上的时光总是很美好——因为今晚我要去温尼伯。这将会是一次漫长的飞行。

VG：会去埃德蒙顿和卡尔加里吗？

LC：会，温尼伯、卡尔加里、埃德蒙顿。我有一台小随身听和一副耳机，专辑里还有几首歌词没写完，所以我应该会完成歌词。

VG：你不会在飞机上社交，跟别人聊天吗？

LC：不会，因为噪音的关系，我觉得讲话很困难。

VG：我喜欢把注意力集中在希望飞机保持飞行上。

LC：没错，这是个好主意。

VG：我看了很多采访——新的旧的都有——除了那些说某部作品很大胆，某部则不然的废话的评论性报道之外，所有有关你的专访都会提到你的穿着。你有注意到这点吗？

LC：他们会评论我的着装。

VG：没错。举个例子，你在（多伦多）爱德华国王（酒店）拍摄《我是一座酒店》的时候，他们会实时报道你穿了什么，你看起来多么高贵，着装有什么变化，你剪了头发，你看上去像是要参加圣餐仪式，他们每次看到你，你都有所变化。

LC：我几年来穿的都是同一套西装。

VG：说句实话，你看起来像是从马赛来的。（笑）他们对你穿什么很感兴趣。

LC：我通常都穿西装。我是在蓝色牛仔裤流行之前出生的，穿牛仔裤让我感觉很不舒服。我喜欢比较正式的款式。双排扣西装就很不错。

VG：你应该穿一件黑衬衫，戴一条白领带，再提一个装小提琴的箱子。

LC：今天早上我本来穿了一件灰色衬衫，但它和雨天不太搭。

VG：住在英属哥伦比亚可以学到的一件事是：你绝对不该把房间刷成灰色。因为这里的天空是灰色的，房间是灰色的，地毯是灰色的，一切都是灰色的。我就犯了这个错误。（停顿）好，《我是一座酒店》，它拍得怎么样了？

LC：它代表加拿大人选了蒙特勒电视节。我觉得它并没有特别好。我认为它是还不错的电视专题片，但这是我第一次接触这类工作，我真的不知道自己在做什么，我感觉自己失去了对这件事的控制力。

VG：这是你第二次这么说了。

LC：这些控制很难实现。

VG：这些控制力会减弱。你以前为一部电影写过配乐，那部电影就是在这里拍的，（导演罗伯特·）奥特曼的电影。是《花村》吗？

LC：没错。鲍勃[1]·奥特曼写这部电影的时候，一直在听收录了那些歌的那张专辑。他问我能不能使用那些音乐。接到鲍勃·奥特曼的电话时，我正在田纳西的录音室里制作专辑。那天下午我刚刚去看了《空中怪客》。我连着看了两遍。他说："我能用这些音乐吗？"我说："我不知道你拍过什么。"他说："我拍了《陆军野战医院》。"我说："我听说它很成功，但我还没看过。你还拍过什么我可能看过的东西吗？"他说："我还拍了《空中怪客》，但你肯定没看过，因为没人喜欢它。"然后我说："尽管用。"

VG：（笑）把我带走吧，我是你的了。

LC：对，然后我为沃伦·贝蒂的独白还别的部分额外录了几段吉他。但他们用的主要还是唱片里的那些歌。

VG：你会去看电影吗？小的时候呢？很显然你并不是一个狂热的电影爱好者。

LC：我并不狂热，不过劳登·温赖特（三世）有一首歌写得

---

1 罗伯特的昵称。——编注

很好，《电影于我就像母亲》（Movies Are a Mother to Me）。电影是一种很好的放松方式。

VG：它让人感到安心。你跟路易·福瑞（Lewis Furey）一起写了歌剧[1]，对吗？

LC：对，我根据他的想法写了歌词。他写了剧本，构思了整部作品，然后我用斯宾塞体[2]做了些实验，这是一种古老的文体，每一行都环环相扣。我用斯宾塞体写了大部分歌词。

VG：现在进度如何？这部歌剧。

LC：它似乎要被拍成法加两国联合制作的电视剧。我想夏天结束的时候就会开拍了。

VG：你为什么不拍电影呢？有人问了我这个问题。我整个周末都很紧张，不知道究竟要问你什么问题。我在厕纸、马天尼吸墨纸上写笔记，在所有地方写笔记。然后昨晚，我觉得我应该把所有问题都写下来，好好想想我应该问你什么问题。你会拍电影或者做别的工作吗？你会做得很完美。

LC：我给加拿大广播公司拍的这部专题片就是抱着这种想法创作的。它不是特别成功，但如果有新项目的话我愿意再试试。

VG：我的朋友想知道你喜欢兰迪·纽曼[3]（吗）？

LC：噢，他非常出色，是的。

VG：他确实非常出色，对吧？

LC：非常优秀的创作者、歌手、编曲人。

VG：你见过他吗？

LC：我记得我们之前一起在洛杉矶的A&M录音室录音，我

1　应为采访者口误，这部作品其实是音乐剧。

2　斯宾塞体（Spenserian stanza），英国诗歌历史上的重要诗体，由文艺复兴时期诗人埃德蒙·斯宾塞首先使用。

3　兰迪·纽曼（Randy Newman,1943—　），美国创作歌手、作曲家，曾为《玩具总动员》（Toy Story）系列电影制作配乐。

们互相握了手，但我们没有私交，没有。

VG：他还没能吸引到很多人。

LC：他有一首歌上了前40名榜单——《矮人》（Short People）。

VG：没错，那首歌也给他带来了很多争议。你有遭到过公众的指责吗？说你越轨，说你太出格？你陷入过这样的麻烦吗？

LC：没有，我记得没有。共产主义曾在法国盛行，我在法国有很多听众，那段时间里，我经常被指控为中产阶级个人主义者。但我没有收到针对歌曲的指控。

VG：后来者也会这么对待法国的共产主义者。他们也会指控前辈贪图享乐。那么现在，我就先放你离开了。非常感谢你今天来这里。

LC：谢谢。

采访

罗伯特·斯沃德（Robert Sward）| 1984 年 12 月采访，1986 年 12 月刊登于《马拉哈特评论》(*Malahat Review*)（加拿大）

和薇琪·加贝罗谈话几个月之后，科恩在蒙特利尔与罗伯特·斯沃德进行了对谈。这次采访由加拿大广播公司电台在全国范围内播放，经过编辑后刊登在维多利亚大学的《马拉哈特评论》上。科恩再度谈起他的新专辑《多种角度》，但是斯沃德——他本人是小说家和诗人——显然对这位艺术家的最新诗集《仁慈之书》更感兴趣。——编者

罗伯特·斯沃德（以下简称RS）：你的最新专辑叫《多种角度》。为什么取这个名字？

莱昂纳德·科恩（以下简称LC）：你在整理手头已有的，以及可以完成的歌曲时会发现，它们大致都关于某个特定的角度，这种角度在我看来就像散步，就像沿着圆周散步。你从不同角度观察到的都是同一片区域。我喜欢非常中性的标题。我上一张专辑叫《最近的歌》，这是我目前想到的最完美的标题。不过《多种角度》也不错。我打算给下一张专辑取名叫"英文歌"。

RS：《多种角度》和你的最新诗集《仁慈之书》之间有什么联系？

LC：对我来说，《仁慈之书》非常私人。尽管我认为它在我的作品中占有不可替代的位置，但我从来没有预想过它的存在。

这是一本祈祷书，是一场神圣的对话。这些歌当然与这部诗集有关，毫无疑问。一个人的作品都是相似的，但《仁慈之书》是特殊的。对我来说，它是一份记录，一份非常重要的记录。但一首流行歌必须更容易传唱，必须要能口口传唱。歌曲的处理和架构方式就是这样的。《仁慈之书》是一本薄薄的祈祷书，它只对在某个时刻需要它的人有用。它被赋予的期待和一首歌是不同的。

RS：但我发现它读起来非常像情诗。这是一本情诗集，但它不像你的其他情诗和情歌，不存在那些冲突。几乎只存在一种"我-你"的关系。

LC：我希望它能拥有那些特点，因为如果一件作品不具备那些特点，那么它就一无是处。甚至都无法触动你自己。不过它确实是一部特殊的情诗集。我们在写作的时候经常会因他人而紧张忧虑，我们的心经常被"受众"这个概念占据。但我认为在《仁慈之书》中，这种情况几乎不存在。"受众"在诗集的构建过程中消失了。它只为了那些和我一样，在某个特殊时刻需要它的人而存在。

RS：你是否惊讶于它收获的读者？

LC：我一直都很高兴自己的作品能收获读者，我从不是诗歌读者的人那里收到了一些非常友好的来信。还收到了军人以及平时几乎没有联系的人的来信。

RS：你在一首早期的诗歌《摘自我祖父日记的诗》（*Lines From My Grandfather's Journal*）里写道："即使现在，祷告也是我的本能语言。"这让我想到，在某种程度上，你在《仁慈之书》里找到了你的本能语言。当然，一首赞美诗即是一首歌。

LC：我记得，我从小就深受犹太会堂里的音乐和庄严话语触动，会堂里的一切都很重要。随意性在其中的缺失始终非常吸引我。我一直认为在公众场合讲话是非常、非常重大的举动，这也是我从来不会被刻意随性、刻意口语化的作品打动的原因。有很多伟大的大师都用这种方式写作，比如罗伯特·克里利[1]，但那些作品并不能给我带来乐趣。它们一点也不有趣。我一直认为世界是经由词语，经由我们的传统语言创造的，我一直都能在庄严的话语中看见闪耀的亮光，那是我一直努力实现的东西。这是一种很危险的目标，因为你的口吻或许会有些装腔作势，无法打动他人的耳朵，因此这种目标存在风险。但我本人致力于实现这一目标。

RS：有人觉得《仁慈之书》的命名具有非常重要的意义，而你刚才称世界是通过祷文、通过话语、通过命名产生的。

LC：没错，通过言语创造世界的力量始终让我深受触动，我的世界就是通过这种方式建立的。只有经过命名，事物才能变为事实。很多人都质疑这种观点，因为它限制了对事物的直观理解。一切都经由言语确立，一切都经由这种观点确立，很多人认为，在你产生意识之前，在没有言语干扰的情况下，事物就能自行显现。我知道这种观点非常过时，如今已经不再流行了，但是那种被注入永恒性的言语始终深深吸引着我。

RS：你曾说："仁慈的天使即他人。"这句话是什么意思？天使和语言之间的关系是什么？

LC：我不知道。我一直很喜欢早期垮掉派诗歌——金斯堡、凯鲁亚克和柯尔索[2]——对"天使"这个词的运用。我从来不懂它们的意思，但我知道它们是为了人而创造的，并且证实了个体当中光芒的存在。我不记得我是怎么用"天使"这个词的。我完全忘了，但我觉得我用得不如1950年代早期的金斯堡和凯鲁亚克。

1　罗伯特·克里利（Robert Creeley, 1926—2005），美国黑山派诗人。

2　格雷戈里·柯尔索（Gregory Corso, 1930—2001），美国垮掉派诗人，代表作《美国快车》等。

我一直都很喜欢读他们在其中讨论天使的诗。我读了很多有关天使的东西。我刚刚和路易·福瑞一起写了一首歌叫《天使般的双眼》（Angel Eyes）。我喜欢那首歌中蕴含的爱意："亲爱的，你是一个天使。"有人会为你带来光明，你会感觉到它，你会感觉被它疗愈或包围。这是一种可流转的礼物。对他人而言，我们都是那样的角色。有时候是，有时候不是。

我知道有时候，即使一个卖烟的女孩跟你说一声"祝你今天愉快"都能改变你的一天。在那种情况下，她就是天使。天使没有自己的意志。天使只是一位信使，只是一种途径。也有一些神话表明天使的行为是自主独立的。但我从对这件事颇有研究的人那里了解到的是，天使其实没有自己的意志。天使只是意志的传达途径。

RS：你提到了《仁慈之书》包含的意志。其中有一首赞美诗是关于意志的，它像一堵墙，阻止某件事情发生，或者某种渠道开启。

LC：我们可以感觉到一切事物背后都有某种意志，同时我们也清楚自己的意志，这两种意志之间的距离创造了我们称之为宗教的神秘事物。它试图调和我们的意志与另一种我们无法确切说明，但能感觉到其力量与存在的意志。这两种意志之间的空白造成了我们的苦难。

RS：我注意到在《仁慈之书》中，意志相对而言是缺失的。但人毫无疑问需要意志才能祷告。甚至连写赞美诗也需要意志。

LC：你提的这些问题真的很棘手。每一个都切中肯綮。在某种程度上，我们总是必须反映混乱背后的意志。当你在描述自己渺小意志的外在表壳时——这种意志的目的主要是成功，是去主宰，发挥影响，去统治——当这种意志在某些情况下被它自己摧毁时，我们便会与另一种似乎更真实可靠的意志建立联系。但为了触及那种意志，我们自己的渺小意志必须遭受许多重击。但如果我们的渺小意志被摧残得太过频繁，那么这是不合适的，因为我们需要凭借它去与其他渺小的意志交流。

有时候，那种渺小的意志会在事情自行发展的过程中被摧毁，你会再次陷入沉寂，直到接触到生命中另一种真实的要义。在肯定其意义之后，这种要义便成为我们所说的祷词。这种情况很罕见，但是发生在了《仁慈之书》身上，这也是为什么我觉得它是不同的，因为我本来并不打算过一种虔诚、高尚、频繁祷告的生活。那不是我的本性。我的本性是在街上和所有其他意志交流。但有时候，你会陷入无法找到自己的渺小意志的时刻，意志在那个时刻无法发挥作用，于是你便会去寻找另一种力量的来源。

RS：为了能再次站在不同的角度上，你必须重新发掘那些渺小的意志。

LC：你说的对。多种角度指的就是渺小意志所处的角度。

RS：你的作品中还存在类似的时刻吗？你抛弃渺小的意志，找到另一种意志的时刻？

LC：我认为在写作中，当你真正进入写作状态时，你的渺小意志会不复存在……你是被某些其他种类的燃料驱动。但写作也有很多种。像查尔斯·布考斯基[1]那样的人会让这种渺小的意志璀璨夺目，我也很喜欢那种写作：作品中不会出现除个人的窘境、混乱与挣扎之外的任何东西。我们生活的世界不是主日学校，但《仁慈之书》却是一所主日学校。这是一本不错的小书，也是一所不错的主日学校，但我不会一直为它代言，尤其是在公众场合。这本书很特别：它是一本具有公共潜能的私人之书。但是我的目的并不是成为一名祷词创作者。

1　查尔斯·布考斯基（Charles Bukowski，1920—1994），美国著名诗人、小说家，代表作《邮差》等。

RS：从《仁慈之书》过渡到即将开启的新专辑欧洲四十城巡演是什么感觉？

LC：没什么不同。你的演出一定会在祈祷中开始。这毫无疑问。我认为对于你所做的一切有风险的事，一切像演出一样可能会让你遭受羞辱的事……你必须依靠比你强大的事物。我发现自己在做事时始终很挣扎，无论是演出，还是写诗、祷告或对话。我很少发现自己处在事情进展顺利的从容状态中。我很少有这种状态。

RS：你在演出的时候真的会感觉像是被羞辱了吗？

LC：我所说的羞辱并没有那么严重。当你走上舞台，想到下面的观众花了不少钱来听你唱歌时，你无疑会有一种要搞砸了的感觉。你遭受耻辱的可能性很大。

RS：你在欧洲举办了很多演出，或许可以说是最近的大部分演出，那里的听众和北美的听众相比有什么不同吗？

LC：严格来说，像推销员讲解业务般严格来说，听众之间的区别很大。举个例子，柏林的听众和维也纳的听众就很不一样。柏林听众非常严格，非常挑剔和犀利，就像水晶的边缘。你必须展示出掌控作品、自我和听众的能力。维也纳的观众则更看重脆弱性。他们乐于看见你的挣扎。他们非常热情，富有同情心。当然，这要视季节而定，在冬天演出和在夏天演出也会有很多不同，但归根结底，如果你可以找到进入歌曲的那扇大门……你每晚都要唱同样的歌，因此找到进入歌曲的入口至关重要，那个入口一直在变，有时候你会在歌声中背叛自己。听众可以感觉到你在试着用前一晚的方式演唱这首歌。他们可以感觉到你还没有找到进入这首歌的方法。如果你找到了，那么听众会有所回应。如果没有，你会感觉到陌生感引发的战栗，这种陌生感是你自己造成的。它弥漫在空中。

RS：会引起愤怒吗？

LC：缺少温暖的掌声，往舞台上丢东西，都有。

RS：你遇到过这种情况吗？

LC：我记得我在艾克斯的一个大型音乐节上遇到了枪击。那时候共产主义者在法国的影响力非常大，他们为自己需要买票感到愤怒。他们中的很多人冲破围栏，进到演出场地里面，我确实听到了"砰"的一声，类似于枪声，然后一盏灯熄灭了。我不知道。但他们是非常严格的批评家，那些共产主义者。

RS：法国听众总体上怎么样？你曾经说你是法国人。他们是如何回应你的？

LC：我的作品在法国反响很好。其中一个原因是，我的作品能融入他们的传统。他们乐于听见歌声中的斗争。他们希望听见真实的故事。最有名的例子就是巴桑[1]和布雷尔[2]，但是他们有成百上千这样的歌手。他们不会预设歌声应该是什么样的。所以我的歌在那里找到了家。

RS：1940年代晚期到1950年代早期，蒙特利尔非常热闹，那里有很多关于诗歌，以及欧文·莱顿和路易斯·杜德克（Louis Dudek）之类的诗人的热烈讨论。那些讨论有没有对你产生影响？

LC：噢，影响非常大。这两位对我都非常友善。我在麦吉尔大学读书时便师从路易·杜德克，正如很多人所说的，他确实是一个非常优秀的老师。他赋予写作这项吸引了很多年轻人的活动一种尊严、一种重要性。你会渴望写作，你会希望成为一名诗人。看过你的诗之后，他会用非常准确和友善的方式来探讨和评论它们，这就是他的风格。我从来没有跟随欧文·莱顿学习过。我从来没有把欧文和路易当作模仿的对象，欧文和路易也从来不曾试图影响学生的写作方式。但他们确实为我点明了整个过程。

1　乔治·巴桑（Georges Brassens，1921—1981），法国传奇创作歌手。

2　雅克·布雷尔（Jacques Brel，1929—1978），比利时著名歌手、演员、导演。

RS：我相信你一定知道欧文评价你是诗歌的最高祭司，他（欧文·莱顿）是先知，而A. M. 克莱恩[1]是档案管理员。你对此有什么想法？

LC：我不知道什么是"档案管理员"。

RS：收集资料的人。保管纸卷的人。保留传统的人。

LC：嗯，我对此没有任何异议。这种描述非常准确。作为先知，或许也是这个国家有史以来最好的作家，欧文确实站在山巅。我所处的领域是完全不同的。

RS：在你的两种角色，孤独的诗人，如果可以这么说的话，和表演者之间存在冲突吗？

LC：我从来不认为自己是一个孤独的诗人。我也并不觉得我做的事情之间存在任何矛盾。我有经济压力。也有渴望。一个音乐人会说后者"让你的能力不断提升"，让你继续唱歌，继续演奏，因为这是你所了解的事。同时出于谋生的原因，你开始巡演。我很难具体说清人生真正的最高使命究竟是什么。我们所做的一切可能一点都不重要。又或者每个人身上都有神圣的光环，都是为了完成一项特殊的使命。在这两种可能性之间，存在着大量的留白。但我发行了一张专辑，我就必须巡演，否则没有人会知道这张专辑，如果没有人知道，那么这就破坏了歌曲口口传唱的目的，也让我无法以此维生。所有这一切促使我站上舞台，希望能为人们带去一晚的享受。

RS：所以这背后确实也有非常实际的因素。

LC：我觉得除了实际因素外别无其他原因。我从来没能将精神与实际分离。我们称之为灵魂或灵性的东西是实际因素最强烈的反映。我认为你必须在自己身上寻找根源，否则生活就不会有

1　A. M. 克莱恩（A. M. Klein, 1909—1972），加拿大诗人、小说家、律师。

进展，你也就无法生活。人们寻找根源的方式各有不同。有些人利用传统方式，也就是我们称为宗教或宗教实践的事物。当然，有很多人并不需要那些特殊的指引，但这并不说明他们的生活缺少灵性。相反，这说明他们的生活更具灵性。他们是活生生的圣灵。那种距离并不存在。

RS：在我看来，有时候，你的歌比你的诗更具反讽色彩。我想到几句歌词，比如"他只是寻找马槽的约瑟夫（编注：引自《陌生人之歌》)。"你歌声中的腔调变化传达了很多不同的态度，其中，反讽的意味在歌曲里显得更为清晰。

LC：嗯，我知道你的意思。我想起了鲍勃·迪伦，他的歌里有街头俚语的口吻，有对话的口吻，他的技艺如此高超……你可以从中听到硬汉在讲话，听到有人在祈祷，听到有人在提问，听到有人在向你调情。在写那些歌的时候，你知道它们将传入他人之耳，你知道你可以将那些口吻写入作品。歌曲无疑更容易达到反讽效果，因为它可以仅通过歌声传达，而在纸页上，你一般需要通过更复杂的构建来达到反讽目的。你不可能只写："这对你意味着什么？"如果你伴随着悦耳的和弦唱"这对你意味着什么"，它听起来就像是"那么，宝贝，这对你意味着什么？"。但只看文字的话，就需要更多辅助描述。

RS：迪伦的音乐会让你产生共鸣吗？其他人的呢？乔尼·米切尔[1]？现在谁的音乐让你觉得最有共鸣？

LC：《塔木德》里说，每一代都有属于自己的美酒。我们对自己这一代的音乐怀有特殊的感情，我们用来调情的歌往往就是那些陪伴我们一生的珍贵的歌。与我同期的歌手，鲍勃·迪伦、乔尼·米切尔、琼·贝兹、雷·查尔斯，都跨越了好几个世代。

1　乔尼·米切尔（Joni Mitchell，1943—)，加拿大著名创作歌手、画家。

但对于那些曾经在做爱时听的歌手，我们的感情是特殊的。

科恩剪报

关于"大审判"

"我知道有一只眼睛一直在注视着我们所有人。一种审判会衡量我们的所作所为。我会满怀敬畏地面对这种强于所有政府的伟大力量，在它面前谦卑地跪下。我将下面这首歌献给这伟大的审判。"

——摘自1985年华沙演唱会《哈利路亚》的开场白

采访

克里斯汀·麦肯纳（Kristine McKenna）| 1985 年 1 月采访，2001 年刊登于《变化之书》（*Book of Changes*）（美国）

1985 年 1 月——与斯沃德对话结束一个月后，历时两个月、总计 42 场的欧洲巡演开始前几周——科恩在他位于洛杉矶的家中同记者克里斯汀·麦肯纳见面。这次对话的一部分先是出现在《洛杉矶时报》（*Los Angeles Times*）上，随后又于 1986 年出现在《另一个房间》（*Another Room*）杂志上，完整版于 2001 年被收录在麦肯纳的采访合集《变化之书》中。——编者

克里斯汀·麦肯纳（以下简称 KM）：你更喜欢平静还是混乱？

莱昂纳德·科恩（以下简称 LC）：我更喜欢平静，但人类从来都不能心想事成。至于在创作时哪种处境对我更好，我从来不觉得作为艺术家有哪种处境比另一种处境更好。我始终感觉我在创作时的选择非常有限，我从来不觉得我能在一张宴会桌上随心选择平静或混乱，选择这个主题或那个主题。一切都非常紧迫，我对它们真的没有太多选择权。我写得很慢，一个字一个字地写，所以我也从来没有自己是在写巨作的感觉。

KM：你是一个轻易就会对事物着迷的人吗？

LC：我一直都处在一种入迷的状态中。我发现在你变老的过程中，你会同时变得更疯狂和更谨慎。这就像是金字塔，当愚蠢的高度增加时，宽度也要相应增加。

KM：人和艺术的哪些特质始终吸引着你？

LC：我说不出具体的答案，但我发现，一旦我对事物抱持开放和欣赏的态度，我就能与他人联结。反之，人们就会始终像冰一样冷漠。

KM：几十年来，你一直是流行文化的活跃贡献者。你在这个领域里观察到的最显著的变化是什么？

LC：我没发现有什么大的变化。流行文化的基本作用就是创造一个调情、做爱和洗碗的环境。它很重要，因为它能在一切活动中回应内心，而且这种重要的作用将始终发挥效果。有时候，音乐行业非常乐于接受创新和才华，但有时候却并不是这样。目前就不是——音乐行业现在正处在美元的冷漠控制中。

KM：你觉得你的形象是怎样的？

LC：我从很多国家得到了反馈——孤独的真相讲述者之类的。至于这种反馈有多准确，我很难评价。总之，如果你的作品存在感非常强烈，人们甚至愿意不辞辛劳为它贴上形象标签，那么你只能感到开心。

KM：在你的作品中反复出现的主题是什么？

LC：你很难站在内部视角谈论一件事情。我认为写作的目的就是为了理清楚这件事。就歌曲而言，一首流行歌必须快速地口口传唱，否则它就不是一首流行歌，同时，流行歌通常都是关于爱与失去的。

KM：为什么流行歌如此执着于爱情这个主题？

LC：因为心是每个人胸中一块非常复杂的烤肉，没有人能驯服或约束它。其实我们内心的某处非常热情、感性，这才是对我们而言最重要的事。所以没有人会随意对待音乐，因为音乐是为心而存在的。

KM：你是否惊讶于自己人生中的成就？或者说你是否觉得

自己注定要成名？

LC：我经常有表现的冲动。我始终只想讲述对我而言最熟悉的事，我觉得我可以在作品中谈论一两件这样的事。我想成为一个相对无名的诗人，因为只有无名诗人的选集里才会收录一两首我喜欢的小诗。触动我的是这些人，而不是莎士比亚或歌德那样的伟大作家。

KM：身为艺术家，你觉得你的主要优势是什么？

LC：所有成功度过二十载歌唱生涯的艺术家身上最关键的品质就是毅力。很多人在了解身为创作者的真相后便决定不再继续。很多人，非常合情合理地，决定他们不想过这样的生活，于是他们离开了。那些留下的人，那些十分警觉的人，意识到这种特殊的存在回报颇丰，但你的生活也因此有许多地方需要改变。

KM：迄今为止，你人生中最大的挫折是什么？

LC：一切都在变化。人生似乎就是挫折。无论你是在准备晚饭还是试图穿越城市，你似乎都必须面对一长串无法克服的问题。我觉得人生就是磨难，我不知道别人是如何处理的。

KM：当你发现自己的意志和灵感逐渐减弱的时候，你能通过哪些具体的方式让它们恢复？

LC：这是个好问题。你应该努力让自己保持开心。闲聊、好笑的喜剧、玩笑，以及跟朋友喝一杯——所有常规的逃避方式都值得一试。

KM：刻意的快乐似乎时常是一种掩饰，放任一个人继续沉沦。

LC：沮丧和忧郁是最糟糕的沉沦，尽管我们都必然经历过这些情绪，但是一旦它们变成长期的状态，就会把我们压垮。所以我们的责任就是将自己从那种状态中释放出来，常规的方法都值得一试。对话、娱乐、夸赞我们的朋友——所有可以驱散忧郁的事物都很珍贵。

KM：你吞过最苦的"药片"是什么？

LC：都很苦，但我并不觉得难受。很多事情也都非常棘手，但我并没有挫败感。事情只是呈现它们应有的面貌，这一点从来没有改变。事实上，他们没有把我们送进集中营，我们每4年可以投一次票——这些事都值得庆祝。在这个国家，我们拥有些许自由——相较于世界上其他地方而言，是无比的自由——我们始终应该肯定这一点。除此之外，如何过好自己的生活，如何与自己认识和所爱的人坦诚相待，如何在注视自己不完美的作品时保留些许自尊——人们时刻都在面对这些事情。

KM：一种非常流行的理论认为，当艺术家处在个人危机当中时，会创造出更好的作品。你觉得这种理论有任何道理吗？

LC：我认为每个人都处在混乱之中，对于这种将艺术家与世界分离的倾向，我始终持怀疑态度。我无法确定他们被分离出去的原因，但他们似乎已经被分离出去了。艺术家们或许希望看到这样的局面，因为这样他们就可以摆脱自己的妻子了。

KM：人可以学会避免犯同一个错误吗？还是说生活总会让我们回到无知的原点？

LC：写作的本质就是回归原点。早晨的时候，你看着眼前空白的纸张，接下来呢？为了维持与他人之间的关系，一个人同样也不能忘记原点，因为人与人之间的关系非常脆弱，它们所依赖的基础可能会消失。朋友之间一些不愉快的时刻或许就会彻底破坏彼此过去的经历。因此我们必须小心翼翼地对待我们的各种关系，不断地检视它们。我的经验是，事物的破灭或许就在瞬间。比如美德。你可以遵照美德行事，这就像往山顶运巨石。你将它滚下来只需要一秒，但将它运上去需要付出很多努力。

电视采访

雷·马丁（Ray Martin）| 1985 年 5 月 24 日，《雷·马丁午间秀》(*Midday Show with Ray Martin*)，九号电视网（澳大利亚悉尼）

科恩的欧洲巡演于1985年3月24日结束，随后他休息了几周，4月30日，他开启总计35场、一直持续到7月21日的系列演出。这次巡演不仅让他重回欧洲，同时也去到美国、加拿大以及澳大利亚。5月24日，他在澳大利亚进行演出，并且登上雷·马丁的电视节目。在节目里，科恩和他的乐队表演了收录于《多种角度》的《回到你身边》(Coming Back to You)。随后，马丁对科恩的到来表示欢迎。——编者

雷·马丁（以下简称RM）：非常精彩的表演。莱昂纳德·科恩和他的乐队。莱昂纳德是当代传奇之一，我们很荣幸能与他对话。让我们一起欢迎莱昂纳德·科恩。谢谢。

莱昂纳德·科恩（以下简称LC）：谢谢你今晚邀请我们。

RM：这是我们的荣幸。这是一首加拿大乡村歌曲，对吗？这首歌里有种乡村歌曲的节奏感。

LC：对，它有一种乡村歌曲的感觉。

RM：你知道今天是鲍勃·迪伦的44岁生日吗？

LC：生日快乐，鲍勃。

RM：我提到鲍勃·迪伦的原因是，20年来，你们俩似乎都活在对方的阴影里，对吗？

LC：我已经认识他很久了，我跟他是很多年前在纽约的格林威治村认识的，这些年来，他的才华为我带来了乐趣，我很享受这些乐趣。

RM：所以那些说他模仿你，把自己塑造成一个神秘人物的报道其实都是假的？

LC：他所知道的一切都是我教的。（笑）

RM：我之前提到了加拿大这个国家，而你是加拿大人。我想知道你如何接受这个身份，而如果你出生在美国，你或许会受到那种与鲍勃·迪伦同等的公众瞩目，那种给予明星的关注，而迪伦一直在被迫承受这一切？

LC：或许吧，我大部分时间都生活在加拿大，我从来没有特别想搬到国界南边。但我们对美国的矛盾情感或许确实和你们澳大利亚人一样。

RM：我记得皮埃尔·特鲁多[1]称之为自卑情结。

LC：没错。过去几天我一直在悉尼和一些人交谈。似乎只有当一名艺术家、一个运动员，或者一位科学家获得了美国的认可后，大家才会认真对待他们。这件事让人很难过。

RM：没错。莱昂纳德，你对澳大利亚的了解有多深？你能不能看出来我们究竟是不是南太平洋版的加拿大？

LC：我认为就我们刚刚讨论的美国问题而言，你们的理解要更好。我们只不过是坐落在美国国界附近的几个城市，因此我们的身份认同始终受到威胁，很多人会说，去他妈的，我们要去南边工作。而在这里，你们无法轻易接触到美国领土。虽然所有的文化产品都在通过电视源不断地输入，但我认为你们这里的情况还是要好一些。

---

1 皮埃尔·特鲁多（Pierre Trudeau，1919—2000），加拿大政治家，加拿大第15任总理。

RM：没错。其实我还想知道，（关于）在我们身上形成的特质，我们所拥有的加拿大特质和澳洲特质。狭长土地上稀少的人口。对你来说，是圣劳伦斯河；对我们来说，是海岸线……英国的痕迹，还有与美国的盟友关系。（我想知道）你是否觉得澳大利亚人和加拿大人存在相同之处？

LC：我觉得我们在学校里学的是同样的东西，而且我们在看大英帝国地图时，会发现我们的国土都被标红了。（笑）

RM：这会让你觉得困扰吗？

LC：不，不会，这个世界确实是用刻板的眼光看待我们的。他们觉得你们是内陆人，是喜欢袋鼠的人，而想到我们就是骑兵警察和雪人。（笑）

RM：难道不是真的吗？

LC：确实是真的。（笑）

RM：我能不能冒昧地作一个比较笼统的结论，我去过很多次加拿大，根据我的经历，我觉得加拿大人或许比澳大利亚人更温和。他们似乎不像澳大利亚人一样直率、无拘无束。

LC：没错，我认为他们比澳大利亚人更孤僻，更内向。加拿大人有一种非常真实的感觉：我想说脏话，好吧我不能说；但在澳大利亚有一种态度——"那又怎样"，这种态度非常好……这个国家非常健康。这个国家的躯体非常完整，它接受着阳光的洗礼，精力充沛，而在加拿大，我们的冬天很漫长，我们一直处于针对美国的防御状态，因此情况非常不同。

RM：人们经常批评澳大利亚，指责我们过于贪图享乐，对此你怎么看？

LC：我认为你们还不够贪图享乐。在你们自己的土地上，用自己的身体，和自己的家人，凭自己的好运享受快乐……我觉得你们完全没有错。

RM：你来这里的真正原因是为了品尝澳大利亚的美酒和女人吗？（笑）

LC：噢，不，我……真的不是。

RM：这种难听的谣言传得到处都是。

LC：不，我绝对不想被当成一个冲进别的国家突袭扫荡的人，我不想树立这种名声。（笑）不，不过我已经尝过这里的美酒了。

RM：你的合约规定你在后台只能喝红酒，这是真的吗？

LC：谁泄露的消息？（笑）

RM：你是不是有一种强烈的犹太身份认同感？

LC：我知我是一个犹太人，我来自一个非常不错的犹太家族，没错，我对那种传统的感情很深。

RM：你会说希伯来语吗？

LC：我只在祷告时说希伯来语。我可以用希伯来语跟"老大"对话。（笑）

RM：当你回到波兰的时候，你的犹太身份认同感是不是格外强烈？我读了你回波兰后的报道，那是一趟非常特别的旅程，对吗？

LC：那次经历出乎我的意料，让我很感动。首先，那里有300万犹太人，他们在战争期间受到了巨大的伤害。作为一个犹太人，我充满了期待，因为我可以和他们一起做很多事情。我确实体会到一种齐心团结的感觉，那个国家正在英勇地抗争。你能和他们的抵抗产生共鸣。之前我并不知道我在波兰文化里居然占有一席之地，所以当我看见那里的人群，发现自己在那里受到如此关注时，我感觉这一切非常惊人。

RM：等一下，你的父母是波兰犹太裔吗？

LC：我母亲来自立陶宛，那里曾是波兰的一部分，我的曾祖父是从波兰来到加拿大的。

RM：我还读到，你非常惊讶地发现，那里甚至有个莱昂纳德·科恩音乐节，在——

LC：对，没错。他们差不多每年都会在克拉科夫举办那个音乐节。

RM：那个地方就在奥斯维辛附近吧？

LC：对。这个情况很棘手。我完全无法应对施加在我身上的那种压力。团结工会的全国发言人叫我邀请莱赫·瓦文萨[1]参加华沙演唱会。他当时被软禁在格但斯克，所以我相当于是被要求去为难政府，不过我并没有机会测试我的胆量。我的几个乐队成员把我拉到一边说："莱昂纳德，我们不知道你在参加什么奇怪的传教活动（笑），但是我们周末就能拿到钱，所以（笑）你不要说任何会让我们无法离开这个国家的话。我们只需要把演出演完，然后离开这里。"

RM：但当时你的想法是什么呢？你想回去吗？你可以自己回去。

LC：嗯，自己回去。我或许该找个时间好好想想。

RM：演出反响如何？因为采访的关系我去过几次波兰，所有无法在收音机里听到的西方音乐在那里的需求似乎都很大，事实上波兰人愿意为音乐花费大价钱，花费很多兹罗提[2]。你有没有发现那里的人十分渴望听见你的音乐？

LC：不仅是我的音乐。那里存在一种真正的，对西方经验的渴望。我认为他们向往西方，却被迫认同东方。我认为他们感觉自己是西欧文化的一部分，这种认同感让很多人的心倍受煎熬。

RM：我们之前提到了鲍勃·迪伦，以及他的生日，你有没有觉得，回到波兰演出是一次收获颇丰的经历？你和鲍勃对西方

1　莱赫·瓦文萨（Lech Walesa，1943— ），波兰前总统，政治家，人权运动家。
2　波兰官方货币。

社会都有些许批判的态度。看见另一种社会景象是否给你带来了一些感悟？

LC：嗯……那个地方的生活很艰难。我觉得人们在遭受政权的折磨。或许管理波兰人是很困难的事……

RM：没错。

LC：我了解波兰人，因为我来自这样的家庭。他们独立且疯狂。

RM：没错，最疯狂的浪漫主义者。他们过去常说爱尔兰人是疯狂的浪漫主义者，但我觉得波兰人才是。

LC：但是任何目睹过他们所处的环境、亲身感受过片刻的人，见证过政权在公共生活中的表现形式的人……我们不会明白那种公权力入侵私人生活的感觉。（沉默）我恨那种感觉。

RM：你的60岁生日会在哪里度过？你觉得到时候你还会在澳大利亚这样的地方演出和品尝美酒吗？

LC：愿上帝保佑我能继续这么做。几年前我在纽约看了艾伯塔·亨特[1]的演出。她当时已经82岁了，听到这个女人的歌声中透露的人生阅历，让我感觉非常美好。她明白自己在讲什么，当她在演出最后说"愿上帝保佑你"的时候，你真的感觉自己受到了庇佑。

RM：没错。虽然你有"黑暗与绝望的王子"和"忧郁诗人"这样的形象，但歌手这职业有趣吗？

LC：巡演路上有很多美好时光。你跟一起合作的男男女女变得非常亲密，你会感觉自己重新成了集体的一员。

RM：没错，巡演路上。席卷四处，但并非"突袭扫荡"。

LC：对的，对的。（笑）

RM：事实上，你可以在今晚的悉尼娱乐中心见到科恩和他

1　艾伯塔·亨特（Alberta Hunter，1895—1984），美国著名爵士和布鲁斯歌手。

的乐队，此外还有周六的墨尔本州立剧院，6月2日的阿德莱德庆典中心，以及6月5日的珀斯音乐厅。如果你没有抓住机会去看莱昂纳德·科恩和他的乐队演出，那这就是你自己的错了。莱昂纳德，真的非常感谢你能来。

LC：非常感谢。

莱昂纳德·科恩的音乐与思考

罗伯特·奥布莱恩（Robert O'Brian）| 1987 年 1 月采访，1987 年 9 月刊登于《摇滚比尔》（RockBill）（美国）

1985 年上半年，科恩几乎一直在巡演，那之后，他又再次从公众视野里消失了。当年以及接下来的两年里，科恩既没有发行专辑，也没有举办演唱会或接受很多采访。

但科恩还是接受了一些采访，其中便包括和记者罗伯特·奥布莱恩的一次精彩对话，1987 年，他通过电话的形式和科恩进行了对谈。"他当时在洛杉矶，"奥布莱恩告诉我，"当我说很荣幸与你对话的时候，他回答'我很感谢你能给我这个机会'。如此老派。一位绅士。'我感谢你。'采访过程中，我可以听出来他在吸烟。"——编者

莱昂纳德·科恩出生于蒙特利尔，是一位诗人、小说家和歌曲创作者，1960 年代中期，当他的小说《美丽失败者》出版后，他受到了狂热的追捧。那部小说的内容令人晕眩，充满活力，主题融合了性与救赎。1968 年（编注：事实上是1967年），34 岁年纪轻轻的科恩发行了他的第一张专辑，标题简洁明了，《莱昂纳德·科恩之歌》。这张专辑是一众原声歌曲中毫无争议的经典之作。科恩的"歌"声，深沉、庄严、鲜有起伏，几乎没有音调变化，这种声音也成为了他的标志。

被问到未来规划时，他引用了一句中东俗语："当我们谈论

明天时，恶魔在大笑。"

罗伯特·奥布莱恩（以下简称RO）：你以虔诚但追求感官享受闻名。有些人认为信仰的内容包含对性的舍弃。

莱昂纳德·科恩（以下简称LC）：我没有这种想法。我觉得这种观点不适合西方文化。或许在某种程度上，它和东方文化比较契合，但就连罗马天主教会现在都在针对神父独身问题进行重大改革。我觉得禁止这些行为对实现救赎、获得上帝的宽容与恩泽而言并非必要。在传统犹太教文化中，毫无疑问，生育和繁衍是受鼓励的，性行为的生育和愉悦性意义也都是得到肯定的。

RO：在《上尉》(The Captain)（收录于《多种角度》）这首歌里，你唱道："抱怨，抱怨，自从我们战败后，你只会抱怨。如果不是抱怨十字架受难，就是抱怨大屠杀。"

LC：我想说的是，基督教的很多东西都让我着迷。耶稣尤其吸引我。你很难不爱上这个人。自我牺牲，一个人必须自我重生，这些是很多宗教里都存在的概念。必须要有复活与能够重生的概念。我认为人类需要这种概念，因为你始终都在遭受痛苦和道德沦丧感。当我们认为复活这种现象并不存在时，救赎也就不存在，我们被迫信仰邪恶，于是便有了种族屠杀这样的事情。

RO：但《旧约》里不是有很多复活的例子吗？

LC：救赎的概念确实存在于犹太教传统中。但是宗教一旦变得充满防御性并且形成制度时，便会使真理具有排他性。我们在很多宗教中都会发现："我们有这个，你们没有。"在长达好几个世纪的时间里，天主教都信奉一种教义——"教会之外，没有救赎。"如果耶稣真的是救世主，他真的是为了我们的罪恶而死，那么正如基督徒常说的，我们全都得救了。我认为一种宗教制度不应该将余下的人类排除在救赎范围之外。

RO：那么另一种极端呢？托尔斯泰就把自己的土地都分给了农民。在这里你不可能这么做。

LC：他（托尔斯泰）也做不到。这么做会让你陷入一种虽然感人至深，但非常荒谬的境地。举个例子，在他那座巨大的房子里——我记得是在举办沙龙的客厅里——他开了一家制鞋小作坊。他的妻子和女儿穿着从巴黎定做的礼服，完全沉迷于歌剧和她们当时能接触到的一切东西，而他则穿着农民的衣服，制作凉鞋。所以这么做会导致你陷入一种矛盾的处境。我们爱托尔斯泰并不是因为他的行为，我们爱他是因为他对公平的渴望。

RO：最好的艺术作品，包括绘画，拥有眼睛无法即刻捕捉到的特质。比如夏加尔[1]——窥视天堂。

LC：我认为——我只能谈谈自己的作品——一切伟大的艺术中都有许多和声，许多回音。绘画触及了浩瀚的内心世界。就我自己的作品而言，我不记得我曾说过世界很糟糕，弥赛亚时代应该到来，或者我们应该生活在和平与和谐中。我想强调的是，内在的力量可以支撑你面对不可避免的道德难题。你应该依靠哪种内在力量来度过人生？在《上尉》这首歌里，主角说"在一场屠杀中没有正义的立场"，但是，那并不意味着我们因此就不去做正义的人。我觉得我们要意识到这些选择非常艰难，我们是人，我们生活在一个二元的世界，我们仍然要为自己的决定负责，这一点很重要。我们不能放任这些决定不管。

RO：所以即使过了一千年，一切还是没什么变化。

LC：根据我读过的古代文献，到现在为止，人类面对的问题始终都是相同的。我认为这个世界并不接受答案。世界的意义不在于此。我们的世界不是这样运行的。我们始终需要面对善恶。

1　马克·夏加尔（Marc Chagall，1887—1985），俄国超现实主义画家。

面对快乐和绝望，面对所有二律背反，面对所有对立和相反的概念。那才是我们的生活。我们不可能脱身。我，我本人，对简单的答案，对教条式的答案不感兴趣。我认为如果很多人都执着于教条式的答案，那么社会将停滞不前，死气沉沉，生活在其中将毫无乐趣可言。这就是为什么我喜欢我们的社会。没有人可以真正主宰它。

RO：你的歌非常完整、成熟。连迪伦都无法始终保持这种一致性。

LC：几年前，我和迪伦约在巴黎的一家咖啡店见面，比较彼此的歌词。我先说几句来提示一下我接下来要说的话，那就是我无法保证任何事情，但我可以保证我写歌需要很长时间。我每次只能完成一个词。真的非常艰难。那天，迪伦和我交换了歌词。我非常喜欢《火车缓缓而来》里一首歌的词。我说："它非常美。"然后他说："没错，我用了一刻钟写完的。"他很喜欢《哈利路亚》，我告诉他："我花了二年时间写这首词！"有些人在出租车后座上就能写歌词。但对我来说，我始终都只能一个词一个词地写。

RO：你是怎么找到能容忍你漂泊不定的女伴的？

LC：依靠承诺。如果承诺不堪一击，那么人们就不可能自由地陪伴彼此。如果承诺坚定且深刻，那么你们之间就存在其他可能，并且这种承诺将演变成婚姻或者亲密关系。换句话说，没有什么是确定的。一切都要慢慢探索，而探索发生的基础就是承诺。当且仅当我们以一成不变的眼光看待自我的时候，我们才会陷入麻烦。但是如果你抛弃一成不变的自我认知，依靠承诺，那么你至少有机会四处去探索。

RO：《以撒的故事》和《夜晚降临》（The Night Comes On）包含了对中东的暗指。

LC：给你讲一个我刚听说的故事。有一只蝎子试图穿过一条小河。但他太小了，无法穿过去。他找到一只骆驼，然后说："你能带我过河吗？"骆驼说："我才不会带你过河。你是一只蝎子，你会蜇我的。"然后，在数个小时的口舌之后，蝎子终于说服骆驼带他过河。过河中途，蝎子蜇了骆驼。他们俩都倒下了。他们被一起冲走，骆驼说："你为什么蜇我？"然后蝎子说："因为这里是中东。"

（接下来的采访片段并未被刊登在《摇滚比尔》杂志上。——编者）

RO：你是怎么过安息日的？

LC：每周五我都会点一支蜡烛。

RO：如果存在真正的正义，那么现在希特勒的下场会是怎样？

LC：呃，可能和富兰克林·罗斯福在某个地方喝茶吧。讨论这些事情的时候我们必须要谨慎一点。

RO：根据有关伊迪·塞奇威克（Edie Sedgwick）的书《伊迪》（*Edie*）里所写的内容，你预言她在切尔西酒店的房间会着火？你怎么做到的？

LC：没有任何超自然的原因。我只是注意到她的蜡烛摆得离窗帘太近了。

RO：你第一张专辑封面上的那幅画很美。它的意义是什么？枷锁中的美人？

LC：这类问题无法解释，它们只能被全然接受。

莱恩

乔恩·王尔德（Jon Wilde）| 1987年12月采访，1988年2月刊登于《闪电》（*Blitz*）（英国）

"在音乐行业，很少有人能比莱昂纳德·科恩更有威望。" 2012年，记者乔恩·王尔德在线上杂志《破坏者时报》（*Sabotage Times*）里写道，"但在1988年初，情况完全不同。科恩当时已经4年多没发行专辑了。由于1984年问世的专辑《多种角度》被（错误地）认为不够优秀，因此他在美国的唱片公司拒绝发行它。1988年，科恩的音乐事业跌到谷底。借用（摇滚歌手）保罗·韦勒的话来说，对后朋克一代而言，他是'那个写让你割腕的音乐的人'。不知为何，在'后'年代里，时光的洋流席卷了莱昂纳德·诺曼·科恩，令他脱离风潮，几乎被遗忘。"

"他当时正准备发行回归专辑《我是你的男人》（*I'm your Man*），"王尔德继续说道，"媒体并没有争相采访他。不过就算要在严寒中苦苦排队6个月才能换来与他相伴5分钟，我也很乐意，尤其是因为当时在他的首专《莱昂纳德·科恩之歌》的陪伴下，我经历了人生中最美妙的一次性爱。"

"在他的陪伴下，我度过了酣畅淋漓的两小时。他以极度寡言少语闻名，但我从来没遇到过比他更风趣、更优雅的人。我们在考文特花园酒店见面。邻桌是一群正在聚会的老年妇女协会成员，全都染过头发。我始终记得我当时引用了他的一首诗，而且在说'婊子'这个词的时候刻意压低了声音，'大笑的莱恩'还为此祝贺我。'乔恩,'他一边说,一边轻轻拉起我的手,'"婊子"这个词永远都应该轻声地说。'他说话时像一位真正的诗人。"

1987年12月,王尔德对科恩进行了深入的采访,两个月后,这篇访谈被刊登在杂志上,哥伦比亚唱片公司也发行了《我是你的男人》。在谈话中,虽然他的唱片公司希望他宣传新专辑,但科恩几乎没有做这项工作——大部分时间里,他都在谈论爱、痛苦、性、美,以及其他对他的人生起主导作用的要素。——编者

二十多年来,莱昂纳德·科恩那些音调平缓的悲伤乐曲始终在世界各地被阴郁笼罩的起居室里回响。科恩的经典作品名单很长——《苏珊》《著名的蓝色雨衣》《电线上的鸟》《仁慈的姐妹》《雪崩》(Avalanche) 等等——他的作品获得了支持者们经久不息的热爱。他的最新专辑,《我是你的男人》,表明了科恩试图通过舞曲来紧跟潮流。

宾·克罗斯比的《那就是生活的意义》(That's What Life Is All About) 轻轻地在酒店会客室回响。莱恩·科恩,这位诗人,在低语,正如你所想象的那样,低沉、微颤、伤感,以他独有的方式。

"好吃,这个三明治。你的怎么样? 还可以吗? 你的是芝士的吗? 从这儿看过去像是夹蛋的。"

我一直都吃芝士三明治。芝士有一种魔力……

"没错,你说的对。"

莱恩点了一个大份牛排三明治配沙拉。对话就此开始。我问他是否觉得自己身上的那种沉静常常处在瓦解的边缘——变成癫狂的大笑、冷漠,甚至是轻蔑。我向他表示抱歉,第一个问题就这么棘手。然后他笑了。

"没关系。我现在对这种问题已经很有经验了。我觉得我可以回答。总的来说,我认为所有事物都会变成另一种模样。我其

实并不时常处于一种沉静的状态。当这种状态到来时，我会尽可能一直沉浸其中。这种感觉很美好。我们应该多体会这样的感觉。无论你是否需要，它都会到来。"

乔恩·王尔德（以下简称JW）：在《致一位老师》（*To a Teacher*）这首诗中，你写道："没有歌曲的见证，漫长的痛苦即将终结。"你是不是一直试图通过直面痛苦来征服它？

莱昂纳德·科恩（以下简称LC）：我觉得这种行为对我们而言很自然。作品和生活是有区别的。这些事情并不会在超自然领域发生。这些不过是每个人都必须面对的事情。在每一餐饭的间隙我们必须要面对的事情。这首诗是特意献给一个人的，一位走向疯狂的蒙特利尔诗人。在某个临界点之前，他曾经能够极其准确地记录自己的状态。但是他走得太远了。他试图杀了他的妻子。他被关进了疯人院。之后便去世了。

JW：这可不可以算是你了解自己的痛苦，抵达痛苦终点的尝试？

LC：我认为在这些事情上你没有太多自由。我觉得你不能将自己所处的状态当作是一种试验。若你处在痛苦之中，那就别无选择，战胜痛苦是我们的责任。没有人想要在这样的处境中逗留。如果你有办法能脱身，那你便有责任这么去做。至于快乐，自然是越多越好。我现在怎么样？我挺快乐的。

JW：什么令你绝望？长队？人群？决定？

LC：我认为一切痛苦的源头是你与其他事物之间的疏离感。那种疏离往往是虚幻的，但虚幻往往充满力量。有时候，你会向它屈服。但它终究是虚幻的，因此它必须同其他虚幻的东西一样破灭。距离有很多种。有的距离对思考而言至关重要，然而还有一种危险的距离，它让你感觉与周围的一切分离。那会导致痛苦。

JW：爱是一种虚幻吗？朱利安·巴恩斯[1]曾谈到一种幻觉，那就是我们以为他人也能感受到我们的兴奋和悲伤。他说的很有道理。

LC：我认为一切皆是虚幻。唯有爱是现实。（笑）

JW：多萝西·帕克[2]曾经写道："爱似手里的流沙。张开手指，它便流下。紧紧抓住，它便消失。"这似乎也很有道理。

LC：没错，我记得布莱克[3]也写过类似的话："执着于快乐的人终将折翼。吻别快乐的人将在永恒的朝阳中永生。"每个人，在某种程度上，都在拿着解剖刀剖析事物。如果可以，不妨暂时放下它。

JW：然而，爱情或许要好过绝大多数事物。我的意思是……陷入爱情要比待在加的夫[4]好。也比跟警察打交道好。

LC：你可能是对的。我认为我们对彼此有一种天生的爱慕，我们深深地联结，却陷入疏离、寂寞和背弃的幻觉之中。这也会导致痛苦。

JW：在《有一场战争》（There Is a War）里，你讲述了包括一个男人和一个女人之间的战争在内的各种战争。双方旗鼓相当。同一套规则似乎适用于……

LC：很多人都会问我有关这首歌的问题，但很少有人记得每一小节的最后一句都是："让我们一起回归战争。"男人和女人、富人和穷人，以及各种种姓和阶级之间无疑存在着许多矛盾。我所说的回归战争的意思是我们必须去经历困境。如果我们愿意经历困境，直面困境，就能度过困境。

1　朱利安·巴恩斯（Julian Barnes，1946— ），英国著名作家，代表作《福楼拜的鹦鹉》等。

2　多萝西·帕克（Dorothy Parker，1893—1967），美国著名作家。

3　威廉·布莱克（William Blake，1757—1827），英国著名浪漫主义诗人。

4　加的夫，威尔士首府。

JW：生活中有比看见美丽的女性裸体更美好的事吗？

LC：不多。

JW：在《为美倾尽一切》（Came So Far For Beauty）中，你似乎完全着迷于美，几乎臣服于它。你会为了美放弃一切吗？

LC：同样的，我认为这也不是人能决定的。如果你天生就非常执着，那么你就会在天性的驱使下执着到底。

JW：美会改变世界吗？

LC：我不了解世界。但美无疑改变了我。（笑）我不由自主地为其着迷。美比你我都要强大。

JW：哪些事物是神圣的？首先是性？爱。亲昵。眼睛。激情。秘密？初吻。还有别的吗？

LC：面对以上这些事物时，你必须要承担被拒绝的风险。我认为这种被拒绝的风险几乎就是让人们陷入危险的东西，这种事情不妙的感觉。或许除了饥荒、战争、痛苦、疾病和死亡之外，每天让我们感到担心的就是这种感觉。性是不是最神圣的？我不知道。我忘了。（笑）

JW：你肯定非常清楚。

LC：清晰是我的追求之一。但我认为我们从未摆脱未知的控制。不知所措是一种未知，对无人能参透的浩大的宇宙机制所怀有的敬畏也是一种未知。我认为我们从未摆脱它。另一方面，你不能肆意地表达你对这些超凡机制的敬畏。我们或许应该将它们当作自己的秘密。我认为我们每一个人本身都充满了未知，都被一片未知的领域包围，不断与之碰撞。关于未知，我们应该保持无言。

莱恩·科恩来自蒙特利尔的富人区韦斯特蒙特。他的父亲在他9岁时便去世了，但他对此闭口不谈。有一天，他坐在阳台的折叠桌前，下定决心辞职。他开始写诗。1955年，他从麦吉尔大学毕业，此后便投身写作。发表《让我们比照神话》和《尘土香料盒》这两部诗集时，他才刚刚成年。随后他又发表了两部小说，《至爱游戏》（1963）与《美丽失败者》（1965）。他的第一张专辑《莱昂纳德·科恩之歌》于1967年问世，其中收录了《苏珊》《仁慈的姐妹》《别了，玛丽安》以及《嘿，我们不该如此分别》这样忧郁、悲伤的杰作。这些歌是对得失莫测的爱的思考，温柔，敏锐，极尽优美。他的歌声舒缓、平稳。绝无升调。忧伤而令人着迷。

即使唱了二十年哀歌，这一点也依旧没有改变。科恩的反对者认为他是一个悲伤的吟游诗人，一味歌唱痛苦，顾影自怜。他的支持者崇拜他。这个男人身上的一些东西以及他的声音让这份热爱经久不息。他的经典之作源源不断地涌现。《电线上的鸟》《著名的蓝色雨衣》《切尔西酒店二号》《谁燃于火》《接受这份渴望》（Take This Longing）、《宾客》（The Guests）、《若你意愿如此》……每一首歌都被阴郁、忧伤的歌声包裹。他的最佳专辑当属1971年的《爱与恨之歌》（收录了绝妙的《雪崩》）和1979年的《最近的歌》。而最诡异，或许也是最热烈的一张专辑，便是1977年和菲尔·斯佩克特合作的《情圣之死》，这是他比较新的一部作品。

一直以来，科恩始终极具个人风格，他是悲伤的吟游诗人，是黑暗的浪漫主义者，他的忧郁也为其独有。在他的大部分作品中（无论是歌还是诗），性与灵始终交织在一起，这些作品也因此得以避免陷入自我沉溺的泥沼。相信我，科恩很少、鲜少消沉沮丧。那些歌透露着一股巨大的喜悦。莱恩·科恩忧伤的歌声让人感觉他已经见证和经历了一切，但他从未想过放弃或逃离。这位浪漫主义者在用歌声讲述自己的经历，其中有痛苦，也有灿烂和狂喜。这种歌声透露着自我欣赏和享受，它有时在告诫，有时在哭泣。但决不萎靡，绝不沉沦。

巴瑞·曼尼洛（Barry Manilow）的《如果我还能再次去爱》（If I Should Love Again）在酒店会客厅回荡。

JW：你的目标是成名吗？

LC：我认为无论何时都没有人真正明白自己在做什么。

JW：不得不说，莱恩，这句话真妙。

LC：（笑）我是怎么进入这个行业的？我不知道！我现在到底在做什么？我不知道。我还没有头绪。我觉得本质上应该就像你推推旁边的人，然后问："是这样，对吧？"他们会给你肯定或否定的回答。一个人始终在和旁人确认某件事情。我觉得这不是在自助餐桌前选食物。事情的发生是既定的，那股背后的力量十分强大。你必须去做。你的本性便是其中一股力量。你无法在早上醒来的时候选择做怎样的人。或许你能非常粗略地做一个选择。就像莱恩哈特[1]的《骰子人生》（Dice Man）里写的那样。我很喜欢那本书，一本精彩的逃避现实者之书。我认为人无法摆脱自我，这就是人面对的问题。逃避做决定的重担固然是种令人愉快的想法……但也仅此而已。

JW：有时候，你的音乐透露的那种黑暗几乎像是一种威胁……

LC：那些歌里确实有黑暗的一面。但那些歌里也有一些有趣的地方，只是被人们忽略了。

JW：每次听到你在《切尔西酒店二号》里唱"在凌乱的床上为我口交，豪车在街上等候"都会把我逗笑。

LC：这句写得不错吧，是吧？

JW：可是为什么有两辆豪车？

LC：我们俩每人一辆。我们都在等着要离开。我们都在消磨

---

1 卢克·莱恩哈特（Luke Rhinehart），真名乔治·柯克洛夫特（George Cockcroft），美国作家，代表作《骰子人生》被BBC评为20世纪后50年最具影响力的50本书之一。

时间！

JW：你一直在写情感上的痛苦，从不写身体上的痛苦。

LC：我不记得我写过，我也并不是非常了解这种痛苦。我之前倒是时不时牙疼。

JW：你有一次曾经走上舞台，面对500名观众说道："这里最痛苦的人是我。"你真的能在不笑出声的情况下说出这句话吗？

LC：我都不记得我说过这句话！不过这句话挺滑稽的。我觉得史蒂夫·马丁[1]可以比我说得更好。如果我真的这么说过，我希望我当时是笑着说的。

JW：你的新专辑不太对劲，和你之前的作品完全不同。太强调舞曲元素。听上去似乎用力过猛，过于紧跟潮流了。

LC：你觉得它还算成功吗？

JW：我觉得它是一次有趣的失败尝试。

LC：好吧。嗯……这张专辑的本意并非追随潮流，但我认为人不可能与当下的形势分离。你觉得这张专辑古怪、突兀。嗯。我喜欢做些走出安全区的尝试。但我认为我的声音自始至终都与主流有些不同。老派。

JW：你是一个老派的人吗，莱恩？

LC：应该说是格格不入。就像我写的那首诗："就哀歌而言，我喜欢艾瑞莎·富兰克林胜过莱昂纳德·科恩，他可能不太合群。"我从不认为自己拥有歌手的嗓音。我几乎无法唱准音调，但我认为我的歌声是真实的，不说谎话。它呈现着歌手和他讲述的故事。

JW：说回《情圣之死》，你曾经说过："有时候，心必须像烤肉一样经受火的炙烤。全方位地经受。"那段时间对你来说似乎非常混乱。现在看来，那张专辑的制作似乎受到了牵制。有传

1　史蒂夫·马丁（Steve Martin, 1945— ），美国喜剧演员、编剧、主持人。

言称专辑录制现场其实有枪。

LC：菲尔（·斯佩克特）有很多枪，到处都是。你经常会踩到子弹。有一次，我激怒了他的保镖，然后那个保镖对我举起了枪。气氛非常紧张。我当时的精神状态比斯佩克特理智不了多少。

JW：对你个人而言，那段经历是不是一次巨大的不幸？

LC：我觉得"不幸"这个词有些夸张了。我和菲尔一起写那张专辑的时候，一切都非常和谐。他非常迷人、热情。尽管他确实在我拜访他的时候锁上了门，如果没有他的允许，我不能离开，但除此之外，他一直非常友好。当然，那张专辑的录制过程极其痛苦，因为我失去了控制权。菲尔每天每晚上都会在武装保镖的护送下擅自把录音带带回家。不过奇怪的是，当时的氛围也不失友爱。如果你能真正理解他那些极端的表述，你会发现他其实是一个深情的人。有一次，他凌晨3点到我家来找我，一只手拿着一瓶红酒，另一只手拿着一把.45口径手枪。他搂着我的肩膀，把枪抵在我的脖子上，然后说："莱昂纳德，我爱你。"我回答："菲尔，我希望你是真心的。"我当时想过雇一群人去日落大道跟他们决斗，但那阵子的我是个懦夫。

JW：你跟（诺曼·）梅勒[1]之间似乎因为《亲爱的梅勒》（*Dear Mailer*）这首诗（"亲爱的梅勒，别跟我耍花招，否则……我会杀了你和你全家。"）发生了一些特别的故事。

LC：事实是，我们一起参加了一场朗诵会，我面带笑容地给他念了这首诗。他没有揍我，但他很惊慌。他说："天哪，千万不要发表这首诗。你不知道是不是会有疯子兴奋地实施你在诗里威胁要做的事情。"这首诗真的把他吓到了。当时我突然对这首诗有了疑虑，因为我了解了他的看法。我写这首诗的初衷是幽默

1　诺曼·梅勒（Norman Mailer, 1923—2007），美国著名作家，代表作《裸者与死者》。

地回应当时他所处的地位，所以表现得像一个恶霸。最初写这首诗时我非常开心。后来我试图阻止这首诗的发表，但它早就已经在出版社手里了。

JW：你最有名的一句歌词或许是《苏珊》里的"因为你的心早已抚摸过她那完美的身体"。这句歌词对你而言意义特殊吗？

LC：很多人引用过这句歌词。对于这类歌词，你的反应要么是"没错，就是这样"，要么就是呕吐。

JW：你最有趣的诗句或许是收录在《奴隶的力量》里的那句："我的音乐不仅是赤裸的，它还张开双腿，像一个婊子（cunt），而像一个婊子，就必须保持家居整洁。"这一句非常有意思，莱恩。

LC：（笑）这个词应该激起人们的不适反应。这是一个神圣的词，说的时候应该要轻声。我很高兴你说它的时候声音很轻。

JW：你能同样云淡风轻地说自己的作品像个王八蛋（prick）吗？

LC：我自己不行，做不到。我想一个女人或许能做到。（笑）我想起来有关这句诗的事了。重拾这段记忆耗费了一点时间。我记得，写那首诗的时候（1969年左右），我非常难过，当时不知道为什么，我觉得写作以及周围的一切都是虚假的。我渴望找到一种比既有的方式更为纯粹的表达。我想要读一些更激烈的东西，它们源于真实、纯粹的经历，我没有在为任何事情做辩解。既然那个词语属于女人和女人的裸体，那么揭示那个词语也是女人的特权，这种权力依然强大。

JW：我想对你而言，词汇或许是源源不断，喷涌而出的。

LC：完全不是。我觉得我写作时一直在退而求其次，每一件作品都需要很长时间才能完成。我并没有优越或兴奋的感觉。我总是希望自己能找到一点头绪，无论是什么。我始终有发声的渴望，但发声的能力却很少伴随我。（一个身穿黑色西装的高大的男人突然走向我们这桌，他交给莱恩一个小号黑色旅行包。莱恩长长地舒了口气。那个男人鞠躬后便离开了。）

JW：这是什么，莱恩？

LC：昨天晚上我把它落在了车里。里面什么都有。还有我的文身。

JW：文身能放在包里？

LC：是文身贴，一条大蛇，送给我女儿的礼物。这些是我的机票、支票簿，还有一张我女朋友的照片。

JW：我能看一眼吗，莱恩？

LC：当然可以，是我自己拍的。

JW：很美。那叠纸是什么？

LC：是我的艾滋病检验结果。阴性。我喜欢随身携带这份证明。"嗨，我是莱昂纳德，这是我的证明！"拿到这份证明就像出狱一样。

JW：你是否将自己视作人类境况的发声者？这是一项很艰巨的工作。

LC：如果我能确定自己担任着如此角色，我大概会感觉良好。

JW：你会经常看到空虚来袭吗？你总能躲避它吗？

LC：我认为孤独或空虚是一种非常可怕的状态，而我在人生中无疑一直在被其困扰。我认为你必须学会与之相处。你必须习惯把自己的手当作新娘。

JW：学会独处？

LC：我经常独自一人度日，但这通常都是因为我去了错误的城市或者丢了电话簿。我们总会在这些不同端点之间波动。

JW：什么会让你变得害羞或脆弱？

LC：我常常处在无助的边缘，我不喜欢这种感觉。我更喜欢另一种感觉，让你觉得自己凌驾于一切之上的那种感觉。

JW：你是否希望变回童子？

LC：我绝对纯洁。这一点毫无疑问。我是一个纯洁的人。

JW：你是否认为自己的感受与他人毫无相通之处？

LC：完全相反。我认为我的感受与所有人相通。但我认为写作者其实并不了解自己的感受。那就是他写作的原因。我觉得他对自己感受的了解程度比普通人更少。总体而言，与非写作者相比，写作者更混乱、更困惑。写作者的绝对标准之一便是对情况的完全迷失。我认为那是写作的起点。某种无知。对发生的事情的无知。通过纸页或音乐来梳理经历的需求也是写作者的动机之一。

JW：你似乎全然信任情感——情绪化的反应。这是否意味着你不信任智性的反应？

LC：我不想让人误以为我是一个反智主义法西斯分子。这种现象如今很普遍，这种姿态也很时髦。我认为我们应该兼顾两者——智性与情感。

JW：你似乎经历过一些奇特的阶段。我记得你在70年代中期的时候说过："或许我的唱片和书还会源源不断问世，但我的人却已经不在了。"这话是什么意思？

LC：我想表达什么意思？我也不知道！我和我的观点经常有些脱节。我并不嫌弃它们，但每次听见自己的言论时，我都会发现自己并不情愿为之代言。

JW：交流让你感到恐惧吗？

LC：这是最简单的事，也是最困难的事。

JW：关于过去，你还记得什么？

LC：我母亲的哭泣。我奄奄一息的父亲。我的童年非常普通。我的童年生活和我的朋友们所经历的并无不同。没有任何特别的压力。没有任何特别之处。即使是现在也没有任何特别之处。人生神秘莫测。人在特定时刻所处的困境源于必然发生的一系列事件，而我无疑无法参透。在你变老的过程中，你会逐渐接受现实。

JW：你有非常想做的事吗？

LC：（笑）所有事……斗牛、拳击、赛车、唱歌，甚至包括每天早上工作。大多数时候我不知道自己在做什么。这一点让我觉得有些好笑。我永远无法决定早上戴哪条领带。我没有任何每日计划或目标。我甚至很难决定早晨起来该从哪边下床。这些问题很重要。我记得我曾经在一座修道院里和一个特拉普派修道士交流过。他已经在那里待了12年，非常有威严。我向他表达了我的敬意，然后他说："莱昂纳德。我已经在这里12年了，但每天早上我依然得决定是留下还是离开。"我完全能理解他的感受。

JW：你希望自己被视为何种身份？

LC：我会选择"造型师"（stylist）这个词。我想这样定义自己。你希望自己的作品具有一些特质。具有自己的风格，就像所有飞机或汽车设计师都希望自己的机器运作顺利。

JW：你期待转世吗……变成蝎子、牛蛙，或者别的东西？

LC：只要不是莱昂纳德·科恩，我都可以接受。

JW：接下来你打算做什么？

LC：拿上我的黑色旅行包去赶飞机。

采访

克里斯汀·麦肯纳 | 1988年3月采访，1988年5月6日刊登于《洛杉矶周刊》（*L.A. Weekly*）（洛杉矶）

1988年，沉寂3年后，科恩开始频繁活动，他于2月2日发行《我是你的男人》，接着举行了当时为止强度最大的巡演。4月到7月，他在17个欧洲国家举办了49场演出，随后又分别在7月、10月、11月于美国和加拿大举办了25场演出。

同时，他也接受了很多采访。在本书收录的6场于1988年进行的采访中，首先同他对谈的是克里斯汀·麦肯纳，她曾在1985年采访过科恩，那次访问的内容也收录于本书。这次采访在科恩位于洛杉矶的家中进行。——编者

克里斯汀·麦肯纳（以下简称KM）：你最早的记忆是什么？

莱昂纳德·科恩（以下简称LC）：3岁的时候在给我检查的医生身上撒尿。我记得那是一个非常有趣的时刻，因为我并没有受到惩罚，但空气中确实弥漫着一丝紧张的气息，这让我很兴奋。

KM：记忆是否是记录当下的方式？它会干扰我们享受当下吗？

LC：记忆好比电影配乐。你并不希望它从头到尾都出现，而是在某些时刻与情境相互作用，产生强大的效果。让我们的配乐与事件恰到好处地配合至关重要。

KM：第一件对你产生影响的音乐作品是什么？

LC：犹太会堂里的音乐是第一种让我灵魂中的渴望得到满足的音乐。我依然喜欢那些音乐，但很多已经消失在历史之中。很多优美的希伯来传统在第二次世界大战的某个下午彻底消失了。

KM：那段历史是否影响了你的思考方式，导致你的思想出现了广为人知的黑暗一面？

LC：没错，我认为是的。我认为没有任何一个成长于那次战争期间，并且父母来自欧洲的犹太人会对此无动于衷。不过，我并不认为我的思想有黑暗的一面——我会称之为现实的一面。看看人们对彼此做了什么。大屠杀让我们知道，犯下这样罪行的人可以逃脱制裁。没错，战犯仍然在陆续遭到处决，但这根本无济于事。人类的杀戮欲非常强烈——我在自己和其他所有人身上都发现了这一点。承认这种欲望是控制它的第一步，最好不要让人遭受饥荒，不要给予他们自相残杀的机会，否则将会激起他们心中的这种欲望。最好的方式是建立一个让所有人都得到公平对待的体系。

KM：在《我是你的男人》这张专辑中，你进行了哪些此前从未做过的尝试？

LC：这张专辑在录制期间中断了三四次，有些原因让我感到格外的挣扎。其中一点是，当时被我称为宗教探索的时期结束了，这张专辑中的好几首歌最初都具有全然的宗教性。比如，《我无法忘却》最初讲的是犹太儿童离开埃及的故事，它象征着灵魂挣脱枷锁的过程。然而，录制这首歌的时候，我却无法开口说出那些歌词。我没法唱那些词，因为我没有权利谈论解救灵魂。

KM：如果不是你，也不是别人，那谁有这个权利谈论呢？

LC：所有灵魂得到解救的人都有资格谈论，但当时我正处在崩溃中。我所说的崩溃，是指到了无法下床、无法移动的地步。

KM：你是如何走出来的？

LC：别人给我讲的一个故事让事情出现了转机。

KM：一定是个精彩的故事。

LC：我并不这么认为，但如果你想知道的话我可以告诉你。这个故事和我非常珍视的领域以及我始终在回避的一种对话有关。我当时处在极度的焦虑中，无法移动，无法接电话，但是一个老朋友跟我说她想给我讲几个梦。我说那是我最不想听的事。我知道你对水晶疗法感兴趣，但我真的不想听你的梦，尤其是现在。但她还是过来了，然后给我讲了两个梦，我非常不情愿地听完了。

首先，她说："我梦到自己变成了你，我感到异常强烈的痛苦，于是我便醒了过来，因为我实在无法承受那种痛苦。"第二个梦是她父亲的。他一直是个很开朗的人，但是年纪增长导致他的身体每况愈下，他当时正处在深度抑郁中。一天早晨，他醒来时心情难得很好，睡了一个好觉之后整个人非常精神。她说："看见你状态这么好，我很高兴。"然后他回答："我做了一个关于你的朋友莱昂纳德·科恩的梦。我不需要担心，因为莱昂纳德正在捡拾石头。"当她讲给我听的时候，出于某种原因，我的心发生了变化。我不情愿地接受了这种变化，因为我不想承认痛苦具有实在的价值，但或许当时动弹不得的我做了一些有用的事。或许是我去别人的梦里拜访了别人，帮了一些忙。我不知道这两个梦意味着什么，但她给我讲的故事确实改变了我的状态。

KM：创作是否是消除痛苦的方式之一？

LC：我们在这个星球上面对的问题是生理与心理的痛苦。我以前的老师告诉我，你年纪越大，就越孤独，越需要爱。孤独会造成对爱的渴望，困境也会因此加深。经历痛苦会显著提升你去爱的能力。

KM：你是否经历过一些关键的顿悟时刻，或是思绪的爆发？或者说，你是否依然无法完全理解和看清人类目前的境况？

LC：我偶尔有过一些顿悟的时刻。你永远不会忘记在那些时刻经历的事，但那些感悟非常珍稀，一闪而过。事实上，那些时刻转瞬即逝，只有当你毫无准备时才会到来。

KM：如果让你列一份你认为是真实事物的清单，上面会有哪些内容？或者说，"真实"是否总是个相对概念，并且总是处在流变中？

LC：绝对之事存在，但你无法谈论它，也无法将它具象化。我们总是希望将绝对概念具象化，如此一来便有了祈祷的对象，但为了感受绝对，我们必须消除与绝对概念之间的这种主体和客体的关系。我们必须停止将绝对概念——真相、美、上帝——视作我们本身之外的事物。

KM：你被视为"大众情人"。你对此有什么想法？

LC：年纪大了以后，我开始珍惜这种名声。

KM：你是否特别擅长调情和浪漫？

LC：没有人能主宰内心，但我们都能学会一些社交技巧，在那些初次的约会中美化自己。

KM：你会如何定义"魅力"（glamour）？

LC：魅力是风格与权力的结合，根植于特定的时刻之中——这就是为什么往昔的魅力在现在的人眼里会显得过时。很多所谓富有魅力的人，在我看来并非如此，不过在某些特定心境下，我会觉得所有人都极富魅力，我会为了封面故事买所有杂志，不论其主人公是迈克尔·杰克逊还是伊丽莎白·泰勒。但一般来说，我把他们看作是勤奋工作的人。

KM：能列举三样永远为你带来快乐的事物吗？

LC：好天气、女人的身体，以及月亮。

KM：你如何定义"重大的成就"？

LC：只存在一种成就，那就是接受自己的命运。

KM：你曾经说过，每一个艺术家——画家、音乐家、作家——都有一部一而再再而三修改的作品。说说你的。

LC：有一部作品我确实写了很久，我马上就要开始构思另一部了。这种努力的美丽之处在于，你并不认为自己是在重复写同一首歌，但事实上，它始终都以最初的面貌回到你面前，这一点促使你不断地重复这一过程。对我而言，从《别了，玛丽安》到《吉卜赛人的妻子》（The Gypsy's Wife），再到《回到你身边》，都是同一首歌。这首歌在根本上是关于女人、信仰、美和黑暗所引发的困惑。那是我所处的世界，它是真实的。我认为我的歌都是真实的，因为我为当中的每一首都付出了最大的代价。

KM：你曾说过，歌手在本质上是一个讲故事的人，那么一个好故事的关键是什么？

LC：故事中的某些内容必须与听者的经历存在联系。一个优秀的故事叙述者讲述的是你和你的故事，因此能成功地为你的难题指点迷津。作为故事叙述者，歌手就像是你在酒吧里遇见的某个人，或者和新恋人之间的一段对话。他们的故事的开始、过程或者结局都不重要——你想听见的，是其中流露的真情。关于歌手，我在歌里听见的是他们的故事，而非他们讲述的故事。比如，你可以在辛纳屈[1]的歌声里听见故事。他或许是在歌唱逝去或得到的爱，但有一点，他在讲述自己的故事。

KM：不久前，你说你发现自己这些年来的作品始终在进步。你现在是否感觉已经能掌控自己的创作语言了？

LC：我没有掌控的感觉——我认为没有人有——但我确实对这个领域有所了解了。即使在努力了数周过后，某件事情还是没有完成，你也不会放弃，因为经验告诉你这件事情可能本来就

1　弗兰克·辛纳屈（Frank Sinatra, 1915—1998），美国著名歌手、演员。

需要一年才能完成。你不再想放弃，你逐渐养成一些老派的美德，比如耐心和坚持。但完成事情的过程绝不会变得轻松——事实上，它变得更加艰难。我曾经全身上下只穿着内裤，坐在酒店房间的地毯上，拿头去撞地板，试图找到一个和"orange"押韵的词。我知道我周围的世界是正常、理性的，我这么做毫无意义，但我还是只能坐在地上。不，这个过程完全没有变简单。

KM：做了20年本质上的地下歌手后，你突然在主流观众之中广受欢迎，对此你怎么看？

LC：市场发生了变化——我认为这种变化并不重要，因为这仅仅只是商业流通本质的体现罢了。比如在60年代，人们发现自己有很多疑问，他们希望音乐能回答这些疑问。之后，太多没有意义的答案让他们心烦意乱，因此他们自然而然地认为音乐应该与身体有关，于是在接下来的15年里，人们一直在跳舞。大家你推我挤了太长时间，所有人都觉得很疲惫，于是他们再次希望自己的心能得到回应。唱片公司会对这些市场变化做出应对，而这也是我的作品目前得到追捧的部分原因。

我最近跟一个记者进行了对谈，他跟我谈到了沮丧、罹患艾滋病奄奄一息的朋友、精神分裂症，以及整个文化产业总体上的无用性。他说我的新专辑在美国的销量或许会非常不错，因为我一直以来阐述的主题对今天的人来说深有体会：末日、黑暗、洪水。灾难早已降临，我们现在面临的问题是：在灾难面前，什么样的行为才是合适的？

KM：你上一次让自己感到惊讶是什么时候？

LC：我的情绪状态发生了很大的改变，我为此非常感激。我惊讶地发现自己是快乐的。

KM：你是如何做到的？

LC：我有改变主意的权利。

莱昂纳德·科恩：厄运的馈赠

史蒂夫·特纳 | 1988 年 4 月,《Q》(英国)

"对于那次采访，我印象最深的是莱昂纳德·科恩比1974年的他有趣得多。"史蒂夫·特纳说道，他与科恩之前的那次对谈也收录于本书，"除此之外，采访结束之后，科恩直接坐车赶往希思罗机场，他叫我一起上车，因为我当时的公寓恰好顺路。"

特纳和科恩的对谈涉及很多话题。"我不能把我们谈论的其中一些话题放进最终版的文章里。"特纳回忆道，"采访开头，我们讨论了祷词（当时他即将发行《仁慈之书》），随后讨论了犹太教。'我会遵守一些犹太教的习俗，'他说道，'但我并不是一个虔诚的犹太教徒。'那么他会祷告吗？'我认为每个人都会在内心祈祷。'他会吗？'噢，我的内心祷词泉涌，毫无疑问。'"

"宗教意象始终存在于他的歌里，大部分都来自《圣经》，这让我感到非常好奇。"特纳告诉我，"科恩说'那些意象的呈现对我而言非常自然，因为我从小在蒙特利尔长大，那里存在着属于不同宗教的各种意象。我觉得我对《圣经》的研读是其中一个原因，但那些意象本身就一直存在于我的世界里'。"

"我们简单地讨论了《哈利路亚》，那是一首真正的颂歌。"特纳回忆道，"科恩说'我认为，无论你所说的哈利路亚是哪种，世俗的或神圣的，都无关紧要。都无所谓。"哈利路亚"只是一种赞美'。"

"我们最后粗略讨论了他的歌曲所使用的语言。"特纳说道，

"我好奇他执着于使用意象的原因，是因为那些词语好听，还是因为它们象征着某种概念。"

"'比如，在《与我舞至爱的尽头》(Dance Me to the End of Love) 中，"燃烧的小提琴"(burning violin) 代表什么？'我问道。科恩回答'本来我认为没有人需要知道我为什么使用那个意象，德国人在集中营里组建了一些小型管弦乐队。他们会在人们被焚烧或被送进毒气室时演奏。如果你愿意从这个角度解读这首歌，那它会变得非常不一样'。"

"我还问了《苏珊》中'海藻丛间的英雄'(heroes in the seaweed) 背后的意思。"

"'我的意思是，即使在最令人意外、最不起眼的地方，也依然存在着英雄主义。'科恩说道。他是为了特定的效果才使用某些词汇的吗？'我认为如果一组词语可以产生一定的效果，那就意味着它们在阐述某种真相。你之所以会喜欢你喜欢的作家，正是因为他们能写出此前从来不存在的东西，他们能用全新的意象或概念组合打动你。'"

"'我认为那便是我们所谓的写作,所谓的诗歌。'科恩总结道,'对于第一个说"我的爱人像一枝红玫瑰"的人，你可以反问"你是什么意思？哪里像？"。但一个植物学家确实可能会对这个意象有特别的看法。很多我们喜欢使用的意象都无法经受住解构的考验。'"

非常有意思——但不如以下完整的采访。——编者

科恩的歌声与他说话时低沉的咕哝声相比，仅仅只是多了些许旋律性。他那忧郁的外表吸引了孤独、消沉、遭弃之人的特别关注,他曾经表示，虽然自己只用过三个和弦，但其实他知道五个。

到目前为止，1967年发表首张专辑的莱昂纳德·科恩已经在

世界范围内卖出数千万张唱片，并且对莫里西[1]、苏珊·薇格、艾伦·迈克库洛奇[2]、尼克·凯夫在内的当代歌曲创作者产生了持续的影响。

"我想是我的立场让他们产生了共鸣。"科恩说道，"我是一个局外人。我并没有刻意选择，只是恰好发现自己身处这样的处境。或许这些人在我的作品中看到了一种忠诚。"

"苏珊·薇格在一些采访中提到了我，尼克·凯夫翻唱了《雪崩》，我上一次在英国巡演是1985年，艾伦·迈克库洛奇来看了好几场演出，结束之后还在巡演巴士上跟我交谈。我能看出，我和他们的作品之间存在一种非常和谐的关系。"

在1967年，《莱昂纳德·科恩之歌》，这张收录了《苏珊》《别了，玛丽安》《嘿，我们不该如此分别》和《仁慈的姐妹》这些经典作品的专辑是一种非常诡异的存在。正当所有人都处在迷幻状态中时，科恩从黄褐色唱片封面上的黑色方框中投来忧郁的目光，像心情低落的弗兰茨·卡夫卡。有人能来给他献朵花或讲个笑话吗？

正当所有人都沉醉于《佩珀军士》[3]中奇妙的相位变化、磁带倒放以及电子音效时，这位加拿大创作歌手仅仅带着一把原声吉他和一堆有关女人的诗便横空出世。正当所有人都在试图变嗨时，科恩不断向忧郁深处走去，在爱的另一端思考绝望，写出"在我选的这座酒店，我从窗台探出身／一边是自尽，一边是玫瑰"[《街上的故事》(Stories of the Street)，收录于《莱昂纳德·科恩之歌》]这样令人难忘的歌词。

1　莫里西（Morrissey, 1959— ），英国著名歌手、创作者，史密斯乐队主唱。

2　艾伦·迈克库洛奇（Ian McCulloch, 1959— ），英国著名创作歌手，回声与兔人乐队主唱。

3　《佩珀军士的孤独之心俱乐部乐队》(Sgt. Pepper's Lonely Hearts Club Band)，披头士乐队（The Beatles）于1967年发行的专辑。

他迅速成为学生宿舍里的深夜聆听对象，他的音乐是蜡烛和酒的完美搭配。他比自己的大部分听众年长整整一代，声音中透露着丰富的阅历，那些关于爱情的歌词时常带有宗教色彩，浪漫、诱惑、神秘与智慧在其中交织呈现。

他的人生故事更是让人惊叹。他在蒙特利尔、纽约切尔西酒店和伊兹拉岛间来回穿梭，过着自由自在的生活。感情方面，他和包括朱迪·柯林斯、乔尼·米切尔和詹尼斯·乔普林在内的许多女歌手都发生过故事。

很多歌曲创作者都渴望成为作家，获得当时摇滚明星难以企及的艺术方面的尊重，然而科恩是一位在音乐行业寻找新受众、早已赫赫有名的文学家。

他当时已经出版了5部诗集，除此之外还有两部小说，《至爱游戏》（1963）和《美丽失败者》（1966）。在一个列侬和麦卡特尼被比作舒伯特、迪伦被比作荷马的年代里，这一点尤为重要。1968年，《纽约时报》认为他即将成为他这一代的"重要发声者"，称他为"时代的孩子"。

如今，53岁的他毫无疑问已经是一个男人而非孩子。他穿着一套黑色细条纹西装，里面是卡其色衬衫，打着一条蓝色领带，修剪整齐的黑发间夹着几缕白发，他现在在巴黎陪伴他的两个孩子，他们在那里上学。

他是一个严肃的人，但并没有太过严肃。对于自己的"自杀倾向浪子"形象和有限的声域，他能做到自嘲。"你无法改变自己的声音，"他承认，"同时你也只能依靠自己的观点和技艺。"他无法摆脱哪种声音？"你听到的那种。"他能用其他方式唱歌吗？"不能，我刚才就是这个意思。"为了证明这一点，他唱起了《我想握着你的手》（I Wanna Hold Your Hand）[1]的副歌，一首轻快的流行歌随即变成了科恩式的哀歌。

很多评论认为他把有关女人的歌唱出了囚徒等待行刑时的刺激感，对此他怎么看呢？"尽管我认为这种说法并不准确，但我不会反驳，"他说道，"我认为女人这个主题并不罕见，很多男人都会给女人写歌。很难说你究竟在做什么。你只是有唱歌的欲望罢了。不过，我认为我的作品中引人发笑的地方比比皆是。"

"但同时我也认为轻度的忧郁对写作而言是有价值的，有些时候，这种情绪会气势汹汹地朝我涌来。这是弗洛伊德说的，可他之后去服用叮卡因了！这种情绪危机有时候会非常严重，连写作也无法排解。冥想和锻炼之类的方式在这些时候会起到非常重要的作用。"

他的第九张专辑《我是你的男人》是在巴黎制作的，这也是自《多种角度》之后，整整三年来我们第一次听到他的作品。"我一直都需要很长的时间来完成作品。"他解释道，"我通常会在两张专辑的发行间隙写书。"

他目前在蒙特利尔老城过着安定的生活，用打字机写书，在录音室写歌，和包括加拿大诗人欧文·莱顿在内的朋友见面，偶尔去洛杉矶。他已经四年没去希腊的小屋住了。

"我一个人住在一条小街上，跟我一起长大的很多朋友也都住在那里，"他说道，"一个是雕塑家，另一个是摄影师，还有一个朋友是我大学时期的室友。我不再热衷于四处游荡。我已经举办了足够多的巡演，能在同一个地方待上很长一段时间让我觉得非常快乐。"

"但我会带着这张专辑巡演，因为我觉得这是专辑制作的一

---

1 披头士乐队的歌曲，1963年以单曲的形式发行。

部分。我会在欧洲举办大约50场演出，在美国和加拿大举办30场，然后在澳大利亚和日本举办20场。"

从1969年开始，他会定期去新墨西哥州的佛教中心，除了每天冥想4到14小时之外，他还肩负园丁、清洁工、画家、建筑师和木匠的工作。去年，他在那里待了4个月。

"去那里可以锻炼心智。"他说道，"在那里，我能够冷静下来，更加靠近自己的内心。我开始戒烟和调整饮食。我或许可以选择去健康农场，但我想你在那里不可能有机会钉钉子和运石头。禅宗冥想将你从上帝和信仰中解救出来。在那个世界里，你完全可以体会到家的感觉。"

尽管我们从1985年2月开始到现在都没有听过科恩的歌声，但去年詹妮弗·沃恩斯发行的科恩翻唱专辑《著名的蓝色雨衣》（*Famous Blue Raincoat*）让世人重新注意到了他的作品。其中，《我们首先攻占曼哈顿》（First We Take Manhattan）和《爱无药可救》（Ain't No Cure for Love）这两首歌被收录在《我是你的男人》中。

科恩解释称："我当时正在写新专辑，我的老朋友和音乐搭档詹妮弗（她在1973年的专辑《现场歌曲》中献声，但唱片套上的名字被写成了"詹妮弗·沃伦"）说她想做一张我的翻唱专辑。她一直在说这件事，我以为她这么说只是出于我们的友谊，我从来没想过她真的会这么做。"

"她在准备的过程中听到了《我们首先攻占曼哈顿》，于是想把它放进专辑里。我当时正在写《爱无药可救》，然后我就把这首歌也给她了。"

就一个受制于某种声音和观点的人而言，科恩的表现非常出色。在包括《旧典的新生》以及与菲尔·斯佩克特合作的《情圣之死》在内的专辑中，他在保持标志性忧郁情绪的同时，还展现了全新的音乐层次。《我是你的男人》中熟悉的科恩式叙述（关于渴望和厄运将至的故事）会令忠实粉丝感到满意，而充分的尝试也将确保他收获前所未有的评价。

"我认为我们之所以喜欢一个歌手，"科恩说，"是因为他在用自己真实的声音唱歌。他没有欺骗你。这就是我能发表专辑的原因。有时候，我觉得我的声音非常适合一些歌，比如新专辑里的《歌之塔》。"

"我们称之为歌的东西能让人感到满足。我记得我第一次在新港民谣音乐节上演出时跟某个人说我很害怕，因为我不知道如何唱歌。这个朋友告诉我'你们当中没有任何一个人知道该如何唱歌。如果我想听歌手唱歌，我会直接去大都会歌剧院'。"

"以某种标准来看，我们当中的很多人都不会唱歌，但在听音乐的时候，一种很常见的情况是，你只想单纯地听一个人尽其所能，准确、真实地讲述一个故事。那就是我这样的歌手能存在的原因。"

很难想象那些启发他写下早期经典作品，依然让人遥想起无拘无束的青春的女人如今已是中年母亲。曾经和他一起在伊兹拉岛生活的玛丽安出现在专辑《来自房间里的歌》的封套背面，她今年55岁，结婚后生活在奥斯陆。苏珊〔·维达尔（Susan Verdal），她启发科恩写下同名歌曲〕住在蒙特利尔海滨，如今已经年过四十，两人都在蒙特利尔时，科恩还会和她见面。

"我不太清楚苏珊最近在做什么，我从来没有问过她这首歌对她而言意味着什么。"他说道，"有些歌曲的灵感来自于某些人。他们为你播下一颗种子，然而歌曲最终或许不再只与他们有关，即使其中还有一些他们的痕迹。曾经有一个叫苏珊的女孩确实邀请我去她在河边的住处，也确实用茶和橘子招待了我。"

尽管他的身边始终有女人相伴，但他从未结过婚。"我不想失去女人带给我的快乐。"他说道。70年代的大部分时间里，他一直和一个法国女人生活在一起［编注：事实上，据科恩的传记作者西尔维·西蒙斯所说，苏珊·埃尔罗德来自佛罗里达州的迈阿密，科恩直到1982年才遇到了他的法国女友多米尼克·伊塞尔（Dominique Issermann）］，她为他生下两个孩子（却没能收获一首以自己名字为题的歌）（编注：正如之前所说，以她姓名为题的那首歌，其实是受另一位苏珊启发写成的）。大约在《情圣之死》发行的那段时间里，他们分手了，科恩说，那种感觉和离婚并无区别。他依然和他的儿子和女儿保持着非常亲密的关系，他非常感激他们对自己的音乐提出意见。

他表示他也不知道自己为什么从未结婚。意外的是，他并不抗拒婚姻。"完全没这回事。我认为婚姻是整个社会的基石。"但是他依然是个人尽皆知的单身汉？"差不多。一点办法也没有！"

我认为他的歌透露了他对不断经历爱情的痴迷，永恒并非他的追求。"或许是这样，"他笑着说道，"差不多吧。我不知道自己是否喜欢这种经历，但我确实又陷入了爱情。开始，然后结束！"

所以21年来他一点都没变？"我过去是个浮躁的年轻人，现在则是个浮躁的中年人，"他说道，"你会不自觉地改变，但我说不清楚改变的方式。"

53岁的他依然是个多情的人，他着迷于爱情在他心中营造的诗意。我告诉他，我想象中的他应该坐在夜深后的巴黎街边咖啡馆，手中拿着一根土耳其卷烟，深情地望着一位散发浪漫欧洲气质的长发佳人，或许还会回忆某部文学作品。

"有时候的确是这样，"他笑着承认，"但你必须得写一堆书和几百首歌才能使这种情况持续下去。"他是否乐于成为大众情人？"我并没有女人缘，"他说道，"我在爱情方面没有天赋。"

或许他所描述的情绪要比歌曲内容更压抑？

"或许吧。有些人可能认为那种情绪让人安心。有些人可能认为那很压抑。有些人可能认为很无趣。我觉得这些都是合理的观点。"

认为他的歌"无趣"是合理的观点？

"如果你不喜欢那首歌的话确实是合理的。如果我不喜欢瓦格纳，我也会认为他的作品很无趣。歌就是歌，它只能起到一首歌该起的作用。那就是带你度过某个时刻。它是你在洗碗洗衣服时听的东西。是你向女士示爱时营造气氛的东西。是周围一片死寂时填补空虚的东西。"

他内心是否感觉"这就是我。我已经53岁了，但我依然要追求女人，为她们写歌"？

"对。没错。我希望这种感觉永远不要消失。"

我是你的男人

阿尔贝托·曼萨诺| 1988 年 5 月，《缤纷摇滚》（ *Rockdelux* ）（西班牙）

1988 年，科恩巡演来到西班牙。他在那里同他的西班牙语译者阿尔贝托·曼萨诺进行了对谈，后者受邀参加了《我是你的男人》在马德里的发布会。

"他是和他的法国（摄影师）女友多米尼克·伊塞尔曼一起来的，哥伦比亚广播公司西班牙分部在招待会后举办了晚宴，我有幸在宴会上与她见了面。"曼萨诺告诉我，"第二天，我们约好在科恩位于广场酒店的房间里当面讨论这张专辑，他通常都会住在那里。"

"结束持续一个多小时的对话之后，"曼萨诺继续说道，"我们出门到马德里老城区散步。散步过程中，莱昂纳德忍不住买了巧克力，但他是被禁止吃巧克力的，之后他在阿托查街区一家开了很久的服装店前停下脚步，在那里给自己买了一件灰色衬衫。"——编者

阿尔贝托·曼萨诺（以下简称AM）：在听《我是你的男人》时，对我来说最直观的意外或许是合成器的使用。我听说最近几年，你一直在用一台小合成器写歌，它已经取代吉他，被你带着到处走。你的工作习惯和音乐风格为什么会发生这种改变？

莱昂纳德·科恩（以下简称LC）：过去这几年我确实在用几台迷你合成器写歌，因为有些节奏我无法用吉他弹出来。我虽然

很喜欢别人在歌曲中使用的一些节奏，但我不知道该怎么弹。我只能用吉他弹4/4拍。可是一旦有了我的小机器，只要按下一个按钮，就可以得到一段探戈、慢摇滚、快摇滚、华尔兹、两步舞曲、波尔卡舞曲和雷鬼音乐，这些功能让这台乐器变得非常讨喜，你会发现它的可爱之处，开始依赖它、亲近它。

AM：初听专辑时，我感到很惊讶，随之而来的则是困惑，我第一次听《情圣之死》的时候也有类似感觉。但《情圣之死》几乎是一张在枪口下完成的专辑，你失去了对它的掌控。我记得菲尔·斯佩克特到了把录音带没收，带回家私自混音的地步。我知道你在录《我是你的男人》时非常愉悦，你还担任了其中几首歌的制作人。我想问的是，这张专辑中的作品，是正常创作的产物，还是某种市场策略的结果？

LC：你提到了菲尔·斯佩克特，有意思，我很喜欢菲尔，我觉得我们一起写的那些歌非常不错。我确实在录制过程中失去了掌控权。人声部分都是拼接起来的，我根本没学会唱那些歌。那些旋律属于菲尔·斯佩克特，我从未掌握。我只唱过一两回，他擅自完成了那张唱片的混音工作，不过，录制过程的某些方面触动了我。我认为菲尔的某种特质最终以一种我认可的方式出现在我的作品里。我觉得《爱无药可救》这首歌很大程度上要归功于菲尔。我一直非常喜欢菲尔，我现在终于有机会向他表达我的感激了。

AM：所以没有任何策略？

LC：有人问我，我使用合成器和那些节奏的原因是不是想进军80年代的市场。好吧，毫无疑问，我知道这种市场的存在，但是这张专辑没有做任何市场策划。我尝试了很多写歌的方法。我在录音室里失败了很多回，有四五首歌我没法完成，我把它们搞砸了。这些歌能留在专辑里的唯一原因在于它们的形式。如果我没在蒙特利尔遇见杰夫·费舍（Jeff Fisher），如果路易·福瑞没有介绍我们认识，如果我没有给杰夫·费舍听我的版本的《曼哈顿》，我怀疑我可能无法完成这些歌曲的录制，因为我无法单独完成这项工作。

对于这首歌，我起初有自己的想法，但当我听到杰夫·费舍的编曲后，我发现他的版本具有克林特·伊斯特伍德[1]和赛尔乔·莱昂内[2]那种意大利式西部片的特质，这首歌要想实现讽刺和幽默的效果，我认为这种特质是必须的。因为在这首歌里，我呼吁大家允许我掌控这个世界，并且支持我从事这项事业。这样的宣言非常疯狂，如果我用"严肃的莱昂纳德·科恩式音乐"来表述，我觉得我可能无法忍受。我需要用合成器，我需要用带讽刺意味的类迪斯科、类克林特·伊斯特伍德风格来呈现这首歌。但我认为正是因为这首歌的流行节奏，其中的危险气息才得以保留。除此之外，在我看来，杰夫·费舍写的合成器编曲非常美。

AM：但《我是你的男人》跟你之前的专辑《多种角度》之间存在巨大的差异。我觉得这种差异非常明显。

LC：每张唱片的情况都是这样，因为乐评人每次都会说上一张专辑要比这张好。我知道你不是这个意思，但像我这样从第一张专辑开始就一直在遭受尴尬失败的人，会有一种始终在走下坡路的感觉。在某种程度上，这是对的：第一张专辑或许确实拥有后续其他专辑无法企及的真实性与私密性。

但我并没有刻意迎合以前的听众或是招揽新的听众。我感觉我第一张专辑的听众都已经去世了，我注意到听众里总有一些人

1　克林特·伊斯特伍德（Clint Eastwood, 1930— ），美国著名演员、导演、制片人，代表作有"镖客三部曲"、《百万美元宝贝》等。

2　赛尔乔·莱昂内（Sergio Leone, 1929—1989），意大利著名导演，代表作有《美国往事》《西部往事》和"镖客三部曲"等。

在我写第一首歌的时候可能还没出生。我始终有一种感觉，我是为了各式各样的听众写歌的，所以我的作品并非针对某个特定的群体，年轻人也好，老人也好。你是为和你身处同样困境的人创作，这些人可以是任何年龄段的。

AM：我感觉这张专辑是一个玩笑。你本人似乎玩得非常开心。你把吃香蕉的照片当作专辑封面……你在唱完"感谢你送我的那些东西"这句歌词之后笑了。你还在歌词里写："我生来拥有这金子般的歌声。"你一直都很喜欢反讽，但在这张专辑里，你笑对一切，首先就是自嘲。这种自嘲有没有给你带来乐趣？

LC：我喜欢这个问题，我会对这个问题中的每一部分都给予肯定的回答。对我而言，这张专辑拥有一种快乐的力量，一种自嘲的力量。一种只需流于表面的乐趣。事实上，当时有几句和"金子般的歌声"类似的歌词让我边写边笑，所以我知道这是个不错的玩笑，而且玩笑的内容是真实的。我之所以笑，是因为其中显露的真相。

AM：深刻的事物也都有其表面……

LC：没错，比如，《爱无药可救》这首歌的整体概念就很可笑，尽管它非常真实。这首歌也具有表象。你不必挖掘表象之下的东西。我不建议你去深入理解和分析这首歌，但如果你真的蠢到这么去做，你会发现即使在神学意义上，这首歌也是正确和真实的。耶稣在最后一小节中现身，轻声告诉我，你无法幸免于爱；连天使圣团都懂得这个道理。基督献出了自己的所有，他知道爱的唯一方式是牺牲，他知道如果你去爱，你的爱会让你受伤，所以虽然这样的真理始终成立，但如果有人不想面对，就不必面对。因此，把这首歌当作一首恰好传入你耳中的歌，但如果它为你带去了别的感触，那自然再好不过。不过最好还是把这首歌当作玩笑，不要深入挖掘。

AM：这首歌里詹妮弗·沃恩斯的伴唱实在是太美了。或许是因为她在《著名的蓝色雨衣》里唱了这首歌，所以她对它的理解非常深刻。两张专辑，你的和她的，几乎是同一时间发行。

LC：没错，不过同时发行这两张专辑并不是什么市场策略，詹妮弗、（贝斯手）罗斯科·贝克（Roscoe Beck）和我是非常亲密的朋友，我们对彼此的音乐事业都非常关心。我认为这两张专辑都集合了众多元素，而且，见证了我们三个人的友谊。罗斯科跟我合作了几百场演出，我们都住在洛杉矶，罗斯科现在还帮我管理乐队，他目前和詹妮弗在一起合作一个项目。

AM：我听说你准备帮詹妮弗筹划一张伊迪丝·琵雅芙[1]的翻唱专辑，你会翻译歌词。可以跟我谈谈这个项目吗？

LC：噢没错，这件事确实在计划中，但我不知道我什么时候能着手去做。我正在写的东西需要好几年才能完成。我已经开始帮詹妮弗翻译其中一首歌词，事实上，我们三个——罗斯科·贝克、詹妮弗和我——之前讨论过詹妮弗下一步的计划……我建议她做一张琵雅芙的翻唱专辑，我会帮她翻译歌词。她非常喜欢这个建议，于是我们开始讨论《这就是爱》（C'est l'amour）这首歌……"C'est l'amour qui fait qu'on s'aime"（爱让我们相爱），这第一句歌词我就不知道该怎么翻译。它的意思是爱让我们彼此相爱吗？我不知道它的意思，所以问题在于我要怎么完成这些翻译。

AM：但你翻译了洛尔迦的诗——《接受这支华尔兹》（Take This Waltz），你译得非常好。

LC：我用了150个小时来翻译洛尔迦的诗，中间还经历了一次精神崩溃，所以翻译会让人付出极大的代价，你对此很清楚。

AM：我认为你的版本甚至让原诗中的一些意象变得更加

1　伊迪丝·琵雅芙（Edith Piaf, 1915—1963），法国传奇歌手。

清晰。

LC：我不知道。我无法判断。我只记得小时候第一次通过翻译阅读洛尔迦时的感觉，因此我尝试写了一首这样的歌。我不知道西班牙人阅读洛尔迦时是什么感觉。我只能想象。但你把我的洛尔迦译本翻译成了西班牙语。我觉得很有意思。你的译本可能像博尔赫斯的译作那样精彩。我应该把你的西语诗再翻译成英语，我们可以一直这么重复下去。

AM：没错。是个好主意……

LC：我们不受限制，我们应该做一些更疯狂、更超现实的事。这就是洛尔迦带给我们的感受，超现实主义。

AM：《爵士警察》（Jazz Police）非常不拘一格，是这张专辑里最疯狂的歌……

LC：那段疯狂的合唱是杰夫（·费舍）写的："爵士警察，我听见你在呐喊……"这首歌原先设定的风格是说唱，疯狂、嚣张，——破解自身存在的矛盾，每一小节我都以非常严肃的主题开头，然后让它沦为一个玩笑或是变得荒谬……

我给杰夫·费舍看了一部分歌词，他根据这些歌词写了旋律。我尝试用笑声，但这并不奏效，所以我又和安佳妮·托马斯（Anjani Thomas）一起尝试吟唱。效果比之前稍微好了一点，然后杰夫走进来，根据我和安佳妮的合唱修改了几个地方。所以从这个角度来看，这首歌依然称得上一次真正的合作。

我很遗憾对这首歌做了一些改变，我现在很后悔。之前的版本比现在还要大胆，还要疯狂。我当时没有准备好承担风险，因此我成了自己在歌里所写的爵士警察，为这首歌设限，删去了一些非常大胆的元素。这首歌很精彩，但它原本可以更精彩、更疯狂。

AM：所以《爵士警察》是杰夫·费舍制作的。他还制作了《曼哈顿》。他是谁？

LC：杰夫·费舍是路易·福瑞介绍给我认识的。事实上，路易现在住在法国，他娶了法国演员卡罗尔·劳尔（Carole Laure），他们就住在我隔壁。所以路易前前后后将三个非常重要的人带入了我的生活。在蒙特利尔的时候，他介绍我认识了约翰·利绍尔，之后他向我介绍了杰夫·费舍，后来他的妻子又介绍我认识了多米尼克·伊塞尔曼，她在我的人生中创造了许多奇迹。

AM：《爱无药可救》和《我是你的男人》（I'm Your Man）似乎就是献给多米尼克的。我们又得重提你的浪漫主人公形象了。

LC：我觉得应该说这两首歌都体现了一种神圣的平衡——如果你去爱，你就会受伤，爱情和牺牲总是相伴相随，让我们快乐的事物同时也会摧毁我们，自我的毁灭总是与爱有关。一旦陷入爱情，你将彻底忘记你才是自己人生的中心，爱将占据主角的位置。但我不想讨论这些事情，我想每个人都知道"爱无药可救"的意思，尤其当你身处其中的时候。

所以虽然这种说法背后蕴含着某种宗教或哲学意义，但这并非我创作时的角度。这首歌的主角无法接受自己已经失去生命中的女人这一事实，他找不到任何解决方法，连时间都无济于事——有些伤口，即使是时间也无法治愈。于是我便阴差阳错地站在宗教的角度宣称，如果耶稣的伤口体现了他对人类的爱，那么它将永远无法愈合。连天使都表示认可。连天使都知道爱无药可救。

AM：在《我是你的男人》这首歌里，你说你会满足你的爱人提出的所有要求。你是她的奴隶吗？你是否真的认为一个人应该接受所有以爱为名义的要求，无论内容是什么？

LC：那首歌包含了我的心声："我要如何才能让这个女人接受我，她想要什么？一个女人想从一个男人身上得到什么？"很多男人都有过这样的疑问："她希望我成为什么样的男人？"答案就是，对她的渴望，以及生活在她的在场之中，而这究竟是不是

251

爱并不重要。

我们不能欺骗自己。我们不可能逃避彼此的存在。事实是，无论男女之间的关系如何——融洽、僵持、清晰、混乱、现代、后现代，无论哪种，沙文主义、自由——我们都是彼此的一部分：女人是男人的一部分，男人是女人的一部分。我们不可能离开彼此独自存在。

因此，一个接受了这个有关爱的事实，一个将因爱而死的男人写下这首歌：无论你希望我如何，我都会照做。如果你要向我发泄怒火，那就发泄吧。我就在这里，让我承受你的怒火，因为只有如此，我才得以存在于你的生命中。如果你想欺骗我，如果必须如此我才能存在于你的生命中，那就欺骗我吧。我只知道，没有你的爱，我无法活下去。

AM：你的专辑中经常会出现对战争的指涉，在《街上的故事》《古老的革命》(The Old Revolution)和《圣女贞德》里只是简短提及，而在《有一场战争》《叛徒》(The Traitor)和《上尉》中更为具体。它们和《我们首先攻占曼哈顿》之间有什么区别？

LC：我觉得《我们首先攻占曼哈顿》更疯狂、更坦诚。我不想评判、评价或是分析那些歌，但我认为它们更加思辨、智性和理性。《我们首先攻占曼哈顿》则是对我在日常生活中感受到的无趣、焦虑和失重状态的回应。我不知道别人是否也有这样的感觉。我揣测一定有些人会有这样的感觉——世界早已湮灭，灾难早已发生，洪水早已到来，我们不必等到核武器屠杀，这个世界早已被毁掉。

但你不能带着这些想法走在街上。你不能这样生活，你不能上街展示它们，然后说："我悟到了真理。这就是真理。"但我确实有一种感觉，一切已经毁灭、失落，这个世界不复存在，当下是某种事物的影子、产物、残余，是某场灾难的灰烬，没有什么可以被抓住。

AM：那为什么要攻占曼哈顿和柏林呢？

LC：我们大多数人都生活在只以堵车形式存在的城市。雅典、纽约、巴黎、巴塞罗那，这些城市还没有被定义。我们所有人都认为自己生活在教堂周围的一片小区域里，但那现在只是一个旅游景点。所以在一种神话意义上，这些城市都不复存在。几乎没有人生活在自己的时代。绝大多数人都生活在一个神话时代，这个时代是文学和政治操控的产物。我们并没有生活在自己的时代，人们不会关注周围的事物，我也一样，我不会观察四周。但时不时地，你会想去拥抱现实。这就是这首歌真正的含义。

AM：所以《我们首先攻占曼哈顿》是你对新情况的回应？

LC：对，世界已经毁灭，我们必须采取一种措施，必须做出一种回应，这种回应并不针对当下的任何一种势力。我不确定这些势力是否是一些具有代表性的偏执狂。但他们反映了一种由所有人助长和造就的偏执，所以在某种程度上，我也被极端主义、伊斯兰原教旨主义、原教旨主义犹太教正统派、原教旨主义重生基督徒、巴勒斯坦解放组织、红军旅（Terrorist Red Army）、"直接行动"（Direct Action）和新法西斯主义团体所吸引。这些人对自己的行为抱有一种理想般的确信，确信这些行为是对分裂的道德世界的回应，是直接行动。

尽管我对这种笃信给予人的自由非常感兴趣，但我无法支持其中任何一个运动。所以我想创造一种我能认同，并且属于我自己的运动，作为对我试图描绘的事物的回应。我愿意成为刺激性的异物，让某些人或事物得以在周围聚集，就像一颗珍珠的形成过程。

AM：在听《人人都知道》（Everybody Knows）的时候，我会想到一群骷髅跳舞的画面。那首歌非常欢快，歌词却预示着灾难。

你在里面写道："人人都知道它将分崩离析……灾难即将来临……情况糟糕透顶（正如葛吉夫[1]常说的）……船正在下沉……船长撒谎了。"我的意思是，这首歌像是一场氛围欢快的诡异葬礼。

LC：没错，如果没有音乐部分，没有那种如你所说，在大瘟疫和黑死病期间流行的骷髅之舞，《人人都知道》将很难被人接受。押韵的歌词也很重要，比如"人人都在对着口袋窃窃私语，人人都想得到一盒巧克力"。这些韵脚还可以缓和歌词所透信息的严肃性。这首歌的语言并不严肃；它所用的是街头语言，韵脚毫无意义。

同时，这种语言的夸张性让人发笑，因此它也具有趣味性。当我说它可以缓和与消除观点的沉重性时，人们可能会恍然大悟。我想每个人都知道这些事情……这些概念很久以前就出现在我的作品里，但那个浪漫的世界已经不复存在，正如洛尔迦在《接受这支华尔兹》里所写的。他所使用的这些浪漫意象……他知道它们已经腐坏，他知道它们已经陈旧，他知道它们已经失效。那首诗也因此成为一首非常出色的现代诗。他使用了流行音乐的传统，那种少男少女间的爱情，在某种意义上，那是最美好的爱情——一种纯洁的爱情，还未经历过失败——他从中提取这些意象，将它们嫁接到一个在广告牌上刊登的巨大女性笑脸的世界，人人都知道一切已经腐坏。

AM：这些概念依然和之前类似……你像鹦鹉一样一直在书

1　乔治·伊凡诺维奇·葛吉夫（George Ivanovich Gurdjieff, 1866—1949），俄国神秘主义学者、灵性导师、哲学家、作曲家、作家，一生流转多地。译者对葛吉夫的了解非常有限，无法探讨科恩的这句歌词与记者在此处的提示间存在何种联系，因此只能为读者提供一条线索：根据艾拉·纳德尔（Ira Nadel）所著的《多种角度》（*Various Positions*），科恩在与玛丽安·伊伦分手前，曾在给好友欧文·莱顿的信中说："这里的一切都在瓦解……葛吉夫在临死前对泪眼婆娑的追随者们说的话是对的，'舍弃这个体系'。"

和歌里重复这些末日概念。先知以赛亚的身影始终在这重复的主题中挥之不去。

LC：某种欲望驱使我说出："人人都知道它将分崩离析。"或许我错了，或许是因为人到中年，或许没有什么会分崩离析而我对此也很清楚。我在《歌之塔》里说："一场至高的审判即将来临，但或许是我错了／你在歌之塔里总会听见这些可笑的声音。"或许我只是听见了一些可笑的声音，但对我来说，它确实将要瓦解。那些意象、那些浪漫的想象、那些宗教中的希望，以及政治词汇，对我而言，都如此陈腐。我从未感觉个人生活与公共生活之间存在过如此巨大的差异。公共生活似乎并不存在，我无法从任何人的发言中找到共鸣。

我常常看电影，我喜欢看政治剧。它们很有教育意义，但我不觉得其中任何人说的话与我相关。个人生活与公共生活之间的鸿沟如今已经如此宽广。当这种现象变得严重时，我们应当做出批判，60年代时，两者非常相近，公共生活与个人生活之间彼此连通，相互呼应。但是让我产生参与感的公共生活如今似乎已经不复存在。我不知道为什么。或许是我老了，或许又不是，或许我是对的，所以我写了《人人都知道》这首歌来消除这道鸿沟，而这么做的唯一方法就是幽默地谈论这个问题，把它当作一个玩笑，然后谈论那些我们都知道的事情。

AM：在《仁慈之书》和《多种角度》这两部宗教氛围极其浓厚的作品问世之后，我甚至觉得你已经成为一名修道士……然而你又发行了《我是你的男人》，一张相较以往更具社会性和政治性的专辑……

LC：当时我觉得即使是通过工作和作品，我也无法和一个女人、一个朋友，以及公众建立任何关系。我觉得自己快要崩溃了，但我为什么会崩溃？我必须保护某样东西，我必须保护自己的某种形象，但究竟是什么形象？一个好人、一个正直的人、一个虔诚的人、一个热情的人、一个聪明的人，还是一个迷人的人？无论我必须保护、必须维持的形象是什么，它都让我感到不快乐，而我越是不快乐，就越孤僻。

我是个歌手，有一个声音告诉我："好，如果你是个歌手，如果你想成为一个歌手，那就写一些大家会喜欢的歌，然后做一个真正的歌手。"我有一些无法实现、无法实践的宏伟目标。所以我非常畏缩，去了一家修道院，尽管这么做根本无济于事。我当时就知道，因为修道院里的生活同样摩擦不断。

事实上，寺院里的生活也是如此。修道士和僧侣们会不断打磨彼此，就像同一只袋子里的鹅卵石。彼此亲近之后，你的棱角将被你周围的人磨平，既然这样，修道院和寺院就称不上是避难所，但我们依然深信这一神话，我们认为自己能在这种生活中体会到孤独、纯粹和圣洁，我们能在幽静之处与上帝对话。但修道院并非如此，事实上，恰恰相反。为了做好准备同上帝对话，你必须和别人一起躺在宿舍床上，与别人一起在浴场洗澡，与别人一起工作、一起吃饭，你永远不会是独自一人，孤独根本不存在。

总之，我一直在维持自己的诸多形象，太过用力，以至于崩溃。我无法让一切继续下去，但当我一点一点崩溃时，那些歌却越来越清晰。我不想让大家以为这些歌是从天而降的，或者那些字句来得不费吹灰之力，不过这张专辑确实是突然有了轮廓。我开始一点一点完成歌词，开始有了些头绪，思路开始变得清晰，随后，我再次站在自己人生的关键位置，再次把自己视为歌曲创作者，再度意识到自己还能创作，还有朋友，还有伴侣。我把所有这些想法都写进了这张专辑。

科恩剪报
关于变老

　　"我喜欢变老。另一方面，我的一个老朋友（欧文·莱顿），他或许是目前最优秀的诗人，曾经写过（一首诗），叫《老去时不可避免的肮脏》。（我）并不想反驳这首诗。但我个人的经验是，在变老的过程中，你开始逐渐拥有对事物的掌控力，开始明白（事物的）规律。你可以见证几代人的成长。迪伦说过'那些虚惊一场的警报'。（你）开始能看穿这些事物。看见你的朋友（和你的）孩子分别老去、长大，是最（有趣的）事。变老确实是最美妙的过程。"

　　——摘自与克里斯·柯克（Kris Kirk）的对话，《诗歌动乱》（*Poetry Commotion*）（加拿大），1988年6月18日

与莱昂纳德共进晚餐

伊丽莎白·博莱曼–赫林（Elizabeth Boleman-Herring）| 1988 年 6 月 18 日采访，1988 年 9 月刊登于《雅典人》(*Athenian*)（希腊雅典）

在结束与阿尔贝托的对话和马德里的演出后，科恩又在其他二十几个欧洲城市举办了演出，其中便包括希腊雅典，他在那里和作家伊丽莎白·博莱曼–赫林进行了对话。她与科恩的对谈首发在英语月刊《雅典人》上，随后，一个不同的版本发布在希腊语杂志《杂志》(*Periodiko*)上。这两本刊物目前都已结刊。

2012 年，在一篇为《赫芬顿邮报》撰写的文章中，博莱曼–赫林回忆了她与科恩的这次对谈是如何展开：

> 在莱昂纳德·科恩心中的第二故乡希腊，我是一众大声疾呼的记者中唯一获得授权对这位吟游诗人进行采访的人，彼时我已经是他二十多年的粉丝。当时正值《我是你的男人》世界巡演，一到雅典，科恩就在黎德瑞万豪酒店举行了新闻发布会。
>
> 他穿着一套全新的炭灰色西装（我想是阿玛尼）和一件昂贵的白色成衣衬衫，因为时差的关系，他并没有准备好接受希腊记者们献上的狂热呼声。
>
> 科恩在希腊非常、非常有名，在欧洲、在全世界也一样，他的诗到现在还依然吸引着大量热忱的读者。
>
> 在当天一众记者中，我是唯一一个本地人。在所有

人中，我是唯一一个拥有两个美国文学学位的人，我买了科恩所有的书和专辑，我曾经师从伟大的鲁米[1]译者、诗人科尔曼·巴克斯（Coleman Barks），我还出版过诗集。在所有人中，我是唯一一个可以在莱昂纳德面前引用他的歌词……并且理解它们的人。我能对他的作品进行分析。

但那些并不是我获得历时三天的莱昂纳德·科恩独家专访的原因。事实是，在所有互相热烈交谈的缮写士中，我是唯一一个包里放着针线的人……科恩的新西裤臀部位置脱了线（事实上，从来没缝上过）。在他和大家的对话结束之后，我拿着针和黑线，穿越人群走向他。

"你应该跟我谈谈。"

"哦？"

"科恩先生，你裤子后面脱线了。"

"你能到我房间来吗？就现在。"

"当然可以。能带我的录音机吗？还有，我很了解你：不能发生关系，说好了？"

疲惫的笑容。

于是，采访开始了。这场对话持续了3天，其间中断了3晚，但无事发生。这期间，科恩还在雅典吕卡维多斯剧院举行了一场盛大的演出。

我非常专业地缝好了他从浴室门缝里递出来的裤子。我们进行了漫长的谈话。我们一起唱了《莫莉·马龙》（Molly Malone），我现在还保留着这段录音。之后的几年里，我们仍互相写信。他当时正在和法国摄影师多米尼克·伊

---

1 鲁米（Jalāl al-Dīn Muhammad Rūmī，1207—1273），伊斯兰教苏菲派神秘主义诗人、教法学家，生活于13世纪塞尔柱帝国统治下的波斯。

塞尔曼谈恋爱，这证实了我（根据他最新专辑里一段隐晦的题词做出）的推断。他觉得我能通灵，我则认为以前采访他的人大多都是傻瓜。

此刻，当我听到收录在他较为后期的专辑《十首新歌》（Ten New Songs）里的作品时，我意识到，我当时的一些提问，我们探讨的一些事情，很久以前的那次采访（发表在我的专栏上），或许，必定，留在了他那丰富、勤思的头脑中。

当时我谈到我最喜欢的诗人以及最喜欢的诗——康斯坦丁·卡瓦菲斯[1]和他的《上帝抛弃了安东尼》（The God Abandons Antony），这首诗是由我的朋友和导师埃德蒙德·"迈克"·基利翻译的。科恩对迈克的英文译本烂熟于心。我也一样。

在收录于《十首新歌》的《即将离去的亚历山德拉》（Alexandra Leaving）中，科恩对卡瓦菲斯这首伟大的诗做了"变调"，卡瓦菲斯的版本描述的是马克·安东尼与克利奥帕特拉在亚历山大城丧命前夕的故事，马克·安东尼做出了勇敢的妥协，并且在战败后也保持了自己的尊严，而科恩的版本则是关于一对即将结束关系的当代恋人。一位即将失去一切的罗马皇帝在天才的科恩笔下，变成了亚历山德拉的爱人；亚历山德拉将因别人离他而去，即使人还在，心却早已不在：

夜骤然变冷/爱之神准备离开/他把亚历山德拉扛在肩上/他们从内心的守卫间悄然离开。

1　康斯坦丁·卡瓦菲斯（Constantine Cavafys，1863—1933），希腊诗人，代表作有《当你起航前往伊萨卡》等。

一个早已对此做好准备的人（这一句以及下一句歌词，都直接取自卡瓦菲斯的版本）/应该坚定地走向窗边，见证这一切/美妙的音乐/亚历山德拉在欢笑/你坚定的承诺再度清晰可见/曾有幸与她共度夜晚的人/你的夜因这荣耀而得拯救/向即将离去的亚历山德拉告别/亚历山德拉将与她的主一起离开。

老天，多么出色的诗啊！如果你拥有自己的普鲁塔克[1]、自己的卡瓦菲斯、自己的科恩，那么这首诗的意义对你而言将更丰富。所有希腊人都能"理解"这首歌；希腊目前正在遭受经济危机和欧盟中庞大势力的挤压。希腊人在当下与未来都会感谢莱昂纳德·科恩写下这首歌，因为这首颂歌道出了他们的痛苦、力量，以及在失败中发现遭遇背叛的悲哀。

在我看来，这张专辑中的其他几首歌同样也将"名垂青史"，纵使它们的作者终有一天会离世：《在我的隐秘生活中》（In My Secret Life）、《千吻之深》（A Thousand Kisses Deep）、《你付出的爱已足够》（You Have Loved Enough）和《丰饶之地》（Land of Plenty）。二十年前，莱昂纳德告诉我，他的作品中，只有一首能"留世"。我深深地认为他错了，尽管这位诗人认为这个世界，包括他自己已经"遭神抛弃"，但这张合辑承载着献给未来与后世听众的永恒馈赠。

然而，在当下的2012年，莱昂纳德·科恩却再次踏上巡演之路。自从1988年在雅典共度3天之后，我就再

---

1 普鲁塔克（Plutarchus，约46—约125），罗马帝国时代希腊作家、哲学家、历史学家。

也没有亲眼见过他，但我知道，他和很多年前，我们都很年轻时，那个我亲眼所见并共度3日的人相比，几乎毫无变化。

科恩先生，无论您今晚在哪里演出，我都希望您能拥有很多、很多可以"理解"您的观众，希望他们能在每一首歌结束时起身为您送上持久、热烈的掌声；希望您的观众理性、慷慨。

以下是博莱曼–赫林1988年的采访内容。——编者

有时候，我真的感觉自己出生于1967年，我进入大学的那一年。那年我16岁，越南战争正打得激烈，我感觉自己像是一只半盲、初生的小猫，眼睛才刚刚睁开。小猫看到的是一个丑陋的世界。

《时代》杂志和《新闻周刊》(Newsweek)的封面人物包括北越的武元甲将军、美国的（威廉·）威斯特摩兰将军，以及穿着军装、疲惫的年轻士兵。

我们看到的一直都是M-16[1]、MIG[2]之类的流行语，以及胡志明小道[3]和DMZ[4]（啊真好，1967年，世界上还存在非军事区）。但《时代》杂志10月份的一张封面，是达娜·斯通拍摄的一位牺牲的海军士兵，标题为"对战争的持续质疑"。

在那只半盲的小猫出生的那一年，莱昂纳德·科恩的第一张专辑，《莱昂纳德·科恩之歌》问世，当时大约是圣诞节前后，由这位来自蒙特利尔的拉比之孙创作、谱曲、演唱的诗歌也成为

---

1 M-16，5.56毫米口径突击步枪，自1967年以来，被多个国家当作主要步兵轻武器。

2 MIG，俄罗斯米格航空器集团，主要生产军用航空器。

3 胡志明小道，越南战争期间的一条物资补给线，越南方面称其为"中央走廊"。

4 DMZ，demilitarized zone，非军事区。

了她词汇体系的一部分。

第一次听见莱昂纳德·科恩唱歌时，我17岁。与后来的作品相比，第一张专辑里的那些歌政治性较弱。在《苏珊》《仁慈的姐妹》以及《嘿，我们不该如此分别》这些情歌中，灵性与愤恨、绝望与妥协彼此交织在一起。（爱将我们撕成碎片。）

60年代的"幼崽们"相信，他们——我们——可以结束战争，爱最终会战胜一切。千真万确。

70年代，那些长大的小猫——还记得美联社拍摄的那张照片吗？那个全身赤裸、沾满凝固汽油，在大火中逃生的越南小女孩——相继退缩。莱昂纳德·科恩却迈向政治。

离开希腊小岛伊兹拉上那座宁静的"大副之屋"和在《（别了，）玛丽安》中永远留名的挪威金发女郎的怀抱之后——哈，这个男人很喜欢女人——他发表了《来自房间里的歌》。

这张专辑里的歌词相较之前更加黑暗。其中一首歌，《以撒的故事》，讲述的是献祭"半盲小猫"的故事。和科恩其他歌曲一样，这首歌其实也极其私密（歌中的以撒当时9岁，科恩失去他的父亲并写下第一首诗时也是9岁）。

> 为献祭这些孩子/正在修建圣坛的你们/必须住手/阴谋并非异象/魔鬼或神/你们都从未被诱惑/你们如今立于他们之上/你们的短斧锈钝血腥/当时你们并不在那儿/当我躺在山上/而我父亲的手在颤抖/因那言语之美。

我和我的同龄人就这样一面经历着遥远的战争，一面品尝着科恩亦苦亦甜的圣餐。此刻，当我写下这些文字时已是二十年后。科恩已经是一个中年人，并且几乎不再去伊兹拉岛。但1988年，为专辑《我是你的男人》举办的世界巡演让他再次回到吕卡维多斯剧院。

二十年过去了，我已经不再是一个念文学与新闻专业，紫色喇叭裤的臀部位置还有和平标志的长发嬉皮士。我或许——在这段时间里——变成了一位非常缠人的女作家，因为我居然跟莱昂纳德·科恩单独共进了好几次晚餐。

那天是6月18号，科恩穿着一套在米兰定做的西装，无论怎么看都像是一个由达斯汀·霍夫曼[1]和阿尔·帕西诺[2]的结合体扮演的意大利黑手党，只是没有啤酒肚。那晚他吃了意大利面和大豆胡萝卜汤，滔滔不绝地讲了大约5个小时，从《塔木德》、他的立陶宛母亲、1959年的希腊、布鲁斯·斯普林斯汀[3]、一位他想同其结婚的没有具名的女性（我最终猜到了她的身份），谈到新闻业。科恩表示自己现在不是一个词作者，不是一位诗人，也不是一名歌手，而是一名记者。这一角色似乎很合理：他的那些歌依然像是来自战区的报道。

我录下了一部分采访内容与大家分享。大部分采访时间里，我们不是在电梯，就是在黎德瑞万豪酒店酒吧的钢琴旁唱歌、聊天。但我录下了"和莱昂纳德共进晚餐"的时刻：梦想成真。

伊丽莎白·博莱曼-赫林（以下简称EBH）：你为什么不继承家族传统呢？

莱昂纳德·科恩（以下简称LC）：我继承了。

EBH：你成为了一名"祭司"？

LC：我成为了一名糟糕的祭司。

EBH：这个世界上不存在糟糕的祭司。

---

1 达斯汀·霍夫曼（Dustin Hoffman, 1937— ），美国著名演员，代表作《毕业生》等。
2 阿尔·帕西诺（Al Pacino, 1940— ），美国著名演员，代表作《教父》《疤面煞星》等。
3 布鲁斯·斯普林斯汀（Bruce Springsteen, 1949— ），美国著名摇滚歌手。

LC：格雷厄姆·格林[1]是这么认为的……

EBH：歌词和旋律，哪一样会先出现？

LC：它们通常一起出现，像双胞胎一样。或许其中一样出现得稍微早一些，但非常接近。

可能一句歌词会先出现，然后在某个调上的和弦变化就会出现：C到F——这个变化永远都那么美；最美的变化之一。一个和弦的变化会触发一两句歌词的灵感。我的节奏会差不多一直这样保持到写完一个小节。然后就到了副歌的部分。

EBH：9岁的时候，你体会到了——

LC：一种联结。语言与内心情感之间的联结，这种联结是自发产生的。

EBH：你小时候谁给你读书？1952年，当我还躺在摇篮里的时候，我妈妈会给我读莎士比亚。

LC：没有人对我那么狠！他们会给我讲童话、唱儿歌……摇篮曲。（服务员端着大盘子走过来）哦朋友，我太幸运了：意大利肉酱面！

EBH：莱昂纳德，这是我唯一一会做的菜。

LC：……那，你能离婚吗？

EBH：你的歌词里没有死亡。

LC：没有死亡……

EBH：你的歌词从不关于死亡，或是你从不思考死亡，哪一种？

LC：应该是介于两者之间。

EBH：你从多久以前开始意识到这一点？

LC：我一直都知道。

1　格雷厄姆·格林（Graham Greene，1904—1991），英国著名作家，代表作《恋情的终结》《第三人》。

EBH：你经常会把别人的诗改编成歌吗？

LC：我翻译了洛尔迦的诗。我翻译了一首非常优秀的诗，《接受这支华尔兹》，然后为它设计了一个非常不错的音乐框架。我知道这首歌将会不朽。

EBH：告诉我：你的哪首歌将幸免于时间？

LC：《接受这支华尔兹》：大概存在23年，然后就会被完全遗忘。它们都会被遗忘：我写的所有东西。

EH：你会对此感到担心吗？

LC：完全不会。我一点也不在乎。

EBH：你为什么还在坚持唱歌？

LC：谁知道呢？我以前也对别的事情感兴趣过。

EBH：比如？

LC：主宰世界！

EBH：（整个晚上他一直在跟我开玩笑，停也停不下来，之后几晚也是如此。）你之前说你喜欢卡瓦菲斯。

LC：《上帝抛弃了安东尼》。（朗诵）"一个早已准备好……"那首诗写得很好。

EBH：那首诗和你的世界观非常相似。

LC：你站在窗边。你看着他们离开。鬼魂般的喧嚣。尖厉的人声。抛弃与狂欢。（停顿）

EBH：然后呢？

LC：你不应该对自己说："这一切是我的想象吗？这一切是真实的吗？"这一切确实是真实的。

EBH：你会试图抓住它们吗？

LC：（笑）一开始为什么不试一下呢？但是之后你就会发现你失败了……

EBH：……就像爱情？

LC：……就像爱情和其他一切事物。

EBH：你有没有写过刻薄、残忍的东西？

LC：从来没有。

EBH：确实，写出《宾客》的人不会写那些东西。这首歌背后的故事是什么？

LC：《宾客》是我写过最好的歌。这首歌的旋律我很久以前就写好了，这种情况很少见，但我一直不知道这段音乐该用在哪里。后来有一个女孩去波斯学习苏菲旋舞。获得教学资格后，她回到美国开始教授旋舞。获得旋舞教学"资格"，意味着你不仅已经掌握了这种舞蹈，同时还掌握了它的意义。

当时我已经写完了这首歌，这个女孩从之前就开始组织建立苏菲派团体，在中东的时候，她和一位谢赫[1]合作，后者非常喜欢她的性格。她回美国教授旋舞后过了几年，这位谢赫到美国来视察各个苏菲团体的情况，他告诉那个女孩，他的苏菲团体最近在练习一首歌，那首歌的作者是一个西方人。那个女孩问是哪首歌。然后他说，《宾客》——这首歌体现了鲁米的精髓。鲁米生活在13世纪，是旋舞的发明者。他或许是最杰出的禁欲主义宗教诗人——与大卫王同属一派。

EBH：你是否想像大卫一样，在街上裸舞？（原谅我，亲爱的读者，相比53岁的他，我当时只不过是个36岁的幼稚鬼。）

LC：我不想。这不是我的风格。我的想法是……我认为一只狗（dog）、一台电视（TV set），和一个女人（woman）在我周围才是真正美好的事。

EBH：你是按照首字母顺序说的……

LC：当我享受这些陪伴的时候，它们的价值是相同的，重要

---

1 阿拉伯语中的一种敬称，意为"长老""智者""教长"。

性也是一样的。它们会给我带来平静……那些时刻真的非常美好。

EBH：是不是非常少见？

LC：不——一直都在发生。

EBH：……但你也会陷入极度的悲伤。这种悲伤完全体现在你的歌里。

LC："悲伤的事物"同"快乐的事物""无情的事物""美丽的事物"，以及"某种事物"的重要性都是等同的。啊朋友，那个大豆胡萝卜汤好喝吗？我要吃点你的菜（然后他真的那么做了——每个人都这样，因为我一直只顾着说话）。

EBH：你有多愿意回答私人问题？

LC：有一些看起来很私人的问题能让你以某种程度的私密方式回答。但我认为真正私人的问题，没人能回答。我觉得我们都太害羞了。

EBH：你谈过多少次恋爱？你从没结过婚，但你有两个孩子……

LC：呃，我一开始很信任爱情，但我经历过的人们在使我放弃爱情……

EBH：（大叫）非得说得这么严重吗？

LC：但她们并没有成功！（我们四周顿时安静下来，因为我们在冲对方大喊大叫。）

EBH：但你从来没结过婚。

LC：没有。（唱歌）我从来没有真的"坠入爱河"过，所以我也从没看出结婚有何意义。如果我对"她们"的意思理解正确的话，我是与她们相爱的，但她们都说那还不够：我必须"坠落"。

EBH：而这从未发生过？

LC：最终还是发生了……如果坠入爱河意味着生活无法继续，你不知道该怎样度过每一刻，你无法在没有"客体"的认同与爱的情况下思考自己的生活。如果那是坠入爱河的感觉，那么我已经体会过了。

EBH：什么时候？

LC：几个月前。

EBH：她现在在哪儿？

LC：（唱歌）"在哪里，在哪里，我的吉卜赛妻子今晚在哪里？"不远。近在咫尺。

EBH：你会继续陷落吗？

LC：那种极度糟糕的感觉已经消失了。我吃了很多抗抑郁药，还在一座寺院里待了几个月（笑），然后那种感觉终于消失了。我直到52岁才真正坠入爱河。这张新专辑就是献给她的。

EBH："献给D.I."，无论她在哪里。从那之后，你的悲伤是否变成了痛苦？

LC：噢，不！尼采称爱情是"快乐的科学"。

EBH：可是我眼前的这位学者写过："哦，物质与幽魂的纠缠……"

LC：我曾经是一个非常出色的词作者。

EBH：曾经？

LC：……而且完全没有得到认可。那正是这件事的动人之处……

EBH：《爱得卑微》（Humbled in Love）？

LC：这首歌我写了好多、好多年，人们却嘲笑它。他们认为这是世界上最可笑的歌。我倾注了心中所有的情感。我写下了所有的感受。

EBH：为什么？

LC：不要纠结"为什么"。

EBH：我已经不再执着于"应该"。但放弃"为什么"或许还要等几年。

LC：你有一颗非常强大的心灵，伊丽莎白。但你太理性了。

EBH：脑叶切除术或许能解决问题，但如果那样，我就无法明白这些诗句的意思："你是否还记得那些诺言/我们在热情的夜晚许下的诺言/它们已遭玷污，已被撕裂/就像昏黄灯光下的飞蛾。"

LC：理性不是件坏事。正如王瑜伽（Raja Yoga），那是心灵的路径。

EBH：我更喜欢别的路径。

LC：呃，我们总是没法心想事成。

科恩剪报
关于崩溃

　　"完成《美丽失败者》的时候，我住在伊兹拉。后来我去了另一个岛，当我想回去的时候，我雇了一个船夫，叫他带我去另一艘开往伊兹拉的稍大一点的船。当时的气温差不多有110华氏度[1]，阳光非常灼热。那个渔夫对我说'你最好躲到帆布下面来'。我说不。他调侃我：'是个老海盗噢。'回到伊兹拉后，我根本无法爬上通往我家的台阶。他们用驴把我驮回家。到家后，我立刻上床休息，接下去的10到15天我根本没法吃东西。后来他们终于给我找了个医生，我当时已经出现幻觉，神志不清，体重降到了116磅[2]，你知道的，接近崩溃。但这种情况也确实是合理的：我在非常努力地工作，服用安非他命。很显然，我中暑了。而且我刚刚写完这本书。"

　　——摘自与马克·罗兰德（Mark Rowland）的对谈，《音乐人》（*Musician*）（美国），1988年7月

1　约43摄氏度。

2　约53公斤。

电台采访

汤姆·施纳贝尔（Tom Schnabel）| 1988 年 7 月 13 日，《包罗万象的清晨》（*Morning Becomes Eclectic*），KCRW-FM（加利福尼亚圣莫尼卡）

汤姆·施纳贝尔在电台节目里对科恩进行了现场采访。"我前一晚很迟才睡，"他之后写道，"一直在为采访那位诗人作准备，他的声音极其深沉，歌词犀利、精辟。我希望他不会把尖锐的话锋对准我。"

"当他走进录音室时，我完全被震住了，他实在是太迷人了。他跟我握手的时候很温柔，眼中闪烁着善意，我的焦虑随即烟消云散。反复聆听后，我坚定地认为，他的最新专辑《我是你的男人》是一张杰作：戏剧性、讽刺性、幽默感。30 分钟实在太短，根本不够用来探讨他 20 年间的所有作品，但我依然很高兴能有机会与这个优雅、迷人的男人交谈。"——编者

汤姆·施纳贝尔（以下简称 TS）：你的新专辑非常成功，对此你感到意外吗？

莱昂纳德·科恩（以下简称 LC）：对这种结果，你会抱有希望但从不会满怀期待。

TS：相比美国，你在欧洲更受欢迎，你认为这是一种荣耀吗？

LC：无论我的听众来自哪里，我都非常感激他们。我在欧洲的听众分布很广。我似乎在一些国家拥有很深的听众基础。我在美国的听众很少。但我喜欢在美国演出，因为我和这个国家的人

说的是同一种语言，人们可以理解那些歌真正的意思。我使用的是美式英语的节奏和韵律。比如，我知道在挪威，或者斯堪的纳维亚半岛，英语是第二语言，因此还需要翻译的过程。

TS：你是否更认同欧洲的创作文化：雅克·布雷尔、米基斯·提奥多拉基斯[1]、乔治·莫斯塔基[2]、（乔治·）巴桑？

LC：这些歌手对我而言无疑具有非常重要的意义。但查克·贝里[3]同样对我产生了很大的影响。

TS：作为一个二战期间在蒙特利尔长大的犹太人，这种经历是否对你的创作产生了影响？

LC：我觉得所有事物都是影响因素的一部分。我从小一直无忧无虑，所以直到战争结束的时候我才了解这期间发生的事情。我们为数不多的损失不过是美国进口的泡泡糖和彩色漫画。我们完全没有受到现实的摧残。

TS：你是在一个传统的犹太家庭中长大的吗？

LC：对，我的家族在当地非常活跃，建了很多医院和犹太会堂，还有一个免息借贷协会。我的祖父创立了北美第一份英语－希伯来语双语报纸。

TS：我想知道，你的歌是如何反映你作为一个歌曲创作者和音乐人对自我的看法的？

LC：我非常不愿意给自己下定义。这是我最不感兴趣的事情之一。我想起了吉姆·哈里森（Jim Harrison）的小说《达尔瓦》（Dalva）中的一个故事，白人想给原住民推荐镜子，但是原住民拒绝了他们的提议。理由是，原住民说，你的脸是给别人看的。

---

1 米基斯·提奥多拉基斯（Mikis Theodorakis, 1925—2021），希腊著名音乐家、政治活动家。

2 乔治·莫斯塔基（Georges Moustaki, 1934—2013），埃及著名歌手。

3 查克·贝里（Chuck Berry, 1926—2017），美国著名歌手，摇滚乐先驱。

TS：歌曲创作对你而言是一个孤独的过程吗？

LC：孤独还远远不能概括这个过程。这是一项令人绝望的工作。我不知道为什么会这样，但这是事实。你需要付出巨大的努力才能完成作品。

TS：你是先写歌词，还是先写旋律？

LC：基本上是两者同时进行，但很困难。先写一段歌词或者一处和弦的变化。然后你或许就可以写出一小节歌词和旋律，但之后，如果歌词改变，旋律也必须相应地改变。我写完一首歌通常需要好几年。

TS：你现在听到《苏珊》会厌烦吗？如果你开车的时候偶然在电台里听到了这首歌，你会听下去吗？

LC：我觉得那是我唯一会听这首歌的情形。其实我自己的作品我一首也不会去听。我甚至连唱机都没有。我有一只小小的随身听。我通常每隔几个月就得买一只。因为我经常会把它们落在酒店房间。

TS：作为一名诗人和一个音乐人，对你来说，哪种身份带来的认可更重要？

LC：在极度孤独的情况下，我会欣然接受任何一种认可。

TS：在了解你的生平时，我很疑惑，究竟是什么促使你离开希腊的伊兹拉岛，前往位于田纳西州的纳什维尔？是为了让诗歌获得更多的关注，还是仅仅为了赚钱？

LC：经济状况当然是其中一个原因。当时我已经在地中海的那个小岛上住了相当长的一段时间。虽然钱从来都不够——我得经常回加拿大赚钱——但我在那里一年只需要花1000美元。我会回加拿大赚够1000美元和交通费，然后回希腊，等钱用完了再回加拿大。我在希腊写了很多书和歌。

然后突然有一天，我想做些改变。我在加拿大的时候出版了一部小说，《美丽失败者》，那本书获得了许多的耀眼好评，但我连房租都付不起。事后想来，这个决定听上去像是疯了——我要成为一名歌手，并靠这份工作解决经济问题。但我意外地在纽约遇上了正在那里上演的所谓民谣复兴运动。而这份工作最后也确实解决了我的经济问题。

TS：你和（制作人）约翰·哈蒙德是怎么认识的？

LC：约翰·哈蒙德是一个非常善良的人。是有人介绍我们俩认识的。我当时住在切尔西（酒店），他问："你能给我唱几首歌吗？"于是我们回到我的房间，我给他唱了七八首歌，然后他说："你成功了。"

TS：从你刚发表作品开始，大家就一直在讨论你的声音。这种……美妙的声音，是上帝所赐，还是你通过某种后天的方式获得的？

LC：我觉得在第一张专辑里，我的声音和歌曲很相配。但在之后很长一段时间里，我感觉自己失去了方向。而在最近两张专辑里，我认为我找到了能代表自己的声音。但这并非什么策略。我觉得是因为烟和威士忌。

TS：我记得我曾经在一篇采访里读到，你说自己并非内心黑暗，而是现实主义者。你认为现实黑暗吗？

LC：我认为现实参与了一切黑暗的诞生过程。但我也认为人们渴望严肃性。严肃性既无黑暗一说，也无光明一说。它只如其所是，如果能按照事物原本的模样去定义它，你将非常受用。但我认为玩世不恭在有些时候也是必要的。我们应当谨慎。

TS：成为创作歌手后，在过去的20年里，你对爱情的看法是否有任何改变？

LC：我觉得这种看法是自然发生变化的，但我在早期某些歌曲里所持的观点与现在相比并没有大的不同。

TS：比如？

LC：爱情中的屈服意味着你必然要受伤。

TS：你认为这是一种普遍的经历，还是独属于你的？

LC：我不相信只有我在经历这些痛苦。

电台采访

克里斯汀·麦肯纳 | 1988 年 10 月，《献给哈利的八小时》(*Eight Hours to Harry*)，KCRW-FM（加利福尼亚圣莫尼卡）

与汤姆·施纳贝尔的对话结束数月后，莱昂纳德·科恩再次做客KCRW。这一次与他对话的是克里斯汀·麦肯纳，两人先前的两次对谈在本书亦有收录。——编者

克里斯汀·麦肯纳（以下简称KM）：你参加的第一个乐队是一个叫"鹿皮男孩"的乡村乐队。乡村音乐对你的影响是如何体现在你的音乐中的？

莱昂纳德·科恩（以下简称LC）：我一直都很喜欢乡村音乐，我的作品中也经常出现乡村音乐的痕迹。"鹿皮男孩"是一个三人乐队，我们基本上可以算是一个方块舞[1]组合，经常在教堂地下室和礼堂里演出。我是节奏吉他手，我唯一参与的歌唱部分是偶尔的和音。

KM：你当时对成为职业音乐人的想法是什么？你当时对此是否已经非常坚定？

LC：我从来没想过要成为一个职业音乐人，也没有任何其他职业规划。我一直不懂人们所说的"职业"是什么意思。那些在大学里用功读书的人似乎经常讨论这个话题，但是我大部分时

1　Square-dance，一种在美国中西部特别常见的民族舞。

间都坐在咖啡店里，与那些认为"职业"这个词带有不祥意味的人在一起。不过，我知道自己其实早就已经开启了一种"职业"，作为一名仍在摸索的年轻作家，我当时在之后被称为"蒙特利尔诗歌学派"的团体里学习，被我当作楷模的那些人，都已习惯于做无名之辈。因此，当我所谓的"职业"生涯在70年代戛然而止时，我毫无知觉。因为无论反响如何，我都会继续创作。

KM：你从来没有怀疑过自己的创作能力，以及作品的价值？

LC：我并非没有怀疑——我一直在动摇，并且已经接受了动摇是这个职业的一部分。这份工作的内容之一就是不断面对怀疑、崩溃，以及你可能欺骗了你生命中包括自己在内的所有人的事实。所有这些都是对你的挑战，你要学会与它们共存。

KM：你如何消除这些怀疑的念头？

LC：时间会给予你经验。就我的经验而言，如果我坚持做某件事情，一定时间之后，它就会有结果。换句话说，如果有一首歌，我写了一个月还没能完成，那我通常会放弃它——这些年我放弃了一些非常好的作品。但最近我开始重新处理这些作品，因为我没有新的素材可用，而且灵感也变得非常稀少。所以，如果有迹象表明一首歌或许可以成形，那我就会努力去完成它，哪怕需要很久，我发现这些努力最后确实有了结果。这种方法适用于生活的每一个方面。

KM：当你第一次在国际上获得成功时，你有没有因此变得不知所措，失去平衡？

LC：没有，因为当时我还年轻，我和我的朋友们都认为自己非常有名，我们每一次聚在一起喝啤酒都会在今后成为历史事件。我成长在电视出现之前，所以很容易产生神话般的幻想，但我们真的深信蒙特利尔是一座神圣的城市，我们所有人都是圣洁、天赋异禀的存在，我们的爱情举足轻重，我们的音乐永远不朽，我们的诗歌永生不灭，我们将把生活当作美味的供品献给艺术和上帝。这种神话般的幻想说来也奇怪，我们生活在一个守旧的城市，但这种弥赛亚式的想法深深扎根在集体的灵魂中。

KM：在你的歌曲中，女性通常是带来变化的媒介，是促使你探索自我的催化剂。你是否也这么认为？

LC：我不会从这种角度看待自己的作品。一个创作者所写的是自己的经历，而与女人有关的经历对一个男人而言自然非常重要。如果你打算认真地生活，那你就要准备好被你所遇到的人改变。我知道我一直被描述成一个浪漫主义者，但我从不这么认为。我认为仔细分析我的歌之后所得到的结果不应该是浪漫主义，而是描述准确的现实主义。

KM：一些评论家认为，挫败是你的作品的核心主题之一。你认为这种观点是否准确？

LC：所有曾经遭遇过挫败的人——这意味着绝大多数人都要包括在内——都能理解这个主题。在我们的文化中，挫败特指自我的丧失。我们不断地创造人格，但一段时间后，这些人格便会崩塌，而我们最终在维持这些人格的艰难过程中粉身碎骨。当这些人格崩塌后，我们通过创造新的自我获得重生。千万不要忘了我们文化中的核心神话，耶稣被钉十字架的故事，也涉及到重生，这就是我们始终重复在做的事；我们所创造的人格之所以被钉上十字架，是因为它们毫无益处。它们不奏效，不合适，是虚假的，所以它们被钉在十字架上示众。我们把这种过程叫作失败，却又在一直重复它，直到生命终结时才停止。

KM：所以没有一种人格是有效的？

LC：它本来就不应该奏效，你也不应该依靠它。它确实会在一段时间里奏效，但之后便会失效，你将是第一个察觉的人，因为你拼命捍卫和保护的这种固化的自我形象使得你开始频繁犯错。当维持这种形象的负担过于沉重时，你必须卸下它，而这个过程是痛苦的。

KM：这些现象似乎都会出现在爱情里。为什么？

LC：这些现象会出现在所有关系里，因为在初次相遇的激情退去之后，任何关系得以维持的基础都是其真实性。一旦彼此在一起的时间增加，人格中真实的部分就会在某些情况下显现，因为人们无法在欺骗对方的情况下维持一段关系。所以双方最终必将坦诚相待，我们通常都会因彼此揭露的真相而大为震惊，然后匆匆离开，去寻找下一次充满激情的初遇。在亲密关系中，假面必然会脱落。

KM：我们能意识到自己在撒谎吗？我们是否有可能生活在谎言中却毫不知情？

LC：你不可能长期没有意识，因为欺骗的感觉很痛苦——当然，除非你有一种病态的人格，需要从操控和谎言中汲取滋养。

KM：爱情最矛盾的一点是，人只有在失去之后才懂得它的珍贵。你是否赞成这个观点？

LC：这毫无疑问是诸多情形之一。我们在不断地经历这些事情。你失去了爱情，然后发现被自己抛弃的才是自己想要的，于是你疯狂地迷恋过去，这种迷恋在很大程度上也使得你再也无法重新拥有它。但为了自我修复，我们必须学会与这些挫败共处。我认为你只能在经历中成长，如果太过痛苦，你之后就不会重蹈覆辙。

KM：你在音乐作品中使用的很大一部分意象都出自《圣经》。你是刻意从中选取意象的吗？

LC：作品要能引起共鸣，这一点非常重要，我一直认为《圣经》是一部我们所有人都熟知的故事集。我们的《圣经》完成于语言发展的鼎盛时期之一，而且近代绝大多数演讲者——比如杰西·杰克逊[1]和马丁·路德·金——也都会从中汲取灵感。《圣经》中蕴藏着丰富瑰丽的语言。

KM：在引用《圣经》之前，你似乎已经假定有一些听众也在使用这套词汇和神话体系。你认为当代的听众熟悉这些故事吗？

LC：我觉得不熟悉，不。我们似乎即将彻底遗忘我们的文化，之后也还会有别的事发生。而且在如今这个时代里，公共言论与个人体悟之间似乎存在着一道鸿沟，几乎所有公共层面的言论都是虚伪、敷衍的。听那些政客说话的时候，你根本无法想象他们和你生活在同一个国家，因为他们所说的话似乎是空穴来风。这不是他们的错，而是因为如今的公共体制已经脆弱不堪，面临瓦解，只有勇敢的人才能说出个人的真实想法。我不想一棍子打死所有人，但是我几乎找不出任何让我产生共鸣的言论。

KM：在讨论《我是你的男人》这张专辑的时候，你说录制过程中经历的感情危机导致这张专辑的风格发生了巨大的变化。你能具体说说吗？

LC：这张专辑的风格发生过很多次变化，而其中有一次格外显著。《人人都知道》原本应该是一首叫《等待奇迹》的歌，那首歌并不差。但是我发现我唱不了那首歌，因为我不知道自己是否真的在等待奇迹。我在写每一件作品的过程中都会问自己这个问题："这是真实的吗？"意象是否合适并不重要，重要的是它能否如实地反映我所处的困境。

当我第一次走进录音室录制那首歌的时候，我发现自己根本唱不了那些歌词。我当时处在一种不想开口也不想接电话的状态，经历过这种状态的人都知道，这种情况会演变成非常严重的危机。

1　杰西·杰克逊（Jesse Jackson，1941— ），美国著名黑人运动领袖。

我一直展现的自我正在逐渐瓦解，所以我必须修改我的作品，使它成为一首我能唱的歌，唯一一首。由于我自身的情况实在非常棘手，因此通常的挫败对我而言几乎不算什么。这使我能够冒很多险。

KM：你是如何走出黑暗的？

LC：我不知道自己是否走出来了。我记得有一次，我躺在床上，觉得自己再也无法坚持下去了，然后有一个微弱的声音说："你不必再坚持下去。"那个珍贵、神奇的时刻让我意识到，我可以改变自己的想法，我可以遗忘当前的困境，没有什么事情会发生在我身上。

KM：这些困境——也就是所谓的沮丧——是大意或疏忽造成的，还是天意使然，上天决定让你忧伤，所以无论你之前状态如何，你都会感到忧伤？

LC：某些模式被排除在我们的意识之外，那些模式就是我们所说的意外，但我认为事实是我们无法再继续伪装。当你的面具一层一层褪去之后，你才会发现，其实人人都能看透那层固定在你脸上的伪装。你无法感觉到脸上的泪水，因为你一直戴着那副面具，你的灵魂极度渴望新鲜的空气，于是它让你感到痛苦，逼迫你摘下面具。

KM：你曾经告诉我："人生唯一的成就是接受命运。"你能具体谈谈吗？

LC：我不喜欢这句话的语气——它似乎让事情显得过于简单。所有古老的圣书都告诉我们知足安命有多么重要，要做到这一点却困难无解。我无法参透痛苦背后的秘密，我们所经历的是一种非常特殊的痛苦，无须承受自然灾害和战争带来的那种伤害。我们没有在这过程中遭受折磨，我们很幸运能以这样的方式经历痛苦。然而，这种降临在我和我的朋友们身上的痛苦终归不是玩笑，我见过一些人，他们在勇敢地反抗给自己带来痛苦的极度失衡状态。我不想在这里随意或肤浅地谈论这个话题。

KM：你所说的这种痛苦是指信仰危机吗？

LC：这种痛苦带有宗教色彩，我们的宗教体系中大部分的内容都被抛弃了，即使人们发现自己可以从宗教的角度来解读当前所处的困境，但他们却缺少用于解读的宗教词汇。这很不幸，因为尽管用于保持人格与对抗自我瓦解的世俗方式很重要，但它终归是片面的。事实上，我们能感觉到自己与神圣事物之间的联系，能感觉到一种深层意义的存在，而这种存在是理智所不能理解的。我们的存在是神圣的，这一点已经几乎被社会遗忘了，但是信仰确实可以提供一种必要的滋养。所以在这种意义上，我们所讨论的危机确实是信仰危机。

科恩剪报
关于艺术价值

"对我而言，艺术价值并不是由市场对我的看法或接受度决定的。市场导致的结果，不可能比我自己一手造成的处境更为紧张、严峻，或危险。市场带来的威胁，绝不会比一个人麻烦不断、糟糕透顶的处境更为特殊或严峻。"

——摘自《莱昂纳德·科恩无可挑剔的技巧》，马克·德里（Mark Dery），《品格》（Frets）（美国），1988年11月

关于流行乐

"我13岁时就已经知道全城的点唱机位置；我经常从家里偷偷拿钱然后溜出去。所以我并不是一个研究流行音乐的学者。我参与了流行运动的缔造，同时也是它的产物。我并不认为我需要做过多的解释证明自己。"

——摘自《莱昂纳德·科恩》，马克·德里，《键盘》（*Keyboard*）（美国），1989年9月

第三部分
90 年代

　　科恩发表了专辑《未来》(*The Future*)和一本诗词集,之后便到鲍尔迪山上开始了自己的僧侣生活。

莱昂纳德·科恩和"酷"之死

黛博拉·斯普拉格（Deborah Sprague）| 1991 年 11 月采访，1992 年春刊登于《你的肉体》（*Your Flesh*）（美国）

1988年的一连串活动结束之后，科恩再次离开公众视线。1991年，一张叫作《我是你的歌迷》（*I'm Your Fan*）的科恩致敬专辑问世，同年，科恩入驻加拿大音乐名人堂。但在1989年到1992年间，他没有举办任何演唱会，只零星接受了几次采访，而且已经近5年没有发行新专辑。

1992年11月24日，广受好评的《未来》问世，这段空白期终于结束。在这张专辑发行的前一年，科恩重新开始接受媒体采访。

其中一次对话的对象是黛博拉·斯普拉格，她认为采访科恩的难度等同于登顶阿尔卑斯山或乞力马扎罗山。"采访科恩是一件让人无法抗拒的事，但同时，你也会有一种不祥的预感，不经过认真准备，你不可能成功完成这次采访。"她告诉我，"我们的采访地点在一个毫无生气、类似写字楼的地方，让我意外的是，我发现，在我打过交道的几百个音乐人中，他是最友好、最热情、最真诚的人之一，你无法想象当时我有多惊喜。"

"科恩在谈论自己的世界观和对自我的想法时非常坦率，在思考自己的身份时——作为一个人和一个艺术家——也非常真诚，"斯普拉格继续说道，"很明显，他所散发的魅力并不是伪装出来的，他对自身之外的事物所抱有的兴趣——例如对笔者生活的关心——也绝对出于真心。事后，他当时的经纪人打电话跟我说'科恩先生让我告诉你，他非常享受和你一起聊天的时光——你是一个非常温柔的人'。当时我觉得自己获得了最高的认可，什么报酬，什么奖项，都见鬼去吧。"——编者

科恩是第一个可以比肩鲍勃·迪伦的人；他是第一个将以下概念带入摇滚世界的人——即使你是一个矮小、无聊[1]的中年男人，只要你说的话够漂亮，敏感的年轻女孩就会投入你的怀抱；同时，他也是那个让单调的歌声变得近乎畅销的人（为诸如鲍勃·史密斯[2]和巴里·怀特[3]等后来者铺平了道路）。没错。作为一个在近四分之一世纪的时间里仅发行8张专辑的人，莱昂纳德·科恩在错综复杂的摇滚世界里杀出了一条自己的路。

即使作为一个忧郁的诗人，科恩依然无出其右，他咏诵的歌词便证明了这一点，这些歌词出自一张计划在1990年发行，但依然还未问世的专辑。他的作品甚至受到了新浪潮失败者们的青睐，去年，凭借后者的作品集《我是你的歌迷》，莱昂纳德·科恩的名字进入了致敬对象的行列。好吧，约翰·凯尔[4]、尼克·凯夫以及让人难以预料的新西兰独立乐队"死亡名人"似乎可以"理解"科恩的作品，但是其他大多数翻唱者对科恩的严肃、庄重和自我屈服则完全没有概念，然而正是这些特质造就了独一无二的科恩；不过，叫他们翻唱科恩的歌本来就像是叫一个预备学校的学生去"诠释"布考斯基的作品。

从对乡村音乐情有独钟的蒙特利尔"垮掉派"诗人（他的第一本诗集《让我们比照神话》发表于1956年），到1967年发行《莱

1　原文为shlub，意第绪词，意思是笨拙、无聊、缺乏魅力的人。
2　即罗伯特·史密斯（Robert Smith, 1959—），英国摇滚乐队"治疗"乐队主唱。
3　巴里·怀特（Barry White, 1944—2003），美国著名灵魂乐歌手。
4　约翰·凯尔（John Cale, 1942—　），英国著名音乐创作人、制作人,地下丝绒乐队创始成员之一。

昂纳德·科恩之歌》，科恩在这段时间里流连于欧洲，（不管怎样）他在旅居结束时想到了"美丽失败者"这个概念——后来，"美丽失败者"成为了他的一部另类小说的标题，而这部小说也是他最畅销的一部。在过去的二十五年里，他从"完全离群索居"变为了"时而离群索居"。科恩的职业生涯到目前为止有不少高光时刻，比如和菲尔·斯佩克特合作的专辑——斯佩克特用枪将1977年的专辑《情圣之死》的制作控制权抢了过来——以及信仰方面的觉醒，很少有流行歌手能做到这些，他创作的作品（比如《多种角度》）或许还让一些人改变了信仰，然而科恩却认为这样的职业生涯"平庸"。对此连一秒钟都别信。

黛博拉·斯普拉格（以下简称DS）：这个致敬项目的起因是什么？

莱昂纳德·科恩（以下简称LC）：我跟这张专辑一点关系也没有。我不知道这个项目是什么时候开始的，也不知道它是什么时候结束的。这是克里斯蒂安·费夫雷（Christian Fevret）的想法，他是巴黎一本摇滚杂志的编辑，那本杂志的名字没人会读。那本杂志高举着摇滚的火炬。

DS：对你来说，做到任由别人翻唱你的歌容易吗？

LC：作为这些歌的家长，我非常愿意放手；如果它们被改编成米尤扎克[1]，我会很欣慰。我没有所有权这个概念，这或许是一个民谣歌手所继承的传统，只有通过翻唱的诠释，作品才能被打磨出光泽。我觉得翻唱是卓越性的体现。那些歌手对待编曲的认真，以及对原版演绎的尊重让我非常感动，同时也非常感激。

DS：你会不会希望大家严格按照原版翻唱你的作品？

1　米尤扎克（Muzak）是一个美国音乐品牌，主要经营在商店、电梯、机场和旅馆等地方使用的背景音乐，因此米尤扎克音乐即这一类背景音乐。

LC：有人翻唱我的作品，我就已经是再高兴不过了。我的职业生涯到目前为止非常平庸，没有多少人翻唱我的作品。然而，当我听见别人的翻唱版本时，我的批评能力便莫名陷入了瘫痪。我不会评判那些翻唱，我只想说一声谢谢。

DS：鉴于你对洛尔迦的作品的演绎，你自己本身也是一位非常出色的诠释者。对你来说，这项工作困难吗？

LC：很不幸，那个付出的过程对我来说很艰难。我希望自己能拥有天赋，在创作时能做到自然、迅速，然而事实是我需要付出大量艰辛的努力。通常这些努力无法保证作品的最终质量，但那首歌确实不错。我用了150个小时来翻译洛尔迦的诗，最终的英文版确实拥有几分——我绝对不会说完全复制——洛尔迦在诗中呈现的出众。这个过程非常漫长，我这么做的唯一原因就是我对洛尔迦的爱。我从小就非常喜欢他，我还给我女儿取名为洛尔迦，所以你不难发现，他对我的人生而言意义非同小可。我女儿非常适合那个名字，她是一个不可思议、古灵精怪的人……

DS：别人翻唱你的歌也需要付出这样的努力。说实话，你并不是非常高产。

LC：我希望我能知道。如果我知道好歌源自哪里，我一定会频繁前往那里。有一次，迪伦在巴黎开演唱会，我们碰巧在那里遇见了，第二天，我们约好见面，探讨了很多有关创作的专业问题。他之前翻唱过《哈利路亚》，他说他很喜欢那首歌，问我写了多久。我当时很尴尬，犹豫要不要告诉他。（我心想）"我不能说实话，我就说写了两年"，因为事实上，我所用的时间比那多得多。那段对话继续往下，我称赞了他的一首歌，那首歌叫《我和我》，我问他写了多久，他说"一刻钟"，我相信这是真的。我希望我能和他一样。据说汉克·威廉斯[1]写歌只要半个小时左右。

DS：你首次在公众面前亮相之前的成长经历是否对你有所获益？

LC：我不知道我们是否真的会成熟，我以前在一个集体当中学习写作，没有人会记得它，它叫作蒙特利尔诗歌学派。我们是一群穷困潦倒却极其热爱诗歌的作家，即便当时没有对写作的补助和奖金……我们几乎连女人都收获不到。我们会出版自己的杂志和书，会互相念给对方听，那个地方的人或许是你能遇到的抨击最激烈、见解最深刻的批评家。我觉得我的大部分认知都是在那里形成的。

DS：如果你当时就被迫在公众面前活跃，你觉得这段经历会有什么不同吗？

LC：我们当时非常天真，未经世事，偏离主流，我们觉得自己就是在为大众创作。当时我所在的团体中完全没有精英主义的概念。相反，一种非常激进的情感充满我们的内心。事实上，我们在反抗文学界的权威，他们说着一口英式英语，断言如果你不是牛津毕业的，就不可能写出优秀的诗。他们认为我们这样的人不可能写出英文诗。这些诗本来是计划让所有人读的，但事实并非如此，真正读了的人大概只有400个。

DS：当这个数字变成40万之后，你的关注点有发生变化吗？

LC：我的银行账户发生了一些变化，但我的关注点没有改变。我写了《苏珊》和其他一些歌，但它们被别人剽窃了，从我这儿被偷走了。因此，我赚的钱也变少了，但这样的情况依然是我做梦都没有想到的。

DS：你早期的音乐中充满一种压抑的忧伤。

1　汉克·威廉斯（Hank Williams，1923—1953），美国著名乡村音乐人。

LC：许多的悲伤。

DS：但这些年来，你逐渐具备了一种绝妙的幽默感，大多都是自嘲。

LC：你刚刚这番话让我觉得眼前一亮。我之前读到一些英国媒体的评论，他们叫我"欢快的莱恩"[1]，还说我的专辑应该和刀片一起捆绑销售……我和这种形象被一起记录在电脑里，只要输入我的名字，这种形象就会立刻跳出来。

DS：是不是有一种积极的变化影响了你的创作，让你不再那么绝望？

LC：当事情令人绝望到一定程度时，你就会开始大笑……虽然是绝望，但确实会让你大笑……我记得（17世纪的剧作家和诗人）本·琼森（Ben Jonson）曾说过："我研习过所有哲学和神学内容，但是快乐一直不断地前来打扰。"（笑）我还读到过，当你步入中年之后，大脑中有关焦虑的细胞会开始凋亡——所以无论你是不是每个星期天都会去教堂，是不是会做瑜伽之类的，你的感觉都会开始变好。

DS：我无意冒犯，只是，你觉得自己有哪些缺点[2]？

LC：算不上盔甲，不过是一件贴满了邦迪创可贴，罩着细铁丝网的衣服。我逐渐感到一种让人欢欣鼓舞的快乐。我不知道这种快乐从何而来，或许来自天堂，但我终于可以依靠它，可以大笑。但不是笑别人，那没有意义。

DS：你觉得是你延续了"美丽失败者"的神话吗？甚至说是你创造了这一神话吗？

1　80年代末，英国《Q》杂志的一名记者在文章中称呼科恩"欢快的莱恩"(Laughing Len)，借以讽刺他的作品中一贯的悲伤和阴郁。

2　原文为"chinks in your armor"，表意为"盔甲上的裂缝"，指缺点或缺陷，因此科恩的回答开头提到盔甲，表示自己算不上盔甲，只不过是一件普通、破旧的衣服。

LC：我觉得这两者是有区别的，但是很难判断。我一直觉得犹太教传统中的一则祝福很有深意，它叫"听闻噩耗时的祝福"。当你听说噩耗时，当你看见失败者时，在你做出判断、认为这个人该不该失败前，你应该谨记那则祝福。面对痛苦时，你不应该急于评判。在痛苦的世界里，你最好保持安静，并向他人伸出援助之手，至少要送上沉默的祝福。如果你无法做到，那么最好什么都不要做。

DS：你不会因为陷入怀旧而感到无力吧？

LC：这个问题很有意思，非常感谢。我不是一个怀旧的人。我认识一些人，他们会营造一种恰到好处的怀旧氛围，将我带入各种心境，用不同于常规的方式审视过去。我并不认为60年代是美好的时代，有人问我："60年代的理想遭到了破坏，这简直糟透了，不是吗？"我必须得说，我不知道。或许很糟，但即使在60年代的时候，我也不觉得当时的日子很美好，那时候到处都是骗子和骗术——对于那个年代的逝去，真的没什么好遗憾的。

当你处在某种分裂状态时，你将无法再欺骗自己。你通过写作来找回自尊，找回生命的意义，然后你发现，自己越来越不会撒谎。你的作品会呈现出一种直接、真实的风格。这不是美德。只是因为相比之下，欺骗自己更困难。

DS：这种感觉是不是变得越来越强烈？

LC：我觉得是。这种矛盾非常常见，但这并不意味着它是错误的：你会同时变得更脆弱和更强大。

DS：你需不需要把自己孤立起来？

LC：要想真正集中注意力，你必须摆脱自己的懦弱、懒惰和疑虑。然后你再鼓起勇气潜入作品中，溺亡……或徜徉。

我们所渴望的东西不可能用当前的任何一种政治观点来概括。所有持不同立场的人都可以参与到道德复兴中来。我不希望我的歌成为左派、右派，或中间派的口号，我希望它们是一种拥有明确面貌的呼声。

DS：这跟当前普遍的断章取义的心态完全相反。

LC：我没有能力从社会学的角度去分析。或许我只是在胡言乱语，或许是我老了，但对我来说，公共领域的言论几乎都是胡说八道。公共领域里很少有真正奉献于自己事业的人——艺术家们正在向政客看齐：流于表面，并非真心从事任何事情，只热衷于展现简单的党派姿态。他们或许站在正确的一边，但他们输出的是口号，而不是责任感。

DS：而且他们把"酷"放在一切之上。

LC：酷。这么多年来，"酷"这个概念一直在荼毒人们的心灵。我记得50年代我第一次到纽约的时候，"酷"已经开始占据重要的位置。我记得我坐在格林威治村的咖啡馆里，我之前听说这里的人新潮、随性，我记得我坐在那里，在纸质餐具垫上用大写字母写下：杀死"酷"。

有的东西已经越界了，我们之前一直没有预料到这一点。这个东西在内部，在我们心里。狂风已经不在外部呼啸，而是在我们的内心，人人都知道，那只野兽已被释放。我们需要格外注意。

关于个人化的歌词

"我认为我的歌词还不够个人化……如果它足够个人化，那么每个人都会理解它。在这之前有一个中间地带，那就是自我暴露和自我放纵，但是当你真正讲述真相时，人们一定可以成功地感知到。比如我在写《我不能忘记》时修改了许多遍，只为让它实现个人化。这首歌起初是一首颂歌，后来我断了思路，坐在厨房的桌子前问自己：'我到底在干什么？我到底能跟别人说什么？'我心想：'我必须从头开始。我要如何度过今天？我现在在做什么？'于是我写下'我跌跌撞撞地起床/我抽了一根烟/我鼓起勇气/我说，这不可能是我，一定是我的分身/我不能忘记（但）我已想不到要记得什么'。"

——摘自《粥？糖锭？注射器？》，阿德里安·迪沃伊（Adrian Deevoy），《Q》（英国），1991年

关于他的家庭和童年

"我母亲在我心中的地位非常重要,尤其在她去世之后。有一点我必须要归功于我的家庭,那就是,尽管我从小就在接受一种文化和观点的熏陶,但始终适度。我在其他类似的家庭里观察到一些非常狂热的现象,但它们从未出现在我的家里。我非常感谢我的家庭……(我父亲)去世的时候52岁……如果今天我父亲还活着的话,我们应该会很亲近。他应该很难忍受我拿着一把吉他在蒙特利尔到处晃悠……他从来没想过自己的儿子会成为这样一个人。但他是一个绅士……我不会经常回忆童年。我觉得童年不应该代表一个人的人生。我认为,为了活下去,一个人必须重生,必须从自己的童年中走出来,必须对抗不公,必须意识到特权的存在。你不能把自己的过去当作借口。"

——摘自《来吧猩猩》,克里斯蒂安·费夫雷,《Les Inrockuptibles》[1](法国),1992年

---

[1] 这便是前文科恩所说的费夫雷担任编辑的杂志——"那本杂志的名字谁也不会读"。这个名字是"Les Incorruptibles"和"rock"的合成词,前者是布莱恩·德·帕尔玛(Brian De Palma)执导的电影《铁面无私》(*The Untouchables*)的法语名,后者即"摇滚"。

────── **科恩剪报** ──────
关于他无法理解的歌

　　"占据流行音乐中心位置的那些歌里，有半数是我无法理解的。或许这些歌是用一种我无法翻译、无法理解的加密语言写的，又或许是因为写这些歌的人懒惰、怠慢、不够用心。大多数时候我都不知道那些歌在讲什么。在我看来，很多作品都……偷工减料，但是所幸有那些催生了说唱乐的严肃社会事件——以及说唱对韵脚和节奏的需求——所以你能听到一些条理清楚的言论，你知道有人……对某个话题有自己的见解，并且已经准备好进行阐述。另一方面，我们已经听了快二十年舞曲了，这一点我觉得是我们应得的，因为60年代的时候，我们太过任性放纵。我的意思是，有几个像迪伦和菲尔·奥克斯这样的天才写了很多伟大、复杂的歌，歌词很长字很多。但很多人只是随波逐流。你知道的，有些流行音乐的语言不一会儿就会让你觉得无法忍受。你完全不知道它们在讲什么。"

　　——摘自《莱昂纳德·科恩的〈未来〉》，鲍勃·马科维茨（Bob Mackowitz），索尼音乐电台特别节目（加拿大），1992

烟雾弥漫的生活

珍妮·庞特（Jennie Punter）| 1992 年 1 月，《音乐快报》（*Music Express*）
（北美）

1991 年春天，珍妮·庞特搬到了多伦多，就任《音乐快报》
的联合编辑，这是一本在加拿大发行的大型月刊，通过如今已不
复存在的唱片零售链在美国进行销售。"那份工作对我来说在各
种意义上都是一个转折点，"她告诉我，"莱昂纳德·科恩为我的
那段生活创造了难忘的回忆。"

庞特说，当时她听的音乐很多很杂，但很少接触莱昂纳德·科
恩的作品。所以，当《音乐快报》在《我是你的歌迷》发行之际
获得采访莱昂纳德·科恩的机会时，她对科恩的了解还非常有限。

不过，庞特对《我是你的歌迷》中的很多音乐人都非常熟悉，
她一直在报道那些乐队和创作者，也经常会听他们的作品，"因
此我有一些音乐背景，"她说道，"我读完了《美丽失败者》。我
还借了一些唱片，我逐渐领会到科恩的作品中精妙的艺术性。"

"我跟科恩通过电话完成了采访，没有时间限制，"庞特回忆
道，"我们聊了差不多快一个小时。他谈到自己过去和现在的创
作过程。谈话中途，科恩告诉我，他最近在用苹果电脑的画图工
具画画，问我想不想看看他的成果。科恩没有挂断电话，他用传
真机给我发来了一幅画：一个裸体女人，懒洋洋地侧躺着，只露
出后背，整幅画用黑白两色完成。因为这幅画，我的同事们跟我
开了好几个礼拜的玩笑——'你们到底聊了什么啊？''你是他的

新女友吗?'——没完没了。"

"情圣已死? 我可不这么觉得。"

庞特说,几个月后,科恩为了《未来》的发行来到多伦多,关于这张新曲合辑,在他们上次讨论那张致敬专辑时,科恩已经有所暗示。"他的女友瑞贝卡·德·莫妮(Rebecca De Mornay)跟他一起出现在'露台房',那是一个非常时髦的摇滚演出场地,聚集了当地很多独立乐队,"庞特说,"索尼音乐的一个工作人员把我介绍给科恩,他非常礼貌地回忆了我们之前的对话。我并不是唯一一个在当晚收获了美好回忆的音乐记者,这位优雅的传奇人物搂着一位电影明星,在'露台'里穿梭。'露台'见证了许多当地乐队的成长,他们如今也已是传奇。我现在才明白索尼音乐选择那个场地的原因,他们是特意在为科恩的作品寻找新的受众。"

"1995年,我和科恩在'音乐多多'频道总部再次相遇,我在那里报道迈克尔·杰克逊的专辑《他的故事:过去、现在和未来,辑一》(HIStory: Past, Present and Future Book I)的试听活动。"庞特随后说道,"科恩问我对刚刚那张专辑有什么看法。我愣住了。我只是为了免费的酒和聊天才去的,我喜欢杰克逊在70年代发表的音乐,以及《真棒》(Bad)等专辑。科恩又突然开口。他的原话是'那你的脚有跟着打节拍吗?'。呃,我想应该有吧。"——编者

他生来如此,他毫无选择;他生来拥有这木炭般的深沉嗓音。莱昂纳德·科恩接起电话,用低沉、性感的声音说了句"你好"。洛杉矶此刻是清晨,我想象他正坐在合成器旁,手里拿着一杯热咖啡,谈话中途可能还会弹出几个和弦。

诗人、先知、独行者、歌手、父亲、作家:从变化无常的音乐媒体到象牙塔里的学者,当一个人的人生和作品接受了所有人的

审视之后，对于他，你应该从何说起？那就先从眼前说起，莱昂纳德·科恩目前正忙于写词、谱曲和录制，这张专辑将于明年问世。那么这些歌问世之后呢？"我没法做任何类比……"他停住了，"我会感觉像是……排泄般舒爽！"

科恩在蒙特利尔出生、长大，通常被介绍成一位在60年代"转投"音乐的诗人和小说家。但音乐始终都在，诗也依旧在写，有时他会选出来一些发表。在成为一名吟游诗人之前，科恩在自己高中时期的乐队里吹单簧管。后来，他和"鹿皮男孩"一起玩起了方块舞，他们是一支三人乡村乐队（他现在还会在车里听乡村音乐）。他的第一部诗集《让我们比照神话》出版于1955年（编注：应该是1956年）（他现在已经出版了十多本诗集）。他在60年代还写了两本小说，其中便包括《美丽失败者》（1966）。随着《莱昂纳德·科恩之歌》的问世（编注：发行于1967年12月26日），科恩的歌手生涯于1968年正式开启，他在之后陆续发行了很多专辑（多数都在哥伦比亚唱片公司和索尼音乐[1]旗下）。

"从本质上来说，这两者是不同的，"被问到歌曲创作和诗歌写作之间的区别时，科恩回答道，"但相同之处是，你都得付出很大的努力——至少我是如此。不过这并不意味着作品一定会很出色。诗歌阅读需要在孤独中进行，在这过程中，你可以停下来，然后反复阅读，诗歌的语言非常厚重，你可以按照自己喜欢的方式进行阅读。而歌曲的进程很快，始终往前播放。"

科恩在蒙特利尔和洛杉矶两地间来回居住，偶尔会去以前的常住地，一座希腊小岛，1960年，他用1500美元在那里买下了"一座有很多房间的房子"。"大家对我很热情，让我白住了很久。在那里，目之所及的一切都很美。没有任何东西会伤害你，我觉得

1　哥伦比亚唱片公司已于1991年被索尼音乐收购。

我们已经习惯受到伤害，一段时间之后，你会变得麻木。"科恩在北美、澳洲和欧洲举办过很多次精彩纷呈的巡演，这些巡演通常历时很久，非常抢手。

"我很喜欢巡演，我是说，如果进展顺利的话。"他说话时透露着标志性的谦逊，"如果你的乐队和技术团队都很出色，那么巡演确实会是一件非常享受的事……在路上生活……像摩托车队一样从一个城市到另一个城市。这是我的生活，有人曾经说过，你会从三件事情中了解生活——爱、金钱、战争——而巡演则包含了以上全部。"

科恩开始创作歌曲以来，就不断有音乐人翻唱他的作品——朱迪·柯林斯、亚伦·内维尔[1]、苏珊·薇格等等。作者本人也在一晚又一晚地唱着《苏珊》和《别了，玛丽安》。"如果一首歌已经存在20或30年，那说明它必然具备某些特质。真正的挑战在于找到进入那首歌的大门，打开它，然后重新探索它，"他解释道，随后又说，"但如果你有一支出色的乐队，那这个过程会轻松很多。"

去年年初，克里斯蒂安·费夫雷（一本法国热门摇滚杂志的编辑）邀请一些与科恩风格相似的音乐人翻唱了他们最喜欢的科恩歌曲。致敬专辑最终名为《我是你的歌迷》，标题非常合适，为其献唱的歌手包括R.E.M.乐队（《我们首先攻占曼哈顿》）、爱之屋乐队[2]（《谁燃于火》）、死亡名人乐队[3]（《真爱》[4]）及尼克·凯夫和坏种子乐队[5]（一版非常诡异的《歌之塔》）。这张专辑一共收录17首歌，其中绝大多数在情绪和演绎方面与科恩的原版非常相

1　亚伦·内维尔（Aaron Neville，1941— ），美国节奏与布鲁斯和灵魂乐歌手。

2　The House of Love，英国另类摇滚乐队。

3　Dead Famous People，新西兰独立流行乐队。

4　即《真爱不会留下痕迹》（True Love Leaves No Traces）。

5　Nick Cave & the Bad Seeds，澳大利亚另类摇滚乐队。

似——这也进一步证明了科恩对现代摇滚乐的影响。

科恩觉得这张致敬专辑在很多方面都非常出色。"我喜欢听不一样的东西，不同于我的原版的编曲和解读，"他说道，"绝大部分歌曲都让我深受触动。你期望在自己的作品中看到的正是这种触动。我会站在持久性的角度观察翻唱作品。这些语言还会有意义吗——歌词——音乐……这首歌能经得起检验吗？这首歌在创作时是以经受检验为目标的吗？"

科恩告诉我，一家英国出版社想重新出版《美丽失败者》，这本书依然在几个国家有售。"你会写很多烂歌……但你最初并不想写烂歌。你很清楚一首歌能不能经受住检验。我认为逊色的作品会销声匿迹是很合理的事。"他说道，"我从不期待自己的作品能畅销……它也确实没有大卖。但它确实让我过上了一种非常自由的生活。并非奢侈，而是自由。"

但自由并不一定意味着轻松。"整个过程的得体和顺利程度堪比一只熊从住满了蜜蜂的蜂巢里偷蜂蜜。"科恩低声笑着说道，"我的意思是，你一直在挣扎……对我来说，这个过程非常艰难，会犯很多错误，要不断从头开始。以下四项中的每一项——写作、录制、排练、巡演——想要完成都非常困难。而且就像我所说的，结果并不一定是好的。但我必须通过这样的过程才能完成作品。"

尽管科恩经常被归入民谣创作歌手的行列，但他的音乐——包括《我是你的歌迷》中的翻唱版本——和他最喜欢的一些音乐有着相似之处。"包括乔治·琼斯[1]、乡村音乐、我们犹太传统中的伟大圣歌，"他若有所思地说道，"格里高利圣咏、节奏与布鲁斯在内的所有音乐。"

目前的项目，也就是这张新专辑，会是……莱昂纳德·科恩

1　乔治·琼斯（George Jones，1931—2013），美国著名乡村歌手。

的风格吗？"嗯，你会听见一把低沉单调、喋喋不休的烟嗓。"他说道，"因此人们可以判断这张专辑出自谁手。我很满意已经录制完的那些歌。作品的本质是重复……这是造就作品的根本。但只要人们给我充足的工作时间，我就对这样的生活十分满足。"

莱昂纳德·科恩：走入歌之塔

保罗·佐罗（Paul Zollo）｜ 1992 年 2 月采访，1993 年 4 月刊登于《歌论》（*SongTalk*）（美国）

与收录在本书中的绝大多数采访不同，这次采访的关注点几乎全部集中在歌曲创作方面。因此，这次采访为研究科恩的作品提供了珍贵的视角。

"一直以来，身为一名歌曲创作者，科恩对我而言就像一众凡人中的上帝。"记者保罗·佐罗说道，他是《美国歌曲创作者》（*American Songwriter*）的资深编辑，同时也是一名歌曲创作者，"单单是他住在我们这些普通人中间这一事实——具体来说是洛杉矶威尔希尔区中区，就让人觉得不可思议。这里就是传说中的歌之塔。还有那个伟大的男人本人——矮小利落，穿着一套黑西装，得到几个在那里工作的年轻女孩的照顾。"

"科恩的家非常简朴、干净，没有一丝杂乱的痕迹，与那个专注、忘我的灵魂相得益彰。"佐罗告诉我，"他对我说，所有这一切都是为了能让自己写出好的音乐作品，他在这个过程中不仅体现出了不亚于任何人的智慧，还展现出了更多的幽默感。"

"我浏览了他的衣柜，里面全是一模一样的黑西装。他的表情非常平静，这得益于他在鲍尔迪山山顶度过的时间，他在那里成为了一名僧侣，然而，他始终潜心于研究隐喻和韵脚，而他的僧侣同伴们则是在音乐之外的世界冥想。"

"对莱昂纳德而言，无论是过去还是现在，歌曲都是一切，当我们坐在他家楼上的办公室里，浏览写满歌曲的笔记本和修改稿时，我可以看出来，他忠于这种形式的完整性，并为此感到骄傲。在这次采访中，他告诉我，他对作品做了很多删节——每一次都有特定、具体的原因——而其他创作者如果能在创作时写出他删掉的那些片段，一定会欣喜若狂。在仔细筛选什么应该被放进作品，什么不应该被放进作品时，他会对脑海中出现的所有想法都采取完全开放的态度。但所有选择都是建立在深深的谦卑，对歌曲潜在面貌的尊重，以及对音乐的热爱之上。"

"和那次采访前相比，他的地位上升了不少。"佐罗发现，"那次采访发生在他的世界巡演和最近收获的一系列世界性成功之前。那时，传奇之作《哈利路亚》也还没有登上如今的权威地位。这种事情在当今的音乐界很少发生，更何况《哈利路亚》从来都不是莱昂纳德的畅销金曲。这首歌如此有名的原因首先是因为它确实非常出色，因此，无数的歌手选择翻唱这首歌，孜孜不倦地将它重新带回我们的文化。一首歌曲在当今世界依然能具有如此的重要性，这对歌曲创作者来说是一个好的信号。而这一切都源于科恩对歌曲的珍视。"——编者

我们盘腿坐在莱昂纳德·科恩的洛杉矶家中二楼。他的书架上有很多自己写的书，包括两本小说和其他诗集。窗外正下着瓢泼大雨，他正在浏览眼前的数百本笔记本，几十年来，他在其中留下了数千页纸稿，上面记录着无数歌曲，和反反复复的修改痕迹。他留下的每一节诗和歌词背后，都有无数被删节的片段。我提到收录在《未来》中的那首惊为天人的《民主》（Democracy），我告诉他，一个普通作者但凡能写出那6段歌词中的两段，都会非常满意，然后他说："我写了60段。"

他的歌之塔并不是很高，如我所见，只有两层楼，但对他来说，

这既是孤独的堡垒，也是工厂，在这里，他说："我竭尽所能召集了所有不同的自我，组成这份力量、这个团队、这个军团。"在这里，他的创作过程好比酿造上等美酒，他用数年——甚至数十年的时间赋予歌曲内涵，让它们趋于尽善尽美。他引用《塔木德》里的"每一代都有美酒"来代指每隔几年出现的新生代歌曲创作者。但他自己的作品持续数十年在一代又一代人之间传递，他在1992年发表的专辑《未来》中倾注的智慧丝毫不亚于1967年的首张专辑。"我知道我在音乐的道路上已经走了很远，"他说道，"但是从这条路上的某一处开始，创作的过程变得更为困难。"

同迪伦、西蒙[1]以及其他少数创作者一样，科恩将流行音乐的语言升华成了诗歌。同样，科恩像迪伦和西蒙一样，会一遍又一遍地修改自己的作品，直到它们臻于不可思议的完美。然而，他并不需要迪伦来给他启发，教他如何把歌写成诗。早在迪伦出道之前，他就已经写了很多诗，还出版了两本广受好评的小说，诗人艾伦·金斯堡曾评价称："迪伦让所有人感到震惊，除了莱昂纳德。"

最早期的时候，科恩是加拿大乡村乐队"鹿皮男孩"的成员，除此之外，他还是如今以"蒙特利尔诗歌学派"的名字为人所知的团体的一员。不用吉他弹民谣时，他会吟唱自己的诗。科恩成为将文字和音乐融为一体的歌曲创作者不过是时间的问题。

对他来说，无论是过去还是现在，歌曲创作都是一项因热爱而做的工作。曾经在好几年的时间里，他根本没想过要成为一名职业音乐人。"我们以前玩音乐纯粹是因为好玩。跟现在完全不一样。现在如果不付钱，没人会拿起吉他。现在，每个拿起吉他的孩子都是冲着某个目的去的。"

1　即保罗·西蒙。

他写的第一首歌标题非常贴切，叫《吟咏》（Chant），这是一首被他随意改编成歌的诗："拥抱我，我心中的光，温柔的光，拥抱我，月光在你嘴中……"约翰·哈蒙德，那位发掘了迪伦、斯普林斯汀和比莉·哈乐黛[1]的星探，在听完几首莱昂纳德早期的作品之后，对他说"你成功了"，然后将他签在了哥伦比亚唱片公司旗下。

他的第一张专辑《莱昂纳德·科恩之歌》非常出色，是一张所有歌曲创作者和歌手都梦寐以求的出道作品。同之后约翰·普林[2]和里基·李·琼斯[3]等创作者的出道作品一样，科恩的第一张专辑体现了一种超凡的创作水准、一种令人惊叹的成熟，以及在一般出道专辑中无处可寻的优雅。在《苏珊》和《仁慈的姐妹》等歌曲中，科恩超越了流行音乐领域，触碰着音乐与文字在此前从未抵达过的地方。

他之后发行的专辑依然回荡着美丽、私密的诗歌，在《切尔西酒店二号》《圣女贞德》和《著名的蓝色雨衣》等经典之作中，歌曲创作的边界被不断地拓宽。科恩在《电线上的鸟》中展现的纯粹的勇气令克里斯·克里斯托佛森[4]深受感动，后者要求将这首歌的第一节歌词作为自己的墓志铭刻在墓碑上："像一只电线上的鸟，像一个午夜唱诗班的醉汉，我已经试过用自己的方式追求自由。"鲍勃·迪伦对科恩的评价非常准确，他认为科恩的歌几乎已经与祷词无异。没错：科恩所有的作品中都存在一种神性，以及一种永恒的虔诚之美，几乎与一切现代性相背。

1934年9月21日，科恩出生于蒙特利尔。他的父亲在他9岁

1　比莉·哈乐黛（Billie Holiday，1915—1959），美国传奇爵士歌手。

2　约翰·普林（John Prine，1946—2020），美国乡村创作歌手。

3　里基·李·琼斯（Rickie Lee Jones，1954—　），美国创作歌手。

4　克里斯·克里斯托佛森（Kris Kristofferson，1936—　），美国乡村歌手。

时去世。17岁时，他进入麦吉尔大学学习，在那里组建了"鹿皮男孩"，并写了自己的第一本诗集《让我们比照神话》。他的第二本诗集《尘土香料盒》于1961年问世，在世界范围内广受好评。然而，在科恩的职业生涯中，作品的销量始终无法和它们收到的评价成正比。"我无法维持生活。"他说道。

他和玛丽安·扬森（Marianne Jensen）（编注：玛丽安与前夫分手之后使用的是本姓"伊伦"，她的前夫和她的儿子一样，都叫阿克塞尔）还有她的儿子阿克塞尔·扬森（Axel Jenson）一起在希腊伊兹拉岛上生活了7年。在那段时间里，他出版了诗集《献给希特勒的花》，和两本小说，《至爱游戏》与《美丽失败者》。

和之前一样，这些作品收获了如潮好评，经济收益却几乎不可见。《波士顿环球报》写道："詹姆斯·乔伊斯没有死。他以科恩之名生活在蒙特利尔。"评价与销量的不平衡让他感到非常沮丧，他抛弃了小说家的身份，搬到美国，成为了一名歌曲创作者。

俗话说："细节决定成败。"科恩多次向我们证明，细节之处见神圣。他曾经对詹妮弗·沃恩斯说："只有最具体的答案才能被普遍接受。"正是科恩的歌曲中这种独特的具体性，让听众不仅能具体地想象一首歌，还能进入它。举个例子，那首不可思议的《苏珊》，那是很多创作者梦寐以求的作品，正是科恩对细节的描绘和萦绕于心的旋律令这首歌脱颖而出，震惊众人。

我告诉他，有人居然能写出这样一首歌，这在我看来简直不可思议，他表示赞同，没有一丝自大的表现，而是带着一种平静的敬意。"确实不可思议。"他温柔地说道。

科恩在对话时常常展现出一种惠特曼式的风格，他总是会联想到各种具体的人类行为，并有感而发，这些行为呼应了他的歌中那些令人动容的细节。比如，当被问到现在的歌是否还有意义时，他就何谓有意义的歌给出了一番漂亮的阐述：

"不论何时，人都会遇到对自己而言有意义的歌。人们在调情、寻找妻子、生育孩子、洗碗、度过每一天时听的歌，在我们看来或许没有意义，但这些歌的意义得到了别人的肯定。永远都会有一个人用自己的行为去肯定某首歌的意义，或许是将一个女人拥入怀中，或许是在它的陪伴下度过长夜。这些行为赋予歌曲以意义。"

"不是歌曲赋予人类行为以意义。而是人类行为赋予歌曲以意义。"

保罗·佐罗（以下简称PZ）：你一直在写歌吗？还是只在要发表专辑时写？

莱昂纳德·科恩（以下简称LC）：我一直在写歌。在歌曲与歌曲产生联系的过程中，我能做的只有继续写。我希望自己是那种写歌写得很快的人。但我不是。所以我需要花很多时间才能最终确定一首歌的模样。因此我大部分时间都在写歌。

PZ：你所说的"一首歌的模样"是否是指意义层面的模样——意义赋予一首歌的面貌？

LC：没错。写歌的时候，我脑海里首先会出现几个简单粗糙的版本。虽然这些版本或许已经可以被称为歌曲，但我没法唱这些歌。我想唱的那首歌，那首可以吸引我、扫除我对自己的厌倦和对自我观点的无感、能克服所有这些障碍的歌，在我看来必须带有某种迫切性。我需要尝试很多版本，经历很多次探索才能写出那首我有兴趣唱的歌。

PZ：你的意思是，你在试图实现即时思维无法实现的东西？

LC：我的即时思维非常程式化，像一场交通堵塞。我平时的思想状态像是在机动车辆管理局等候室等待。或者，正如我在一首四行诗里写的："我脑中的声音，它们不在乎我做什么，它们只想就一件事争论不休。"

所以为了终止这场几乎占据了我所有注意力，喋喋不休、毫无意义的争论，我必须写出一些东西，真正触及我内心深处的兴趣。否则，我迟早会无聊到睡着。所以为了写出那首歌，那首具有紧迫性的歌，我需要尝试很多版本，付出巨大的精力和努力。

但我的工作为什么不该艰辛呢？大部分人的工作都很艰辛。人们总认为灵感的确存在，它来得既快又容易。有些人确实能依赖灵感创作，但我不行。所以我必须笨拙而勤奋地工作，努力产出。

PZ：这么说，你不是那种灵感泉涌的创作者？

LC：我已经很久、很久没有灵感了。而且我也不确定自己之前是否有过。

我的朋友，杰出的加拿大诗人欧文·莱顿曾经说过："莱昂纳德的思想从来没有被灵感玷污过。"他的本意是在夸我。他跟我非常亲近，所以他了解我，他所说的是事实。我没有灵感。我不会投机取巧。我有一些观点，但我对它们并不坚持，它们中的大多数都令人厌倦。有时候为了在社交场合的对话中配合别人，我必须搬出那些观点。但我有点健忘，而且我的那些想法悬浮在我对自我和他人的极度无感之上，所以为了写出那些真正触及和回应我的关注的歌，我必须付出很多艰辛的努力。

PZ：这些努力包括什么？

LC：不断修改的各种版本。等他们打扫完之后，我带你上楼，我给你看这张专辑里收录的其中几首歌前后反复修改的各种版本。

PZ：你写了整整好几本笔记本？

LC：整整好多本。我很高兴能和同行谈论这个话题。如果有人知道我的创作过程如此缓慢、坎坷、艰辛，或许会深受鼓舞。

比如，《打烊时间》（Closing Time）这首歌起初是3/4拍，带有一种非常强烈、伤感、忧郁的乡村风格。歌词也完全不同。那个版本开头是：

> 停车场空空荡荡/他们关掉了百威的灯牌/从这里到圣若贝的路很黑/沿路都很黑/他们应该给夜晚开罚单/因为超速是犯法的/我有很多话想对你说/啊，可是现在已经到了打烊时间。

我尝试录了那首歌。但我唱不出口。换一位歌手或许可以唱得很好。这首歌条理非常清晰。我觉得是一首好歌。一首值得获得肯定的歌。但我唱不出口。

那首歌没有回应我所关心的事情。写完这首歌让我觉得很开心，但也仅此而已。当我试着唱这首歌的时候，我意识到，这首歌源自我的无聊而并非关切，源自我想完成一首歌的欲望，而非能赋予作品吸引力的迫切性。

所以我重新开始写那首歌。我又从头到尾写了整整一本笔记本的歌词和想法。然后把最终版本放进了专辑里。（我的）歌基本上都和刚刚我提到的那首歌一样，整个创作过程非常坎坷。

PZ：一般来说，你是不是先写完旋律，然后再花很长时间写歌词？

LC：它们是一起出现的，然后一起挣扎，彼此影响。一旦我开始修改歌词，原来的旋律将不再能承载新的细节和意义。所以这句修改的歌词对应的旋律需要做出改变，于是下一句歌词的旋律，再下一句歌词的旋律都需要相应做出改变，整个过程就这样环环相扣，痛苦、缓慢。

PZ：你写歌的初衷是因为脑海里有了关于歌词的想法吗？

LC：我写歌的初衷是寻找自尊。是为了拯救一天的生活。为了让这一天不至于虚度。我是带着这种渴望创作的。

PZ：你是用吉他写歌吗？

LC：我以前经常用吉他写歌，但现在一般用键盘。

PZ：你写歌时使用的乐器会影响这首歌最后的效果吗？

LC：毫无疑问有影响。我只会一种吉他演奏的技巧。但其他吉他手都会很多种。尤其是那些职业吉他手。我只会一种。但很少有人能模仿我的这种技巧。所以其他吉他手其实会反过来羡慕我，因为他们知道自己无法模仿我的技巧。我写的很多好歌正是建立在这种技巧的基础之上。

但是用键盘写歌的话，我可以设定风格和节奏。我可以用我无法靠吉他实现的方式写歌。有一些节奏，我听过但我没法用吉他弹出来。所以键盘确实在很大程度上影响了这些歌。

PZ：用键盘写歌会更自由也会更受限。你得用某种设定好的模式，但与此同时，你不需要再依靠吉他。

LC：对一个被困在歌之塔地牢里的人来说，无论是"自由"还是"限制"，都太过奢侈。这些都只是……概念。我没有受限的感觉，也没有自由的感觉。我只有工作的感觉。我有一种在努力工作的感觉。

PZ：这种努力会让你感到愉快吗？

LC：会有一定的好处。人的精神体格会变得强壮。当你走在坎坷的思维之路上时，这种努力会让你从容不迫。你的行为会呈现出一种稳重。但大多时候，这种努力都无济于事。只是辛勤的付出而已。

但我认为，对人来说，失业是一种巨大的痛苦。那些有工作的人也处于失业状态[1]。事实上，大多数有工作的人都处在失业状态。在快乐与感激中，我想说，我有工作，而且很忙碌。或许努

1　原文为"unemployed"，也有"未被充分利用"的含义。

力的付出便意味着得到充分利用。我们都认为不工作才是明智的。诡计、花招，这些东西在我们的道德体系中被抬到了很高的地位。如果我能在自己的作品中用点手段，或者耍个花招，或许我也会赞成这种工作哲学。但我是一个对待工作非常古板的人。我需要连续忙碌工作很多、很多个月才能破解歌曲的密码，去发现歌曲究竟是否成立。

PZ：破解密码的过程是不是一个不断思考这首歌应该表达什么的过程？

LC：这个过程中什么都有可能发生。思考、冥想、喝酒、幻想破灭、失眠、假期……

因为一旦一首歌开始进入程序，我就会用我能找到的一切来完成它。而我需要一切。我尝试一切。我尝试忽略，尝试克制，尝试变嗨，尝试喝醉，尝试清醒。我将自己的每一面都注入到作品中，参与创作，贡献力量。

PZ：根据你的经历来看，哪些尝试的效果更好？

LC：没有任何一种尝试奏效。如果你坚持得够久，那么一首歌终究会被你驯服。但所谓的"够久"无法用任何你所认为的合理标准来衡量。事实上，这种"久"是无法想象的。它远超你所认为的"久"。

如果你认为是一周，那这还不够久。一个月，还不够久。一年，也还不够久。10年，依然不够久。

我花了10年时间写《颂歌》（Anthem）。这首歌我录了3次。不仅如此。我本来准备把这首歌收录在上一张专辑里，我在那一版里使用了弦乐、多人声、叠录等元素。那首歌当时已经全部完成了。然后我听了一下最后的版本。歌词、旋律和节奏都有问题。那首歌里存在着某种谎言。在那首歌里，有些事实我没有说出口。

那首歌没有体现庄严性。那个该死的版本是有问题的。我只知道我没法唱那首歌。你可以从歌声里听出来，那个唱歌的人在欺骗你。

PZ：在某种程度上，《颂歌》是对鲍勃·迪伦的《一切都已破碎》（Everything Is Broken）的回应吗？

LC：我在《民主》里写了一句歌词专门用来回应迪伦的那首《一切都已破碎》："歌手说一切都已破碎，画家说一切都是灰色。"但是，我在迪伦那首歌发表很久之前就写了《颂歌》。最终写好是1982年，但它在那之前就开始成形了。

PZ：包括那句"万物皆有裂缝"？

LC：那句话很久以前就有了。我大部分作品的背景都是这句话。我的很多作品里都有类似的句子。我在很多歌里反复地运用它。但我一定是还没能彻底把握它。

PZ：你之前说你没有任何想法，但这明显就是一个。

LC：没错。我所说的没有想法，是指没有以概念的形式出现。对我来说，想法是以画面的形式出现的。我并不是从哲学概念的角度出发去说明人类行为是不完美的、有缺憾的，只有在接受无法避免的缺憾后，我们才能发现真正的人性，以及我们与神圣力量之间真实存在的联系。我不是那么想的，我看见了某些破碎的东西。这是一种不同的认知方式。

PZ：那些画面通常是怎么出现的呢？

LC：慢得要命。这些画面就像一座收费站，它们专门问你要一些让你无所适从的东西。

它们说："我们这儿有好东西。你打算拿什么来换？"我有智慧。我有头脑。"不，我们不要。"我知道有关诗人的一切。"不，我们不要。"我有一些技巧，我可以用手指弹奏吉他。"不，我们也不要。"好吧，我有一颗破碎的心。"不，我们不要。"我有一个漂亮的女友。"不，我们不要。"我还有很多东西，然后那个收费员说："那些东西都没用。我们想让你陷入一种你完全不适应的处境。你无法辨认的一种处境。我们想让你陷入一种你只能被动行事的处境，你要接受其中的一切。"这种情况你该怎么办呢？

PZ：答案是什么？

LC：（笑）我不知道。但我一直以来都很幸运。我愿意付出代价。

PZ：代价有多高？

LC：（停顿）很难说。因为它一直在变，所以很难说。

PZ：所以你的意思是说，你在自身之外寻找作品？

LC：如果我知道那些好歌源自哪里，我一定会频繁前往。你在创作时所处的处境非常神秘。你就像一个天主教修女。你嫁给了一个谜团。

PZ：对你来说，歌之塔是流放地还是静修地？

LC：我觉得你可以把它当作是静修地，但它不会具备那样的效果。你最好把它当作一家工厂。它是工厂和妓院的某种结合。但它只是歌之塔而已。

PZ：你之前提到写歌时所付出的辛勤努力，我想其中的一部分原因是你的歌词内容非常丰富，你的歌词都很长。我想别的创作者写出两段《民主》里的歌词之后就会停笔。

LC：我差不多写了60段。我用这些歌词写了三四首歌。我觉得《民主》最终的形态可以有三四种可能，这首歌也确实有三四个版本。我选择的这个版本是当时我在做选择时最想唱的一版。我几乎提到了所有当时正在美国上演的现象。

当时柏林墙被推倒了，所有人都在说民主将会降临东德。而我就像那个在派对上破坏气氛的扫兴鬼。我说："我觉得不会。我觉得这不是一件好事。我认为柏林墙倒塌的后果是巨大的痛苦。"然后我问自己："那么民主究竟将在哪里实现？"答案应该是美国。然后我写道：

> 它不会是欧洲式的风格/笑容背后的集中营/它不会来自东方/那里的狂欢不过片刻/德古拉伯爵正沿着道路缓缓走来……

所以当其他人都在欢呼雀跃的同时，我觉得这种狂欢的氛围，蜜月般的氛围是不合理的。

所以，是这些国际事件为这首歌提供了背景。当然，还有我对美国的爱。我认为美国的反讽意味在这首歌里很显著。

这不是一首反讽作品。这首歌表达了我对这个国家的民主实验的关切和肯定。这一实验正在美国展开。在那里，不同种族、不同阶级、不同性别、不同性向者正在彼此对峙。那里是真正的民主实验室，所以我想在这首歌里表达这种感受。但我也谈论了黑人和犹太人之间的关系：

举个例子，我写道：

> 首先，我们杀了上帝，然后偷走布鲁斯/这些贫民窟的人总是出现在报纸上/但在那黑人背后大笑的究竟是谁/当他开了一个有关犹太人的小玩笑？/谁会真正受益，谁会真正付出代价？/究竟是谁将载满奴隶的船驶进查尔斯顿港？/民主将会降临美国。

我写了一些类似的歌词。

PZ：你为什么把它删掉？

LC：我不想破坏那种颂歌式的氛围。我不想让这首歌变得太具冲击力。我不想在歌里引战。我想实现一种心灵的启示，而非对峙、备战或者防御。

我还写了很多类似的片段，这首是暴乱之前写的：

> 无家可归者栖身的教堂/圣化鲜血的清真寺/一如你的手指，一如沙漏/我们可以逃离但无法逃脱金字塔上的眼睛/和美元的残酷展览/律法背后的律法/我们仍遵守的律法背后/民主将会降临美国。

还有很多类似的歌词。都很不错。

PZ：很难想象你居然能写出这样的歌词，然后还把它删了。

LC：问题是，即使我最终要删掉一段歌词，我也必须先把它写出来。即使这一段很差——刚刚提到的那两段只是恰巧还不错——但是写糟糕的歌词和写好的歌词并没有区别，两者需要投入的时间一样多。有人说过，写烂书和写好书一样难。所以写糟糕的歌词和写好的歌词也一样难。我不能在写完一段歌词之前就删掉它，因为只有写作才能创造出绽放光芒的东西，无论是快乐还是趣味，又或是其他东西。要想看见宝石的光芒，你必须先完成切割工作。你不可能在原矿中发现光芒。

PZ：我喜欢那句"我很顽固，就像不会降解的垃圾袋/我是垃圾，但我依然手持着这一小束野花。"

LC：我们大多数人都是中产阶级，我们对民主有着一种19世纪的落后理解，尽可能简单地概括一下，差不多就是，大众都会爱上莎士比亚和贝多芬。这差不多就是我们对民主的理解。但事实不是这样。民主意外地来自于我们认为是垃圾的东西：我们认为是垃圾的人、想法、电视节目。

PZ：你还写过："大师说这是莫扎特的作品，但它听起来像棒棒糖音乐。"垃圾有时候也会被吹捧成伟大的艺术。

LC：也有些东西被贬成垃圾，但它其实是伟大的艺术。你应该还记得很多摇滚乐都得到了权威专家、音乐学家，甚至是赶时髦人士的欢迎。而把我贬得一文不值的人，不是每天坐地铁的那些人。他们根本不认识我。而是那些在各种流行报刊、大学校报和音乐刊物上写专栏、赶时髦的人。

所以你很难知道一件作品会得到怎样的裁决。这个游戏之所以有趣，是因为每一代人都会修改游戏规则，根据自己的理解定义诗歌和歌曲。他们总是会否定前几代人仔细考虑过后做出的结论。我的意思是，那些时髦人士有没有想过自己也会成为某一代人奚落的对象？风险、机遇、吸过的大麻和致幻剂，他们认为自己的这些选择非常勇敢和大胆，并因此自以为是、骄傲自大，但他们有没有想过这个世界对此完全无动于衷？他们有没有想过自己会被当成像卡通人物一样可笑的人？没有。

每一代人都是这样。我记得有这么一句话："谁与本世代的精神结合，就将在下一个时代成为鳏夫。"

PZ：你写了好几本小说和诗集。你曾经说在成为歌曲创作者之前，作为小说家的你过着平静的居家生活。身为歌曲创作者的生活与作为诗人和小说家的生活相比，是不是完全不同？

LC：以前确实完全不同。以前即使很忙，我也能写歌。我以前也很努力，不过直到1983年我才真正开始竭尽全力。我以前一直很努力。但直到某些变化的发生，我才意识到自己应该要真正开始努力了。

PZ：你知道是什么变化吗？

LC：我并不是非常清楚。或许是感受到了一切并非无限，事物终有尽头。

PZ：歌曲创作有尽头？

LC：不，生命有尽头。你意识到自己确实是凡人。我不知道具体是什么变化，我只是在猜测。但到了某个时间点，我发现自己在用年轻时写小说的专注度写歌。换句话说，你每天都要写，而且不能停下太久，否则会忘记究竟该怎么写。

PZ：你以前不是这么写歌的吗？

LC：也是，但我所说的是努力的程度。我一直觉得自己在创作时非常努力。但我一直不明白努力的真正含义，直到有一天我坐在皇家通酒店简陋的小房间里，全身上下只穿着内裤，匍匐在地毯上，连一段歌词也写不出来。我知道马上就要开始录音，我知道我可以靠已有的素材度过这一关，但我现在没法写完。

我渐渐觉察到这种变化，我知道我必须用一种此前从不了解的方式写歌。

PZ：早年你写《苏珊》和其他歌的时候，是不是写得很快？

LC：不，不，我用了很多个月才写完《苏珊》。关键是强度的问题。那时候我还有时间做别的事情：生活、女人、梦想之类的。某一刻，我意识到我只能依靠一样东西了，那就是"歌"。其余一切都已被毁或受损，我无法再回头，我是一个手里只有一颗球的杂技演员。为了给这种荒谬的表演正名，我必须用这颗球呈现精彩绝伦的表演。

不然你打算用这颗球做什么？你已经不再拥有三颗球了，你只剩一颗。或许也只剩下一只手。你打算做什么？你可以用手腕抛球，也可以用头顶球。你必须想出一些非常精彩的动作。你要从头学起。这就是我学到的经验：你必须要从头学起。

《苏珊》和《等待一个奇迹》（Waiting for a Miracle）之间存在一种连续性。毫无疑问，必然存在，因为它们是同一个人写的。或许好比你是一个鞋匠，然后你失去了一只手。你是一个非常出色的鞋匠，或许不是最好的，但绝对排得上前十。你失去了一只手，但没有人知道。他们知道的只是你的鞋依然做得很好。但工作坊

319

里的你却用牙齿叼着鞋边，低着头，靠另一只手敲打定形。用这种方式做鞋简直就像是表演杂技。做出来的鞋或许还是一样的，但这过程变得困难无比，但是你不能抱怨。

所以或许这就是事实，我被彻底击倒了，这意味着我必须加倍努力才能得到与之前相同的结果。我没有做任何观察和估量。但我知道这个过程变得困难无比。

PZ：你为什么从写小说和写诗转去写歌？

LC：我从来不觉得这些事情存在任何不同。某一刻，我意识到自己已经无法（靠写诗和小说）维生。但为了解决经济问题而去成为歌曲创作者是一件非常愚蠢的事，尤其是如果你已经三十出头。所以我不知道我为什么还是这么做了，我也不知道我为什么会去做任何事情，我从来都没有任何计划。我只是随机行事。

我自认为《美丽失败者》是一部非常出色的小说。很多权威都说它意义非凡。但谁知道究竟是不是这样呢。我获得了很多认可。但我无法维持生活。这本小说只卖了几千册，所以再写一本小说是一件非常愚蠢的事。我不想教书，我完全没兴趣。

我不适合成为老师。我太过放荡。我得经常熬夜，我的生活节奏需要很快。那份工作不适合我。

PZ：你有想过再写一本小说吗？

LC：想过，但我真正喜欢的是写小说时的生活方式。写小说的时候，其他任何事情你都做不了，我喜欢这种感觉。你必须待在某一个地方。我现在写歌也是一样。我不能离开我的合成器和苹果电脑。我也不能分心。（否则）我会轻易就忘了当前在做的事。

PZ：如果在写完一首歌，并且在观众面前表演之后，你还能再次进入写这首歌时的心境，你会不会感到格外满足？

LC：能为观众唱歌是非常珍贵的机会。是莫大的荣幸。这种方式可以很好地考验你的勇气，考验这首歌，甚至考验观众。

PZ：你之前说，你只会写自己能唱的歌——

LC：我的意思并不是说这些歌有好坏等级之分。只是我能唱的歌需要具备某种形态。否则我的声音无法演绎那首歌。

比如《带妆彩排拉格泰姆》这首歌，我录了一次，但我之后绝对不会再唱。朱迪·柯林斯翻唱了这首歌，而且比我的版本好。我绝对不会在演出的时候唱这首歌，我唱不了。

我能不能唱跟一首歌好不好没有关系，关键在于它要适合我的声音和心境。

PZ：你刚刚说你唱不了之前的几版《颂歌》，因为其中存在谎言。这是否意味着，你所唱的歌必须要具备真实性？

LC：它们必须具备我所认可的真实性。它们必须要在真实与谎言、光明和黑暗之间达到一种平衡。

PZ：詹妮弗·沃恩斯说你曾经告诉她，最具体的答案才能被普遍接受。

LC：没错。很多优秀的作家都给过我们这样的建议。比如你不应该说"这棵树"，你应该说"这棵悬铃木"。

PZ：为什么？

LC：我不知道。这甚至都不完全是真的。但它还是具备一定的真实性。我们很容易接受细节。我们渴望细节。你的每一天都是由各种细节组成的，即使你无法了解别人一天中的细节，但只要回想一下你自己一天当中的细节，你也不会只用"时光流逝"这样笼统的句子。你应该说"看《袋鼠队长》(*Captain Kangaroo*)"而不是"看电视"。坐在客厅里"对着令人绝望的小屏幕"。不要只说"电视"，应该说"令人绝望的小屏幕"。

我觉得这些细节会让我们感到愉快。因为我们可以通过细节分享生活。无足轻重和孤立无援的感觉才是让我们遭受痛苦的原因。

PZ：这也是你的作品如此出色的原因之一，其中充满了大量细节。我们听到的很多歌都非常空洞，完全没有细节。

LC：我喜欢听到细节。我今天早上刚写了一句歌词，那首歌的名字叫《我从不擅长爱你》。那句歌词是——我还没有最终完成——"我在躲避律法的审判，我想你知道，它会宽恕你"或者"我想你会原谅我"。后来我又想到一个比较抽象的版本，有关旧律法和新律法，有关《旧约》和《新约》："我在躲避律法的审判，旧的和新的，我想你会原谅我。"不行，我想了想，太知识分子了。后来我又想到："我在躲避警察，还有劫匪，我想你会原谅我。"这句里有警察也有劫匪，因此它变得易于理解，平常很多，也因而更有意义。

PZ：这三个版本都不错。你的很多歌词——当然，我知道你付出了艰辛的努力，而且反反复复地修改——都让人感觉必然如此。这些歌词不像是被刻意写出来的，而是本身就如此完美。

LC：谢谢。有人说过，艺术的关键在于隐藏。

PZ：你的作品中有很多隐藏部分吗？

LC：除非你想在作品中加满箭头，（展示）你的思路和手法，当然这也可以。我也很喜欢精心修饰的作品。

犹太人第一次被命令建造圣坛的时候，诫律被写在未经凿刻的石头上。很明显，上帝不希望看见一个精致、精美的圣坛。他希望这个圣坛是由一块又一块未经凿刻的石头堆砌而成的。或许你便会因此去寻找这样的石头。或许这正是上帝希望建造圣坛的人经历的过程。

我觉得迪伦有好几百句歌词都像未经雕琢的石头。但那些歌词很合适。它们没有经过精心修饰。那些歌词是灵感的结果，而非修饰的结果。

但这并不意味着他的歌词都是这样未经雕琢。像他那样的天才，可以自如地展示各种形式和风格的作品。

PZ：你在写刚刚提到的这些歌词的时候，是脱离音乐单独进行的吗？

LC：不。我已经不记得是歌词先出现还是旋律先出现了。我知道这首歌有了眉目，但我一直在笔记本和合成器之间来回工作，试图写出一首完整的歌。最后的结果是一首带有摇摆节奏的歌。一首类似于《蓝莓山丘》（Blueberry Hill）的6/8拍的歌。

PZ：所以在写歌词的时候，你心里始终会有一段配合歌词的旋律吗？

LC：对，通常来说是的，歌词本身的节奏会提示你，音调什么时候应该往上升，什么时候应该往下降。我想这就是旋律最早的雏形。

PZ：我之所以这么问，是因为和大多数作品不同，你的歌曲始终具有完美的长度和韵脚。因此，在我看来你可能是在脱离音乐的情况下，专注于写作歌词。

LC：事情不是这样的。因为旋律对于歌词的长度或密度以及音节的密度都有着非常大的影响。

PZ：你说你工作时会用苹果电脑。你用它进行音乐方面还是歌词方面的工作？

LC：我喜欢用电脑整理歌词和音乐。我通常会把它们先写在纸巾上，然后再誊抄到笔记本上，最后再整理到电脑上。一直这样反复。素材会慢慢积累到足够的数量。我喜欢那个时刻。

据说《托拉》[1]是由黑色的火焰在白色的火焰中写成的。电脑也给我一样的感觉，明亮的背景和黑色的亮字。屏幕上的字会给我一种戏剧性的庄重感。而且电脑的文字处理功能还可以复制、

1　《托拉》（*Torah*）即《圣经·旧约》的前五卷，为犹太人的律法书，又被称为《摩西五经》。

粘贴。但一般来说，我还是会借助纸巾和笔记本。在歌曲制作过程中的某些阶段，为了研究这首歌，即使未完成我也会先模拟出一首完整的歌。

PZ：你刚才提到，《民主》中有一段被删节的歌词是关于犹太人的，在《未来》中，有一句歌词是这么写的："我是那个写《圣经》的小犹太人。"我们有很多出色的犹太裔歌曲创作者，但是他们当中很少有人会在歌里提到自己是犹太人——

LC：（笑）我写完那句歌词之后自己都笑了。我的一个朋友跟我说："我谅你也不敢保留这句歌词。"

PZ：那你有想过删掉它吗？

LC：我想把一切都删掉。每时每刻。我觉得我有一种酒醉后的无畏。大多数人都不愿意删掉自己写的东西。但我完全相反。我随时愿意放弃整首歌，然后从头来过。

我觉得这样做也存在问题，因为或许在这过程中，我放弃了一些非常出色的作品。它们被掩埋在了某个地方。

PZ：你会不会在之前放弃的作品基础上继续创作？

LC：我一直都会重复使用那些歌。

PZ：作为一个犹太人，你认为这种身份有没有影响你的创作？

LC：我不知道。我一直都只是犹太人。所以我也不知道如果没有这层身份，事情会发生什么变化。你可以拒绝也可以接受这个身份。你可以用无数种态度来对待这一身份，但你不可能改变这个事实。

PZ：你研究过《托拉》和《塔木德》吗？

LC：有，有过，但并没有深入研究。

PZ：《未来》这首歌是A小调，你在写这首歌的时候，是不是根据它的风格才选择了这个调？

LC：没错，但我不会像［"乐队"（The Band）乐队的］贾思·赫德森（Garth Hudson）那样——他对调式调性、音色，以及不同调式调性传达的情绪深有研究。我觉得这种思考很有价值，但我没有能力这么做，因为这些调我根本就弹不全。所以我无法研究它们的效果。我可以靠合成器实现对它们的运用，但我不会做那些分析。

PZ：你觉得是不是每一种调式调性都有对应的音色？

LC：我认为是的，但在我看来，应该是音域。有一些调式调性会让音调变得很高。这些年，我的声音变得越来越低沉，而且这种变化还在继续。我之前觉得我的声音之所以变得越来越低，是因为我抽的五万根烟和足以填满好几个游泳池的威士忌。可我几年前就已经把烟戒了，但我的声音还是不断地变低。

PZ：你前几张专辑里的声音确实和现在完全不同。

LC：判若两人。确实发生了一些事情。我知道是什么。我的声音真正开始变化是在1982年左右。它开始变得低沉，然后我也渐渐注意到了这一点。

PZ：这种低沉的声音非常有感染力。这种变化让你感到开心吗？

LC：我很惊讶，尽管害怕得直发颤，惊讶于我居然敢承认自己是一个歌手了。我终于做到了。我从来没想过自己有资格做歌手，但这种声音让这个事实变得可以接受。我从没想过自己的声音能发展出任何的特征。

PZ：说回调式，你写歌的时候会尝试变调吗？

LC：嗯。说来很巧，我今天正好在想这件事，我以前从来没这么做过。我从来没有试过在歌曲中段变调。

PZ：有些变调很俗套。我无法想象你有哪首歌需要这类变调。

LC：我不知道。我觉得效果可能不错。我从来没有试过。我应该可以找到合适的方式——或许是在一句歌词的中间而不是开

325

头。应该会有一些窍门。

其实我在《颂歌》里也算尝试了一下。我从F升到了降B。那首歌因此变成了另一个调。所以说起来，那段副歌的调其实变了，几个挂留和弦之后，那首歌又再次回到原调。

所以我确实尝试过。

PZ：你觉得小调比大调更有感染力吗？

LC：我认为从不叠加七音的复合大三和弦转小三和弦的效果很不错。我很喜欢那种感觉。

PZ：《著名的蓝色雨衣》是A小调，副歌部分转到了C大调，非常美。

LC：没错。非常美。我想我是从西班牙音乐里学来的，西班牙的音乐中经常有这个变调。

PZ：你之前提到你丢弃了很多素材。你的自我批评声音在写歌的过程中始终都存在吗？还是说你会先写一点，然后再让那种声音介入？

LC：我会让所有声音都加入到团队中，合力工作，成为军团的一员。那些被舍弃的素材经历了很多声音的协作。

PZ：这些声音会干扰创作的过程吗？

LC：干扰还远远不够描述那种状况。（笑）应该说是一片混乱。情况一片混乱，所有人都在互相踩踏。一片慌乱。就像剧院着火了一样。大家都在遭受踩踏，他们是施暴者，是懦夫。你可以召集的所有自我都在那里。除此之外甚至还会有一些你自己都不知道的自我面向。

PZ：完成一首歌之后，你会不会有一种成就感？

LC：会。那种完成的感觉非常美妙。那是我最喜欢的一种感觉。结束的感觉。

PZ：那种成就感会持续多久？

LC：很久。我到现在还因为完成了上一张专辑而感到非常振奋，我6个月之前就写完了，但我现在依然感觉："天哪，我完成了这张专辑。简直太棒了！"一段时间之后，你只能和自己分享这种感觉。你的朋友或许会和你一起庆祝一天或一周。但他们并不会和你一起狂欢6个月："嘿，走，一起去喝酒。我6个月前写完了一张专辑！"大家很容易就会拒绝这种邀请。

PZ：喝酒会不会有利于你的创作？

LC：不会。没有东西会有利于我的创作。但有时候，喝酒会有利于我演出。当然，必须要谨慎。

PZ：你介不介意我列举几首你的作品，然后你再对它们展开谈谈？

LC：当然不介意。

PZ：《仁慈的姐妹》。

LC：那是我第一次一口气写完一首歌。那首歌的旋律部分我之前已经写了一段时间。我之前并不知道这首歌最终会变成什么样子。我记得我母亲很喜欢这首歌。

我当时在埃德蒙顿，那是加拿大北部最大的城市之一，那天下了一场暴雪，我和两个无处可去的年轻女背包客一起站在门廊上。我邀请她们回我的房间，房间里有一张大的双人床，她们很快就躺在上面睡着了。

暴雪和寒冷让她们筋疲力尽。我坐在窗边的沙发上，窗外便是萨斯喀彻温河。在她们睡觉的时候，我写完了歌词。我从来没有这么快就写完过。我觉得成为这类创作者的感觉一定很美好。

我只修改了几处地方，等她们醒过来后，我给她们唱了这首歌。我以前从来没有遇到过这种情况。在那之后也没有。

PZ：《嘿，我们不该如此分别》。

LC：第一支和我一起表演这首歌的乐队叫"风暴三叶草"，

他们住在多伦多郊外。我是在两家旅馆里写完这首歌的。一家是切尔西酒店，另一家是宾夕法尼亚车站酒店。我记得玛丽安在浏览我的笔记本时看到了这首歌，她问我："这是你写给谁的？"

PZ：《切尔西酒店二号》。

LC：（停顿）我刚到纽约的时候住在别的酒店里，我听说我可以在切尔西酒店里遇见很多和我一样的人。我确实遇到了（笑）。那个地方非常热闹、疯狂。有关那座酒店的记述有很多。

PZ：这首歌是写给詹尼斯·乔普林的吗？

LC：我泄露了这个信息，在这件事情上，我太大意了。当时我并没有意识到这一点。现在回头去看这首歌，我很抱歉我泄露了那些信息，因为这首歌里有几句歌词实在太过私人。但我已经泄露了，没错，这首歌是写给她的。

PZ：《哈利路亚》。

LC：我花了很长时间才写完这首歌。几年前，迪伦在巴黎的演唱会结束后第二天，我和他坐在一起喝咖啡，他之前在演唱会上翻唱了那首歌。他问我那首歌写了多久。我说写了两三年。其实我撒谎了。根本不止两三年。

然后我称赞了他的一首歌，叫《我和我》，我问他那首歌写了多久，他说："一刻钟。"（笑）

PZ：迪伦在《哈利路亚》刚发表的时候说，你的歌几乎已经与祷词无异。

LC：我不知道他这么说过，但我知道他确实对我的歌很感兴趣。我们之间有共同的兴趣。每个人都很关注迪伦，而我很高兴迪伦能关注我。

PZ：他的评价似乎是对的。像《哈利路亚》和《若你意愿如此》这样的歌确实具有一种神圣感。

LC：《若你意愿如此》的确是一首祷词。《哈利路亚》也带有那种感觉。我的很多歌都有。《与我舞至爱的尽头》《苏珊》。我喜欢教堂、犹太会堂和清真寺里的音乐。

PZ：这样的歌在当下尤其具有感染力，因为我们已经很难听到带有哪怕一丝神圣感的歌了。

LC：《未来》里有这么一句歌词："当他们说忏悔时，我想知道是什么意思。"我知道，好几百年前，他们就已经忘了该如何建造拱门。石匠们忘了该如何建造拱门，技艺已经失传。

在我们这个时代，一些让人受用的宗教概念已经被抛弃和遗忘。救赎、忏悔、复活。所有这些概念都已经被不分主次地遗忘了。人们开始怀疑宗教信仰，怀疑这些让人受用的救赎机制。

PZ：《著名的蓝色雨衣》。

LC：我觉得我从未完成这首歌。我觉得詹妮弗·沃恩斯的那版在某种程度上更好，因为那版是我特地为她写的，那版相对更自洽。我觉得人们可以从这首歌里看出一些斧凿痕迹，但我很满意其中的一些意象。这首歌的旋律也很悦耳。我想为它辩护，我觉得它是一首印象派作品。这首歌在风格方面实现了自洽。

如果必要的话我可以为这首歌辩护。但就我个人而言，我始终觉得这首歌里存在不自洽之处，这使它无法成为一首杰作。

PZ：我不同意你的说法。

LC：好吧，我愿意听听你的不同说法。

PZ：我觉得这首歌的出色之处在于，你间接地讲述了一个故事，没有泄露和揭晓全部事实，但正是因为这些你没有说或不能说的东西，这个故事变得更加引人入胜。

LC：没错。或许是的。我还在上学的时候，有一本书非常流行，叫《朦胧的七种类型》（*Seven Types of Ambiguity*）。这本书对"作者的意图"做出了批判。你必须忽略作者的意图。作者的意图，作者对这件作品的解读，以及作者对作品的看法和评价都不重要。

作品与作者对它的看法是彼此独立的。所以这或许确实是首好歌。我愿意接受你对它的看法。

如果你在乎那些东西，那你就会忙于没有意义的假设，人们总是在社交场合或者工作中陷入这种空想状态。这就像在建筑物着火时，你问里面的人他们在不在乎这幢楼。（笑）火灾逃生口在哪里？这是有关这座房子我唯一关心的东西。我可以打开窗户吗？

PZ：《我们首先攻占曼哈顿》。

LC：有时候我觉得，如今能激励我们、迷惑我们，或者吸引我们的力量，来自于极端势力。因此我们见证了马尔科姆·X[1]的出现。不知道为什么，只有这些极端立场才能吸引我们的注意力。当我发现自己正在逐渐成为一个针对自己的法西斯神秘主义者时，我决定必须抵抗这些极端立场。（笑）所以《我们首先攻占曼哈顿》这首歌究竟在讲什么？他是认真的吗？这个"我们"是谁？那些听他演讲的拥护者是谁？答案就是那些与持有极端立场者共享某种兴奋感的人。

我宁愿带着对成为极端主义者的渴望去唱这首歌，也不会去炸毁整辆载满学生的公共汽车。

PZ：我刚开始弹吉他和写歌的时候，我最开始学的其中一首歌就是《苏珊》。我记得我当时心想："怎么会有人写出这么美的歌？"现在看来，这首歌是个奇迹。

LC：确实是奇迹。我不知道那些好歌是从哪里来的，否则我一定会频繁前往那里。写这首歌时，我知道自己在写一些好东西。

我先写了拨弦的指法。我当时经常在圣劳伦斯河边以及蒙特利尔老港口附近活动。当时老港还没有重建。

1　马尔科姆·X (Malcolm X，1925—1965)，与马丁·路德·金齐名的美国黑人民权运动领袖。

那块地方现在叫作蒙特利尔老城区，很多建筑都经历了重建。但当时还没有。那里有一座水手教堂，教堂的塔顶上有一座圣母像。当阳光洒下时，她会散发金色的光芒。我知道，这个地方将会诞生一首歌。

后来我认识了苏珊（·维达尔），她是我的朋友阿曼德·瓦扬古（Armand Vaillancourt）的妻子。她是一名舞者，她带我去了她在河边的住处。

她是第一批在圣劳伦斯河边拥有复式公寓的人之一。我知道那首歌有关教堂，有关圣劳伦斯河。我不知道自己能靠什么完成它。然后，她的名字进入了这首歌，事情一下子就变成了纪实报道，我只要尽可能准确地记述她做了什么就好。

PZ：你写了很久吗？

LC：没错，我写了很多张纸。虽然和我现在写的数量无法相提并论。但我还是花了好几个月才写完这首歌。

PZ：她真的像歌里所说的用茶和橘子招待你吗？

LC：她给我喝的是康适茶（Constant Comment），里面有小片小片的橘皮，茶和橘子的意象就是这么来的。

PZ：我一直都很喜欢这两句歌词："在垃圾和花丛中，她向你展示了一片景象。海藻丛间生活着英雄。"这两句歌词让人感觉充满了希望。

LC：没错。充满了希望。我很感激这些歌词，还有那首歌。

PZ：《线上之鸟》（Bird on a Wire）[1]。

LC：这首歌始于希腊，我刚到岛上的时候，那里没有电线。没有电话线。也没有电。然后有一天，他们竖起了电线杆，现在你可能根本不会注意到这些东西，但当它们第一次出现的时候，

1　这首歌正确的名字应该是《电线上的鸟》（Bird on the Wire）。

我的反应是——我望着窗外的电话线，心想自己终究还是难逃现代生活，再也不能逃避这一切。我再也不能过一种自以为刚刚找到的17世纪生活，这就是起因。

然后，毫无意外，我注意到电线上停了很多鸟，于是这首歌的开头诞生了。"像一个午夜唱诗班的醉汉"这句歌词的背景也源自小岛上的生活。包括我在内的很多醉汉都会上楼。那会儿很有可能是午夜，但是岛上的人对我们非常宽容。你会看见三个人两两勾肩搭背，踉踉跄跄地爬上楼梯，唱着无可挑剔的三重唱。所以"像一个午夜唱诗班的醉汉"这个意象也来自小岛。

PZ：你之前写道："这首歌同其他的一切都完成于1969年好莱坞的一家汽车旅馆。"这是什么意思？

LC：一切都即将结束。60年代即将结束。我或许是想表达这个意思。但我觉得早在那之前，60年代就已经结束了。

我并不认为60年代真正存在过。我觉得整个60年代可能只在某个人的心里持续了15或20分钟。我看着它飞快地沦为商业市场。我认为60年代从未存在过。

PZ：《我是你的男人》（I'm Your Man）。

LC：为了写这首歌，我付出了巨大的努力。真的用尽了心力。我可以给你看那本笔记本。这首歌起初叫《我已为你流尽眼泪》（I Cried Enough for You）。那个版本和我录的其中一版《等待一个奇迹》之间存在联系。

那个版本歌词押韵方面的所有细节都是按照我弃用的那版《等待一个奇迹》的音乐结构来设定的。但最后并没有奏效。

PZ：你曾经引用过迪伦的一句话："在开始唱歌之前，我就已经对我的歌了如指掌。"你是不是通常会把一首歌彻底完成之后再去录音？

LC：对。录音中途也会有恍然大悟的时候。之前就有过几次。

在录制《颂歌》的时候。有几次我觉得那首歌唱得很好，但是听见录音的时候我意识到其实并不成功。

PZ：对那些在录音室写歌的创作者，你有什么看法？

LC：我觉得他们非常厉害。我一直非常崇拜这种勇气，以及这种对灵感的信任。他们坚信神灵会眷顾自己。坚信虽然走进录音室时除了信念和技艺之外别无所有，但作品一定会出现。很多杰作都是这样诞生的。这种方法并不是从来都不奏效。有些人能够驾驭这种方法，迪伦就是其中之一。我觉得他就是空手走进录音室，最后带着杰作现身的那类人。换句话说，迪伦给我的印象是他用尽了所有方式：突发奇想、精心修饰、未经雕琢、刻意设计。他掌握了所有创作方式。

PZ：你这一代很少有创作者能像你一样保持作品水平，做到与之前无异。

LC：首先是因为他们累了。四十几岁的人很少会像斗牛士一样充满干劲。二十几岁、三十几岁的人才会像斗牛士一样努力工作。

努力奋斗，投入大量精力，鼓足勇气，一往无前，这些在某个年龄阶段是合适的。这通常是年轻人的游戏，正如勃朗宁所说的："美好无虑的初次狂热。"[1]这是歌词的基础，也是歌的基础。但也有一些上了年纪的人一直在坚持，并且为我们带来了一些非常有趣的作品。

PZ：你的作品证明了一个创作者可以在初次的狂热退去之后，继续探索新的领域，创作出前所未有的作品。

LC：我觉得寻找新的领域非常有必要。我一直觉得我道阻且

1　此句出自罗伯特·勃朗宁的《异国思乡》（*Home Thoughts from Abroad*），原文为"美好无虑的初次狂喜"（the first fine careless rapture），科恩在这里的引用有偏差——"美好无虑的初次狂热"（the first fine careless frenzy）。

长，希望我拥有好运。

PZ：你的坚持是不是跟兴趣有关？是不是因为你依然对歌曲创作非常感兴趣？

LC：这种坚持有两个原因。一是迫在眉睫的经济问题，我从来没有赚到过足够的钱，所以我没法说："朋友，我要买一艘游艇，然后去潜水。"在规划人生的时候，我没有充足的资金去支持自己做勇敢的决定。除此之外，我之前在如今名为"蒙特利尔诗歌学派"的团体里接受有关诗歌的训练。那时候还没有任何奖项，没有任何补助，也没有任何女孩对我的作品感兴趣。我们是一群定位模糊的人，平时会经常见面。我刚才说了，那时候还没有任何奖项，所以除了自己的作品之外，我们的创作别无回报。我们会读对方的诗。我们非常热爱诗歌，写诗是我们生活的一部分。我们必须为自己的每一句诗辩护。我们会给对方读自己的诗，这时候你就会遭到攻击！摇滚乐评和这种残酷的抨击相比根本不算什么。除了他们之外，没有任何人在听完我的诗后会提出如此凶残的抨击，我们对彼此的评价往往也一针见血。

我们一直都以那些终生都在创作的诗人为榜样。他们从不考虑征服市场，从不认为自己应该写一部畅销作品然后退出。我最近开始有这种想法了。（笑）我觉得这种想法或许很好，但如果你写的是时长7分钟的歌，那这种想法恐怕不会实现。

所以如果身体状况允许的话，我想永远创作下去。如果你能幸运地自由支配自己的时间，那你就可以一直做下去。我从不觉得创作存在终点。从不觉得自己会退出，或者会大赚一笔。

PZ：你刚刚提到青春时的狂热。就你个人而言，如果要写出出色的作品，狂热或者生活中的种种冲突是否是必要的？你在平静的状态下能做到吗？

LC：我完全认同，同时我也很期待实现那种平静的内心状态，然后在这种状态下写出好的作品。但我现在还没能做到。相比我年轻时遭遇的困境，我现在的处境改善了不少。与当时的困境相比，现在这些困难在我看来是小风浪。但毫无疑问，一个人的生活中依然存在挣扎，当你处在挣扎中时，你会意识到，平静转瞬即逝，你无法留住它。比起以前，我现在自在了很多。我依然在冲突中写作，我不清楚它们有没有可能得到解决。

PZ：你觉得歌曲作为一种艺术形式，是否比别的形式更具力量？

LC：我喜欢音乐。作为一种职业。我完全没有考虑过有关艺术形式的问题。能从事歌曲创作让我非常感激。写歌非常困难，但我喜欢这个过程。

PZ：你会不会觉得自己的某些歌将永远不朽？

LC：有时候我会有一种非常愉快的感觉，我觉得我的很多歌和沃尔沃轿车一样经得住考验。

PZ：非常坚固。

LC：它们似乎是很坚固。我觉得我最近的这张专辑（《未来》）非常、非常坚固。要说它有缺点，那就是它的盔甲有点太结实了。它拥有M4坦克般的适用性，可以征服所有地方。我不确定你是否会愿意把它停在自家车库，但它的确具有某种装甲式的能量。这么多年来，我一直在努力让自己的歌能经受住考验。

PZ：你认为音乐是否还会继续演变，带我们抵达全新的领域？

LC：我认为会。这个问题很好，涉及所有艺术类型。我认为音乐是否会改变或者是否有人想改变它都不重要。是否有人想随心所欲地对音乐进行实验也不重要。因为我觉得歌曲主要是用来调情和追求伴侣的。它们的存在是为了深刻的事物。为了寻找爱情，为了治愈伤心的夜晚，为了时刻陪伴一个人经历人生种种。歌曲的用途绝无平庸或渺小之处。

我觉得音乐应该满足这些需求，而不是在形式或题材方面进行实验。但毫无疑问，它们一定会有所改变。尽管必然还会有关于做爱，关于失去或寻找爱情的歌，但当你身处一座燃烧城市的边缘时，你的歌曲也必然会受到影响。但这些影响总会以你意想不到的方式发生，所以你不必提前担心。

举个例子，（德国情歌）《莉莉·玛琳》（Lili Marlene）写于战争时期（编注：这首歌写于第一次世界大战期间，随后在第二次世界大战期间开始流行）。这首歌非常传统，非常美。它感动了战争双方的士兵。尽管他们认为这是世界上最俗气的歌，但那些刚刚经历过战火的人们还是一齐唱起了《莉莉·玛琳》。所以我觉得人们不必忙于形式实验。你只需要让世界与你对话。

PZ：你有什么写作方面的习惯吗？你每天都在同一时间写作吗？

LC：我起得很早。我喜欢用写作来填满一天的开始。

PZ：你基本都是在早上写作吗？

LC：对。我觉得那时候更清醒。早上的时候头脑会特别清醒。

PZ：你每天都这样吗？

LC：一般来说都是这样。有时候我会把事情搞砸，陷入幻灭和破损状态。那时，思绪、身体、写作、各种关系，以及其他所有一切都会陷入一片混乱。我会开始酗酒、暴食，没完没了地说话、无度地休假。然后我会慢慢恢复，重新在两种状态之间筑起藩篱，将两者划清界限，做好防范。但是在良好状态下，我觉得早上是最佳工作时间。

我会4点半起床。我的闹钟设置在4点半。有时候我会睡过头。但当我爱惜自己的时候，我会4点半起床，然后穿衣服，去一家离这儿不远的禅堂（冥想）。我想别人在那里是为了寻求启示，而我则是一边坐着，一边在脑子里写歌。带着在禅堂里获得的专注力，我能在某一刻写出之前躲避我的那些句子。

我会在两个小时后回家。那时候差不多是6点半或者6点45。我会煮一大壶咖啡，然后非常从容地在厨房的桌子或电脑前坐下，首先，我会把刚才想到的歌词写下来，以免忘记。然后再一遍又一遍地弹那首歌，努力确定整首歌的框架。

那些时刻非常美好。没有电话铃声，也没有令人困惑的日常难题。早晨的时光非常简单。十分美好，让人充满活力。

PZ：即使不工作的时候，你也会一直想歌曲创作方面的事吗？

LC：会。但我绝大部分时间里都在积极为歌曲工作。这也是我的私人生活崩塌的原因。大部分时间里我都在为歌而工作。

电视采访

芭芭拉·高迪（Barbara Gowdy）| 1992 年 11 月 19 日，安大略电视台（TVOntario）（加拿大安大略）

在 1992 年的最后几次采访中，科恩与作家芭芭拉·高迪在安大略电视台进行了对谈。"这是我所有采访中最轻松、最激动的一次。"后者之后写道，"之所以激动，是因为对我和 60 年代末成千上万的年轻女孩来说，莱昂纳德·科恩的《苏珊》如同颂歌。你一提到这首歌，大家就会说起'她用远从中国运来的茶和橘子招待你'这句歌词，但我所在意的，是'你知道她已近乎疯狂，但这正是你想留在那里的原因'这句歌词，从那时开始的十五年里，因为这句歌词的存在，我的行为得以不受非难。"

"那场采访进行得非常顺利——这一点完全出乎我的意料。"高迪继续说道，"我只有几个小时的准备时间，我没有合适的衣服，我还忘带了鞋子。而莱昂纳德从进入房间的那一刻起就始终非常放松和友好。整个采访过程中，他表现出了惊人的坦诚。他似乎并不知道自己多有名，然而在我们进行采访的酒店房间外，女人们已经排起了长队。对科恩而言，触及真相要比表面的睿智或神秘形象重要得多。"

高迪的采访在 11 月 19 日播出——五天之后，《未来》正式发行。——编者

芭芭拉·高迪（以下简称BG）：你的新专辑《未来》的同名

曲里有这么几句歌词："古老的西方模式将会崩溃/你的个人生活将顷刻瓦解/火焰将蔓至道路……/我已预见未来，宝贝，答案是杀戮。"我们应该怎么理解这几句歌词？

莱昂纳德·科恩（以下简称LC）：我想，可以理解为产生怀疑。"古老的西方模式将会崩溃，你的个人生活将顷刻瓦解。"也就是说，几个世纪以来，西方世界在艰难地建立私人空间的过程中所做的投入将烟消云散。具体来说就是，私人空间将会消失。"鬼魂将会出没，火焰将蔓至道路"——回到怀疑和迷信，回到部落主义偏执狂和白人舞蹈的时代。这句歌词会让人联想到末日场景，但又有些不同。

BG：即使对你而言，这样的场景也有点晦暗，不是吗？

LC：如果这首歌不是这么热闹的舞曲，确实会很晦暗。

BG：没错，这首歌的节奏很欢快。

LC：如果我像马丁·路德谈论宗教一样写这首歌，那么它将变成一则极其沉重的预言。但是专辑里的这个版本带有一种欢快的感觉，使得歌词少了几分阴郁。

BG：几年前我读了一篇采访，你说在你看来，你的歌词具有预言性。

LC：它们确实具有预言性，但不幸的是，写这些歌的时间花了太久时间，以至于我的预言生意正在摇摇欲坠。有关德国统一的那首歌我才刚写完，但这件事已经过去很久了。我有一首歌叫《民主》，大家会把这首歌和民主党的胜利联系在一起。但我早在那之前就写了这首歌。只是直到最近才发表。

BG：所以未来究竟是什么——杀戮还是民主？

LC：我觉得是杀戮……个人观点。我认为有这种可能性——杀人的欲望正在所有人心中滋长。极端主义立场在变得越来越有吸引力。我发现，不论是当三K党还是当美国黑人民族主义者说话时，我都会不由自主地竖起耳朵听，尽管我在两边都不受欢迎。我觉得他们的修辞具有一定的优势，富有活力和魅力。如今，随着极端势力不断滋长，人们可能会越加倾向于这些立场。

BG：这样的局面如何与民主联系起来？

LC：民主是未来的另一面。它是另一种可能，我认为，我们对自己的生活、工作、婚姻、爱情、关系和忠诚的不确定感日益增长——能支撑我们的信仰正是所谓的民主，西方世界创造的最伟大的宗教。这是第一种认可其他一切宗教的宗教，第一种认可其他一切文化的文化，这证明了它是伟大的。（G. K.）切斯特顿[1]对宗教的看法是："宗教是一种伟大的思想，无人尝试将是莫大的遗憾。"我们正处在这种尝试的边缘，一切才刚刚开始。民主是一个非常、非常新近的概念，仍处在为大众所接受的初级阶段。

我认为美国是最大的民主实验室。虽然我们这些加拿大人和欧洲人已经习惯于以戏谑态度对待美国，但在某种程度上，我们还是该祝福美国；我们都清楚，那里正在进行这项伟大的实验。不同的种族在那里迎面相遇，不同的阶级在那里共同生活，富人和穷人每晚都看着同一块荧幕——某些事情正在那里上演，它将会影响我们所有人。我觉得所有善良的人都应该祈祷这实验一切顺利。

BG：你听起来很乐观。

LC：我觉得这当中确实包含了乐观的信息。

BG：乐观在这张专辑中还有其他体现。你能对我唱一唱《颂歌》的副歌部分吗？

LC："敲击还能作响的钟，忘掉你的完美祭品/万物皆有裂缝，光便如此进入。"

1　G. K. 切斯特顿（Gilbert Keith Chesterton，1874—1936），英国作家、文学评论家、神学家。

BG："光"指什么？

LC："光"是与自己的经历、悲伤以及每个要到来的日子和解的能力。只有这种超越意义与含义的理解，才能让你真正拥有人生，接受命运的常态——灾难、悲伤和喜悦。但是在和解之前，你必须意识到万物都有裂痕。我认为所有其他观点都必然会导致不可挽回的失望。无论何时，如果有人告诉你某种解决方案是完美的，你应该要立刻提高警觉，意识到这种说辞的缺陷。

BG：我以为你会说"光"是爱。这张专辑有很多关于爱的内容。事实上，欧文·柏林[1]在1925年写的那首《永远》（Always）……

LC：非常出色，我小的时候，我们家经常会放这首歌。我母亲很喜欢这首歌，我在蒙特利尔的舞蹈乐团里吹竖笛的时候，我们也经常会演奏这首曲子。舞会结束时，大家通常会演奏《星尘》（Stardust）之类的杰出曲目，《永远》也是其中之一。我一直都很喜欢这首歌，它很温柔："我会爱着你，永远，这份爱永远真挚……"

我把3/4拍改成了4/4拍，因此这首歌在节奏上多出了一些空间，变成了一首节奏与布鲁斯歌曲。

BG：你为什么把它收录在专辑里？

LC：它之所以被收录进来，是因为它的生命力很顽强，因为它带有某种特定的活力，否则我不会把它留在专辑里。录那首歌时我准备了很多"红色尼德尔斯"（Red Needles）。那是一款1976年我在加州尼德尔斯市调配出的鸡尾酒，成分是龙舌兰、树莓汁、雪碧和鲜切水果。我给乐手们准备了好几壶鸡尾酒，这导致我们弹这首歌时根本停不下来。我们弹的大多数版本长达25分钟，最后我们决定保留现在这版，因为它时长8分钟。录音时我真的醉倒了，所以出现了那段吉他独奏。那个夜晚充满了激情和活力，

---

1 欧文·柏林（Irving Berlin，1888—1989），美国著名词曲作家。

有几个乐手告诉我，那一晚是他们有生以来在录音室里度过的最开心的时光。

BG：这些年来，你对浪漫的理解有什么变化吗？

LC：我不知道我对它是怎么理解的。我从来不觉得自己是个浪漫的人。我不觉得自己多愁善感、怀旧、热情或是自卑，我不知道究竟什么是浪漫。

BG：我觉得，浪漫就是拥有说这句话的能力："我会永远爱你。"

LC：好吧，但是，就像我能在一首欢快的舞曲中说"我已预见未来，朋友，答案是杀戮"，我也可以在一群烂醉如泥、捣鼓旋律的乐手面前唱"我会永远爱你"。如果你能在某种场合下自然地表达这些深刻的感受，那我觉得你很幸运。现在这个房间里只有我和你，只有一个男人和一个女人，我不知道自己能不能做出这样的承诺——"我会永远爱你，这份爱永远真挚，不是一小时，不是一整天，也不是一年，而是永远。"但我觉得至少我们都很熟悉对这种诺言的渴望，对这种承诺的渴望。

BG：我之所以这么问，是因为你在早期作品中探讨过爱情与创作之间的竞争：为了与天使密谈，你必须离开爱人。但在这张专辑中，这种情况却几乎不可见。

LC：这两者之间的确存在一定的矛盾，但我认为，在很多歌曲和诗中，正是女人的存在化解了这种矛盾。她的存在让你得以祈祷，并给予你自由，我认为这种情况远比男女之间的分离常见。你只需将一只手搭在她的肩上，另一只手就能汇聚力量。即使会发生冲突、争论或者如你所说的竞争，女人的存在也必不可少，就像是我喜欢在我的歌里加入女声。像我这样的声音需要一切可能的外界帮助。而且女声的存在让我的声音表达得更加清晰。

BG：你觉得你的歌词和诗——这个问题可能不太恰当——

向女人们传达了什么？

LC：我觉得我一直以来都在传达同一种信息。我们在同一条船上，我们身处冲突和牢笼，我们彼此结合，无法看清周遭的情形，所以我们必须合力解决问题。这就是为什么我从来不认为自己是一个浪漫主义诗人，因为从一开始我就明白，这种冲突会严重威胁到自我的多个面向。

BG：你是指男人与女人之间的冲突？

LC：对。冲突不断。男人和女人非常不同，两者之间的深刻差异会带来风险，而这些风险最好得到承认。我觉得这就是我大多数作品的基调：如果爱与激情可以超越对冲突和风险的意识，那么你就会得到一些东西。可能是一首歌、一首诗或者一个瞬间。但如果没有，你的作品就会沦为无趣的陈词滥调，虽然我的作品经常会接近陈词滥调，但对风险的意识每次都能让它们免于沦落。

BG：在《轻如微风》（Light as the Breeze）这首歌里，女人提醒男人说："尽情欣赏吧，朝圣者……"

LC："……但是不要忘了，在这华丽的衬衣之下仍然是一个女人。"+

BG：我觉得在你早期的歌词和诗中，女人总是过于圣洁，是仁慈和怜悯的天使。但加入这种几乎有女性主义色彩的警告……这听上去像是种全新的东西。

LC：（沉思一会儿后缓缓开口）或许我对我的早期歌词患上了方便省事的失忆症……我知道，在这首歌里我说："你可以欣赏，也可以抚摸，如何崇拜并不重要，只要你跪倒在地。"我觉得这些年里我基本都保持着这个姿势，我也试过站起来，但之后就会感到后悔，然后再跪下。

BG：男人是否应该跪倒在地？

LC：也许这只是我编造的借口，但我从不觉得我距离女人的立场很遥远。她并不处在我的私密体验之外。在我看来，女人从来都不是我需要制服或者崇拜的一种陌生生物。我认为，如果你既不把自己当作一个男人，也不把自己当作一个女人——我觉得每一个歌唱这类主题的歌手都必须有这样的体验，而且我认为每一个人都有过这样的体验，每一个人都曾认为自己既不是一个女人，也不是一个男人——你忘了自己是谁，当你在自己原先的躯壳中重生时，你身上会留有这种体验的残存或者智慧的残存，这些残存使得你能在对方身上发现极其熟悉的特质。

BG：我想和你讨论一下写作。尤其是小说创作，因为你写了两本非常成功的小说，每一本都卖出了超过80万册，但从《美丽失败者》出版到现在已经过去26年了，我想知道你为什么不再写小说。

LC：因为我完全沉浸在音乐中。我深入音乐和歌词的世界，去了很多遥远的地方——有一段时间，我完全只写斯宾塞体，然后想办法让它们和音乐部分适配。我认为在西方世界，没有人用这种复杂的形式写斯宾塞体。我完全沉浸在了歌词的世界里。

BG：你是否觉得自己首先是一个歌曲创作者，然后才是一位诗人？

LC：没错，我是一个歌曲创作者。

BG：很多对词语、押韵和诗歌感兴趣的人反而会排斥押韵，因为它像一层壁垒，而且能精准传达意思的词并不一定会押韵。你是否也有同样的感受？

LC：没有。但我也并不热衷于吹捧押韵。我觉得现在的大多数音乐和歌词都表明它们的作者不愿接受节奏和韵律的锤炼。创作因此变得过于简单。当你强迫自己寻找韵脚、适配节奏的时候，你必须回顾自己知道的所有语言方面的知识。你必须一个词接着一个词再接着一个词地回顾，测验其中每一个想法。

BG：在《等待奇迹》（Waiting for the Miracle）这首歌里，"奇迹"指的就是那个可行的词语的存在，对吗？

LC：没错。年轻创作者常常会向我咨询建议，我所知道的是，如果你对一首歌坚持得够久，它就会被驯服，但是所谓的"够久"远超一切合理的预判。我不是在建议任何人将此作为常规方法，但我知道我写作是为了发掘思绪和观点中新颖的部分。而只有当你全身心投入这个过程，为词语、句子和新的想法正名时，你才能发现这些部分。如果你只是让自己的想法不受阻碍地展开，那么就永远不会有新的东西浮现。

BG：你现在每年都有一部分时间住在洛杉矶，是吗？

LC：嗯，我经常去洛杉矶，但我对居住安排从没建立固定规划。我有时住在洛杉矶，有时住在蒙特利尔。

BG：我们这些生活在加拿大的人一提到有作家住在洛杉矶，脑子里唯一的印象就是他们在那里会遭受过多的干扰、诱惑，那里还会有飞车射杀之类的事情。这些会影响你的作品吗？

LC：我觉得洛杉矶和我的作品非常相称。那里是末日之地，如假包换。从地质学的角度来说，那个地方即将消失。从社会政治的角度来说，我们都知道那里每两年就会有一次动乱，那里有着真正的社会不安，很多在那里工作的写作者都已经意识到，美国精神正在这里清晰可辨地一点一点走向毁灭。我觉得那里非常适合创作。

BG：那里能激励你写作。

LC：好像确实是这样。社会契约正在失去效力。大家不知道该如何相处。人人都在争抢。我不喜欢洛杉矶的这一面。尤其是因为我女儿和我一起生活在那里，所以我特别想回加拿大。

BG：那很好。（思考）相比三十年前，你现在似乎没有那么厌世了。

LC：我的身材也更好了。（笑）

BG：无论如何，你无疑是成功的。你的专辑和书的销量都达到了好几十万。

LC：但这并不是常态，所以我现在非常感激，尤其是因为有那么多年轻乐队在翻唱我的歌。我非常高兴能看见这种现象。尤其是音乐。你不会介意书被遗忘在角落里吃灰，但是歌曲具有迫切性，如果没有人唱，那它就一无是处。

BG：在你看来，痛苦、虔诚的恋人和吟游诗人这样的忧郁形象，对你的成功有多大的帮助？或者说有多大的负面作用？

LC：我不知道。你始终奋斗在生活的最前线，就像我说的，大多数时候，你都在躲避炸弹和弹片。你几乎不可能有时间设定计划或者思考人生。我以前很痛苦，现在也很痛苦，我们都很痛苦。人们生活在难以忍受的迷茫中。政客的言论常常会让你觉得："他们似乎没有听到那个真正的坏消息。"公共言论和个体经验之间已经极度分裂。你不会再对公共领域的言论抱有任何期待。这种情况会导致社会契约的失效——你不知道人们的立场是什么。我认为，我的一部分责任就是承认这种似乎已经支配了我全部行为的迷茫。

BG：你会说你的作品就是你本人吗？你会继续坚持你在歌曲里声明的观点吗？

LC：我会。但我已经坚持了很久，我一直在说某种灾难已经发生，不需要再去等待，在内心层面，在内心世界，某种灾难已经发生，洪水正在肆虐。

BG：这场洪水已经持续了三十年？

LC：已经持续了很久——我不知道大浪什么时候会冲破围墙。但我坚信，我们正身处这洪流中，地标已被冲毁，光亮已经熄灭，你在洪水中紧紧抱着橘子筐，其他人可能抱着一根破旗杆。在这种情形下，你应该怎么做？宣称自己是保守派？自由派？支持堕胎？反对堕胎？这些声明在当前已经无关紧要。我个人更赞成这些年来我在歌曲和书中声明的观点。我觉得那些观点更合适，所以没错，我会继续坚持那些歌里的观点。

坚忍的民谣歌手和他的孤独

韦恩·罗宾斯（Wayne Robins）| 1992 年 11 月 22 日，《新闻日》（Newsday）
（纽约长岛）

韦恩·罗宾斯在纽约西 57 街的派克尔酒店采访了科恩。"那次对话的重点很清晰，非常有意思。"他告诉我，"《未来》发行之后，我正式成为了科恩的粉丝，这张专辑也正是我们那次讨论的内容，我对此非常感兴趣，和他一起探讨了专辑中悲观主义、虚无主义和希望这三者之间的绝妙结合，以及整张专辑丰富的编曲。"——编者

在他的新专辑《未来》中，莱昂纳德·科恩对历史的变化和走向表现出极为警惕的态度。"还我柏林墙/还我斯大林和圣保罗/我已预见未来，朋友，答案是杀戮。"他在专辑同名曲中这样唱道。

正当所有人都认为"冷战"的结束标志着民主在东欧取得胜利之时，科恩对此却表示怀疑。在《民主》这首歌中，科恩认为它终会到来，但是，"来自无家可归之人的愤怒/来自同性恋的骨灰/民主将会/降临美国"。

"当时东欧发生的一系列事件表明民主或将复苏，柏林墙倒了，很多人都在说民主将会降临东欧。"科恩上周在曼哈顿中城的酒店套房里说道，"有些人则对这种说法表示怀疑，他们认为，如果不以巨大的痛苦为代价，民主不可能实现，我就是这些人中的一个。"

遗憾的是，从屠杀式的南斯拉夫内战，到新纳粹主义在德国境内针对外国人的暴力行为，所有事件都证明，科恩的怀疑是准确无误的。但除了警告之外，这位加拿大作家和歌手也对美国抱有希望。

"我并非没有意识到'民主将会降临美国'这句话的反讽性，但在这首歌里，这种说法是正向的。"他说道，"我没有开玩笑。我是一个加拿大人，我们仔细观察着美国的一举一动。全世界都在观察美国，尽管大多数知识分子都对美国持质疑、讽刺的态度，并且怀有（自以为是的）优越感，但不可否认的是，美国正在进行这项实验，不同的种族在这里迎面相遇，富人和穷人也在这里直面彼此，男人和女人，还有不同的阶级……这里是一座巨大的民主实验室。"

科恩并不能完全被算作局外人。58岁的他在蒙特利尔和洛杉矶两地定居，在《等待奇迹》这首歌中，他同变化的情绪状态做着奋力斗争。"你不会喜欢的，宝贝，你不会喜欢这里/这里没有太多娱乐，评论都很严苛。"在简单但不失美妙旋律的音乐中，科恩用低沉、迷人的嗓音唱道。

"意义消失了，重要性也不复存在，这样的现实困扰着很多人。"科恩说道，"很多人都跟我说，他们的生活乏味无趣。我的意思是，百忧解能卖出5000万片不是没有缘由的，我们正在经历一种精神危机。这首歌正是建立在这种精神危机之上，并结合其他内容写成的……这场灾难，这种内心的危机，我已经反复谈论了很久。现在对我来说，这种危机观点变得越来越合理。所以这张专辑里所有歌曲都是围绕这一主题展开的，我觉得我在处理这个主题时很有力，而且如果可以这么说的话，很愉悦。"

科恩非常儒雅，衣着无可挑剔，他穿着一套高级西装，《GQ》杂志的男模相比之下也不免显得邋遢。尽管他的气质非常沉静，举止也完美得体，但他时常会遭遇自己在歌中所描述的末日般的情绪危机。制作《未来》这张专辑耗时四年。

"在完成作品的过程中，我常常会崩溃。"科恩说道，"在我能找到一种合适的方式，在能够为每一个词、每一句话正名之前，我必须舍弃自我的各式伪装，舍弃歌曲的各个版本。寻找这种方式通常会以彻底打破平静或平衡的状态为代价……我必须抵达那个裸露、危险的位置。在这过程中，我常常会人格分裂，还会发疯……我没办法进入人群，我不想离开自己的房子，我不想离开自己的房间，我不想接电话，所有的关系都会一一破裂。"

完成作品之后，科恩会逐渐地恢复。"我会开始努力地修复各种关系，修复支持系统，所以我会尝试百忧解或者美西麦角（都是抗抑郁药），或者去犹太会堂和禅修馆，重新开始做瑜伽，或者跑步，尝试一切可行的复原方式。"

从60年代开始，科恩便一直是痛苦创作者的桂冠得主，集诗人（《尘土香料盒》）、小说家（《美丽失败者》和《至爱游戏》）和唱作人这三重身份于一身。包括《苏珊》《嘿，我们不该如此分别》以及《电线上的鸟》在内的科恩作品已经成为流行民谣界的标准曲。

尽管在70年代，他的职业生涯经历了某种衰退，但在上个十年里他强力回归。1986年，歌手詹妮弗·沃恩斯发行了一张科恩翻唱专辑《著名的蓝色雨衣》，专辑出人意料地在销量和评论方面都获得巨大成功；同时，《我是你的男人》当中那些充满自嘲的歌曲也帮助科恩实现了职业生涯的复兴。去年，包括小妖精乐队[1]、尼克·凯夫、爱之屋乐队、约翰·凯尔和R.E.M.乐队在内的一批左派摇滚歌手和乐队发行了一张名为《我是你的歌迷》的翻唱

1　小妖精乐队（Pixies），美国另类摇滚乐队。

专辑致敬科恩，其中，R.E.M.乐队献上了一版非常惊艳的《我们首先攻占曼哈顿》。

对于年青一代给予的关注，科恩的回应富有哲学色彩。"你会对自己以及自己的重要性抱有一些信马由缰的幻想，但这些梦想一直在幻灭，如果有一些能有幸实现，你会感到满足。"他说道。

科恩从未结婚（"我在意识形态层面能够为我对婚姻的恐惧辩护，这种恐惧基本形成于我年轻的时候。"），但是有两个孩子。他的女儿今年18岁，和他一起住在洛杉矶；他的儿子今年20岁，正在雪城大学读书。

60年代时，科恩敏感、热情的作品为他树立了一种浪漫的形象，这种形象让年轻且受过教育的女性非常着迷，而如今，对某些人来说，他依然是一位性感的知识分子。现在想来，他觉得自己能成为欲望的对象这件事很滑稽。

"这实在是太奇怪了，因为我明明连约会都没有。"他说道，"我都找不到人一起吃晚饭。虽然第一张唱片的发行解救了我，但我的生活始终备受打击，我住在西57街的亨利·哈德逊酒店，我会走到第八大道的晨星咖啡馆，想尽办法接近女服务员，约她出去。虽然我会收到来自世界各地的情书，但是事实上，我经常凌晨3点走在纽约的大街上，试图和酒店里卖香烟的女人们搭讪。我觉得情况始终没什么变化。我始终无法如愿以偿。"

在热情中老去

艾伦·杰克逊（Alan Jackson）| 1992 年 11 月 22 日，《观察者报》
（*Observer*）（伦敦）

"和莱昂纳德·科恩见面让我很激动。"艾伦·杰克逊告诉我，
"他的专辑陪我度过了整个青少年和大学时期，我还读了一本他
的小说。但我没有料到的是，他可以不费吹灰之力就做到如此迷
人，我指的是真正的、褒义的'不费吹灰之力'。"

"那天他在伦敦一家酒店的套房里开记者招待会，进行宣传
工作，行程排满了一天，所以留给单独采访的时间非常有限。"
杰克逊回忆道，"我的采访只进行了半小时。他穿得很正式，一
套剪裁精致的黑色西装、黑色衬衫和领带，而且你很少会在名人
或公众人物身上看见他那样无可挑剔、非常正式的行为举止。"

"我记得特别清楚，那次采访时他非常投入。他叫我坐在离
他很近的位子上，整个过程中，他都和我保持着眼神交流，听我
提问时非常专注，回答问题时也从容不迫，这些行为让我觉得这
次 30 分钟的采访对他来说非常重要——对我来说也是一样。和名
人对话是我的工作，我已经做了 25 年，你很少能从别的受访者那
里获得这样的感觉。他真的是一个非常有魅力的人。"

"他当时正在和演员瑞贝卡·德·莫妮谈恋爱。科恩经常被
英国媒体称为'欢快的莱恩'，记者会上，对这段恋情感到疑惑
的记者提问称，'欢快的莱恩'（这是一种讽刺的说法，因为很多
人都认为他是痛苦和忧郁的代名词）究竟靠什么吸引到了这个年

轻、漂亮的女人。和他对话之后，我完全能够理解这背后的原因。他可以向任何他选择的人施展魔法，我完全不会意外。"——编者

最近，莱昂纳德和一位年过七十的作家朋友走过一条聚集了很多大学生的街道。"我们路过一家咖啡店。店外有很多年轻可爱的女孩，然后我朋友突然抓着我的手臂，语气有些急切地说'莱昂纳德，如果有人告诉你，等你老了之后就会对眼前这种景象无动于衷，千万不要相信他们'。"

科恩今年已经58岁，但依然帅气、迷人，他说完之后又苦笑着说道："你如何适应变老是另一回事，当然，我们无疑都希望自己能在变老的同时定下心来。但是，这种30岁之后创作冲动就会消失，你将在活力与性欲的火葬柴堆上被献祭，你应该回家打扫卫生和洗碗碟的说法……这完全有悖于事实。在你变老的过程中，这团火焰将会继续猛烈地燃烧。热情不会熄灭。"

尽管这种不息的生命力在他的歌词中随处可见，但是对一般听众而言，他们依然对"感官主义者科恩"一无所知。相反，人们的固有印象是"悲观主义者科恩"，是卑微的垮掉派，在明暗交织的地方无休止地吟唱着压抑的歌词。但事实上，这个男人穿着一身干净的西装，喝着浓郁的咖啡，坐在梅费尔区的一间酒店套房里，展示着自己随和、快乐的一面：有趣、高尚、慷慨、热情。

怪不得他能成为苏珊·薇格和詹妮弗·沃恩斯这样的"民谣摇滚公主"的灵感源泉，后者于1986发行的科恩翻唱专辑《著名的蓝色雨衣》让当时已被忽略的科恩作品重回公众视线。有一种说法称，在才华横溢的女性仰慕者的殿堂里，他是其中的王，然而，他转移了话题（"这种说法很美好……"），承认了他与演员瑞贝卡·德·莫妮正在恋爱的相关报道，以及新专辑《未来》正是献给她的，科恩回答时的语气非常正经："没错，我们之间做了正

式的约定。"

这张专辑——他四年来的首张专辑——在歌词和听感上也确实像是一个恋爱中的男人的作品。然而，这张专辑的立意并不局限于爱情和个人。其中的中心作品《民主》是一首由八段歌词删节到六段的巨作，内容是关于不断变化的美国政局。"它不会是欧洲式的，笑容背后的集中营。"科恩依靠记忆，回想起他删掉的一段内容，"它不会来自东方，那里的狂欢不过片刻，德古拉伯爵正沿着道路缓缓走来……"

即使经过删节，这首歌的最终录制版本也具有足够的分量，如果能在1988年末写完后立刻发表，这首歌本可以成为一则预言。当时科恩停下了手头的专辑相关工作，全力照顾从车祸中死里逃生的儿子，后来，他发现重新开始这张专辑的相关工作非常困难。"一个常规、痛苦的过程：整理、删选、药物、酗酒、戒烟、换女友，你知道……所有作品都会经历这些过程。"话音落后，他陷入了暂时的沉默。

听歌前阅读《民主》的歌词时，你很难不被科恩日益精湛的写作能力震惊——每一个词和每一句话都具有独立于旋律和编曲、恰到好处的力量，每一个意象都具有令人惊叹的准确性。"你无法想象我对你的评论有多么受用。"科恩回应道。

"我别的什么也不做——这就是我的前线。我努力地维持所有人际关系，但这是我的誓言，我的献祭仪式。虽然没必要用这么夸张的词来形容这首歌，但对我来说它的意义的确如此。我是细密画画家（miniaturist）。我在试图做到微型芯片所做的事情——找到一种形式，用简洁的方式表达深刻的体验，让一首时长6分钟的歌具有一本小说的特质，让它带你踏上一段旅程。我自认为已经快要做到了。"

科恩目前或许拥有他二十年来最多的听众。他承认，在1972

年到1985年之间，他感觉自己被音乐行业拒之门外，而当唱片公司开始给他回电话时，那种感觉近似一种宗教体验。其他音乐人对他作品的兴趣也让他心怀感激，除了去年R.E.M.乐队、小妖精乐队、约翰·凯尔以及艾伦·迈克库洛奇等音乐人参与的翻唱专辑《我是你的歌迷》之外，还有尼尔·戴蒙德[1]版的悲伤的《苏珊》，这首翻唱虽然用意良好，却有些平淡无趣。

"虽然我一直在创作，但在很长一段时间里，我都被这个行业拒之门外，成了一个笑话，所以只要有人翻唱我的歌，我的批评能力就会立刻陷入充满感激的暂停状态。"他说道，"我的音乐事业直到近期才有所好转，所以我并不关心这些翻唱是好还是不好——我只是为此而激动。但在所有尝试中，我必须要单独挑出詹妮弗的那张专辑。她对我的音乐的演绎非常完美、用心，除了脱帽致意，别的我什么也做不了。"

完美的举止，不减的热情，科恩继续追求着更加精湛的创作技艺。"每个年龄段的人都有独属于自己的智慧，年轻人向往辉煌的结局，向往轰轰烈烈的生活——这么想挺好。"

"但是在过了人生的某个节点之后，这些想法便失去了诱惑力。"他说道，"我已经处在中年的末段，我开始变得乐观。生活压在每个人肩上的负担都很重，但是你会发现，只要耸耸肩，这种沉重的负担就会消失片刻。"

他从杯子里喝了一大口咖啡，然后自责称不该把自己说得那么乐观。"虽然我刚才说话时那么轻松，但毫无疑问，我很快就会被重度抑郁击垮。"他说道，脸上飞快地闪过一丝犀利的笑容。

1　尼尔·戴蒙德（Neil Diamond，1941—　），美国著名流行歌手。

莱昂纳德·科恩：摇滚界的拜伦

凯伦·舒默（Karen Schoemer）| 1992 年 11 月 29 日，《纽约时报》（纽约）

"我当时在尝试扮演一个角色。"凯伦·舒默回忆她对科恩的采访时称，"我听了很多他的专辑，我觉得他的作品体现了拜伦式的浪漫主义，我完全沉浸其中。那是一次方法派采访（method journalism）。他很迷人，并且也出色地扮演了自己的角色。"

"我并不是自己发现科恩的——是通过别人。"舒默告诉我，"我有一些老朋友，他们的生活受到了他的影响，因此我的采访是建立在他们的经历之上，而不是自己的。他在我心里是后迪伦时代嬉皮知识分子的代表，因此那次采访的重点也正在于此。我想形象地展示这一点，将它挖掘出来。他是一个好伙伴，非常配合。"——编者

莱昂纳德停下来闻了闻玫瑰。这里是曼哈顿中城的一家豪华酒店，他正坐在钢琴酒吧的一张桌子前，沉浸在思考中。但是血红色的花瓣，可能会扎人的刺，以及浪漫气息的诱惑，终究让他无法抗拒。他身体前倾，将玫瑰向自己一侧弯曲，然后闻了闻。娇嫩的花瓣和他脸上的道道皱纹形成了鲜明对比。明亮的红色和绿色则更加凸出了他灰黑色的头发和炭灰色的定制西装。

科恩先生就是一个为这样的诗意时刻而生的男人。歌曲创作者、60 年代民谣偶像、前小说家、永恒的智者，他是因为新专辑

《未来》而来到纽约,这是他自1988年广受好评的《我是你的男人》之后的首张专辑。他说他非常享受采访,不过,他的原话要稍微华丽一些:"我很高兴能为唱片宣传这项传统贡献自己的力量。"

科恩先生讲话时也像诗人。他会说"涂黑书页"这样的短语,而一般的普通人只会说"写";他有充足的金句储备,可以随时尽情使用,比如:"如果我知道歌曲从何而来,我一定会更频繁地前往那里。"他经常即兴引用诗歌,而他最喜欢引用的诗人就是自己。"远航吧,远航吧,伟大的合众之舰/前往遭难的海岸,驶经贪婪的瑚丛,穿过仇恨的风暴。"他借用《民主》中的歌词来谈论美国选举后的政治形势。

科恩先生今年58岁,他是一位诗人,他的成就和作品足以让他跻身杰出之列。出生于蒙特利尔的他曾在少年时期组建过一支叫"鹿皮男孩"的乐队。50年代中期的时候,他发表了第一本诗集《让我们比照神话》,那时的他过着波希米亚式的生活。他在希腊的伊兹拉岛上生活了好几年,在60年代中期成为了格林威治村民谣圈中的一员,和鲍勃·迪伦、乔尼·米切尔成了朋友,发行了《莱昂纳德·科恩之歌》和《来自房间里的歌》这样阴郁、充满感官体验的专辑。他的歌词记叙了与女人之间的情事,她们有些非常神秘,有些声名狼藉。《苏珊》中的那句"你的心早已抚摸过她那完美的身体"精妙绝伦。而收录在1974年的专辑《旧典的新生》中的《切尔西酒店二号》则是关于詹尼斯·乔普林的。

他的逸事还不止这些。采访过程中,科恩先生可能会突然讲起一个故事:"你知道吗,我跟迈克尔·X是好朋友,他是英国黑人穆斯林的首领……"

离开纽约之后,科恩在田纳西州富兰克林市一座占地1500英亩的农场里住了一年,每个月的租金是75美元。"那段时间我很快乐。"他的声音有些伤感,"那里有一座棚屋——设施非常齐全,但仍然是座棚屋——旁边就是一条小河。那里还有孔雀，雄雌都有。它们每天早上都会来我的小屋。我会给它们喂东西吃。我有一把雷明登推出的百年纪念款步枪，我记得应该是1967年的时候。他停顿了一下，"这个国家是什么时候建立的？1776？"数字对这个精彩故事的细节之处的干扰让他有些烦闷，"算了，总之我有一把百年纪念款步枪，我会用枪射河另一边的冰柱找点乐子。"

70年代中期，他与传奇制作人菲尔·斯佩克特展开了一次意外频生的合作，那次合作的产物便是《情圣之死》。进入80年代，科恩先生成为了叛逆的知识分子音乐人心中的英雄。去年，包括尼克·凯夫、劳埃德·科尔和艾伦·迈克库洛奇在内的一批年轻另类音乐人推出了一张致敬莱昂纳德·科恩的翻唱专辑，《我是你的歌迷》，这张专辑由大西洋唱片发行。和他的几位同行一样——汤姆·威兹[1]、玛丽安·菲斯福尔[2]——科恩先生受到的敬仰使得平平无奇的销量变得毫不重要。他是一种独一无二的存在：摇滚界的拜伦，流行音乐界不可思议的文化学者。

发行《我是你的男人》之后，科恩先生便一直在创作《未来》。"有些人在出租车后座上就能写出好歌。"他说道，"我多希望我也是那种人。"他所耗费的时间在这张专辑中一目了然。科恩先生那低沉、富有磁性的声音从未给人如此厌世与轻蔑的感觉。他对未来的展望也从未如此阴沉。《未来》这首歌断言，无论前方等待我们的是什么，毫无疑问都将比当下糟糕的一切更加丑陋；《民主》则是一个偶像破坏者对当代政局的哀叹。

科恩先生表示，这些歌"是受柏林墙倒塌的启发写成的，我的朋友们都因这件事而欢欣鼓舞。我是唯一高兴不起来的人，'这并不是什么好消息。它的倒塌会导致巨大的灾难。等你们明白未

1　汤姆·威兹（Tom Waits, 1949— ），美国著名创作歌手、演员。

2　玛丽安·菲斯福尔（Marianne Faithfull, 1946— ），英国著名歌手。

来会发生什么时，就会愿意接受柏林墙的存在'。"他的声音变得有力起来。"你会愿意接受臭氧层的空洞。你会愿意接受可卡因。你会愿意接受社会动荡。你会愿意接受洛杉矶暴动。相比每个人心中滋生的杀戮冲动，这些都只是小儿科！"

科恩先生立刻停下来，及时阻止自己因绝望而失去理智。"啊，请原谅我刚才说的话。"他叹了口气，"我对事物的看法有些阴暗。"

他认为新任美国总统（比尔·克林顿）是个能让他相对平静的话题。"我是加拿大人。"他说道，"加拿大人被告知要密切注意美国——就像女人被告知要密切注意男人——因为美国的行为会影响我们。我从1988年、1989年左右开始写《民主》这首歌，目的绝不是为民主党做宣传。我相信我的歌可以像沃尔沃一样存在三十年左右。所以我不想让这首歌和这个可能只存在8年的政府捆绑在一起。我会比它多22年。"

"但是当然了，作为一个加拿大人，我希望这个政府能一切顺利。"他继续说道，"我会为这位总统祝福，尤其是他的妻子，我觉得她非常迷人。"

夜渐深，酒店酒吧的灯投下V字形的光束，科恩先生的身上布满斑驳的光影。"我觉得我越来越频繁地身处生活的前线，面对着空中飞来的弹片和导弹。"他说道，"你真的没有机会为一切制订计划。当然也就无法规划事业，爱情和梦想也没有机会。所以每一个当下的时刻都非常紧急，而如何从一个时刻过渡到下一个时刻也同样非常紧急。"

一位穿着金色修身长裙的金发女子在钢琴前坐下，开始唱歌。"他们说爱情很美好/很美好，他们说……"科恩先生听着歌，陷入了沉默。出神中的他用手指轻轻触碰玫瑰。

关于心境

"悲观主义者是等待雨来的人。而我早已湿透。我不会等待雨的降临。我们已经身陷灾难，没必要再去等待它，大家都心知肚明。你知道洪水已经来临。这并不是'当我离开之后，再发生什么我都不会在乎'，而是'洪水已经来临，我关心发生的一切'。"

——摘自米歇尔·菲尔德（Michel Field）的采访，《午夜之圈》（*Le Cercle de Minuit*），法国电视二台，1992年12月

关于在废墟中生存

"我在歌里写的主题看起来很广泛，但事实上，它们最后都可以归结为一个人该如何在废墟中生存下去。我是主角。我要如何熬过这一切？我要如何让我周围的人坚强起来？你看，我从二十年前开始就一直在说这场洪水，它已经带走了所有道德、精神和政治层面的东西，所有的东西。我唯一的问题就是'在这种情况下，什么才是适当的行为？'。当你挂在一块橘子板条箱上，周围的人在被洪水冲走、淹没时，你真的还会在乎保守派和自由派的分歧吗？不会！你真的还会有心思讨论共产主义和资本主义吗？不会！你真的还会浪费时间争论什叶派和逊尼派吗？除非你蠢透了！对雨林来说，这些真的是重要的事情吗？我们搞错重点了。"

——摘自《沉重的科恩》，克里夫·琼斯（Cliff Jones），《摇滚CD》（*Rock CD*），1992年12月

科恩剪报
关于他的身份

"我不是小说家。我也不是诗人。我是歌曲创作者。到最后，你会意识到，你不会再做任何别的事情。你不会领导社会运动。你不会成为一代人的希望。你预想的很多事情都不会发生。你只是一个状态好时坐在桌前，状态差时在地毯上匍匐的人。这就是你在做的事情。你在为流行市场写歌……然后梦想这些歌能存在一段时间。"

——摘自《大众情人的生活》，布莱恩·D. 约翰逊（Brian D. Johnson），《麦克林》（加拿大），1992年12月7日

科恩剪报
关于快乐

"我觉得声称自己是一个快乐的人是非常不谨慎的做法。当一个人说出这番言论的同时，很多力量会被瞬间启动，你很快就会被碾碎。所以我要尽量克制自己说这种话。对此我不会抱怨。我觉得这么做很有效。"

——摘自《重生的情圣》，布伦丹·凯利（Brendan Kelly），《金融邮报》（Financial Post）（多伦多），1992年12月12日

科恩剪报

关于他最喜欢的歌

"当人们问我'你最喜欢哪首歌'的时候，我的回答是（胖子多米诺[1]的）《蓝莓山丘》。'我在蓝莓山丘找到了属于自己的快乐/月亮静静地立在蓝莓山丘之上。'在我看来，这首歌接近完美。你能感受到歌里所说的这个时刻。你知道，你始终在世俗世界与精神世界之间来回摇摆，偶尔会找到完美的平衡。那个位置就在'蓝莓山丘'之上，或者雷·查尔斯的'老人河'上。"

——摘自《谨启，L. 科恩》，布莱恩·卡尔曼（Brian Cullman），《男人的细节》（*Details of Men*）（美国），1993 年 1 月

科恩剪报

关于歌曲创作

"关于写歌，我只知道一件事情，那就是，如果你能坚持得足够久，那么歌曲就会被驯服。但是'足够久'是一段超乎合理想象的时间。你可能以为是几个月——或者一两年……在这过程中，你得否决一切过于轻易的版本。当你读到最终版歌词的时候，会感到有些惊讶，因为你不可能通过其他任何方式得到这样的结果。歌词中没有口号，你甚至超越了自己的政治观点。你会埋葬掉不同版本的自我，勇敢的，谦虚的，直到你得到一些不可降解的东西——处在食物链底端的那个人在高喊：'他们会听见我的声音。'"

——摘自《在莱昂纳德·科恩的〈未来〉中，艰苦的努力得到了回报》，汤姆·穆恩（Tom Moon），《费城问询报》（*Philadelphia Inquirer*），1993 年 1 月 4 日

1　胖子多米诺（Fats Domino，1928—2017），美国黑人歌手、钢琴家，早期摇滚时代最受欢迎的歌手之一。

科恩剪报

关于他的儿子遭遇车祸

"这张专辑(《未来》)的录制过程中发生了很多事情。我儿子遭遇了一场非常严重的车祸,我在医院陪了他好几个月。那段时间我非常难过。对父母来说,孩子受那么重的伤简直是噩梦。你会获得连自己都从未意识到的力量。他伤得很重,当他意识到这一点的时候,他的精神状况受到了巨大的伤害。你能处理自己的痛苦,但对别人的痛苦却无能为力。当我看到他鼓起勇气时,我便也获得了勇气。"

——摘自《你好,我必须做科恩》,加文·马丁(Gavin Martin),《新音乐快递》(英国),1993年1月9日

科恩剪报

关于生育孩子

"老实说,一开始我并不想要孩子。很长一段时间里我都感觉自己是被诱骗着这么做的,事实可能也确实如此。我不喜欢抚养孩子。首先,只有他们能让你离开舞台中央。不仅是作为表演者所在的舞台,我的意思是人生的舞台。只有他们能让你不再把自己看作人生的主角。孩子的需求和紧急情况是无法忽视的。有了他们之后,你不再为自己考虑,所以我不喜欢成为父亲。一点都不喜欢。但毫无疑问,我喜欢孩子,喜欢他们牙牙学语的样子,喜欢他们的一切,但我真的不喜欢养育他们的过程。可我还是很高兴他们出现在我的生命里,因为对我来说,他们是最好的陪伴。"

——摘自《D档案:莱昂纳德·科恩》,大卫·范宁(David Fanning)的电台采访,爱尔兰广播电视总台,1993年1月21日

关于音乐事业出现转机

"我是从我女儿那里得知我的音乐事业出现了转机的，那时候她大概14岁。她跟我说'你知道吗，爸爸，很多车库摇滚乐队都在翻唱你的歌'。"

——摘自《莱昂纳德·科恩……你的困扰是什么？绝望和忧郁》，帕特里克·汉弗莱斯（Patrick Humphries），《Vox》，1993年2月

关于他唯一的奢侈爱好

"当你的家庭日益壮大的时候，你的责任也在变重，没错，你需要更多的钱，但我一直都很喜欢简朴中蕴藏的奢华。我唯一放纵自己享受的奢侈品是鱼子酱。所以，不幸地，我对鱼子酱培养起了超乎需求的嗜好。"

——摘自《爱开玩笑的忧郁吟游诗人》，蒂姆·罗斯特伦（Tim Rostron），《伦敦每日电讯报》（London Daily Telegraph），1993年4月26日

未来

阿尔贝托·曼萨诺｜1993 年 5 月采访，刊登于《欧洲人》（*El Europeo*）（西班牙）1993 年春季刊

虽然1997年的精选集里收录了两首新歌,但1992年的《未来》最终成为科恩在9年里发行的唯一一张只收录新歌的专辑。不过这并不意味着他从公众视野里消失了——至少没有在专辑发行后马上消失。事实上，他在1993年接受的采访和前一年相比并无减少。

"莱昂纳德到马德里宣传新专辑《未来》，"阿尔贝托·曼萨诺对我说，"我叫来了西班牙歌手恩里克·莫伦特[1]，当时我们俩正在准备一张叫《欧米伽》（*Omega*）的弗拉门戈风格科恩翻唱专辑。恩里克毫不犹豫就赶来了，我介绍他们两个认识。我们在广场酒店的酒吧进行了一次详细的对谈，诗人费德里科·加西亚·洛尔迦在马德里的时候经常去那里小酌。莱昂纳德微笑的时候，眼神中会透出一种特殊的神采。他心情很好。"

"第二天，"曼萨诺继续说道，"我们一起去西班牙电视台的录音室重新录了一版《打烊时间》。我不是很喜欢那首歌。它时长太长，制作太仓促。我跟莱昂纳德说这首歌不能代表这张专辑。'营销用的曲子，阿尔贝托。'他回答道。"——编者

---

1 恩里克·莫伦特（Enrique Morente，1942—2010），西班牙弗拉门戈歌手。

阿尔贝托·曼萨诺（以下简称AM）：你的新专辑《未来》的封面上出现了蜂鸟，但它早在你1979年的专辑《最近的歌》的封面上就出现过。这么多年来蜂鸟到底去做什么了？

莱昂纳德·科恩（以下简称LC）：当我写这些歌的时候，蜂鸟每天早晨都会来到我的窗外，把我的心从手铐中解救出来。你是唯一一个注意到它在我的其他专辑中出现过的人。

AM：封面的寓意是灵魂让心从禁锢它的枷锁中挣脱吗？

LC：差不多。我不太确定这张封面的意思。蜂鸟、心、手铐这三个意象……我用它们设计了好几种方案，最后，我把它们交给了洛杉矶的一位艺术家迈克尔·佩蒂特（Michael Petit），我们一起用这三个意象为专辑设计了封面。它和解放有关，也和禁锢有关。

AM：专辑同名曲传达了一种可怕的末世景象。它再次体现了先知以赛亚式的精神，以及与你的前作《我们首先攻占曼哈顿》《人人都知道》类似的讯息。

LC：我没有任何《圣经》式的野心，而且我知道无论我过着什么样的生活，它都不会被我的个性和意愿左右。我认为随着年纪逐渐变大，你会明白，有一些力量在控制着你，它们远比你能控制的力量要强大。无论你想过什么样的生活，它的背后总有力量在支撑它，这股力量会自行运转，以自己的方式发挥作用。所以我不会装作自己是先知，也不会装作自己不是先知。我只是在自己所处的环境中寻找这股力量。

你只是在过自己的生活，当你想说话时，应该去哪里？想唱歌时，又应该去哪里？你必须找到水井，或者食物，当我感到饥饿或口渴时，我会努力去寻找有食物和水的地方。我经常去到一些恶劣的地方，那里的风景和城市都在熊熊燃烧，那里的海水正在漫过海岸。那就是我进食与歌唱的地方。我不知道这个地方对别人来说是否有意义。但其他地方都太过安静、沉闷、无聊。我在那些地方会感到拘谨和束缚。我觉得我无法在那里讲话。或许我应该留在那里，不说话，也不唱歌。但当我想唱歌时，我必须去大海泛滥的地方，去城市燃烧的地方。

AM：在专辑中的另一首政治歌曲《民主》中，你将"山上宝训[1]"改编成了民主运动警诫。

LC："山上宝训"是一个好的警诫，因为它是个谜。正如民主也是个谜。民主是西方世界创造的伟大宗教。或许是最伟大的宗教，因为它肯定了其他宗教；或许是最伟大的文化，因为它肯定了其他文化。但民主的基础是信仰，是对博爱的渴望，是爱，因此它具有宗教运动的特征。它像宗教，也是因为它从未被真正审判过。

没有人做好了向民主之心屈服的准备。没有人愿意承认一切人事物都是平等的。没有人愿意说黑夜和白昼是一样的，它们都要归于"零"。没有人愿意说黑和白都会归于"零"，或者好与坏都会归于"零"，它们都一样。没有人愿意真正接受一个民主的愿景，但愿景就在那里，我们在朝着它前进。

"山上宝训"具有同样的神秘特质。那些话语在我们的内心和脑海里回响，但我们无法真正理解："温柔的人有福了！因为他们必承受地土。""虚心的人有福了！因为天国是他们的。"这些话语在我们的脑海中回响，让我们感到充满希望的同时也充满疑惑，没有人能真正理解它们的含义，因为我们看见温柔的人被碾碎在脚下，他们没能承受地土；我们看见虚心的人被送进精神病院，他们没能见到上帝，也或许他们见到了，他们见到了一个可怕的上帝。民主、博爱、平等、自由，它们都能在人们心中产生

1　山上宝训（Sermon on the Mount）：《圣经·新约》"马太福音"一卷中耶稣基督在山上对门徒的教诲，被认为是基督教行及生活规范的准则。

共鸣。但是当涉及到个人选择时，我们却非常不愿意放弃自己的地位，放弃自己相对于他人的位置。我们害怕自己必须要和陌生人共享房间，我们害怕自己必须要和陌生人分享内心，我们害怕自己要和比我们贫穷的那些人共享生活。

我们的信仰告诉我们——"贫穷的人有福了""温顺的人有福了"。但这些人是谁？我们愿意和他们相处吗？我们真的愿意让穷人出现在我们的餐馆里吗？我们愿意把外套借给乞丐吗？这些问题不断地在我们的脑中浮现，它们形成了一个概念，一种冲突，它们指明了一个方向，这个方向通往我们称之为基督教的可能性，我们称之为民主的可能性……

AM：你认为这种乌托邦式的人类民主有希望成功吗？

LC：我认为我们正处在民主实验的初始阶段。我认为它已经开始了。我认为这个想法已经在这个世界中传播，它已经成为了一种比希望更强大的必要性，而且和其他所有像传染病一样散播到空气中的思想一样，它会带来数量巨大的人类痛苦。我不知道民主、伊斯兰教或者基督教是否存在某种绝对倾向，但是它们就像燃料，让人们行动起来，至于这是好是坏，我无法判断。但我们可以看到，全世界的人们都已经不再满足于自己原先拥有的权力。民主让每个人都感到紧张。

AM：目前来看，美国式的民主举措并没有在世界范围内获得很多支持。你怎么看克林顿领导的这场"软革命"？

LC：很多人都因为这位民主党候选人的胜利而充满希望。人们对我说，他听过音乐，吸过大麻，留过长发，出生于二战之后，他有足够的社会和文化背景来实现这一愿景。他最终能否实现愿景，则要受一系列没有人能预知的变数影响，但他确实在人们心中燃起了希望。

而我，你也知道，总是不抱希望。希望并不是我热衷的一种情感，但我会祝福这个政府。毫无疑问，你希望事情能够变好。美国有很多亟待解决的社会问题。美国的一个奇妙之处在于，它的民主正在以一种世界上绝无仅有的方式接受考验。

AM：你说爱是民主的基础之一，但是一个人要如何用爱滋养民主，清除遮盖在它表面的垃圾呢？

LC：爱是民主的基础，但很重要的一点是，人们必须接受相关的教育，这一点我们目前还没有落实。民主承认一切人事物都是平等的。它肯定黑人和白人、穷人和富人都是平等的。民主肯定一切，民主承认社会中每一个组成部分的合理性，但如果这些单独的部分仅仅把自己视为个体，民主就无法实现。

把自己看作是男人很重要，但同时，既不把自己看作是男人，又不把自己看作是女人，也很重要。珍视自己作为黑人或白人的体验很重要，但以消除种族意识的方式来体验自我也很重要。所以，虽然民主肯定黑人、白人、男人和女人各自的存在，但它还没有成熟到不以黑人、白人、男人和女人来区分的阶段。

民主暗示了一种智慧。这就是我们热爱民主的原因。它暗示着一个超越一切的范畴的存在，一个不以黑人和白人、男人和女人、穷人和富人来作区分的至高范畴。但现在还发展出一个教育体系，能让人们学会不以男人、女人、黑人、白人、东方人、西方人、基督徒、穆斯林或者犹太人来定义自己。还没有一个教育体系能把"零"的智慧完善成熟。但我们希望这些有朝一日能实现。我们每个人都要以自己的方式朝着那个目标前进。

AM：我记得你有一首诗是这么写的："你抛开我们创建的任何体系都会被推翻。"这首诗被收录在70年代早期出版的《奴隶的力量》中，不过在那时候看来，这本诗集像是一个无政府主义者写的。

LC：无政府主义代表了一种信仰，即人们可以自行与他人建立契约，不必接受上层权力强加的契约。这种信仰与我刚才所说的立场非常相似，它肯定一切，既认可男人，又认可女人；既认可黑人，又认可白人——肯定那种对黑人和白人，男人和女人，基督徒、犹太人和穆斯林同时进行认可的智慧；肯定这种智慧的基础是"零"，肯定既不是黑人也不是白人，既不是男人也不是女人的这种体会是必不可少的。无政府主义肯定、暗示、指出、相信、希望存在一种每个人出于本能就可以理解的立场，这种立场使得他们能以理性、友爱和个人意志为前提与彼此签订契约，不必接受上层权力的命令。所以无政府主义一直是一种充满吸引力的立场，尤其是对年轻人而言。

AM：在最近的几张专辑里，你像是踏上了一场政治征程。为什么要执着而迫切地回归革命主题？

LC：每当我感觉自己的内心浮现法西斯倾向时，我就会说："啊，这个法西斯分子又来了。"他就在我的心里。他可以负责处理眼前的混乱状况，所以我喜欢他；他看起来不错。"我们先攻占曼哈顿，然后攻占柏林。"极端主义者出现了，那个恐怖分子，他不愿意依靠民主和议会制处理问题，不愿意与他内心的其他声音进行辩论。这位领导人穿着黑衬衫，银色带扣的皮带上别着一把左轮手枪，他说："我将接管这一切。我不想听大家在说什么。我不想再听到任何争论。我不想再听到任何别的立场。"

那个法西斯出现了，我觉得他充满魅力，但同时也充满威胁，我得跟他打交道。接着，另一个恐怖分子从左翼冒了出来，他说："你们所有的制度都不值得保护。别跟我谈秩序，别跟我谈家庭，别跟我谈你们那些美丽的纪念碑、艺术品、博物馆、餐馆、酒店。我不想听这些——这些东西全都要毁灭。其中可能确实有好东西，我对此表示遗憾。如果有孩子要被烧死，我提前道歉。这个世界只会带来痛苦，这个世界应该遭到毁灭，我要炸掉这一切。"然后他站起身，他很年轻，也很美，他的衬衫敞着，衣衫褴褛，手里拿着炸弹，他把它扔了出去。我也要和他打交道。在我们所处的时期，这些人物会悉数登场，充满气势，我必须得对他们做出回应，这张专辑就是这样写成的，是我对当前形势下这些气势汹汹向我袭来的人物做出的回应。

AM：《民主》和《未来》这两首歌代表了两种完全相反的情形，整张专辑似乎就是在这两极之间展开的。一极是你在歌里所说的，认为民主将"披着情爱的外衣"而来的观点，而另一极则是疯狂的未来派概论。

LC：没错，我觉得的确是这样，但这不是提前计划好的。这张专辑里的歌都是从沉船里救出来的歌。我当时同时在写很多首歌。一首叫《蓝色警报》（Blue Alert），一首叫《在我的隐秘生活中》。

但那些歌无一幸存（编注：事实上，《在我的隐秘生活中》被收录进科恩2001年的专辑《十首新歌》，而《蓝色警报》则被收录在由科恩当时的恋人安佳妮·托马斯演唱、科恩制作，2006年问世的同名专辑中）。有些歌得以在这个过程中幸存，大概三四年过去之后，你会问自己："我现在有什么？这些时间是怎么被我浪费掉的？我一直以来在忙些什么？"然后你会发现自己手头积累的作品，它们通常都会包含某种真相，某种自洽性，但这些都不是提前计划好的。不过没错，你要么写出《未来》这样的歌，要么写出《民主》这样的歌。这两种可能性建立起了一种矛盾关系，或者你也会写出《颂歌》这样包含哲学与怜悯的歌，告诉你不论你面对的前景是《未来》还是《民主》，"万物皆有裂缝"，这个世界并不完美。在我们的文化中，核心的神话就是被逐出伊甸园的故事。

没有人愿意相信我们被逐出了伊甸园，这个世界是坠落的结果。我们从出生堕入死亡，从梦想堕入失败，从健康堕入疾病。

这就是事实。我们并非身处天堂。但没有人愿意接受这个事实。有一段非常出色的布鲁斯歌词是这么写的："人人都想笑，没有人想哭/人人都想去天堂，但没有人想死。"

我们的文化拒绝承认死亡。十字架受难和被逐出天堂的故事在我们的文化中都是非常核心的神话，但我们拒绝承认自己被逐出天堂，我们创造了一系列乌托邦理论——社会主义、法西斯主义、民主——以此将自己带回天堂。但万物皆有裂缝，因为这个世界就是遍布裂痕、遍布失败、遍布死亡，如果我们不承认失败和死亡，我们将会非常痛苦。我们越是承认死亡，我们就越是快乐。我们越是承认失败，我们就越是成功。

AM：我在这张专辑里没能找到一首典型的宗教歌曲，你以往都会在专辑里放这样的歌——比如《哈利路亚》和《宾客》。这是因为你对信仰的渴求已经消失了吗？

LC：我想我对信仰的渴求已经得到了满足。那不是一种渴求，但是……我懂你的意思。我也很想在这张专辑里听到那样的歌，但这是我当时唯一能做出来的一张专辑，我感觉就像……一个老兵在临死前，重新穿上军装，戴好勋章，拄着拐杖，带着所有的尊严走过战场。我觉得这张专辑包含了一种勇气，一种悲伤。我觉得这是一张不错的专辑，我可以原谅自己把它做了出来。

AM：我同样很想在这张专辑里听到更为私人的作品……

LC：没错，我觉得我现在应该写一些非常私人的作品。那首《在我的隐秘生活中》的确关于我个人的隐秘生活，但我无法阐释那首歌。我没能完成它。我会试着继续写那首歌。《蓝色警报》同样检视了爱与性带来的陶醉感。我希望我的下一张专辑可以包含这种非常私人的感受。

AM：还是说回你写的那些宗教歌曲，有人说它们体现了一种"神性"。对此你怎么看？

LC：我不知道该怎么评价。我一直很喜欢所谓神圣的音乐，在教堂和会堂里能听到的圣歌。我一直很喜欢那种音乐。我不知道那种音乐的特点是什么，不过我认为——神圣——确实是我们可以用来形容这种特点的词语，但是……我不知道该怎么说。我觉得或许是因为这些歌存在于一个有时得意有时失意的俗世。我觉得这使得那些歌看起来像是持续性的精神抗争。

AM：你的上一部诗集《仁慈之书》，似乎在本质上是一本祈祷书。对你来说，祷告是否是一种寻找安宁与平静的方式？

LC：祷告是一种很好的方式。游泳是一种很好的方式。做爱是一种很好的方式。跳舞是一种很好的方式。但真正的祷词是无言。每一种宗教都有创造无言的方式，在无言中，父亲和母亲消失了，男人和女人消失了，夜晚和白昼消失了，无声的祷词响起，沉默的智者现身。每一种宗教都能带来这种体验。在这样的体验过后，平日的自我获得重生，携带着这种体验的印记，更加怜悯，更加敏感，更加智慧地面对重生后的一切。当无声的祷词在心中响起时，他拥抱整个世界。他拥抱上帝，他拥抱魔鬼，他拥抱一切；当无声的祷词响起时，他不会漏掉哪怕一个原子。

AM：这么多年来，你一直在练习禅宗冥想。你认为你的音乐是否有受到这种方式的影响？

LC：有。我从没有学习过其他形式的冥想。二十五年前，我遇到了一个人，我喜欢他说的话，我也喜欢他这个人，于是我开始跟着他学习。他就是佐佐木老师。他是一位Roshi——在禅宗传统的临济宗（Rinzai）分支中代表老师。我想，如果他是一位海德堡大学的物理教授，我就会去学习德语和物理，但他碰巧是个老僧侣，所以我便跟着他学习他所了解的禅宗。

学习地点是洛杉矶鲍尔迪山上的一家禅修中心。我不知道我有没有进步，也不知道我是否需要取得任何进展。我只知道我很喜欢去那里坐着，尤其是早上和其他僧侣一起坐在那里。我喜欢香的气味。我喜欢那种安静，喜欢空气中的臭氧味道。我喜欢僧侣和尼姑间的友谊。过去几年，当我坐在禅修中心里的时候，我不再把注意力放在冥想上。我几乎只专注于写歌，或许这么做非常不合适。白天或晚上坐在那里的时候，我只专注于音乐，我一直在思考押韵和歌词的事情。

AM：从你所说的来看，你学习禅宗更多的是因为人，而不是教义。了解你和Roshi之间亲密的关系之后，人们很容易就能得出结论：他扮演着你父亲的角色。你总是有比你年长的朋友……

LC：我已经分不清楚了。我已经忘了他究竟是谁，忘了他教了什么。我们成了朋友。但我觉得你那样想也没错。这种思考方式在今天很流行，心理学的方式。有时候我会照顾Roshi，那时候他更像是我的孩子，而不是父亲。没错，他是一位长辈，而且我一直有比我年长的朋友，但我也一直有比我年轻的朋友。所以你的解释可能站不住脚，但我不会抗拒。他是我的向导，精神上的朋友，有时像母亲，有时像父亲，有时像孩子。作为精神领袖，他没有固定的人格。事实上，作为精神领袖的关键就在于他要向你展示一个变化的自我。一位伟大的精神领袖永远不会在你的人生中扮演固定的角色；他会让你看到一种变化、流动的关系。

AM：你曾经说Roshi是唯一一个能让你有所收获的人。

LC：好吧，我可能确实说过这样的话，但这并非事实。你可以从很多人身上学到东西。你无疑会不断地从你的朋友身上学到很多东西。如果他们是合格的朋友，那么他们就一直会让你有所收获。他们不会让你走得太远过了头，也不会让你停留在浅显的表面。如果你有合格的朋友，你可以随时依靠他们来判断自己当前的处境，但你很容易忘记他们究竟是谁。你只知道他们是让你感到非常自在的人。对我来说，Roshi现在更像是一个朋友。当然，我知道他是一位出色的老师，但我已经放弃跟他学习，我想他也已经放弃教我，所以我们现在只是一起吃饭而已。

AM：我听说你在帮Roshi在美国其他地方开设禅修中心。

LC：我现在已经是那里的老人之一了，所以为这个团体的发展贡献我的微薄力量是顺理成章的事。

AM：你从70年代开始练习冥想，那段时间，你发行了两张最具戏剧性、最孤寂的专辑：《来自房间里的歌》和《爱与恨之歌》。你当时甚至被称为"世界上最有影响力的非化学性抑郁症患者"。就你个人而言，抑郁和悲伤似乎是创作力的重要来源。

LC：我和它们就像朋友一般共处，我知道如果我犯的错误太多，这两位朋友就会变成我的负担和不幸。所以我们之间的关系并不是客观存在的。它们是永远不会散去的阴影，你始终要与它们共处，你只能尽量不让自己被它们击溃。这种感觉就像长湿疹，得皮肤病：如果你吃了不该吃的东西，你的皮肤就会变得又红又肿，你会无法行动，无法坐着，也无法躺下。抑郁症的感觉也是如此。如果你接触了不该接触的东西，你就会变得很难受，无法继续做任何事情。

AM：关于你，有一种观点认为，你越是痛苦，你的创作就越是出色。

LC：创作是一个非常奇怪的过程。我不会装作自己很了解这个过程。我只知道当我开始认真创作一首歌的时候，我会对自己感到非常不适，我必须抛弃所有让我感到不适的自我……当我听到（某一个这样的自我）与我对话时，我会告诉他："你所说的只是谎言。你必须离开。"但他并不想离开。我必须设法逼他离开。然后又会有一个自我现身，他会说："我就是你，这些是我的想法。""不，你不是我，你也必须离开。"这些自我会陆续出现，而你必须消灭他们，否则，在奄奄一息之际，他们仍然会与我对话，而这会让我感到很不适。最后，你会抵达终点，那里有你所能接受的语言，你终于感到自在。这种创作方式或许很漫长，也很愚蠢。但这就是我的创作方式。

AM：大家经常说："如果你感到很难过，那没什么比听莱昂纳德·科恩更合适了。"

LC：我很感激这种联系，我觉得这很合理。奴隶终究会迎来无法继续做奴隶的时刻，于是他们会奋起反抗。黑人也迎来了无法继续被当作黑人来对待的时刻，于是他们奋起反抗了。女人迎来了无法继续被当作女人来对待的时刻，她们将坚决地改善自己的生存处境。所有人都要求成为全新的自己；他们对自己提出要求，也向他人提出要求。

我认为下一批奋起反抗的奴隶将是那些饱受抑郁折磨的人。我觉得抑郁是一种真正普遍存在的问题，超越国界和文化，下一次反抗，或许也是我们所期待的那一次，将来自于抑郁者——这个词并不能确切地形容他们——将来自于那些饥饿的人。

我们还没有权利反抗，因为我们知道自己的处境不如那些真正饥饿的人迫在眉睫，也就是那些身体上饥饿的人。但未来的某一刻，灵魂上饥饿的人将会奋起，将会要求改善自己的困境，对自己要求，向他人要求。我在某种程度上暗示了这种可能性。

AM：说回宗教学习……大多数到西方来教授比我们的文化更丰富深奥的信仰的人都失败了，你认为这背后的原因是什么？

LC：噢，没错，他们在西方都被毁了。我不想指名道姓，但是有很多禅宗大师开始酗酒，开始和自己的学生或者学生的妻子上床。很多印度大师都中了美国女人和行事方式的魔咒。美式性爱难以抗拒。美国女人也难以抗拒。很少有宗教大师的影响力能与一个美国女人相提并论。前者就像美国女人怀抱的孩子。

东方有很多需要向西方学习的地方。有一种非常流行的观点认为美国是一个婴儿，是一个没什么东西可以教给别人的国家，而从东方来的大师则富有古老的智慧，但他们全都在美国折戟。他们没有一人得以在美国幸存。他们全都跪倒在地，开始学习美国文化。美国是一个巨大的信仰试验地。Roshi经常对我说："科恩，我跟你一起研究女人。"

AM：但是东方需要西方，就像灵魂需要身体……

LC：当然，我们都需要彼此，就像一只手上的手指。小拇指需要大拇指的帮助才可以握住东西。

AM：你的婚姻搁浅之后（编注：正如前文所说，科恩从来没有结过婚），你有没有成功上岸？

LC：我死里逃生过很多次，但我并没有……我很高兴你觉得我可能有所体悟，但我真的是个被击碎的人。我并不是在文学比喻层面形容这种击碎。这个世界真的把我撕成了碎片，让我非常痛苦，我现在正在洪水中一边紧紧抱着一个橘子板条箱，一边和你讲话。

AM：打坐冥想损坏了你的膝盖，同时，你这一生都跪倒在女人面前。你觉得你能站起来吗？

LC：噢，当然，我可以站起来。我不想装作自己是因为弯腰才受伤。我已经跪了很久。现在我要站起来（科恩起身）。

AM：噢，我不是指字面意思……再问几个问题，我们就结束了。不久前，你曾就读的蒙特利尔麦吉尔大学授予你"荣誉博士"称号，你怎么看这段经历？

LC：能获得母校认可，穿上红色学位袍，被称作博士，是一件非常令人感动的事。（但）这件事也让人惶恐。你会觉得自己已经走到头了……整件事就像是一场葬礼。我记得迪伦被耶鲁大学（编注：其实是普林斯顿大学）授予荣誉学位后，写了首叫《蝗虫之日》（Days of the Locusts）的歌，那些蝗虫把所有东西吃得精光，一点也没有剩下。当他们因为你的诗和歌曲授予你荣誉时，你会有一种犯了大错的感觉。当然，这仍然是件好事。那是你的母校。你站在熟悉的礼堂里。

AM：法国杂志《Les Inrockuptibles》发行了一张致敬你的专辑，一些年轻的摇滚乐队翻唱了你的歌。你怎么看它？

LC：那些翻唱者是我的小兄弟。被人翻唱的感觉很好，但是……这些荣誉会让你觉得自己已经走到了终点，被安排葬礼。但当你听到小兄弟们唱你的歌时，感觉还是美好的。

AM：你为什么没有参加迪伦的纪念演唱会？

LC：我觉得我受到邀请了，但我开了个玩笑。哥伦比亚唱片公司的高管唐·伊纳（Don Ienner）跟我提起这场演唱会，然后我说："鲍勃·迪伦，那个小左派。他一个人就摧毁了整个社会。"我继续说："我女儿在书脊上写：'你的儿子和女儿不再受你安排。'[1]真是多谢了，鲍勃。"我不知道他们觉不觉得我是认真的，反正在那之后再也没人跟我提过这场演唱会。

AM：爱尔兰歌手希妮德·奥康纳[2]在现场遭到了迪伦歌迷的抵制，对此你怎么看？

LC：我不知道。我不在现场。他们说有人在大笑，有人在鼓掌，还有人在嘘她……美国的工业民主和爱尔兰这样的社会不同。总体上，美国人认为所有的宗教都该被认可，不该被攻击，因为美国就是被一群信仰遭到攻击的人建立起来的。这就是他们来美国的原因。因此尽管批判宗教这一行为在美国能得到容忍，但人们并不喜欢它，因为建立美国的正是从宗教迫害中死里逃生的那些人……

1　迪伦名曲《时代在变》（The Times They Are A-Changin'）中的歌词："Your sons and your daughters are beyond your command"。
2　希妮德·奥康纳（Sinead O'Connor，1966—2023），爱尔兰著名歌手。

AM：你觉得一位歌手、一位诗人应该在这个社会中扮演怎样的角色？

LC：我们希望艺术家告诉我们真相，随着时间的流逝，我们会亲手制造很多发言人，很多艺术家，很多画家，因为我们的需求非常广泛。我们想要谦虚的诗人，自大的诗人，酗酒的诗人，禁欲的诗人，悲伤的歌手，快乐的歌手，严肃的歌手。我们想要已经隐退的歌手，我们想要正在避世的歌手，我们想要正在起舞的歌手。我们需要制造很多艺术家来满足我们的需求，但这需求实在太过庞大，我们甚至无法确定那究竟是什么。有一句希伯来祷词是这么说的："我们的需求太过繁杂，以至我们不敢说出口。"我们的需求太过庞大，以至我们不知道该从哪里讲起。所以我们制造了很多人物来与我们对话，但没有人说得足够清楚或足够确切。所以我们每个人都还有需要做的事情。

AM：你曾经说过，一位艺术家若想创造杰作，那就必须粉碎自我。

LC：一位艺术家必须拥有强大的自我。如果没有强大的自我，他无法存活，因为这个世界经常会对艺术家说："闭嘴，快滚。"如果没有足够强大的自我，他就真的会闭上嘴，滚回家。但在创作时，如果他始终不愿放弃自我，那么他就无法创造出作品……他的自我必须在作品中消失。这就是我所说的"必须粉碎自我"。如果他在创作和祈祷时说"我是艺术家""我在向上帝祈祷""我在创造杰作""这音乐便是我"，那我们当然应该嘲笑他，他就是个喜剧演员。

喜剧演员就是从不化解自我的人，他把自我高举到我们面前，让我们笑出声。喜剧演员从不失去自我，所以才如此滑稽。即使在危机中，他也仍死守着自我。这就是喜剧演员和艺术家的区别——当所有人都知道自己身处危机时，艺术家会在危机面前粉碎自我，然后步入危机。而喜剧演员死守着自我，我们会觉得这很可笑；而艺术家在危机中消融自我，我们会觉得那是艺术。

AM：大多数流行歌星都喜欢表现自我，对此你怎么看？

LC：我们似乎认为歌手和诗人在公众场合表现出强烈个性是应当得到鼓励的……当他们在舞台上砸吉他，把酒店房间搞得又脏又乱，对前辈口出狂言，表现出自大、夸张的个性时，我们似乎很开心。我们似乎喜欢并鼓励他们这样做。就年轻人而言，我觉得这种表现无可厚非，并且确有必要。

年轻人会感到无力。感觉无法融入社会。他们感觉自己无法操纵这个社会的控制杆。他们无法得到关注。于是他们会选出自己的代表，他们对成人世界的运作机制不屑一顾。一些特立独行的艺术家会在其中冒出头来，我认为摇滚艺术家就是这样的人。他们代表了那些威胁秩序、打破陈规、解放世界的年轻人。这样的领袖会一直在年轻人中崛起，他们鄙视、蔑视先前的世界。通过这种方式，年轻人可以冲破大门，进入成人世界。鉴于目前的复杂情况，我认为在年轻人间崛起的这类艺术家是不可或缺的合适人选。

但是当年纪渐渐变大时，我们期待的情况会有所不同。在年纪渐长的过程中，我们会知道这个世界不值得融入，不值得我们冲破大门、进入其中。因为当你年纪渐长后，你会发现这个世界没有任何特别之处，你没有必要对抗它。但对年轻人而言，成年人的世界神秘莫测，里面的人掌握着所有权力，于是他们选出自己的代表，挑战权力。

一旦成年之后，你就会发现，这个世界并不存在权力，只存在脆弱、疾病和痛苦，这里只有失败。所以年轻人到底想从我们这里得到什么？看见年轻人批评我们，尝试从我们这里夺走权力时，我们所思考的正是这个问题。我们的生活尽是失败，尽是痛苦、妒忌和磨难，这正是我们看见年轻人试图从我们手里夺走世界时耸耸肩的原因。我们会非常高兴地把世界让给他们。

AM："生活的战士""心灵的先知"，这两个称呼哪个让你感觉更自在？

LC：我的朋友欧文·莱顿说所有的榜样都完蛋了。他说诗人完蛋了。诗人已不复存在，战士已不复存在，祭司已不复存在。这些话对年轻人而言很有帮助，因为他们正在思考应该成为什么样的人。年轻人正在寻找工作——失业（unemployment）是一个非常严重的问题——但当你年纪渐长后，这些类别都会失去吸引力和迫切性。要想生存，你必须制订独创的计划和独创的身份。即便是上述那些类别也不具有参考意义。

AM：你为什么在这张专辑里收录了两首不是你写的歌？我记得你从来没有这么做过。

LC：我觉得它们足够好，可以留在专辑里。比如说，《永远》（Always）的录制过程很精彩。我准备了一些自己做的鸡尾酒，"红色尼德尔斯"——龙舌兰、树莓汁和水果——我把这些酒分给了所有乐手，然后我们录这首歌录得停也停不下来，我放进专辑里的这个版本是时长最短的，其他版本都在25分钟左右。没有人愿意停下来，有几个乐手之后告诉我，这是他们最开心的一次录音经历。第二小节的吉他独奏响起的时候，我醉倒了；我没法再唱了，我必须在麦克风架旁躺一会儿。这次录音非常尽兴，非常美好，我觉得这首歌具备这种美好的特质，所以我把它留了下来。《真心相待》（Be for Real）是我发现的一首非常出色的歌。大家都不知道这首歌，于是我就一遍又一遍地播放。我觉得这两首歌在未来都能得到人们的喜爱，我觉得五到十年后，这些歌会成为经典。

AM：弗雷德里克·奈特（Frederick Knight）是谁？

LC：弗雷德里克·奈特是一位黑人歌手和作曲家，在70年代中期的时候发行过几首热门单曲。他演唱的《真心相待》是无法超越的版本。他用了假声。非常、非常美。

AM：在《塔科马皮卡》（Tacoma Trailer）这首器乐曲里，你为什么没有弹奏乐器？

LC：我用我的合成器和扩充弦乐组演奏了整首歌，但我没法再弹第二次。所以我叫比尔·吉恩（Bill Ginn）采谱之后弹奏了整首曲，因为我觉得这首曲子很棒，很动听。但我没法弹第二遍。我只弹了一遍，弹了所有部分。我设置了不同种类的节奏、律动和弦乐进行。

AM：《颂歌》里的一部分歌词来自于《钟》（The Bells）这首歌，后者是你为路易·福瑞的电影《夜晚的魔法》（Night Magic）所写的片尾曲，但这两首歌的音乐部分并不相同。

LC：一部分歌词，没错。一部分歌词出自那首歌。我本来打算自己用那首歌。我写完了歌词和旋律。但路易需要一首歌来为《夜晚的魔法》收尾。这算是我和路易之间的一个争执点，一开始，因为他想做一张专辑，所以我给了他几首斯宾塞体歌词，他很喜欢那些素材，决定把它们改编成一出芭蕾舞剧，我觉得这么处理还不错，然后他想把这些数量有限的歌曲扩充成一部电影，我觉得这个想法根本不合适。电影的规模很大，开始着手去做之后，他不断地问我要各种各样的素材。所以为了帮他完成这部电影，我拿出了很多自己的作品，同时还从别的作品里东拼西凑；至于这首歌，我给了他一些不完整的歌词，但没有把旋律部分给他，因为他会自己写曲子。但我自己也一直在尝试录制这首歌。我之前一直想把这首歌放进《多种角度》——但是好几个版本都不够好。我为专辑《我是你的男人》准备了一个版本，音轨加录、弦乐、合唱部分都完成了，但我最后还是没法用这首歌，因为有几个词听上去不对，感觉不对，时机不对。最后，我在录这张专辑时又做了几次尝试。我和唐·沃斯[1]一起合作了一版，和史蒂夫·林赛[2]一起合作了一版，然后自己尝试了一版。最后，我自己弹唱了这首歌，然后用弦乐伴奏替代了我的伴奏。

AM：这张专辑里还有一首原先的老歌，《等待奇迹》，是你和莎朗·罗宾逊（Sharon Robinson）一起写的。你之前跟我说，这首歌是《人人都知道》和《我已为你流尽眼泪》的混合体。

LC：我从80年代初或者是70年代末就开始写那首歌了。早在《多种角度》这张专辑的概念成形前，我就已经写完了好几个版本的《等待奇迹》。我和莎朗一起录制了一个完整的版本。然后我和唐·沃斯合作了一版，后来又和史蒂夫·林赛合作了一版……最后我自己用合成器弹奏了一版，加入了弦乐和鼓，然后修改了几处和弦。我希望莎朗能喜欢这个版本，因为我做了一些改动。我和莎朗从很久以前就开始一起写歌了。事实上，我们的第一次合作发生在巡演途中。那首歌叫《夏日时光》（Summertime），后来由戴安娜·罗斯[3]演唱。八年后，我们一起录制了在80年代巡演途中写的歌。我们还一起写了一首叫《幸运》（Lucky）的歌，后来也合作了其他好几首歌。

AM：你参与了查尔斯·明格斯[4]的致敬专辑，可以聊聊这张专辑吗？

LC：这张专辑的制作人是哈尔·威尔纳（Hal Willner）。我是在一档叫《晚间音乐》（Night Music）的电视节目上认识他的，当时他是那档节目的制作人。他安排我和桑尼·罗林斯[5]一起搭档，

1　唐·沃斯（Don Was，1952— ），美国摇滚乐队 Was（Not Was）成员。

2　史蒂夫·林赛（Steve Lindsay，1952— ），美国作曲家、唱片制作人。

3　戴安娜·罗斯（Diana Ross，1944— ），美国著名歌手、演员，曾是摩城唱片"至上女声"（The Supremes）组合的主唱，随后单飞。

4　查尔斯·明格斯（Charles Mingus，1922—1979），美国著名爵士音乐家、贝斯手。

5　桑尼·罗林斯（Sonny Rollins，1930— ），美国著名爵士乐手、萨克斯手。

并且叫我朗诵一首查尔斯·明格斯写的诗，但我不明白那首诗的意思。我给哈尔·威尔纳读了那首诗的第一句以及其他几句。那首诗很长。但我这么做只是因为哈尔·威尔纳叫我读而已。哈里·帕奇（Harry Partch）的乐器非常奇妙。我对（作曲家）哈里·帕奇也非常感兴趣。我正在尽力搜集他的早期作品。那些乐器是他发明的。非常神奇。你见过那些乐器的照片吗？

AM：我在一本摇滚历史百科全书里看见过那些乐器的照片。非常多样，非常美丽。

LC：相当惊人。

AM：你还参与了Not Was乐队的《你还好吗？》（Are You Okay?）。

LC：在哈尔·威尔纳制作的那档节目上，我认识了唐·沃斯、大卫·沃斯、甜豌豆阿特金森和哈里爵士[1]，还有其他一些歌手，以及哈尔·威尔纳的乐队，我们成了朋友。所以这张专辑其实是因为私交，唐·沃斯叫我朗诵一首大卫写的有关埃尔维斯的诗。我试了一下，结果他们非常喜欢。其实我真的不喜欢和别人进行合作，但我时不时会逼自己这么做。

AM：我和恩里克·莫伦特计划把你的一些歌改编成弗拉门戈，对于这个计划，你怎么看？

LC：我非常希望在今生中能参与到一首弗拉门戈歌曲的制作中。就算只是与这种音乐产生关联，我也非常愿意，因为我爱弗拉门戈。如果能和莫伦特这样优秀的艺术家找到适当的合作方式，我会非常开心。我希望我能为这次合作找到一首合适的歌。对我来说，这就像雷·查尔斯要翻唱我的歌。或者亚伦·内维尔——他是我最喜欢的歌手之一——他会翻唱我的两首歌。他打算在下一张专辑里收录我的《如果你意愿如此》和《颂歌》。对我来说，

---

1 唐·沃斯、大卫·沃斯（David Was）、甜豌豆阿特金森（Sweet Pea Atkinson）和哈里爵士（Sir Harry）这几位都是Was（Not Was）的成员。

自己的歌能被改编成这种风格是一件非常美好的事。如果我的歌能被改编成弗拉门戈，我会非常感动。

电台采访

文·谢尔萨（Vin Scelsa）| 1993 年 6 月 13 日，《白痴的快乐》（*Idiot's Delight*），WXRK-FM（纽约）

文·谢尔萨是纽约地区电台的长期固定主持人，也是自由类型电台节目的先驱，他的歌单不仅另类，还时常令人惊喜，同时，他也以犀利的采访风格为人所知。这一点从他与科恩的这次对谈中——谢尔萨从青少年时期开始就非常喜欢科恩的音乐——便可见一斑。这次对谈涉及到的一部分话题之前已经在别处出现过了，但是你很难在别的采访中读到这么多精彩的小细节。所以请时刻注意，比如，科恩心目中最被低估的流行歌手，他与杰克·凯鲁亚克相遇的经历，以及他和琼·贝兹吵架的原因。——编者

文·谢尔萨（以下简称VS）:《白痴的快乐》今晚的嘉宾是莱昂纳德·科恩⋯⋯莱昂纳德·科恩，我一直都很想问你有关《我们首先攻占曼哈顿》这首歌的问题，这首讲的似乎是游击战。可以谈谈这首歌吗？

莱昂纳德·科恩（以下简称LC）: 不久前，我们已经很清楚地看到，所有的力量都已退出舞台，舞台已经快要倒塌，理性立场已经失去了正当性，所有的力量，所有的快乐，都已退到边缘。在如今这个时代里，极端立场和过度简化的观点正在蛊惑人心。这张专辑对这种心态进行了一次地缘政治方面的探讨，我以前觉得这种现象很快就会有所显露，在过去几年里，它的势头确实已

387

经咄咄逼人。我觉得你说得很对——游击战的感觉。换句话说，正义并不存在，我们必须依靠自己的方式去推翻一切。我们必须打破常规，建立更能反映我们内心的体系。这种情况非常危险。我的意思是指那种蛊惑了如今世界上大多数人内心的立场，那种疯狂、逻辑清晰、极端主义、恐怖主义、游击战式的立场。

VS：还有复仇。

LC：人人都觉得自己被错待，人人都觉得自己是不公的收集者，人人都想按照自己或美好或邪恶的意愿改变现状。

VS：如果人人都想要如此，如果人人都这么自私的话，我们应该怎么做？

LC：我的建议是，尤其是年轻人在咨询我的建议时……我会说："快躲好！"（谢尔萨大笑）我们已经大难临头了。

VC：确实。这就是《未来》的真正主旨，对吗？你最近的新专辑。

LC：没错，这就是它的主旨。恐怖主义立场充满了诱惑力，每个人都接受了它。政府接受了，恋人接受了。卧室和起居室内的政治与世界各政权间的政治并无二致……都是恐怖主义。一切都被简化成对抗和复仇。

VS：你觉得媒体是否在其中扮演了重要的角色？

LC：远不止。一切都已经灭亡了。我的朋友莱顿把这一切形容为指甲油。我们的文化，我们的文明，从莫扎特到布考斯基的所有杰作，高尚也好，糟粕也罢，都不过是指甲上的指甲油，这层指甲油已经开始开裂、掉落，指甲逐渐露出原本的模样。这就是我们所处的世界——逐渐暴露原形的利爪。曾经有短暂的瞬间，这个世界被指甲油覆盖，而现在，指甲油即将完全剥落。

VS：未来似乎非常灰暗。

LC：没错。一直都非常灰暗。但是如果我把它作为一份宣言钉在教堂大门上，那么它会变成一份令人绝望的文件，好在我把它写成了一首欢快的舞曲。

VS：没错！那首歌从头到尾都非常幽默。

LC：非常有趣。"我是那个写《圣经》的小犹太人……所有诗人都试图听上去像查理·曼森[1]。"那首歌有好几处让人发笑的地方。无论如何，歌词融在音乐中，音乐也融在歌词中，你会体会到活力，感受到一丝新鲜的空气。我觉得以这种形式来阐述这些话题可以让大家喘口气。

VS：你的歌总是有好多版不同的歌词，现场演出的时候你也经常会改歌词。为什么？

LC：我不知道。只是，我需要很长时间才能搞清楚一首歌的主题究竟应该是什么样，在这之前，我会先写很多简易的版本：说辞、口号、正确的立场——即使它们并不那么正确，即使它们有冒险性。最先浮现的想法总是差强人意。生活也是一样，我们在对话时总是觉得不该谈论深刻的话题。我们在日常生活中总是流于表面。

但我不希望我的歌也是如此。我想知道在我的观点背后隐藏着什么。我觉得自己的观点无聊透顶。我的观点远远无法代表我的思绪、我的内心和我的生活。你可以精炼自己的观点，可以在适当的时候抛出自己的观点，你也可以质疑它们，或是为它们辩护，但总体上，观点是无趣至极的——包括我的和我遇见的几乎所有人的。

我想在歌曲中表达的，是隐藏在观点背后的东西。这些内容很多：一个人将在未来持有什么立场？他是左派吗？他是右派吗？他是疯子吗？他有理智吗？他背弃了这一切吗？他接受了这一切

1　查理·曼森（即查尔斯·曼森，Charles Manson, 1934—2017），美国连环杀人狂。

吗？这就是我尝试在歌曲中表现的真实内心世界。

VS：看来在很长一段时间里，你还会继续改写这些歌。

LC：没错，而且还要继续不断地舍弃。但无论是写一段最后会被删掉的歌词，还是一段最后会被保留的歌词，我都必须付出同等程度的努力、细致和精力。因为写歌词无论如何都必须要冒险，你必须要注意押韵，注意节奏……只有这样才不会写出无趣的作品，不会写出口号式的作品，不会写出敷衍的作品。所以即使一段歌词最后会被删掉，你也必须像写最后会被保留的那些歌词一样努力。

VS：大概九个月、十个月或者十一个月前，约翰·凯尔来参加了我们的节目，他当时刚刚发行了一张现场演出专辑，里面收录了你的《哈利路亚》——

LC：噢，没错。他的演唱很精彩。

VS：凯尔说他不得不在纽约找了包括拉里·"拉特索"·斯洛曼[1]在内的好几个人帮他一起寻找这首歌所有的歌词，因为它的歌词实在是太多了，虽然你只录制了一个版本，但是还有好多流传的段落并没有收录在录制版里。我觉得大概只有你的作品是这样的。

LC：我不知道。只是，对我来说……诗人勃朗宁曾经说过："美好无虑的初次狂热。"如果能顺利地写出优美、通透的作品，能随心所欲地创作，那自然非常美好。你知道那些犹太佛教徒作家所推崇的"第一感觉即是最佳感觉"的理论。这种理论认为，一切都已存在，你只要说出来即可。但对我来说，事实从未如此。我的第一感觉非常无趣、偏颇和恶毒。对我来说，最终的想法才是最好的想法。

1　拉里·"拉特索"·斯洛曼（Larry "Ratso" Sloman，1950—)，美国摇滚记者。

VS：是不是因为第一感觉往往是即时、本能的，而最终感觉则更深刻？

LC：我觉得如果你是一个即时和本能的人，那么你的第一感觉就是即时、本能的。但我不是。在绝大多数时间里，我总是非常严肃、紧张和痛苦。我需要很长一段时间才能像其他人一样拥有即时、本能的反应。我得丢掉很多东西，放下很多东西，还要付出很多努力。我得像在桑拿房一样流汗，然后我大概才能在进入创作六个月后拥有即时、本能的想法。但最初的我只有严肃。我可以装出即时和本能的反应。事实上，绝大多数被归为即时和本能的东西都是假的。你能听出它们的虚假。你喜欢的东西里很少是即时和本能的。第一感觉、最佳感觉、即时和本能都是被极度高估的东西。我觉得在如今这个时代，我们应该更谦虚地看待自己的感觉。我们不要臆测速度快的东西都是好的。

VS：看来在文学方面，你和杰克·凯鲁亚克可能不太合得来。

LC：我们挺合得来的。

VS：但是你喜欢他的作品吗？

LC：我非常喜欢他的作品。他是那类可以用那种即时、本能方式进行创作的天才，他就像一只巨大、耀眼的蜘蛛。他所写的每一样东西都像闪亮的银色蛛丝一样彼此连接。凯鲁亚克作品中的这种连贯性，以及他将自己断续的观点连接在一起的方式，使得他的作品富有流动性。他的兴趣和知识非常宽广，所以他不需要借助这些罗马钉[1]。在个人层面上，我不如他广博。我没有他那种天赋，那种天赋摧毁了在他之后出现的一代代作家，迪伦也和他一样。对他那样的天才来说，这种天赋非常美好。但据我们的另一位作家的观察，这样的天才让之后的所有人都不再写作，而

---

[1] 罗马钉常用来代指十字架受难，这里科恩可能是在代指基督教，或者广泛意义上的宗教。

只是打字。

VS：杜鲁门·卡波特[1]说的。

LC："那不是写作，而是打字。"不过凯鲁亚克本人不是在打字，他是在书写伟大的美国故事。

VS：你们俩是什么时候在哪里认识的？

LC：我记得我第一次见到杰克·凯鲁亚克是在（纽约的）先锋村（Village Vanguard）。

VS：在他的朗诵会上？他身后是不是有一支爵士乐队？或者一位钢琴家？

LC：没错。我记得那就是第一次。然后我在一个派对上又遇见了他，我记得是金斯堡好心邀请我去的。之后我也见过他几次。

VS：在你成长的那个年代里，蒙特利尔的艺术家、作家和音乐家的生活方式，与垮掉一代的纽约和洛杉矶相比，一样吗？还是说有所不同？

LC：那里有一群诗人，其中几位如今在加拿大赫赫有名。当时真正全心投入诗歌的只有五六个人，或者十几个。当时没有奖金，没有补助，也没有奖项。甚至没有女孩。我们拥有的只有作品。我们会自己复印——连复印也没有，是油印——自己的第一部作品，然后出版它们。但我们最与众不同的一点或许是彼此之间近乎残忍的诚实。我们每周都会在咖啡店或者租来的房间里举行几次聚会，给彼此读自己的诗。你必须捍卫自己的文字、自己的诗，因为你写的每一个字都会受到其他人的审视和攻击。

VS：我觉得你们这个团体之所以很小，是因为那些没有真材实料的人很快就会被你们驱逐。你说的真的很可怕——"辩护"。

LC：确实就是这样。你必须为自己的诗辩护，为自己的作品

1　杜鲁门·卡波特（Truman Capote，1924—1984），美国著名作家，代表作《蒂凡尼的早餐》《冷血》等。

辩护。在那种情况下，甚至有成年人会哭，我见过。但总体上，那里气氛非常幽默，到处都是酒，还有我知道的其他文学社团所没有的友爱感。

VS：作为一名作家，谁在你刚开始写诗时对你的影响最大？

LC：很难说。我的朋友欧文·莱顿对我的鼓励很大。无关他的作品，而是他这个人本身，他的举止和他的慷慨。我们到现在也依然是朋友。我认为，他无疑是加拿大英语区有史以来最出色的诗人。在我看来，他也可能是当下最好的英语诗人。他住在蒙特利尔。他在这里并不出名。

VS：我没听说过他。如果他真的如你所说那么出色，那么这实在是一大遗憾。

LC：你会想他到底是密西西比河还是喜马拉雅山？虽然这其中有个人喜好的关系，但是他的作品无疑非常杰出。他今年已经80岁了。他出版过六十多部作品。他的作品值得被全世界阅读。他正在意大利收获读者。不知道为什么，意大利人开始翻译他的作品了。

VS：你刚开始演出的时候，是作为一名诗人。在你开始从事音乐事业前，你就已经相当于是你的圈子里著名的摇滚明星了。

LC：影响非常、非常有限的明星，毕竟在我们所谈论的这个国家里，畅销诗集的销量是两三百册。

VS：畅销？所以像《尘土香料盒》这样的书只卖了几百册？

LC：我的第一本书卖了400册。那本书是《让我们比照神话》，那本书被认为是惊人的成功，它在那些没有人读的油印杂志上获得了广泛评论——全国大概有几百个人读那些杂志。多亏了欧文·莱顿、弗兰克·斯科特[1]、菲莉丝·韦布[2]和雷蒙德·苏斯特[3]这些人，加拿大诗歌的概念开始形成，然后民族主义者们开始借题发挥，同时我们觉得自己应该创造一种文化，好好保护它，于是一些法律随之得到了通过。但是在最初那段日子里，诗歌受众其实只有极少、极少的一部分人。

VS：但当时你已经开始演出了。

LC：虽然我觉得你说得对，但我们并不觉得那是演出。我们是在炫耀。我们在想尽办法获得喜爱。但那些诗歌朗诵会其实最多也就只有20到25个听众。

VS：但是你有没有觉得，这种口头的诗歌传统对你的作品而言非常重要？大声朗读你的作品是否必要？

LC：你知道，当时我们在努力向前，我们时刻等待着在杂志上发表诗歌，或者在某个周四晚上到小书店里朗诵诗歌。我们对于诗歌怀有绝对的热爱。我们根本不想做别的事。我们当中没有人想去大学里教书。我不知道自己当时还有什么选择，但是当我现在回过头去思考我和我的朋友对诗歌怀有的这份热爱时，我真的深受触动。这是我们给诗歌的献礼，尽管当时根本没有回报，什么也没有。

VS：非常纯粹。

LC：我觉得这种纯粹确实孕育了一些非常优秀的作品。

VS：我之前在节目里提过很多遍，我好几次拒绝邀请你做客我的节目。唱片公司的人跟我说："我们知道你很喜欢莱昂纳德·科恩。"我说："啊，是的，但我有点紧张，他让我觉得有些害怕。"而且我非常喜欢我想象中的那个男人，你在我的人生中扮演了非

1　弗兰克·斯科特（即F. R. Scott，1899—1985），加拿大诗人。

2　菲莉丝·韦布（Phyllis Webb，1927—2021），加拿大诗人和广播节目主持人。

3　雷蒙德·苏斯特（Raymond Souster，1921—2012），加拿大诗人。

常重要的角色，我不想看见想象背后的真相，不想看见我为你创造的神话背后的那个男人。

LC：我觉得这种想法中蕴含着一种智慧。因为我觉得有些人自身确实会妨碍他们的作品——他们的个性、他们的情绪、他们所身处的日常时刻。当然我觉得会有一些例外，只是，我不理解为什么会有人真的想见那些作品非常……你会想见以赛亚或者大卫王吗？不一定。

VS：（大笑）对，没错。我就是那种坐在阁楼卧室里贪婪地阅读《美丽失败者》，阅读你写的诗，反复听你的第一张黑胶唱片以至于唱片坏掉，不得不出门再买一张的人。所以对我来说，你始终都是一个非常重要的人物。我想我在过去几年里发生了一些变化，因为这一次我找到他们，跟他们说："如果莱昂纳德某个周日晚上在纽约的话，可不可以请你让他来我的节目？"在和自己的英雄相处这件事情上，我的能力确实有了不小的进步。

LC：我觉得，如果能把对自己而言具有重要意义的事物真正转化为自己的动力，真正拥有它们，那么你就可以凭借这股力量在世界上有所作为。我觉得当下我们应该要积极地投入自己的工作。眼下的情况不容乐观，我们不应该再束手束脚。所有人都必须积极地投入。我知道这听起来或许有些愚蠢，但我是认真的，无论你之后在节目中会和谁对话，都应该这样。假谦虚、做作和故作姿态这些事情不应该存在于当下这个时代。50年代的时候我一个人来到纽约，我听说格林威治村住着一群非常慷慨仁慈的艺术家和作家。于是我去了那里，但我发现那里的人全都如此装模作样。当然，我的反应可能有些天真，我坐在格林威治村的一家咖啡店里，在餐垫上写下"杀死'酷'"，然后举起来给其他顾客看。这就是我现在的感受。消灭姿态！这纯粹就是累赘。我们现在应该开始积极地动手去做。我是说，无论你之后会和谁一起做节目，你都要这样。贡献自己的力量，因为当下是考验人类灵魂的时刻。

VS：姿态是不容存在的。

LC：我觉得在紧急时刻，姿态是非常愚蠢的对策。我觉得姿态绝对不容存在。人人都觉得姿态可以带来尖锐性，带来性吸引力，带来乐趣，带来冲击力，让你身处时代前端。但事实并非如此。姿态只会让事情变得越来越糟糕。

VS：所以姿态的根源在于自身，你应该——

LC：无论你和谁在一起，无论你是在买烟还是接受采访，你都没必要摆出任何姿态。故作姿态到底有什么用呢？当然，也有一些职业的姿态主义者（professional attitudinist），我们应该珍惜他们。但礼貌与慷慨也同样重要。

VS：谁是摆出职业姿态的艺术家？迪伦吗？

VS：我觉得他很久以前就已经卸下这种姿态了。以前的他是这种姿态最宏大、耀眼、不朽的代表人物，与他这样的杰出之人相比，后来的模仿者们完全是画虎不成。但迪伦在很久以前就抛弃了这种外衣。他现在只是一个在不同城市间奔波演出的职业音乐人。

VS：不间断地演出。

VS：而且出于某些原因，究竟是什么原因只有他自己清楚，他现在完全离开了潮流与关注的视野。我要向他致敬。他现在只是一个职业音乐人。虽然演出的报酬可观，但无论如何，要在不同城市之间来回奔波演出仍然是一件非常辛苦的事情。

VS：你已经多久没有演出了？几个月？之后也不会开始演出吗？

LC：嗯哼。

VS：你喜欢演出吗？

LC：演出顺利的话，我就喜欢。如果我没让自己蒙羞，如果当晚最后，我没让自己羞愧到无地自容的话，我就喜欢。但即使遭受耻辱，其实也是我自找的，因为就算我有机会避免让自己出丑，我还是会抱着自己知道怎么做，自己可以做到的心态去做。

VS：当你站上舞台的时候，你会感到自在，还是陌生？

LC：状态好的话，我的感觉是自己今天一定能演出成功。如果我没有把自己当作商品一样出售。如果我能忽略被包装成商品的自己，和对我做包装的那些人，尤其在我小获成功之后。某种程度上，在我像早年那样只是个笑话，专辑还卖不出去，还不起眼的时候，演出要简单得多，我可以走上舞台开口唱："一个歌手必须因他歌声中的谎言而死，感谢你们，感谢你们履行义务，你们是真理的捍卫者，你们是美的守护者，你们的观点是对的，我的观点是错的，很抱歉我的歌玷污了这空气（出自《一个歌手必须去死》（A Singer Must Die），收录于《旧典的新生》）。"如果你变得比以前出名，那么你就很难再唱这样的歌。过去这几年大家一直都很包容我，我经历了一次重生，对此我非常高兴。但这也会阻碍你以最佳的方式去呈现一首歌，我有时落入陷阱。

VS：这只是出于人性的错误。人很容易受名望所困。我猜测随着年龄的增长，以及，希望如此，它所带来的智慧，你会更加懂得如何去对付名望——或是不去对付它。你的意思是你根本没在学习如何去对付它吗？

LC：我想没有地方白纸黑字写着年纪增长就必然会带来智慧。我发现在年纪逐渐变大的过程中，人会变得容易受伤，会变得脆弱。或许是因为年纪增长导致你需要面对的事情增多了。你变坚强的同时也变得脆弱。变慷慨的同时也变得吝啬。没错，或许就像莱顿所说，每个诗人最终都会学会一些伎俩……你会找到一种解决方式，但我不确定事情会变得更简单或更好。

VS：我之前提过，我想把你带回那个你决定不再把文字写成诗，而是谱成曲唱出来的时刻。是什么促使你拿起吉他，开始写歌？

LC：一切都从吉他开始，我一直都在弹吉他。17或18岁时，我和几个人一起在蒙特利尔组了一支叫"鹿皮男孩"的乐队。那是在我正式开始写歌之前。当时我对写歌一无所知，也不怎么感兴趣。当时我很喜欢乡村音乐和所谓的民谣。我们会唱很多这样的歌，在谷仓舞会上，方块舞会上，在学校礼堂和教堂地下室。那是我第一份领到薪水的工作，也是我第一次站在大众面前，作为"鹿皮男孩"的一员弹节奏吉他。

然后我开始对歌词感兴趣，我觉得"上帝，这些词好美"。开始着手研究歌曲之后，我去了哈佛民谣音乐图书馆，花了一整个夏天的时间在那里听所有的民歌，我深深地爱上了它们。

VS：你是说那些山区民歌之类的音乐？约翰·雅各布·尼尔斯（John Jacob Niles）整理的那些民歌？

LC：没错。你可以坐在哈佛图书馆里尽情地欣赏那些音乐。（艾伦·）洛马克斯[1]、《民间歌曲集》（People's Songbook）、年鉴歌手[2]……我深深地着迷于这些传统音乐，深深地被其中的热忱触动。那些音乐中包含的态度如今却遭到了轻视和嘲笑。那时候人们还敢于歌颂手足情谊。这些歌曲的歌词深深地打动了我。同时，唱歌也是搭讪年轻女子的好办法。我当时很害羞，不知道究竟应该如何靠近女人，但是还好有这些写在纸页上的文字，我可以通过排布这些文字来得到关注。所有这些原因都让我对作词萌生了巨大的兴趣，我决定用一些不会占满书页空间的词句来将纸页涂黑。

VS：你是怎么认识朱迪·柯林斯的？她为什么会唱你写的《苏珊》？我知道她的版本并不是这首歌的第一个录制版本，但正是

1　艾伦·洛马克斯（Alan Lomax，1915—2002），美国民族音乐学家。

2　年鉴歌手（Almanac Singers），美国民谣音乐团体。

由于这个版本，你才真正为大众所知——

LC：朱迪·柯林斯对我非常慷慨，非常友好。早在我到纽约之前，她就已经颇有名气了，我们俩有一个共同的朋友，当时我借了一些钱来到纽约。我带了一些自己写的歌。那应该是1965年。我们有一个共同的朋友，有一天我去了朱迪·柯林斯的住处，你猜谁在那里？《献给美国人的歌谣》（Ballad for Americans）的作者之一——厄尔·罗宾逊（Earl Robinson）。

VS：你刚才谈到的那种音乐传统的一分子。

LC：我知道他的作品。我给她唱了几首歌，然后她非常友好、大方地接受了那些歌。这件事放到现在我连想都不敢想，一定非常困难。我的意思是，现在的人已经不再愿意帮助别人。那种热情似乎已经消失了。

VS：或许是因为竞争过于激烈？

LC：嗯。但她帮了我。她说："我很喜欢这些歌，但现在还没有……请和我保持联系。"虽然是这样的结果，但是她已经足够好心了。之后我回了蒙特利尔，我知道我马上就会写出一首好歌。我写完了拨弦的部分，这首歌的故事发生在蒙特利尔的港口，我一段一段地写着歌词，直到写出我满意的版本，我打电话给朱迪，隔着电话给她演唱。听完后她说："我想立刻录这首歌。"那首歌就是《苏珊》（编注：科恩的这段描述和柯林斯在西尔维·西蒙斯所著的科恩传记《我是你的男人》中给出的描述有出入。柯林斯告诉西蒙斯，在科恩第一次给她唱《苏珊》和《带妆彩排拉格泰姆》的那一天，她就决定要录制这两首歌，并非如科恩所说是在后续的电话中）。

VS：很多人都说——有些是开玩笑，有些非常认真——莱昂纳德·科恩的音乐对绝望、有自杀倾向的人来说，是绝配的背景乐。你的部分歌曲确实非常压抑、非常悲伤，你本人也是如此吗？

你是一个绝望、有自杀倾向的人吗？你有过这样的时刻吗？

LC：我从来没有过想自杀的想法。我没有感受过绝望的这个方面，但没错，我了解真正的抑郁是怎样的，我的很多歌都源于那种经历，我觉得人们会明白为什么我写的音乐不是布鲁斯——布鲁斯背后的体验完全不同。威廉·斯蒂隆[1]最近写过类似的体验。他写的那种体验对我来说非常熟悉。我了解那种感受，很多歌曲都源于那种经历……音乐是个品味问题，很多人就是不愿意在歌手的歌声或音乐里听到那种味道。这没什么。奇妙的事在于，不少和我一样熟悉抑郁世界的人说我的音乐带他们走出了那个世界。那些歌帮他们度过了痛苦时刻。

VS：没错，就像布鲁斯音乐让人们不再感到悲伤。布鲁斯是一种充满活力的音乐，你的歌里也包含了很多希望和爱。我经常会和别人争论这个问题。他们说："莱昂纳德·科恩让人想割腕。"不，绝对没有！

LC：如果一个人不了解那种感受的话，他确实会压抑到想割腕。再者，为什么必须要求每个人都去进入那个让人不适的抑郁世界，再被音乐带出来？但如果你了解那种感受，你自然会知道那些音乐能带你走出抑郁心境。

VS：那你是如何度过那些时刻的呢？

LC：这些作品是其中一个原因。细致入微地具体研究情绪也是一种方式。我尝试了所有方法。

VS：你试过心理分析吗？

LC：没有。我对心理分析不感兴趣。我读了很多弗洛伊德和其他心理分析师的作品，但他们的方法从来没能吸引我。成功吸引我的，是在僧堂里抛开一切的自我审视，是坐禅。这种方式对

---

1 威廉·斯蒂隆(William Styron, 1925—2006)，美国小说家，代表作《苏菲的选择》。

我的帮助真的非常、非常大。

VS：谁教你呢？

LC：我遇到了一个男人，他当时和我现在差不多大，刚到美国。他今年已经86岁了。我和他大概是在二十年前认识的，后来我就跟着他一起学习，一起喝酒。两三年前，他跟我说："莱昂纳德，我从来没有试图把我所信仰的宗教教授给你。我只是不停给你倒清酒而已。"他说的很对。

VS：学习和清酒，我觉得这两者的结合非常可行。

LC：如果他是海德堡大学的物理教授，我想我就会去学德语和物理。这个男人身上的某些特质让我深受触动。我非常幸运能拥有不同代际的朋友。比如莱顿和他的作品，他工作时的勤奋和热情；还有这位佐佐木老师对不同元素的包容，他对一切幽默又怜悯的接纳，都让我深受触动。所以能和他一起喝酒是我的荣幸，我们已经一起喝了很长、很长时间了。

VS：我们来聊聊切尔西酒店吧。你之前在那里住过一段时间。

LC：那个地方非常危险。我不知道那里现在是什么样的。在那里住一段时间之后，别人给你一根薯条你都会非常犹豫。

VS：你不知道上面究竟撒了什么。

LC：同期房客的盛情让我被迫经历了好几次"神游"。

VS：琼·贝兹也开玩笑似地说起过这件事……她说她是派对上唯一一个清醒的人。她是唯一一个不嗑药的人。

LC：没错。我跟她还因为她对清醒这件事的坚持吵过一架。

VS：（大笑）真的吗？

LC：这件事跟她敬重的圣雄甘地[1]有关。这次争吵就发生在切尔西酒店。当时她刚刚成立了一个非暴力组织，而我刚读完一

1　莫罕达斯·甘地（Mohandas Gandhi，1869—1948），印度民族解放运动领导人，印度国父。

本甘地的传记，那本书里的一条脚注提到他吃萝芙木，这是一种长在印度乡间小路边的植物，是地西泮以及当时很多广泛使用的镇静剂的主要成分。于是我对印度的非暴力运动突然产生了一种新的认识，那里的人坐在路边吃萝芙木，然后英军来镇压他们，那些英军并不是纳粹，所以印度人虽然被殴打、推倒，受伤严重，但是他们没被扔进焚化炉。而且他们会坐在路边，嚼着萝芙木，感到非常、非常放松——远远超过一般程度的放松。

于是我跟琼·贝兹讲了这件事。她非常、非常生气，因为我向她提出药物是非暴力运动的一部分，而她非常坚定地选择远离药物，保持清醒，做摇滚环境中的正经女孩。她确实如此，她非常出色地做到了。她对神秘主义也有些反感，所以她不喜欢《苏珊》的最后一句歌词——"她的心早已抚摸过你那完美的身体。"她觉得这是在向宗教和神秘主义的黑暗势力低头，她（坚定地）认为自己要保护社会免遭它的毒害。我尊敬这一点。所以她在唱《苏珊》这首歌的时候会改歌词。我忘了具体是什么……"她已经用手指"或者"她已经用手抚摸过你那完美的身体"。

VS：一些比较自然主义的歌词。

LC：没错，因为我们都知道，心不可能真的去摸什么东西，如果相信这一点，你就可能因此陷入黑暗的神秘臆想，我们都不想这样。这就是她的观点。但是在她和迪伦一起到蒙特利尔举行"滚雷"巡演的时候，这个世界已经发生了太多无法挽回的事，所以当我在蒙特利尔论坛的地下墓穴演出上见到她时，她对我说："我终于唱对了。"她这么做非常慷慨。

VS：她能学会改变和接受。再说回切尔西酒店。我一直想问你的另一个问题是——那首歌为什么叫《切尔西酒店二号》？为什么是"二号"？难道还有一个版本吗……

LC：有很多《切尔西酒店》，但我在1972年的一场演出上唱的《切尔西酒店》确实是不同的版本，当时跟我一起演出的是来自洛杉矶的吉他手罗恩·科尔内留斯，他给出了一个和弦。然后我们一起完成了那个版本。那首歌的节奏非常慢。当时我吃了曼德拉克斯。他们以前都叫我"曼德拉克斯队长"。

VS：曼德拉克斯？我完全不知道这种药。

LC：我觉得和夸卢德差不多。夸卢德应该就是它的美国版。[1]我因此唱得越来越慢。我在演出的时候体验到了甘地的感觉。一种非同寻常的放松感。

VS：但是不必害怕英国士兵或者观众！（大笑）

LC：没错。我愿在那种极度的放松中拥抱整个世界。关于那次巡演有一部非常糟糕的纪录片，《电线上的鸟》，你能在那部电影里听到《切尔西酒店一号》（编注：托尼·帕尔默拍摄的那部电影其实叫《线上之鸟》）。那首歌我大概唱了半小时。总之，我必须重写那首歌。当然，两者的歌词也是不同的。后来我在埃塞俄比亚阿斯马拉市的帝国酒店写完了《切尔西酒店二号》。

VS：和《切尔西酒店一号》差别很大。

LC：没错，但我最终总算是写完了。我在一次采访中非常大意地泄露了这首歌是写给詹尼斯·乔普林的。我觉得自己非常卑鄙，我不该泄露这个消息，后来，我还在演唱会的歌曲介绍环节提了她的名字，我要是没说就好了。

VS：你这么说我一点也不意外。首先，这首歌完全不需要那个故事的包装；其次，这个故事也不关别人的事。

LC：不关任何人的事。我觉得既然消息已经泄露了，我就不应该再避讳，但是我真的觉得在这件事情上我做得很卑鄙。我把一位伟大歌手的名字和这首歌联系在一起，把她的名字当作噱头。

1　这两种合成药物的主要成分都是安眠酮。曼德拉克斯（Mandrax）首先出现在南非，夸卢德（Quaalude）则首先被应用于美国。

我真的非常大意。这些事情已经过去了，我不应该再谈论它们，至少不应该说出主角的名字……

VS：不过，既然我们提到了这首歌，你能再讲一遍你在演唱会上介绍歌曲时说的那个发生在切尔西酒店电梯里的故事吗？

LC：你介意我拒绝吗？

VS：不，不介意，当然不介意……你会在今年秋天发行一部作品集，是吗？

LC：一本过去二十年到三十年间写的诗歌和歌词选集。

VS：虽然你的一些书一直在重印，但是你已经很久没有出版过新的作品了。

LC：没错，我记得上一本选集已经是1968年的事了。我后来写的一些书没有激起任何波澜，尤其是在美国。《一位女士的爱人之死》《仁慈之书》《奴隶的力量》。

VS：你对写小说还感兴趣吗？

LC：我喜欢写小说时的生活作息。或许我应该重新去体验一下那种生活，我现在觉得，每天在书桌前工作几个小时，然后和一个好女人一起住在一个阳光明媚的地方是一件非常浪漫的事。

VS：阳光明媚的地方是指加利福尼亚，对吗？

LC：对，我已经在那里住了相当长一段时间了。

VS：你在蒙特利尔和加州来回住吗？

LC：对，大概半年和半年。

VS：我们能谈谈詹妮弗·沃恩斯吗？

LC：詹妮弗·沃恩斯对我非常重要。她的歌声就像加利福尼亚的天气。非常、非常阳光和温暖，但在那背后隐藏着地震，隐藏着潮水，隐藏着造就流行音乐界最迷人的歌声之一的其他因素。我觉得她是最被低估的流行歌手。我觉得她拥有当下最好的嗓音。很多人都在模仿她的风格。我只希望她能凭借录音事业获得自己应得的成功。

VS：阳光下隐藏着地震，听起来很适合你的歌。

LC：我在1972年的一场试音中选择了詹妮弗·沃恩斯。我当时正在寻找一位伴唱歌手，然后她来应征了。我并不知道她早就已经有所成就，我也不知道她和斯莫瑟斯兄弟[1]一起表演过，出演过音乐剧《毛发》的主角，更不知道她已经发行过作品……我根本不知道她是谁。

VS：她现在回归了。斯莫瑟斯兄弟在重播以前那些老节目。现在看到她在那么显眼的位置感觉很奇怪。所以她为你进行了伴唱面试？

LC：对。我选中了她，然后我们一起在巡演中合作，这么多年来我们一直是很好的朋友，在我事业不顺的时候，她经常跟我说："我真的很想出一张你的翻唱专辑。"但我当时觉得这只是一种友情的表现。因为当时市场上没有任何迹象表明听众会对这张专辑感兴趣。除了音乐事业外，我们在生活中也是很好的朋友，我们会给对方展示自己的作品。她不仅擅长写歌，还擅长写文章。她的想象力让人印象深刻，极富创造力。我非常喜欢她对事物的看法。她是少数几个会让我愿意分享未完成作品的人之一。因为她能知道这首歌确切的模样，而且她不会借机让这首歌按照她想要的方式呈现。你可以在她面前展示一首歌的原貌。我很少愿意和别人进行这样的分享。她也会向我分享她的歌。

VS：你相信她的反馈是诚实的，你知道她会直截了当地告诉你。

LC：没错。她在音乐方面的直觉无人能及。

VS：后来她录制了《著名的蓝色雨衣》，莱昂纳德·科恩作

1　斯莫瑟斯兄弟（Smothers Brothers），美国民谣团体、喜剧演员，曾主持电视节目《斯莫瑟斯兄弟喜剧时间》。

品翻唱集。

LC：对，她去找了很多家厂牌，但是无一例外全都碰壁，最后她找到了一家叫赛普里斯（Cypress）的新唱片公司，他们给了她一点资助，这张专辑最后的表现其实很好，这要归功于她不同于我的演绎和诠释。

LC：除了这张专辑之外，几年后，一群来自欧洲和美国的音乐人一起录制了《我是你的歌迷》，这也是一张你的翻唱专辑，标题还模仿了《我是你的男人》。这张专辑也为你招徕了一批之前从未听说过你的新听众。（你能谈谈）她的新专辑中那首你们一起写的《向深而行》（Way Down Deep）吗？这是目前唯一一个版本，对吗？你还没有录过这首歌。

LC：我有一个完全不同的版本，我本来打算把它放进这张新专辑里，但是我没能及时完成。

VS：除了詹妮弗·沃恩斯外，另一位共同作者叫艾米·拉·泰利维逊[1]。

LC：艾米·拉·泰利维逊写了一首叫《向深而行》的歌，然后……我觉得这首歌（的）叠句写得很好。詹妮弗打电话问我："你想一起写这首歌吗？"我不会轻易写歌，因为那将耗费很长、很长的时间。

VS：我们知道写歌对你而言意味着什么。（大笑）可能会持续好几年。

LC：我说："把我排除吧。这首歌我就不参与了，詹妮弗，因为我正忙着写《未来》，我没办法抽出时间。"

VS：多么特别的声明——"我正忙着书写未来"。你是扮演诗人的上帝。

1　原文为Amy La Television，应为Amy LaTelevision，真名艾米·苏·莱恩哈特，美国歌手、词曲创作者。

LC：我是指那张专辑。

VS：我知道。（大笑）

LC：总之，她说这会是这张专辑里最重要的一首歌。所以我决定着手写这首歌，写完它，展示它，这首歌将讲述从世界的诞生到女性运动的所有故事，这首叫《向深而行》的歌将包含一切。于是我开始写歌词。我听了艾米的版本，除了叠句之外，别的部分我都不太能理解。于是我开始动笔，这首歌从头到尾经历了很多变化。詹妮弗采用了几段我写的词，而且奇怪的是，艾米的一部分歌词开始变得有意义，她开始采用它们……不管怎样，这首歌最后完全变成了詹妮弗自己的歌。豪尔赫·卡尔德隆（Jorge Calderon）是詹妮弗版的《电线上的鸟》的贝斯手，他现在在跟我合作。

VS：大卫·曼斯菲尔德（David Mansfield）在那首歌里弹了滑弦吉他，还负责了小提琴的部分。你跟曼斯菲尔德有过合作吗？

LC：没有，还没有。

VS：他是最出色的小提琴手之一。你的乐队里经常会有小提琴手，对吧？

LC：对，跟我合作的小提手叫鲍比·弗格（Bobby Furgo），他相当厉害。（编注：谢尔萨先播放了《向深而行》，然后播放了《歌之塔》。）当詹妮弗提出（在《歌之塔》里）增加那部分内容的时候，我知道，这首歌成了。

VS："嘟-哒-铛-铛"那部分真的堪称完美。

LC：这部分让整首歌具备了一种真正的幽默感。一种真正的轻快感。

VS：没错。不过这首歌开头部分已经很幽默了。"我在曾经玩乐的地方痛苦"和"我生来拥有这金子般的歌声"。我的意思是，对那些说莱昂纳德·科恩的作品里不存在幽默感的人来说，这首歌是一个完美的反例。你觉得那座"塔"真的存在吗？

LC：我所认识的很多人都在里面。

VS：汉克·威廉斯在这座塔的高处。

LC：没错。完全不同的高度。

VS：（你）明晚会和一个规模比较大的乐队一起在纽约演出，是吗？人很多吗？

LC：连我一共会有9个人。乐队里有两个伴唱歌手和6个乐手。

VS：在过去这些年里，随着技术的发展，你写歌的方式有变化吗？你会用电脑吗？

LC：我很喜欢电脑。我上一张专辑的大部分工作都是在苹果电脑的Performa程序上完成的。我用键盘把音乐输入电脑，然后在电脑上修改、重听，最后再输出到24轨录音机。

VS：包括我在内的一些人并不知道你有一台键盘，你是说你面前会放一台像钢琴一样的键盘？

LC：没错，我有一台可以把信号传输到电脑的键盘，你可以在电脑上修改那些信号，然后返回到键盘，这样一来我就可以尽情地修改。

VS：你还可以处理编曲部分。

LC：对。这张新专辑中的绝大部分编曲工作都是用这种方式完成的。

VS：等一下，为什么我完全无法把莱昂纳德·科恩和电脑联系在一起？

LC：我不知道。电脑有一种魔力。之前他们送了我一台。我以前和你的感觉一样，苹果电脑一开始在加拿大开展宣传活动，然后他们给包括我在内的五六位作家每人送了一台电脑，当时我还说："听着，朋友，你们这么做就是在浪费钱……"

VS：那么在这之前，你是手写还是用打字机？

LC：打字机。我一直都很喜欢打字机。

VS：你写歌的时候是用吉他吗？

LC：对。很少用键盘，基本都用吉他。后来他们给我介绍了触控板，我开始用那种和数字面板配套的触控笔在上面画画，你可以通过使用触控笔时力量的轻重来控制线条的粗细，所以你也可以用刷的方式……现在有很多更先进的程序，但我还是喜欢这个触控板。对我来说，它就像魔法一样。虽然我对修理烤面包机和汽车一窍不通，但是对电脑非常感兴趣。

VS：你觉得，电脑和诗歌之间存在联系吗？还是我想太多了？这两者都很神秘……

LC：确实有很多电脑神秘论者。电脑的哲学和理论……对我来说有些过于深奥了。我只知道我可以用它们做很多事情。它们是非常友好的装置。首先，你可以用它更改歌词的字体，字体的变化常常会改变你对歌词本身的看法。比如，你可以把"把它给我，宝贝"这句歌词换成古英文字体，这样一来你会觉得原先的版本非常现代。而当你把字体改成哥特风格时，它的意思又会截然不同。你可以反复这样更改，这会让你的思路保持新鲜，让你以各种不同的方式思考。电脑的优点真的很多。

VS：你每天都会写作吗？

LC：对。

VS：你有固定的习惯吗？或者固定的工作流程？

LC：专辑的准备和制作过程是断断续续的。首先，因为我经常缺乏灵感和素材，所以我会把没能被收录进上一张专辑的歌收集起来。我不像普林斯[1]那样有几千首歌可供选择。我的选择非常有限。所以我会收集没能被收录进上一张专辑的歌，然后开始想

1　"王子"（Prince, 1958—2016），本名普林斯·罗杰·尼尔森，美国著名歌手、制作人、词曲创作者。

尽各种办法处理它们，这个过程是一次对生活的记录，你会遭遇绝望和迷茫，在这个过程结束之前，你会一直处在这样的状态里。创作是一个强迫式行为，我围绕着它建构了自己惬意的生活。

VS：在两张专辑之间的空白期里，你还会一直创作吗？

LC：在这期间我会举行巡演。我每四年巡演一次，因为写一张专辑差不多就是四年。巡演和创作是截然不同的两件事。巡演时，我会唱歌、跳舞，和人交谈，而创作则是一项非常孤独的活动。

VS：巡演途中的孤独会让你有创作的灵感吗？

LC：我无法在巡演途中写作，不过，能离开房间活动，能和人交谈的感觉总归是美好的。当然，你大部分时间都会非常疲惫。而且还很有可能会令自己蒙受耻辱。尽管巡演存在显而易见的风险，并且让人筋疲力尽，但它也十分美好，它能让你走出房间，去展现自己的音乐，能让你期待自己今晚能否奉献纯粹的灵魂、热情或关怀……巡演能让你有机会唤起最好的自己，同时也让你有机会展现自己的歌曲。

VS：这是我一直以来对表演者的疑问——比如说演员，他们每晚演的都是一样的剧本——他们如何能保持新鲜感？如果你一晚接一晚地和同一批乐手一起演出同一首歌，一段时间之后，你不会感到很机械吗？

LC：我从来没有这种感觉。我觉得是因为我们所进行的这种演出时刻存在风险。不存在什么保障。如果有人弹错了一个音符，这首歌就到此为止了。演出要求高度的准确性。我们都很害怕把事情搞砸。这种演出并非悠闲随便地弹几个和弦，我也不是流浪的吟游诗人。这些歌曲经过精心编曲，演出时也要同样细腻。酒能起到一点帮助。我经常会喝一点酒。

VS：演出过程中？

LC：不，不是演出的时候。我们所有人，技师、工作人员、乐手，我们一起吃饭的时候会喝几杯，有时也会喝多。我们一般都会一起吃饭，然后其中几个人会一起喝点酒。我必须公开感谢酒。它是一样好东西。但我很克制。我不会在中场休息后喝酒。我也试着建议所有跟我一起巡演的人不要在中场休息后喝酒。我觉得喝酒是圣礼一般的仪式。我们一起喝酒，一起演出，酒和音乐一起讲述着故事。但如果你在演出结束后喝酒，那你一定会陷入麻烦。

VS：……从某种意义上来说，（《打烊时间》这首歌）把你带回了早期在蒙特利尔表演乡村音乐的时候。

LC：回到最初的地方。

VS：你把类似末日的场景设定在一家乡村酒吧里。

LC：当时我在安大略的一个小镇上。我们在那里演出，观众席中有人给我递了一张便条。那个人是迈克·多德曼（Mike Doddman）的兄弟，（迈克是）和我同在"鹿皮男孩"的朋友。他给我递了张便条，上面写着迈克去世了。我跟那些男孩早就失去了联系。我们住在同一条街上，从小一起长大。（迈克的兄弟）在后台给我看了一张迈克的照片，他是"鹿皮男孩"的口琴手。他在生前最后几年成了一名特拉普派修道士（Trappist monk）。我现在有了一张他在庆祝弥撒的照片。好了，我们还是不要开始沮丧。没错，这首歌确实带我回到了"鹿皮男孩"时期。

VS：谈谈《等待奇迹》这首歌吧。对你来说，奇迹是什么？

LC：奇迹就是走向它的另一面，在那里你可以接受自己正在等待奇迹的事实，而它可能会到来，也可能不会来。但是在等待奇迹降临时，不要被等待束缚，不要被奇迹束缚，我们一起做些疯狂的事，做些绝对错误的事。你在等待奇迹，但是奇迹并不会来，万事万物皆有裂缝，而世界是凶险的，我们不会得到自己想要的东西，我们必须抵达等待的反面，脱离它的束缚……一旦接受了这个事实，你就会变得疯狂："宝贝，我们结婚吧，我们已经孤独太久，让我们一起孤独，看看我们有没有那么坚强。"

VS：这和你刚才提到的禅宗思想非常相似，对吧？

LC：我从来都不知道禅宗思想究竟是什么，因为我的老师不会讲英语。

VS：等一下！莱昂纳德，你刚刚可没说这一点。所以喝清酒是你们唯一的交流方式……

LC：差不多是这样。但事实上应该是干邑。他教会我如何通过口感辨别干邑的种类。他会说："人头马，口味有些偏女性。拿破仑，口味有些偏男性。"喝完一瓶干邑之后，他就很可能会说这种话。

VS：我知道了。所以《等待奇迹》并不一定契合禅宗思想……

LC：即使在有翻译的情况下，也没人能明白他在讲什么。

VS：（笑）感谢你今晚做客《白痴的快乐》。

LC：感谢你邀请我。

————— 科恩剪报 —————
关于音乐方面受到的影响

"我在初为作家和歌曲创作者时学到的东西，让我深刻地意识到自己承蒙了多少歌手和诗人的恩惠：从吟游诗人到音乐家，或许还要更早，从荷马开始，不，还要更早，以赛亚和大卫王，一直到英国文学的各种流派，到诗歌，到民间诗歌的代表人物，比如罗伯特·彭斯[1]，到皮特·西格（Pete Seeger）、艾伦·洛马克斯和伍迪·格思里（Woody Guthrie）这样的民谣歌手，再到我自己这一代的代表人物。我一直没有忘记这种传统，能成为延续这一传统的人之一让我感到非常荣幸。"

——摘自吉姆·奥布莱恩（Jim O'Brien）的采访，《B面杂志》（*B-Side Magazine*）（英国），1993年8/9月

1　罗伯特·彭斯（Robert Burns，1759—1796），苏格兰著名诗人，代表作《一朵红玫瑰》。

凝视深渊的爱之先知：和莱昂纳德·科恩的一次对话

汤姆·尤雷克（Thom Jurek）｜1993 年 8 月 18 日，《大都会时报》（*Metro Times*）（底特律）

关于这次采访，尤雷克印象最深的是科恩对于在底特律演出的兴奋。"虽然科恩几年前在安娜堡举办过演出，"尤雷克告诉我，"但是当时他已经十几年没在底特律演出了，所以他对这次演出明显非常期待——他一直在跟我讲底特律的地标和摩城唱片。（6月 19 日）那场演出的门票很早就售罄了，他非常高兴能在一个合适的摇滚俱乐部演出——州立剧院（即现在的费尔默），那里可以容纳好几千人。他说选择那里是因为人们可以自由走动或者坐着。可以在欣赏音乐的同时彼此认识和交谈。这样一来，演唱会就不只是一场演唱会，它可以变成一场社区活动。"

尤雷克还记得在采访过程中，科恩的腿上一直放着一本刚刚出版的汉克·威廉斯歌词集。"他会说着说着就停下来哼几句歌词，他经常引用那些歌词，尤其是与我们的讨论相关的那些。"尤雷克回忆道，"他谈到威廉斯的人性，他说在当时的乡村音乐界，威廉斯能如此勇敢地展现自己的脆弱，这恰好体现了他的坚强。他认为威廉斯的歌词体现了诗意与怜悯，因为很显然，他所歌唱的，不仅是能引发他人共情的经历，更是自己的亲身经历。"

"那次采访本来计划 20 分钟结束，"尤雷克补充道，"但是最后持续了快两小时。我到现在还保留着那卷录音带。当时他正在和瑞贝卡·德·莫妮谈恋爱，还没有住到鲍尔迪山上去。"

　　尤雷克还记得他问科恩为什么在《未来》发行之后那么久才开始巡演，"他说是因为伴唱歌手朱莉·克里斯滕森（Julie Christensen）去生孩子了，新家庭的磨合需要时间，所以巡演很有必要推迟"。那么找其他歌手呢？科恩说他从来没考虑过这件事。"至于理由，他说是——我很确定我没记错，我一直牢记着这句话——'她不该因为把新生命带到这个世界上而接受惩罚。'"——编者

　　三十多年来，科恩始终在诗歌和音乐中如饥似渴地求索真理。1956年，他在故乡蒙特利尔出版了自己的第一部诗集《让我们比照神话》，自那以后，科恩给公众的印象始终都是濒临坠入情绪的深渊。他接受甚至歌颂欲望、绝望、末日、希望、神圣和分裂，他认为这些概念是平等的，都是人生的必要组成部分。

　　今年58岁的科恩在很多人眼里是西方世界里爱的先知，是卧室故事的资深讲述者，因为他能以不可思议的方式描述无法言说但能互通的感受——涌动在两个彼此展露渴望的灵魂深处的快乐、狂喜、羞愧、恐惧和悔恨。

　　他并不高产，但是他的作品让人印象深刻。这些作品包括两本已出版（和很多未出版）的小说，其中，《美丽失败者》截止到目前已经卖出80万册，8本诗集、11张唱片，这其中包括一张现场专辑和一张精选集；还有一部电影。他为罗伯特·奥特曼的电影《花村》创作了一张原声带。包括朱迪·柯林斯（1966年，她把科恩的作品带给了全世界的听众）、琼·贝兹和尼克·凯夫在内的很多音乐家都翻唱了他的歌；同时，他还是好几部纪录片的主角；从百老汇到芭蕾舞剧，他的音乐和诗遍布各处；他还拥有两张致敬专辑——詹妮弗·沃恩斯绝妙的《著名的蓝色雨衣：莱昂纳德·科恩之歌》，发行于1985年；去年发行的《我是你的

歌迷》则囊括了R.E.M.乐队和约翰·凯尔在内的一众音乐人。他刚刚完成《陌生人音乐》(*Stranger Music*)的编辑工作，这本书收录了他的歌词和诗，会在今年晚些时候由克诺夫出版社出版，这家出版社目前还在重印科恩的小说。

虽然科恩并不高产的专辑总能在加拿大和欧洲登上排行榜前十，但是在美国，尽管他广受崇拜，并且销量稳定，具体数字却很平庸。这一点正在发生改变。他在1988年发行的《我是你的男人》在国际上广受好评，发行几个月便成为了金唱片；他的最新专辑《未来》甚至有可能超越前者。这张专辑中的歌曲不仅具有艺术性，而且一针见血，这或许是他目前为止最出色的录音室专辑。他从道德权威的角度讨论了这个世界正在经历的末日进程，以此引起人们的共鸣，他还在专辑同名曲中自称"写《圣经》的那个小犹太人"。这张专辑同时也讨论了爱情，这些似乎已经走到终点的关系，让人无比渴望信任，同时也面临着前所未有的情绪危机。同他的其他专辑一样，这张专辑也能让人感受到平静、震惊、魅力、脆弱和直接——这些特点确保科恩能在流行音乐市场长期占据一席之地。

一年里科恩有一半的时间住在蒙特利尔（另一半时间住在洛杉矶），他在那里通过电话接受了我的采访。采访过程中，科恩一直保持友好和专注，他会认真地聆听问题，给出尽可能详细的回答。他那富有磁性的声音始终没有丝毫起伏，但是给人一种坚定和自信的感觉。

汤姆·尤雷克（以下简称TJ）：你觉得自己能在音乐领域长期占据一席之地的原因是什么？你现在似乎处在音乐生涯的巅峰，新一代的年轻人全都在听你的作品，他们说你的作品能让他们产生共鸣。

莱昂纳德·科恩（以下简称LC）：我从一开始就决定长期留在音乐领域，而长期对我们来说就是一生。我今年58岁，如果我的音乐生涯真的处在巅峰，那我想这也是应该的。随着时间的流逝，所有艺术家都应该变得越来越出色；你的阅历会更丰富，你会更成熟，幸运的话，还会更具远见，你甚至还能更加坦然地面对死亡。至于引起新一代人的共鸣，我觉得能同时和鲍勃·迪伦还有尼克·凯夫处在同一个时代是件很幸运的事。能同时和25岁以及55岁的人交流——虽然我相信方式会有所不同——让我非常感激。

TJ：尽管你已经成为歌手26年了，但是你的作品数量并不算多——一共9张录音室专辑。你的创作速度这么缓慢的背后有什么原因吗？

LC：写歌对我而言是一个艰难且痛苦的过程，因为我必须要去寻找歌曲所在的地方。我必须要在那里生存，让它为我所用。我必须要写出很多最后会被扔掉的完美的歌词，因为它们并不能完美地契合某一首歌；到达那个地方需要付出时间、耐心和泪水。我必须要在这个过程中被彻底撕裂。

TJ：你写《未来》的时候也是一样的情况吗？

LC：没错。我花了整整4年才写完这张专辑。有一些歌的写作时间跨度甚至达到10年；事实上，这些歌很多都是之前因为各种原因没能完成的老歌。我们现在能说这些话，是因为专辑已经完成了。在事情结束之后去讨论它会轻松很多，但是在那张专辑的制作过程中，在所有专辑的制作过程中，我无一例外地经历了崩溃。我希望我能跟你说："我能在出租车和酒店酒吧里花15分钟写完一首歌。"但是很不幸，我不能。

TJ：或许这就是你的专辑能成为经典的原因？因为听众们能感受到你在其中倾注的东西？

LC：我不知道是不是。我不知道原因是什么，但如果这确实是原因，那我欣然接受。《未来》这张专辑之所以能问世，之所以会永远存在，是因为它有生命力，它是鲜活的。

TJ：这张专辑的同名曲弥漫着凝重的末日感。那首歌似乎是在怀念那些在过去掀起风波的人事物："我要可卡因和肛交……我要斯大林和圣保罗……"

LC：我认为未来早已降临。我认为早已存在一种集体的绝望，绝望于一切都已分崩离析，绝望于世界已经毁灭。人们对彼此说，他们已经无法理解自己所处的现实；他们其实已经向彼此承认这个事实。虽然仍有迹象表明一切仍在照常运作——邮件、垃圾、搭车、上班——但是对一切并非如表面所见的恐惧已经产生。

TJ：这基本上也是这首歌的内核。你就是有这样一种特点——你的表达非常文雅，但又非常易懂。人们很容易理解你所说的事情。你从来不会试着用头韵或艰涩的专业语言来表述。就连你使用的隐喻也都简洁明了，直击重点。

LC：因为我没有秘密。很多作家穷极一生都在创造秘密，在作品中暗示自己还有未揭露的事情。我完全公开、透明，所以所有人都能理解我在作品中流露的情感。我是那种会尝试一切的人，时时体验着自我分裂。我会借助药物、荣格、冥想和爱情，但它们最终都会崩塌。我只能用歌曲来辩证审视这些事物。因此，我是一个脆弱的人。《颂歌》里有这么一句歌词："万物皆有裂缝/光便如此进入。"这句歌词概括了一切，这是我的信条。

TJ：或许这就是为什么，那些对你冷嘲热讽的评论家总说："莱昂纳德·科恩写的始终都是同一首歌，他从来没有新的想法。"

LC：他们所说的完全正确。我一直在探索同一片领域——用各种不同的方法——因为我不知道那些问题的答案，我反复探索相同的主题，因为它们是永恒的。随着年纪逐渐增大，我希望自己能不只带着迫切的心情，还带着勇气和诚实，从更深刻的角度去探索这些主题。伟大的加拿大诗人欧文·莱顿曾经评价我称："莱昂纳德·科恩很幸运，他从来没有自己的原创观点。"我把这句话当作是对我的赞扬，因为这说明我所探讨的主题是所有人都会经历的事情。

每个人都有自己的内心生活，我们都知道用心感受意味着什么，而心碎又是一种什么样的感觉，如果我们的音乐家和歌手能揭示这样的真相，我们一定会非常珍惜。

TJ：你在歌曲和诗里经常探讨的那些主题：性、宗教、关系、分离、战争和绝望——你在60年代和70年代的时候非常"政治不正确"——彼此之间似乎全都存在联系。这些就是你看待生活和艺术的视角吗？

LC：它们彼此之间全都是相关的。如果你撇开上帝谈性，那么性会变得色情；如果你撇开性谈上帝，那么上帝会变得自以为是。宗教和战争显然是相关的，它们和同时经历这一切的那个人息息相关；我正在经历这一切，正在试着理解这一切，或许不能理解，或许就顺其自然。这些主题本身即是永恒的。我一直引用《圣经》的原因之一就是，即使我们获取信息的方式已经完全不同——基本上都是通过电视——《圣经》中的意象却被永远保存了下来。

TJ：你如何看待自己在美国收获的"商业成功"？

LC：我从来没有放弃成功。我始终在努力尝试写出人们会喜欢的畅销曲。我的唱片公司和我保持着一种和谐的关系，我会卖出足够的唱片来让他们开心，但数量不会太多，这样他们就不必担心下一张唱片的销量过于惨淡。如果可以的话，我希望他们能把我当成商品而不是艺术家，因为有我操心艺术这部分就足够了。我并不会为商业上的挫败而感到困扰，因为我知道这些作品的价值，当我回头去看自己写的歌曲和诗时，我感到非常满意，因为它们中很多都经受住了时间的考验。但商业成功始终是一件令人满意的事。连我那些好久没在美国销售的书都在重印了。我没什么好抱怨的，因为至少一直以来我和我的孩子都过着体面的生活。

TJ：听起来是一种美好的生活。

LC：没错，但同时也是脆弱的。

科恩剪报
关于他所喜欢的音乐

"如果我能亲耳听见乔治·琼斯[1]唱《壮游》（Grand Tour），我会高兴得昏过去。如果我能听见奥蒂斯·雷丁唱《我的怀抱》（These Arms）也会一样。但是在巡演的时候，你对音乐的兴趣会大大降低。事实上，我们在巡演巴士上定了一条'音乐罪'，就是，你知道，如果你放任何音乐的话……前天晚上我们才第一次听了一些比波普、爵士，以及迈尔斯[2]和巴德·鲍威尔[3]的音乐。已经很久没人敢在巡演巴士上放已经发行的音乐了。（笑）"

——摘自戴夫·夏洛克（Dev Sherlock）的采访，《音乐人》，1993年11月

---

1 乔治·琼斯（George Jones，1931—2013），美国著名乡村歌手。
2 迈尔斯·戴维斯（Miles Davis，1926—1991），美国著名爵士音乐家、小号手。
3 巴德·鲍威尔（Bud Powell，1924—1966），美国著名爵士音乐家、钢琴演奏家。

关于他的内心世界

"我发现当你年纪逐渐变大时，你的内心世界会变得越来越丰富。不是说你的状态会变得更好或更差。而是你会感觉到更多的悲伤和快乐。你会感觉自己越发有竞争力，也会感觉自己越发力不从心。你会变得更关心别人，也会变得更沉默孤僻。这种两极感受会非常、非常强烈，而且相差越来越大。极端感会变得越来越强烈，越来越明显。所以你的内心世界会越来越广阔，直到有一天能容纳整个宇宙，那时你便会消融，而那叫作死亡。"

——摘自劳莉·布朗（Laurie Brown）的采访，《黄金时段新闻》（*Prime Time News*），加拿大广播公司，1993年12月3日

"我是那个写《圣经》的小犹太人"

亚瑟·库日韦尔（Arthur Kurzweil）|1993 年 11 月 23 日采访，1994
年 1 月刊登于《犹太书讯》（*Jewish Book News*）（美国）

接下来的这次访谈发生在《陌生人音乐：诗歌与歌词选集》
（*Stranger Music: Selected Poems and Songs*）发行之际。采访地点位于该
书出版商兰登书屋纽约办公室的一间会议室里。当时，采访者亚
瑟·库日韦尔是犹太图书俱乐部的主编，他把科恩的这本选集推
荐给了该俱乐部的两万多名成员。《犹太书讯》曾刊登过这次采
访的精华版。而以下这篇则是采访的全文，在我读过的所有采访
中，这篇采访对于科恩的犹太根基和思想的讨论是最多的。——
编者

亚瑟·库日韦尔（以下简称AK）：在采访一开始我想告诉你，
我从很多年前开始就是你的忠实粉丝。

莱昂纳德·科恩（以下简称LC）：噢，非常感谢。感谢你的善意。

AK：我收藏了很多有关你的东西，但我不愿意同绝大多数
人分享。比如这本书（他指向一本《至爱游戏》）：曾经有一段时
间里，我不想让任何人碰这本书。（科恩大笑）这件事太疯狂了。
但我就是不想让别人碰这本书。

LC：看来你应该了解我的背景？

AK：我知道……很多有关你的事情，我想至少别人知道的
我都知道。我还想告诉你，我去了你前不久举办的纽约演唱会。

LC：谢谢你来看我的演出。

AK：那一晚非常美好。我对你的祖父很感兴趣，我听说他写过好几本书。

LC：我的两位祖父都很出色。我的外祖父——"所罗门·克利尼茨基-克莱恩拉比"，这里出版的书会这样印他的名字——他被称为"Sar HaDikduki"[1]，意思是"文法王子"。他编写了一本《塔木德》注释大全，和一本希伯来语同形字和同音字字典。这两本书曾在高等院校中使用，直到以色列政府接管了语法教育。

他是一个非常出色的人，我母亲总是告诉我"人们会从一百英里"外赶来听他演讲。他是科夫诺（现在的考纳斯市，立陶宛第二大城市）一家授业座的校长。他师从伊扎克·埃尔哈南拉比（Rabbi Yitzchak Elchanan），事实上，我的外祖父在后者去世后，亲手为他合上了眼睛。

我的外祖父也有世俗的一面。比如，他很喜欢骑马。他是那种咄咄逼人的老师，尤其是来到纽约之后，他直到去世前一直都待在这里。他一开始去了亚特兰大，他的女儿嫁进了佐治亚的亚历山大家族，这个犹太家族从1708年开始就一直生活在那里，他一开始打算定居亚特兰大。但是那里对他而言没有任何吸引力，所以他搬到了纽约，加入了《前进报》（Forward），成为了那些意第绪语作家的一员，虽然我记得他并没有为那份报纸写过任何东西。不过他始终没有放弃对希伯来文法和《塔木德》的研究。

AK：你的另一位祖父呢？

LC：我的另一位祖父，里昂·科恩拉比（Rabbi Lyon Cohen）也非常优秀，他在加拿大帮助建立了许多与犹太人的生活息息相关的机构。他是加拿大第一个犹太复国主义协会的副会长。他去过

---

1 希伯来语。

圣地。

AK：在那段时期去圣地想必是一趟非常有意思的旅行。

LC：没错，非常有意思。他与赫希男爵（Baron de Hirsch）是老相识，他策划并建立了加拿大版的犹太殖民协会，目的是在草原三省和农场里安顿犹太难民。他创立了北美第一份英语-希伯来语双语报纸。那份报纸的名字叫《犹太时报》（Jewish Times），在蒙特利尔发行。除此之外，他也是蒙特利尔Shaar Hashomayim犹太会堂的创始人之一。

AK：他有没有参与建立蒙特利尔的犹太公共图书馆？

LC：有，他有参与，不过这和其他项目相比有些不同，这是犹太社区的另一种形式。

我记得他在一些演讲里非常骄傲地说过，蒙特利尔的犹太社区在没有问地方和政府要一分钱的情况下，就妥善地安置好了来自基希讷乌的犹太难民（编注：现为摩尔多瓦共和国首都的基希讷乌在1903年爆发过一次严重的反犹暴动，导致数百名犹太人遭受重伤，数百座犹太居民屋和商铺受损）。蒙特利尔犹太社区的运作非常井然有序。

我为他是这些机构的组织者之一而感到骄傲。他参与了赫希男爵基金会的运作。还有圣约之子会和犹太总医院。此外，他在（慈善性质的）犹太免息借贷协会上倾注了特别的心血。当然，还有和Shaar Hashomayim犹太会堂有关的一切。

AK：你的两位祖父都是移民吗？

LC：他们都出生于欧洲；我记得我祖父是3岁时来到这里。他的父亲拉撒路·科恩（Lazarus Cohen）1860年来到这里，拉撒路是一个非常有意思的人。

AK：来加拿大？

LC：对，和他的儿子一起。

AK：你的名字是按照他取的吗？

LC：噢，我们有个名字要以"L"开头的传统，拉撒路（Lazarus）、里昂（Lyon）、莱昂纳德（Leonard）。

AK：我之所以提起你的两位祖父，其中一个原因是因为犹太家族历史和族谱学是我的研究兴趣之一。事实上，你身后那个书架上放着一本我写的书，标题是《世代相传》（*From Generation to Generation*）……

LC：哦？是吗？

AK：……这是一本为那些想要了解如何进行犹太族谱学研究的人所写的参考书。

LC：啊，很有趣！

AK：所以我对自己的家族进行了大量族谱学研究。我去过好几次我祖父母的故乡。我在东欧的其中两次经历和你也有关系。我想和你谈谈这两次经历。

LC：好啊。

AK：在对我母亲的家族进行研究后，我发现，她误以为在大屠杀中遇难的堂兄其实和他的妻子、孩子还有孙辈一起生活在布达佩斯。所以不久前，我发现……

AK：亲人！

AK：没错，在布达佩斯的亲人，这种感觉非常美好。我的堂叔有个女儿叫祖莎，她之前住在布达佩斯。她现在搬去了澳大利亚，但她从小在布达佩斯长大。我跟她第一次见面是在布达佩斯。我们之间是用英语交流的，我问她："你从哪里学的英语？"然后她跟我说："科恩。"

LC：哇！（大笑）

AK：我说："哪个科恩？"然后她给我看了你的唱片，跟我说："我就是这样学会英语的。"

LC：啊，真好，谢谢！

AK：难以置信。

LC：没错！谢谢！谢谢你告诉我这件事！

AK：那件事发生在布达佩斯。后来我去了波兰的华沙，我发现我父亲的一个堂兄生活在那里，但在此之前我并不知道这个人的存在，他也是大屠杀的幸存者，现在和妻子还有女儿一起生活在华沙。某一个下午，他们介绍了一名女演员和我认识，她很年轻，是他们的朋友，那一天我们一直在一起。我们走过曾经的华沙犹太贫民区时，我问她："你喜欢谁的音乐？"她回答："科恩。"（科恩开心大笑）所以我的问题是：你觉得你能在东欧收获这么多听众的原因是什么？

LC：在波兰政权变更，团结工会上台之前，我在波兰举行了一轮巡演，我发现——我之前有所了解，但没有确切的数据——我绝大多数的听众或许都来自波兰。但是很不幸，他们给我的报酬是兹罗提，你知道，兹罗提是无法兑换的。

我发现我在那里有很多听众，我所谓的职业生涯在西方的绝大多数地方多次濒临结束，但是在东欧，我的支持者始终很多，尤其是波兰。我也不知道为什么。

我的曾祖父来自维尔卡维什基斯，当时是波兰的一部分（现在属于立陶宛西南部），我很高兴我能说自己来自波兰，虽然他们并不觉得我是波兰人。不过这件事很有趣。

我不知道为什么。当然，我并没有成长在那个世界。但那个世界和我并没有隔阂。事实上，1959年、1960年左右，当我刚到希腊的时候，我真的感觉像是回到了自己的家。我觉得那些建筑非常熟悉，我觉得那种乡村生活非常熟悉，虽然我从来没有体验过乡村生活。

AK：我之前读过一些有关你的文章，上面说你接触过，甚至深入研究过很多种信仰。我觉得《著名的蓝色雨衣》（收录于专辑《爱与恨之歌》）中的那句"你是否曾达到'清晰[1]'"是在暗指山达基（Scientology），我说的对吗？

LC：没错。我确实曾经接触过山达基。我年轻的时候接触过很多东西。山达基是其中之一。但并没有持续很久。

但是山达基很有意思，进一步研究后，我发现，真的，从数据、信息、教义和教义相关作品的角度来说，山达基非常出色。一点也不糟糕。我知道很多人批判山达基。我不知道这个组织现在怎样，但它似乎具有所有持续壮大的大型组织都会有的政治遗留问题。不过山达基有序的组织性让我非常惊讶。所以，没错，我确实接触过山达基。

AK：你还接触过什么？

LC：从左派思想到共和党。从山达基到幻想自己是重建圣殿[2]的大祭司。

AK：你如何平衡这些事情和自己的犹太人身份？

LC：我现在正在跟随一位禅宗大师认真修习。不过我认为，只有"浅浅涉猎"这个词才能用来形容接触信仰的人，因为谁能说自己完全理解某种信仰呢？我记得艾伦·金斯堡曾经问我："你如何平衡禅宗和犹太教的关系？"他这么问是因为当时他是邱扬·创巴仁波切（西藏佛学大师、作家、那洛巴大学创办者，1987年圆寂，Chogyam Trungpa）的学生。我说我觉得这两者并不冲突。不过，当时我所在的团体，我所跟从的老师和创巴仁波切完全不

---

1 "清晰"或"清晰者"状态是山达基教（又名科学真理教）信众追求的理想状态，即能做到摆脱一切负面情绪，不被任何负面因素影响，自由控制自己的情绪。
2 圣殿是古代犹太人的最高祭祀场所，里面的至圣所内藏有约柜，只有大祭司才被允许一年进入一次至圣所。历史上共有过前后两座圣殿，分别是第一圣殿即所罗门圣殿和第二圣殿，前者毁于公元前586年巴比伦人入侵耶路撒冷时，后者毁于公元70年罗马帝国围攻耶路撒冷时。

同。非常无组织性。

你知道，很多禅宗修习者都是犹太人——非常认真。事实上，洛杉矶有一位继承者，他是一名佛法老师，是真正的"老师"（即精神领袖）继承者，我记得他娶了一位正统派拉比的女儿。在僧堂（冥想之所）打坐冥想的时候，他也会保持犹太教的习惯，这跟有些（罗马天主教）特拉普派修士在修道院内打坐冥想是一个道理。我觉得不同的信仰并不一定互斥，矛盾与否取决于你自己的观点。就日本来说，本土宗教神道教经常和禅宗一起被作为修行对象。事实上，在东方，禅在很多时候并不被认为是一种宗教。据我的老师所说，禅宗和其他宗教并不矛盾的地方在于修禅不必通过祈祷和崇拜，也不包含对神祇的讨论。

AK：所以它们能有同时存在的空间？

LC：不只是存在的空间。一位大师在被问到"禅的精髓是什么"时说道："空性和平常。"所以不仅是这两者能同时存在，你希望能共存的所有信仰都可以。

我所继承的信仰非常伟大。我没有必要改宗。比如，《好莱坞报道》（*Hollywood Reporter*）（1993年10月12日）刊登了我要为加拿大国家电影局发行的电影《西藏生死书》（*Tibetan Book of the Dead*）录制旁白的消息。

我给他们写了一封信。我不知道那封信有没有被刊登出来，因为这则新闻好几周前就出现了。我在信里写道："我已故的母亲和父亲如果听到我被称为佛教徒，一定会大受刺激。"我说："我是一个犹太人。"我还告诉他们："很久以前，我被一位禅僧（佐佐木老师，加利福尼亚鲍尔迪山禅修中心创办人）断续无章的话语深深地吸引，最近，他对我说'莱昂纳德，我们已经认识25年了，我从来没有试图把我所信仰的宗教教授给你。我只是不停给你倒清酒而已'。然后我举起杯子，对他说'拉比，你确实是同时代人之光'。"

这就是我的想法。他周围有一些非常优秀的犹太年轻人。比如，伊萨卡禅修中心的负责人，他的家族七代都是拉比。他认为自己找到了一位真正的拉比。这也是我的想法。

换句话说，绝对理念中不容商榷的部分，不可言说其特点的部分，与我渴望在学习和启示中获得的严肃与深刻之间存在联系。

那个年轻人觉得Roshi是真正的拉比，这种观点和《示玛》（Shema）（犹太教核心祷文）所阐述的真理不谋而合：事实只有一个，不要认为还有第二种事实。在这个维度中，在所有维度中都只有绝对的一神，这一点不容改变。

禅宗，或者至少这位老师的门派，能让犹太修习者找到一片净土，表达心中对绝对理念最深层的渴望。

有这么一个故事——故事本身或许存在有待商榷的可疑之处，但它所包含的真相绝无可疑之处；有些细节可能还需要核实一下：刚才提到的那个年轻人在康奈尔大学读书的时候开始跟着一位老师学习。那位老师是哈巴德（Chabad）团体的负责人之类的，他对其中一个犹太学生说："既然你已经学到了一些东西，取得了巨大的进步，而且理解也已经成熟，那就去山上把大卫带回来吧。"大卫是一个误入歧途的学生，他选择接受其他教诲，过着一种你或许会称之为"《圣经》式纯粹"的生活。他是一个非常热情、充满活力的人。

于是另一个大卫——他们俩都叫大卫——准备一下之后便上山了，他坐在那个大卫身边说："这里究竟发生了什么？够了。你吃了太多致幻剂，太多迷幻蘑菇，而且你崇拜了太多虚假的神。现在，带上你的东西，跟我回去。"

于是第一个大卫说："跟我一起住一段时间吧。"

这个故事最后的结局是第二个大卫也离开了哈巴德，转而跟着第一个大卫学习，他觉得这确实是一种真正的信仰。

我们所生活的这个时代在对待信仰时就是如此极端，即使这种极端的方式没有得到完全的认可，但也至少得到了容忍。我认为个人与宗教的关系将在这个时代发生巨大改变。

AK：我出生在一个犹太家庭，我的父母都是虔诚的犹太教徒，在成人礼之前的几年，我一直在一家传统希伯来学校上学。后来，我偶然接触到了［心灵导师，蒂莫西·利里（Timothy Leary）的同事］拉姆·达斯（Ram Das）……

LC：所以你完全能理解这个过程。

AK：我一直认为拉姆·达斯所倡导的东西让我对犹太教的理解更深了。

LC：我能理解。

AK：嗯，"万物皆有裂缝，光便如此进入。"（出自《颂歌》，收录于《未来》）对我来说，这句歌词，与犹太教的思想非常契合……

LC：我也这么认为。

AK：这其中有体现禅宗思想吗？

LC：我根本不知道什么是禅宗思想。（库日韦尔大笑）真的，我对禅宗或者佛教的了解真的不多，因为我对别的宗教根本不感兴趣。年轻的时候，我接触了形形色色的东西，因为它们就在那里存在着。你会遇见一个女孩，或者遇见某个人，然后踏上一段旅程。我接受过扎实的犹太教育。我记得我和我的祖父坐在一起学习《以赛亚书》（Book of Isaiah）。当时他已经上了年纪，他会先给我读一段，然后讲解几句，接着便会打起瞌睡，身体开始摇晃时，他的手指会在段落开头来回移动，然后他会突然醒来，重新再读一遍同一个段落，读完之后再重新解释一遍，有时候，我们整个晚上都会停留在同一个段落上。

所以我非常了解犹太生活。我亲眼见证我的家人与犹太社群之间缔结的深厚联系。那种联系可不是随便开玩笑的。

AK：没错！

LC：那种联系并没有停留在理论层面上。犹太免息借贷协会——人们可以免费借钱！这种行为真正实践了犹太思想。我一直见证着这些事情在我周围发生。而且我的家人们在经营事业时始终秉持道德原则和荣誉感，这一点让我不可抑制地深受触动。

我亲眼见证过这些事情。正如我刚才所说，我不确定什么是禅宗思想，因为我只认识一个老人。我不知道他能在多大程度上代表他所信奉的传统。我只知道他为我提供了足够的空间，让我能与我的上帝共舞，我很少能在这空间之外的其他地方与上帝相遇。

AK：你觉得这么多年轻犹太人选择拥抱东方的原因是什么？既然你仔细观察过犹太人的公共生活和组织生活，那么你觉得为什么会出现这种流失，或者说"岔道"的情况？

LC：我从小在一个保守的犹太家庭中长大，我非常尊重这种传统。我会去本地的犹太会堂。我每周五晚上都会点蜡烛。但我非常理解年轻人所经历的这个过程。我认为我们无法创造出一种冥想体系来容纳和回应那些出色的年轻人，那些想与绝对之物产生联系的年轻人所怀有的渴望。我们没有严肃地对待这种渴望。

我认为我们的信仰中尽是无神论者和不可知论者。我认为存在很多名义上的犹太人。但同时我也认为存在真正信仰，真正有过经历，真正被眷顾且感受到这份眷顾，以及在祈祷中忘记自我，并感觉到自己的祈祷正在应验的人。

但我觉得这些事情只在文学作品中被记述，（犹太哲学家马丁·）布伯（Martin Buber）的书、一本经典小说或者其他类似的作品，这些事情只会在这些作品中出现。但在主流现实世界里，这些事情被认为是迷信。我对这种情况感到很不满，很多聪明、出色的年轻人对这些事情非常感兴趣，他们四处寻找这些事情的痕迹，却无论如何也找不到。

同时，犹太教中还有先知这一存在，先知的世界观，可以说，即以赛亚所论述的世界观。但我认为这一点我们也没有重视。在跟随我的禅宗老师学习多年之后，我的膝盖受了伤，我无法打坐，也正是直到这时——我才开始去实践以前从未关注过的犹太教传统。每天早上，我都会绑好经文护符匣，念诵一遍《十八祷》（*Shemoneh Esreh*）（犹太教仪式上的核心祈祷祝词），我开始真正理解这十八条祷文，它们像一座阶梯，如果你能真正理解每一句祷文，那么它们就可以帮助你为一天做好准备。

即使处在人生的低潮，但是抬头望向窗外时，你依然可能看见一个自己能够确证的世界。

从来没有人用这种方式与我交流。真正借助仪式，借助我们的智慧之书，真正把它们当作真实的事物，承认用白色火焰和黑色火焰写成的作品，也就是我们的《托拉》——热烈且不容置疑，这一概念，这种氛围，之前从未在我学习它时触动过我。但它必须要触动我。

它也触动了其他人，但那些人似乎已经忘记"弥赛亚"概念中蕴含的期待，那就是我们所有人都能在全能者的荫护下如手足般共处。但是他们似乎过于排异，过于重视无足轻重的东西，过于敌视非犹太种族和非犹太人。我认为这种排他性是万万不可取的，我认识的很多人都和我有一样的想法。这种排他性同时也让我们很多的年轻人失去了与那些充满生机的人事物接触的机会。我不想具体说是谁，因为不想让那些热情投身于自己事业的人遭到批判和攻击。

但你问我为什么我们当中那些出色、优秀的人无法认同自己的传统信仰。那是因为这种传统背叛了它自己，因为弥赛亚的故事没有得到认可。因为冥想体系没有得到建立。而且我们的老师只是一味发号施令。

这种命令像是一种惩罚。"做这个，做那个。"他们无视上帝的仁慈，他们极其认可传统的其中一面，认可正义和审判，但是无视了另一面，我认为没有人意识到这一面。没有人见识过这一面。所以我们需要一个能提供这种经历的体系，一个摆脱排他性束缚的体系，一个认可所有人，不会对异己妄加批判的体系。

AK：你读过阿丁·斯坦萨兹拉比（Rabbi Adin Steinsaltz）的作品吗？他一直在努力地把《塔木德》翻译成英语。

LC：读过，我很喜欢他的作品。很喜欢。虽然我只读过其中的几本，但是我对读过的每一本都进行了认真的研究。无法去禅修中心打坐的时候，我就开始研究这些东西。我接受过有关犹太教的教育，但那种教育并没有多少深度和成果。真好，英语！《塔木德》里说我们可以用70种语言祈祷，我们可以用70种语言研读！

AK：斯坦萨兹的座右铭之一是："让我的人民知晓。"

LC：真好。

AK：你的观点和斯坦萨兹的观点不谋而合，那就是我们不应该把别人对犹太教的理解奉为圭臬。我们应该寻求自己的理解。然后我们会发现，我们对自己拥有的宝藏一无所知。

LC：说得好。

AK：你之前提到的一句话让我想起了我的其中一次东欧之旅。我去过很多次东欧。有一次，我去参观了很多犹太墓地。我连续好几周在各个城市参观一座又一座犹太墓地。完全看不够。在我曾祖父出生的那座城市的墓地里，我体会到一种非常真实的感觉，我感觉自己是一个在大屠杀中死去的孩子。

LC：啊。

AK：在我阅读有关东方宗教的书籍时，"转世"这个概念经常出现。如果没有转世，一切都没有意义；转世让一切具有意义。我后来得知，历史上很多杰出的犹太智者也认同灵魂转世。我意识到，很多人都有过和我类似的经历。你对转世有什么看法？你认同这个概念吗？

LC：我没有深入思考过这类事情。你得从非常抽象的角度才能得出一个非常合理的解释。我所说的"抽象"并不是贬义的。我的意思是，这涉及到思考、构想和经历。我知道很多很有意思的抽象概念，转世就是其中之一。

但今世的责任远比来世紧迫——纠正自己的错误，向造物主赎罪。我们应该时刻注意，不要懈怠这一世作为人的权利和身份。

我之后要为《西藏生死书》担任旁白，西藏人对生命的各种状态的研究非常细致。哈西迪派对人的灵魂会在肉体之上徘徊多久也有非常、非常清楚的定义。这些人非常敏感细致。

那些说"不可杀人"的人也曾讨论过贝类水产，我认为我们应该对这些事情给予一定的重视。如果有人清晰地界定了人的行为，又提到了贝类水产和用山羊羔母的奶煮山羊羔[1]，那么我们就应该尽可能严肃地看待这两件事，因为他们意识到这两件事具有绝对的重要性。现在有一些非常细致和敏锐的人告诉我们，人的灵魂会在身体上方盘旋，我认为我们没有理由否决这种说法。

当我说"你对转世有什么看法"的时候，我的老师回答："西藏童话。"这是他的观点。他并不是在诋毁和贬低这个概念。他的意思是："难道你没有更重要的事情可以考虑吗？你当下在这个宇宙中所处的位置才是最重要的。你想如何度过当下？你想如

1　"用山羊羔母的奶煮山羊羔"出自《旧约·出埃及记》23:19、34:26和《旧约·申命记》14:21，此处翻译参考《圣经》和合本。

何与我在这个房间里共处?"我更倾向于这样思考。

AK:刚才我们谈到有些人毁了我们所信仰的犹太教。他们也毁了我们的诗歌。

LC:这个"我们"中不包括我,因为他们没能毁掉我所信仰的犹太教。

AK:也没能毁掉我的。

LC:那其中有些东西对我很重要。没错,我不得不去追随错误的神,或许我现在也依然还在错误的领域活跃。但是,我看到了一些事情……人们都有自己的故事:我生长在一个天主教城市,关于天主教,我的天主教朋友有一些非常可怖的故事;而关于犹太教,我的犹太朋友也有一些非常可怖的故事。但我从来没有。我从来没有反叛过我的父母,即使在我用致幻剂,住在切尔西酒店里的时候也没有。我从未想过批评和抱怨我的家庭,我的城市,我的信仰,我的民族,我的命运和我的境况。我一直觉得一切都很好!我一直觉得我的家庭在信仰的实践方面做得很好,我也一直在努力把这些传统传承下去——虽然只是半吊子功夫。

但是诗歌……

AK:是啊,诗歌。我在经营犹太图书俱乐部。我们向两万两千名会员出售犹太相关书籍。书的销量很好。但是诗集一直卖不出去,无论是谁写的。而且你看,我直接略过了你的新书的销量。(科恩大笑)你觉得诗集卖不出去的原因是什么?我在高中时期有关诗歌的记忆非常可怖,那是在对诗歌实施谋杀!你对诗歌的看法是什么?

LC:我觉得并非人人都会喜欢纯粹的诗歌形式。这就好比花粉。有人喜欢在蛋糕中加入蜂蜜,而有些纯粹主义者则喜欢花粉和蜂蜡。他们是狂热的蜜蜂崇拜者。

我觉得诗歌也是一样。诗歌酿成的蜜随处可见。你可以在文字清晰、优美的《国家地理》中发现流淌的蜜。你也可以在电影里看见。诗歌酿成的蜜随处可见。我们所说的诗歌是意义。如果某种事物具有意义，我们或许无法称之为诗歌，但我们可以从中感受到诗歌。

这种事物，这种蜜，包含真相、节奏、可靠性和音乐。它们随处可见。一些狂热分子和纯粹主义者喜欢读那些没有从头到尾被文字占满的书，我认为这种兴趣和渴望是他们独有的，不是每个人都会有的。

所以我从来不会因为诗集的销量而失落。我从小就对诗非常着迷。第一次了解到诗歌时，我就爱上了它——在我母亲哼唱的歌里，在宗教仪式上，在流行音乐里。当某件事情以一种特定的方式呈现时就会引起共鸣。似乎就能容纳整个宇宙。不仅是我的心，所有人的心都被吸引，孤独会在其中消失，你感觉虽然自己正在充满痛苦的宇宙中经历痛苦，但痛苦已无所谓。不仅无所谓，它已成为你拥抱太阳与月亮的方式。

我进入了流行乐的世界。我觉得在那个世界里，我可以真正呈现一首诗。我已经不满足于在纸上书写。我想真正体验诗歌。虽然朗诵会本身毫无问题，但我不想通过这种形式体验诗歌，我感觉诗歌的背后有一把鲁特琴，有一把十弦琴。是它们让我爱上了诗歌。所以我便顺理成章地投身到这种让我深陷的表达形式中。

AK：所以诗和歌词没有区别？

LC：诗是你想过的生活。你可以让自己成为主体，诗成为客体，你可以维持这种主客体的关系，毫无问题。这是学者的观点。

但我想在这个世界上真正地活着。当我读《诗篇》时，当《托拉》经卷被举起，人们唱出 "Etz chayim hi l'mah chazikim bah"（字面意思是："他与持守他的作生命树[1]"，会众在见到《托拉》经卷被举起时便要唱诵这句话作为回应）时。这样的语言始终让我肃然为起敬。我也想这样说话。我也想站在那样的位置上。他们说我是"Kohayn"（科恩），我相信他们说的话（"Kohayn"在希伯来语中是"祭司"的意思，也是"Cohen"这个姓氏的由来）。我觉得这是非常重要的信息。我相信这是真的。我想穿上白衣，走进至圣所，与灵魂最深处的声音对话。

所以这件事情对我而言特别严肃。从我很小的时候开始，无论他们所说的这些内容具体是什么，我都能有所共鸣。我想成为那个唱诵"这是生命树，你要持定它"的人。所以我试图成为这样的人。努力地去做到。那个世界似乎为我敞开了大门。我做到了。

在我自己看来，我已经依靠自己微薄的力量成为了那样的人。所以对我而言，那就是诗。我认为每个人都可以写出这样的诗。

AK：你之前提到膝盖受伤是你开始实践《托拉》传统的开始？你的膝盖是怎么受伤的？

LC：我摔了一跤。有一天晚上我在山里，然后撞到了一堵墙。那种很矮的石墙。我绊了一跤，然后摔坏了膝盖，不得不接受手术。幸运的是，我只是半月板撕裂，虽然很痛，但不会有危险。

可我没法打坐。我习惯两脚盘起，背挺直，安静地打坐，这是释迦牟尼，也就是佛陀的指示。他的指示就只是静坐，盘起腿，挺起背。仅此而已。其余的一切你只能依靠自己。他所给的指示基本就只有这一点。

AK：然后突然之间你无法继续这么做了。

LC：对。我有一些朋友是拉比，其中一位叫辛查（Simcha），他是麦吉尔哈巴德团体的负责人［Chabad（哈巴德）是卡巴拉术

1　此句出自《旧约·箴言》3:18，翻译参考和合本。

语"chochma""bin"和"da'at"的缩写，这三个术语的意思分别是：智慧、理解和知识。哈巴德一般用来指哈西迪派团体哈巴德-路巴维茨］。我们经常见面聊天——其实是喝酒。虽然很感兴趣，但我从来没有体验过正式的正统派生活。我感受到自己的渴望。我想知道什么是经文护符匣（经文护符匣是两个装有《托拉》经文的黑色小皮盒），我继承了我祖父的经文护符匣。它们被装在一个袋子里。我觉得很疑惑："这是什么？这些晨祷又是什么？"我开始关注它们，开始研究它们，开始念诵它们，尝试理解它们。我尝试从最深层次去理解它们。

我在禅宗老师身上学到的东西，我在僧堂度过的时光，第一次为我打开了通向上述那个世界的大门。我发现自己可以依靠那个世界，那些祷词是如此绝妙、出色，你必须向它们的创作者低头致意。这些人创造了这些祷词，或者可能受到某些灵感的启发——这些极其睿智、绝妙的祷词让我们的灵魂变得自由自在。

在祈祷中，我感到快乐，感到安心。我在那段时间里写了《仁慈之书》。我希望以自己的方式向传统致敬，在此之前，我遗失了那种传统，虽然并非刻意，但是我拒绝了它，可以说，我遗失了对我而言像家一般的传统。

AK：你刚才说话的时候，我一直在想象你祖父读一段经文，然后又回去重新再读一遍的场景。他必然发现了一些事情，并且实现了一些事情。

LC：没错！他是一个非常出色的人。他沉浸在传统中。一刻也无法离开。

作为一名拉比，他的观点非常挑衅、强势。他不喜欢传统中的某些东西。但他身处其中，而除了所罗门·克利尼茨基-克莱恩拉比之外，他无法成为任何人。

顺便说一句，他去世之前还在编写字典，而且没有借助任何参考书。他已经有些恍惚，但是依然有足够的自信坐在桌前编写：A……B……C……他是那种把针从纸的正面穿过，能知道反面扎中的单词是哪一个的人。我知道你懂我的意思！他就是那种人［1917年，心理学家乔治·斯特拉顿在《心理学评论》(*Psychological Review*)上发表了一篇实验记录，他将一根针穿过《塔木德》中任意选择的一页，让一组熟记全部5422页《塔木德》的波兰学者说出反面被针扎中的词。美国保守派犹太教的创始人所罗门·谢克特拉比（Rabbi Solomon Schechter）声称自己亲眼看见了这项惊人的实验］。

AK：你父亲曾经送给你一本皮面的诗集，这本诗集对你产生了很大的影响，这件事是真的吗？

LC：我父亲给我留下了整整一书房的诗集。在1907年前后，蒙特利尔应该很流行在成人礼上送皮面英语诗集。他去世之后，我继承了他的藏书。我不知道自己是不是记错了，因为他似乎不大可能送我这本书，但我又确实记得他送我的是《皇家军队传奇》(*The Romance of the King's Army*)（编注：这本书实际出版于1908年，作者是A.B. 塔克）。他曾经是一位军人、一位首领、一位爱德华时代的绅士。

他戴着单片眼镜。他拄着一根拐杖，鞋子上套了鞋罩。外出的时候，他会在燕尾服上别上功勋章。这是他的习惯。他是一个非常出色、优秀的人，非常自律。

他在去世之前把这本书送给了我，开头的引用是——这句话让我深受震撼——"儿子，你不知道，这个世界的统治者是多么缺乏智慧。"宗教最核心的观点就是，若缺乏上帝的主宰，这个世界将变得愚蠢至极。——"儿子，你不知道，这个世界的统治者是多么缺乏智慧。"对一个8岁的孩子来说……这是一则非常、非常有冲击力的信息。在那之后不久，我父亲就去世了。

那则信息几乎否定了整个世俗世界。这个世界毫无智慧可言。你必须去别处寻找智慧。

（科恩和库日韦尔沉默地坐了很久）

AK：他为什么戴单片眼镜？因为时尚吗？

LC：我觉得那种眼镜的功能是打量不如你的那些人。（科恩和库日韦尔都笑了）

AK：你的希伯来名字是埃列泽（Eliezer）？

LC：对，埃列泽。

AK：你父亲呢？

LC：尼桑（Nissan）。

AK：所以，尼桑之子，埃列泽。

LC：尼桑，内森（Nathan）。也就是纳坦（Natan），对吧？

AK：尼桑就是纳坦，也就是内森。对，就是纳坦。我们在谈论这些话题的时候，我一直在想那句歌词："我是那个写《圣经》的小犹太人（出自科恩的专辑《未来》中的同名曲）。"

LC：对。那句歌词几乎是瞬间写成的，我还问自己，要不要保留这句歌词。但这就是我的感受。我确实觉得自己就是这样的人。这就是我所处的位置。

AK：我必须承认，在考虑邀请你进行对谈和把你的书作为犹太图书俱乐部精选作品的时候，我并不了解你的性格，我不知道你是想成为"写《圣经》的小犹太人"还是一个"犹太诗人"。但是，很显然，我听到了一些非常不一样的东西。

LC：噢，我是那个写《圣经》的小犹太人。我是那个写《圣经》的小犹太人。"你不会在风中认出我。永远不会，也未有过。"我是在对所有国家说话，"我是那个写《圣经》的小犹太人"。我就是那个人。"我已见证无数国家的诞生和灭亡，我听过它们的故事……"

AK："……所有的故事……"

LC："……所有的故事。而爱是生存的唯一力量之源。"

我了解生存的代价。我知道一个人需要为生存付出什么，随着年龄增长，我已不再为自己的观点感到惭愧，因为我意识到我们就是书写《圣经》的人。我们最理想的状态，就是立足于《圣经》的世界，而且，我们不需要带着愧歉。

不需要为这些事情感到愧歉，不需要为燃烧的荆棘感到愧歉，不需要为这些体验感到愧歉。我们有义务阐明这些体验。我们的当务之急就是进入《圣经》的世界，我们必须进入其中。除非我们真正踏上《圣经》的土地，否则就无从谈论拯救、显明、救赎之类的事情。我们应该进入《圣经》的世界。

那么，什么是《圣经》的世界？答案就是体验的胜利。《圣经》所歌颂的正是这一点。体验的胜利。所以，体验是绝对必要的，当然还有教诲，教导学生如何阐明，如何去体验那些贯穿整本《圣经》，如今却被贬为奇迹、迷信，或者永远不会在你身上发生的不可能之事的时刻。

AK：以撒的故事。我们每天早上都会读这个故事。

LC：没错，必须要读。所以这些就是我从我的老师，那位老拉比身上学到的东西。我带作家里昂·维瑟提尔（Leon Wieseltier）去鲍尔迪山的时候——他在《纽约客》（New Yorker）上写了这次经历（《阴郁的王子》，里昂·维瑟提尔，《纽约客》，1993年7月26日）——我对他说："我要去犹太会堂，你想跟我一起去吗？"我是认真的。

哈里·拉斯基（Harry Rasky）——一位出色的加拿大导演，拍过一部有关大屠杀的非常优秀的电影——当他陷入困境的时候，我对他说："快来犹太会堂。我带你上来。"

他到那里之后，便开始坐下跟着我的老师学习。

就是这样。这就是我想象中哈西德派的样子。对我来说就是这样。我认为我们可以把这种体验带到我们的传统中。我觉得这些体验就像是训练。它们经常发生。在我们的历史上，有一些犹太人跟着苏菲大师学习，但是他们会把学到的东西带回犹太教，反之也有例子。

但是说到排他性，真正自信的人不会排挤他人。真正伟大的宗教会认可其他所有宗教。真正优秀的文化会认可其他所有文化。真正强大的民族会认可其他所有民族。真正优秀的人会认可其他所有人，会认可他们的存在和生命力。这是我对排他性的看法。

AK：没错！对了，你还有一句歌词也让人很振奋："自第二次世界大战结束以来，我已经很久没有这么开心过……（出自《未来》中的《等待奇迹》）"

LC：没错！（笑）我知道。就像我以前所说的，如果我知道那些歌词来自哪个地方，我一定会频繁地去那里。

AK：我收藏了很多有关你的东西，我想让你知道你的作品对我而言非常重要。我收藏了很多东西。甚至还分发过这些东西……

LC：哦！

AK：……我记得我应该从来没读过这些资料。但我对这个主题非常感兴趣［库日韦尔向科恩展示了有关凯特莉·媞卡薇瑟[1]（1656—1680）的资料，她是一位改宗罗马天主教的美洲原住民，在科恩的小说《美丽失败者》中被反复提及］。

LC：她被葬在蒙特利尔郊外。那个地方现在已经从卡纳瓦克改成了卡纳瓦加（卡纳瓦克莫霍克地区是易洛魁族中莫霍克部落居住的保护区。这个地区位于蒙特利尔圣劳伦斯河的南岸）。

AK：你是怎么读她的姓氏的？

1　Kateri Tekakwitha，受洗后改名为凯瑟琳。

LC：提——卡——薇——塔。她是一个伟大的人。她现在就躺在蒙特利尔的土地下。不是很远。我一直很喜欢她，我一直很喜欢印第安人。我父亲以前经常带我去那个保护区。

AK：真的吗？

LC：经常。早在我知道凯特莉·媞卡薇瑟之前。我经常和他在周日下午的时候去那里，我们会观看印第安人跳舞。后来得知凯特莉的遗体就被安葬在那里的时候，我有一种奇怪的感觉。不好意思。我忘了你的问题是什么。

AK：我其实不是在提问。只是想跟你说我以前分发过有关凯特莉·媞卡薇瑟的小册子。

LC：很好，很好。你被赦免了，你这么做没错。你知道吗，纽约圣帕特里克教堂的门上有她的雕像。

AK：那我必须去一趟了。

LC：教堂旁边有一家花店，如果我在纽约的话，有时候我会去那里买一枝百合，然后用皮筋把它绑在雕像的辫子部分上，因为她的辫子部分是从门上延伸出来的。那座凯特莉·媞卡薇瑟的雕像非常美。

（科恩没有做任何停顿，立刻转换了话题）于是，第二个大卫就上山去找第一个大卫了，他走进僧堂，坐在第一个大卫身边，对他说："听着，这里很好。我能感觉到这里确实存在一些真正的东西。但是这里有一尊佛祖的雕像。这是绝对无法忍受的。绝对不能崇拜偶像！"

第一个大卫说："真的吗？"于是他拿起那尊雕像把它扔了出去（科恩和库日韦尔大笑）。

AK：很精彩。我觉得这次访谈完成了！谢谢你答应这次对谈。

LC：谢谢你来这里。真的太好了。

AK：这是我的荣幸。1971年，我刚刚大学毕业的时候，我买了一张去欧洲的单程车票，在那里到处旅游。我带上了我的吉他，但与此同时，我发现自己只能带一本乐谱。当时我带去欧洲的就是这本《莱昂纳德·科恩之歌》的乐谱。

LC：真好。谢谢！

AK：我带着这本乐谱去过西班牙、南斯拉夫、摩洛哥、意大利和以色列。我们一起去了很多地方。

LC：如果你有时间的话，能不能跟我讲讲你的故事？你听说了"巴巴"·拉姆·达斯（Baba Ram Dass）[1]，然后呢？然后你去了哪里？你当时在哪里？稍微跟我说些你的故事吧。60年代的时候我还在高中和大学阶段。

LC：哪个大学？哪个高中？

AK：我上的是长岛东梅多高中，那是一所公立高中。然后我去了霍夫斯特拉大学，后来在塔拉哈西市的佛罗里达州立大学拿到了图书馆学的硕士学位。有几年里我一直在抗议越战。大学毕业以后我去了欧洲，我从那时候开始进行犹太文化相关的研究。从欧洲回来之后，我听说了拉姆·达斯。我听说他原先叫理查德·阿尔珀特博士，是蒂莫西·利里在哈佛大学的同事。拉姆·达斯后来去了印度跟随一位上师学习，结束后回到美国。我一开始在WBAI电台收听他的节目。后来我开始听他的讲座，买他的磁带，然后坐着听好几小时。我至少有一百卷他的磁带。我买了一台印刷机，把字体设置成了手写字体，我记得，我像一个僧侣一样坐在公寓里，一连几个月印制诗歌卡片。我会把自己遇到的诗用手写字体印在卡片上……

LC：啊，这是一项很传统的工作。真好！

AK：……与此同时听拉姆·达斯的磁带。我的公寓在纽约

1　本名理查德·阿尔珀特，美国籍心灵导师、心理学家和作家，在20世纪70年代启发了美国人对东方性灵哲学和瑜伽的兴趣，对"婴儿潮"世代影响深远。

的101号大街上，对我来说，那里就像是一座寺院。某一刻，我意识到，拉姆·达斯，这个浸淫在印度教里的犹太人，指引我走向了犹太教。慢慢地，我对这些内容越来越感兴趣，就像你刚才所说的，我觉得《十八祷》不单纯只是一堆文字，它是一座精神阶梯。

LC：没错！

AK：然后我遇见了阿丁·斯坦萨兹拉比，我们刚才说起过他：他住在耶路撒冷，是一位睿智、深邃、知识渊博的拉比，他一年会来纽约三到四次，他正在努力成为一座连接不同世界的桥梁。

LC：你在跟着他一起学习吗？

AK：对，我开始研究他的书，然后跟着他一起学习。我会抓住每一次跟他坐在一起的机会，向他提出我的疑问。对我而言，他变得越来越重要。当然，族谱学对我也很重要。我对我的家族非常感兴趣，一直在制作家谱。我发现比起在世的亲人，我和已故的祖辈之间的共同点要更多。我经常说他们更容易相处。

LC：没错。

AK：所以我的关注点一直集中在那些已故的祖辈身上，我去了波兰、匈牙利和俄罗斯的犹太墓地，去了解他们——不仅了解他们是如何去世的，还有他们活着时的故事。

LC：你的书可以买到吗？

AK：我刚刚写完第二版（《世代相传：如何追溯犹太族谱和家族历史》，首次出版于1980年。修订版分别出版于1994年和2004年）。

LC：我想读这本书。可以给我一本吗？

AK：当然。我还写了一本针对孩子的有关犹太族谱学的书，里面有一张我的堂妹祖莎·巴塔（Zsuzsa Barta）的照片，就是那个以前生活在布达佩斯，靠你的唱片学会英语的那个人。我会把她

445

标出来，然后把那本书也寄给你，这样你就可以知道她是谁了。

LC：很好。你写了很多书吗？

AK：我写了三本有关犹太族谱学和家族历史的书。

LC：厉害！很好。

AK：所以我很熟悉你的家族曾经生活过的那些地方的名字。我能在地图上一一对应。

LC：好，听着。我想问你一个问题。维尔卡维什基斯（Vilkaviskis），或者叫维尔卡维什克（Vilkavisk）的犹太会堂是木制的。据说它是八边形结构，是这样吗？

AK：你读过一本叫《木制犹太会堂》（Wooden Synagogues）的书吗？

LC：没有。

AK：我有一本图集，但是已经绝版了。大屠杀结束后不久（其实是1959年）在波兰出版的，名字叫《木制犹太会堂》。我去看看里面有没有它的照片。

LC：真的吗？这件事情我是从我家里人那里知道的。

AK：那座会堂是八角形的？很多木制会堂都非常美丽。那本书非常好：有波兰木制会堂的照片、手绘和楼层平面图，但这些会堂现在都已经不在了。没有一座被保存下来。我会去看看的。

LC：我知道这件事是因为我有我的曾祖父写给我祖父的信。

AK：真的吗？从波兰寄出的信？

LC：对，是的。那些信很美。那些信里会很正式地写着："愿神圣智慧的全能者保佑你和你的家人……"里面的称呼都很美。他还说："谢谢你送的30卢布。我要赶20英里路才能到邮局。感谢上帝，还好我每天早上和晚上都能去会堂。"这些话让人不由得想象那里的生活。那些信真的写得很美。

AK：我会去查那本书的。如果真的能为你找到点什么的话就再好不过了。

LC：非常感谢。一位蒙特利尔的族谱学家写了一些相当私人的有关我的家族的书。

AK：这个人和你有关系吗？

LC：没有，只是因为我的家族壮大……

AK：名声显赫。

LC：他们的成就确实显赫。但他们本身并不显赫。

AK：为社区做贡献的成员……

LC：没错，为社区做贡献的成员，一点没错。

AK：我能请你帮我签名吗？

LC：当然。我还可以帮你盖上我设计的版权标志（colophon）。给你看看。或许你能看懂。这就是我的版权标志。两颗相互交缠的心，和大卫之星的结构一样（也叫大卫之盾，是一个由两个等边三角形组成的六角星。最晚从17世纪开始，大卫之星便成为了犹太人的标志。它也出现在了以色列的国旗上）。我在设计出这个图案后才知道大卫之星的存在。我在格舒姆·索罗姆（Gershom Scholem）（常被誉为现代卡巴拉哲学研究奠基人）的一本书里读到小亚细亚半岛上有一座犹太会堂，我记得应该是8世纪的。他提到那座会堂的其中一堵墙上有两颗相互交缠的心。我当时并不知道大卫之星。

AK：我知道索罗姆写过一篇有关大卫之星的文章。我家里有一本书，里面就收录了这篇文章。

LC：你是一位学者，这是今天最令人庆幸的事。而且你有那么多资料，真是太好了。

AK：能找到一些信息总是很好。

电台采访

克里斯·杜里达斯（Chris Douridas）| 1993 年 12 月，《包罗万象的清晨》，KCRW-FM（加利福尼亚圣莫尼卡）

1993 年年末，科恩与资深电台主持人克里斯·杜里达斯进行了一次现场电台采访。科恩谈到了自己的创作过程，对美国音乐行业的失望，以及希望在电视上放映自己的音乐录影带但最后失败了的故事。

"我记得那天莱昂纳德给我带了一份礼物。"杜里达斯告诉我，"那是一串希腊忘忧珠，在希腊和塞浦路斯的传统文化中，人们用它来打发时间。这件礼物反映了他对希腊的热爱，以及我的希腊血统。"

"莱昂纳德这些年来参加了很多 KCRW 的节目。"杜里达斯补充道，"我和他因此成了朋友。我非常喜爱他。"——编者

克里斯·杜里达斯（以下简称 CD）：你能来真是太好了。感谢你今天早上冒雨参加我们的节目。

莱昂纳德·科恩（以下简称 LC）：感谢你邀请我。

CD：我想知道，发行专辑时，你会感到一种分别的痛苦，还是一种自由，一种快乐的释放？

LC：专辑完成时是我最开心的时候。在有关专辑的一切品质中，我最爱的一个就是它的"完成性"（doneness）。

CD：所以最终发行专辑的时候，你不会有任何不安？

LC：不会，我从很久、很久以前开始就不会对任何事情感到不安了，当我完成一张专辑时，那种完成任务的感觉总让我欣喜不已。而且，发行专辑可能会带来可观的收入，对此的猜测总是令人欣喜。

CD：所以这就像买彩票一样。你投入一部分，然后等待可能的回报。

LC：我对待作品非常认真，这是一项非常严谨的工作，而完成它，正如我的同行所说，需要挥洒鲜血[1]。一个人在完成这项工作之后可以对此开开玩笑。但是这项工作本身非常严格。

CD：正如你所说，创作过程非常艰苦。我曾经听到你引用《创世记》（Genesis）里的一个希伯来词语来形容它。

LC：是上帝这么形容的，不是我。那句话就在《创世记》开篇。那个概念被用来代指创造过程，因为在上帝创造世界的过程中也要面对tohu和bohu[2]——即混沌和荒凉。上帝的灵魂在混沌和荒凉中摸索。所以，切忌认为创造的过程是光鲜美丽的，在这个过程中，你完全不可能拥有任何现成的素材。你所面对的只是泥和水。混沌和荒凉——这些就是一切美丽之物的原貌。

CD：所以在创作时，你必须接受这种从无到有的过程的摆布，并深入其中……那是种什么感觉？

LC：糟糕透顶。我建议所有人像躲避瘟疫一样躲开这个行当。这种工作只适合极少数人。即使是那些有才华又努力的人也常常会因为不佳的状态或心理，过早地在这场游戏中自毁。所以我不愿意邀请任何人走上这条路。

1　此处原文是"blood on the tracks"，是鲍勃·迪伦在1975年发行的专辑的名称。
2　"tohu"和"bohu"是两个希伯来词，出现在《旧约·创世记》1:2，《圣经》钦定版将这两个词译为"空虚"和"混沌"，科恩则用"chaos"和"desolation"来指代它们。

CD：但我想，你在制作一张专辑的时候，肯定需要邀请别人和你一起进入那个糟糕的世界，共同完成那些歌曲吧。

LC：你邀请别人，但是在近距离体验这个过程之后，他们就不会想留下来。如果你真的尊重你的家人和那些你爱的人，你就应该允许他们退出。你应该要营造尽可能体面自由的合作环境。没有人能陪你一起去未知的地方寻找优秀作品。有些人非常幸运，他们能在出租车后排写出非常出色的歌曲。但也有人无法做到。我很想成为前者，但我是后者。没有人能跟随你深入创作的世界，没有人想要进入那个世界，你的朋友们会渐渐消失，大家会转身离开，你不能指望有人和你一起踏上这条漫长的路，（停顿）或许只有一个人。或许只有一个人可以做到。一个非常亲近的人。

CD：创作这张专辑的时候，有这样一个人的存在吗？

LC：有。上帝一直很眷顾我，总有人会在这些关头出现在我的生命中，为我提供新的视角和安慰，带来快乐和帮助。

CD：我想我们应该可以在专辑致谢中找到这个人。

LC：通常我会把专辑献给那些让专辑得以问世和存在的人。

CD：在听这张专辑的时候，我们似乎会对未来产生两种新的看法。一种积极，一种消极。这让我想起你的一位精神导师——加拿大诗人欧文·莱顿对你的评价："一只眼中满是快乐，另一只则满是痛苦。"这句话很美，但你觉得他说的依然对吗？

LC：我不知道，但我爱欧文·莱顿。他是我的老朋友，也是我的老师。他对年轻诗人所需特质的看法，是我认为最透彻的观点之一。他说年轻诗人最必不可少的特质是傲慢和缺乏经验。我年轻的时候具备了很多这样的特点。莱顿一直是我的榜样。他现在已经差不多85岁了，但是依然充满活力。他可能已经写了将近七十本诗集，一本比一本出色。他的妻子今年30岁。总之他充满活力。我希望能赶上他的步伐。

CD：你是加拿大人，但是很大一部分时间都生活在希腊和美国……我想知道你对美国的看法，以及美国对你而言的意义。你曾经说美国是一个伟大的实验。

LC：我只是一位客居者，不应该对你的国家评头论足。但我会在世界上的很多地方为美国辩护。虽然不是最近，但也是比较近的一段时间里……很多欧洲人和加拿大人都对美国有一种优越感。但美国是巨大的民主实验室，在美国，富人和穷人、黑人和白人、文化与文化之间发生着真正的碰撞……一场实验正在这里上演。现在欧洲自己也身陷文化冲突之中，那里的人们对美国的看法稍微缓和了一点，因为美国已经处理这些问题有很久很久了。我觉得美国在这方面的实验结果对世界其他国家而言也非常重要。

CD：在你看来，一首歌的一生是怎样的？歌词是首先诞生的部分吗？我想作为一个诗人，你应该是先写歌词的。

LC：当我听见"一首歌的一生"时，我想到的是……它会和一辆沃尔沃的寿命一样长。三十年。

CD：这三十年里会发生什么？

LC：我不知道，但是我三十年前写的歌依然还有人在听，我觉得这张专辑里的新歌也会存在很长一段时间，我很有信心。

CD：在写歌方面，你是先写歌词还是先写旋律？

LC：它们是一起出生的。

CD：你是怎么确定需要给文字谱曲的？你是怎么确定那些文字不能只是文字，还需要音乐？

LC：主要动机之一是孩子的大学账单，这些账单会让你感到恐惧，而这种恐惧会让你想要通过某种方式表达自己。这是一种恶习。只是一种习惯而已。人在某个时刻会意识到自己对别的事情一窍不通。比如，如果你预感未来会有新生活在等着自己，那么眼前你正在做的这项和音乐有关的复杂工作就只是你在从事真正的工作之前打发时间的方式，那你就要小心了：总有一天你会发现自己只能是一个生活在洛杉矶的电台主持人，就好像我发现自己只能是一个生活在洛杉矶的创作歌手一样。这就是我写歌的原因，因为我对别的事情一窍不通。

CD：拿《民主》举个例子。写完这首歌之后，你是立刻把它录制成小样，还是等到做专辑时一次性完成录制？

LC：我的作品有非常隐私和私人的意义，只有我一个人知道，我会把它们藏起来——无论那些歌好不好，有没有意义，或者我付出了多少努力，这些歌是会留下来，还是被遗忘。但你终归还是要和唱片公司还有市场打交道。要过这一关的话，你必须对自己的作品有强烈的信心和期待。但作为一个生活在洛杉矶、以歌曲创作为生的人，你无论如何都得应对唱片公司和市场。所以你要如何处理你写的歌，以及唱片发行之后的情况如何都取决于市场的铁律。

CD：现在还出现了音乐录影带这种形式。

LC：但愿这种形式真的能发展下去。我拍了一些音乐录影带，但是它们没能在美国放映。

CD：你觉得是为什么？

LC：我不知道。我也想问有没有人知道原因。

CD：你为《未来》拍了一支MV，对吗？

LC：从MV出现开始，我的每张唱片都会采用这种形式。但没有一支MV在美国播放。

CD：我猜《打烊时间》应该有一支MV。

LC：那支MV非常精彩。可惜这里的人看不到它。

CD：你之后会把那些视频收录成合辑吗——

LC：收录成合辑干什么？我是说，现在那些录影带就完整地摆在我的书架上。出于某些奇怪的原因，那些MV没有机会被播放。我之前以为它们至少能在老年人会看的音乐频道播放——VH1[1]——但最后连VH1都没有机会登上。我不知道这是怎么回事，我真心希望有人能给我个解释。因为在这个国家，如果没有MV的话，唱片根本卖不出去。

CD：有传言说，你要和大卫·林奇[2]合作为这张唱片拍一支MV。

LC：他总是到处散布这样的谣言。

CD：（笑）假设这是真的，那会是哪首歌？

LC：《未来》（The Future）。一开始我被唱片公司对整张专辑的超高预期冲昏了头脑。但我现在已经清楚意识到，我的MV不可能在美国的任何音乐频道播放。和那时候相比，我现在已经没有多少兴趣花大力气去拍第二支MV了。

CD：你的大部分作品都是建立在精神和性体验之上，我想听听你如何看待性灵与肉体之间的冲突。

LC：对我而言，两者之间没有冲突。每个人似乎都在其中发现了冲突，但我不这么想，这两件事没什么特别的。

CD：你最近的欧洲巡回非常成功——

LC：营销巡回，是的。

CD：所以你没有在那里演出？

LC：没有，我接受了很多电视采访。

CD：你的事业在很大程度上依赖来自欧洲和加拿大的支持。

LC：一直如此。

1　VH1成立于1985年，最初是音乐电视网（MTV）的一个补充频道，主要针对的人群是老年人。

2　大卫·林奇（David Lynch, 1946—　），美国导演、编剧、制片人、作曲家及摄影家，代表作《穆赫兰道》《双峰》等。

CD：你之前说的一句话让我很困扰……（你似乎）已经放弃在美国发展事业。

LC：虽然我和这里以及其他大城市里为数不多的听众之间一直维持着良好稳定的关系，但是一旦你被定义为主流之外的歌手，你就很难……你很难突破这层定义。这个定义会一直存在。我可以在这个国家巡演，也可以在大城市里卖出一些规模不大不小的场次，但是如果要收获新的听众，并且建立这种稳定良好的关系，那就几乎不可能了。

CD：你之后会在美国巡演吗？

LC：会的。

CD：我们收到了很多听众的电话——大家都在问："他什么时候来城里演出？"

LC：真好。真的很感谢大家的关心。但是夏天之前应该不会有演出。

CD：那专辑套装呢？现在大家似乎都会发行专辑套装。你会吗？你会这样把所有歌曲收录成一套吗？

LC：当然有可能。这种市场宣传的方式已经开始兴起了，索尼音乐也有这方面的意向。

CD：我对你来参加KCRW电台的节目感激不尽。和你聊天非常有趣，希望你的未来和你的《未来》一切顺利。

LC：非常感谢。感谢KCRW电台的支持。我很感动。

采访

理查德·吉利亚特（Richard Guilliatt）| 1993 年 12 月 12 日，《星期日泰晤士报杂志》（*Sunday Times Magazine*）（伦敦）

1993 年的最后一次采访清楚地表明科恩当时正在同心魔作斗争。尽管声称自己"没有怨言"，但是他听起来显然很苦恼——更不用说喝醉了。在这次对话后不久，科恩就搬到了加利福尼亚的鲍尔迪山，在那座他多年来一直造访的禅修中心隐居。1996 年，他在那里正式成为僧侣。——编者

洛杉矶的夜晚，城市在熊熊燃烧，无名纵火狂将郊区付之一炬。在骚乱和洪水过后，整座城市都因刚刚造访的灾难而深陷不安。莱昂纳德·科恩——悲观主义桂冠诗人，世界重量级存在主义绝望冠军——却在威尔希尔大道的一家中餐馆里高兴地喝醉了。

"生活如我所愿。"科恩说道，在三杯烈性血腥玛丽的影响下，他的声音透露着一种软绵绵的放松，"我没有怨言。"科恩在下午完成了一张现场专辑的混音工作，一小时前，他把我们带到这里，表示要在去附近的公寓接受采访前简单地吃顿晚饭。但伏特加连续不断地下肚，科恩的思绪变得无边，频繁地飘向未知的远方。

"话说，你到底是谁？"他欢快地问道，"你为什么来这里？你还没喝够酒，我看出来了。"

考虑到科恩的诗歌、小说和音乐是他四十年来在人生最黑暗

情感深处探索的成果，眼前他所展现的快乐似乎与他不符，并有损于他的形象。但事实上，莱昂纳德·科恩近期的事业一帆风顺，连他本人都无从抱怨。他的上两张专辑《我是你的男人》和《未来》让他重新成为了流行音乐界最具文学色彩的创作歌手，他于1966年出版的小说《美丽失败者》不久前刚刚以平装形式重新发行，《陌生人音乐》的书页间则保存着他迄今为止最出色的作品，这部400页的合集由凯普出版社在不久前发行。

在重整旗鼓的过程中，科恩再次经历了阶段性的形象变化。在50年代，他是加拿大文坛的年轻雄狮；60年代，他是民谣歌手；70年代，他创作了一系列灰暗绝望的专辑，导致他的事业在80年代陷入停滞。如今，年近六十的他被尊为心灵哲学家，他长期以来写作的主题——性、死亡、对性灵的渴望——再次成为时代的主题。

"你知道，"他带着一种滑稽的庄重感说道，"能在人生的中后段重整旗鼓是一件非常、非常美好的事。"科恩，这个从未结婚，但在全世界拥有众多女性仰慕者的浪漫主义者，显然并不排斥扮演饱经世事的唐璜。他身着灰色双排扣西装、黑色圆领毛衣、戴着一副飞行员墨镜，灰色的头发经过精心修剪，他看上去像是位有些年纪的黑帮成员，坐在冷清餐馆深处的粉色皮质长椅上。但这种效果完全被他那哀伤的男中音抵消了，他的声音与他那不动声色的幽默完美契合。

早些时候，在开车来餐馆的路上，科恩在红灯前停下车，认真端详着旁边一辆黑色奔驰中正在打电话的年轻褐发女子的脸。"我应该问她要电话号码。"他一边小声说着，一边在西装口袋里摸手机，仿佛是要准备在半道上调情。当那辆奔驰车加速远去时，他看着车子的尾灯，叹了口气。

事实上，科恩的手机是瑞贝卡·德·莫妮送的礼物，这位31

岁的女演员从五年前开始成为科恩的恋人，住在科恩位于好莱坞的住处往北几英里的地方。科恩在《未来》这张专辑中引用了一则《圣经》里的故事来向德·莫妮致敬，后者帮助科恩选编了《陌生人音乐》这本合集。但是她今晚正在亚特兰大拍戏，而科恩对这段关系的态度也令人迷惑，他上一秒表示自己常常会在夜里寻找陪伴，下一秒又称德·莫妮是"人生之光"。

他们之间的关系已经结束了吗？"呃，我不会这么说。"科恩反驳称，"我绝对不会对你这么说。"他假装观察腕表和酒，然后又说道："不要再提瑞贝卡，好吗？瑞贝卡是一个非常可爱的人，我不想把她牵扯进这场醉汉间的对话。"

科恩这些年来常有这样让人捉摸不透的情况。1968年，他拒绝接受加拿大最负盛名的文学奖，这一行为让加拿大文坛大为震惊，他在电报上用顽皮的口吻简单陈述了自己的理由："不，我的诗严厉禁止我接受这个奖项。"当时，他在公众面前的形象已经成形：黑色西装和讽刺面罩之下，潇洒自嘲的吟游诗人。

如今的科恩依然很难被定义。尽管他每天日出前都会到家附近的禅修中心打坐冥想，但他否认自己是佛教徒，并且称禅院里的大师为他的"酒友"。他已经身处一家唱片公司旗下27年，却一直开玩笑说他们始终没能成功推广他的唱片。他避而不谈信仰。但是他的作品中充满了大量出自《圣经》的意象。

尽管他自相矛盾、闪烁其词，偶尔还会陷入标志性的莱昂纳德·科恩式滑稽情境，但你还是很难不被这个男人吸引。他的举止优雅、老派、真诚，他的作品中没有任何的虚假轻浮，一如科恩自己所说，是对心灵的袒露。

"度过昼夜是一件很困难的事，我一直在努力。"他说道，"我的人生课题就是努力度过这一困境。但是，"他微笑着补充道，"我也经常会有非常快乐的时刻。"

科恩的职业生涯从诗歌转向小说，而后又转向流行乐，成为歌手的他，有时很难将自己沉重的意图转化为合适的音乐形式，传递给合适的听众。70年代的很长一段时间里，与他有关的定义都是声音单调和悲观绝望，科恩会频繁地经历情绪崩溃，有时甚至是在公众面前，这种情况更是助推了类似名声。但他在1988年带着《我是你的男人》成功回归，这张专辑的风格紧跟潮流，凸显了在他此前的作品中被忽视的幽默感。自那以后，他接连收获好运，举办了许多精彩的演出，并且在1992年强势发行专辑《未来》，在其中，他将关注点转移到了震荡欧洲和美国的社会灾难事件。

如今，他所谓"平庸的事业"已经能负担三位全职员工的支出，他们主要帮他处理出版和其他事宜，而与此同时，他则在家乡蒙特利尔和洛杉矶两地来回生活。《未来》的销量目前已经接近100万张，科恩似乎已经在各个年龄层收获了听众。1991年的专辑《我是你的歌迷》尤其让他感到欣慰，一群二十多岁的另类摇滚乐手录制了他的歌曲，以这张翻唱专辑向他致敬。

"我始终有一种亲近感，"科恩说道，"对垮掉一代，对另类派、时髦青年、嬉皮士。我始终能和他们建立联系。"

事实确实如此，1967年，他与哥伦比亚唱片公司签约，而在那之前，他在加拿大文坛蜚声已久。1934年，他出生在蒙特利尔一个富裕的家庭，21岁在麦吉尔大学上学时，他出版了自己的第一本诗集。1963年，他在伊兹拉岛与一帮作家一起过着典型的波希米亚式生活。他在那里写了半自传体小说《至爱游戏》，随后又在1966年完成了《美丽失败者》。科恩深受狂热的西班牙浪漫主义诗人费德里科·加西亚·洛尔迦以及垮掉一代的影响。《美丽失败者》是一部宏大的小说，主题涵盖从性爱到对加拿大印第安人命运的思考，再到对实验写作的滑稽模仿等诸多方向。

被问到当时受到的文学影响时，科恩露出了笑容。"这个嘛，当时我四周全是安非他命。"他答道。然而，现在的科恩更倾向于酒带来的更为克制的抚慰。"我无法做到在完全清醒的状态下穿越泪之谷。"他说道，"我赞成波德莱尔所说的：让我沉醉于美酒、女人、诗歌——无论什么。"

虽然《美丽失败者》在美国广受好评，但是科恩无法靠它维生。1966年，他搬到了纽约，开始在急速发展的民谣界探索。他从青少年时代开始就一直在写歌和表演，在朱迪·柯林斯翻唱《苏珊》之后，他正式与哥伦比亚唱片公司签约，成为一名歌手。这一举动让科恩在蒙特利尔的文学界同行们震惊不已，而1967年，当《莱昂纳德·科恩之歌》问世之后，纽约的摇滚乐评人们也不为所动。科恩在《别了，玛丽安》中唱道："我像崭新的刀片般冰冷。"这是他对初恋情人的告别挽歌。这样的情感在"爱之夏"时并不受欢迎，而且相比美国流行乐，音乐中的小提琴部分和冰冷的伴唱更多是受到欧洲艺术歌曲的影响。回过头再看，相比那之后沙哑的悲歌，这张专辑里的科恩可以用热情奔放来形容，不过前后唯一不变的，是一直有人称他为"全宇宙最糟糕的歌手"。

1967年，科恩住在切尔西酒店，他享受着纽约式波希米亚生活带来的快乐，但是作为一个表演者，他却总是恐惧舞台，试图逃离。"这里有太多和钱有关的事情，"他回忆道，"这里有事业、奖项、回报。在蒙特利尔时，我的生活中没有奖金，没有回报——你要自己印刷诗集，然后在自己的朋友中传播。当时没什么让我觉得会有风险的事。但在纽约有金钱、美人、激烈的竞争和恶毒的乐评人，我自然会感觉紧张。即便现在，我还是会在巡演的时候喝很多酒。"

科恩的第一场大型演出是在纽约的一场反战集会上，到了

1968年,《纽约时报》已经盛赞他为同世代的"重要发言人"。事实上,他比大多数同期音乐人年长十多岁,而且会对煽动性的反美言论感到不适。因此,当周围人的音乐创作都走向政治化时,他依然坚定地创作着自己的音乐。他每过几年才会发行一张专辑——《来自房间里的歌》《爱与恨之歌》《旧典的新生》——每张专辑的主题几乎都是关于失去和渴望,总体上都获得了正面评价。有几年里,他在肯塔基州一处1500英亩的农场里,实现了儿时了解乡村音乐的梦想。从1970年起,他开始出入佛寺,并与苏珊·埃尔罗德维持了一段长期的感情关系,他们的儿子亚当出生于1973年,一年之后,他们的女儿洛尔迦出生了(编注:事实上,亚当出生于1972年9月,洛尔迦出生于1974年9月)。

这些事情无一能缓解科恩歌词中流露的忧郁,或是拓宽他的音乐风格。他遭受抑郁症的周期性折磨,有一次在以色列演出时,他直接在台上情绪崩溃。他对自己专辑的音色非常不满,因此在1976年,他与传奇流行音乐制作人菲尔·斯佩克特展开了合作,但当时斯佩克特正处于可卡因所引发的痴呆症中,而科恩也刚刚与埃尔罗德分手。合作产物《情圣之死》是一场灾难,科恩也承认这是他最失败的作品。到了1983年,他的事业抵达了商业最低谷,哥伦比亚唱片公司甚至拒绝在美国发行《多种角度》。尽管拥有一批忠实听众,但是科恩也意识到自己的事业到了紧要关头。

"我当时身无分文,身担着许多责任,但我那所谓的事业几乎已经不复存在,"他回忆道,"我买了自己的第一台合成器,开始以之前从未尝试过的方式写歌。虽然我一直都很努力,但是我从未如此投入过。当时的工作强度很大,但目标也很清楚。我必须扭转局面,我的意思是,我遇到了真正的财政危机,火烧到屁股上了,这让我再一次严肃起来。之前的我对事业有些丧失兴趣。"

1988年的《我是你的男人》是科恩的回归之作,科恩像个头发灰白、上了年纪的职业拳击手一样，在专辑开场曲中伴着电子键盘的激昂节拍发出狂吼。专辑的高潮当属《歌之塔》，或许这是有史以来有关艺术焦虑主题最有趣的悲歌："我问汉克·威廉斯'这里有多孤独？'/汉克·威廉斯还没有回答/但我听见他整夜都在咳嗽/在我之上一百层的歌之塔中……"

"不知道为什么，但在十年前，我身上发生了某种变化，"科恩若有所思地说，"当事情变得非常绝望时，我开始振作。"

很难相信科恩真的变快乐了。因为他依然会写《爱无药可救》（Ain't No Cure for Love）这种歌名的情歌，其中的激情仍是对短暂逃离的凄美追求。渴望和厌恶，神圣与亵渎，一切都在他的音乐中互相碰撞：人们会怀疑他是否相信男人与女人之间可能存在忠诚。

"如果你处在一段感情关系中，那么你应该信守这段关系中的一切承诺。"他答道，"我一直都相信这一点。我从来没有遵守过，但我一直相信它……一夫一妻制婚姻、承诺，所有那些残忍的概念，都是对男性的最高要求。"他停顿了一下，"我达不到那些要求。但那些概念本身是好的。"

晚上9点，餐馆依然非常冷清，科恩正津津有味地吃着幸运饼干。"今晚我很孤单，"他自嘲似的说道，"我不知道可以给谁打电话。今晚将是一个长夜，但我的夜晚不会特别长，因为我凌晨3点半就会起床。"

凌晨3点半，科恩起床后会开车前往住处南边贫穷的黑人街区——洛杉矶南区，在那里的禅修中心打坐冥想数小时。虽然选择全美最混乱暴力的社区之一作为冥想地点，会让人觉得奇怪，但20年前，便宜的租金还是吸引了创立这家禅修中心的僧侣。从开设起，科恩就一直是那里的常客，他买下现在的住处也是因为那儿离他每天都会去的这家禅修中心很近。禅宗冥想一直被认为是通往幸福与平静的道路，但科恩对此有自己独特的见解："通常是苦难驱使你去那里，"他说，"我是说，谁会真的愿意像我这样每天凌晨3点半起床，开车前往一个危险区域，用奇怪的姿势盘起双腿，一动不动地坐几个小时？我认为快乐不是冥想的动力，事实恰恰相反。促使你尝试这种严苛方式的原因是困惑和痛苦。"

这家禅修中心促使科恩不顾朋友的反对，依然住在目前的住处，去年的暴乱让他的朋友们非常恐惧。晚饭结束后回家的路上，他指给我看他们社区被毁的几处地方——一家被夷为平地的坦迪（Tandy）门店，一座被烧毁的加油站。这些暴乱证实了他长期以来持有的末日观点，这种观点在他的最新专辑《未来》中得到了更清晰的呈现。这张专辑的两首核心曲目——《未来》和《民主》——描述了发生在欧洲和美国两地表面相反、实则相同的政治剧变，它们是试图变革或毁灭的社会所经受的痛苦。"我们这里也会上演同样的革命，问题的关键只在于谁是主导者，是持有同情立场的民主党，还是那些对种族问题耿耿于怀的人。"和很多加拿大人不同，科恩是美国式理想的热情捍卫者，但是他所认为的解决美国当前问题的措施却出奇地专制——在街上安排更多警力，审查暴力性电视节目，以及武力介入。

"同其他社会一样，在某些危机时刻，必须采取非常和紧急手段……事实上，不论是在华尔街上还是在普通街道上，掠食者们正试图掌控一切，"他幽暗地说道，"他们此刻正在取笑我们的法律。"

我们来到他在洛杉矶的住所，一幢复式楼房，位于一个安静的绿树成荫的街道，附近是一个不时髦的、以黑人为主的社区。科恩住在顶楼，这幢房子共有五个房间，每个房间都非常整洁，木地板擦得锃亮，透露出一股斯巴达式氛围，暗示着房子的主人厌恶一切不必要的奢侈。白色墙壁，木质家具，几张地毯，一些书，还有摆放着手提式录音机、CD和磁带的墙面置物架。大多数歌手都会把装裱后的专辑封套挂在自己墙上，或者把奖杯放在架子上，但是科恩不同，他的墙上挂着一张和禅僧Roshi的合照。科恩某些阶段的生活极为简朴，房间里除了一张桌子和一张床之外几乎没有别的东西，与那种生活相比，这间房子的布置已经算相当丰富。

"随便看，把这里当成自己家。"他一边带我走进书房，一边说。他的书房看起来和普通办公室并无差别——两张朝向大木桌的灰色高背滑轮椅，木桌上摆着一台传真机、一台苹果电脑和一台打字机。唯一透露其职业的东西就是那台黑色Technics合成器，它像一艘长方形宇宙飞船一般占据着桌子的中心位置。木桌旁是一个装有玻璃门的嵌入式橱柜，里面存放着科恩的笔记本和速写本。书房的布置简单明了，很容易让人联想到白天时，一位辛勤的作家在这里默默忙碌的场景。科恩先前对自己创作方式的描述突然变得形象起来："我一直在写，你知道吗，我一直在工作。我是个非常勤奋的人。创作过程中没有奢侈可言。我别无选择。这种勤奋并不是一种美德。只是因为如果不勤奋工作，我就会遭受难以承受的痛苦。"

科恩穿着灰色西装，盘腿坐在地板上，他正在浏览一本布满字迹的笔记本，嘴里念着一首写到一半的歌词。这本笔记本里有很多铅笔素描，以及电脑作图后打印出来的图画，素描和图画的主人公是一个丰满的黑人女性，她会定期担任他的裸体模特。他拿起一张素描，上面是那位模特裸体躺在浴缸中。"漂亮的屁股。"他小声赞叹道。

突然之间，科恩的生活似乎有了令人欣慰的时刻。电话铃响起时，他满怀期待地抬起头。"我想知道，"他严肃地沉吟道，"那会不会是愿意与我共度今晚的人？"

关于他的打字机

"有一次，我把浴缸放满水后往里面倒入了松油，我注意到松油把水的颜色染成了和我的奥利维蒂打字机一样的颜色。我当时本来情绪就很夸张，就把打字机放进了水里，尝试在水下打字。然后我又把《献给希特勒的花》的手稿丢进了浴缸，试图用指甲刷刷洗那些纸。蒙特利尔的那个冬天格外煎熬。后来我把打字机从水里捞出来，我一边想象自己刚刚遭受了一个女人的无情对待，一边在这儿想象引发的愤怒中将打字机扔向了房间的另一边……奥利维蒂摔坏了。我以为它肯定修不好了，于是就把它丢到角落里。大概一年以后，我带着这台打字机去了修女岛的奥利维蒂工厂，把它交给前台。那个人粗略地看了一眼后说：'不可能修好。'然后——我也不知道为什么——当那个人转过身去后，我走进工厂，走向一张工作台，一位老人正在捣弄几台打字机。我走近后告诉他，自己真的非常需要这台打字机。他叫我几周后再来，而当我再来时，他已经奇迹般地把它修得完好无损。"

——摘自与斯科特·科恩（Scott Cohen）的对谈，《废话》（*Yakety Yak*），1994

关于禅宗是否会阻止他思考

"没有什么能阻止你思考。人的大脑天生就会不断思考。几年前我写过这么一句话'我脑中的声音，它们不在乎我做什么，它们只想无休止地争论'。当你准备进行某种精神训练时，一个常见的误区就是你会认为自己将从俗世的重负中解脱，将从思考、妒忌和绝望之类的束缚中解脱——但事实上，要是真的说起来，这些感觉应该是被放大。"

——摘自与安杰丽卡·休斯顿（Anjelica Huston）的对谈，《采访》杂志（Interview），1995年11月

电视采访

斯蒂娜·伦德伯格·达布罗夫斯基（Stina Lundberg Dabrowski）| 1997 年 9 月，瑞典国家电视台（斯堪的纳维亚）

在鲍尔迪山上同佛教徒共同生活的那段时间里，莱昂纳德·科恩并没有做过很多交谈，至少是没怎么跟外人交谈。然而，1997年，他在山上接受了瑞典记者斯蒂娜·伦德伯格·达布罗夫斯基的采访。她与科恩显然相处融洽，这也使得这场对话颇有深意。

在这之前一年，具体来说是1996年8月9日，科恩正式成为一名受戒禅僧。达布罗夫斯基发现，身穿僧袍，剃去头发的他看上去已经失去了对商业追求的兴趣。哥伦比亚唱片公司即将于当年10月7日发行《莱昂纳德·科恩精选集续集》（*More Best of Leonard Cohen*），其中收录两首从未发行的新歌。但科恩并没有主动提起这张专辑：是达布罗夫斯基在采访接近尾声时提起的。当她提起这张专辑时，科恩表示他不准备做任何宣传。——编者

莱昂纳德·科恩（以下简称LC）：快进来。说真的，如果你想休息一下的话，那里有一张小床。我这儿还有威士忌。

斯蒂娜·伦德伯格·达布罗夫斯基（以下简称SLD）：威士忌，谢谢。

LC：这才像话。（他们来到冥想室）我们早上很早喝过茶以后会来这个房间。

SLD：你们会在这里待几个小时？

LC：早上差不多一个小时，接心期间（潜心修习时期）每天下午也会有一个小时，然后我们还会在这里听大师讲话，也是一小时左右。所以静修时，我们每天会在这里待3个小时。

大多数人的冥想都带有目的。你想实现某种状态。冥想前，你已经认定自己已经处于那种状态，你只是想借助冥想来证明这个事实。所以你并不是通过冥想来获得自由或者达到某种状态。你只是通过冥想成为真正的自己。

SLD：你们冥想时的坐姿是怎样的？

LC：我们会这样（做演示）坐在垫子上，或者坐在长凳上。关键在于找到一个能支撑背部的姿势。所以一般来说，你的身体会像一个三脚架，双膝和臀部便是三条支撑脚。有些人的姿势会不同。全莲花坐是公认最好的姿势。

SLD：要不是我穿了裙子，我一定要试试。

LC：试试吧。快试试吧。

SLD：可是我穿了裙子。

LC：把裙子拉起来。我们会给你僧袍。

SLD：（大笑）所以你第一次来这里的时候为什么要逃跑？

LC：我第一次来这里时真的遇到了大麻烦。当时的住持是一个德国人，他们早上很早就会叫我起床。当时我们正在造这座食堂，正在修缮，没有窗户，雪会飘进你的碗里盖过米饭，你还得穿着凉鞋在冰面上走路，在僧堂里，他们还会殴打你，当时我想——

SLD：为什么殴打你？

LC：当时看来是在殴打我。当你睡着或者因为打瞌睡而姿势变形时，他们就会手拿着棒走过来。我给你看那根棒。他们会拿着这根棒走过来，在你的双肩上狠狠地敲两下。当时我感觉那就是殴打。那一切在我看来似乎就是在为第二次世界大战复仇。他们在殴打一群美国孩子，把他们往死里折磨。我不想遭受折磨，所以有一天，当他们去吃早餐的时候，我溜出了队伍，当他们坐下之后，我从窗户下面偷偷地跑过去，跑向停车场，坐进我的车里，然后开车去了墨西哥。

SLD：那你为什么又回来了？

LC：因为我感觉还有事情没完成，一件重大的事，一件能让我活下去的事。为了享受这个世界，你必须拥有超脱这个世界的体验。

SLD：所以你之前无法享受自己拥有的一切？

LC：我现在可以了。

SLD：但你之前不能享受——

LC：我现在一无所有了。（科恩和达布罗夫斯基大笑）

SLD：所以，你在拥有生活时，无法享受生活；而学会享受时，你却已经失去了自己的生活。

LC：我已经失去了生活。

SLD：哪种情况更糟？

LC：两种都很不错。

SLD：但你现在看上去更开心。

LC：没错，我现在感觉不错。我喜欢待在这里。这里的生活很好。这里的生活也很严格，很简朴。但如果没有这些规矩和规定，我就会邋遢懒散地躺在床上看电视。我需要规矩，需要秩序。

SLD：你为什么需要严规的约束？

LC：我不知道。我只是懒惰、自我放纵、自怜自艾。我需要大量的鞭策、限制、规矩和规则。否则我会陷入无用且无止境的自我审视。

SLD：你一直这么煎熬吗？

LC：没错。痛苦带来的煎熬，毫无理由却让人动弹不得的痛苦。红酒很有帮助……

SLD：红酒？

LC：对，红酒非常有利于解决这个问题。但你不可能永远依赖醉酒，虽然我确实试过。但最后还是没有成功。酒不过是另一种没有效果的药物而已。它只对部分人有效。我认识一些一辈子都烂醉如泥的人，他们的确运转得很好。

SLD：你以前也尝试过很多药物。

LC：没错，它们的短期效果确实很好。但问题是，那些药物无法长期有效，它们会毁了你，让你感觉更糟糕。这是我的亲身经历。正是这样的经历把我带到了这里，这里像是一座建在山顶的医院，你可以在这里从头开始。你要学习怎么坐、怎么走、怎么吃、怎么保持安静、怎么静坐。在这里，你能有机会改造自我。重新让一切步入正轨。

很多人觉得我改变了信仰，他们认为我抛弃了自己的文化，抛弃了犹太教，他们怀疑我、批评我，甚至表现出巨大的失望。可我从未想过信仰别的宗教。我的信仰非常伟大，它就是犹太教。我没有兴趣信仰别的宗教。

（科恩和达布罗夫斯基走在雨中）这雨很美，很温和。这里不常下雨。

SLD：确实很美。你会看电视吗？

LC：这里没有电视机。但我很喜欢看电视。（科恩和达布罗夫斯基来到他住的小屋，他们在一张桌子前坐下，开始喝酒）好了，朋友，开始进入正题吧。

SLD：先说句题外话，我有点意外，寺院里居然可以……（她举起酒杯）

LC：我知道，这样不好。我也不知道我怎么会允许你们这些瑞典人带坏我。我就知道你会让我喝酒。

SLD：你的老师怎么看待喝酒这件事？

LC：天冷的时候很适合喝酒。

SLD：今天冷吗？

LC：对啊，雨天。如果你不在工作，只是在放松和娱乐，那么喝酒就完全没有问题。事实上，如果我不给喝的，那我就招待不周了。如果你能严格遵守修习的规矩，那么在房间里藏一瓶苏格兰威士忌，偶尔小酌一杯也是可以的。如果你想在自己的房间里藏一块巧克力，或者在严格的素食之外吃一点别的东西……也可以。如果你能保证照常修习，那么你也可以大胆地和一个美丽的年轻尼姑谈恋爱。不过通常这些都不会发生。通常这一瓶酒可以放一年。

SLD：即使在你的——

LC：即使在我的屋子里。有人担心我不够努力，吃的苦不够多。又或者我没有严格遵守这里的规矩。他们大可以放心。虽然我有时候还会笑，还会喝酒，但我过得非常苦，而且我严格遵守这里的一切规矩。

SLD：好。那么，请你告诉我，你受的苦是什么。

LC：我不能告诉你。作为主人，我不能告诉你。向客人倾吐自己的糟糕情绪也是招待不周。

SLD：但你已经拥有了一切。你已经拥有了很多人拼命奋斗、努力争取的一切。你拥有成功、金钱、名誉、女人——

LC：还不够。

SLD：还不够？这就是你痛苦的原因吗？

LC：这些只是光鲜的封面故事。我觉得人们理所当然会说："他在抱怨什么？"但是，这是真的。

SLD：所以你为什么抱怨？

LC：我并不觉得这是抱怨。我只是在说："啊！"因为真的很痛。我尝试过一切可能的方法。

SLD：比如？

LC：比如，你刚刚提到的那些事情。酒、女人、音乐、金钱、事业、药物、艺术，所有形式的放纵，和所有形式的限制。

SLD：哪些尝试起到了效果？

LC：从"没有奏效"的角度来说，所有尝试都奏效了。我觉得一件事情能起到的最大帮助就是让你知道，它并不奏效。因为一切都不会奏效。人类世界的一切事物本就不该奏效。如果你能充分地意识到这一点，那么当你知道每个人都在面对困境时，你的同理心就会更强一些。我记得那位生活在战时法国的女作家西蒙娜·薇依（Simone Veil）曾在自己的作品里写过：唯一值得人们过问的问题是"你在经历什么？"。

SLD：你在经历什么？

LC："你在经历什么？"

SLD：你在经历什么？

LC：当我回过头去看自己过去的人生时，我发现它很狭小。或许和别人的人生相比，它是丰富、自由、让人羡慕的，或许事实也确实如此。但大多数时候，从这段人生的内部来看……我看到的不是抱负……它并非是我期待的模样。我看到的不是金钱，不是名誉，甚至都不是爱。我唯一的感受是，这段人生的发展并不自然。有些东西妨碍了其他部分的发展。这种感觉最近变得非常、非常强烈。

当然，有时候，这种感觉会消失，而且往往是在演出时——虽然我会开玩笑，但这是真的——几瓶红酒，一支出色的乐队，一些出色的歌曲，我写的那些出色的歌曲，它们一点都不差，它们很出色……这些我很清楚。有时候，改变这种感觉的还有观众们的爱和关注，顺利进行的演出，他们看着我唱歌时脸上的表情，每当这时，我都会完全放松，我感觉自己的四周正弥漫着爱，而我身处的位置是一切的起源。那时的我感觉非常好。这就是一直支撑我巡演的原因。

SLD：这些还不够吗？

LC：它们太过依赖于外物。

SLD：依赖于成功，依赖于事情顺利进行？

LC：一切必须顺利进行。我从未随意对待过任何一场演出，我相信跟我合作的每一位乐手和歌手也都以绝对严肃的态度对待每一场演出，所以如果一场演出进行得不顺利，我会感觉背叛了自己，背叛了观众，浪费了他们的时间和金钱。这种感觉非常糟糕。而当演出顺利进行时，我的感觉则是像我之前所描述的那样。但除此之外，我还是依赖外物。依赖酒，依赖掌声，依赖歌曲，依赖爱。

SLD：（他们再次走入雨中，来到食堂）这里是食堂？

LC：对，这里是我们的食堂。

SLD：（对一位厨师说）你现在要给所有人做饭？

厨师：目前是的，但是目前这里只有9个还是10个人。人数不多。

LC：之前差不多有40个人。

厨师：没错，以前有很多人，但当时我也有很多帮手。

LC：我们以前有多少人？

厨师：我记得是43个人。

LC：43人。一天三餐，晚上还要做饼干。工作量真的很大。我们现在可以吃饭了吗？

厨师：当然可以。

（科恩和达布罗夫斯基吃过饭后回到他的小屋）

SLD：你为什么选择来寺院呢？很多人都在经历你之前经历

472

过的那种痛苦……

LC：我觉得自己非常幸运，能在很久以前接触并尝试这种修习。我能体验此前从未有过的体验。这种体验是纯粹的。没有任何教条式的内容。没有人告诉你任何事情。你要自己参悟。你会得到一些指导，但更重要的是，有一位非常真实的老人可以作为活生生的范例，他早已经历过你的问题，早已从意识的根本层面解决了这些问题。

SLD：你一直都不相信心理治疗……

LC：我没说我不相信。我只是从来都不想接受治疗……我觉得理性存在缺陷。我知道那些治疗师现在一定会说："他在抗拒，他在努力拖延时间，但他早晚会来找我们。"

（播放《歌之塔》的片段和翻看几张科恩的旧照片后，对话继续）

LC：我刚到伊兹拉岛的时候，那里有一个相当活跃的北欧作家群体……约翰·滕斯特罗姆（Johan Tengstrom）跟我是在我家的桌子上开始写我们各自的第一本小说的。

SLD：但他仍然是一位作家，而你却经历了很多种角色。

LC：啊，糟糕。我背叛了文学。约翰·滕斯特罗姆不断地磨炼自己的才华，争取诺贝尔奖，而我却变成了一个粗俗的流行歌手。

SLD：所以你是一个背弃承诺的作家——

LC：没错。我是一个背弃承诺的作家。

SLD：那你究竟是什么身份？

LC：不过那里有一本我的新书。你看到了吗？

SLD：看到了。

LC：我想我应该可以重新兑现承诺了。

SLD：真的吗？

LC：嗯。

SLD：所以你现在在写作。

LC：我不知道。我确实在涂黑书页，但我不知道那是不是写作。

SLD：你太谦虚了。

LC：我记得戈尔·维达尔（编注：事实上应该是杜鲁门·卡波特）曾经评价杰克·凯鲁亚克称："那不是写作，只是打字。"

SLD：你之前经历的爱情是什么样的？

LC：非常美好……我接受了美好的爱，却没有报之以同样的美好。她们给予我的爱非常、非常深沉和真挚，但我无法回应她们的爱。

SLD：为什么？

LC：因为我痴迷于虚构的分离，所以无法去触碰爱情。床、月亮、我的歌，横亘在我们之间。我无法跨越它们，去触碰他人给予的爱。他人的爱无处不在，爱无处不在。爱每时每刻都存在，但我们却立起一道虚构的障碍，受虚构的恶疾摆布，全然相信那种虚构的分离，将自己与最想要的东西分离，所谓最想要的东西，也就是自我和自在的感觉。

SLD：你现在有这样的感觉吗？

LC：有。经常。但只有上帝的世界才没有分离。就像我的老师所说，你不能活在上帝的世界里——那里没有餐馆也没有厕所。所以你必须远离上帝的世界，生活在凡人的世界。

SLD：对你而言，爱情是什么？

LC：爱情是将男人与女人的力量融于一体的过程……它将这股力量注入你的内心，你的心同时容纳了男人和女人，地狱和天堂，你可以调和……男人和女人同时成为你的一部分。换句话说，当你的女人成为你的一部分，而你成为她的一部分的时候，这就是爱情。这就是我理解的爱情——这就是爱情运作的方式。

SLD：她成为你的一部分，这是什么意思？

LC：她成为填满你的部分，而你成为填满她的部分，你会意识到，你们彼此之间的交换应该是完全平等的，否则，如果她比你狭小，那她就无法填满你，反过来也一样。所以爱情双方必须明白，彼此的权力是完全平等的，尽管这是两种明显截然不同的权力，截然不同的魅力，截然不同的强度，截然不同的方向，好比夜晚和白昼。它们像夜晚和白昼，像月亮和太阳，像土地和海洋，像正与负，像天堂和地狱。这两者是一切对立的概念。但在根本上，它们是平等的。因此，除非你能明白，你们两人在这个宇宙中所占的空间是完全相同的，否则你无法让她成为你的一部分，她也无法填补你。只有明白这一点，你们之间才会有相互交流，才会有爱情。

SLD：你体验过爱情吗？

LC：有，我体验过。但那些经历让我想从头开始，回到青春期，回到上大学的时候，回到——

SLD：用另一种方式从头来过。

LC：（笑）因为如果能把一切都做对，那种感觉一定很好。你不需要改变世界。也不需要参与任何革命。无论你周围发生什么都无关紧要。

SLD：你现在是否依然渴望继续过一种老式的生活？

LC：对，没错。但这种生活很疯狂。我有时候会想自己应该从事什么职业。有时候我会忘记自己生活在一具63岁的身体里。有些日子里，我发现自己越来越健康，越来越有活力，这个世界在某种意义上也越来越光明，在这些时候，我总会畅想很多事情——但有些日子里并不是这样。但因为我能感觉到自己体内流动的能量，所以我开始忘记自己的身体已经不适合这样的想象。我想，找一个好女孩，然后和她结婚，一个22岁的女孩，然后找

475

一座温馨的小房子。

我知道我现在已经可以享受这样的生活。一座温馨的小房子，里面有漂亮的桌布和玻璃杯。稳定但不多的收入。我现在已经知道该如何对待一个女人。如果我们有了孩子，我会享受和他们在一起的时光，不会像当初第一次做父亲时，被迫进入自己毫不适应的角色。我尽了最大的努力，谢天谢地，我的两个孩子顺利长大了，但现在，我想，我要找一个美丽的年轻女孩，我们会在家里铺上那块桌布，我们不需要大房子，因为我知道金钱、豪宅之类的事物毫无意义。唯一重要的事情是表达爱和尊重，是在你的爱人面前屈膝，而她也会因此在你面前屈膝。我现在已经懂得了这一切。但我曾经对此一无所知。

SLD：那你现在为什么不这么去做呢？

LC：因为，我觉得现在的时机并不合适。或许下次吧（笑）。

SLD：你还没有准备好？

LC：我觉得现在真的不合适。因为我已经不是25岁的年轻人了。当然，有时候我会感觉自己还是25岁，而那些就是我应该做的事——我应该找一份工作，与歌手和作家完全不同的工作，和艺术无关的工作，没有艺术界激烈的竞争、恶劣的环境，不必冒险，不必审视自己，徒生痛苦。我不想再成为这种人，我知道他们的生活是什么样的。我不想靠近那种生活。世界上还有很多不错的职业。

SLD：比如？

LC：简单的工作。你可以在书店工作。你可以做图书管理员。这样的工作很多。

SLD：你来这里之后，和你的孩子、前妻（原文如此）以及女友的关系……有没有发生改变？

LC：很难说。我也不知道有没有改变，尤其是那些已经搞砸

476

的关系。你很难改善那种关系，但是，确实有些变化。我很难具体说清楚。

SLD：你的孩子们会来这里吗？

LC：当然，开放日的时候他们经常会来。我儿子（编注：亚当，现在是一位创作歌手）前几个礼拜打电话给我。他从来没有开口叫我帮过任何忙。他说："爸爸，就差一句歌词。有一句歌词我怎么也写不出来。你能帮我想想吗？我真的已经很努力了。"真好，我们一起度过的那个下午实在太美好了。他从山下带了一个三明治上来，我和他一起吃了那天的第二顿午饭，我们坐在外面……那天天气很好。

SLD：你帮到他了吗？

LC：嗯，我给了他几个词。他其实只需要一两个词。（微笑）我们俩都是……

SLD：前几年他差点就去世了。

LC：对，他遭遇了一场非常严重的车祸。他当时跟着一个黑人乐队在瓜达卢佩演出。

SLD：他最后活了下来，你在医院里陪了他好几个月。那段经历有改变你吗？

LC：差不多4个月。

SLD：在此期间你有发生什么变化吗？

LC：在此期间我和儿子发生的变化是我们两人变得更亲密了。每个人都能切身体会那种感受。很难具体说那段经历让我发生了什么样的改变，但是至少我可以说，我懂得了有关生命、脆弱和勇气的事情。不仅懂得了彼此之间的爱，还有人类自身的力量。

那个孩子当时伤得非常严重，在他恢复的过程中，我感受到一股很强大的精神力量：我对他的爱，他对我无条件的爱的理解，和我对他那令人惊叹的勇气和努力的理解。人类的爱与内心非常深刻、神秘，我不想冒昧谈论，但是它们确实成为了治愈他的一股力量。

SLD：你是指……依恋吗？

LC：噢，当时还有件很有趣的事情，我记得他当时在重症监护室里，他伤得很严重，他们根本不知道该怎么办。他们在给他做各种检查，想办法处理他的伤。当时他们给他注射了大量吗啡，所以他总是时而清醒，时而昏迷。我在他身边大声朗读《圣经》，有一次他醒过来转向我的时候，认出了我，他说："爸，你能读点别的吗？"（科恩和达布罗夫斯基大笑）

SLD：我猜你当时一定很高兴。你读了（别的东西）吗？

（科恩点头）

SLD：你很久以前说过，女人是人类的救赎者，她们有头脑，有能力，而男人只适合玩乐，做艺术家，或者到处插科打诨——

LC：说闲话。

SLD：没错，说闲话。女人越早接手世界，这世界就会越好。

LC：没错。既然她们已经接管世界，那就让我们来看看这个世界是否变得更好了。（笑）或许我错了。

SLD：我想知道，你的意思是女人和男人拥有相同的力量，还是女人比男人更强大？

LC：女人和男人拥有完全相同的力量，但是这个事实之前并未得到认可。之前每个人都在说男人和女人是平等的，但那只是嘴上说得好听；现在，他们已经真正意识到，眼前的这股力量绝不亚于他们自身。

SLD：你对此感到开心吗？

LC：当然。我很开心。

SLD：这些年来，你为很多人带去了深刻的触动。如果你现在感觉很好，却不想创作，这对这个世界来说难道不是一种遗憾吗？

LC：我不觉得这是遗憾，因为你我都知道，我的那些作品早已问世，所以不存在作品无法问世的风险。

SLD：但这个创作之源还活着，灵感还没有干涸……

LC：我认为我之前写的那些诗和歌有一定价值。而我刚才给你唱的那些诗和歌则具有不同的价值。

SLD：但是，难道对你来说，为这个世界带去影响是没有意义的吗？

LC：我不知道该怎么讨论这种严肃的话题，但是，这对我来说确实有意义。因为我收到了很多邮件，虽然简短，但给我写信的人对我说，我的歌对他们来说是有用的。有人说他们在朋友的葬礼上播放了《如果你意愿如此》。有人说他们在婚礼上播放了《与我舞至爱的尽头》，也有人说《哈利路亚》陪伴他们度过了很多个夜晚，还有人说他们的母亲因为癌症躺在病榻上奄奄一息时一直在听我的唱片，直到生命的尽头。我知道这些歌真正进入了这个世界，发挥着自己的作用，这让我感觉很好，因为感觉自己有用对一个人来说很重要。我真的——我真的能感觉到那些作品是有益的。

SLD：你马上就要发行新的精选集了。

LC：没错。

SLD：你会去——

LC：巡演？不，不会。

SLD：为什么？

LC：因为我不可以中断这里的学习。

SLD：我真的非常惊讶，你居然说："他们准备发行这张专辑，但我一点也不在乎。"我从来没有听过任何一位艺术家说过这样的话。

LC：我不是不在乎。很多人现在正在花费时间、金钱和精力制作那张专辑。我完全没有任何藐视这种行为的意思。只是我不能中断现在正在做的事。这件事对我来说过于重要，对我将来可能会做的所有工作而言都至关重要，对我的灵魂状态也很重要。而且时间已经非常有限。佐佐木老师，他的生命是有限的——他已经90岁了。

我的身体会随着年龄的增长自然地衰弱，以后我无法再像现在这样修习。我可以修习别的内容，但是像现在这样在山上修习，遵守繁多的规矩和规定——我清楚地了解这些规矩和它们的意义——之后的我不可能再长期坚持。光阴似箭，时间过得非常、非常快。就像希伯来古语所说："若连我都不专注于自己，谁会替我做？若不在当下做，又在何时？但若我只专注于自己，那我又算什么？"

这些问题都已有了答案。但我觉得我现在不应该下山，不应该放弃这里的修习，不应该组建乐队去巡演。不，我觉得现在不是时候。请原谅我。我想对我的听众说：请原谅我做的这些决定，但我在努力学习一些东西，努力让自己进入某种状态，我希望这种状态能帮助我写出更深刻、更出色的作品，或许这样，我就能得到你们的原谅。

SLD：我确定你会的。

（科恩大笑，然后，他和达布罗夫斯基出现在屋外）

SLD：你想对瑞典观众说些什么？

LC：你可以替我说，好吗？

SLD：不，你自己能说得很好。非常感谢你。

LC：握个手吧，朋友。（和达布罗夫斯基握手）

SLD：很高兴和你对话。

LC：我也很高兴。

SLD：再见。

LC：请下次再来。我讨厌看着你离开。感觉太糟了。这是个糟糕的时刻。

SLD：分别。

LC：分别时刻。好吧，那就让我送你到车旁。再见。

SLD：再见。

LC：再见。你开车吗？（科恩朝达布罗夫斯基挥手后，走回自己的小屋）

科恩剪报
关于听见自己的老歌

　　"我很难有机会听见自己的老歌。有时候在城里，我会在一些慷慨的怀旧电台里听见一首，但是我不再感觉自己是写下它的那个人。我满怀敬意地听着。人们总说最初的音乐最重要。我像是在听别人的歌一样，听着那些从前的歌。我非常尊敬那颗创造出这些愿景的年轻的心。"

　　——摘自《一日一生之莱昂纳德·科恩》，奈杰尔·威廉森（Nigel Williamson），《星期日泰晤士报杂志》（伦敦），1997

关于禅寺的静修生活

"在某种意义上，这里的每个人都曾经历过崩溃，都曾发现自己无法处理生活中每天面对的事物。所以他们来到这里。这里并不孤独。在山下的平常生活中，有时候完成一天的工作之后，你也只是回到家，关上门，看电视……你会非常孤独。但在这里，你不孤独。这里几乎没有私人空间，你几乎没有独处的时间。禅宗里有一句话说的是，如同袋子里的鹅卵石，他们互相打磨着彼此。我们正在这里做着同样的事情。所以一个人不会在这里感到孤独……"

——摘自让-吕克·埃塞（Jean-Luc Esse）的采访，《协同》（*Synergie*）（法国电台节目），1997年10月6日

电视采访

瓦莱丽·普林格（Valerie Pringle）| 1997 年 10 月 28 日，W5，CTV 电视网（加拿大）

和斯蒂娜·达布罗夫斯基一样，加拿大资深主持人瓦莱丽·普林格在1997年同科恩进行了对谈。那时他仍住在鲍尔迪山上，直到1999年才离开那里，不过当时，他还是下山和普林格在加州圣莫尼卡的豪华酒店"百叶窗海滩"酒店进行了对谈。他们的对话包含了科恩对其抑郁症问题的一些最坦率的回答。

"在这之前我曾经采访过他，但这次是最棒的一次。"普林格告诉我，"我们在酒店拍辅助镜头时遇到了很多人。他非常迷人。我经常引用这次采访的内容。"——编者

瓦莱丽·普林格（以下简称VP）：莱昂纳德·科恩出生于蒙特利尔的一个富裕家庭。他是流行音乐界的后来者。他直到三十多岁才开始发行专辑。诸如《苏珊》和《仁慈的姐妹》这样的经典之作让科恩在世界范围内获得了巨大的成功。他的歌曲充满隐喻和哀伤。三十多年来，爱、死亡、救赎，这些沉重主题让他在明快的流行音乐界成为了异数。

如今，这位带着神秘色彩的音乐家正在探索新的领域。过去四年里，莱昂纳德·科恩一直在加州鲍尔迪山上的一座禅寺里过着清朴的僧侣生活。他是这家禅修中心的负责人——今年90岁的佐佐木老师——的朋友和追随者。去年，科恩正式成为僧侣。

他每天只睡4小时，凌晨两点半准时起床。那里的生活非常严格，但那是他的选择，能帮助他化解一直以来苦苦对抗的重负。我和莱昂纳德·科恩在洛杉矶进行了对话。

莱昂纳德·科恩（以下简称LC）：我偶然间遇到了这位老人。尽管我遇到老师的时候，他比我年轻，但他看上去已经是一位老人。他了解那些我有兴趣深究的事情。

VP：你在寻求什么？他了解哪些你想知道的事情？

LC：我认为，除非一个人所承受的压力已经达到了无法忍受的水平，否则他不会走上这条路。说真的，如果不是因为痛苦，没有人会选择这么严苛的修行方式。

VP：你因什么而痛苦，抑郁吗？

LC：抑郁是一方面，但总体上来说是一种困惑、迷茫的感觉，一种把事情彻底搞砸了的挫败感。

VP：你所说的压力，是指抑郁吗？精神问题是否严重影响了你的生活？

LC：对。我感觉我像是在出柜，但抑郁的确是我一直以来都在面对的问题。我的封面故事曾经很精彩。

VP：一位绝望的艺术家，靠绝望的歌曲获得成功。

LC：然而人们会说："他到底在抱怨什么？"我终归还是幸运的。

VP：可如果你有躁郁倾向，那就不太幸运了。

LC：我觉得这也难免。每个人都得面对各自棘手的问题。

VP：那你尝试了哪些解决办法呢？旅行、药物、威士忌、百忧解……

LC：没错，我依然在继续尝试。在这个过程中，我明白了自己应该从意识的根本层面上去解决问题。

VP：你曾说自己的封面故事是，一位以写歌获得成功的艺术家，尤其是悲伤忧郁的歌。那你有没有担心过，如果你摆脱了抑郁，如果你的状态变好了，你可能会失去理解和表达痛苦的能力，失去你的艺术性？

LC：没有。这种观点很常见——只有经历痛苦才可以创作出优秀或深刻的作品。我认为这并非事实。我认为在某种程度上，痛苦确实是一个触发物或者一个杠杆，但它并非创作的必要条件。好作品是在克服和回应痛苦的过程中诞生的，是对痛苦的胜利。

VP：这个概念很有意思——战胜痛苦。

LC：没错，因为如果你所承受的痛苦达到了一定的程度，你将会动弹不得，对那些经历过急性临床抑郁症的人而言……真正的问题是如何度过那些时刻——整个空间会倾斜，你会失去平衡，无法清晰理智地思考。

VP：你也经历过这么严重的情况吗？

LC：对。我也有过。

VP：你之前提过老师——他说你知道如何工作，但不知道如何玩乐。

LC：对，我第一次来这里的时候……通常大家都会被要求进行严格的静坐和冥想练习。但是他让我下山去学网球，去上网球课。

VP：（笑）"莱昂纳德，去做点有趣的事，放松一下，开心一点。"

LC：放松——这就是开悟的意思：你轻松了下来。

VP：所以你去学网球了吗？

LC：我从来没学会过网球。不过我确实上过几节课。那台会向你自动弹射时速90英里的网球的机器把我吓跑了。（科恩和普林格大笑）

VP：跟我讲讲有关女人的事吧。

LC：在这方面你比我更权威。

485

VP：我可不敢肯定。你是否跟一个女人产生过真正的联结？还是说虽然你有过许多段情感关系，但还是没能与对方形成终身的连接？

LC：有时候你会感到孤独，你会陷入自怜或孤独，但是，不，大部分时间里我都不会这样，因为我有长期稳定的关系。而且，我认为和没有孩子的人相比，有孩子的人会少一些日常的孤独。我跟我的孩子始终都非常亲近——事实上，他们现在就住在这里——我看着他们长大，成为他们生命中的一部分……我认为这些事情消解掉了我的孤独感。

VP：所以你是一个称职的父亲吗？

LC：我可能是个蹩脚的父亲，但是与此相关的人都知道我尽到了最大努力。所以，我觉得我还算称职。

VP：你的儿子亚当也会像你一样成为一名艺术家，一位创作歌手吗？

LC：他是有真材实料的人。我唱歌一直都有点死气沉沉。我喜欢展现自己奇怪的歌声，记录自己的私人活动，但是亚当是有真材实料的歌手。他的声音很美，他的音调完美，还会跳舞，他非常出色。

VP：他生来就有"金子般的声音"（引用科恩的《歌之塔》）……

LC：他确实有。

VP：所以他也生活在"歌之塔"里。他在你之上的哪里呢？

LC：噢，我觉得他飘浮在整座塔之上。他的才华惊为天人。

VP：你的女儿洛尔迦呢？

LC：洛尔迦……她刚刚在巴黎蓝带厨艺学院完成糕点方面的专业课程，会继续在南加利福尼亚烹饪艺术学院学习。她会拿到烹饪艺术的学位证书。她正在城里一家时髦的餐馆工作。她必须积累足够的学徒时间。

VP：目前你的生活中有任何女人存在吗？

LC：我有一些非常亲密的女性朋友，但是爱情真的不适合我现在的生活。

VP：因为你是一位僧侣？你必须禁欲吗？

LC：不，不是。如果在一天的修习过后，你还有精力和别人同床，或者你能找到一个和自己年龄相仿，并且愿意和你同床的人，那你也可以去。但现在真的不合适。

VP：你能接受这种生活吗？因为女人和性似乎在你的生活中占据了非常重要的位置。汤姆·罗宾斯[1]曾说："没人能像科恩一样赤裸裸地说出'赤裸'这个词。"虽然你已经年过六十，但大家依然称你是"女性磁铁"。

LC：（笑）没有什么是永远不变的。我不知道在这里（鲍尔迪山上）之后会发生什么，但是现在，这不太……当你真正在学东西，并想要杜绝一切干扰的时候……但我和一些人保持着非常亲近的关系，有男人也有女人。并不是说我上了山就切断了与生活的所有连接。这不符合禅宗的思想。

VP：关于瑞贝卡·德·莫妮以及那段关系的终结，我听过的唯一一句话是"她看透我了"（"She got wise to me"）。

LC：我想确实是这样。几个月前我和她一起吃了一顿早午餐。我对她说："谢谢你如此优雅地让我脱离这一切，像最初时候一样和我做回朋友。"她说："嗯……"然后我说："我知道你为什么这么优雅地让我离开。"她说："为什么？"我说："因为你知道（对这段关系）我已经尽我所能。"然后她回答："没错，我知道你已经尽你所能。"

VP：你在遇到你的孩子们的母亲苏珊·埃尔罗德之前就写了

1　汤姆·罗宾斯（Tom Robbins，1932—），美国小说家，代表作《蓝调牛仔妹》。

《苏珊》这首歌吗？

LC：对，我认识很多苏珊。这首歌是写给——或者至少可以说这首歌的内容和她有关——魁北克雕塑家阿曼德·瓦扬古的妻子的。她的名字叫苏珊·维达尔。她的确住在河边，圣劳伦斯河。

VP：她用茶和橘子招待你？

LC：她给我喝的是康适茶，里面有一小片晒干的橘子皮。我在此基础上做了加工。

VP：你之前说你很小心那些散发魅力的神秘主义者。你可以发现，身为表演者的你也具有强大的个人魅力。

LC：这就是为什么我认为个人魅力和具体内容毫无关系。有些人——猎头者、食人族——天生就有能力将人们聚集在自己异常刺激的生活里。很多人都有这样的能力，有些是好人，有些是坏人。

VP：你一定会吸引到很多人给你写信，或者来找你寻求智慧的建议。他们认为你非常智慧，认为你已经看到未来，宝贝……

LC：对，没错。所以我知道，一个人有多么易受影响。

VP：但是当别人找你的时候，你会告诉他们"我不知道，我还在观察"吗？

LC：我认为所有艺术家都有某种神谕式的功能，换句话说，如果他真的是个优秀的艺术家，那么他就是在一个超越他的认知，也超越他自身的水平上创作。

VP：有没有这么一两句歌词——因为我知道你在创作时非常努力，你的工作量非常之大——会让你自己觉得"这是一句好词"？

LC：我偶尔觉得是"敲击还能作响的钟，忘掉你的完美祭品，万物皆有裂缝，光便如此进入"……有时候我会觉得它精确地传达了意思。这更像是我精确传达出了自己的意思。

VP：裂缝这个概念非常有意思，毕竟我们刚刚还在讨论你的抑郁症和应对生活的方式。

LC："裂缝"塑造了我，我要么会坠入其中，要么会幸运地找到对其进行解决的方式。其中一种就是被我们称作艺术的非同寻常行为。另一种非同寻常的行为，叫作宗教。

VP：你的生活确实非同寻常。

LC：我一直很幸运。年轻人会来向我寻求建议。通常我会告诉他们我只有一条建议，而且只有三个字，那就是：快躲好！

VP：（大笑）但你自己没有遵从这条建议。

LC：我试着这么做。但我还是时常被弹片擦伤。

VP：你是一个健康强壮的人吗？

LC：我的健康状况很好。虽然你比我小20岁，但我可以在掰手腕游戏中赢你。嗯，我感觉很好。感谢上帝。

VP：关于两首新歌（收录于《莱昂纳德·科恩精选集续集》）的两个小问题。谈谈《重大事件》（The Great Event）吧。

LC：你听过这首歌了吗？

VP：有些古怪。

LC：有些古怪，对。

VP：《从不擅长》（Never Any Good）呢？

LC：（复述歌词，最后一句是："我从不擅长，从不擅长，从不擅长爱你。"）

VP：你确实不擅长！

LC：（大笑）谢谢你。

关于制作人约翰·哈蒙德

"《苏珊》《陌生人之歌》《主人之歌》（Master Song）这些核心曲目都是他制作的，这几首歌也是我第一张专辑里最具分量的部分。他给了我充分的自由。我要求在录音室里放一面全身镜。因为我一直以来都是在镜子前练习，这样我就可以看见自己的手，因此也就得以看清自己，为自己，也为这个世界塑造一个合适的形象。然后他确实给我带来了一面漂亮的全身镜。"

——摘自《公告牌采访：莱昂纳德·科恩》，苏珊·农齐亚塔（Susan Nunziata），《公告牌》（Billboard），1998年11月26日

第四部分

新千年

下山以后，科恩的人生观发生了转变——同时，他也迎来了他半个世纪的生涯中前所未有的成功。

电视采访

斯蒂娜·伦德伯格·达布罗夫斯基 | 2001年初，瑞典国家电视台（斯堪的纳维亚）

90年代，科恩延续了几十年来一贯的传统，在音乐界销声匿迹。他和一群僧侣一起住在鲍尔迪山上，没有举办任何演出，没有发行任何唱片，接受的采访也屈指可数。不过随着新千年的到来，情况发生了改变。2001年2月20日，哥伦比亚唱片公司发行《战地指挥官科恩：1979年巡演》（*Field Commander Cohen: Tour of 1979*），这是一张演出合辑，可以说是他的三张现场专辑中的最佳；同年10月9日，《十首新歌》问世——这是九年里第一张全为新歌的专辑——其中收录了诸如《在我的隐秘生活中》《千吻之深》《爱之本身》（Love Itself）和《布基街》（Boogie Street）这样的佳作。

科恩下山后生活在洛杉矶，与此同时，他开始举行演出和接受采访。其中，最令人难忘的采访之一莫过于他和斯蒂娜·伦德伯格·达布罗夫斯基在巴黎的对谈，后者曾在1997年采访过科恩，那次采访的内容也收录于本书。科恩开诚布公地和她谈论了离开禅寺这一决定。

"我的原则是不与同一个人对话两次。"达布罗夫斯基告诉我，"因为我认为，在初次见面时，你们两人之间便建立了一种关系，因此第二次、第三次见面，你会无法问出犀利的问题。但莱昂纳德·科恩是一个例外，因为我觉得他实在是太有意思了。"说出这番话的这个女人，曾经采访过纳尔逊·曼德拉、诺曼·梅勒、米哈伊尔·戈尔巴乔夫这样的人物。

"在巴黎的那场采访中，我问了（科恩）一个非常尴尬的问题，"达布罗夫斯基补充道，"大致内容是我的朋友想和他做爱。我想把这一段剪掉，但是他的回答非常礼貌，我下不去手，可我每次看到这一段的时候都会非常讨厌我自己。"

2001年初，经过大量剪辑的采访版本在斯堪迪纳维纳半岛播出。以下收录的内容是从原始视频转录而来的详细版本。——编者

斯蒂娜·伦德伯格·达布罗夫斯基（以下简称SLD）：之前那次旅途（1997年在加州鲍尔迪山上与莱昂纳德的会面）很愉快。运送行李的人也没有罢工。

莱昂纳德·科恩：我们还会回去的。

SLD：是吗？你还会回去吗？

LC：当然，有朝一日我会回去的。

SLD：你上一次在那里是什么时候？

LC：我离开之后就没有回去过，但是Roshi（科恩的禅宗老师）经常下山来洛杉矶。他在洛杉矶的时候我们经常会见面。

SLD：你从1999年开始就不在那里了。

LC：对。我1999年的时候离开了那里。

（录像中断，随后，科恩谈起自己与歌手、词曲创作者莎朗·罗宾逊的合作。——编者）

LC：我们一起写了《等待奇迹》。我们还一起写了其他几首歌。我是她儿子的教父。所以我们两家非常亲密。

SLD：哦，是吗？她儿子多大了？

LC：她儿子今年12岁。他的钢琴弹得非常厉害。莎朗也受过古典训练。我们两家非常亲密。莉安（·昂加尔，录音师，Leanne Ungar）也是。我们已经一起合作了很多、很多年。她录了6张到7张我的专辑。

SLD：这种情况一定很少见……一位在音乐行业工作的女性工作人员……

LC：我从来没考虑过这个问题，但是——

SLD：我从来没遇到过女性工作人员。

LC：女性工作人员确实不多，尤其是她刚起步的那个时候更是少之又少。但她从来没有表现出要征服任何事物的样子。

SLD：（对工作人员说）他需要上粉吗？

工作人员：不用，他看起来很好。发型也很好。

LC：这是真发。

SLD：我上次见你的时候，你的头发全剃光了。

LC：我现在用的还是同一把剃刀。只是现在，我会抵一把梳子。

SLD：你自己理发？

LC：对，没错。如果你想理发的话，我可以帮你。

SLD：说实话我还没做好心理准备。不过说起来，我有一个女儿，她最近也剃光了自己的头发。

LC：刚才我说到莉安从来没有表现出征服的姿态。她非常谦虚。她的丈夫是我的乐队的吉他手，所以我们每个人之间的联系都很紧密。彼此之间非常亲昵。

SLD：所以这张新专辑里你和莎朗合作的那些歌都是她写的？

LC：对，所有歌。在某种意义上，这其实是莎朗的专辑。她一个人完成了合成器、伴唱以及旋律的部分，当然，我做了一些小改动。

SLD：你甚至还跟她一起修改了歌词。

LC：不，没有。

SLD：我读了原版歌词和收录在这张唱片里的新版，我以为你和她一起修改了歌词。

LC：没有和她一起。我一直都会断断续续地修改歌词。

SLD：它们最后变得越来越简洁。

LC：我会努力把它们对我而言的意义表达出来。

SLD：意义越来越深刻。

LC：我会努力做到。

SLD：这张专辑里的歌几乎都很出色。你对这张专辑满意吗？

LC：我很喜欢这张专辑。它会让人放松下来。我们在听这张专辑，查找技术问题的时候会非常紧张，但是每听完一首歌，我们都会放松下来。（对服务员说）Merci, monsieur.（谢谢你，先生。）

SLD：有意思，你平常不说法语吧？

LC：Plus ou moins, oui.（差不多，没错。）

SLD：Oui? C'est vrai?（是吗？真的？）

LC：Oui, c'est vrai.（是的，真的。）你想喝牛奶吗？

SLD：想，谢谢。Et pourquoi vous ne parlez pas français tout le temps?（你为什么不一直说法语？）

LC：Oh, c'est plus comfortable en anglais. Je parle français mais il y a longtemps que je n'ai pas parlé, et même là-bas je n'ai pas parlé du ventre, vraiment.（噢，说英语的时候我会更自在。我会说法语，但已经很久没说了，即使在魁北克，我说法语也并非出于本能，真的。）

SLD：Non?（是吗？）

LC：Je connais la langue, mais pas comme ma langue maternelle.（我会说这种语言，但说得没有母语熟练。）

SLD：我不知道这一点。我以为——

LC：Je viens de Montréal, non?（我来自蒙特利尔，对吧？）我确实来自蒙特利尔——

SLD：我知道，我知道。

LC：——mais de la minorité anglaise assez détesté maintenant. Mais oui, mes amis sont français.（但我来自英语区，现在非常遭人恨。但是，我有很多说法语的朋友）——那就是我生活的世界。

SLD：有意思——你从来没有用法语写过歌或诗［达布罗夫斯基是对的，但需要注意的是，科恩曾经用法语唱过歌，比如《游击队员》（The Partisan）和《流落的加拿大人》（Un Canadien Errant），但这两首歌都不是他写的——编者］。

LC：我对法语没有感觉。我甚至读不懂法语诗，因为我无法真正感受这种语言。我懂法语，我会说法语，我可以让别人听懂我的法语，我也可以理解别人的法语。但是，音乐和诗歌必须源自内心最深处。但我的内心没有法语。（举杯）很高兴见到你。

SLD：我也很高兴见到你。嗯……我有些诧异，我记得我上次在寺院采访你的时候，你的日程安排是这样的。（递给科恩一张纸）是这样吗？

LC：没错。嗯，安排得很好。

SLD：确实很好。你现在的日程安排有些不同。

LC：有一点……但差别不大。

SLD：看看这份日程安排。（递给他另一张纸）

LC：噢，我在这里的日程。没错，上面确实有很多内容，对吧？这些都是我的社交生活。我要见很多人。

SLD：看到你这次的日程安排的时候，我非常震惊，你居然要在短时间内完成这么多事情。

LC：没错。不过鲍尔迪山上的训练很到位。足以让你应对这些事情。

SLD：所以你已经准备好以这样的方式和世界见面了。

LC：我觉得如果可以有其他选择的话，我应该不会这么做，但是我在很多国家都只有一小部分支持者，所以我很有必要提醒他们我发行了一张专辑，所以我决定参加这些传统的宣传活动。

SLD："我已经合上《渴望之书》（*Book of Longing*），去做我必须要做的事。"

LC：没错。

SLD：这就是你要做的事情吗？

LC：我觉得是的。

SLD：你合上了记录诗歌的本子，听从别人的意愿，去宣传唱片——

LC："我已经合上《渴望之书》，我要去做我被告知的事。"没错。但我还没有彻底完成那本书，所以等我回去的时候，我还会打开它。我现在已经为那本书写了差不多250首诗，这些歌也来自那本书。我想完成它。

SLD：谁会告诉你应该去做什么？

LC：你会听见这些声音。每个人都会发出这样的声音。

SLD：那这些声音是来自内部还是外部？

LC：都有。

SLD：离开寺院是不是一个艰难的决定？

LC：离开寺院意味着离开亲近的朋友，离开兄弟和姐妹，离开Roshi，我和Roshi是很多、很多年的朋友，我经常给他做饭，我们很依赖彼此。所以从这个角度来说，离开寺院确实是一个艰难的决定。离开前我征得了Roshi的允许。

SLD：你为什么要离开？

LC：有好几个原因。其中一个原因是我觉得有些事情应该结束了。我已经在那里待了五六年。当然，我和那个团体之间仍然保持着联系。我和Roshi经常见面。事实上，他经常会下山来洛杉矶。他的身体状况不是很好，所以我会给他做他喜欢的鸡汤。

SLD：犹太式鸡汤？

LC：没错，是我母亲的配方。我猜唯一的区别是我会在煮之前把鸡皮剥掉，这样就可以去掉一点脂肪，不过我们俩的配方总体上是一样的。还有，Roshi不喜欢大蒜。

SLD：不喜欢？

LC：对，他不喜欢大蒜。

SLD：太可惜了。

LC：没有人是完美的。总而言之，我仍然和那个团体保持着联系。

SLD：但你为什么要离开呢？你说有些事情结束了，具体是什么？

LC：你很难具体说清楚自己做某件事的理由是什么。我从来无法确切地知道自己为什么做某件事情。不过鲍尔迪山上的生活让我明白了一个重要的事实，那就是我在宗教方面没有天赋，我实在不是研究宗教的料。我没有学习禅宗的天赋，没有过那种生活的天赋，不过我喜欢禅宗的很多方面。我喜欢它的体系，喜欢修习者和僧侣之间彼此团结和谐的感觉。

SLD：那么禅宗是否是你缺少或需要的东西？

LC：我和Roshi早就认识。完成1993年的巡演时，我已经快60岁，Roshi已经将近90岁。所以当时我想，如果我想加深修习的程度，那么就是现在，因为时间不等人。这是我想更加亲近他的其中一个原因。另一个原因则是我的生活混乱不堪，毫无秩序。我经常喝很多酒——我习惯在巡演的时候喝酒，这是巡演的乐趣之一。但我有些过头，而且游手好闲，我需要规矩的约束。而（鲍尔迪山上）到处都是规矩。（笑）我一开始会连着住一两周，几年后是一两个月，再后来变成将近半年。我很熟悉那里的生活。

SLD：但最后你发现自己不是学习宗教的料子。

LC：我没有真正的天赋。

SLD：你需要哪方面的天赋？

LC：我不知道。我觉得自己有一项小天赋：我总能找到方法押韵。我觉得我在这方面有点天赋。至于宗教概念，我很难真正理解。这些哲学概念对我而言太过困难。我不会那种思考方式。当时我只是觉得那种生活已经结束了。那段生活对我而言是一次重要的启示，让我感到解脱。

SLD：你当时害怕告诉Roshi你要离开寺院吗？

LC：我不害怕，但我很担心。

SLD：你是不是觉得这个决定会让他失望？

LC：总之，他同意我离开的时候非常不情愿。后来我去印度待了四五个月，回来之后，他邀请我去鲍尔迪山，我们一起吃了一顿非常正式的晚餐。所有高级僧侣都在。他们离开后，他对我说："自闲，你离开之后，一半的我跟着死了。"听完后，我只是对他眨了眨眼，他也向我眨了眨眼。我们都知道他只是说说罢了。（笑）我们之间的关系一直都没有变。

SLD：但是你们之间确实感情很深，非常亲密。

LC：我爱他。

SLD：你还有更爱的人吗？

LC：相比别人，爱Roshi以及和他保持这样一种关系要更容易，因为他就是会让人爱上他。不是情感上的爱。而是一种与个人无关的爱。

SLD：不带情感？

LC：情感、友谊、孤独，这些毫无疑问都和人有关，但是它们在根本上也具有与个人无关的特点。Roshi所爱的你并不一定是你认知中的自己，他所爱的是真正的你。他的爱让你得以发现那个真正的自己。我觉得这是最无私的爱。他所爱的是真正的你。

SLD：你能做到去爱一个人真正的模样吗？

LC：这真的不是你能控制的。这种理解会随着年龄的增长逐渐加深……

SLD：在这些事情上你还年轻？

LC：没错，而且我认为爱会让人忽略一切。去爱，意味着你必须忽略一切。你必须忘记绝大多数事情。

SLD：还有原谅。

LC：原谅，没错。

SLD：你在寺院里写了很多诗。我最喜欢的其中一首诗非常短。不知道你可不可以读一下这首诗。[达布罗夫斯基递给科恩一张纸，上面是一首题为《最甜蜜的小曲》（*The Sweetest Little Song*）的诗。科恩戴上眼镜后开始读诗。]

LC：《最甜蜜的小曲》。我喜欢这幅画（科恩自己画的插画，画中是一个躺在浴缸中的裸体女人）。这幅画的（呈现）方式很好……你从哪里找到这幅画的，网上吗？

SLD：对，网上。你可以在网上找到所有东西。

LC：我知道，我知道。

SLD：我几乎在网络上搜集了所有有关你的资料。（笑）所以你对这首诗的评价是什么？我做了一个很有趣的测试。我给至少20个人念了这首诗的开头第一句。我说："你走你的路。"然后，所有人（回答的都是）："我走我的路。"

LC：（笑）嗯。

SLD：但是你写的完全不同。

LC：没错，我觉得这就是情诗的内核。也就是你从某个人那里听到的最甜蜜的话语。Roshi曾经告诉我……我不知道这句话是不是源自日本，总之他说："丈夫和妻子一起喝茶。你的笑容，我的笑容。你的泪水，我的泪水。"我认为这句话所描述的就是一种真正的结合。

SLD：你之前（他们两人的上一次采访）说你得到了很多爱，但你没能回馈这些爱。

LC：我觉得确实是这样。我不会这么说，但事实确实如此。Roshi说过——我记得我上次跟你提过——人年纪越大，就会越孤独，就会需要更多的爱。

SLD：那你如今是一个更称职的恋人了吗？

LC：我是一个阶段性的恋人。当我意识到自己不再是一个宗教寻觅者时，我很庆幸席卷我的是一种轻松的感觉。这种轻松不在于我得到了自己寻找的东西，而在于寻找本身消失了。我的意思并不是我现在已经不会陷入绝望或沮丧，而是我的生活如今变得让人放松。在这种情况下，你得以去感受他人的存在。而这无疑会是一段深刻关系的开始。去感受他人的困境。

SLD：所以你的意思是，在某种程度上，你是一个失败的修习者。

LC：没错。感谢上帝。我觉得那种生活的其中一层意义便是让你意识到自己的失败。年轻的僧侣，年轻的修习者，他们开始时都怀着各种有关信仰的雄心壮志，但那些志向很快就被粉碎。我试着把这个概念放进了《千吻之深》那首歌里。那首歌有一句歌词是："你受召唤，去面对不可战胜的失败，要把生活看作真实，如千吻般深。"我想每个人都有过这样的经历，年轻人也好，老人也好，都曾体会到生活的艰难和挫败感，对有些人而言，这种挫败感只会让他们感到痛苦；但对那些幸运的人而言，失败可以让他们敞开心扉，我有幸属于这一类人。有幸能偶尔拥有千吻般深的生活。你并非时刻都能拥有这样的生活。

SLD：但你之前也有过这样的生活。你曾经是一位歌手，一位公众人物，你会巡演、宣传，还会做很多其他的事情。但是你后来选择去寺院过一种截然不同的生活。现在你回来了，写了很多有关"我在布基街"的事情。

LC："回到布基街。"

SLD：还有"巴比伦"［编注：指《在黑暗的河边》(By the Rivers Dark)］。这就是你眼中的世界吗？

SLD：没错，但是……我们确实身处这样的世界。而且，禅寺也是这个世界的一部分。禅宗里有一句话说的是："在花园中盛放的莲花，遇火便亡。在火中盛放的莲花，永远不败。"在Roshi的学校里，你总感觉自己必须要入世，必须要真正活在这个世界上，必须生存下去。他手下的僧侣现在都要结婚了。我们已经迎来了三个新生命，现在已经有三个孩子出生了。

SLD：在寺院里？

LC：没错。他打算让所有的僧侣都结婚。

SLD：这真的很反常。

LC：非常有意思。

SLD：我们上一次见面的时候，我非常惊讶。因为你在我面前喝威士忌，你还说你不知道自己会不会爱上一个年轻的尼姑。

LC：在我的梦里（笑）。

SLD：那这是否是Roshi的禅寺特有的？

LC：那里的生活作息很严格，但干扰也很多。我记得我经常要给Roshi准备早餐……而他经常会打开一瓶干邑，然后对我说："自闲，你需要喝一杯。"他还会问："谁在外面？"有时候外面会有僧侣除雪。他会说："让他进来。"然后我们几个就会在凌晨4点聚在一起喝酒。Roshi最后还会说："结束了。"然后钟声一响，我们就得去干活。所以我们确实会喝酒，不过是在适当的时候。Roshi的热情无人能及。

SLD：但你学习的这种禅宗相比之下真的很特别，它居然能包容这些事情。在我看来，这种禅宗非常人性化，但也确实非同寻常……

LC：没错，可能是不太一样。我去参观过其他寺院。Roshi参照日本寺院在这里创建了一个寺院体系，但并非完全复制。我不知道日本的禅宗是怎样的，他在这里创立了他自己的禅宗。

SLD：是那种自由的美式风格吗？

LC：像我刚才所说的，他的禅宗既有非常严格的作息，又有非常强烈的干扰。但它似乎是可行的。虽然你很难做到喝醉之后继续除雪。

SLD：凌晨5点。

LD：没错。

SLD：你为什么叫"自闲"？这个词的意思应该是"沉默的人"。

LC：其实不是。我根本不知道这个名字是什么意思，因为Roshi不希望他的学生因为他取的名字而骄傲。大家会说"Roshi给我取名叫'孤独的山崖'"或者"给我取名叫'刺穿松树'"之类得意的话。（笑）我不确定"自闲"的含义是什么。确实和沉默有关。但Roshi解释说这只是一种平常的沉默，普通的沉默。

SLD：所以没什么好吹嘘的。

LC：没什么好说的……没有。

SLD：但是你在那之前的生活，以及在寺院休息之后如今的生活……相比之前，你现在的生活——宣传唱片，被一群紧追不舍的记者包围——感觉怎样？

LC：说实话，和鲍尔迪山上的生活没什么两样，因为现在的日程安排也非常密集紧凑，我必须出席每一场采访，就像之前在鲍尔迪山上每当听见钟响或拍掌声时就得出现一样。

SLD：所以没什么感受。

LC：没什么感受，两种生活差别不大。

SLD：我很惊讶，你居然没有给自己一天的时间调时差。

LC：我喜欢这样。

SLD：是吗？你能带着时差保持一整天的清醒？

LC：我一直都睡得不多。你自己其实也一直是这样的，你也要去很多地方。只是你很容易忘了而已。

SLD：那么，回到布基街……

LC：在布基街生活的感觉很好。但是那里（鲍尔迪山）也是布基街。Roshi开设的那家寺院，更像是医院。

SLD：他是医生。

LC：对，他是医生。

SLD：那他负责治疗什么呢？

LC：他负责治疗你认为自己生病了的这种幻觉。（停顿）他成功治愈了我。我认为自己需要他的教诲，而他治愈了我的这种幻觉。

SLD：你觉得自己生了什么病？

LC：我想是人人都有的疾病——你无法得到自己想要的东西，即使得到了什么，也并非自己想要的。你所渴望的一切不断与你擦肩而过。如果你能拥抱某种智慧，选择某条道路，你就能摆脱压力和痛苦。这些就是我们所有人都有的幻觉。另一种生活会更好，另一条道路会更好，另一个恋人会更好，另一种职业会更好……这种永远无法满足的妄想。

SLD：所以你之前是这种妄想的受害者？

LC：我是妄想专家。

SLD：你是专家！但即使这样也比我们好得多。（科恩大笑）因为你比我们拥有更多的东西。你有名誉、金钱和女人。

LC：或许吧。我觉得每个人都会体会到相同的渴望和不满。

SLD：无论你拥有多少东西？

LC：无论你拥有多少东西。我不知道拥有更多的东西时是不是会更痛苦。我们无法用任何标准来评判谁遭受的痛苦更多。但可以肯定的是，每个人都会因为还没有做过、感受过、经历过某些事情而深受折磨，每个人都会有这样的感觉，在西方，这种感觉尤为强烈，因为我们没有频繁地经历过饥荒和其他自然灾害。我们的问题通常都发生在精神层面。我们感觉自己爱得还不够，得到的爱也不够。

SLD：就我个人的经验而言，最沉重的负担莫过于名誉和财富。

LC：没错，耶稣也这么说过。他说相比一个富人进入天堂的国度，一只骆驼穿过针眼要更容易。但他之后也说，对上帝而言，一切皆有可能。

SLD：你同意吗？

LC：（笑）我不敢不同意。我没有立场反对耶稣基督。

SLD：重新回到音乐行业之后，你开心吗？

LC：开心，能完成这张唱片让我感到很感激。能重新和莎朗相遇，重拾我们之间的联系，友情也好，合作也好，能重新和莉安合作，也让我感到非常感激。我一直认为，无论是从社会层面来说，还是从个人层面来说，失业都是最大的压力来源，能完全投入工作是一种荣幸，我很高兴自己能有一份工作。

SLD：但是完成唱片只是其中一个环节，听众的反应还有之后的一系列事情……

LC：嗯，那都是这个过程的一部分。

SLD：虽然是这个过程的一部分，但你依然能享受这些事情？

LC：如果我抱怨这些事情，那我就是个傻瓜。我不会经常发行专辑，通常来说，我的专辑或书之间会隔好几年。所以我不会经常露面。我平常的生活不是这样的。所以我选择把这当作社交生活的一部分。认识别人，和他们交谈。比如来到巴黎之后，我没有时间到处参观，只能和记者们交流，但这些巴黎的记者们知道这个城市在发生什么，通过和他们的交谈，你可以对这个城市，以及这个城市正在上演的事情有所了解。所以我选择把这些活动看作社交机会，而不是繁重的任务。

SLD：所以相比之前，你现在对待事物的方式确实发生了很大的改变，对吧？

LC：我在某个地方读到过，随着年龄的增长，和焦虑有关的脑细胞会逐渐凋亡。

SLD：噢，所以这就是你变快乐的原因。（笑）

LC：就我的情况而言，这种说法是成立的。你可以不用全信。

SLD：还有一种非常普遍的现象是，在逐渐变老的同时，你会开始回忆童年，很多人会想回头去寻找自己的根源。比如你是一个犹太人。你有这种感觉吗？

LC：我跟着Roshi修习的原因并非是我想改宗。我对生来信仰的犹太教没有任何不满，它能就所有宗教方面的疑问给出答案。我对有关人生的专业性问题和体系问题更感兴趣。所以我完全没有必要抛弃犹太教。

SLD：不是，我知道你的意思，但你有没有觉得有必要回到……

LC：我没有那些想法。不过年纪变大之后，你确实会对自己的孩子更感兴趣，会因他们的人生而触动。

SLD：你做祖父了吗？

LC：没有，我的两个孩子很懒。他们不会给我生孙子、孙女，一个都不会。但或许会有那么一天吧（编注：科恩的儿子亚当在2007年与如今已经分手的前任女友生下一个孩子。他的女儿洛尔迦在2011年也生下一个孩子，孩子的父亲是同性恋歌手鲁弗斯·温赖特）。

SLD：但你和他们关系很亲近。

LC：对，我住在洛杉矶的一栋复式公寓里，我女儿就住在我楼下，我儿子住的地方也很近。所以回洛杉矶是一个顺理成章的决定。

SLD：我听说他（亚当）去了伊兹拉，在那里遇到了一个年轻的女人，当即便深深地爱上了她，而那个女人恰好是玛丽安的女儿。

LC：不是真的。他确实遇到了一个北欧女人，但是她们俩之间并没有关系。他跟我说过这件事？我忘了他具体是怎么说的，但绝不是像你所说的这样。

SLD：好吧，所以这只是谣言。

LC：对。

SLD：网络真的很危险，一则谣言可能会在几秒钟内成为世界性的新闻。

LC：他八月的时候要回伊兹拉。我们前几天一起吃午饭的时候，他说："爸，你知道吗，我一周会梦见三四次伊兹拉。我的梦想会在伊兹拉实现。"他童年的很大一部分时间都是在那里度过的。虽然我也很喜欢那里，但是不像他那样了解每一个不起眼的角落，和孩子才知道的小路。

SLD：那是一个非常美丽的小岛。

LC：对，没错。非常美。

SLD：你不打算回去吗？

LC：我两年前从印度回来的时候去过，那是时隔多年后我第一次回去。那里像画一样美，我的房子也很舒适。嗯，那是个好地方。

SLD：明年大家会在那里庆祝你的生日。那些人来自世界各地，他们会在2002年9月21日齐聚伊兹拉。

LC：嗯，这也是网络的力量。

SLD：你怎么看这件事？

LC：我不知道该怎么评价。我应该不会去。

SLD：不去？

LC：我想是的，但是看到我的歌和诗能有如此的重要性，能把那么多人聚集在一起，让我非常感动。

SLD：你会害怕或者担心这张新专辑的反响吗？

LC：不，不会。

SLD：你已经不在意批评了吗？

LC：不在意。

SLD：那你之前在意吗？

LC：或许最初的时候在意过，但是在这个行业里摸爬滚打三四十年之后，你会非常变得非常坚强。

SLD：是吗？你真的是这样吗？

LC：真的。当然，人都喜欢赞美，喜欢被爱和欣赏。我在读评论的时候，心里一直都很感激，但是总的来说，我是以一个评论家的身份读那些评论的。我会分析那个人的写作。我会分析他是如何表达自己的。我不会读很多（评论），但是当我在读的时候，我的身份是这篇评论的评论者。这是一种自我防卫。

SLD：你会巡演吗？

LC：我想不会。

SLD：斯德哥尔摩的人们有一个特殊的请求，他们恳求你能去那里的诗歌剧院办朗诵会，那个剧院现在叫作人民剧院。我想你之前应该也收到过类似的请求。

LC：我记得有人提过，但是我需要身后站着八个乐手才能鼓起勇气走上舞台。

SLD：那你为什么不带上他们一起去？

LC：如果我要巡演的话，我肯定会带一支出色的乐队。但是，我不知道，我希望我明天不会摔倒，再过几周我就63岁了，一些明显的局限性会自然而然地开始出现。

SLD：生理上的？

LC：不，不是生理上的。幸运的是，因为在鲍尔迪山上接受了训练，所以我的身体状况很好。不过我所说的并不是精力方面的局限性，而是时间。

SLD：你有什么必须要去做的事情吗？

LC：我想再发行一张专辑，然后完成手头这本书。

SLD：《渴望之书》。

LC：《渴望之书》。完成之后我或许会去巡演。但对我而言，这本书的优先级最高。因为你一旦上路巡演，前前后后至少要耗费一年的时间，你不可能在巡演的时候做其他事。

SLD：在没有寺院里的自律、规矩和规定的情况下，你现在是如何生活的？

LC：凌晨3点之后还能赖床的感觉太好了。非常幸福，只是我已经习惯凌晨3点起床了。但我从来不缺那种自律。在创作方面，我一直非常自律。创作拓宽了人生的意义，我的表现非常不错。我的封面故事非常精彩。我的人生是围绕写作和录音展开的，因此它看上去井然有序。但是从内部视角来看，我一直深陷混乱，这也是我去鲍尔迪山的原因之一，三十年来，我每年都会去山上待一段时间，沉浸在那种一成不变的生活中，不必随时应对生活的意外。而最终击垮我的正是生活中的意外。但每次我一从山上下来，我们就会开始工作。所以我的生活一直非常、非常有序。

SLD：但我们上次见面的时候，你说如果没有那些规矩和规定，你就会整天懒洋洋地躺在床上看电视。

LC：嗯，没错，但那些女孩们是不会允许我这么做的。

SLD：和你一起工作的人都是女性，这是巧合吗？

LC：当然是令人愉快的巧合，她们正好都是女人，正好都跟我认识多年，正好都很美，但她们出众的能力才是深深吸引我的部分。莎朗是一个才华横溢的天才，而莉安在我看来是最厉害的录音师。所以她们恰好都是女人这件事只是美好的附加部分而已。

SLD：谈谈《渴望之书》吧。

LC：好，我现在已经写了250首诗，这些歌也基本都是过去十年里写的。

SLD：那你会出版这本书吗？

LC：我不想急着出版它。我还想再私藏一段时间。

SLD：你可以读一首发表在你的主页上的诗吗？《月亮》(*The Moon*)……我非常喜欢这首诗。

LC：噢，《月亮》。这首诗是在鲍尔迪山上写的。没错，它发表在雅克（·阿亚萨罗，Jarkko Arjatsalo）的网站上（leonardcohenfiles.com）。这个网站的所在地是赫尔辛基。

SLD：他叫我代他向你问好。

LC：噢，非常感谢。

SLD：还有这首。（递给他另一首诗）既然你不会来斯德哥尔摩，那我们就在这里办朗诵会吧。

LC：《老人的悲伤》(*Sorrows of the Elderly*)。（读完诗后大笑）

SLD：你能解释一下这首诗吗？

LC：噢，这只是一个玩笑……关于我们的玩笑。

SLD：关于老人？

LC：对，关于老人。（笑）我不应该把你包括进来的。

SLD：不，应该包括。（笑）你知道我应该被算在内的。

LC：（指指桌上印着他的画的纸）那张图片是哪里来的？

SLD：是一本德国的杂志。

LC：噢，好。

SLD：我必须要承认，我不喜欢夸奖我的采访对象，但你确实是一位出色的艺术家。

LC：噢，谢谢。

SLD：你从来没有办过展览吗？

LC：没有，对我来说，画画的最大乐趣在于它不会被职业化。它不会与任何事情联系在一起。因此我可以自由、快乐地画。

SLD：但事实是很多人愿意花大价钱买这些画……

LC：我会把这些画放到网上。他们可以自己下载。

SLD：不，难道这些画对你来说没有任何意义吗？

LC：我不会这么想。意义是非常私人的东西。我喜欢让别人看见这些画，我会把这些画送给所有想拥有它们的人，我还可以复印它们。这些画中有很多是在电脑上完成的，所以我也可以用邮件发给大家。无论谁想要这些画都可以。至于让这些画进入商业、焦虑和展示的世界……这些画是非常私人的乐趣。我喜欢画画。

SLD：所以你不认为自己是一位画家？你认为自己是一位音乐家，一位歌曲创作者，一位歌手。

LC：没错，我认为自己是一位创作歌手。

SLD：那作家呢？

LC：嗯，我会写书，而且人们还称呼我为诗人。但我始终认为，诗是他人，是下一代人所做的评判。如果你的作品具备能让它存在30年、50年甚至100年的特质和张力，那么我认为它可以被称作诗。自行称它为诗是毫无意义的行为。没有占满整页纸不代表它就是诗。所以我从来不认为自己是诗人。我认为自己是一名作家，一名记者，一个描述宇宙中某个小角落的人。

SLD：但你不是记者，因为记者描述的是事实，而你描述的是事实的本质。

LC：那就是我的真实。我唯一能了解的内在困境，我会尽量准确地描述它。从这层意义上来说，我认为自己是一名记者，这也是为什么我和记者团结一致的原因。

SLD：是吗？

LC：是的。我的活跃范围和我的世界非常、非常小。但我和记者一样，在尽可能准确地报道相关情况。

SLD：我记得你说过，可能是写过，你想记录自己的生活。你想报道生活。

LC：这应该是作品的本质……一种日记，一种新闻报道。

SLD：但你不会因为害羞而无法诚实地记录吗？

LC：我或许会因为虚伪而无法诚实地记录，但绝不会是因为害羞。（大笑）

SLD：你是一个虚伪的人吗？

LC：人始终都在和虚伪作斗争，尤其是在写这种纪实作品的时候。每一个写作者都会学会属于自己的技巧，所以这很正常。你会掌握独属于自己的技艺和技巧，或许你可以借助它们来糊弄别人，但你没法糊弄自己。你也不想糊弄自己，所以你会继续挖掘，寻找真实的声音。当然，以残忍的真实将自己呈现给大众也是不合适的。这就像别人问你"你最近过得怎么样"然后你真的实话实说，但他们根本不想（听）……你不应该直接告诉别人你怎么样。这是诗或歌该做的事情。

SLD：我觉得你幽默了不少。很多新写的诗都非常——

LC：有些确实很幽默，没错。

SLD：非常幽默。

LC：我的朋友们一直都认为我很幽默。我公开的（毫无幽默感的）形象也并非完全不合理，因为我的歌确实写的是那些令人焦虑的状况，并且有时候根本没有克服的方法。我觉得这些情况中的很大一部分都非常黑暗。我希望我写的歌能驱散这层黑暗，但对很多人来说，事实并非如此，所以我被贴上了忧郁、悲观之类的标签。

SLD：但你其实不是？

LC：没错，我不是。

SLD：你现在已经学会在文字中体现自己的幽默了。

LC：《渴望之书》中的很多内容都是对寺院生活的戏嘲，是对宗教使命的讽刺式反思。

SLD：几乎每一首都很幽默。

LC：没错，因为它们不是诗。它们只是玩笑。

SLD：（笑）所以《渴望之书》是一本"玩笑之书"？

LC：一切都是笑话。（她递给他一首诗）啊，嗯，这是什么？

SLD：你不记得？

LC：这看上去不像是已经写完的诗……哦，可能是的。这首诗的题目是《正确的态度》（*The Correct Attitude*）。（读诗）这首诗我写完之后就再也没读过。

SLD：这首诗写的是真的？还是——

LC：只是一个玩笑。这些诗全都只是玩笑。

SLD：但是你的态度正确吗？你会在意它终结还是继续吗？[1]

1　这句话引自《正确的态度》。

LC：（停顿）并不会。（长时间停顿）你呢？

SLD：有时候不在乎，有时候在乎。

LC：就是这样。我觉得你的回答更好。

SLD：（笑）但是没什么意思。

LC：不，有意思。这个问题居然要我们两个人一起解答。

SLD：你小的时候会被认为是一个幽默的孩子，还是严肃的孩子？

LC：我不知道。我成长的那个年代并不流行心理侧写。你只是遵照指示，然后再偷偷地做自己想做的事，但总的来说，我小时候是一个非常自律的人。当时没有我们今天看见的这些叛逆的年轻人，权威和家长施加的控制非常强大，只要你的鞋子正确地摆放在床下，就不会有人关心你的心理状况。我们和父母的关系并不亲近。我们不会和自己的父母交流内心想法。这样抚养孩子是明智的。不会导致孩子的自我放纵。

SLD：然后你学到了自律。

LC：你还会学到良好的言行举止，这比自律更重要。

SLD：说说你的狗？

LC：我的狗？我最近很开心，因为我女儿跟我住在同一栋房子里，而且她还养了狗。我喜欢狗，而她把两条狗带进了我的生活。这种生活非常美好。我每天都会和它们一起玩，教它们小技巧。

SLD：是什么品种的狗？

LC：杂种狗。就是街边普通的狗。她是从池塘边带回来的。

SLD：你小的时候是不是养过狗？

LC：对，我养过一只苏格兰狳犬。我母亲给他取名叫"Tovarich"——"同志"。我们叫他"丁丁"。丁丁是我童年时期最亲密的玩伴。他会睡在我的床底下，会跟着我去学校，然后等我，他给了我很多陪伴。

SLD：有时候你的作品里会出现那只狗。

LC：他的照片就挂在我洛杉矶的家里，在一个橱柜上方。我们很爱那只狗。我姐姐把他的照片装裱之后当作礼物送给了我。

SLD：他是怎么死的？

LC：他死的时候13岁，对狗来说已经是很大的年纪了。有一天晚上，他想出门。你知道，狗会走到门口，然后一直站在那里。所以我们就打开了门，那是一个冬天的晚上，他就这样走了出去，再也没有回来。我们很着急。我在报纸上登了广告，有人说"没错，我们找到了一只苏格兰㹴犬"，然后我开了五十英里到那里之后发现，那并不是我的狗。最后，我们在春天的时候发现了他，当时雪已经融化，我们邻居家的门廊下面传出了一股臭味。他特意出门，走到邻居家的门廊下面等待死亡。这是他对主人做出的善举。我们很爱那只小狗。

SLD：那之后你们再也没养过别的狗吗？

LC：没有，那之后我就大学毕业了，我开始过起了流浪的生活，从来不会在一个地方停留（很久）。我住在伊兹拉的时候，那里有一只叫小福的狗，她属于很多人，有的时候她会待在我家里。

SLD：那么现在……

LC：现在我女儿养了两只狗。

（摄像更换录影带。画面恢复时，科恩已经开始讨论新话题。——编者）

LC：如果不是感到困惑，你怎么敢结婚呢？

SLD：（大笑）你感到困惑吗？

LC：不。

SLD：所以你不会结婚。

516

LC：没错。

SLD：你从来没有结过婚。

LC：没错，从来没有。

SLD：为什么？

LC：（停顿）懦弱。我是懦夫。幸运的是，我有两个孩子，但我从来没有……而且在我成长的年代里，反权威的气氛非常浓厚，我这一代的很多人都觉得没有必要信任权威，也不必依赖教会和国家的认可来团结彼此。我想我也有这种……

SLD：所以你继承了时代精神？

LC：当然。

SLD：我在准备采访问题的时候咨询了我的几位女性朋友。

LC：她们有帮到你的忙吗？

SLD：有，但她们提的都是同一个问题。

LC：是什么？

SLD：问他想不想和我做爱。

LC：（大笑）我已经不如以前活跃了。但我想我可以破例。

SLD：我会转达的。事实上我有点惊讶，因为从1993年开始，你就非常专注于精神世界，我上次和你见面的时候，我们还讨论了非常严肃的信仰问题。但在别人眼里，你似乎依然是大众情人。

LC：（大笑）没错，这种名声非常奇怪——极不准确。我的生活中确实存在很多女人。但是我欣赏的是女人的能力。我喜欢女人工作的方式，所以我选择和一位女性录音师和一位女性创作者一起工作，我的经纪人也是女性……

SLD：她们和男人的工作方式有什么不同？

LC：更加无私。

SLD：较少的自我？

LC：较少的自我，而且不会让你面临巨大的危险。或者应该说是能更纯熟地调整自我。而且非常迅速。非常、非常迅速，我很欣赏这一点。

LSD：但你早在70年代就已经试图杀死情圣。《情圣之死》。

LC：女人会负责这件事的。

SLD：什么意思？

LC：我没有试图杀死任何人。我觉得在某种程度上，我被彻底击垮了。但每个人的内心都会有混乱的感觉，因为没有人能主宰内心。没有人是真正的大众情人或情圣。没有人能真正应对这种名声。你的心像烤肉一样在胸中接受炙烤，咝咝作响，你的身体无法承受这样的焦热。这些描述当然只是轻松的笑话，过于简单。我认识一些被称作情圣的人，他们确实是女性杀手，但即使是他们，也无法应对这种名声。我觉得无论是谁，都不可能在这方面充满自信。

SLD：那你感觉如何？

LC：一方面，我完全配不上这种名声。我认为我对女人和性的关注并不比我认识的其他男人更深入或更具体。女人是男人的内在，男人也是女人的内在，所以每个处在一段关系中的人都倾尽了自己的一切，大多数人只是在勉强坚持，就像我刚才所说，没有人能控制事情的走向，尤其是涉及内心时。涉及到内心时，人绝大多数时间都会处在焦虑中。即便是我所认识的那些情圣，我真的认识一些这样的人——但我本人不是——都会对征服感到极度焦虑。因为无论何时，女人总是掌握选择权的一方。

SLD：如何选择？

LC：我觉得女人始终掌握选择权。有人告诉我，女人往往是做出选择的一方，她会在见面后几秒内决定要不要把自己完全交给对方。无论如何，我觉得在大多数情况下，女人总是掌控局面的一方，我愿意让她们掌控一切。

SLD：但是在《渴望之书》中有一首长诗，我可能没法确切地说出其中的诗句，但应该类似；"我的阴茎是马，我的生活是图……"

LC：是车。

SLD："是车。"对不起。

LC：嗯，非常粗俗的一句诗。我希望我没写过。事实上，我修改了这句诗。

SLD：改成什么了？

LC：我已经不记得了，因为我对那首诗越来越不满，我必须把它从网站上移除，（笑）或者至少要继续修改。这首诗是我刚从鲍尔迪山上下来的时候写的，我当时写东西写得很快，不需要遵守作息，拥有无限的自由，我涂黑了一张又一张纸，然后把它们发表在网站上，但这首诗我得再看看。

SLD：为什么？这首诗很直接。

LC：确实很直接，但我认为语言（可以）再音乐性一些。尝试一下另一种音乐性。

SLD：那这首诗的意思是什么？内容讲的是什么？

LC：我觉得这首诗讲的是一个男人的大脑长在哪里。当我看着年轻人的时候，我自己就有两个孩子……不过他们已经不是孩子了，已经是年轻的大人了。我记得有一次我儿子邀请我一起去一个派对，我坐在那里的时候一直在庆幸自己不是25岁，因为……那种场合的痛苦程度让人无法招架。互相施展魅力，卖力地展现自己，期待，以及失望。我很庆幸自己没有身处那个地狱般的世界。

SLD：那你身处哪里？

LC：总之我没有处在那个世界的内部。虽然不到结束的时刻，一切都不会结束，但是我发现当下的我非常从容，当前的情况也比较令人放松，这张专辑整体上的氛围也是如此。虽然创作的过程非常艰难和紧张，有时甚至让人沮丧，但是它的整体氛围并不让人焦虑。它的氛围……我不会说平静，但确实令人放松。而且幸运的是，这种情绪和氛围似乎在延续。但之后如何就不得而知了。你随时有可能偏离这条道路。

SLD：那你现在是否感到更满足、更快乐了呢？

LC：没错，我非常感激Roshi和那段有他相伴的修习时光，感谢他的友情，感谢他对我无条件的包容，感谢这种轻松的感觉。

SLD：有没有更容易的方法能达到这种状态？还是说必须在Roshi的学校里才能实现？

LC：我觉得这是自然而然达到的一种状态。我甚至觉得和Roshi无关。但他确实是一股助推力量，有时候他会让一切变得可能。但并不是因为他做了什么。也不是因为我自己做了什么。而是因为这种焦虑有时候会自己消失，但之后它或许还会卷土重来。而现在，它消失了，因此我能正常地工作。

SLD：所以，早年让你遭受巨大痛苦的抑郁症——

LC：消失了。完全消失了。

SLD：所以变老是一件好事？

LC：就我的情况来说，是无上的福分。

SLD：但一定也有难处。

LC：身体会退化，这确实是一方面。我还没有很老。我目前身体很好，还没有被最终导致死亡的疾病缠身。我记得田纳西·威廉斯说过："人生是一出精彩纷呈的戏剧，除了第三幕。"老年阶段就是非常糟糕的第三幕。（笑）

SLD：但对你来说是前所未有的最佳阶段。

LC：第三幕的开始确实很好。我不知道它之后会如何发展，但不是每个人的剧情都会精彩。所以或许我所处的时刻是最从容的阶段，之后身体就会不可避免地遭受糟糕的打击。我很幸运能经历当下这个阶段。

　　SLD：你觉得男人和女人变老的过程有什么大的不同吗？

　　LC：女人会觉得有。和我讨论过这个问题的大多数女人都会说："你很幸运，我们在各方面都彻底到头了。"但是我认识很多跟我同龄的女人，她们非常享受这个过程——而且非常感激。很多人，男人和女人，都因为某些挣扎的结束而感到解脱。

　　SLD：哪些挣扎？

　　LC：求爱、调情、婚姻。还有无休止地寻找伴侣。人最终会意识到，人是孤独的，而这并不是一件糟糕的事——事实上，它甚至有可能是美好的。我姐姐就处在这种情况中。几年前，她的丈夫去世了。他们差不多已经结婚三十年或四十年了。一开始，失去丈夫后的生活对她而言非常困难。但她是一个非常积极的人。她比我大5岁。我亲眼看着她重新开启生活，没有任何批评，没有任何评论，没有人对她的行为、观点或者言论指手画脚，她对这种情况非常满意。

　　SLD：但你不想念陪伴的感觉吗？

　　LC：我有陪伴。

　　SLD：但你不想念生活中有女人的感觉吗？

　　LC：我的生活中有很多女人，但是……

　　SLD：某个女人呢？那个女人。

　　LC：那个女人。我现在没有。我不知道明天或者下周会怎样，但是现在，我有一些非常亲密的朋友。没有那个女人。但我并没有感到难以忍受的孤独或焦虑。而且有时候，女人们会非常善良地留宿，虽然我们之间不像从前那些关系一样热烈。所以我并非没有女人的陪伴。

　　SLD：那你想念曾经那些热烈的关系吗？

　　LC：我从来无法真正享受那些关系。我受那些热烈的关系吸引，人生中大部分时间都深陷在对那些关系的痴迷中，但我没法说自己真的享受那些关系。

SLD：那你对那些关系的感觉是什么呢？

LC：一般来说，我觉得都是我的问题。

SLD：所以……你得逢场作戏？

LC：我认为逢场作戏是一方面，除此之外还要对一段关系进行深刻的反思。还要意识到这场戏并不精彩。更准确的说法应该是，那些关系的背后存在一种焦虑感，而这种焦虑感现在似乎已经消失了。因此我发现我能同时享受男人和女人带来的乐趣，因为你和女人之间会上演性之舞，你和男人之间会上演战争之舞。如果这些舞可以只上演一两个步伐，而不是通常会有的杂技般的表演，那就再好不过了。

SLD：你曾经写过，一个男人永远不可能忘记第一次看见女人裸体时的情景……

LC：我觉得是的，而且我们西方文化显然确认了这一点。我也喜欢画……裸体画。刻在我们骨子里的这种模式的一致性让我非常惊讶，因为它从不会消失，一个男人始终会因"另一半"的鬼魂而震惊、讶异、惊喜和喜悦，尤其是她的繁殖力，她的青春、未来和活力。这些是维持人类境况的重要力量。所以，不，我们不会厌倦。虽然在逐渐老去的过程中，我们没有机会再看见女人的裸体，但是当我们有机会时……而且我们的文化完全了解这一点，所以它源源不断地为我们提供这类画面，无论我们能否在生活中亲眼看见这样的画面已经无关紧要，因为我们有很多可以领略美和美人的机会。他们会出现在屏幕上，出现在广告牌上，他们无处不在。我不觉得这是文化堕落的标志。我觉得这是对所有人骨子里的那种模式的肯定。

SLD：你所说的是男演员、女演员，以及一切……

LC：没错，一切。

SLD：我又想起一首你写的诗。我没法完全记住那首诗，但是……《因为一些歌》（*Because of a Few Songs*）。

LC：噢。我喜欢这首诗。

SLD：能请你读一下这首诗吗？它和我们现在正在讨论的话题有关。

LC：（读诗）我很满意这首小诗。

SLD：为什么？

LC：我想要感谢所有人。我感谢那些在床边弯腰，把我当作发抖的孩子，为我盖上被子的那些女人。

SLD：那你觉得女人为什么会对你这么友善？为什么她们会想向你展示自己的裸体？

LC：我不是唯一一个有这样经历的人。这是男人和女人之间一直在发生的事。我不想告诉你这个坏消息，斯蒂娜。（笑）

SLD：（笑）……但你有一种特别的天赋，而且确实有很多女人愿意为你这么做……这可不是什么没人知道的新闻。

LC：那她们现在在哪儿呢？我需要她们。

SLD：我有很多朋友，但是在家……

LC：一个人会被名声限制，所有名声都一样，虽然有真实的成分，但基本都和事实严重不符，我和我的名声也完全不符。

SLD：但你应该也不会不满意这种名声？

LC：我曾经遇见过一些女人，她们因为这种名声而拒绝靠近我。确实有很多女人——我是指这么多年里，有很多女人，但是并非时时刻刻都有很多女人在等我。也有很多女人拒绝与我亲近——我不是指性——因为她们不想成为名单上的一员。但其实根本没有什么名单。有些低调的女人，她们对自己有清楚的定位，她们不想和那些被认为与我有关系的女人混为一谈。所以这种名声也有弊端。但是另一方面，虽然被称为诗人、作家和歌手，但我并不需要向所有人证明自己是合格的。这种名声就让人感到很愉快。

SLD：你曾经写过玛丽安，还有很久以前你们一起在伊兹拉岛度过的时光，你说她给予了你很多温暖，让你的生活变得有序，她会在桌子上摆上花，会在你需要的时候递上三明治……

LC：没错，她确实是这样。

SLD：那是不是你人生中最浪漫的阶段？

LC：我自己不会把它定义为浪漫，但我认为这种说法是准确的。

我上次去伊兹拉的时候，玛丽安也正好在那里，那是两年前。当时我已经好多年没去过那里了，而她和我正好在同一时间去了那里，我们一起度过了一个非常愉快的夜晚。我为她做了晚饭，然后我们一起坐着聊天，那一刻真的非常幸福。她对我的帮助非常、非常大。大到无从说起。她为我营造了一种非常适合创作的氛围。对此，毫无疑问，我非常感激她。

SLD：但是你不感到难过吗？你无法继续……

LC：当时我无法和任何人保持关系。我们之间的关系持续了很久。但是彼此分离的日子逐渐变得越来越多，最终我们意识到，我们已经不在一起生活了。但我们确实一起生活了好几年，那段生活非常充实。

SLD：你会给你儿子建议吗？或者说你会告诉他应该如何避免犯最棘手的错误吗？

LC：我会向他寻求建议。在这方面，他似乎比我厉害。他应对这些事情的能力很强。

在我和我儿子的关系中，最让我高兴的一点是我们有相同的职业。和孩子拥有相同的职业是一件非常美好的事。我经常去看他的演出。他一直在一些小俱乐部里唱歌。我会在后台和他喝一杯或者一起抽根烟，我看出来他很紧张，而他知道我能理解这种感觉。我会看着他弹唱自己的歌。那些歌写得非常好。这一点我们俩仍然一样。我们能理解对方的作品，这使得我们之间具有超越父子关系的真正的联系。

SLD：他很勇敢，因为和他的父亲在同一个领域工作非常困难……毕竟他的父亲非常有名……

LC：我知道，我知道。他确实很勇敢。非常有勇气。我昨天正好和一个之前亚当来这里开演唱会时采访过他的记者进行了交流。她问了亚当这个问题。她说："作为莱昂纳德·科恩的儿子，同时还要在音乐行业工作，是很困难的事吧？"

SLD：他肯定需要回答很多次这个问题。

LC：然后他说："他是我父亲。"这个回答让我觉得非常幸福。

SLD：你觉得为什么你要如此艰难才能实现如今这样的精神状态？

LC：我觉得这不是人能决定和理解的。我觉得没有人知道有关这些事情的答案。

SLD：你对心理分析不感兴趣吗？

LC：不感兴趣，我不相信心理分析。我在一首歌里写过："我知道我已被原谅，但我不知道我从何得知/我不信任我的内心感受，内心感受时有时无。"我觉得心理分析和心理治疗对有些人而言是有价值的。但是人如何成为当前的自己以及人为什么会成为当前的自己这样根本性的问题不是我们能参透的，这都是计划的一部分，我们无法理解这个计划，也无法决定内心会涌现什么样的感受。我们会看到什么不是我们能决定的，我们听到什么，体会到什么，感受什么，思考什么都不是我们能决定的。

但是我们依然感觉自己是主导者。所以如果要说我放下了什么，那一定是那种掌控的感觉或对意义的追寻。我在《即将离去的亚历山德拉》这首歌里说："你因意义而迷茫，你的密码已被破解，十字架不再相交，向即将离去的亚历山德拉告别，向已经失去的亚历山德拉告别。"虽然我不会说这是我写的，但我确实暂时放下了对意义的追寻。意义与我无关。

SLD：没错，我也很喜欢那句歌词："我不信任我的内心感受，内心感受时有时无。"（笑）

LC：嗯，在我看来，今天的心理理论非常强调要关注内心感受。当然，这种理论是有一定价值的。但是根据我的经验，人的自我处在变化之中。我不知道究竟哪个才是真正的我，而不再寻找真正的自己让我感到轻松，让我感到平静。但这些认识转瞬即逝，只会暂时存在。之后我们又会认为自己了解真正的自己。

SLD：那你今天是谁？

LC：我是你的嘉宾。

SLD：你所唱的你的"隐秘生活"——

LC：我很喜欢那首歌。莎朗给我听这首歌的时候，我就很喜欢。那首歌词当时我已经写了好几年，大概有50小节，然后我把它们拆解了，那是我们一起写的第一首歌。莎朗给我听那首旋律的时候，我就已经非常满意。

SLD：真的很出色。非常出色。你在其中讲到诚实，关于诚实……

LC：我说的是："生气时，我会微笑，我会欺骗，我会撒谎，为了过活，我会做一切必要的事/但我知道什么是错的，我也知道什么是对的，在我的隐秘生活中，我愿为了真相而死。"

SLD：真相对你而言重要吗？

LC：不，我从来都不是一个执着于追求真相的人。我意识不到谎言。我意识不到有人试图让我明白的事情，我意识不到上帝和世界在玩弄我。所以我从来没有意识到要追求真相。

SLD：那你会追求诚实吗？

LC：我从来没有任何追求。我觉得所有作家在写作时都会尽量做到诚实。那就是写作的意义：尽力实现一种理想的真实，打字除外，因为那只是一项劳动。但你永远无法真正实现这种理想的真实，你也不必实现。因为你根本不知道真相是什么。没有人知道真相是什么。

我试图在《布基街》这首歌里传达这层意思："尽管门上张贴着各式血与肉的示意图，但没人告诉我们布基街的意义。"或许你有布基街的示意图，或许遗传信息和各种机制都清晰可寻，但这个世界的意义……没有人知道。

SLD：你会经常回顾人生吗？

LC：不，我不会。

SLD：人们通常都把你视作单独某个世代的一员，而不是60年代各种运动中的一员，但你比你所属的世代中的所有人都要年长。

LC：没错，在某种程度上确实是这样。我比60年代的那些代表人物至少大10岁。

SLD：而且你还喜欢穿西装。

LC：我一直都穿西装。我的家族从事服装制造产业，我成长的年代也不流行牛仔裤。所以那类衣服对我来说很别扭。

SLD：你会过成人礼吗？

LC：当然。我所成长的那个世界在别处已经几乎不可见。蒙特利尔的犹太社区，那是北美的一个小角落，现在依然很繁华，那里的人很有责任感，热情、善良，而且——

SLD：你写过一首诗。"说他不是犹太人的人不是犹太人。"

LC：没错。我写的是："任何说我不是犹太人的人不是犹太人。我很抱歉,但是这一判定不容更改。"我在鲍尔迪山上修习时,有批评的声音说我抛弃了自己的信仰,说我改宗。所以我就写了这个玩笑。

SLD:你还说你被选为蒙特利尔最会穿衣服的男人,你说的好像是加拿大?

LC:那首诗底下列举了一系列资历。我记得我把它们删掉了,但我或许应该把它们放回去,因为很多人似乎都觉得那些部分非常有趣。我列举了所有我能想到的荒谬资历。有人给我寄了一份蒙特利尔的报纸。上面说我是蒙特利尔最会穿衣服的男人之一。

SLD:最会穿衣服的男人。

LC:我可能确实这么说过。我在这首诗里的表达或许有些过于夸张。

SLD:你怎么看待你在巴黎看到的景象?你可以在这里看见很多打扮时髦的人,美丽、富有——

LC:没错,但我不是其中的一员。

SLD:那你怎么看待他们的生活方式?

LC:虽然我在巴黎生活过,但我不了解他们的生活方式。我不觉得这里有什么生活方式。像巴黎这样的大城市都有自己特定的风格和传统。人们只是在生活。

SLD:那你会不会感觉自己在帮助他们生活,在帮助那些人?

LC:我只是在参与这里的生活。和你一样,和所有人一样,做着自己的小事。但我认为我这一行的人很早就明白,我们所做的事非常、非常有限。

SLD:但你现在正在做的事将会被很多人看见。

LC:即便是这样,即便是一首热门单曲,不过我可能永远不会有这么一首歌,即便是这样……这个世界上还有很多人以自己的方式在活跃,在发挥影响,在贡献力量,如果你认为自己真的能发挥影响，或者你能发挥显著甚至是巨大的影响，那你就太无知了。

SLD：那你现在发行的这张新专辑……你是因为自己想要发布和演唱新歌才发行这张专辑，还是因为回应需求？

LC：这是我的工作，就像宣传唱片也是我的工作。这是我的工作，这是我的职业。我始终认为，不管是对社会而言还是个人而言，失业都是压力的主要来源。所以我很高兴自己能有一份工作，并且能全身心地投入工作，像我在鲍尔迪山上的生活一样紧凑，这张专辑就是我的工作成果。

SLD：你紧张吗？

LC：不紧张。

SLD：你回家之后会开始写新专辑吗？

LC：我想写。我想继续创作，但我不会带着写一张新专辑的想法去创作。我现在确实正在准备另一张专辑，里面都是我自己写的歌，但是我还想和莎朗一起合作。我们已经习惯一起工作，我们3个人每天都会凑在一起，谁都不愿意让对方离开。她们来这里是因为唱片公司的款待。后者提供（机会）让她们在巴黎玩一周，但是我让她们跟我一起接受采访，本来巴黎的行程结束之后，她们就会回去，而我还要继续去西班牙、德国和意大利。我问她们愿不愿意一起去，她们答应了。所以我们还会在一起待两到三周。在过去两年里，我们一起度过了很多美好的时光。

SLD：所以你们可以继续一起工作了？

LC：希望如此。因为能有这样的朋友是一件很美好的事。

SLD：说说那个失意的作家？

LC：我依然在写一些不三不四的东西。我觉得每个人都会失意。当你回顾这项伟大的事业，想起自己面对的那些人，你很难有任何成就感。你可以因为自己能从事这份工作而感到开心。但你不能自欺欺人，以为自己也站在这项伟大事业的高处。毕竟，你要面对的是莎士比亚、荷马和大卫王……

SLD：对，但我记得我读到过这么一句话——詹姆斯·乔伊斯没有死。他以科恩之名生活在蒙特利尔。

LC：我可不觉得他们会把这句话刻在我的墓碑上。人都有自知之明……（已故法国歌手、歌曲创作者、诗人、作曲家、艺术家、演员、导演）赛日·甘斯布（Serge Gainsbourg）以前也经常在这里喝酒，当他被……称为诗人时，他说："我不是诗人。"大家问他："那你是谁？"他说："我是一个伪诗人。"我觉得这种描述非常准确。我始终认为自己是一个小诗人。这不是假谦虚。这是我在比较自己的作品和先人的作品之后得出的准确结论。

SLD：所以你会为自己写墓志铭吗？

LC：不会。听着，我不知道怎么写，我会直接忽视这一类写作。

SLD：那你会在乎自己的墓碑上会写什么吗？

LC：（笑）不。我不在乎。我不关心。

SLD：对你来说，现在最重要的事情是什么？

LC：（停顿许久）这是一个好问题，但我还没有想过。我不知道什么是最重要的。我想孩子的健康和幸福是最重要的。然后是自己的健康和工作。对我来说，和狗一起玩也很重要。

科恩剪报

关于《千吻之深》和普遍的人生

"我们不是在写戏剧，我们不是在制作戏剧，我们不是在导演戏剧，我们也不是其中的演员。每个人最终都会意识到，一切事情的发展都不会如你所愿，你永远不可能参透人生的运作方式。尽管如此，你仍然要真实地生活。但要明白：生活如千吻般深，也就是说，你要深刻地意识到，你永远无法明白生活的运作模式。"

——摘自《承蒙恩典》，道格·桑德斯（Doug Saunders），《环球邮报》，2001年9月1日

科恩剪报

关于抗抑郁药

"早期的抗抑郁药我都用过，比如地昔帕明。还有单胺氧化酶抑制剂和新一代抗抑郁药——帕罗西汀、舍曲林和安非他酮。我甚至尝试过试验阶段的抗癫痫药，那种药对治疗抑郁症有轻微的效果。我听说这些药会为你设立'底线'，也就是说你的状态不可能比这条底线代表的情况更糟糕。但我的情况还是变糟了。所有药差不多都一样，对我完全不起效果……至于百忧解，原先我以为我的情绪进入了平稳期，因为我对女人不感兴趣了，但后来我发现，是这种药抑制了我的性欲……几年前……我把所有药都丢掉了。我说'这些东西根本没法和我面临的困境对抗'。我想明白了一件事，如果我注定要坠落，那我宁愿睁开双眼。"

——摘自《快乐的男人》，米蕾·西尔科特（Mireille Silcott），《星期六之夜》（*Saturday Night*）（加拿大），2001年9月15日

关于抑郁症

"往事并不是抑郁症的病因。我的生命中曾经出现过一些非常美好的女人。问题不在于我无法找到真爱,而在于我无法接受爱,因为我不知道该如何接受。或许(和玛丽安)分手是导致抑郁症的其中一个原因,我真的不知道我的抑郁症从何而起,但一定和孤独有关。孤独是它背后的力量,是决定性的因素,迫使我采取那样的人生态度。我试图避免孤独,逃离孤独,理解孤独,应对孤独。我被迫选择酗酒,选择药物,并且走向禅宗。"

——摘自《与莱昂纳德·科恩的亲密对话》,埃莱娜·皮塔(Elena Pita),《世界报》(*El Mundo*)(西班牙),2001年9月26日

关于说唱音乐

"我对埃米纳姆(Eminem)还有其他一些说唱歌手的歌词印象很深。我觉得写得很好。配合背景节奏,吟诵或吟唱歌词是一种古老的音乐传统,我学习过这种传统,并且也在亲身实践。所以我并不觉得这种音乐对西方文明而言是一种威胁……如果有人觉得说唱音乐是一种坏品味,那么你应该知道,今天我们所珍视的很多东西在过去都曾被认定为坏品味。我不知道说唱未来会如何发展,但如果它能留存下来,那么背后的原因绝不会是因为某些人认为它是好品味或坏品味。"

——摘自《科恩谈讽刺》,迈克尔·克鲁格曼(Michael Krugman),《炫耀》(*Flaunt*)(美国),2001年10月

"我当时并没有意识到有什么事情即将爆发。但是空气中到处都弥漫着自由和机遇的气息。一位叫约翰·哈蒙德的著名星探听了我的音乐，他发掘了比莉·哈乐黛和布鲁斯·斯普林斯汀。他非常善良，听过朱迪(·柯林斯)版的《苏珊》之后，他邀请我去切尔西酒店附近的餐馆吃饭。吃完饭后，他问我介不介意弹几首歌给他听。我照做了，但是非常紧张，他只对我说了四个字'你成功了'。这是我听过最好的四个字。"

——摘自《莱昂纳德·科恩：爱情硬汉》，艾伦·弗兰克斯（Alan Franks），《时代杂志》（*Times Magazine*）（伦敦），2001年10月13日

"当我不再需要进行日常交流后，奇怪的事情发生了。虽然我并不想，但是我发现自己无法克制地在思考有关歌曲的事情。一开始我很惊喜，因为这很讽刺。冥想时，我本应该专注于别的事情，现在却在思考有什么词能和'orange'押韵。"

——摘自《告别寺院，科恩携新专回归》，汤姆·穆恩，《费城问询者报》（*Philadelphia Inquirer*），2001年10月24日

关于扮演英雄

　　"英雄主义非常耗费精力。如果你耗费大量精力用于维持自己的英雄形象和主角身份，一段时间之后，这位'英雄'往往会遭遇无休止的失败。所以在某些时刻，最明智的做法是让英雄就此落幕，然后继续生活。"

　　——摘自《莱昂纳德·科恩：下山之后，平静地歌唱》，安·鲍尔斯（Ann Powers），《纽约时报》，2001年10月28日

终开笑颜：
告别禅修生活，诗人携新专辑和阳光心情回归

j. 珀伊特（j. Poet）| 2001 年 11 月，《脉动!》(Pulse!)（美国）

　　"我和莱昂纳德·科恩的对话在他位于洛杉矶的家中进行，那是一栋简单、朴素的小房子，位于一个中产社区。"以笔名从事工作的记者 j. 珀伊特回忆道，"屋子的墙上没有任何表明明星身份的物件，没有金唱片，也没有他自己的照片。他刚刚结束历时数年的冥想和半闭关的禅修生活，整个人散发着一种沉着、平静的气质。他热情地和我打招呼，交谈过程中，他想起自己很多年前曾经接受过我的采访，这让我受宠若惊。他缓慢、详细地回答了我的所有问题，时不时会闪现出机智的反讽。"

　　"采访结束后，"珀伊特告诉我，"科恩带我参观了他的花园、家庭录音室和卧室。在我离开前，他提到自己正在创作一本诗歌绘画集，但还没有确定书名，那本书就是 2006 年出版的《渴望之书》。"

　　"他打印了一张夸张的自画像，那张画让我大笑不已。他把它当作离别礼物送给了我，我至今仍然珍藏着。"——编者

　　"欢迎进入我的公关危机。"莱昂纳德·科恩开门后说道。他说话时的声音和唱歌时的声音并无二致：低沉而审慎的轰鸣，既饱经世事，又让人安心，但他在说话时常常会露出温暖的笑容，柔化了他那严肃的声音。

那天的洛杉矶酷暑难耐，但科恩仍然穿得相当正式——黑色软呢帽，黑白千鸟格外套，灰T恤，黑西裤，以及黑色居士鞋。

"这张专辑发行几周后，唱片公司跟我说如果我不忙的话，他们要安排我进行紧急宣传活动，于是在过去两个月里，我一直在通过电话跟各种人聊这张专辑。"他一边说，一边带我参观了两间装饰极为朴素的卧室。那间客房里放着一架小电钢琴，他自己的卧室里则放着一把古典吉他。"你想喝什么？水？酒？想抽烟吗？"他是一位细心周到的主人，为了这次采访，他快速利落地布置好了被阳光笼罩的厨房。

那张引发紧急宣传的专辑是《十首新歌》，这是自《未来》之后，他在9年里发行的第一张专辑。一直有消息称科恩已经退隐寺院，告别公众生活，潜心冥想，在漫天的流言中，这张专辑无疑是令人意外的惊喜。"我确实在鲍尔迪山上和佐佐木承周老师一起生活了五六年。"科恩说道，"但是禅修中心是一个社交生活非常丰富的地方，并非与世隔绝。禅宗里有一句话说'好比袋子里的鹅卵石，僧侣互相打磨彼此'。我和这个社群保持联系有将近三十年了。"

与禅宗一样，科恩的作品语言精练、专注细节，是大多数流行音乐所不具备的特点。他的作品带我们深入这位浪漫主义者的灵魂深处，爱、性、死亡和救赎在那里共舞着一曲舒缓忧郁的华尔兹，讽刺性的幽默在其中点缀闪现。

"我倾向于认为我的音乐里有些能逗人发笑的东西。"科恩说，那种狡黠的似笑非笑再次出现在他嘴角，"但评论家似乎看不到这点，他们对我时常不太友好。这些年来我收获了各种各样的称呼（'阴郁王子'和'厄运公爵'是这些轻率称号之中的两个）。有一位评论家甚至提议唱片公司把刀片和我的专辑打包做成自杀工具套装。"

科恩是一位深思熟虑的艺术家，他会为每一件作品付出长久的努力。"几个月前，我从《公告牌》杂志上得知我的第一张专辑《莱昂纳德·科恩之歌》刚刚成了金唱片[1]。"他一边看着在空中飘动的烟圈，一边笑着说："这专辑已经面世多少年了？33年？这确实是我适应的速度。"

科恩曾经将歌曲创作过程描述为一场"神圣的苦难"，就像是在与天使搏斗。"这些歌是在鲍尔迪山上写的，是我在山上的创作中的一部分，我不会过分美化我的创作过程。"这位歌手说道，"我不是说自己的工作量不够大，但自从我坦然接受自己必须竭尽全力字斟句酌的事实之后，这个过程确实变轻松了。我不是那种能坐在出租车后座或者能在餐巾纸背面写出一首歌的人。但我也不是在说，付出巨大的努力，就能保证你写出一首出色的歌。"

这一次创作过程能变轻松的其中一个因素，或许是科恩的老友和禅修同僚莎朗·罗宾逊的参与，后者是格莱美奖获奖歌手、作曲家和乐手，她在这张专辑的作曲和编曲方面贡献巨大。他们之前也一起合作过好几首歌：《人人都知道》《等待奇迹》和戴安娜·罗斯演唱的《夏日时光》。但这是他们一起合作的第一张完整专辑。

"其实在和莎朗偶然重逢并决定重新合作前，我已经着手在写其中几首歌的旋律。但是我更喜欢她对这些歌的处理，所以我不断地邀请她来输出更多想法。她会选出一个小节，将其变为副歌，然后再重新作曲和编曲。在作曲和演唱方面，这张专辑是由两个人完成的；制作方面，则是由三个人完成（与科恩长期合作的录音师利安娜·昂加尔参与了混音工作）。"

这张专辑的录制地点是"静物画"（Still Life）录音室，设在科

1　指唱片销量超过50万张。

恩的自家后院，整张专辑的声音透露着温暖和低度制作的气息。"大家以前和现在都保有的共识是，你在混音前需要把所有歌都转换到模拟磁带（analog tape）里，还原在数码格式中丢失的温度和真实。与此相反，我们发现歌曲在磁带中丢失了在数码形式中具有的温度，所以我们在混音时大胆地使用了Pro Tools（音频软件）。"

唯一的小问题在于科恩的家庭录音室并不隔音。但好在科恩会很早起床打坐，所以他能在环境噪音最低的日出前或深夜时分录音。"能从不同角度演绎一首歌是种奢侈，而对于这张专辑中的大多数歌，我都尝试了很多版本。"

《十首新歌》的曲调依然很低，但罗宾逊在节奏部分融入了乡村和节奏与布鲁斯元素，《布基街》这首歌甚至还有些嘻哈音乐的影子。"我们在写这些歌的时候脑海中事先有一些对风格的设想——《在我的隐秘生活中》是一首慢板节奏与布鲁斯歌曲，《那无损它的价值》(That Don't Make it Junk) 是乡村风格，《丰饶之地》参考的是抗议民谣。数字音乐软件的诱惑在于，它可以帮你实现无限多的可能。你会一连好几个月都沉浸在探索中。于是我牢记着垮掉派的箴言：'第一感觉是最好的感觉。'"

《十首新歌》中最惊人、最具禅意的一首歌是《爱之本身》，它的灵感来自于在阳光下飘舞的尘埃。很多诗人都曾描绘过这种普通的现象，但是很少有人像科恩这么成功。"这首歌的灵感其实很平常。当时我坐在一个阳光明媚的房间里，看着尘埃在空中飞舞，我跟随它们一起进入了那个世界，忘了自己是谁，或者说是真正记起了自己是谁。这对我而言是极其罕见的体验，我总是在仔细地审视自我，但那一次，我的自我消失了。我给几位一起修习的僧侣和尼姑唱了这首歌，他们说它比接心———一段历时7天的密集冥想修习期——更起作用。"

科恩还会设计自己的专辑和单曲封面，他的桌子上堆满了为新单曲《在我的隐秘生活中》设计的封面手稿方案，这首单曲主要推向欧洲市场，他在那里的商业成绩还不错。他还和加拿大视觉艺术家弗洛莉娅·塞吉斯蒙迪（Floria Sigsmondi）合作拍摄了MV。"MTV电视台不想和我扯上任何关系，"科恩说道，"但是加拿大有内容法。它规定，在电视上播放的内容中，加拿大内容的比例必须达到一定值，所以他们只好放我的MV。"

送我离开时，科恩突然笑了。"过去三年我真的很开心，"他用一种近乎自白的语气说道，"我在某个地方读到过，有些人在变老的过程中，和焦虑有关的脑细胞会渐渐凋亡。我不知道是因为这个原因，还是因为（坐禅）练习，我的生活确实轻松了不少。我不会为这张专辑举行巡演。下个月我要专注于完成目前正在进行中的一本书。我已经写了大约250首诗，还画了很多笨拙的画，我想把它们收录在一起出版。（他走到电脑前，为我打开一张令人捧腹大笑的具有自嘲意味的自画像。）

"我和莎朗合作的其他几首歌没能被收录进《十首新歌》。这张专辑的创作和制作过程非常顺利，因此我很期待开始准备下一张专辑。"

流亡大街

布莱特·格兰杰（Brett Grainger）| 2001 年 11 月，《榆树街》(*Elm Street*)（加拿大）

科恩在2001年还与记者布莱特·格兰杰进行了对话，后者在自己的蜜月期收到了采访许可。"我从蜜月旅行中直接赶往蒙特利尔进行采访，"格兰杰告诉我，"让我感到震惊的首先是他开门时戴着墨镜。可他当时明明一个人待在酒店房间里，而且那里并没有窗户。我当时心想：'货真价实的科恩。'"

格兰杰还提到科恩是"我意料中的那种绅士——富有耐心、深思熟虑，回答问题时非常真诚。娱乐圈中几乎没有人拥有这些品质，至少从我的经验来看。作为一位娱乐记者，这次经历无疑是我职业生涯的高光时刻"。

"我后悔没问的一个问题是关于他在蒙特利尔天主教区的成长经历。"格兰杰继续说道，"虽然科恩是犹太人，而且之后还修习了佛教，但是他的作品中始终充满基督教——尤其是罗马天主教——的元素。我想听听他本人的说法，究竟是天主教中的什么内容让他感觉有趣和无法抗拒，尤其是因为即使在今天的魁北克天主教区，反犹情绪依然非常活跃和严重。"

而格兰杰并不后悔的事情之一则是保留那段隔着墙听见科恩小便的内容。"我纠结过究竟要不要提及这段内容，因为我怕这个细节太过冒犯和不敬，"他说道，"但是最后我觉得这个细节让他更像一个普通人，一位老人。这个细节有些将他拉下神坛的感觉，而这也正是佛教要求佛教徒对待神祇的方式。包括对待释迦牟尼。所以我想科恩也会赞成我的决定。"

"只是，"格兰杰最后说道，"那篇文章终究是一个年轻人写的。我希望能有机会在39岁时和他再次共度那样的一段时光。"——编者

我身处蒙特利尔市中心的圣凯瑟琳街。我已经好几年没来这里了，两边的绿化带明显比我上次来时少了很多杂草。微弱的经济复苏让这条街焕发了生机——鞋店和名餐馆的数量已经轻松超过了脱衣舞俱乐部的数量。

在鲁本餐厅吃过午饭后，我走向山街街角，右转后在山的注视下一直向北走，直到抵达时尚酒店，准备采访这座城市最受爱戴的子民，莱昂纳德·科恩。但我并不喜欢这个采访地点。我不喜欢酒店房间毫无特色的可控氛围。在酒店房间里采访名人就像穿着衣服晒阳光浴：安全，但晒不出色彩。

但没必要担心。即使是在这样无趣的环境里，科恩依然比指纹更有个性。"最近怎么样，老兄？"他一边开门，一边说，然后转身去房间里找火柴，重新点燃烟斗。从侧面来看，他的年纪暴露无遗。剪裁精致的衣服在他身上显得有点松垮，67岁的他变得有些驼背。鼻翼两侧深长的法令纹组成了一个括号，将温和、神秘的微笑包围。他穿着那套标志性的服装：黑色双排扣西装，灰色衬衫配黑色条纹领带，脚上穿着黑色非系带鞋。他的白发已快盖过黑发，整体剪得很短。他在洛杉矶郊外的鲍尔迪山上的一座禅寺里待了6年，他可不是在那里接受军事训练，而是，用他的话来说，与年长的僧侣佐佐木承周老师一起进行"基于友谊的修行"。

科恩划燃一根火柴。烟草的浓厚香气弥漫在房间里，像是焚

香的气味。我感觉自己似乎是在山顶拜访大师。他戴着墨镜——渐变色的大框飞行员眼镜——即使他身处没有窗户的酒店房间，而且在我来之前孤身一人。

我突然意识到，对采访莱昂纳德·科恩来说，酒店房间是完美的地点。毕竟，这个男人曾主演过一部叫《我是一座酒店》的电影，还为詹尼斯·乔普林以及纽约切尔西酒店凌乱的床写过一首拜伦式的颂歌。对他而言，酒店是另一座山。或许他在时尚酒店会比在自己家更有归属感。

抽完烟后，科恩摘掉墨镜，我们在一张桌子旁坐下，他跟我讲了一边完成最新专辑《十首新歌》中的最后几首歌，一边接受欧洲媒体采访时——总计一百余场——遭遇的挑战。

科恩或许已经下山，但山依然存在于他的音乐中。整张专辑的标题非常符合禅宗精髓，同时专辑本身也非常简单精炼，他似乎在试图将自己的歌拆解到只剩下赤裸的音符和断续的音节。"生气时，我会微笑。"他在《在我的隐秘生活中》这样唱道，"我会欺骗，我会撒谎/为了过活，我会做一切必要的事。"《多种角度》和《我是你的男人》的简单制作——欧陆迪斯科式合成器曲、鼓机，以及天使般美妙的女声伴唱——再度回归，被过度制作蹂躏的声音在如今看来不如从地下室传来的低沉细语（或者如他所说，后者比前者"具有比跨八度音还要大的重要性"）。

他不需要担心流行音乐排行榜。你可以称之为"伍迪·艾伦[1]式现象"。在这个到处都是"一碟歌手"的行业里，科恩是个例外。他是一个奇迹：一个拥有绝对自主权，可以按照自己的意愿录制专辑，然后面向世界各地热忱、忠实的粉丝发售的老年人（已

1　伍迪·艾伦（Woody Allen, 1935—），美国著名导演、编剧、演员，以独立和多产著称，创作生涯从20世纪60年代末一直延续至今。代表作《安妮·霍尔》《午夜巴黎》。

经有超过三百人注册参加明年在希腊伊兹拉岛举行的科恩致敬活动，但他本人大概率不会出席）。在这张专辑中与科恩合作的制作人和作曲人莎朗·罗宾逊对此表示："唱片公司完全没有插手这张专辑。莱昂纳德对于自己的事业拥有很大的自主权。"

我们该如何解释他的成就？显然不是因为他高产。文学评论家斯蒂芬·斯科比（Stephen Scobie）最近表示，作为一位歌手，莱昂纳德·科恩已经9年没有发行新专辑；作为一位诗人，他已经17年没有出版新诗集；而作为一名小说家，他已经36年没有写过新小说。其中一部分原因是因为他非常苛刻。众所周知，在正式录制《接受这支华尔兹》（收录于《我是你的男人》）之前，科恩修改了大约五百遍歌词；《十首新歌》中的很多歌词他也写了很多年（他把这种过程称为"涂黑书页"）。仅仅一句歌词就能让他纠结好几个星期。鉴于这种修行式的付出，科恩的歌词能被奉为诗歌不足为奇。令人惊奇的或许应该是这些歌词最后成为了大获成功的情歌，你在电台里听到时能跟着哼的那种情歌。

我的录音机出了问题。

我把话题转向了天气，试图让自己在敲打录音机时显得自在一些。我们谈起夏末的酷热，谈起科恩在蒙特利尔的住处没有空调，这些话题非常适合在酒店里谈论。"你再一次成为了山街的居民。"我引用他的第二部小说《美丽失败者》中的内容说道。

"我以前住在山街的最高处。"科恩说道（我又开始敲打录音机）。

"舍布鲁克旁?"（敲打）我已经能感受到科恩的住处到底有多热。

"不，不。"他说道，（敲打，敲打）"在舍布鲁克上面。"

"噢，所以是真正的山上。"我说道，身上冒了一阵冷汗。该死的空调，我快死了。我的录音机也是。我向他表示抱歉，然后开始标准的白痴式检查流程：换电池，检查磁带，拆卸可以拆卸的部分。

"没关系，老兄。"科恩说道，"好好检查。慢慢来。"他起身又倒了一杯咖啡，然后点着了烟斗。我的录音机修好了，我松了口气，按下录制键。

科恩把身体微微前倾。"我们来测试一下。"他说道，"一，二。"我突然意识到：声控录音的按钮不知怎的被打开了。所以麦克风根本没有收录科恩低沉的声音。我赶紧关掉了那个按钮。"我反复会做的一个噩梦是，"我说道，"结束整场采访之后，我发现录音机根本没有工作。"

"很久以前，我也有过类似的经历。"科恩说道，"当时我要代表《时尚先生》(*Esquire*) 采访格伦·古尔德[1]。那还是在大家使用录音机之前。古尔德是出了名的不愿意接受采访，但他答应了我的采访。他戴着手套，非常、非常客气，然后我们开始了对话。"

"我们的对话越来越热烈。"他继续说道，"然后我放下笔。我心想'这次对话这么有趣，我肯定能记住他说的一切'。我们聊了好几个小时，我心想，我真的成功了。然而回到位于山街的公寓后，我却连一个词都记不起来。过了几天，《时尚先生》给我打电话，问我'采访怎么样？'。我说'我正在准备'。然后他们开始每隔一天给我打一个电话，再然后是每天。后来我干脆不再接电话。我记得我应该把预付金退了回去。"

我们俩都大笑起来，科恩穿过房间，又去倒了一杯咖啡。我抓住机会提起对他而言如叔父一般的长期酒友欧文·莱顿曾经说的一句话。"曾经在蒙特利尔的一个派对上，"我说道，"欧文·莱顿问'你们知道莱昂纳德·科恩的问题是什么吗？'，他回答'莱

1　格伦·古尔德（Glenn Gould, 1932—1982），加拿大钢琴演奏家，以对巴赫作品的杰出演绎著称。

昂纳德·科恩是一个厌恶自己的自恋狂'。"科恩被这句话逗得大笑起来。"很有意思，"他说道，"但我想欧文说的可能是他自己。"

圣奥古斯丁曾经写过："我即问题本身。"这句话或许也适用于科恩。在采访过程中，他经常将人类境况描述为"围绕一种困惑的集会"。因此，他的14张专辑、9本诗集和两本小说的主题和首要关注点都是相同的：莱昂纳德·科恩。他的艺术作品可以被视作他与自己的深入对话的抄本，是一种精神纪实作品，诗人在其中直面自己的爱与失意。

这样的作品为他带来了许多称号。"阴郁王子""悲观主义诗人""痛苦的吟游诗人""音乐界的凯沃尔基安医生[1]"——记者们乐此不疲地玩弄着黑暗骑士和化煎熬为宝物的痛苦灵魂之类的陈词滥调。但这些阴暗的形象已经不再与今时今日的他相符——即使之前确实相符。科恩早年的绝望和痛苦已经消失，取而代之的是他面对世界和自己时的自在；《未来》中的悲观先知终于接受自己在大街流亡的事实。最近，科恩授权自己的一幅自画像在非官方网站leonardcohenfiles.com上发布。这幅画描绘的是一位年老的诗人，神情悲伤，与上方的文字形成对比：终于快乐。

焦虑的日子已经结束了吗？"目前是的。"他回答道，"你永远不知道结局会如何。但是没错，我现在非常自在从容。我的孩子们很好（他的儿子亚当今年29岁，女儿洛尔迦27岁），我的工作进展理想，我的朋友们目前也很好。"莎朗·罗宾逊负责了新专辑的音乐部分，这对科恩来说是第一次，他们的合作表明这位尽人皆知的完美主义者已经准备好放弃一部分创作控制权。罗宾逊也认为这些歌词中蕴含着一种科恩此前从未有过的和解与平静。在《就在这里》（Here It Is）这首歌中，他唱道："愿人人都活着，

1　指杰克·凯沃尔基安（Jack Kevorkian），以对病人施行安乐死手术而引发巨大争议的美国医生。

愿人人都死去。你好，我的爱人；我的爱人，再见。"

"我最近和欧文一起度过了一段非常愉快的时光。"科恩说道（近来让莱顿愉快并不容易，因为他患上了阿尔兹海默病），"我们在一起抽烟，然后他说：'莱昂纳德，你有没有注意到你的性欲减弱了？'他已经89岁了。于是我回答：'有，欧文。'然后他说：'那我就放心了。'我说：'这么说，欧文，看来你注意到自己的性欲减弱了。'他回答：'没错，莱昂纳德，没错。'我说：'你第一次注意到这件事是什么时候？'他说：'噢，大概是16、17岁的时候。'"

采访过程中，科恩有一个让人有些挫败的习惯，那就是一字不落地重述故事，而上面这个故事已被他讲了许多遍。但这个故事也说明科恩的关注点发生了重要的改变：随着性欲的减弱，取而代之的是另一种爱，是靠近滋润爱的深流与静水的渴望，正如他在新专辑中所唱，"如千吻般深"的爱。他在鲍尔迪山上的法号是"自闲"，意思是"沉默的人"。他在对着寂静，对着"处在一切中心的寻常、流动的寂静"唱情歌。

我问他最喜欢《圣经》中的哪部分。"我喜欢《以赛亚书》。"他说道，"尤其是前面几章。我还喜欢《诗篇》。"科恩称他的其中一首新歌《在黑暗的河边》是受《诗篇》第137篇启发写成，那首赞美诗的开头是："在巴比伦的河边。"突然，这位诗人兴致大发，开始引用关于流放的经文："'耶路撒冷啊，倘若我忘了你，情愿我的右手忘记技巧。倘若我忘了你，不以你为我的至爱，情愿我的舌头贴于上膛'。但是我要说的是相反的，"他继续说道，"我若忘记我的巴比伦，情愿真理隐没，恩典消失。"

这是非常异端的观点。你能同时做一个虔诚的犹太人，并且爱巴比伦吗？"这个嘛，"他说道，"《塔木德》就写于巴比伦。很多虔诚的犹太人也都曾生活在巴比伦，在那里写作、思考和祈祷。

那就是我们所在的地方——我们在布基街。我们在巴比伦。我觉得你应该完全生活在自己所在的地方，不要将一些或神秘或宗教的避难所当作选择。那会让你患上一种危险的精神分裂症。我们必须生活在这里，我们必须在巴比伦筑造耶路撒冷。"

他微微后仰。"类似的事情，"他一边说，一边挥了挥手，像拂去烟斗中升起的烟圈似的拂去弥漫在空气中的严肃气氛，"我在歌里说得更好，'亲吻我的嘴唇，然后就此结束，我要回到布基街。'正如佐佐木老师所说，你不能生活在天堂。那里没有餐馆也没有厕所。"

世间有厕所很重要，因为科恩在一小时内喝完了整整一壶咖啡。"我得去解手。"他说完便快速起身去了厕所。在这漫长的寂静中，门后传来一阵听起来缓慢、费力的声音，我想起了科恩的一首歌，收录于《情圣之死》的《薄如纸的旅馆》(Paper Thin Hotel)。科恩重新现身，我们走出房间，走进电梯。电梯门关上又打开，我们走进毫无特色、喧哗嘈杂的酒店大厅，互相告别。他与我握手，然后就此结束，我要回到山街。

情欲与失败之王子

约翰·利兰德（John Leland）| 2001 年 11 月,《GQ》（美国）

约翰·利兰德的文章证明了科恩喜欢重复讲述故事的事实：你一定早就已经听过文章开篇这个有关欧文·莱顿的玩笑，以及之后出现的几件轶事。但是请继续阅读。利兰德提供了一些全新的洞见，他的被访者也一样。——编者

两位元老级人物在同彼此探讨性，其中一位是莱昂纳德·科恩。去年10月，科恩去拜访了他的老朋友，作家欧文·莱顿。今年89岁的莱顿身体状况不容乐观，他一直是加拿大最负盛名的诗人和浪子——率直、文绉绉、犹太色彩突出、好色，是年轻作家和像科恩一样迷恋肉体的作家的灯塔。"莱昂纳德，"莱顿问道，"你有没有注意到你的性欲减弱了？"

在他蒙特利尔住处的厨房里，科恩正微笑着回忆那次对话。对于自己的情事，他通常都轻描淡写，这些故事的主角包括乔尼·米切尔、詹尼斯·乔普林、瑞贝卡·德·莫妮等人，而在作品中，他却毫不避讳直言身体部位和私密行为。他的眼神很严肃，声音却非常轻快。莱昂纳德·科恩，这位好写哀歌的诗人，正在讲述一件趣事。"我说：'我有，莱顿。我想你这么问是因为你注意到自己性欲减弱了？'"没错，莱顿发现了这件事。于是科恩问他第一次发现这件事是什么时候。"他说'噢，大概是我16、17岁的时候吧'。"

严格来说，这已经是一句妙语，但科恩并没有停下来。"我认为人体的所有机能都处在不断退化之中，"他继续说道，话题重新回到他更熟悉的黑暗、阴郁和懊丧中，"人会被愤怒纠缠多年，然后这个世界上剩下的事情就会介入，宣誓它的掌控权。"

自从三十五年前朱迪·柯林斯录制了他写的那首悲伤的《苏珊》之后，莱昂纳德·科恩在流行音乐的文学象限内便以历经世事和痛苦而闻名，他将重大的论题——性、救赎、价值——用直白坦率的韵文展现，俘获了从尼克·凯夫到尼尔·戴蒙德这样风格相差甚远的崇拜者。他是一位书写黑暗作品的狠角色。他目前大部分时间居住在洛杉矶南部郊外，他从那里来到蒙特利尔，讲述自己的新专辑——标题一如既往简单的《十首新歌》，以及制作这张专辑的过程。

他灰白色的头发被剃成了很短的平头。条纹领带松松垮垮地挂在早已被汗水浸湿的灰色丝质衬衫前，今天热得不正常。1994年，他住进一座山顶的禅寺，五年后，他悄无声息地下山，10月9日发行的这张专辑是他自1994年以来的首部新作。和他之前12张专辑一样，这张新专辑的歌词依然经过精雕细琢，也依然关于迷恋和缺失。他曾经出版过两部小说和9本诗集，相比于他的音乐，那些作品甚至更加直白、坦率。四十三年来，这些作品为他带来不少溢美之词，令他得以与西班牙诗人费德里科·加西亚·洛尔迦相提并论；另类摇滚明星和斯洛伐克女子乐队献上翻唱专辑；当然，最重要的是，一条偶然促成的职业道路延续至今。

吃过早餐，喝过浓咖啡，抽完烟后，他给我看了一首在禅寺里写的诗，当时他正在考虑下山。那首诗的开头是："我重又变得瘦削和美丽……"

我们开始了一段漫长的对话。

他在蒙特利尔的住处位于昔日的移民区，是一幢普通的排屋，毫不张扬，屋内摆放着他29岁的儿子兼创作歌手亚当，以及他的27岁女儿兼画家和雕塑家洛尔迦的照片，房子隔壁是一家由科恩帮助创立的禅修中心。这套房子很舒适，但鲜少有人居住。科恩离开这座城市时22岁，当时他已是久负盛名的诗人，试图在纽约的中心掀起诗歌风暴。在经历了一些无疾而终的尝试后，有一天，他来到"麦克斯的堪萨斯城"[1]，在那里，一个名叫卢·里德的年轻人把他介绍给安迪·沃霍尔的社交圈子。科恩刚刚在1966年发表了异常悲观的小说《美丽失败者》，虽然截止到现在，这部小说已经卖出100万册，但在当时，它在商业方面遭遇了滑铁卢。"麦克斯"内的比拼还在继续，科恩感觉自己完全无法融入其中。最后，里德对他说："你不必在乎这些浑蛋的看法，你可是写出了《美丽失败者》的人。"虽然他从未完全抛弃蒙特利尔，但他保留这幢房子的主要目的是不让他的两个孩子与这座从小相伴的城市失去联系。他从未在任何一首歌中提及蒙特利尔（与之形成鲜明对比的是，据网站leonardcohenfiles.com统计，他一共在歌中提及17次"赤裸"这个词）。

屋子里的两幅画像可以充当科恩从这座城市联系紧密的犹太社区——这里曾孕育了已故的莫迪凯·里奇勒、莱顿和A.M.克莱因等人——到近晚年时不可思议的"兼职"流行音乐明星和"全职"精神探索者走过的道路的标志。第一幅是一位生活在17世纪，名叫（凯特莉，受洗后获名）凯瑟琳·媞卡薇瑟的莫霍克女子，她对贞洁的守护和对神圣的追求在《美丽失败者》中也有提及。另一幅肖像则是年迈的禅宗大师佐佐木承周老师，他从20世纪70年代开始便是莱昂纳德的精神导师。这两幅画像从不同方向共同营造出一种世俗的静谧，这也是一直以来，科恩在作品中坚定探

1 　Max's Kansas City，纽约的一家夜总会兼餐厅，20世纪60和70年代常有众多诗人、音乐家、艺术家和政治家汇集在此地，于1981年关闭。

索的方向。媞卡薇瑟散发着贞洁的光芒，而佐佐木老师则在一个半空的酒瓶旁面露模糊的满足。

七年多前，科恩认为他需要改变自己所处的环境，不仅在物理意义上，还在精神意义上。当时《未来》的专辑巡演渐告尾声，这张专辑以多重犀利的视角对毁灭进行了探讨；同时，他与瑞贝卡·德·莫妮的爱情也即将结束（这张专辑的同名单曲中有这样两句歌词："又再杀死一个胎儿/我们永远不会喜欢孩子"）。他来到洛杉矶圣盖博山脉高6500英尺的鲍尔迪山山顶，在那里的一座禅寺隐居，并跟随佐佐木老师学习。科恩之前也曾短暂地在这座禅寺里居住，但这次与以往不同。尽管他没有说明当时的情况有多糟糕，但他说他当时就知道自己会在那里待很多年。"这听起来很夸张，我也确实会用夸张来形容自己，"他说道，"但整件事是很自然而然的进展。我当时已经年近六十，我的老师则年近九十，我觉得我应该和他一起生活一段时间。"

1962年，佐佐木老师从日本来到美国（他曾说："我来这里享乐。"），这无论对科恩的生活还是音乐而言，都是莫大的慰藉。很多年前，这两人一同在纽约，当时一直有批评的声音称科恩的音乐太过阴郁和放纵。那时他正在录制1984年发行的专辑《多种角度》。这两人聚在一起喝一种度数极高的中国酒，佐佐木老师开始打瞌睡。"我觉得他根本没认真听我说话。"科恩说道，"第二天早上我问他'你怎么看，老师？'。他回答'莱昂纳德，你应该唱得更悲伤'。这条建议非常不错。"

我问他："莱昂纳德，为什么要写那么多悲伤的歌曲？"

"我从来没这么想过，我从来不觉得那是悲观或者悲伤，"他说道，"我们从来不会用悲伤去形容一位布鲁斯歌手。当然，他听起来确实很悲伤。如果一首歌真实地反映了一个人的痛苦，那么痛苦便会被克服，你不会听见哀叹，不会听见抱怨，尽管这首歌或许确实是关于哀叹和抱怨，但你将从中感受到释放，感受到安慰，感受到快乐。"

尼克·凯夫也是一位作品风格有些许黑暗的创作者，他记得自己14岁时经常在澳大利亚的一个乡村里一边喝着偷来的啤酒，一边听科恩的专辑《爱与恨之歌》，这张专辑在他朋友的母亲看来过于令人绝望，无益于身心，但他在其中感受到了快乐。"这张专辑彻底改变了我，"凯夫说道，"他的写作方式实在太性感了。这些作品被误解为令人绝望，但他明明是这个世界上最幽默的作家之一。在我看来，他的每句歌词背后都隐藏着一个笑容。有两样东西自始至终贯穿于他的作品：温度和顽皮的智慧。我希望我也能像他一样。"

应该说，莱昂纳德·科恩并不是出于绝望而写这些歌，而是出于矛盾，出于他所谓的"在心灵的对立运动中产生了解决混乱和遵守秩序的需要"。曾经有一段时间里，他感觉抑郁威胁到了自己的生活，于是他通过百忧解、曲唑酮、单胺氧化酶抑制剂和其他现代药物寻求释放，"它们无一例外让我变得更糟。"他说道。然而大约在1998年或1999年，他的抑郁症毫无预警地自行消失了，这也对他的创作起到了帮助。他说绝望从未为他提供任何素材。"我认为绝望并非创作的动力来源。绝望会让你遭受折磨。它就是件烦心事。相反，在绝望消失的情况下，我发现自己的专注力增强了。"

那些长途跋涉前往鲍尔迪山寻求顿悟的朝圣者以及科恩都用"斯巴达式、美丽、寒冷"这些词来形容那座禅寺。科恩在那里拥有一间小木屋，除了他的合成器和笔记本电脑外，里面还有张狭窄的小床，一块脏兮兮的地毯，和一些其他的基本生活设施。在那里，早晨开始于凌晨两点半到三点，人们要完成例行的琐事和打坐；每周五晚上，科恩，这位拉比之孙，都会点起蜡烛守安息日。

科恩的信仰并不单一，他不排斥其他可能。总而言之，他所信仰的犹太教并不与禅寺里教授的禅宗冲突。1996年8月，他正式成为一名僧侣，佐佐木老师赐他法号"自闲"，可以被粗略翻译为"沉默的人"。"他的英语非常糟，所以我从来没有真正搞清楚这个名字的意思。"科恩说道，"它确实和沉默有关，但只是普通的沉默，并非特殊、神圣、正义或是弃绝的沉默。只是寻常的沉默。或者说，与一切有关的沉默，处于一切中心的沉默。"他还曾在鲍尔迪山上告诉一位采访者，佐佐木老师是出于税务原因建议科恩受戒。

科恩坚称自己当初并非想要隐退。"如果你想与世隔绝，就绝对不能去那里，因为寺院或禅修中心这样的地方其实非常繁忙。"他说道。禅修中心有很多电话机，还有很多雪要除，碗要洗。他要担任佐佐木老师的厨师，偶尔还要接受采访。临济宗的中心思想是与世界建立密切、频繁的联系，而不是执着于出世。

在他的作品中，科恩毫不避讳地展示自己的入世。听众和读者或许会被这些阴郁的作品中的幽默和私密吸引。换句话说，粗俗的东西，比如像《不要带着勃起回家》这样的下流冲击，这首歌中庸俗的和声还包括鲍勃·迪伦和艾伦·金斯堡；又或者像《人人都知道》中这样不失礼仪的辛辣："人人都知道你一直谨慎/但你必须要一丝不挂地/见那么多人/人人都知道。"

不过对话时的莱昂纳德·科恩并不如此直接。三十多年的采访经验让他清楚地知道该如何点到为止，或者熟练地避而不谈，以语焉不详作为掩护。这么多年来，他一直非常后悔泄漏《切尔西酒店》中的"在凌乱的床上为我口交"这句歌词是指他与詹尼斯·乔普林的情事。他说这句歌词近乎残忍，但是这没关系，问题在于他应该保守这个秘密。与上帝、女人和世界的关系"应该在作品中得到适当讨论"，他说，"不然它只是毫无崇高可言的闲言碎语。语言的创造耗费了大量时间和精力。随意地谈论这些事情便是滥用上帝之名。这会违反十诫。"

不过，他给我看了一些未发表的作品，希望这些作品能帮助解答我的一些问题。这些在鲍尔迪山上写的诗让朝圣者们对寺院的描述变得丰满立体起来。除了打坐和例行琐事之外，僧侣们需要穿僧袍和剃发，这些诗还记录了好几瓶价值300美元的百龄坛威士忌和较低海拔带来的快乐。科恩写道：

> 我的腰带变松，下巴收紧/年轻疯狂的美人们/仍沾
> 染着壁龛和静修处的尘埃/她们想要验证自己的想象/在
> 一个老男人的房间里

他上山不是为了获取自我否定的滚烫品德。

在蒙特利尔的住处内，他正在不停地敲着自己的笔记本电脑，好像一位考古学家正在模拟重构事件。电脑中的目录是科恩大脑的迷宫清单。有一首单曲的文件名是"最终版本#1"，名称中的"最终"二字显得反讽，因为这不过是通往"最终版本#20"甚至更多版本的起点。"这首不错。"他一边说，一边打开一首诗，这首诗的题目是《苦恋之僧》（*Lovesick Monk*），它为我们提供了鲍尔迪山生活的另一个视角。这首诗开门见山地写道："这里令人沮丧。"随后出现了一幅画，一行诗句写在一个裸体女人的臀部，混合着预言和自嘲。这个女人的臀部上写着："这是对伟大之道的完善。"

莱昂纳德·科恩身上有一种充满魅力的残缺，我认为这便是他对女人充满魅惑力的原因之一。他的音乐始终围绕着有关缺失的主题，始终围绕着煎熬的痛苦。他并不害怕因寻找陪伴而伤痕累累。他最好的歌词总是非常精简，常常由单音节词组成，这些歌词将渴望提炼得如金属般纯粹。他给我看了一首正在写的歌词，还只是初具模样，只修改了16次，不过已经完全具备科恩的特点：

"今早你来找我/处置我就像处置肉/你得是个男人才能知道/这感觉有多美好，多甜蜜。"

拍摄了纪录片《莱昂纳德·科恩之歌》(*The Song of Leonard Cohen*)的导演哈里·拉斯基(Harry Rasky)曾形容科恩是"第一位杰出的阴道诗人"，科恩和我都不觉得这话有什么意义，除去这一层隐喻：和他的言谈一样，他的诗歌和歌词创造的是中空的空间，而不是欲望的投射。它们是可进入的空间，可以被粗暴对待的伤痕。

科恩在鲍尔迪山上得到的启示，是顿悟的反面。他意识到顿悟不可能实现。这样的感悟对他而言像一剂良药，苦口但有效。"每个人都有自己的天赋，"他解释道，"我在押韵方面有天赋。当我发现自己在精神生活方面没有天赋时，我感到解脱。"他说，这句话的意思是，他可以因此放弃对宗教的追求，不必经历失望或失败，或是被拒斥的苦涩感。"我不再需要追寻任何东西。这场追寻的终结也带走了因它而生的焦虑。我不知道能不能用'快乐'这个词来形容那种感觉，或许应该是'实用型冷漠'。"

1999年，在他65岁生日前的几个月，他带着存满歌曲的笔记本电脑离开鲍尔迪山，在他看来，这些歌中有10首值得一用。科恩在留下自己满意的5到6段歌词之前，往往会先写30到40段，每一首歌都是如此："很不幸，即使最终要删掉某一段歌词，我也必须先把它完整地写出来。在完成一首歌之前，我无法确定它是否有价值。有些人坐在出租车后座上就能写出优秀的歌曲。但我不行。"后来他与之前的合作者莎朗·罗宾逊偶然重逢，科恩的洛杉矶住处的后院里有一间录音室，在那里，莎朗·罗宾逊帮助他完成了歌曲的音乐部分和录制工作。为了不把鸟叫声录进专辑，他们会在深夜和清早工作。为了保留一种"不完全"

（incompletion）的感觉，他们用罗宾逊的小样作为最终伴奏音乐。

这些歌是他多年来的作品中最温柔的一部分，忧郁但不至心碎。这些歌曲的画面感很强，仅用极少词汇便能描绘出广阔的视野："马驹们奔跑，女孩们年轻/胜算就在眼前。"

欲望在科恩的生活和作品中一直是一股撕心裂肺的力量，如今它却被削弱了。取而代之的是，这些新歌隐晦或没那么隐晦地提到了鲍尔迪山上的那段时光。他没有与信仰决裂；他继续通过佛教和犹太教寻求意义。然而，一如以往，这场令他难以自拔的追寻并非通过超脱实现，而是通过刻苦的沉浸式创作。新专辑反映了一种接受的态度："正如我的老师所说，'你不能生活在天堂：那里没有厕所也没有餐馆'。无论你对自己的认识如何，你都必须不断回归。"回归之处便是他所称的布基街，这个"工作和欲望存在的寻常世界"。

我们走在他蒙特利尔住处外的街上，对话不可避免地围绕工作和性展开。在他开始音乐事业前的一段很短的时间里，科恩曾做过记者。他曾得到机会采访加拿大钢琴家格伦·古尔德，由于被古尔德的言谈深深吸引，他甚至干脆放弃做笔记，他深信这些话语会深深地刻在自己脑海里。那是他的最后一次采访。但这段经历始终陪伴着他，甚至到现在，他还会说："我认为我是一名记者，我的歌则是报道。我会借助一切我所知道的信息，尽可能准确地描述某件事。"

在他礼貌的坚持下，我们决定一起去买蒙特利尔的特产贝果，较细，有嚼劲，是这座城市当之无愧的骄傲。在他的作品和生活中，以及在访谈中，性和诱惑都是反复出现的主题。我问他是否曾刻意让爱情陷入混乱，以便获得素材。这不是他第一次被问及这样的问题。他说："莱顿曾经说一个诗人应该为了写诗而这么做，故意搞砸事情，以便有东西好写。我不知道事实是否如此。这种猜测的前提是我们在掌控事态的发展，我们的所作所为都有计划可循。但这与我对事物运作方式的理解相悖。"

关于他的事业，科恩最为感激的一点是他拥有足够的创作自由。他曾经在一场颁奖典礼上感谢唱片公司没有特别关注他的作品。他短暂地体验过明星的感觉——比如他曾经在挪威造成轰动，短暂地能与布兰妮·斯皮尔斯（Britney Spears）相抗衡——因此不必追求更高的名气。同时，他的歌迷都极为忠实，这使得他的创作生涯更接近文学而不是流行音乐，他不必被歌迷的需求束缚，也不必与这些需求对抗。

关于自己的"剑士"（swordsman）名声，他幽默地做出了辩解。"这种评价完全不准确，但我每次听到都觉得很有意思。"他说道，但是这种名声得以让他进入同类人群的内部，接触到其中那些人的故事。"因为这种虚假的名声，我得以有资格进入'杰出者'的行列，与他们对话，"他说道，"从我得到的信息来看，涉及到他们渴望的恋人时——不是那些轻而易举就能得到的人，而是真正想要的人——他们都会感到焦虑。所有人都有生理上的共鸣。没有人能在这件事情上成为例外。"

所以，他还会继续深入探索这种焦虑，百忧解和禅宗都无法阻止他，凯瑟琳和佐佐木老师也无法做到。这或许是因为科恩比摇滚圈的人年长，他在作品中探索的是人生更深层次的矛盾和冲突，而不是摇滚式的纵情宣泄。这既是他的作品能经受时间考验的原因，也是他继续探索的方向。冲突依旧在召唤他。正如十几年前，他在无奈中承认的事实：爱，无药可救。但对科恩而言，他至少还有笔记本电脑里那些平复情绪的自我省思。而我们这些剩下的人，则还有莱昂纳德·科恩的作品。

仁慈的兄弟

米卡尔·吉尔摩（Mikal Gilmore）| 2001 年末采访，2002 年 3 月刊
登于《旋转》（*Spin*）（美国）

米卡尔·吉尔摩——几十年来美国最优秀的音乐记者之
一——在接下来这篇文章中为我们呈现了极具深度的信息，他和
科恩之间的这场对话发生在 2001 年，除此之外，他还描述了十三
年前与这位歌手之间难忘的会面。——编者

1994 年，莱昂纳德·科恩消失在公众视野之外。在摇滚乐历
史上，科恩是被严重低估的艺术家之一。但到了 90 年代初，《我
是你的男人》和《未来》这两张专辑让他获得了漫长职业生涯中
最大的成功。年轻的歌手们［包括杰夫·巴克利、尼克·凯夫、
多莉·艾莫丝（Tori Amos）和 R.E.M. 乐队］纷纷开始翻唱他的歌；
奥利弗·斯通（Oliver Stone）和阿托姆·伊戈扬（Atom Egoyan）等
导演则在其电影[1]中使用他的音乐。59 岁的科恩不可思议地来到了
巅峰。

然后，他一走了之。他把传奇的爱情故事（他在很多歌中深
情且明显地记录了这些故事）、洛杉矶的双层公寓和他的艺术事
业全都抛在脑后，前往洛杉矶东北方向距其一小时车程的鲍尔迪
山，高 6500 英尺的鲍尔迪山山顶坐落着一座禅修中心，中心的创

1　分别为《天生杀人狂》（*Natural Born Killers*）和《色情酒店》（*Exotica*）。

立者是科恩多年的老师和朋友——佐佐木承周。他开始了全职隐居生活。

然后，1999年，科恩悄无声息地离开了禅修中心，重新回归之前的生活。他发行了一张新专辑，《十首新歌》，这张专辑在很多方面都与他之前的作品截然不同。同《我是你的男人》以及《未来》中的犀利尖刻相反，科恩的新专辑主题是接受痛苦和老去。这张专辑无关令人恐惧的未来，而是关于宽容的当下。一如科恩最好的作品，这张专辑有自己的节奏、框架和情感。它为两个被不断提及的问题提供了答案。当这个世界终于准备接纳他时，他为什么选择抛弃这个世界？他又为何带着自1966年的小说《美丽失败者》之后最大胆的作品回归？

这两个问题的答案都是：在莱昂纳德·科恩离开的这段时间里，他经历了一些变化，关于这些变化，他只能说这么多。我们之后再来详述这件事。现在，我们先来回忆另外一件事。

1988年。在洛杉矶的一个愉快夏夜里，我在莱昂纳德·科恩位于威尔希尔中区的住处见到了他，他正在为专辑《我是你的男人》巡演。从1979年以来，我曾在不同场合与他交谈过。我记得在一次电话采访中，我们探讨了爱情与性——这些主题在科恩的作品中反复出现。

"人是孤独的，"他当时说道，"人们对爱情的尝试，无论以什么方式进行，都失败了。所以他们不愿再被欺骗，他们变得戒备、冷漠、狡诈、多疑。在这种情况下，他们当然不可能拥有爱情。去爱，意味着妥协，意味着暂时放下你的个人想法，放弃以自己为中心，意味着迁就别人。"他停顿了一下，"男人和女人之间的境况，"他说，"是无法挽回的。"

他又停顿了一下，然后大笑。"喝醉了，"他大笑着说，"我又喝醉了。"

但1988年的这个晚上没有出现酒的踪影。不仅如此，科恩在炖鸡汤。厨房里有一些小圣像画和画像——科恩信仰的犹太教的标志，印度教和佛教的雕像，和一张凯特莉·媞卡薇瑟的画像，这位著名的易洛魁印第安人，时刻在审视《美丽失败者》中的那位叙述者。

1934年，莱昂纳德·科恩出生于蒙特利尔一个德高望重的犹太家庭。但科恩被天主教吸引。"我并没有发现天主教的压迫性。"他一边说，一边往汤里加盐。"我只看见了孩子、母亲、牺牲，以及仪式中透露的美。开始读《新约》之后，我被其中的一种极端典范深深触动。爱你的敌人，'温柔的人有福了，因为他们必承受地土'。"

他的犹太身份认同感，对基督教圣像以及救赎的兴趣都在他的作品中占据非常显著的位置。"和我很多朋友的家庭一样，我的家庭也一直教我要做善良和正直的人。当我（在蒙特利尔的麦吉尔大学上学时），我开始写诗和结交其他诗人，我们认为自己在做非常重要的事。我们不在伦敦，也不在纽约——我们不必承受来自文学权威的压力，不必听他们说什么是好的，什么是不好的。我们完全自由。每次聚在一起喝酒的时候，我们都有一种在进行历史性会晤的感觉。"

同时，科恩认为自己的夏令营经历——夏令营的组织者是一位社会主义者和民谣歌手——对他而言非常关键。"他的吉他弹得很好。"科恩评价那位组织者称，"他让我接触到了社会主义和左翼思想，我了解到一种左派立场，一种反抗立场。在那之前我从来不知道要反抗什么。夏令营结束后，我得到了一把吉他，并且开始学习弹奏音乐。我去了哈佛民谣图书馆听歌。我觉得歌和诗之间并没有巨大的差别，所以在写作和唱歌时，我也无须进行过多的转换。"

1956年，科恩自行出版了第一本诗集《让我们比照神话》。这本书获得了好评，而他的下一本诗集，1961年出版的《尘土香料盒》则奠定了其加拿大重量级文学新星的地位。然而当时，科恩已经和一个叫玛丽安·伊伦的挪威女人和她的儿子一起生活在希腊的伊兹拉岛上。他们的关系进入了一种模式：和很多人一样，科恩一面受到家庭和爱情带来的安全感的吸引，一面却又感觉受限于此。尽管生活在天堂一般的地方，他依然感到不安。

科恩继续写作，他于1963年出版半自传体小说《至爱游戏》，1966年出版小说《美丽失败者》。后者讲述了一个男人在遭遇爱情和历史的背叛后追寻超验的故事，这部小说极为大胆，对性的描写令人震惊，很多人至今依然将其视作战后文学的代表作品。这清楚地说明，如果科恩愿意，他完全可以成为与诺曼·梅勒、托马斯·品钦[1]和亨利·米勒比肩的文学巨匠。

但是科恩的志向发生了改变。"《美丽失败者》收到了如潮好评，"他说道，"但是它只卖出了几千册。这个事实很残酷。我真的尽力了，我写了两部小说，3本诗集，但我付不起房租。这个问题很严重，因为还有人需要依靠我。"

60年代末，科恩来到纽约，在那里，他意识到，文学抱负和流行音乐并不冲突。"我在'麦克斯的堪萨斯城'认识了卢·里德。"他回忆道，"他说：'你就是那个写《美丽失败者》的人。请坐。'我很惊讶，自己居然在那里小有名气。卢·里德、鲍勃·迪伦和菲尔·奥克斯这些人都知道我的作品。我意识到自己并非完全错失了机会。"

他的歌得到了伯乐的欣赏，哥伦比亚唱片公司在1968年（编

1　托马斯·品钦（Thomas Pynchon，1937—），美国著名后现代主义小说家，代表作《万有引力之虹》。

注：应该是1967年12月27日）发行了《莱昂纳德·科恩之歌》。《苏珊》（早已因为朱迪·柯林斯而广为人知）这样的经典之作使科恩成为了迷失之人的代言人。

虽然获得了这样的评价，科恩却感到日益孤独，他和伊伦的关系也逐渐走向终点。"专辑发行之后，从表面上看，我能因此接触到很多有趣的人。但事实上，我依然还是独自走在街上，不知道能找谁一起喝杯咖啡。我开始意识到，某种灾难正在发生。我不知道为什么我无法和他人建立联系。"

1969年，科恩与当时24岁的苏珊·埃尔罗德相遇，他与这个女人之间的关系不仅是最长久的，也是最激烈的（她不是那首歌中传奇的"苏珊"，但科恩承认，她的名字确实是吸引他的其中一个原因）。科恩形容他们两人之间的关系为婚姻，但事实上他们从未正式结婚。科恩之后的作品（包括《爱与恨之歌》和《情圣之死》）总是毫不掩饰地刻画在彼此的冲突中维持爱情忠贞的挣扎，和在文化解体后依然怀有的希望。他的很多作品都与他和埃尔罗德之间这段风暴般的关系有关（他说，她"每次都能智胜我"。）。他们有两个孩子，70年代中期，他们分开了。

尽管科恩的音乐越来越有特点，但是在美国的销量始终低迷。有传言称科恩第一次给哥伦比亚唱片公司的大老板沃尔特·雅特尼科夫（Walter Yetnikoff）听1984年发行的专辑《多种角度》时，雅特尼科夫说："听着，莱昂纳德，我们知道你很伟大。但我们不知道你到底好不好。"[1]哥伦比亚唱片公司拒绝在美国发行这张唱片。

然而1988年，事情发生了逆转。《我是你的男人》，这张阴郁、抓耳，带有忧郁的电子元素的专辑，在美国的销量比他之前任何

1　雅特尼科夫的原话："Leonard, we know you're great. We just don't know if you're any good."

一张专辑都高，在欧洲的一些区域甚至更热门。因为这张唱片的全球成功，兴致勃勃的哥伦比亚唱片公司决定为科恩颁奖，然而他的回应是："谢谢。我一直都很感激你们对我的作品缺乏关心。"

我们一边说话一边喝鸡汤。随后，我去纽约的卡耐基音乐厅观看了科恩的一场演出，那场演出座无虚席。他的表演充满力量，而最让观众激动的曲目是《我们首先攻占曼哈顿》——收录于《我是你的男人》，讲述了一个恐怖分子的邪恶复仇故事。在这样一场全是有关妥协和悲伤的歌曲的演出中，这首歌就像是战争的号角（十三年后，当杰夫·巴克利版的《哈利路亚》被VH1选为纽约世贸中心袭击事件的安魂曲时，《曼哈顿》将成为一则令人追悔莫及的预言）。

演出结束后，我在中央公园旁的梅费尔酒店里和科恩见了面。那是一个炎热、潮湿的下午，但是科恩的穿着依然非常正式，无可挑剔：一套深色细条纹双排扣西装，一件清爽的白色衬衫，和一条合适的领带。科恩坚持让我坐房间里最舒服的那张椅子，还帮我点了一杯冰水。

"现在是非常时期。"过了一会后，他开口说道。说话时，他站起身，拉开裤链，脱下裤子，并整齐地叠好搭在另一张椅子的椅背上。但他坐下时依然穿着外套，打着领带。"我认为我们正生活在《圣经》所说的灾难中。我们的秩序、我们的礼仪、我们的政治体系，都在走向覆灭。救赎的爱或许也将消失。"

类似的话，我之前也听他说过。这到底是抑郁症的表现，还是澄明的现实主义观点？他继续说："试图预先抵御末日是毫无意义的。导弹早已发射。我们已经身处发射后的世界。关键的问题是：我们如何才能从容、和善地接受这个事实？这就是为什么我要写《我们首先攻占曼哈顿》这首歌。我们已经不能再相信呈现在我们眼前的现实。如今的公共言论几乎已经毫无意义。政客的言论已经完全无法让你产生共鸣。你现在听见的歌也几乎——"

突然，门外有人敲门。"不好意思。"科恩说道。他站起身，重新穿上细条纹长裤，然后打开门，在我的冰苏打水账单上签字。他关上门，把饮料递给我，然后又脱了裤子坐下，脸上还带着温暖的笑容。这种笑容并非羞涩，也并非讽刺——这是一种真正的温柔和慷慨。我随即意识到，莱昂纳德·科恩所展示的是真正的从容和得体，尽管他清楚地意识到那个糟糕的事实，意识到我们不过是在苟延残喘。

在1992年的专辑《未来》中，科恩将进入此前从未抵达的情感领域。"一切都将崩解，落向各处，"他在同名曲中唱道，"世界的暴风雪/已经越过界限/……准备好迎接未来：那就是杀戮。"

虽然我一直都很喜欢诚实且残酷的音乐和艺术作品，但我必须承认，《未来》真的把我吓得不轻。我决定，只要有机会，我一定要再和科恩进行对话，看看他的近况。然而，他却离开了——在他前往的那个地方，和作品有关的一切似乎已经无关紧要。

2001年。还是洛杉矶的那幢房子，我再次敲响了那扇门。又一次为我打开门的这个男人穿着一套漂亮的西装，仍然坚持让我坐最舒服的那个位子。当然，莱昂纳德·科恩还是发生了一些改变。他今年已经66岁，他把灰白色的头发剃成了平头。

1999年，在居住五年后，科恩离开了鲍尔迪山上的禅修中心。我们这次对话的目的是探讨《十首新歌》。这张专辑以对往事的追忆开场，以一首祷词收尾：

> 为了被囚困的数百万人/财富将他们分离/为了还未复活的耶稣/自内心的洞穴……/愿丰饶之地的光芒/有朝一日照亮真理。

在概念上，这张专辑和《未来》中令人毛骨悚然的宿命论截然不同。"《未来》源于痛苦。"科恩简单明了地说道，"这张专辑则是出于庆祝。"

刚离开禅修中心时，科恩并没有立刻录制专辑的打算。然而某一个晚上，他在贝弗利购物中心偶遇了莎朗·罗宾逊，后者是他的好友，也曾在他之前的作品中担当伴唱（科恩是她儿子迈克尔的教父）。不久后，两人便开始重新合作。《十首新歌》几乎完全由罗宾逊和科恩共同创作和演唱。"我认为这是一张非常出色的专辑，其中大部分是莎朗的功劳，"他说，"我偶尔会做一些调整。我经常对她说，'莎朗，这首歌的音符数有没有超过四个？你知道我的极限'。"

科恩拿起一包温趣牌香烟，从里面抽了一根。在对话过程中，他几乎一直在不停地抽烟。"大概从一年前开始，我又重新抽起了烟。"他听来很后悔，"必须得再戒掉。"

我问了科恩一个意料之中的问题：他为什么放弃自己的事业？他在研究他的烟。"整个市场的运作方式对我而言非常遥远和陌生，"他说道，"当时我已经58岁。我得到了我的同行、同龄人和另一两代人的尊重。但我的日常困境让我无心逗留。1993年，在我目前为止的最后一次巡演结束后，我住进了寺院，心想'如果这能奏效，我就留下来'。我没有提前设定自己会待多久，但我知道至少会持续一段时间。"

"我在那里的另一个原因是我有幸能跟随Roshi（科恩对禅宗老师佐佐木的称呼）学习。他货真价实。他是一个出格的人——一点也不虔诚。这个人非常聪明，本来可以很富有，但他选择住在被雪覆盖的小屋里。他是个非常高尚的人。"

走廊里的电话响了。科恩想停下来听听是谁打来的，但在进入语音留言之前，对方就挂断了电话。科恩笑了。"没人留言的时候，我总是非常感激。"

科恩开始讲述他告诉Roshi自己想离开寺院，回归自己生活时的情形。"我和Roshi是非常亲密的朋友。我们是那里年纪最大的两个人，尽管我们之间也差了很多岁。那段时间里，我一直在为他做饭、照顾他。所以当我向他征求离开的许可时……失望并不是最恰当的词。他很悲伤——就像你的好友要离你而去时你的感受。他问我为什么想离开。我说'我也不知道为什么'。他问'离开多久？'。我说'我不知道，Roshi'。他说'不知道。好吧'。"

科恩抽出一根烟，静静地坐在那里。过了一会，他说要给我做午饭（我很久以前就知道，在莱昂纳德·科恩家做客的人不可能空着肚子离开）。之后，科恩带我去了他的录音室，就在车库上方。他又点起一根烟，然后在沙发上坐下。

"我不能谈论我在那里究竟经历了什么，因为那是私事。我不想看见它被刊登。"他说道，"我去那里真正的原因是解决一直以来反复发作的抑郁症。我会说，我所尝试的一切——酒、女人、歌曲、宗教、冥想——都是为了摆脱抑郁症，这是我所有行为的根源。但不知不觉中，我在鲍尔迪山上经历了一些事情，我的抑郁症减轻了。它已经消失两年半了。"

"有一次，Roshi对我说了一句非常深刻的话。"他继续说道，"他说，你年纪越大就会越孤独，就会越需要爱。也就是说，你一直试图保护的这位英雄，这位在你的人生剧本中扮演主角的英雄——并非过着英雄的生活。你在花费大量精力维系这种英雄形象，但这位英雄在一次又一次地遭遇失败。这些失败并不英勇：它们是可耻的。最后，你会说：'让他就这么死去吧——我已经没有力气维系这种英雄的形象。'从此以后，你要把自己的生活看作真实的，即使你无法确定自己的决定会导致什么后果，你也要做出决定。"

时间已经接近傍晚。科恩又点了一根烟，然后停下来欣赏渐渐落下的太阳使物体投下的影子。"我想继续工作。"他说道，"我希望我明天不会跌倒。我正在打磨一系列新歌，我又开始用吉他写歌了。除此之外，我还想出版我在鲍尔迪山上写的作品。我并不是为了呈现内心的想法而创作——我只是想创作。我觉得这就是我的工作，我唯一能做的工作。"

科恩穿上西装外套后送我出门。"我已经六十过半了，"他抬头看看发出刺眼光芒的太阳，"我不会装作自己得到了救赎或者答案之类的。我没有被拯救。"他微笑着继续说，"但另一方面，我也没有被耗尽。"

科恩剪报
关于歌词

"关键在于它们如何产生共鸣。你知道，歌词能与一种无法说明的真实产生共鸣，虽然无法说明，但是这种真实是支撑你的生活的一种力量。我经常能在迪伦的歌里感受到这种真实，还有伊迪丝·琵雅芙的歌……虽然歌词速度太快导致我没法完全听懂那些法语，但我依然能感受到那些歌词是关于某些真实的东西，某些你无法说明，但有人帮你说明的东西，那种感觉就像是找到了最后一片拼图。那个时刻变得明了。你在聆听这首歌时，那个时刻便到来了……把拼图拼完的感觉很妙，不是吗？"

——给纪录片《我是你的男人》（2005）的导演利安·卢森（Lian Lunson）的回复，卢森告诉科恩，《叛徒》（The Traitor）是纪录片里她最喜欢的歌之一，但是"我不知道它在讲什么"。

关于曾经的恋人玛丽安·伊伦

"没有一个男人会不对玛丽安产生兴趣。没有人会不被她的美丽和大方倾倒……她是一个典型的北欧美人，这毋庸置疑。但她非常善良，对待自己的美貌极为谦虚。你知道吗，隔着四五十年的距离回看，我会更加深刻地意识到这些品质有多难得。她清楚地知道自己应该在每个时刻做什么，她非常善良、乐于助人、热情、大方。当然，她也有另一面，她会喝酒、跳舞，狂野、美丽，充满威胁性，非常危险，你知道，如果你是和她在一起的那个男人……我们要赶船回伊兹拉。我们起床然后坐上出租车。我永远不会忘记那一天。没有大事发生，只是和玛丽安一起坐在出租车后座，我一边抽烟一边心想'我是一个成年人。我和一个美丽的女人在一起，我们口袋里有点钱'。那种感觉……我想重新复制那种感觉，但我尝试了几百次也没有成功。那是一种真正成为成人的感觉，身旁坐着一位你愿意与之共同生活的美人，面前则是充满可能的世界。你的皮肤晒得很黑，你将要登上一艘船。"

——摘自广播纪录片《若你意愿如此》，卡莉·赫萨马尔（Kari Hesthamar），挪威广播公司（挪威），2006年

科恩剪报

关于离开鲍尔迪山的原因

"我不知道应不应该告诉你整个故事，因为这是隐私。我去拜访（禅宗大师）Roshi，然后成为了一名僧侣……但那里的生活非常严格。那种生活能把一个21岁的年轻人彻底击垮。我已经快70岁。我觉得那种生活已经没有益处，无法消解我的压力，而我所有的感觉、行为和想法的根源都是这种压力。所以我开始觉得这是一种回报甚微的生活……还有一些感觉非常模糊、难以描述。或许在歌或诗里讨论那些感觉才是合适的，不应该在对话里。"

——摘自特瑞·格罗斯（Terry Gross）的采访，《新鲜空气》（*Fresh Air*），全国公共广播电台（美国），2006年

电台采访

希拉·罗杰斯（Shelagh Rogers）| 2006 年 2 月 7 日,《非常加拿大》(*Sounds Like Canada*)，CBC（加拿大）

　　科恩一定感觉自己已经在2001年的一系列采访中把该说的话都说完了，因为自那之后，他进入了一段相对沉默的时期。2004年10月26日，科恩发行专辑《亲爱的海瑟》(*Dear Heather*)，但他直到2005年末才开始接受媒体采访，当时他声称（见本书"序"部分）前经纪人凯莉·林奇挪用了自己超过500万美元的储蓄，使他的总资产只剩15万美元。

　　第二年终于传来了好一些的消息。2006年2月3日，科恩带着本人和他的五首歌——《爱无药可救》《电线上的鸟》《人人都知道》《哈利路亚》和《苏珊》——入驻加拿大词曲作者名人堂。同一个月，科恩赢得了与林奇之间涉及950万美元的民事诉讼案。5月，他出版了新诗集《渴望之书》。那个月，科恩当时的恋人安佳妮·托马斯发行专辑《蓝色警报》(*Blue Alert*)，科恩担任了这张唱片的制作人。5月13日，科恩和托马斯现身多伦多的一家书店为这张专辑以及《渴望之书》做宣传，这也是科恩十三年来第一次出现在公众面前。

　　入驻名人堂几天后，科恩同CBC记者希拉·罗杰斯谈论了这份荣誉，以及即将出版的诗集和安佳妮的专辑。——编者

希拉·罗杰斯（以下简称SR）：我想问问你《人人都知道》

这首歌，这首歌是入选（词曲名人堂）的作品。"人人都知道骰子已被灌铅/人人都在投掷时祈求好运。"这是一首怎样的歌？

莱昂纳德·科恩（以下简称LC）：我想我是在试图写一首强硬的歌，我想告诉自己，也告诉这个世界，我确实知道一些事情。我们都会在脑海里幻想一些人物，有时候我们还会成为他们。这首歌的主人公是一个经历过一切、见证了一切，无所不知的人。这就是这首歌最初的动机，但是后来，在严格的韵律框架下，我写出了一些自己都难以相信的歌词。有几句真的非常好："一枝长杆玫瑰花"和"一丝不挂"。这些都是我从来不曾料想的美好馈赠。

但"馈赠"的意思并不是说我没有努力，我非常努力。我写每个词都非常努力。写完这些歌花费了我很长时间。但是，当这些小馈赠出现时，你还是会感到惊喜和感激。这首歌里这样的馈赠尤其多，它们使我能去探索自己对事物的感觉，而不是去积极地参与社会运动，因为那并不是我的本性。我可以去回应自己心中与寻求变革相通的冲动。我记得叶芝的父亲说过，诗是孤独之人的社会行动。

SR：《爱无药可救》也是入选作品。

LC：《爱无药可救》……我已经记不太清了。你能唱一下这首歌吗？我忘了怎么唱。

SR：（唱歌）"爱无药可救，无药……"

LC：啊没错，是这首。

SR：（大笑）嗯。不敢相信我居然给莱昂纳德·科恩唱歌。你好，约翰·哈蒙德。

LC：这说明了一件事。有时候，你真的无法知道一首歌在讲什么。"爱无药可救"，我只知道这句话是真的。它说明爱是一种疾病。爱是一种狂热或是疾病这种比喻并不新奇，在某种程度上，这句话和"万物皆有裂缝"异曲同工。我们的冲动，我们的狂热……无药可救。

首先，我们无法控制它们。我们只得接纳它们。我们的行为受到它们的驱动。我们爱上各种各样的事物、观点和人，我们无法控制自己。我们天生如此，我们的构造就是如此。正如我们也是嗜血的杀人狂，正如我们也是心怀最高理想、远大抱负，极度渴望爱的温柔生物。虽然有很多证据指向反面，但我们没法让自己不去爱。不仅是爱一个人，虽然这毫无疑问是其中的一部分。还有去爱道德、理想和美好的梦想。

SR：你现在是否比当时更懂得爱？

LC：我从来不擅长去爱。这一点我非常清楚。

SR：那么到现在为止，你所经历的爱情，可以算是一支美丽的舞吗？

LC：可以。我和安佳妮·托马斯一起写了一首歌，叫《感谢伴我共舞》(Thanks for the Dance)，是这么唱的："感谢伴我共舞，它很糟糕，它很美好，它很愉快 / 感谢所有的舞，一二三，一二三一。"

SR：（笑）很美。这首歌会出现在安佳妮的新专辑里吗？

LC：会，那张专辑叫《蓝色警报》，这是其中的最后一首歌。

SR：你跟她很久以前就认识。

LC：安佳妮在我1984年的巡演上为我弹键盘乐器和伴唱。所以我和她已经认识很长时间了。以前我们是合作伙伴，现在则是最亲密的邻居。

SR：你马上会发布一张新专辑和一本新诗集？

LC：对。我会出版一本诗集，书名是《渴望之书》。这是一本诗歌和绘画集，它的封面很好看。

SR：封面上是什么？

LC：一只鸟。我之所以喜欢这个封面，是因为这张画之前被我舍弃了，一直没用。但我一直都在重复利用我的手稿和画，重新发现作品的感觉非常美好。你永远不该抛弃任何东西，包括人和观点。你永远不该放弃任何人，这是真理。一切事物都有自己的作用。

SR：所以你有一本新书，一张新专辑，还有入驻加拿大——

LC：这些歌是幸运的，能让自己的歌被同胞接受是一件非常美好的事。我听过（导演）奥利弗·斯通的一次采访，他说他拍了一部大热电影，我记得是《野战排》（*Platoon*）。他说每一位艺术家都应该体验这种大获成功的感觉。他说如果他可以决定一件事，那么他会选择让所有艺术家大获成功一次，因为这种感觉无可比拟。他说你会感觉自己不可阻挡，你能感觉到全世界都在以一种无法说明的热情欢迎你。

我从来没有所谓的大热作品。但我的一些歌以它们自己的方式抵达了人们的内心，我亲身经历过这样的事，比如走进一家咖啡店，听见里面在放自己的歌；走过一座公园时，听见一个年轻人在弹自己的歌。这种感觉非常美好，这是另一种成功。没有进入名人堂。但获得了人们的心。

SR：我必须得问《哈利路亚》这首歌。

LC：那首歌和"万物皆有裂缝"，还有《爱无可救药》在根本上是相同的。那首歌里有这么几句歌词："即使一切都出错，我也会站在歌之神的面前，除了哈利路亚，不言一语。"对我而言，我觉得这几句歌词总结了一切。

SR：你应该听过凯蒂莲的版本。

LC：噢，我非常喜欢那个版本。

SR：她很出色。

LC：惊为天人。

SR：她确实惊为天人。

LC：她几乎每首歌都唱得非常出色，但是听见她在上一张专辑最后唱这首歌的时候，那种感觉依然非常特别。唱得太美了。

SR：你有那么多即将问世的作品，莱昂纳德……你曾经消失了很久。不久前，你重新现身。你觉得自己会再次走红吗?

LC：我在生命的大部分时间里都不会用这个词形容自己，但现在形势非常困难，如果你想在市场中生存，你就必须承认市场的存在，也承认有人在操纵和操控它。我不太适应这种运作方式。

SR：那我也不能再继续问你这个问题。

LC：我不知道这是怎样做到的，但我和一些人之间保持着一种非常奇妙的关系，这些人的数量似乎可观。这种关系使得我能以……我不知道该不该用"合适"这个词，因为我不知道那种方式是否合适，总之，我能以我所认为的方式，我所想到的方式与他们交流。我希望我有机会继续这样做下去。

SR：你和你的精神导师Roshi一起待在鲍尔迪山上时——

LC：我的老朋友Roshi，他已经98岁了。

SR：他还活着。

LC：没错，他还活着。他曾经跟我说："不好意思，我忘了去死。"他的状态依然很好。这让我很受激励。我从来没把他当作精神导师，对我而言，他拥有完全理解他人困境的非凡能力。我们一直都在努力做到理解我们生命中的人，但和其他事情一样，这是一种艺术、一种技巧，有些人有，有些人没有。

我从来没对佛教产生过兴趣。我所信仰的宗教非常伟大，但Roshi对他人非同寻常的细心关注深深吸引了我，我无法在别处感受到这种家的感觉。我想体验这种感觉。如果他是一位海德堡大学的物理教授，我就会去学习德语，去海德堡大学学习，但他是一位禅宗大师，所以我就穿上僧袍，住进了寺院，为了得到他的陪伴，我做了必要且合适的选择。

SR：下山之后，那段生活如何改变了你的生活方式？

LC：那种宗教生活的很大一部分内容都非常吸引我。我给Roshi做了很多年饭。

SR：你给他做什么？

LC：他这个年纪的人必须摄入大量蛋白质。所以我经常给他做鱼。他喜欢吃金枪鱼和三文鱼。我经常给他做照烧三文鱼。

SR：你会给他做"红色尼德尔斯"（科恩自创的酒）吗？

LC：Roshi教了我很多有关酒的学问。Roshi是一位非常厉害的酒客，他会教我辨别，比如，轩尼诗和马爹利这两种干邑的口感，当然不会在夜深的时候。他还会考我。但我永远没办法让他对红酒感兴趣。他喜欢喝几乎有毒的生清酒。我从来无法真正接受清酒。如果你被高品质波尔多红酒滋润过，就很难再接受清酒。

SR：我知道"红色尼德尔斯"是你自创的酒。

LC：我在加利福尼亚的尼德尔斯发明了这种酒。我已经不会做这种酒了。但我可以做一个"红色尼德尔斯"的复制品。基本上就是龙舌兰加树莓汁，再加一点苏打水，增加气泡和水果的口感。在发明"红色尼德尔斯"后的几年里，我一直在狂热地宣传和推广这种酒。然后它受到了欢迎。但我已经忘了怎么做。就像大多数事情一样。比如观点——如果被迫，我确实可以当即提出某种观点，但我现在的观点已经趋向保守。如果我处在某种环境之下，我会毫不犹豫地接受当下涌现的观点，彻底地扭转自己。"红色尼德尔斯"已经被舍弃了。

SR：我很遗憾。

LC：还有其他能做"红色尼德尔斯"的人。

SR：你之前说即使身患阿尔兹海默病，欧文·莱顿还是话说个不停。

LC：对。欧文身上有一个地方让我觉得非常惊奇。他快去世之前已经几乎认不出我。不过在那之前我有去医院看过他。有一次，我们找了一个地方抽烟。当时我在帮他点烟。他的手一直在抖，他对我说："你有没有注意到自己的性欲减弱了？"那应该是八年前了，我说："有，欧文，有一点。"他说："那我放心了，莱昂纳德。"然后我说："欧文，我想你这么问的原因是因为你注意到自己的性欲减弱了。"他说："没错。"我说："你第一次注意到这件事是什么时候？"他说："噢，差不多十六七岁的时候。"（罗杰斯大笑）

但是阿尔兹海默病是一种非常古怪和神秘的病。我并不了解这种病，最后一次去看欧文的时候，我给他带了一些芝士丹麦酥。（他的朋友）穆夏尔·施瓦兹（Musia Schwartz）也在，她对欧文非常上心。我把丹麦酥切好放在他面前。他说："谢谢你。"然后我又给他倒了橙汁。他又说："谢谢你。"我能感觉到他很平静。他真的很喜欢那些芝士丹麦酥。他甚至都没有抬头……我能感觉到他已经脱离社交规矩的束缚。这并不是说他陷入了一种了悟或精神层面的沉默。完全不是这么回事。那种感觉像是，他不需要说什么，也没什么可以说。我们之间并非一直如此。只是当时的情况就是这样，他在那种情况下感到非常自在。当时的氛围让我也感到非常自在。我非常放松地坐在那里看着欧文，他觉得自己没有必要也没有责任意识到我的存在。那是我最后一次见他。

SR：所以你已经能对他并不公平的离去方式释怀了。

LC：我们永远无法预料到这些事情。我觉得他离开的方式非常体面。悄无声息，或许不公平，但某种程度上他的头脑在临别时很平静。那个不可思议的头脑为我们所有人想象过加拿大……它应该是安息了。

SR：我能问你一个有关加拿大的问题吗？

LC：当然可以。

SR：很多年前，你说魁北克是一个国家，而加拿大仍旧需要努力成为一个国家。我可能引用得并不完全，但是，你现在看法如何？

LC：魁北克——独立的语言，独立的宗教，独立的地域，独立的历史，独立的文化——它有理由自称为国家，而加拿大是一种全新的形式。我们在北美，在美国和加拿大看到的这些新思想，这种不由种族责任统治的社会也非常美好。如果我们可以生活在另一种形式的国家里，那也算人类的一大成就，如果我们可以包容所有表达，尤其是魁北克人的声音。我知道每个人都很愤怒。

SR："又来了。"

LC："又来了""让他们独立""让我们独立"或者"这样不行，是时候分开了"。有很多声音都建议大家分道扬镳。我们身处一个鼓励分道扬镳的历史时期。我认为我们应该试着团结。比起分道扬镳，彼此包容会更有趣，途中面临的挑战也会催生各种有趣的声音。这只是我的看法。

SR：这几乎算得上是一个观点。

LC：我不在乎。

SR：非常感谢你抽空接受采访。以及，再次恭喜你。你的奖杯正在你身后闪闪发光。谢谢你，科恩先生。

LC：谢谢。

关于早期受到的影响

"当时我读了很多洛尔迦的作品,我也经常读《以赛亚书》,宗教启示文学也非常吸引我。祷词、犹太会堂、工人运动、艾伦·洛马克斯这样的收集者,皮特·西格这样的歌手,《民间歌曲集》,还有年鉴歌手。欧洲方面则是阿梅莉亚·罗德里格斯(Amelia Rodriguez)这样的歌手,以及唱弗拉门戈、法朵(fado)和法国香颂的歌手。这些人事物都对我产生了影响。"

——摘自迈克尔·西尔弗布拉特(Michael Silverblatt)的采访,《书虫》(Bookworm),KCRW-FM(加利福尼亚圣莫尼卡),2006年6月24日

情圣的生活

莎拉·汉普森（Sarah Hampson）| 2007 年 5 月 26 日，《环球邮报》（加拿大）

出发去科恩在蒙特利尔的家中采访他的时候，我完全不知道这次对话会持续多久，谈话又将发展至何方。他刚刚结束隐居生活。而且大家都知道他不喜欢媒体。所以这次采访完全是一个惊喜。我和他一起待了将近 5 个小时，采访快结束的时候，我们的话题转向了爱情建议（给我的）。他问了我一些私人问题。我当时刚刚结束一段维系了 18 年的婚姻。

"你只需要找一起吃饭、时不时可以一起上床的人。"他说道。

"或许我应该找一个比我年轻的人。"我开玩笑似的说。

"这个主意不错，"他说，"在人生的某个阶段，这种尝试可以让人重拾活力。很多年轻的男人都喜欢比自己年长的女人，他们非常向往那种只有生育孩子和经历过真正的人生挫折之后才能获得的阅历和善良。"

他跟我说了他和（法国作家、电影导演）玛格丽特·杜拉斯见面的故事，杜拉斯当时有一个比她小四十岁的男友。"这需要勇气，但值得一试，"科恩说，"你只要想'这对我而言很好'。所以，你就想：嗯，你想和我上床？可以。你 18 岁了？好吧，或许太年轻了。嗯，或许 24 岁了？很好，很好。"

那次采访非常愉快，非常有趣，我们都笑了。之后，他带我简单参观了他的房子。我喜欢通往三楼的楼梯下面那个狭小的浴室,里面有一只浴缸,我跟他说这只浴缸看起来非常舒适。我告诉他我非常喜欢泡澡。"随时回来。"他亲切地说道。

回到多伦多之后,我给他发了一封邮件,感谢他抽出那么多时间接受采访。"别忘了泡澡的承诺。"我开玩笑似的写道,当时心想他应该不会给我回邮件。"

10分钟后,他回复我说:"我会准备好毛巾。"

"蜡烛呢,莱昂纳德?"我问道。

"这我得和消防部门确认一下。"他在回复里写道。

我把这些往来邮件打印出来后,仔细地保存了起来。——
编者

这座公园像是一首诗:自成一体,毫无虚饰。有人在晨间的细雨中坐在长椅上抽烟。鸽子飞过一座被庄严的树木遮蔽的亭子。公园旁有一座看起来庄重肃穆的三层楼房,外表是灰色石墙。这是蒙特利尔东边唯一一座面朝这座公园的房子,它属于莱昂纳德·科恩。这座房子有两扇彼此相邻的大门。没有门牌。没有门铃。没有任何迹象表明我应该敲响哪一扇大门。你只能随便选一扇,然后去敲门。

通往莱昂纳德·科恩的世界的门不止一扇,而在这个4月末的日子里,它们全都洞开。

科恩今年72岁,他是一位小说家、诗人、创作歌手,他是加拿大的文化奠基人,但在我们的脑海中,他如一个美丽的想法般不可捉摸。他很少将自己暴露在目光的审视之下。

不过,此刻他就在这里,他是一位时髦的绅士:黑色牛仔裤、未经熨烫的正装衬衫,外面是灰色细条纹法兰绒夹克。他把白发整齐地向后梳,他的脸上已经布满深深的皱纹,一顶灰色的帽子有些滑稽地戴在他的头上,在他胸前的口袋里装着的不是手帕,而是一副有色老花镜。狭小的走廊上，两扇前门全都大开，科恩站在那里，脸上挂着会意的苦笑，他礼貌地指引你走进这座（曾被一分为二的）房子，从三十多年前开始，他就一直是这里的主人。

对科恩而言，如今是一段全新的时期，虽然他承认自己持续创作的一部分原因是赚回被前经纪人挪用的数百万储蓄，但他似乎非常享受这种关注。下周，作为多伦多光影艺术节的一部分，他的画作将在德拉宾斯基画廊首次展出。2006年，时隔十三年后，科恩发表《渴望之书》，受其中的画作和诗歌启发，菲利普·格拉斯[1]将举行一场相关现场演出。2004年，科恩还发行了自己的第17张专辑（包括合辑和现场专辑在内）《亲爱的海瑟》。今年早些时候，他最初的三张专辑被收录成一张合辑重新问世，同一时段发行的还有他与他的恋人，夏威夷出生的歌手安佳妮·托马斯一起合作的《蓝色警报》，这张专辑也广受好评。

与科恩对话时，一切都是开诚布公的。和他坐在一起说话时，那些深刻的启示便会在轻松和严肃的氛围中自行显现，一如他的作品那样丰富、有层次。莫卡洛酒庄红酒、希腊面包、魁北克奶酪、新鲜樱桃派，这些都是他为了今天的对谈特意在圣劳伦大道买的，在一边吃着这些东西，一边对话的过程中，你会逐渐了解到，他喜欢一个人睡觉，他不再寻找其他女人的陪伴，他在佛教寺院里隐居近5年的真正原因，以及有关那幅悬挂在厨房墙壁上，已经褪色的小画像的故事，那幅画中的人是圣凯瑟琳·媞卡薇瑟，一个生活在17世纪的女人，也是他的小说《美丽失败者》的女主角，那幅画底下的桌子上还摆着一台50年代的收音机，和一台有着巨大拨号盘的电话机。

他将带你抵达一个平静的时刻，然后将它延续至5小时后，

---

1 菲利普·格拉斯（Philip Glass，1937—），美国著名当代作曲家、钢琴家。

最后，因为你玩笑似的要求，他会说，当然，随时回来。他的房子里有好几只爪脚浴缸，而那只则摆在楼梯下面的浴室里。

"对我而言，这些都是笔记。"科恩用深厚、低沉的声音说道。你们一起坐在餐厅的松木长桌旁，眺望着那座公园。科恩正在随意地，几乎有些害羞地谈论自己的画。

这些画有自画像、风景画，也有描绘物体和女人的画，时间跨越了他的大半生——希腊，住在伊兹拉的时候；鲍尔迪山，师从禅宗大师佐佐木承周老师，在洛杉矶郊外的寺院生活时；在蒙特利尔生活时；在第二个家，洛杉矶生活时；在印度旅居时——这些画全部都将以限量签名印刷版的形式出售。

"有几年里，我每天早上都会画一幅自画像。我大概画了好几百幅。这是我唤醒自己，开启一天的方式。"

"类似于抽烟?"

"应该说是代替抽烟。"

在医生的建议下，他在四年前把烟戒了。

"我很想抽烟。"科恩说道。"非常渴望。"他补充道，声音几乎像嘟哝一般（他曾在一首诗里写过："香烟的承诺、美丽和救赎。"），"如果我能活到85岁的话，"他停顿了一下后说道，"我就重新开始抽烟。"

他继续翻阅着《渴望之书》，这本书里收录了很多画作，其中有一些被他用电脑上的Photoshop软件上了色。"这是幅好画。"他一边指着那幅画于2003年11月18日的自画像，一边读着画像旁的文字，画中的他脸色阴沉、困惑，"回到蒙特利尔。至于过去、孩子、Roshi、歌曲、希腊、洛杉矶。那一切意义何在?"

自画像中的他似乎都不开心。

"谁是开心的? 只有我一个人不开心吗?"他微笑着问道。他的朋友、诗人、已故的欧文·莱顿曾经形容科恩是"一个厌恶自己的自恋狂"。

"煮咖啡的时候，"科恩继续说道，"我能做到诚实地和自己对话。我会摆好一块Wacom的数位板和一面镜子——小镜子，然后快速地画一幅自画像，我会根据那幅画来写些什么。"

这些画是"绝佳的装饰"，他一边说，一边用指尖抚摸着其中一页上的画。"如果这些画是有价值的，那一定是因为它们无伤大雅，也不会让人产生任何深刻的思考。"他给我看了很多素描，其中一幅画的是海尔斯根汁啤酒罐，另一幅画的是一盏烛台、他的老花镜，和他在杂志上看到的一只劳力士表。"我一直很喜欢各式各样的物件，这世界上所有的物件。我喜欢寻找事物的轮廓。"

那裸体女人呢？"我会在色情杂志上寻找漂亮的女人。或者在《花花公子》之类的杂志上，我会借鉴她们的轮廓。"他像吸烟一样吸了一口气，屏息片刻后，叹了一口气。"我救了她。我把她带回了12世纪，她属于那个时代。"他半开玩笑似的说道，"你知道，我没法让任何人脱衣服。"

科恩合上书，把它放在桌上，抬起头，脸上的表情透露着一种平静的期待。他会把每一个问题都当作一次让别人认识自己的机会。莱昂纳德·科恩，这位偶像，是他本人时常嘲弄的对象，就好像这个人是他，又不是他。

"我有一个'情圣'的名号。"他突然随口说道，但没有嘲讽的意味，"我在一首诗里写过，当我想起那些在寺庙里的孤独夜晚时，这种名声让我觉得可笑。这种名声似乎是在说我是唯一一个对女人有感觉的人。"他笑着继续说道，"似乎是在说我是唯一一个与异性有深刻联系的人。"

"你有没有从女人身上学到很多东西？"

"噢，有。你能从女人身上学到一切。"

"一切？"

他往前坐了坐。"女人能让你进入未知的领域。"他微微耸肩，两只小小的、干净的手放在身前，"而这个世界的其他部分只是进一步证实你已经了解的那些智慧和愚昧。但没有人能在与异性相遇前提前做好准备。这方面主题的作品很多。你可以去读励志书籍，但是对充满欲望的年轻人而言，对渴望体验完整的年轻人而言，真实的相遇才是真正的教育。"

"这种对完整的渴望很荒谬。因为最终，你还是独自一人。"

"剩下来的那部分自己。"他笑着补充道。

科恩重新靠在椅子上，他的观点像旧毛衣一样老旧和熟悉。"毫无疑问，女人是男人的内在，而男人是女人的内在，大多数人都要面对渴望——无论渴望的内容是什么。你知道，对完整的渴望。它可以是精神的、爱情的、色情的。每个人都在经历渴望。"

科恩散发着一种平静的气质。没有什么能让他感到不安。他会告诉你所有故事：有关房子里那些古怪的物件——一张放在松木橱柜上的黑白的小狗照片（那是从小陪他长大的苏格兰㹴犬丁丁），旁边摆着的银色现代主义雕像出自他的发小莫特·罗森加滕之手，再旁边那只刻着阿拉伯文的古董罐子则是科恩在他母亲去世后从她的房子里拿来的，他父亲生前非常喜欢那只罐子。

有关画作上的落款印章，照他本人的说法，那些是他的"商标"，由他设计。或许这些图案太过私人，无法公开解释。它们看起来像是秘密符号。"完全不是。完全不是。"他轻声说道。"这是我的法号'自闲'的古汉语形式。"他指着其中一枚印章说道，"很多报道说这个名字的意思是'沉默的人'，但其实只是普通的沉默。"缺少交流的诗人。赐予他这个名字的Roshi或许喜欢反讽。

"没错，有可能。"科恩说道。然后他稍作停顿，"因为Roshi不会说英语，所以你几乎不可能理解他所表达的意思。"

"这两颗相互交错的心，是我为《仁慈之书》设计的封面。"

585

这本诗集出版于1984年,他一边说,一边把手指向另一个"商标","我建立了这个'合心会',起因是我对秩序的憧憬。那不是一个组织。也没有等级之分。只有一群拥有类似特定渴望的人,他们都可以拥有这枚徽章。"

"你的渴望是什么?"

他思考了一会儿。"让事情在个人层面上变更好。"他说道,"我们不能分散在四处。应该在某个极短的时刻,将一些良好的意图集聚起来。"

"什么是你的良好意图?"

他把手放在桌边。"我现在想不出来。但一定有一两个。"

"或许是美。"

"毫无疑问是美。"他答道。

人们常说,他很难被定义。科恩,蒙特利尔服装业大亨的儿子,犹太学者的孙子。科恩,法学院辍学者。科恩,小说家、诗人、歌曲创作者。科恩,一个热衷于性的坏男孩,却去做了僧侣。

但他对此有异议。"我始终觉得这些都是一回事。我从来没有偏离过方向。"不过,他承认,自己会"不知不觉陷入各种事物。我猜这背后一定有某些深思熟虑,但我无法确定具体是什么"。据说,科恩直到1966年遇到民谣歌手朱迪·柯林斯后才决定把之前他唱给朋友听的歌曲公开表演。之后那年,她将一些科恩的歌曲收录进自己的专辑,其中便包括大热单曲《苏珊》。1968年,科恩发行自己的第一张专辑(编注:事实上是1967年)。

科恩并没有刻意地追求音乐事业,似乎是音乐事业选择了他。而现在他的绘画事业似乎也是同理。他似乎已经开启一项全新的事业。

他看着窗外,沉浸在眼前的景色里,过了一会儿,他的注意力重新回到房间里。

"这就是为什么我说自由意志被高估了。"他用低沉的烟嗓说。

"那个时候很好。是最好的。"他说道,"我们了解自己的欲望,那些欲望得到了满足,那种感觉非常美好。那时,每个人都能给予他人想要的东西。女人知道男人想要什么。"

不要问60年代的随意性爱现象的话题是从哪里出现的。这只是那个周六下午的一部分,那个慵懒的下午,像一场永远不散的话题筵席,每当你以为要结束时,它总会继续下去。每当你结束一个话题,感谢他抽出宝贵的时间,以为他或许早已厌倦说话时,他依然没有和你告别的打算。"放松,吃吧,"他会这样说,"再来点酒。你想吃樱桃派吗?"于是,谈话继续。

"但是,如果你能得到那么多(随意性爱),"我问道,"那么它不会因此失去价值吗?"

科恩坦然作答。他听上去像是在说苹果。"没人会觉得什么东西已经足够。"他坦诚地说道,"你要么得到太多,要么得到的不够。就一个人根据胃口认为自己该得到的东西而言,没人能得到合适的数量。"

"但那只是昙花一现,"他在说那段时期,"然后一切重又变成熟悉的恐怖故事,一直如此。你知道,就是,如果你给我那个,我就给你这个。你知道,做交易:我能提供什么,你能提供什么。这是一个契约。"

科恩的性感和散发力量的沉静体现在他的平易近人中。他毫无保留地展现自己的热情——让你能自在地说自己想说的话,问自己想问的问题——这使得他依然是一位适龄的大众情人。他对他人和他人思考的事情非常感兴趣,他会和人们交流人生问题。但他的言行举止并不会具有攻击性,也不会轻率。他像一位父亲,如果你的父亲也喜欢像描述美味的意大利菜前菜一样去写口交。

"相信我,你需要的只是一个能和你一起吃晚饭的人,"后来他给了我一些有关亲密关系的建议，"能偶尔一起上床的人，能每天打电话或写信的人。期待太高，你就会失败。让关系变得简单一点。允许自己犯一些错。你知道，可以稍微搞砸一些事情，和某个人喝几杯，然后上床。不必每一次都执迷于寻找终身伴侣。"

托马斯在采访期间露面了几次。"待会儿见，宝贝。"当她和一个朋友外出购物时，科恩对她说。科恩和发小罗森加滕从小一起在韦斯特蒙特富人区的贝尔蒙特街长大，他现在住在附近，采访时，他恰好来科恩家找他聊天和吃饭。

过了一会儿，门口传来轻轻的敲门声。"啊，有人在嗒嗒地敲我的门。"科恩一边说一边起身。来找他的是一个二十多岁的小伙子，本科毕业时用母语意大利语写了一篇关于科恩的论文。他用法语向科恩解释自己的文章，并且给了科恩一份拷贝，问科恩是否能腾出时间和他详细谈谈自己未来想写的论文。科恩说可以。后来，科恩还在门廊上抬起单腿，弯腰为他签名，动作十分敏捷。

在这套简朴的房子里穿梭的科恩，并不是那位词作者，也并不忧郁。对他的伴侣而言，他是一位绅士；对这个社区而言，他是一位朋友，一位慷慨的主人。在能够展现人性、暴露自身弱点的情境下，他最为舒适。

对于早年的生活，他侃侃而谈，不带怀旧哀伤。"我的体质拯救了我。"他说在那段时间，他服用了很多药物，尤其是1966年写作《美丽失败者》期间，"我不是个'好'的酒鬼和'好'的瘾君子。我的胃不允许。在这方面，我非常幸运，因为我认识的很多人，尤其是在那段混乱的时间里，都没能成功挺过来。"

同样，他对自己在鲍尔迪山上的生活也没有表现出憧憬或留恋。他在90年代末离开寺院。他离开的原因并不是无法找到自己所寻找的东西。相反，他说："我完成了那个阶段的学习。"

他去那里的原因是摆脱之前失衡的生活。他在食堂里工作，还是Roshi的秘书。但他这么做也不全是为了获得平静。"他们不是圣人，我也不是。"科恩谈及那里的僧侣时说道，"对那些被日常生活重创、伤害、毁灭和致残，无法驾驭生活的人而言，寺院是他们的康复中心。我去那里之前已经跟着Roshi学习了三四十年，我每年都会和他共处几个月，但当我真正决定去全职跟随他学习时，我刚结束1993年那轮巡演，我当时完全处于错位混乱的状态中。我在巡演时不停地喝酒，我的健康状况受到了影响。"

科恩和之前的长期女友苏珊·埃尔罗德——不是那个著名的苏珊——有两个已经成年的孩子，他现在已经做爷爷了。卡西乌斯·里昂·科恩（Cassius Lyon Cohen）在几个月前出生。总之，在他那显而易见的沉静之下，还有某些别的东西。而那或许可以简单地表述成：这个男人很快乐。

"我的生活一直被忧郁笼罩。"他向我承认，"我不知道这对我成为一名作家、一名歌手或其他什么人来说起了什么作用。我从来都无法感到从容不迫。"对什么无法感到从容？对生活？"对工作，对生存的能力；对寻找伴侣、寻找在某人怀里享受慰藉的时刻的能力而言。"说话时，他的声音渐渐减弱。

他抬起头。"我不知道具体发生了什么，"他轻快地说道，"但我身上发生了一些令人非常愉悦的改变。我不知道这背后的原因。那层忧郁的阴影消散不见了。"他陷入了一阵短暂的沉默，然后露出了一个恶作剧式的微笑，"我现在担心我的歌太欢快了，因为现在我很快乐。我觉得我马上就要脱离时代了。"

今年48岁的托马斯是否也是让他快乐的原因之一？"很有可能。"他没有否认。他们相遇于1984年，当时托马斯是他的伴唱歌手。他们直到1999年才成为恋人。"当抑郁的阴影消散后，你能更清楚地看见他人。"

"你的意思是，爱你的人？"

"没错，以及不爱你的人。"他说道，"你能接受真实的情形。你能更清楚地看待事物。就好像一张面纱被揭下了。看待其他事物时，你不会再被自己的痛苦束缚。"

"亲密关系总是很困难。"他说道，"我发现大家都想要为一段关系定性。女人会说'我们是什么关系？我们订婚了吗？我们是男女朋友吗？我们是恋人吗？'。我会回答'我们真的有必要讨论这个问题吗？因为这个问题不如我们的关系重要。在你提出这个问题之前，我们一直过得很愉快'。

"但是当你年纪变大后，你会想要安定下来，你会说'没错，我们在一起生活。我是认真的。我不会再寻找别的女人。你就是我生命中的那个女人'。无论这句话意味着什么：戒指、婚约、承诺，或是行动、举动。你会通过快速的调整来证明自己。一个女人走过。你可以看她，但你要调整自己，使得自己的行为不会变成一种骚扰、冒犯，或者威胁。你要不断地调整自己，使得自己不会让任何人感到痛苦。你和一个人在一起，你希望一切都能顺利。我现在已经没兴趣在女人面前脱衣服了。"

他和托马斯住在一起，但是他们的卧室分别在不同的楼层。"我喜欢一个人醒来。"科恩解释道，"她也喜欢一个人。我们俩都是极其孤独的人。"

如果年纪以及他对托马斯的爱是让他感到快乐的原因，那么佛教也是。科恩学会了如何超然处世。"你必须负起责任，因为这个世界要求你对自己的行为负责。"他解释道，"但如果你能明白，有一些其他的力量在决定你的所作所为，那么当这个世界认可你时，你就不会感到骄傲；当这个世界轻视你时，你也不会感到羞愧。除此之外，当一个人做了一些你不喜欢或者伤害你的事情时，疼痛的感觉或许在所难免，但是你不会去怨，不会去恨，因为那些人也没有那么做。他们只是在做必须要做的事。"

这场采访也是一样。已经安排好了，他就会认真去做，没有犹豫，不急不躁，不厌其烦。最后，当你坚持要离开时，他会担心你穿得是否保暖，能否抵御屋外的寒冷。他给你一条自己的围巾，然后上楼拿了一件旧的GAP牌毛衣，希望你穿上。他叫你"亲爱的"。他送给你一枚"合心会"的徽章，还有一枚图案设计相同的戒指。

稍早前，他曾说，即使绝望有所减轻，挑战依然存在。"现在的生活和寺院里没什么不同。"他谈及自己当前的处境时说道，"两者是一样的，有时候非常艰难，所有人的生活都是如此。人人都在追寻意义和自尊，你知道，为了正当的天职，为了去做正确的事情。"

这些挑战的一部分，毫无疑问，是邀请别人，甚至是陌生人来自己的家里做客，那个墙上毫无装饰，地上铺着旧木地板，在食物、观点和数小时愉快的对话点缀下熠熠生光的家，结束之后，再站在门口，目送他们回到现实世界，那里有在吸烟的人，那里飘着细雨，那里充满着痛苦。

他是你的男人

吉莉安·G. 加尔（Gillian G. Gaar）| 2007年6月，《竖琴》(*Harp*)（美国）

"我做的每一场专辑宣传采访我都记得很清楚，因为一共就三场。"吉莉安·加尔告诉我，"全都是临时指派的。至于这一场，我记得当时是2007年初，当时我正在想应该去哪里找写作的活，然后现在已经停刊的《竖琴》杂志的编辑弗雷德·米尔斯（Fred Mills）联系了我，问我是否有兴趣去洛杉矶采访一位真正的传奇：莱昂纳德·科恩。当然愿意。"

"我到那里之后，有一辆车来接我，司机一直在给我讲他载过的各种名人。这种光彩的感觉可不常有——我只差后座上的一瓶冰镇香槟了。"

"这次采访的重点除了科恩的前三张专辑再版发行之外，还有他当时的女友安佳妮·托马斯的第三张专辑《蓝色警报》，我很喜欢这张专辑中忧郁的氛围感爵士。我被提前告知一定要把安佳妮写进文章，因此我先对她进行了采访，然后再自然地转向采访莱昂纳德，他不仅是《蓝色警报》的共同作者，还是这张专辑的制作人。虽然他并不倾向于详细谈论自己的过去，但是他也承认，这部分内容对宣传即将重新发行的三张专辑而言至关重要。他非常体贴、温柔、儒雅——是我遇见过最有魅力的人之一。我唯一的遗憾是我们没能一起多待一会——不然或许还能一起喝他说的马天尼酒。"

"结束之前，"加尔补充道，"他在我带去的《让我们比照神话》

上签了名，并且写道'吉莉安，感谢这次对话'。"

　　以下就是那次对话的产物，这篇文章不仅让我们得以一探科恩与安佳妮的合作，同时也解释了为什么他的第一张专辑本可以以一种完全不同的面貌出现。——编者

　　说起莱昂纳德·科恩时，人们的话语间总是带着一丝绝对的崇敬。"他是我们的雪莱，是我们的济慈。"波诺曾在利安·卢森导演的致敬演唱会纪录片《我是你的男人》中这样说过。你会一直听到类似的话，比如波诺在U2乐队的队友"The Edge[1]"就表示："他几乎有着《圣经》般的重要性。"科恩的职业生涯诞生了《苏珊》《电线上的鸟》《未来》和《哈利路亚》这样的杰作，人们对他的作品的敬仰在一个又一个世代间似乎只增不减。

　　但这个让人心生热爱的男人本人非常温柔和低调，更不要说他还举止得体，非常礼貌。科恩的女儿在洛杉矶的梅尔罗斯大道上开了一家古董店，名叫"布·拉德利"，我们的采访便在这里进行。采访开始前，他一边捡起我掉在地上的外套，一边轻声说："啊，不要让它掉在地上，这个红色很好看。"虽然科恩不习惯于长篇大论，也不沉溺于自我分析，但一旦坐在一台贴着"非卖品"告示的旧打字机旁边，他就会变得放松、自然，并且乐于交谈。

　　事实上，我们确实有很多可以谈论的话题。除了新发行的《我是你的男人》纪录片DVD之外，今年也是科恩的第一本诗集《让我们比照神话》出版50周年；此外，哥伦比亚唱片公司旗下的Legacy唱片将重新发行他的前三张专辑——《莱昂纳德·科恩之歌》《来自房间里的歌》和《爱与恨之歌》。6月，由菲利普·格拉斯创作的《渴望之书》音乐会全球首演也将举行，其灵感来自

1　The Edge，是U2乐队主吉他手大卫·荷威·伊凡斯（David Howell Evans）的艺名。

于科恩去年发行的同名诗集。

但此刻，科恩最感兴趣的是另一个项目，这是自2004年的《亲爱的海瑟》之后他最接近新专辑的作品。

《蓝色警报》是他的女友安佳妮·托马斯（她在专辑上通常只署名安佳妮）的第一张大厂牌专辑，而且在leonardcohen.com的网站首页，你会听见安佳妮的音乐，而不是科恩的。在这张专辑中，科恩负责歌词，安佳妮负责作曲和钢琴弹唱。这是一张你想象中会在鸡尾酒舞会上播放的充满氛围感和爵士元素的专辑，最适合在日落后播放。"没错，这张专辑很适合孤独和安静的时刻。"科恩在说这话时，眼神聚焦在邻桌的几只古董鸡尾酒杯上，"那些杯子很适合喝酒。我不介意用它们喝马天尼。你没带马天尼，对吗？"（唉，没有。）

托马斯出生于夏威夷，她第一次与科恩合作是在1984年的专辑《多种角度》和随后的巡演上为他伴唱。一开始，她并不是非常熟悉科恩的作品。"我听过别人翻唱他的作品，"她说道，"我非常喜欢罗贝塔·弗莱克[1]版的《苏珊》。但是他是少数几个没有来过夏威夷的艺术家。我直到跟他一起去了欧洲（巡演）才知道他原来这么有名，他在那里受到了毫无保留、极其热烈的欢迎和敬意。这让我不由得认真地想'这个人究竟是谁？'。"

但在发行后续两张专辑（1988年的《我是你的男人》和1992年的《未来》）之后，科恩停下了脚步，退隐至鲍尔迪山的禅修中心，后来，他在那里正式成为了一名僧侣。同一时间，托马斯也暂停了自己的音乐事业。在那之前，她同时以独唱歌手和合作歌手［与包括卡尔·安德森（Carl Anderson）和喜多屿修（Osamu

---

1　罗贝塔·弗莱克（Roberta Flack，1937— ），美国著名歌手。

Kitajima）在内的音乐人合作〕的身份活跃在纽约，但后来，她发现自己将近灵感枯竭，因此她移居至奥斯汀市。"我一直很喜欢得克萨斯，"她解释道，"当时我说'如果我要过朝九晚五的普通生活，那我希望是在自己喜欢的地方，我真的很喜欢那里'。"

五年后，她的灵感回来了，开始准备自己的第一张个人专辑（不知是不是巧合，她和科恩的恋情也差不多是在同一时间开始）。"在那之前，我从来没有得到过任何发行唱片的机会，当时我想'如果现在不去做，我一定会遗憾一辈子'。"她说道，"于是我卖掉了自己的房子，把那笔钱拿来制作专辑。"2000年，《安佳妮》（Anjani）问世，随后在2001年，《圣洁之名》（The Sacred Names）问世，这张唱片出自她自己的厂牌"小泉音乐"。她形容那两张专辑："兼具民谣和爵士的特点，但是毫无《蓝色警报》的庄重。而且那两张专辑都只卖出了大概10张！"

《蓝色警报》的根源可以追溯至科恩的专辑《亲爱的海瑟》，托马斯在那张专辑中也起到了至关重要的作用，科恩所画的她被印在封面之上，而她则参与演唱了绝大多数曲目，同时还和科恩一起写了两首歌。《夜莺》（Nightingale）这首歌在两张专辑中均有出现，它清晰地体现了两人音乐风格的不同：科恩的版本先以阿卡贝拉[1]形式开头，然后突然变得像乡村音乐般欢快；而托马斯的版本则展现了一种冷静的克制，歌声丝滑且迷人（有趣的是，这两个版本的编曲都是托马斯）。

大概就在那个时候，托马斯在科恩的桌子上发现了一首完整的歌词，她被开头的两句深深吸引："香水在空气中燃烧/美的碎片四下散落。""这是最神秘，视觉上最迷人的歌词。"她说道，看见这句歌词后，她立刻问科恩，自己是否能把它谱成曲，"我

---

1 阿卡贝拉（Acappella），即无伴奏合唱，起源可追溯至中世纪的教会音乐，当时的教会音乐只以人声清唱，并不应用乐器。

读过很多莱昂纳德的歌词，但我之前从来没有开口提过这样的请求。"她说道，"我直到今天也不知道是什么驱使我这么做的，但是有一个声音一直在对我说'太美了，我想试试'。"

科恩承认，对于有人想把他计划留给自己的歌词拿走的做法"并不感到开心"，"即使那个人是安佳妮，"他说，"我并不高兴。因为你知道，创作非常困难。经常有很多人问我要歌词，经常。"即使在完成小样后，托马斯依然无法确定科恩的反应会是什么。"我当时很紧张，"她说道，"这几乎是在给他下套！因为他从来没有唱过爵士，我当时心想'天哪，我真的对此没把握'。但我还是给他听了小样，他听到以后非常开心，然后说'杰作，非常完美'。我心想'很好，我写了一首你能唱的歌'。我当时觉得应该是我继续做几首小样，然后由他来演唱。但是他说'这首歌很好，但是我唱不了'。我当时觉得'这或许变成了无用功'。但是他随后说'不，我们先放放。之后再说'。"

"那首小样让我印象非常深刻。"科恩说道，"非常与众不同。我知道安佳妮是一位出色的歌手，但我不知道她如此出色。见识到她的出色之后，我对这个项目不再有意见。因为安佳妮的歌声真的发生了某种变化。这很奇怪。很少有人能从出色再进阶成独一无二的完美。"

在科恩的支持下，托马斯开始收集他的作品，其中大多数都还没有完成，因此他们两人会一起合作。"我们像是互相编辑，"她说道，"通常情况下，他都需要修改歌词。等他改完之后，我就会知道这部分音乐应该是怎样的。比如《金门海峡》（The Golden Gate）这首歌起初有一句关于泽尔达·菲茨杰拉德（Zelda Fitzgerald）和斯科特·菲茨杰拉德（Scott Fitzgerald）的歌词。然后我说'我们能换成别人吗？因为菲茨杰拉德夫妇让我感到错愕'。他并不想重写，但最后还是照做了。他写完之后，我说'没错，可以了'。"

这张专辑由艾德·桑德斯（Ed Sanders，他也制作了托马斯的前几张专辑）（编注：不是创立浊气乐队的那个艾德·桑德斯）、托马斯和科恩一起担任制作人，这也是科恩第一次为别的歌手制作专辑。"我更像是一个做决定的人。"科恩强调，"安佳妮觉得风格简单的专辑无法取悦听众，所以我们偶尔会尝试使用其他乐器。这时候我便要出面发挥自己作为制作人的真正职责，我会说'我们试试'。但是听完之后，我们觉得那些乐器会妨碍安佳妮。她的键盘弹得非常出色，编曲能力也很强，我们加入的那些东西会让整张专辑黯然失色。它是平静的！现在已经很难找到平静美好的东西了。律动会让人不由自主地感到快乐，但是这张专辑有一些非常特别的地方。"

"我不知道年轻人会不会喜欢这张专辑，但它的本意不是迎合市场。它就是它本身。"

90年代时，菲利普·格拉斯读到了科恩的诗集《渴望之书》的早期版本，据科恩所说，这位作曲家"对那本诗集非常、非常感兴趣"。然而，这两人当时所走的路完全不同。"我去了寺院，他也有其他项目。后来他写信给我：'我还记得那些诗。你有任何打算吗？'我告诉他这本诗集马上就会出版，并且给他寄了份手稿。他说'我想根据这本诗集制作一场演出'。然后我说'当然可以'。整个过程非常随意。我很快就答应了。"

这场演出将会汇聚一众歌手和音乐家，还会包含科恩预先录制的音频，和以诗集中的绘画为灵感而创作的布景，这场演出将于6月1日至3日在多伦多光影艺术节首演，然后进行小型巡演。"几个月前，菲利普给我听了小样，"科恩说，"非常、非常美。但我没有资格评论菲利普·格拉斯。他是我们时代最伟大的作曲家之一。我觉得这场演出会很有趣。但那终归是菲利普的作品。我很高兴那些诗能够触动他，并驱使他通过其他媒介来演绎它们。"

虽然科恩喜欢眺望未来（"我不是一个非常怀旧的人"，他在纪录片《我是你的男人》里说道），但通过纪录片和再版专辑，科恩确实也在重新审视自己的人生和事业，但他笑着说："我并没有很努力地回顾。"尽管他的前三张专辑如今已被视作里程碑式作品，但科恩在谈论这些专辑的再版时有一种置身事外的感觉。"这是唱片公司的一贯做法，"他一说一边耸耸肩，"如果他们觉得早期那些专辑还有价值，就会重新发行。他们做得很好，但我完全没有参与。"

在再版专辑中收录附加曲目也是唱片公司的"一贯做法"，这同时也是让科恩感到不满的地方："我以为这些专辑能保持原貌。"但是前两张专辑再版时收录的附加曲目让我们得以有机会了解，如果当时由其他人操刀制作，这两张专辑将会呈现怎样的面貌。《莱昂纳德·科恩之歌》原定的制作人是约翰·哈蒙德，但他在录音工作开始后不久便心脏病发。科恩和大卫·克罗斯比（David Crosby）合作录制了《电线上的鸟》和《你知道我是谁》（You Know Who I Am）（为《来自房间里的歌》录制）的早期版本。"我们俩是偶然认识的，"科恩解释道，"我记得是乔尼·米切尔介绍我们认识的。我说'我写了首歌，你能帮我完成吗？'。然后他答应了。"

"后来，我莫名其妙地到了纳什维尔，"科恩继续说道，"我偶然间认识了（哥伦比亚唱片公司的制作人）鲍勃·约翰斯顿，我想离开城市，他说歌曲《再见爱人》的作者布德洛·布莱恩特有一间小屋，一个月40美元，很漂亮，问我想不想去。我说想，于是我就搬去了那里，一住就是好几年。如果我住在洛杉矶的话，或许就有机会和大卫·克罗斯比合作。但我真的想离开城市。那些是你自己选择的路。我不了解田纳西。我在那里遇到了牛仔，遇到了生活在乡村的人，只有在那里，我才有可能遇到他们。"

那些四十年来一直将这些专辑奉为经典的乐迷，在得知科恩对自己在其中的表现感到不满时恐怕会非常惊讶。"我觉得第一张专辑里的声音还可以，"他说道，"但是在第二张专辑里，我的声音发生了一些变化，我不喜欢那张专辑里的声音。第三张专辑里，我的声音稍微有了一点改善。相比以前，我现在已经能学会体谅那个努力做到最好的自己。那些歌很好。大家喜欢它们，这一点你无法否认。我很高兴这几张唱片能经受住时间的考验，似乎直到现在依然值得关注和聆听。"

科恩也说，这些附加曲目为他思考自己的作品提供了新的视角。"第一张专辑的（附加）曲目是《储藏室》（Store Room），我以前并不理解这首歌。"他说道，"好吧，应该说我理解这首歌，但是还存在某些疑惑，但现在我明白了。我觉得当时的自己是对的，我现在明白这首歌为什么值得一听了。那首歌里反复出现的一句歌词是'只是一个从储藏室里拿取所需的人'。在某种意义上，这就是现实。人们目前的状态就像是末日或者终结的时刻即将到来，大家充满了绝望。他们从储藏室里拿取自己所需的东西。拥有储藏室的人试图将它锁起来，而没有储藏室的人则试图闯入其中。"

生于加拿大的科恩并不倾向于正面讨论美国当前的政治形势（"我只是一个客人，这个国家对我非常慷慨，我不应该对它指手画脚"）。但是即使在这样的轻描淡写下，当被问到在成长过程中如何看待美国时，他的观点依然有迹可循。"加拿大人觉得自己更理性、更温柔、更有礼，"他说道，"我通常住在蒙特利尔，但是最近一两年有太多的事情让我不得不待在这里。我通常会在这里待一整段时间，通常是在冬天，因为那个时候的蒙特利尔非常、非常安静——如果你不用在公交车站等车，或者早起上班的话，那个季节真的非常美好！加拿大有很多值得推荐的地方。蒙特利尔或许是其中最棒的城市。而且我们没有战争。那种感觉非常不同。虽然加拿大也有士兵正在阿富汗的战场上，但是……社会还没有因此分裂。"

梅尔·吉布森（Mel Gibson）的艾肯电影公司也参与制作了《我是你的男人》，这意味着这部电影的资金来源或许是《耶稣受难记》[1]的票房收入（科恩的《在黑暗的河边》确实出现在吉布森为《耶稣受难记》制作的配套专辑中），但这对一个被誉为"有着《圣经》般重要性"的人来说，或许并不奇怪。"我对这件事没意见，"他说道，"我觉得利安确实用很少的钱成功做成了一部电影。梅尔·吉布森应该是她的朋友，他的背书大概确实对这部电影有益。"听说这部电影被定级为PG-13[2]——"含有性相关内容"时，他被逗笑了。"哦，真的吗？哪些内容？"他问道，"很奇怪。'性相关'，标准是什么？"

我们一致认为疑似"性相关"的内容一定是科恩的画，因为其中有一些的内容是裸体女人；又或者是《切尔西酒店二号》里有关口交的部分。

纪录片当中出现的演出段落，让科恩重新考虑为计划在今年晚些时候发行的新专辑举行巡演，对那些期待科恩发行新作品的人而言，这一定是个好消息。"对，没错。"他确认道，"我从1993年开始就没有举办过巡演。时间一年一年过去，我以为我再也不会出发上路了。但你偶尔还是会有这样的冲动。你一定听过摇滚圈里流传的这句话'他们付钱不是为了让你唱歌，而是让你去旅行'。但你会忘了这一点。真正的演出总能让你深陷其中。如果你有一群出色的乐手，如果你在表演时，人们知道你在唱的

1 《耶稣受难记》（*The Passion of the Christ*）：梅尔·吉布森执导的宗教电影，2004年上映时在全球收获6.1亿美元票房，在当时是史上最卖座的限制级电影。
2 PG-13：美国电影分级标准，13岁以下青少年需由父母陪同观看。

那些歌，他们恰巧希望在现场听见这些歌，那么演出将会带给你一种非常美妙的感觉。我想体验这种感觉。"

但是当被问到目前正在筹备中的专辑时，科恩再次避开话题。"基本上，关于这些事情我没什么好说的。"他说道，"我希望我能分享一些有趣的内容。但我只不过是在努力地完成一件事情而已。"艾德·桑德斯也同样非常谨慎：被问到新专辑与《亲爱的海瑟》相比有什么不同时，他只说了一句"有很大的不同"。

"但是录音过程非常愉快！"他补充道，"莱昂纳德和我都很享受这段时光。我们会坐下来一起聊些有的没的，然后偶尔短暂地进行一些录音工作。这就是我们工作的方式。"

科恩还表示自己不会仓促行事，这种深思熟虑也解释了为什么他的作品与作品之间总是相隔很久，而行事时的投入也使得他的作品能经受住时间的考验。"我对自己的观点不感兴趣，"他说道，"有时候，我也可以像别人一样滔滔不绝地输出自己的观点，但我很犹豫。听自己说话时，我对其中的观点毫无兴趣。有一些其他层面的理解要比观点更深刻。这就是我认为歌曲创作的意义所在，歌曲创作要摆脱口号，即使是很妙的口号，即使是老练的立场，歌曲创作要抵达观点或智识之下的感受和理解。"

"所以我写歌需要很久。"他继续说道，"我必须先把歌词写出来，才能决定要不要完全舍弃它。我无法仅凭感知就舍弃它。我必须先努力地写出来，然后再舍弃它。即使有些歌词很出色，但是如果其中有口号存在，我就不会喜欢它。所有包含轻松立场的东西都很无趣。所以我对观点不感兴趣，但是我对隐藏在观点之下的东西感兴趣。"

"那就是我想抵达的领域。"

科恩剪报

关于回到伦敦

"我已经很久没有站在伦敦的舞台上了。差不多已经有十四五年了。当时我60岁——还只是一个心怀疯狂梦想的孩子。后来我服用了很多百忧解、地西泮、安非他酮、怡诺思、利他林、哌甲酯。我还深入研究了哲学和宗教。但喜悦还是不断地强行闯入。"

——摘自《伦敦现场》DVD中的一段台上独白，2008

科恩去迪伦的演唱会时戴着耳塞？

布莱恩·D. 约翰逊（Brian D. Johnson）| 2008 年 6 月 4 日采访，2008 年 6 月 12 日刊登于《麦克林》（加拿大）

2008年3月10日，卢·里德介绍科恩入驻摇滚名人堂，他的介绍词是："我们很幸运能与莱昂纳德·科恩生活在同一时代。"科恩走上领奖台后说："对我来说，这种场合简直不可思议。这是我不曾设想，也不敢妄想的荣誉。我想起乔恩·兰道（Jon Landau）在70年代初做出的预言。他说'我已经预见摇滚乐的未来，答案不是莱昂纳德·科恩'。"科恩显然是改述了兰道的那句名言，他的原话是他已经预见摇滚乐的未来，答案是布鲁斯·斯普林斯汀。观众们（包括兰道在内）停止大笑后，科恩开始引用《歌之塔》里应景的歌词："我的朋友都已离开，我的头发已经花白/我在曾经玩乐的地方痛苦……"

这些或许都是真的——他的头发确实已经花白——但是如今已经73岁的科恩，在音乐事业上正值巅峰。除此之外，他刚刚开启一轮巡演，行程安排非常密集，你会以为他是一个30岁的摇滚明星。

在多伦多汉密尔顿官的演出结束后，《麦克林》杂志的布莱恩·D. 约翰逊在后台对科恩进行了采访，他问科恩是什么让他再次启程上路。但首先，约翰逊询问了有关科恩的着装的问题。——编者

布莱恩·D.约翰逊（以下简称BJ）：说说你的帽子吧。

莱昂纳德·科恩（以下简称LC）：我从很久很久以前开始就一直戴软呢帽。这顶帽子是在洛杉矶的一家小店里买的，那家店就在我女儿的古董店对面。他们卖的帽子都很不错。

BJ：你以前从来没有戴着帽子演出过。

LC：没错，我以前从不戴着帽子演出。但我平时经常戴帽子。后来我开始越来越勤地戴这顶帽子，包括演出时。"9·11"之后我没有戴软呢帽。我觉得当时并不适合戴这种帽子，所以我改成了戴鸭舌帽。

BJ：为什么？

LC：其实我也不知道。当时的整体氛围非常悲伤，软呢帽相比之下太过正式。我不想穿得太正式。我一直都穿西装，但"9·11"之后，我换掉了软呢帽。

BJ：但这种帽子在舞台上非常有用。你可以对着观众和乐队脱帽致意。

LC：我一开始经常在家里戴。我不怎么出门。但是我每天都会穿戴正式。

BJ：你现在经常需要出门了。

LC：我现在像一张明信片一样，被送往一个又一个地方。这种感觉很棒。（大笑）

BJ：是什么原因促使你在十四年后重新开始巡演？

LC：其中一个原因是棘手的经济问题，这一点让我非常头疼。我很庆幸自己能有维持生计的方式，它的力量非常强大。但这不是首要原因。我要感谢罗伯特·科里（Robert Kory），他是一位不同寻常的律师，直到我的经济状况有所好转，他才开始收费，就一个洛杉矶的律师而言，这不仅不同寻常，简直是闻所未闻。在某种程度上，他挽救了这个局面，我也因此得以脱身。

但是一直以来，即使是在鲍尔迪山上的寺院里时，我都会问自己："你真的不打算再登台演出吗？"这种念头从未平息，它一直会冒出来，不是每天，也不是每个月，但我经常会瞥见自己的吉他。我一直在写歌。但是举行演出的冲动越来越弱。其中一个原因是上次巡演结束后，我的身体受到了很大的损害，因为我喝了很多酒。到了巡演后期，我每天要喝三瓶酒。

BJ：每天三瓶？

LC：在每场演出之前。但我喝酒很有原则。我从来不在演出之后喝酒。我也绝不会在中场休息时喝酒。那次巡演很漫长。至少有60到70场演出。

BJ：你为什么需要喝酒？

LC：因为我很紧张。而且我喜欢喝酒。我发现了一种酒。拉图酒庄的红酒。现在很贵。当时更贵。酒这东西很奇怪。品酒专家会关注味道、香气、酒腿[1]、单宁[2]、果味，以及口感的整体层次。但是从来没有人讨论过酒带来的快感。波尔多葡萄酒的酿造历史已经将近千年。每一种波尔多都能给人带来独一无二的快感，这一点从来没有人提过。我不知道我是怎么发现拉图红酒的，总之它和音乐非常相适，和演出也非常相适。我试过在巡演结束后喝这种酒，却连一杯都喝不下去。它无法让我产生任何感觉。它需要与演出时的肾上腺素相配合，需要与音乐相配合，需要与巡演时严峻的气氛相配合——严峻是因为我喝得太多了！我确实享受过这种酒，但它损害了我的健康，我的体重增加了大概25磅。

BJ：你现在如何应对之前需要靠酒才能平息的焦虑？你对这

1　酒腿（leg），红酒摇完杯之后，酒杯杯壁上一行行缓缓滑落的弧形或条形酒液。又被称为"挂杯"或"酒泪"。

2　单宁（tannin），又称鞣酸，是植物细胞的单宁体中的一种防卫用化学成分。红酒中的酸涩醇厚感来源于此。

次巡演感到焦虑吗？

LC：我很焦虑。但我从来不认为这是人能控制的，我会借助一切能让我鼓起勇气面对这种场合的方式。我很焦虑。我不会说自己一点都不紧张。但是这种焦虑并不像之前那样有毁灭性。

BJ：你为这次巡演做了哪些准备？

LC：我已经很多、很多年没有正经弹吉他了。我得先给所有吉他调弦。然后我找回了弹吉他的技巧。我只会这么一种技巧。（贝斯手兼音乐总监）罗斯科·贝克（Roscoe Beck）现在已经学会这种技巧了。他已经练习好多年了。

BJ：他学会了你的技巧？

LC：他学会了我的技巧……总之我开始练习吉他。我唯一的遗憾是之前没能和这支乐队一起排练我的新歌。8月和9月的时候，我们还会排练，到时候我会把这些新歌也加进去。我已经写完了新专辑的大部分内容。目前已经录完了三首歌。但这支乐队实在是太出色了，我可能会重新录制那些歌。和这些人一起演出是我的荣幸。

BJ：很多年来，你一直一个人在房间里创作，现在你重新登上了舞台。登台演出的优劣分别是什么？

LC：这次这样不抽烟也不喝酒的巡演真的非常、非常不同。所有曾经酗酒、抽烟，但幸运地活了下来，并成功戒掉它们的人都知道这种生活与之前相比有多么不同。我以前每天要抽好几包烟。巡演时也会喝很多酒。

BJ：烟让你的声音改变了很多。

LC：戒烟之后，有一两个低音我已经发不出来了。但有些高音我能唱了。我从来没把自己看作一个歌手……这么多年来一直有很多人告诉我，我没有当歌手的嗓音。我有点相信他们。我一开始就没对此想太多。我知道我的嗓音并不出众。我的律师曾经对我说："你们之中没有人会唱歌。如果我想听真正的歌手唱歌，我会去大都会歌剧院。"

BJ：哪一首歌对你来说最困难？

LC：对我来说，困难的是《苏珊》。我还没有完全找回弹吉他的技巧。我现在弹的是一把插电的木吉他。它的音很适合我。也很适合我的声音。有人问我唱《苏珊》的感觉是什么。这个问题我也不知道该怎样回答，因为我并没有一种我只是在重复唱这首歌的感觉。这首歌很难唱。你很难进入这首歌。因为这首歌很严肃。我独自唱着这首歌。它将我带往……它像是一扇门，带我通往属于自己的神奇宇宙。所以我必须非常谨慎地对待这首歌。关于这首歌，除了说它是一扇门之外，别的我无法多说什么，因为我没法确切地说出理由，我只知道我必须小心翼翼地打开这扇门。否则，我将无法接触到门后的东西。

BJ：这首歌不是因为是关于某个女人才特别的吗？

LC：这首歌从来都不是关于某个特定的女人。对我来说，这首歌更多的是关于新生活的开始。我在蒙特利尔的生活，我以前经常独自在蒙特利尔的滨河区域游荡，那里现在已经变得非常漂亮。我以前经常在那里游荡，经常去那里的教堂。

BJ：所以这首歌是关于圣地的？

LC：是关于圣地的。你不会想一直谈论这些事情，因为它们的意义可能会因为解释而被破坏。

BJ：十四年后重新巡演——除了经济考量之外，促使你这么做的原因还有什么？

LC：我觉得如果现在不做，我就永远不会去做。如果我今年不举行巡演，那么我觉得等我75岁、76岁或者80岁的时候就更不会去做。说出"永不"这个词对我来说非常难，因为这是我穷尽一生在做的事，这是我一直学习去做的事。在我这个年龄，"永不"

这个词具有非常强大的力量。

BJ：这次巡演的起点是在加拿大东部的一些小场馆。那些是热身场次吗？

LC：在观众面前演出绝无热身一说。这是一种亵渎。我们的乐队早已热身完毕。我们排练了3个月。（键盘手）尼尔·拉森（Neil Larsen）说大多数乐队只排练几周，形成凝聚力则需要10到20场演出。我们在排练室时便已形成凝聚力。上帝不会允许我上台演出时想着这是热身。所以或许在第一场演出，也就是在弗雷德里克顿（加拿大新不伦瑞克省首府）演出时，气氛会比较生硬，节奏会比较中规中矩，但那绝不是热身。

BJ：你和鲍勃·迪伦在圣约翰（位于加拿大纽芬兰省）前后脚举行了演出。

LC：我去看了他的演出。非常精彩。我去看过很多次迪伦的演出。这一场演出的场地和酒店之间有一条步道，所以那些有包厢座的人可以从这条路进入私人包厢。我们就坐在其中一个包厢里。我之前从来没有坐过私人包厢。这种感觉很棒。我的很多乐队成员都来了。但当时的环境非常吵闹。幸运的是，我们的鼓手拉斐尔（·盖耶尔，Raphael Gayol）带了耳塞，他把它们分给了大家。因为我们的音乐非常轻柔，而且我们已经连续听了三四个月。

就像莎朗·罗宾逊所说，鲍勃·迪伦和观众之间存在一种秘密的交流方式。如果来自月球的外星人看到了他的演出，他们或许也会好奇这究竟是什么。在这场演出里，他背向一半的观众弹奏管风琴，我觉得弹得很好，他还唱了很多歌。有一些很难辨别。但没有人在意。那不是他们去看演出的目的，也不是我的目的。有一些别的事情正在上演，那是对他那显而易见，并且让人深受触动的才华的肯定，对于这场演出，人们需要的只是象征性的进展。重点不在于歌。重点只在于：你要记住那首歌和它对你而言的意义。他的演出非常奇怪。

BJ：60年代的时候有一种说法说你是加拿大的鲍勃·迪伦。当时你自己有做过这样的比较吗？

LC：没有。那都是媒体的说法。我只会说我想成为下一个威廉·叶芝，或者下一个（加拿大诗人）布里斯·卡曼（Bliss Carman）。你知道这种说法是怎么来的吗？当时（加拿大诗人）弗兰克·斯科特（Frank Scott）的家里举行了一个派对。我带了一张迪伦的唱片过去。当时那里全是诗人，莱顿、（路易斯·）杜德克，好像还有菲莉丝·韦布。那张唱片应该是《全数带回家》（*Bringing It All Back Home*）。那是他早期的一张专辑。我说："朋友们，听听这个。这家伙是一个真正的诗人。"我开始播放那张唱片，但它收获的只是哈欠。他们说："他不是诗人。"我说："他是，我就觉得他是，我再放一遍。"他们说："你想成为他这样的人吗？"这种说法就是这么来的。整个对话的细节可能跟我的描述略有出入。总之，他们不喜欢那张唱片，但是我把那张唱片反复播放了好几遍，于是那天晚上到最后，他们开始跳舞。

BJ：你说到迪伦的听众为他带去了很多东西。你的听众也为你带去了很多。

LC：没错。就像我在演唱会上说的，每一个音乐人的梦想都是站在听众面前时能不必去证明自己的能力，而是享受他们给予的热情。当然，这也会引起另一种焦虑，因为你非常希望能表演成功。你希望满足大家的期待。但能有这种体验是很幸运的。

BJ：你现在是否依然感到快乐？

LC：没错，这种感觉还没有消失。

BJ：你需要借助抗抑郁药物吗？

LC：不。我发现我现在甚至连一杯葡萄酒都喝不了。它会扰乱我的心绪。周五晚上我会和家人一起喝一杯，庆祝安息日，只喝一两口。我不知道发生了什么。我偶尔会喝一点烈酒。威士忌或伏特加。但我没法像以前那样喝葡萄酒。有时候我会觉得很遗憾。以前巡演的时候，我经常和（吉他手）鲍勃·麦茨格（Bob Metzger）一起喝很多。我不知道为什么。我的身体开始排斥葡萄酒了。

BJ：你是怎么戒酒的？你参加过什么项目吗？

LC：我不喜欢喝酒了。就像抽烟一样。我失去了兴趣。

BJ：为了这次巡演，你在身体方面有没有做准备？

LC：我的锻炼方式有点得过且过。隔一天我就要休息一下。但我在努力保持状态。

BJ：巡演时，你每天的生活是怎样的？

LC：我很担心自己失声。所以两场演唱会的间隙我通常都不会说话。我不太喜欢外出。所以我很喜欢关上酒店房门的那个时刻。

BJ：所以不再是以前那种围绕性、药物和摇滚乐，身边全是投怀送抱的年轻女孩的生活风格了？

LC：但是也会有很温馨的互动……你回头就能看到（来自歌迷的信件和花）。我收到了很多礼物。很让人感动。

BJ：所以是禁欲式的生活？

LC：没错。

BJ：没有任何诱惑吗？

LC：如果你说没有诱惑，那魔鬼一定会大笑。我非常珍惜在酒店房间里休息放松的时间。因为除了演出之外，你还有很多别的细节需要关注。你要关注很多人的健康和安全。我喜欢和巡演工作人员还有乐队成员一起聊天。

BJ：相比以前，你现在在舞台演出的时候动作变多了。

LC：巡演的一大惊喜是能让你重新认识这些歌。我已经很久很久没有回顾这些歌了。它们非常出色。它们没过时，你可以进入其中。我从来没把巡演当作是音乐性质的活动。巡演关乎路上的生活，关乎诱惑，关乎酒，关乎情谊。那种感觉就像自己是摩托车队的一员。但那种感觉如今已不复存在了。音乐在这次巡演中变得非常重要。我能看到这些歌是流动的，你可以进入其中，你可以在其中找到存在的空间，找到在其中摇摆的方式。而我所拥有的乐手和那些歌曲的节奏会邀请我摇摆。我们乐队里有一位舞者，莎朗·罗宾逊。她以前为安–玛格丽特（Ann-Margret）伴舞。

BJ：你曾经跟我说，你的演出必须盖过乐队。现在看来事情好像已经不是这样了。

LC：我以前经常喝醉。我担心鼓和贝斯会太过大声。你很难让乐队保持安静。他们偶尔会像赛马场上的赛马，我从来没有责怪过他们，他们展现的是野兽般的本性。由于以前排练时，我们并没有像现在这样精准到细节，也没有排练得像现在这么久，所以我一直很担心他们会盖过我。而且现在的气氛也不同。我现在的这些乐手都很注重准确性。他们不会让自己的节奏快过别人。

BJ：你现在的感情状态如何？

LC：和安佳妮？

BJ：对。

LC：我们之间很好。我们俩已经认识了很久很久。她刚刚完成新专辑里的6首歌。上个月她去了怀俄明州，在那里的一间小屋里写完了这张专辑。我很期待听到它。

BJ：你的画展怎么样？

LC：非常顺利。一直非常顺利。这也是我之前不必去巡演的原因之一。多亏了画展，我才能给那么多律师付费。不包括罗伯特·科里（他的费用被延迟支付了）。我雇了很多侦探、法务会计和税务专家。

BJ：如果那件事情没有发生，你还会巡演吗？

LC：可能不会。

BJ：是那件事迫使你这么做的？

LC：对。它把我带回了这个世界。本来我已经隐退了。不是从创作中隐退。但的确在从公共生活中隐退。

BJ：所以那算是一件好事吗？

LC：当然。我们无法控制这一切。我不建议把失去一切当作是一种精神修行，但如果这样的事情确实发生了，其中的一些方面确实会让你感到意外，感到获益匪浅。

BJ：你和Roshi还会见面吗？

LC：4月1号的时候，我给他过了101岁生日。他现在在新墨西哥州，很快就会回鲍尔迪山。很多年前，他给了我一些建议，但我没听。我记得那是在1979年巡演的时候。我和他当时在更衣室里喝干邑白兰地。他教会了我如何喝干邑。但我喝干邑就像喝水一样。他重重地打了我一下，然后说："身体，重要。"（大笑）

科恩剪报
关于歌曲所有权

"我对事物的所有权意识非常薄弱。这不是宗教修习的结果，我一直以来都是这样。我对事物的所有权意识非常薄弱，以至于我压根不关注这些事情，因此我失去了很多歌曲的版权。"

——摘自《上路巡演背后的现实和内在原因》，拉里·罗特（Larry Rohter），《纽约时报》，2009年2月25日

电视和电台采访

吉安·戈梅西（Jian Ghomeshi）| 2009 年 4 月 16 日，《吉安·戈梅西的 Q 系列》，QTV（魁北克），加拿大广播公司一台（加拿大）

之后的一年，科恩的生活甚至比前一年还要顺利：2009年，他依然在进行世界巡演，并且奉献了一些职业生涯中最好的演出。《伦敦现场》就是有力的证明，哥伦比亚唱片公司在5月31日时发行了这场演出的CD和DVD（如果你想知道科恩在演出方面发生了多大的变化，你可以去看看同样以CD和DVD形式发行的《1970年怀特岛现场》，这场演出虽然也很出色，但还不够成熟，它的蓝光版本于2009年10月19日发行）。

在《伦敦现场》发行之际，科恩在蒙特利尔的住处同加拿大电台与电视主持人吉安·戈梅西就当时的巡演、他的职业生涯，以及他称之为人生第三幕的时期进行了探讨。——编者

吉安·戈梅西（以下简称JG）：莱昂纳德·科恩……很高兴和你一起坐在这里。

莱昂纳德·科恩（以下简称LC）：噢，谢谢你过来。非常感谢。

JG：你能允许我们冒昧地拜访并且坐在这里已经非常大方了。谢谢你。

LC：完全没关系。

JG：我在回顾过去一年里你发生的事情。你从印度回来，去了纽约演出，我知道你住在洛杉矶，而且已经快巡演一年了。你

在这套房子里断断续续地住了三十五年，对你来说，这里是港湾或隐居地一般的地方吗？

LC：我觉得每个人的家都是这样的地方，但是没错。我很高兴回到这里。

JG：你回到这里做的第一件事是什么？

LC：换灯泡（笑）。

JG：但这里应该是最温馨的隐居处吧？

LC：没错。我的孩子们有一大部分童年是在这里度过的。我的孙子也常过来。住在附近的所有邻居都会用我的洗衣机。

JG：还会用？

LC：嗯哼。

JG：你有想过卖掉这座房子吗？

LC：有时候会这么想。维护一座蒙特利尔的房子需要付出大量精力。你得小心烟囱结冰或者房顶漏水，所以有时候我会觉得我在这里待的时间不够长，不值得付出那样的精力，但是每次一回到这里，这种想法就会瞬间消失。

JG：跟我说说这次巡演吧，你现在正在进行的这轮巡演。它大概是在去年5月份开启的。而且还会继续。你还会举行很多演出。你在台上的时候似乎非常享受。你不久前在纽约灯塔剧院的演出持续了3个多小时。去年夏天在蒙特利尔的演出也是一样。时隔十五年后重返舞台，你的收获是什么？

LC：你知道，老狗很难学会新把戏。我不知道自己有没有新的收获，但是巡演的顺利进行让我非常感激。我拥有出色的乐手和伴唱歌手，还有热情的观众，一切都很顺利。但你无法保证之后也会顺利，因为有些因素不是你能控制的。

JG：什么因素？

LC：恩泽、运气、演出的本质。我说不清是什么，也不想说清。

但这种神秘因素的存在，使得夜晚变得难忘。我们有幸能拥有这样的夜晚，它的意义远远超越于又一场演出。我们会在奥斯汀举办第100场演出，接着我们还要演100场。这样结束大概就在十月底了。

JG：这次巡演的顺利程度有没有让你感到意外？虽然在收益方面，这不是全球最成功的巡演。但毫无疑问，你是音乐界的传奇。你享誉世界，不仅是在纽约、蒙特利尔和洛杉矶，你在其他地方的演出也都非常成功。你在萨斯卡通，在维多利亚，在伦敦和安大略的演出全都售罄。你是一个来自蒙特利尔的犹太人，从小在城里长大，2009年，你在各地举办的演出全数售罄。你对此怎么看？

LC：我没有分析过背后的原因，我只是觉得非常感激。我很高兴这一切能进行得那么顺利。你自己也是一个音乐人，你一定明白，你不可能预料到自己上台后会发生什么。你不可能知道自己是否能达到理想的状态，也不可能知道观众是否会友善对待他们所亲身感知到的这个人。所以演出时存在着许多未知和谜团。即使你献上了一场精彩的演出，这个事实也不会改变。即使每个人都进行了充分的排练，即使每个人都牢牢记住了旋律，你依然不可能知道接下来会发生什么。

JG：我想问问你现在处在人生的哪个阶段。2001年，你在《观察者报》的采访中说，自己正处在人生的第三幕，你引用田纳西·威廉斯的话说，人生是一部精彩的戏剧，除了第三幕。当时你67岁。如今你已经74岁。相比当时，你现在是更认同这句话，还是有异议？

LC：就我而言，人生的第三幕初始似乎非常、非常精彩。但是第三幕的结尾，也就是英雄死去时（笑）——每个人都觉得自己是人生剧本的主角——人们可以想象到，会非常棘手。我的朋友欧文·莱顿说，他担心的不是死亡——而是准备死亡的过程。

JG：你担心准备过程吗？

LC：当然。每个人都应该担心。

JG：我们回到正题。既然你选择接受第三幕里的角色，那么我们来谈谈第一幕和第二幕。或许我所说的并不是第一幕的开端。我想谈谈你的音乐事业的开端，因为有一件事很有趣，那就是作为一名音乐人，一名歌手，你开启音乐事业之时已经不年轻了——当时你已经过了30岁，你做的这个决定……当然，你（当时）已经是一位颇有名望的作家和诗人，但是你在30岁的阶段所尝试的职业对你而言是全新的。开启第二段事业时，你有多恐惧？

LC：我以前基本上一直都在担心各种各样的事情，所以这挺符合我早年焦虑的状态。你说我是一名作家，一名诗人，但这种说法完全没有体现这种职业在加拿大得到的关注有多惨淡。我们经常自己影印作品。一本诗集卖出200册已经可以算作畅销书。所以即使你认为那是自己的使命，是自己所受的召唤，但你不能称之为事业。在某个时刻，我意识到自己必须要想办法维系生活。我不知道该怎么依靠写作来谋生。我写了两本广受好评的小说，但是它们只卖出了大概三千册。

JG：还拿了一些奖……

LC：确实拿了一两个奖，而且收到了不错的评价，但是销量真的非常、非常惨淡。所以我必须做些别的事情，而在写作之外，我会做的唯一一件事就是弹吉他。所以我去了纳什维尔。我很喜欢乡村音乐。我想着我可能会找一份弹吉他的工作。我之前在希腊待了很久。所以我和当时的潮流有些脱节。我到纽约的时候，正好遇上之后被称作"民谣复兴"的时期。那里有朱迪·柯林斯、戴夫·范·朗克、迪伦和琼·贝兹。那里有很多优秀的歌手，但我从来没听过他们的作品。那些人让我感触很深，因为我也一直自顾自地写歌，但我一直没想过它们会有市场。

JG：有些人会觉得靠音乐赚钱是一件很讽刺的事情，因为对大多数音乐人来说，这不一定能赚到钱。

LC：确实，其实事后想想，试图靠做民谣歌手解决财务问题实在是一件愚蠢至极的事情。而且我的歌声也不足以成为一名歌手。我的吉他也弹得一般。我不知道这些事情究竟是怎么发生的。成败在很大程度上取决于运气。

JG：很多人说，随着年龄的增长，你在不断地印证自己之前在歌里所写的东西——你刚刚起步时的词作与演唱水平都远远超乎你的年龄。这是否是因为，这一切并不是你17岁时发生的——当这一切发生时，你已经年过三十？换句话说，在三十多岁开启音乐事业对你的创作和表达有什么影响？

LC：我一直觉得自己只需要耕耘一片小小的花园。我从来不觉得自己是一个有能耐的大人物，所以摆在我面前的工作只是耕耘这片我所了解的小花园，也就是审视自我，但绝不放纵自我。我不喜欢后一种状态。我对纯粹的告解不感兴趣，我关切的是经过技巧和勤奋过滤之后的告解。这就是我的那片小天地，我在其中写作我所知道和我想知道的事物。我就是这样开始创作音乐的。我希望我的歌听起来和别人的歌没有两样。女声伴唱对我的影响很大。

JG：你受到了女声伴唱的影响？

LC：没错，我喜欢那些有女声伴唱的歌。50年代的那些歌。我想重现其中的声音。除此之外，我很不满意自己的歌声，我需要背景处的女声来柔化它。

JG：你现在释怀了吗——你对自己的歌声释怀了吗？

LC：没有，完全没有。现在还没有。或许之后会吧。

JG：你说，你以前总是在恐惧各种各样的事情。你从什么时候开始接受自己，承认自己是一名合格的歌手和乐手？

　　LC：你会在焦虑和自信之间反复转变。如果事情进展顺利，你会体验到成功的美妙。如果事情进展困难，你会感到懊丧。这些感受会一直在生活中交替出现。

　　JG：意思就是有些时候，你依然认为自己称不上是合格的歌手？

　　LC：合格与否是另一个问题。我能强烈地感知到自己的存在。对我来说，这就是我所需要实现的合理性。当你出现在公众面前时，你会得到各种各样的反响，到了现在这个阶段，我的抗压能力已经非常强。虽然我偏好赞誉，但无论是赞誉还是批评，我都会接受。

　　JG：还是讨论第一幕，但现在我们要进入第二部分，70年代时，你非常高产，发行了好几张专辑……其中很多歌的灵感都来自于女人，都关于女人，也为女人而写。我想到了苏珊，想到了玛丽安。在谈到那些给予你灵感的女人以及她们的美和力量时，你总是带着深深的敬畏之心。你人生中的那些女人对你而言是力量的来源还是软弱的来源？

　　LC：这对所有男人来说都是一个好问题。对我们之中的任意一方而言，无论对男人还是对女人而言，爱情都不是玩过家家。爱情是最具挑战的人类活动。我们都觉得自己不能没有爱，觉得没有爱的人生毫无意义。于是我们受此诱惑进入这个危险的领域，这里充满着遭受羞辱和失败的可能。一个人的心总是在不停地开开合合，时而敏感，时而无情，我们总是在交替感到快乐与悲伤，所以在爱情中没有一劳永逸。你要么鼓起勇气（要么失去勇气），因为在一段时间之后，你在爱情中经历的失败将会非常可观。所以我认为在失败和与他人建立理想关系的困难愿景前，那些能继续坚持去爱的人真的非常幸运。很多人会停止去爱，将内心封闭。

有时候，一个人要想重新振作，就必须停下脚步。

JG：你有没有因为女人对你产生的影响力而悲伤？

LC：我从来不会这么想。我有时候会哀叹，有时候会欢喜，有时候会无动于衷。人们会为了彼此而甘愿经历一切，男人为了女人，女人为了男人，我们是彼此的内在。大多数男人心中都有一个女人，而大多数女人心中都有一个男人。当然也有人心中没有异性的存在——僧侣们就没有。但是我们绝大多数人都向往着某种臣服的梦想。但这只是梦想，有时候它会破碎，但有时候也会成真。

JG：虽然这个问题的答案显而易见，但是，你是否认为爱会令人强大？

LC：爱情是一种狂暴的行为，你在其中会经历失败，经历认可，经历狂喜。如果你对爱情的设想是单一的，那么你必然会遭受巨大痛苦。如果你认为爱情将轻松顺利，你必然会失望。如果你认为爱情会一直糟糕坎坷，那你或许会收获惊喜。

JG：当你在公众面前逐渐成为焦点时，自由恋爱和性解放运动正在如火如荼地进行，而众所周知，你和很多女性之间都曾有过深刻的情感关系。你会不会后悔没能拥有一位终身伴侣［科恩开始唱伊迪丝·琵雅芙的《不，我无怨无悔》（Non, Je Ne Regrette Rien）］？完全不后悔？

LC：不后悔。我觉得我的人生不是一个供自己阅读的故事。我不是一个多愁善感的人。我很幸运地有些健忘，因此不怎么记得发生过的一切。我知道这种想法存在于每个人的基因里，我知道它一直在作祟，但我不会这样回顾人生。

JG：我想进入第二幕，谈谈那些艰难的时期。你说自己曾遭受过抑郁症的折磨，我想到了1990年代，即使在1992年发行了惊人的《未来》，但你依然无法摆脱抑郁。你认为对抗抑郁是否是创作过程的重要组成部分?

LC:它是所有过程的组成部分。是我一直以来主要在做的事。对抗抑郁就是对抗时刻存在的焦虑感、压力感,对抗这一切背后的痛苦。

JG:就你而言,创作对于生存的帮助有多大?

LC:好处有很多。其中一个是经济方面的帮助。创作对我来说不是享受,而是必要。但是在创作中,如果你能抛弃本能想到的口号,尤其是在我们当前(所处)的这个高度政治化的时代,性别政治、一般意义上的政治、环保政治……在这个时代,如果你站在正确的一边,那你所说的一切就都是正确的。这样的时代对创作而言是极具挑战的,因为口号在搅乱电波。所以创作对于——

JG:你所说的口号是什么意思?

LC:嗯,正确的东西,立场漂亮的东西。这已经超越了所谓的"政治正确"。这是一场姿态的暴政。一场在今天定义正确应为何物的暴政。这类观点如今像蝗虫一样密密麻麻。对创作者而言,他很难理清自己对事物真正的看法,真正的感受。所以就我而言,写完一段作品之后我必须确认它是否是口号,是的话就要抛弃它。但我必须先写出来,然后观察它,再决定抛弃它。所以我(采取)的创作模式是,在写出非口号的作品,写出听上去并不轻松简单并且让我惊喜的作品之前,我会一直写,一直丢。

JG:现在想想过去那些艰难的时期——你现在已经可以用一种非常积极的状态看待过去了——你如何看待过去最黑暗的时期?

LC:就算我有想法,我也不会告诉你。我没有任何想法。我不敢……在这样的时期,就算只是谈论自己也是一种令人不悦的奢侈行为。当前这个世界有那么多的痛苦。一想到这个世界的大多数地方在经历什么，谈论我自己最黑暗的时期就让我觉得自己非常冷漠。与当前很多人正在经历的黑暗相比，我觉得我曾经历的黑暗不足挂齿。很多人需要躲避炮弹，他们会被关在地牢里拔掉指甲，他们需要面对饥饿和疾病。很多很多人。所以如今，我觉得我们必须谨慎看待自己所谓的焦虑。

JG：那我问一个你能说的问题。科特·柯本（Kurt Cobain）在《薄荷茶》（Pennyroyal Tea）里提到你说："来生让我做莱昂纳德·科恩，这样我就可以永远叹息。"90年代，在他自杀之后，你说你希望当初能有机会和他聊一聊，你或许可以"对他说些什么"。你会对科特·柯本说什么？

LC：我不知道我会说什么，但是富有同情心的陪伴或许能融化那些由于孤绝而产生的孤独和无望。但是你只能理解生活，而不能改变它的一丝一毫。

JG：你一直在歌词中思考死亡。我想起了1988年，你在《歌之塔》里写道："我的朋友都已离开，我的头发已经花白/我在曾经玩乐的地方痛苦。"那是二十年前。你现在怎样看待死亡？

LC：你能感觉到死亡。当你老去后，身体会向你发送一系列讯息。我不知道这是否算是思考。意识到这种感觉的存在算是平静地接受自身所处的状态。你偶尔会感觉到刺痛或疼痛，你想起这一切不可能永远继续。但我不会真的去思考这些事情。我的朋友欧文·莱顿非常关心永恒和身后的事情。现在读他的作品时，我觉得他会实现自己想要的东西，作品不会让他永生，但无疑会在某种程度上延长他的生命。可我从来都不关心这些事情。

JG：二三十年前，在CBC的一次采访中，你被问到："和少年时相比，现在的你对什么事情更为确定？"你说："死亡。"你从很久以前就开始思考死亡了。你现在是否更加确定了？

LC：我是否确定我会死？是的。

JG：说得好。有没有方法可以为死亡做准备？

LC：和所有事情一样，你拥有一定程度的自由意志。任何事情都是一样，你可以努力地做准备，但你无法控制结果。所以没错，所有宗教和信仰都有方法能让你为死亡做好准备，你可以依靠它们，信赖它们……但我认为那些不一定有效果。因为没有人知道下一刻会发生什么。

JG：回到恐惧：你恐惧死亡吗？

LC：我觉得所有人（都会）。就像莱顿说的，恐惧的并非是死亡——而是准备死亡的过程。当然，每个人都会对与死亡有关的一切感到恐惧——真实的情形，体会到的痛苦，对孩子们的影响。但你无能为力。你最好把这些想法放在心里，不要让它们妨碍你。我们必须把生活看作真实，不要认为它会立刻结束，我们应该生活在……有些人所说的幻想中。

JG：让我们回到现实和田纳西·威廉斯的那句名言。你说过："如何结束并不重要。结束的情形总是令人不悦。"

LC：没错，确实是这样。

JG：我想你最近遇到的令人不悦的情形，如果2005年可以算最近的话，应该就是2005年遭遇的财务问题。你被一个共事多年、关系非常亲密的朋友骗光了钱……当那些钱被骗走后，对你来说的当务之急变成了储蓄，对吗？

LC：储蓄还谈不上"当务之急"。这些资金关系到生存，所以我的目标不可能是储蓄，而是先要有收入。所以我开始忙碌起来，着手去做一些事情。但就像我刚才说的，即使你尽了最大的努力，也无法保证事情的结果一定如你所愿。没有人能做到。我尽了自己最大的努力，幸运的是，这些努力得到了一些经济回报。

JG：这次的巡演票房非常可观。你是一个如此谦虚的人。你的房子也很朴实。斯巴达式的风格。你似乎并没有多少物欲。对现在的你来说，物质财富的重要性如何？

LC：你不能忽略物质。我喜欢简单的生活，但这并非美德，这只是我的偏好。有些人喜欢巨大的大理石客厅，喜欢宴会厅之类的东西。对我来说，那种生活完全没有吸引力。所以我并不觉得简单的生活有任何特别之处。我喜欢这套房子。这么多年来，这套房子为我和我的孩子提供了很多温暖。很遗憾你把窗户关上了（为了电视拍摄），因为从这里望出去可以看见葡萄牙公园，非常漂亮。我的生活很简单，但这只不过是我的偏好而已。

JG：我想问些有关《哈利路亚》的问题，因为今年这首歌大热。很多加拿大人和世界上其他地方的人都翻唱过这首歌——杰夫·巴克利、鲁弗斯·温赖特、凯蒂莲——上个圣诞节，这首你在1984年写的歌重新绽放生机。这首歌的翻唱版本在英国畅销榜上位列第一和第二位，你的版本在1984年也出现在前40位。你怎么看待这个现象？

LC：我当然很高兴这首歌能被大家使用。这个现象也有讽刺和有趣的地方，因为这首歌所在的那张专辑——《多种角度》，当初被索尼唱片公司拒绝发行——他们觉得它不够出色。那张专辑里收录了《与我舞至爱的尽头》《哈利路亚》《若你意愿如此》这几首歌，但是他们认为这张专辑对美国市场而言不够出色，所以拒绝发行。所以现在我的内心有一丝复仇成功的感觉。这个现象让我感到非常高兴。但我最近读到一篇评论，里面谈到有一部叫《守望者》的电影使用了这首歌。那个评论员写道："我们能不能暂时别在电影和电视剧里使用《哈利路亚》了？"某种程度上我也在这么想。

JG：（笑）我本来想接话说："……你打了通电话说：'不！让这歌继续放。'"有意思……这首歌超越了风格的限制。它并不是一首典型的流行歌，却一年比一年受欢迎，丝毫没有被遗忘的

623

趋势。我知道这是你最喜欢的歌之一。

LC：我很喜欢这首歌。我觉得这是一首好歌，但是我觉得唱的人太多了。我觉得大家应该暂停一段时间。

JG：《哈利路亚》有什么魅力？

LC：我不知道。人人都想写一首好歌，于是你尽自己最大的努力，但你无法控制结果。这首歌我写了很久。这首歌是1983年或1984年问世的，但当时只有迪伦一个人欣赏这首歌，他在演唱会上翻唱了这首歌。我记得直到很久以后才有别人欣赏这首歌。杰夫·巴克利的版本是什么时候出的？

JG：1992年。

LC：所以几乎过了十年。凑巧的是，我跟他父亲（已故民谣歌手蒂姆·巴克利）很熟。他们俩都非常出色，我和约翰·凯尔私下里认识，我觉得他……他问我要这首歌的歌词，然后我给他发送了很多小节。他的版本是什么时候出来的？《怪物史莱克》里的是他的版本还是鲁弗斯·温赖特的版本？

JG：好问题。我记得应该是鲁弗斯的，没错。

LC：《怪物史莱克》里的是鲁弗斯的版本？

JG：不过我记得也有部电影用了约翰·凯尔的版本。

LC：我不清楚。但是这两个版本都很美。我记得电影里的应该是约翰·凯尔的版本，然后原声带专辑里收录的是鲁弗斯的版本。电影公司对这首歌的发行有些奇怪。但他们俩都是非常出色的歌手。凯蒂莲在加拿大词曲创作者名人堂演唱这首歌的时候我就在现场。她的版本让我非常感动。

JG：你对自己的歌曲有占有欲吗？在翻唱你作品的人里，有你不喜欢的吗？

LC：我不确定有这样的人存在。我的事业绝大多数时候都默默无闻，所以如果有人翻唱了我的歌，我会非常高兴，可以抵消我所有的挑剔评价。事实上，每当有人翻唱我的歌时，我的批评神经就会陷入麻痹状态，我只会开心。我依然这么感觉。

JG：莱昂纳德，2001年的时候，你在采访中讲述了去看82岁的艾伯塔·亨特（Alberta Hunter）在纽约演唱情歌的故事。

LC：那天很精彩。

JG：当时你说："我喜欢听一位上了年纪的歌手娓娓道来，我也想成为其中一员。"

LC：没错。我想成为那样的人。我想她当时已经快82岁了。我想在82岁时听自己唱歌。（笑）那种感觉一定很棒。

变老后，我喜欢听长者讲述的故事。我目前正在重读欧文·莱顿的诗，尤其是他快去世时写的那些诗，让我非常、非常受用，那些不是说教，而是我的内心渴望的东西。

JG：你说你希望听见82岁的自己唱歌。你希望那时你的声音是怎样的？

LC：像艾伯塔·亨特一样。

JG：（笑）你已经有目标了。我们已经谈论了前三幕。会有第四幕吗？你似乎还有很多事情要做。

LC：或许有第四幕，但我们要把这个问题留给神学家解决了。

JG：莱昂纳德·科恩，很高兴能坐在这里和你对话。再次感谢你邀请我们来你家。

LC：非常欢迎。你拿到足够的素材了吗？

JG：应该是够了。非常感谢。

LC：噢，非常欢迎。这是我的荣幸。我们刚才谈的内容有任何有趣的部分吗？如果没有的话，我们可以继续。我们或许能谈到一些有趣的内容。

JG：关于死亡，你说了一些让我非常受用的内容。我在努力理解。我一直都很恐惧死亡。

LC：真的吗？

JG：真的，每年都有那么一两次，我会在半夜里被吓醒，然后感觉自己正飞快地向死亡靠近。而我无法控制这一切，我不知道该怎么办。

LC：如果有人能向我保证，为死亡做准备的过程不会太令人不快，那我会期待……

JG：真的吗？

LC：真的。

我能写进歌里的只有我的亲身经历

多里安·林斯基（Dorian Lynskey）| 2012 年 1 月 19 日，《卫报》
（*Guardian*）

2010 年，另一张值得五星推荐的现场专辑——《旅途之歌》
（*Songs From the Road*）——发行 DVD 和蓝光版本。随后，2012 年 1 月
31 日，哥伦比亚唱片公司发行《旧时想法》——这仅仅是科恩近
半个世纪音乐生涯中的第 12 张录音室专辑——这张专辑在美国公
告牌排行榜上位列第三，是他出道以来排名最高的专辑。在加拿
大，它的排名来到了榜首——这是他在自己的祖国收获的第一张
冠军专辑——在捷克、荷兰、芬兰、匈牙利、新西兰、挪威、波兰
和西班牙也是一样。在澳大利亚、丹麦、爱尔兰、瑞典和英国，这
张专辑的最高排名达到第二位。这对一位 77 岁的歌手来说并不差。

这张专辑发行前不久，生活在伦敦的记者多里安·林斯基收
到了一则他期待已久的消息：他将采访莱昂纳德·科恩。

"多年来，他一直是我最渴望采访的人，"林斯基告诉我，"但
这一梦想有幸实现的可能似乎越来越小。尽管他曾为了宣传《我
是你的男人》和《未来》接受过媒体的长篇采访，但是与之前相
比，多年后回归的他，在变快乐的同时变得几乎不和媒体打交道。
或许是因为他觉得到了这个年纪，自己的名望已经足够证明一切，
没有必要再受煎熬。"

"2011 年末，"林斯基继续说道，"我被告知可以前往洛杉矶
参加《旧时想法》的播放会，或许还可以争取几分钟采访科恩的

时间，但是那个计划泡汤了。之后在巴黎的活动又带给我一线希望。只是，我可能依然无法采访到科恩，但巴黎离得不远，值得一试，而且我至少还可以利用现有的素材和发布会片段来对他进行报道。"

"在（与很多记者一同）参加完如意料中一般风趣幽默、令人愉快的问答环节后，我被科恩的经纪人叫到一旁，他说因为自己是《卫报》的读者，所以说服了科恩私下里回答我几个问题。在对我期待得到答案的一众问题进行考量之后，我最终将问题的数量减少为5个，我被带往一个豪华的酒店套房，在科恩对面坐下。如果他不情愿接受采访，那么他把这一点隐藏得很好。他的举止非常老派、优雅，就像他的西装一样；他非常幽默，和我想象中并无差别，但与之前遭受抑郁折磨时相比，如今的他显然更加平静。"

"录音笔上的计时器显示我们只聊了6分半钟，但他给予我的金句远比别的音乐人在一小时里所说的还要多。你从他的歌词就可以看出他不是一个喜欢废话的人。离开房间时，我并没有因为对话的短暂而失落，相反，我很高兴这件事真的发生了。我办公室的墙上挂着一张我们俩对话时的照片——提醒我，与自己喜爱的音乐人一起坐下对话是一项多么令人激动并且感触良多的工作。"——编者

托尼·帕尔默拍摄的纪录片《电线上的鸟》记录了莱昂纳德·科恩1972年那次充满艰辛的世界巡演，其间，有一名记者请科恩定义成功。当时37岁的科恩对失败和无法赖以维生的赞誉略知一二，他听完问题后皱了皱眉，回答道："成功就是活下去。"

从这个意义上来说，科恩远比他自己所料想的要成功。虽然他的人生遭遇过一些低谷，但四十年后，当他走进巴黎克里雍大

饭店内一个装修华丽的房间时，迎接他的是一阵热烈的掌声。他看上去像一名元老级别的黑社会成员，脱帽致意，优雅地微笑，就像他在2008到2010年世界巡演的每一场演出上所做的那样，那次巡演也标志着科恩创作力的奇迹复兴。《电线上的鸟》里记录的那个易怒、阴郁、幽默中带着攻击性的人，找到了一种方式来保持平静和他常说的感恩。

如今，科恩将一对一采访的数量缩减到了最少，因此他在这次宣传第12张专辑《旧时想法》时采用了新闻发布会的形式，这是一张典型的反思爱、死亡、痛苦和原谅的专辑。在专辑播放结束后，他回答了一些问题。他总是比外界所认为的要有趣，如今，他将自己一本正经的幽默磨炼得如此完美，以至于每一个提问者都只能沦为双人喜剧中的配角。来自葡萄牙的克劳迪娅希望科恩能解释一下他那"大众情人"形象背后的幽默之处。"对如今的我来说，成为大众情人需要大量的幽默感。"他回答道。而来自丹麦的史蒂夫想知道科恩在来生会变成什么。"我并不清楚所谓'再世'这个过程，但如果确实有这么回事的话，来生我想变成我女儿的狗。"同样来自丹麦的埃里克问科恩是否已经逐渐接受死亡。"虽然很不情愿，但我已经得出结论，那就是我即将走向死亡。"他回答道，"所以相关问题会自然而然地出现、被提出。但我在死去时想要伴着音乐的节拍。"

科恩属于"被低估的传奇人物"这一离谱的范畴。对包括很多歌曲创作者在内的粉丝来说，他是尽善尽美的，但他从来没能收获一首热门单曲或是（在他的祖国加拿大以及受某种原因所致，在挪威之外）一张白金唱片。他曾经表示自己的某种特定形象被"输入了计算机里"：一个唱着"忧郁绝望"的歌曲，并且风流成性的诗人，被一些希望成为风流诗人（或者希望能与之结交）的人崇拜。而如今，数据库还会注意到，是他写了《哈利路亚》，这首遭人忽视的歌出自一张销量惨淡的专辑，在杰夫·巴克利、《怪物史莱克》和《X音素》（The X Factor）奇怪的协同努力下，最终成了一首现代颂歌。

科恩于1934年9月21日出生于蒙特利尔，比"猫王"埃尔维斯·普莱斯利早三个月。当他第一次在纽约兜售那些由他所写，最终被收录在1967年的专辑《莱昂纳德·科恩之歌》里的歌曲时，经纪人们问他："对这个行业来说，你的年纪是不是有点大了？"当时的他已经经历过幼年丧父，同杰克·凯鲁亚克会面，在希腊伊兹拉岛上过波希米亚式的放松生活，在猪湾事件期间造访古巴，以及出版了两部备受好评的小说和4部诗集。简而言之，他真正地活过，对年轻听众而言，这赋予了那些复杂费解的歌曲一种严肃的权威性，他们感觉科恩知道那些他们只能猜测的谜题。他不是最好的歌手，不是最好的音乐人，也不是最英俊的男人，但他富有魅力，口吐妙语，还拥有性感的智慧。或许是因为相比美国民谣，科恩的风格更多地受到法国香颂歌手和犹太教领唱者的影响，因此比起在北美，他在欧洲总是更受欢迎。民谣刊物《大声唱响！》（Sing Out!）在一篇早期的文章中曾评论道："任何其他人事物都无法与莱昂纳德·科恩进行比较。"

询问之下，他解释了一些歌曲里的细节，比如他朋友的妻子苏珊·瓦扬古（本名维达尔）是否真的用"茶和橘子"款待他（答案差不多是这样：她喝的茶的牌子使用橘子皮调味），但科恩并未解释它们的意义。

他依然拒绝解释它们，并且他那始终不动声色的自嘲发挥了非常有效且十分有趣的防御作用。巴黎活动后第3天，科恩出现在伦敦的一场由贾维斯·考科尔[1]举办的类似活动上。考科尔从青

1　贾维斯·考科尔（Jarvis Cocker），英国著名摇滚歌手、歌曲创作者，果浆（Pulp）乐团主唱。

少年时期开始就是科恩的粉丝，他因科恩对深入探究歌曲创作背后"神圣机制"的犹豫而不断碰壁，科恩似乎唯恐它们停止运作。对科恩来说，创作歌曲的过程极其缓慢，当他有了一个好的想法时，他就会不断地创作和修改：比如《哈利路亚》大约用了两年时间写成，共有80段备选小节。音乐播放期间，屏幕上展示了一些从他的笔记本中选取的内页，上面满是涂改的痕迹和被删去的诗节。"有些人有大量的素材可供创作。"他说道，"我希望能像他们一样，但我不是。我只能依靠我所拥有的东西去创作。"

科恩本就并不耀眼的星光自1977年那张聒噪的专辑《情圣之死》起便开始衰微。录音室里，疯狂的菲尔·斯佩克特拿枪对着科恩的头，而这位制作人对待科恩的歌曲也同样粗暴。哥伦比亚唱片公司老板沃尔特·雅特尼科夫甚至拒绝发行科恩1984年的专辑《多种角度》（这张专辑收录了《哈利路亚》），据说他对此解释称："听着，莱昂纳德，我们知道你很伟大。但我们不知道你到底好不好。"然而科恩之后的专辑《我是你的男人》却是两者均占。科恩依靠着合成器、犀利的智慧和现在听来像是地震扰动声的嗓音，及时重整旗鼓，从包括尼克·凯夫和小妖精乐队在内的年轻仰慕者中收获了一阵暴风雨般的好评。但是在诸如《我们首先攻占曼哈顿》《人人都知道》和《未来》之类的歌里，他的忧郁中呈现出一些受地缘政治影响的痕迹。他告诉记者米卡尔·吉尔摩："尝试预言末日没有任何意义。炸弹早已引爆。"巴黎活动上，有人问他如何看待当前的经济危机，他仅仅回答："人人都知道。"

1993年，事业再度风生水起、深受歌迷喜爱的科恩却心态消极，他从大众视野里消失了。他在加州鲍尔迪山上的一座寺院里住了6年，跟着他的老朋友、禅宗大师佐佐木承周一起学习，科恩称呼他为"Roshi"，他今年已经104岁了，但依旧状态良好。"老师从来不谈论宗教。"科恩告诉巴黎活动上的观众，"寺院内没有教条约束，没有祷告式的崇拜，也不吟诵祈祷词。大家只是遵循着集体生活的承诺。"

下山后，伴随科恩一生的忧郁终于消散。"当我谈论忧郁时，"他小心翼翼地说道，"我谈论的是一种影响终生的临床抑郁，造成痛苦和焦虑的抑郁，是一种一切都不顺利的感觉，快乐不可得并且你所有的计划都溃败的感觉。我很高兴能告诉大家，承蒙良师恩惠和好运气，不知不觉中，我的抑郁已渐渐消散，并且再未以以往那样席卷我大部分人生的凶狠姿态回归。"他认为这或许只是因为年龄大了。"我曾在某个地方读到过，当你变老时，与焦虑相关的特定脑细胞就会死亡，所以你如何恪守训导其实并没有影响。你的神经细胞状况决定了你是会感觉好多了还是感觉糟透了。"

事情真的那么简单吗？他那些经典歌曲里蕴含的情绪真的可以用消极的大脑化学反应来解释吗？最近，他告诉他的传记作者西尔维·西蒙斯，他做一切事情时"都只是在努力打败那个魔鬼。努力比它更胜一筹"。除了犹太教和佛教禅宗外，他还曾短暂地接触过山达基。他从未结婚但有过几段尤为知名的感情，包括与乔尼·米切尔、演员瑞贝卡·德·莫妮，以及他在70年代早期与之育有两个孩子的苏珊·埃尔罗德（不，不是那个苏珊）。他是个酒瘾和烟瘾很重的人，还曾尝试过多种药物。纪录片《线上之鸟》记录，在1972年的巡演上，他将他的乐队取名为"军队"，而乐队成员则反过来在科恩服用镇静剂后称他为"安眠酮队长"。

他在那部影片里表现得非常易怒和焦虑，就像一只"崩溃的夜莺"，对观众讲话时还带着一种恼人的幽默。但在这次回归巡演中，他对每一次喝彩和掌声都表现得非常感激。"我被观众的反应感动了，没错，"他说道，"我记得我们在爱尔兰演出时，观众的反应非常热烈，以至于我的泪水涌上眼眶，我想，'我不能在这个时候被发现在流泪'。然后当我转身时，我发现吉他手正在流泪。"

这轮巡演的部分原因是财务需求，因为他的经纪人卷走了他几乎所有的积蓄。他对于再次上路感到勉强吗？"我不知道'勉强'这个词是否准确，但惶恐或紧张是有的。我们排练了很久、很久，久到不合理。可没有人能真正放心。"他希望能举办更多演唱会，并且大概在一年内发行新专辑。他已经比约翰尼·卡什发行最后一张专辑时要老了，很快他的创作生涯跨度将会超过弗兰克·辛纳屈。他在自己其中一本笔记本的背面写道："快要到书页的尽头了，但目前还差得远。"

巴黎新闻发布会结束后，我被秘密带到后台，对科恩进行罕见的单独访问。可以说，他是一种平静的存在，老派的礼节混合着禅道，而且他的烟熏嗓就像摇篮曲一样令人安心。我问他是否希望自己漫长且痛苦的歌曲创作过程可以更轻松一点。

"此刻我们的世界正发生着这些事：人们下到矿井里，嚼完古柯叶，然后干一整天累人的活；饥荒和饥饿一如既往；人们要躲避子弹，还会被关在地牢里被拔掉指甲。所以我很难将我创作歌曲时付出的努力看得很重。没错，我工作很辛苦，但是是跟什么相比呢？"

在写作的过程中，他是否有所体悟？他是否会从中制造出观点？

"我会制造出一些东西。但我不会称之为观点。我觉得观点是那些你应该摆脱的东西。我不喜欢带有观点的歌曲，它们有可能会变成口号。它们有可能属于正确的一边：环保、素食主义、反战。这些观点都很精彩，但我喜欢一直反复修改一首歌，直到那些精彩、健康的口号完全消融为发自内心的深刻信念。我从来没想过写说教式的歌曲。我写的只是我的经历。我能写进歌里的只有我自己的亲身经历。"

《回家》（Going Home）是《旧时想法》里的第一首歌，他在那其中提到了"与失败共生手册"（a manual for living with defeat）。听众能从他的歌里学到人生教训吗？

"歌曲的作用体现在很多层面。它们既可以像你所说的，回应内心的困境和失败，也可以陪伴你洗碗或打扫。它们还可以为调情渲染气氛。"

他是不是已经厌倦《哈利路亚》的翻唱版本给予他的肯定？

"好几次都有人说'我们能不能暂时停止录制《哈利路亚》？'，我们一定得在每部电影结尾用这首歌吗？《美国偶像》（American Idol）的每位选手都得唱《哈利路亚》吗？有一两次我觉得我应该主动出面叫停这首歌的录制，但我转念一想又放弃了，我很高兴有人翻唱这首歌。"

他仍然认为成功就是活下去吗？"没错。"他笑着说，"对我来说这已足够。"

科恩作品年表

录音室专辑

1967 年　《莱昂纳德·科恩之歌》(*Songs of Leonard Cohen*)

1969 年　《来自房间里的歌》(*Songs from a Room*)

1971 年　《爱与恨之歌》(*Songs of Love and Hate*)

1974 年　《旧典的新生》(*New Skin for the Old Ceremony*)

1977 年　《情圣之死》(*Death of a Ladies' Man*)

1979 年　《最近的歌》(*Recent Songs*)

1984 年　《多种角度》(*Various Positions*)

1988 年　《我是你的男人》(*I'm Your Man*)

1992 年　《未来》(*The Future*)

2001 年　《十首新歌》(*Ten New Songs*)

2004 年　《亲爱的海瑟》(*Dear Heather*)

2012 年　《旧时想法》(*Old Ideas*)

2014 年　《大众困扰》(*Popular Problems*)

2016 年　《黑暗情愫》(*You Want it Darker*)

2019 年　《感谢伴我共舞》(*Thanks for the Dance*)

合辑

1975 年　《莱昂纳德·科恩精选集》(*Best of Leonard Cohen*)

1997 年　《莱昂纳德·科恩精选集续集》(*More Best of Leonard Cohen*)

2002 年　《莱昂纳德·科恩必听集》(*The Essential of Leonard Cohen*)

现场专辑

1973 年　《现场歌曲》(*Live Songs*)

1994 年　《科恩现场：莱昂纳德·科恩的演唱会》(*Cohen Live: Leonard Cohen in Concert*)

2001 年　《战地指挥官科恩：1979 年巡演》(*Field Commander Cohen: Tour of 1979*)

2009 年　《伦敦现场》(*Live in London*)

2009 年　《莱昂纳德·科恩 1970 年怀特岛现场》(*Live at the Isle of Wight 1970*)

2010 年　《旅途之歌》(*Songs From the Road*)

2014 年　《都柏林现场》(*Live in Dublin*)

2015 年　《无法忘却：非凡之旅的纪念》(*Can't Forget: A Souvenir of the Grand Tour*)

书籍

1956 年　《让我们比照神话》(*Let Us Compare Mythologies*)

1961 年　《尘土香料盒》(*The Spice-Box of Earth*)

1963 年　《至爱游戏》(*The Favorite Game*)

1964 年　《献给希特勒的花》(*Flowers for Hitler*)

1966 年　《美丽失败者》(*Beautiful Losers*)

1966 年　《天堂寄生虫》(*Parasites of Heaven*)

1971 年　《诗选：1956—1968》(*Selected Poems: 1956–1968*)

1972 年　《奴隶的力量》(*The Energy of Slaves*)

1978 年　《一位女士的爱人之死》(*Death of a Lady's Man*)

1984 年　《仁慈之书》(*Book of Mercy*)

1993 年　《陌生人音乐：诗歌与歌曲选集》(*Stranger Music: Selected Poems and Songs*)

2006 年　《渴望之书》(*Book of Longing*)

2009 年　《莱昂纳德·科恩歌词集》(*The Lyrics of Leonard Cohen*)

2011 年　《诗与歌》(*Poems and Songs*)

2012 年　《十五首诗》(*Fifteen Poems*)

2018 年　《火焰》(*The Flame*)

演唱会录像

2009 年　《伦敦现场》(*Live in London*)

2009 年　《1970 年怀特岛现场》(*Live at the Isle of Wight 1970*)

2010 年　《旅途之歌》(*Songs From the Road*)

2013 年　《都柏林现场》(*Live in Dublin*)

注：科恩同时还出演了几部并非由他本人制作的电影，包括《女士们先生们，有请莱昂纳德·科恩》(*Ladies and Gentlemen, Mr. Leoanrd Cohen*, 1965)、《线上之鸟》(*Bird on a Wire*, 1974)、《莱昂纳德·科恩之歌》(*The Song of Leoanrd Cohen*, 1980)、《我是一座酒店》(*I Am a Hotel*, 1983)和《我是你的男人》(*I'm Your Man*, 2005)。

关于采访者

伊丽莎白·博莱曼-赫林（Elizabeth Boleman-Herring）是 Weekly-Hubris.com 的编辑，也是《赫芬顿邮报》的专栏作者，同时还是《游客之书（或席尔瓦·露姆）：一则情色传说》[*The Visitors' Book (or Silva Rerum): An Erotic Fable*]的作者。作为一名有三十多年经验的学者，她陆续创办了许多期刊、杂志和报纸，并担任编辑，所著的 15 本书涉及众多领域。博莱曼－赫林是传统灵气疗法大师，同时也是艾扬格瑜伽（Iyengar-Style Yoga）教师（根据 GreeceTraveler.com 上的资料，她曾多次前往希腊）；除此之外，她还是一名爵士乐词作者，笔名为"比比·赫林"（Bebe Herring），与她合作的艺人包括塞隆尼斯·蒙克（Thelonious Monk）、肯尼·多罕（Kenny Dorham）和比尔·埃文斯（Bill Evans）。

米克·布朗（Mick Brown）于 1950 年出生在伦敦，他是《星期日泰晤士报》《卫报》《时尚先生》和《滚石》等媒体的撰稿人。他现在为《伦敦每日电讯报》撰写文化类稿件。除此之外，他还写了 6 本书，包括《美国心跳：从伍德斯托克到圣何塞，在歌名中旅行》（ *American Heartbeat: Travels from Woodstock to San Jose by Song Title*)、《朝圣者》（ *The Spiritual Tourist*)、《17 世的舞蹈》（ *The Dance of 17 Lives*)，以及最近的《推倒音墙：菲尔·斯佩克特沉浮录》（ *Tearing Down the Wall of Sound: The Rise and Fall of Phil Spector*)。

阿德里安娜·克拉克森（Adrienne Clarkson）是一名加拿大记者，也是一名政治家。她在加拿大广播公司担任制作人和广播节目主持人，同时也曾担任加拿大总督。

比尔·康拉德（Bill Conrad）是一名半退休的音乐记者和出版人，他现在住在佛罗里达州的杰克逊维尔，并且依然在写作。他和音乐制作人吉米·鲍温（Jimmy Bowen）和肯·曼斯菲尔德（Ken Mansfield）保持长期合作关系。他和乡村音乐明星韦伦·詹宁斯（Waylon Jennings）的合作将会以传记的形式出版。在 IMDb.com 上，他的电影和其他出版物以威廉·F. 康拉德（William F. Conrad）的名义出现。

斯蒂娜·伦德伯格·达布罗夫斯基（Stina Lundberg Dabrowski）是斯德哥尔摩戏剧艺术学院电视专业的教授。她同时也是一位获奖记者、作家、制作人和电视节目主持人。达布罗夫斯基从 1982 年开始就一直活跃在瑞典电视行业，她采访过穆阿迈尔·卡扎菲（Muammar al–Gaddafi）、希拉里·克林顿、纳尔逊·曼德拉、亚西尔·阿拉法特（Yasser Arafat）、米哈伊尔·戈尔巴乔夫、阿尔·戈尔（Al Gore）、大卫·鲍伊、诺曼·梅勒以及其他很多名人。

桑德拉·迪瓦（Sandra Djwa）是一名作家、评论家和传记作者，她是英属哥伦比亚大学的博士，1968 年到 2005 年间任教于西蒙菲莎大学，教授加拿大文学。1973 年，她作为联合创办人创立加拿大和魁北克文学协会。迪瓦最著名的作品包括她所写的关于玛格丽特·阿特伍德等加拿大诗人的文章，以及 F. R. 斯科特、罗伊·丹尼尔斯（Roy Daniells）等人的传记。她的最新作品《没有地图的旅程：P. K. 佩吉的一生》（*Journey with No Maps: A Life of P. K. Page*）于 2012 年出版发行。

克里斯·杜里达斯（Chris Douridas）在 1990 年代凭借在加州圣莫尼卡的 KCRW 电台主持《包罗万象的清晨》崭露头角，他同时也是该节目的导演。杜里达斯一直以来还任职于梦工厂唱片 A&R 部门，制作了《美国丽人》(*American Beauty*)、《怪物史莱克 2》、《尽善尽美》(*As Good As It Gets*) 等影片的配乐。他曾出演过一些电视角色，还主持过公共电视网《西 54 号秀》(*Sessions at West 54th*) 首季。

吉莉安·G. 加尔（Gillian G. Gaar）是一名作家和摄影师，她生活在西雅图。她的作品包括《反叛者：摇滚乐历史上的女性》(*She's a Rebel: The History of Women in Rock & Roll*)、《绿日乐队：反叛有因》(*Green Day: Rebels with a Cause*)、《涅槃简明指南》(*The Rough Guide to Nirvana*)、《王者归来：埃尔维斯·普莱斯利的震撼回归》(*Return of the King: Elvis Presley's Great Comeback*)，以及《取悦我们：涅槃的崛起》(*Entertain Us: The Rise of Nirvana*)。她还为《魔力》(*Mojo*)、《滚石》和《金矿》(*Goldmine*) 等杂志撰写文章，并担任涅槃 2004 年发行的套装《关灯之后》(*With the Lights Out*) 的项目顾问。

薇琪·加贝罗（Vicki Gabereau）是一名从业三十多年之久的加拿大广播电台和电视访谈节目主持人。她的著作《绝对无碍》(*This Won't Hurt a Bit*) 收录了她与一些"有名、不太有名、应该有名"的人的对话。

吉安·戈梅西（Jian Ghomeshi）生活在多伦多，他是 CBC 一台和无畏电视台 (Bold TV) 的全国性文化类访谈节目《Q》的主持人。这套由他联合创办的节目是 CBC 历史上收视率最高的晨间节目。

戈梅西也为《华盛顿邮报》《环球邮报》《多伦多星报》《国际先驱论坛报》（*International Herald Tribune*）等刊物撰写评论文章。1990年代期间，他曾是加拿大著名民谣摇滚乐队"莫克西·弗鲁夫斯"（Moxy Früvous）的成员。

米卡尔·吉尔摩（Mikal Gilmore）是美国数一数二的音乐记者，他从1970年代起就开始为《滚石》撰稿。他还是《夜的节奏：摇滚乐的黑暗历史》（*Night Beat: A Shadow History of Rock and Roll*）和《故事完结：关于1960年代和当时的不满》（*Stories Done: Writings on the 1960s and Its Discontents*）的作者。他在1995年出版的传记作品《射中内心》（*Shot in the Heart*）中回忆了自己糟糕的童年生活，以及和自己哥哥的关系，他的哥哥于1977年被执行死刑，成为美国恢复死刑后第一个被执行死刑的人。这本书获得了洛杉矶时报图书奖和美国国家书评人协会奖。

芭芭拉·高迪（Barbara Gowdy）生活在多伦多，她是一位小说家，她最畅销的作品包括《堕落天使》（*Falling Angels*）、《白骨》（*The White Bone*）、《浪漫主义者》（*The Romantic*）和《无助》（*Helpless*）。

布莱特·格兰杰（Brett Grainger）是一名自由写作者，曾获得过加拿大国家杂志奖。他是《活在世上，但不属于世界：一个家庭的激进信仰及美国的原教旨主义历史》（*In the World but Not of It: One Family's Militant Faith and the History of Fundamentalism in America*）一书的作者。格兰杰生活在宾夕法尼亚州的纳伯斯，他在哈佛大学取得宗教历史博士学位。

理查德·吉利亚特（Richard Guilliatt）是一位记者和作家，他的

作品出现在《时代》杂志、《星期日泰晤士报杂志》《独立报》
（Independent）、《纽约时报》《洛杉矶时报》和《华尔街日报》等
诸多知名的报纸和杂志中。他是《说魔鬼，魔鬼到——被压抑的
记忆和滥用仪式的猎巫运动》（Talk of the Devil— Repressed Memory and the
Ritual Abuse Witch-Hunt）的作者，并且与彼得·霍嫩（Peter Hohnen）合
著了《狼：一艘德国突袭船如何在第一次世界大战期间最精彩的
航行中让协约国惊恐不安》（The Wolf—How One German Raider Terrorized
the Allies in the Most Epic Voyage of WW1）。他现在生活在悉尼，是《周末
澳洲人杂志》（Weekend Australian Magazine）的撰稿人。

杰克·哈弗坎普（Jack Hafferkamp）在中国工作和生活。周二时，
他会不定期在无锡的餐馆或公司酒吧翻唱莱昂纳德·科恩的歌。
在无锡，"绝大多数人从来没听过也无法理解这些歌"，因为这些
歌是用英文唱的。"没关系。"哈弗坎普说，"我也经常觉得自己
不懂那些歌。"

莎拉·汉普森（Sarah Hampson）出生于蒙特利尔，从 2007 年起，
她开始为加拿大首屈一指的全国性报纸《环球邮报》撰写专栏。
在那之前，她是该报的自由撰稿人，同时，她也为伦敦的《观察
者报》等报纸撰稿。她采访过五百多位名人，获得过多次加拿大
国家杂志奖。她的回忆录《婚后前所未有的快乐：重塑中年生活》
（Happily Ever After Marriage: A Reinvention in Midlife）于 2010 年在加拿大出
版。她的网站是 hampsonwrites.com。

帕特里克·哈布伦（Patrick Harbron）早年从事过写作，但他真正
为人所知的是其摄影作品。他拍摄的布鲁斯·斯普林斯汀、埃里
克·克莱普顿（Eric Clapton）、雷·查尔斯、大卫·鲍伊、滚石乐

队等众多摇滚乐手的照片被用作他们的专辑和 DVD 封面，并出现在《滚石》《时代》《生活》《人物》以及《商务周刊》等杂志中。他已经出版了 3 本摄影集，并曾为 HBO、ABC、索尼、NBC、网飞、迪士尼影业和华纳兄弟等电视和电影公司拍摄。哈布伦是国际摄影中心的教职人员，他的作品正在（原书写作时）纽约莫里森酒店画廊和多伦多模拟画廊展出。2012 年，纽约公共图书馆表演艺术区详尽展出了他的摇滚摄影作品。他的网站是 patrickharbron.com 和 rockandrollicons.com。

艾伦·杰克逊（Alan Jackson）是一名英国自由记者，三十多年来，他采访了很多音乐人、演员，以及其他公众人物，他为很多杂志定期撰稿，其中包括《伦敦时报》(London Times)《观察者报》和《星期日邮报》(Mail on Sunday)。他的采访对象包括麦当娜、佩吉·李、鲍勃·迪伦（三次）、贾斯汀·汀布莱克、克里斯·布朗和达斯蒂·斯普林菲尔德。你可以在 alanjacksoninterviews.com 找到他的部分作品。

布莱恩·D. 约翰逊（Brian D. Johnson）从 1985 年开始便一直为加拿大新闻周刊《麦克林》杂志撰稿。他是一名导演，也是多伦多《环球邮报》的专栏作家，还是加拿大广播公司的电台节目主持人和制作人。离开新闻行业后，他在一些摇滚乐队和雷鬼乐队中担任打击乐手，并出版了三本非虚构书籍、一本诗集和一部小说。他为《多伦多生活》《周六夜》和《滚石》等杂志撰稿，曾三次获得加拿大国家杂志奖。他目前是多伦多影评人协会的会长。

汤姆·尤雷克（Thom Jurek）在 1990 年到 1996 年间曾担任底特律《大都会时报》的高级编辑，并从 1999 年开始为《音乐完全指南》（*allmusic.com*）撰稿。他从小在底特律长大，从 15 岁起便开始从事音乐写作。他为《滚石》《音乐人》《旋转》《美国歌曲创作者》等期刊采访和撰稿。他出版过两本诗集：《DUB》和《记忆袋》（*Memory Bags*），后者是与已故法国艺术家雅克·卡拉马努基安（Jacques Karamanoukian）合著的。他的小说被收录于《席卷现实工作室：有关赛博朋克和后现代科幻小说的研究》（*Storming the Reality Studio: A Casebook on Cyberpunk & Postmodern Science Fiction*）。

哈维·库布尼克（Harvey Kubernik）是一名资深音乐记者和唱片制作人，他曾出版《这就是反叛音乐》（*This Is Rebel Music*）、《好莱坞的情妇：电影和银幕中的摇滚乐》（*Hollywood Shack Job: Rock Music in Film and on Your Screen*），以及《梦之谷：劳雷尔峡谷的魔力和音乐》（*Canyon of Dreams: The Magic and the Music of Laurel Canyon*）。他的最新作品《收听电台！：1956—1972 年的洛杉矶摇滚乐与流行乐》（*Turn Up the Radio!: Rock, Pop, and Roll in Los Angeles 1956–1972*）于 2014 年出版。他与别人合著了《一片绝美的雾霭：蒙特雷国际流行音乐节的历史（图注本）》（*A Perfect Haze: The Illustrated History of the Monterey International Pop Festival*）。他发表了 1000 多篇与音乐——以及流行文化——相关的文章，还曾担任多部电视和电影纪录片的顾问。

亚瑟·库日韦尔（Arthur Kurzweil）是一名作家、教师和出版人。在 1984 到 2001 年期间，他曾担任犹太图书俱乐部的主编。你可以在 arthurkurzweil.com 找到他的作品。

约翰·利兰德（John Leland）自 2000 年开始为《纽约时报》工作，在那之前，他曾担任《细节》（*Details*）的主编，《新闻周》的高级编辑，《旋转》的编辑和专栏作家，以及《压裤器》（*Trouser Press*）

评论员。除此之外，他还是《时髦：历史》（*Hip: The History*）以及《凯鲁亚克为什么重要：〈在路上〉的启示（并非如你所想）》[*Why Kerouac Matters: The Lessons of On the Road (They're Not What You Think)*]的作者。

多里安·林斯基（Dorian Lynskey）从 1996 年开始便从事音乐和文化写作，为《卫报》《Q》《旋转》等杂志撰稿。他是《每分钟 33 场革命：抗议歌曲的历史》（*33 Revolutions Per Minute: A History of Protest Songs*）和《卫报歌单》（*The Guardian Book of Playlist*）的作者。现生活于伦敦。

阿尔贝托·曼萨诺（Alberto Manzano）是莱昂纳德·科恩的《尘土香料盒》《仁慈之书》《陌生人音乐》和《渴望之书》的西班牙语译者。他同时也是《莱昂纳德·科恩传记》（*Leonard Cohen The Biography*）和《与一位幸存者的对话》（*Conversations with a Survivor*）的作者，后者是一本有关科恩的文章和访谈合集。1966 年，他同弗拉门戈歌手恩里克·莫伦特合作改编科恩的歌曲，收录进专辑《欧米伽》。2007 年，他制作了一张致敬科恩的专辑，《据莱昂纳德·科恩》（*According to Leonard Cohen*），参与歌手包括杰克逊·布朗、约翰·凯尔、安佳妮·托马斯、佩拉·巴塔拉（Perla Bartalla）、圣地亚哥·欧斯隆（Santiago Auseron）、亚当·科恩（Adam Cohen）、康斯坦丁诺·罗梅罗（Constantino Romero）和埃利奥特·墨菲（Elliott Murphy）。曼萨诺和科恩相识于 1980 年，他跟随科恩参加了几次欧洲巡演，并曾到伊兹拉和洛杉矶看望他。曼萨诺最新的作品围绕科恩、洛尔迦和弗拉门戈展开，已于 2012 年出版。他翻译过数百本摇滚歌词集，同时还写过三本诗集。

雷·马丁（Ray Martin）是几十年来澳大利亚最受欢迎的电视记

者之一。他曾在 1985 年到 1993 年间主持《雷·马丁午间秀》。

克里斯汀·麦肯纳（Kristine McKenna）生活在洛杉矶，她是一名作家，也是一名策展人。她的第 14 本书——《迷幻：1960 年代的美国服饰》（*Tripping: Clothing & Costume in the American '60s*）——计划于 2014 年出版。她目前正在编辑艺术家大卫·萨利（David Salle）的作品集，同时也在撰写一本有关乔·古德（Joe Goode）的专著。

罗伯特·奥布莱恩（Robert O'Brian）是一名有着三十多年从业经验的记者。除了莱昂纳德·科恩之外，他还曾采访过比尔·莫耶斯（Bill Moyers）、保罗·西蒙、巴克敏斯特·富勒（Buckminster Fuller）、B. F. 斯金纳（B. F. Skinner）、琼·贝兹、艾尔·格林（Al Green）、艾伦·洛马克斯、肯·伯恩斯（Ken Burns）、威利·纳尔逊（Willie Nelson）和弗兰克·扎帕。他是小说《杰克·凯鲁亚克的自白》（*Jack Kerouac's Confession*）的作者。他目前和妻子——记者伊莱娜·乔纳斯———一起生活在纽约。

罗宾·派克（Robin Pike）出生于英国切尔滕纳姆市，曾就读于切尔滕纳姆文法学校，他和滚石乐队的布莱恩·琼斯是校友。他目前正与保罗·特林卡（Paul Trynka）合作撰写布莱恩的传记。派克是一名化学老师，他和朋友大卫·斯道普斯（David Stopps）一起在艾尔斯伯里创办了如今世界知名的摇滚俱乐部"修士"（Friars）。后来，派克还创办了"一号分队俱乐部"（Division One Club），这家俱乐部也成为了"原始呐喊"（Primal Scream）等乐队的出道地点。他目前生活在英国赫特福德郡。

阿利斯泰尔·皮里（Alistair Pirrie）生活在伦敦，他是一名作家、制作人和导演，曾导演过 600 多个小时的英国国内和国际网络电视节目。他曾制作过保罗·麦卡特尼、史蒂夫·旺达、米克·贾格尔、埃尔顿·约翰（Elton John）以及其他著名摇滚歌手的节目，担任过 BBC 一号电台和首都电台等众多电台的节目主持人，出版过小说，还曾在剑桥大学教授媒体相关课程。

j. 珀伊特（j. poet）是一名音乐记者、诗人、短篇小说家和创作歌手，这是他的笔名。他的作品出现在《伯克利芒刺报》（Berkeley Barb）、《旧金山编年报》（San Francisco Chronicle）、《克里姆》《龙虾！》《鼓》（DRUM）《民谣根源》（Folk Roots）《磁铁》（Magnet）《原住民》（Native Peoples）《脉动！》和《SOMA》等杂志上。他目前生活在旧金山，他说他喜欢热烈的音乐、辛辣的食物、热带的气候和他的妻子莱斯利。

布鲁斯·波洛克（Bruce Pollock）在获得纽约城市学院颁发的杰尔姆·洛厄尔·德朱尔（Jerome Lowell Dejur）小说奖和美国作曲家、作家和发行商协会颁发的迪姆斯·泰勒（Deems Taylor）新闻奖后，创立了杂志《吉他：乐手练习专用》（GUITAR: For the Practicing Musician），并担任编辑。他出版过 3 本小说和 11 本音乐相关书籍，其中包括《职业音乐人》（Working Musician）、《我们抵达伍德斯托克之时》（By the Time We Got to Woodstock）、《如果你爱披头士》（If You Like the Beatles）、《摇滚歌曲索引：摇滚时代最重要的 7500 首歌》（The Rock Song Index: The 7500 Most Important Songs of the Rock Era）。他的最新作品是《音乐行业的朋友：ASCAP 的故事》（A Friend in the Music Business: The ASCAP Story）。

瓦莱丽·普林格（Valerie Pringle）是加拿大最知名的广播节目主

持人之一，她曾在 1984 年到 1992 年期间主持 CBC-TV 的《午间秀》（Midday），1994 年到 2001 年主持 CTV 的《早间加拿大》（Canada AM）。她曾参与制作、创作和主持 CTV 以及 CBC-TV 的众多纪录片和节目。她现在全职服务于几家非营利组织，并于 2006 年因其在通讯和公益事业中的贡献获得加拿大勋章。2012 年，她获得瑞尔森大学颁发的荣誉法学博士学位，她于 1974 年毕业于该校。

珍妮·庞特（Jennie Punter）生活在多伦多，她是《音乐作品》（Musicworks）——一本专注于加拿大和国际实验音乐和声音艺术的杂志——的编辑，同时还为《视相》（Variety）报道加拿大电影与电视行业资讯。从 2001 年起，她开始从事纪录片研究和制作工作。庞特学习过 14 年古典钢琴，在那期间，她爱上了朋克音乐，并开始收集黑胶唱片。在 1991 年到 2004 年期间，她在月刊《北美音乐快报》担任编辑，并且是《多伦多星报》和女性杂志《星耀》（Flare）的自由撰稿人。

韦恩·罗宾斯（Wayne Robins）是一名有着四十多年从业经验的音乐记者。他的第一份工作是为《伯克利芒刺报》撰写"滚石乐队"1969 年奥克兰演唱会评论，自那之后，他为《克里姆》《滚石》《村声》《龙虾!》《动物世界》（Zoo World）《科罗拉多日报》（Colorado Daily）《共青团真理报》（Komsomolskaya Pravda）、日本杂志《加一》（Plus One）《音乐生活》（Music Life）《波士顿凤凰报》（Boston Phoenix）以及 MSNBC.com 撰稿。他出版过三本书，并且曾经在《纽约新闻日报》（Newsday/New York Newsday）担任过 20 年的流行乐评人，除此之外，他曾在纽约大学教授写作，并为《公告牌》审稿。他最难忘的事情是和基思·理查兹一起假装弹吉他。

希拉·罗杰斯（Shelagh Rogers）于 1980 年加入 CBC 电台，主持和参与了多档节目。她目前是《下一章》（ *The Next Chapter* ）的主持人，这是一档每周播出的图书与文学相关节目。

保罗·萨尔茨曼（Paul Saltzman）是一名电影与电视导演和制作人，曾参与过 300 多档节目的制作工作，他曾两度获得艾美奖。他的第一部电影长片是获奖纪录片《密西西比舞会之夜》（ *Prom Night in Mississippi* ），第二部则是《最后的白色骑士》（ *The Last White Knight* ）。1965 年，他在密西西比和学生非暴力协调委员会一起从事民权方面的工作。2010 年，他参与创办了非营利组织"跨越偏见"（ Moving Beyond Prejudice ）。他的最新书籍《披头士在印度》（ *The Beatles in India* ）是一部关于披头士 1968 年印度之行的影像记录。

文·谢尔萨（Vin Scelsa）是自由类型电台节目崛起过程中不可或缺的人物，他是纽约电台节目《白痴的快乐》的长期主持人，该节目在 WFUV 和 Sirius/XM 卫星电台播出。他和 WLIR、WXRK、WNEW 以及 WABC（后来更名为 WPLJ）等电台都有过合作。2007 年是他的第一档电台节目播出 40 周年，他获得了 ASCAP 颁发的极具分量的迪姆斯·泰勒广播电台奖。

汤姆·施纳贝尔（Tom Schnabel）作为《包罗万象的清晨》节目（1979—1991）——加利福尼亚圣莫尼卡的 KCRW 电台播出的一档深具影响力的节目——的首位主持人，为世界音乐传入美国做出了自己的贡献。他曾出版《失窃的时刻：当代音乐人访谈集》（ *Stolen Moments: Conversations with Contemporary Musicians* ）和《节奏星球：伟大的世界音乐创作者》（ *Rhythm Planet: The Great World Music Makers* ），并为《洛杉矶时报》《时尚先生》《重拍》（ *Downbeat* ）等杂志撰稿。

他曾制作世界音乐专辑，监制广告和电影配乐，担任好莱坞露天剧场和华特·迪士尼音乐厅的项目顾问，在洛杉矶和巴黎授课。施纳贝尔在加利福尼亚大学洛杉矶分校获得比较文学硕士学位，目前为 KCRW 主持每周播出的线上音乐节目，并为其网站撰写博客，博客名是"节奏星球"（Rhythm Planet）。

凯伦·舒默（Karen Schoemer）是《出色的伪装者：我与 1950 年代流行乐的奇异之恋》（*Great Pretenders: My Strange Love Affair with '50s Pop Music*）的作者。她的报道和评论作品出现在《纽约时报》《新闻周刊》《滚石》《纽约》（*New York*）等其他很多杂志中，她的其他作品被收录在《天真的梦想者：汤姆·威兹读本》（*Innocent When You Dream: The Tom Waits Reader*）、《她写摇滚：女性的摇滚、流行、说唱相关写作》（*Rock She Wrote: Women Write About Rock, Pop, and Rap*），以及《返始 2000 年最佳音乐写作》（*Da Capo Best Music Writing 2000*）中。她目前生活在纽约州哥伦比亚县，为季刊《我们的城镇》（*Our Town*）撰写有关纽约州北部生活的随笔，并在 WGXC 电台和 wwgxc.org 主持周更音乐节目。

霍尔迪·塞拉·依·法布拉（Jordi Sierra i Fabra）的书在他的祖国西班牙的销量已经超过 1000 万册。他的上百部作品的类型包括传记、历史写作、儿童作品和诗集。他从 1960 年代就开始关注摇滚乐，并成立了《音乐剧佳作》（*Great Musical*）、《迪斯科快报》（*Disco Express*）、《顶级杂志》（*Top Magazine*）、《流行一号》（*Popular 1*）等音乐期刊。

黛博拉·斯普拉格（Deborah Sprague）很早就对音乐产生了浓厚的热情，还未迈入青春期时的她就已经知道克利夫兰新兴前卫摇滚圈里的佩雷·尤布（Pere Ubu）、异教徒（Pagans）、15-60-75 等众多乐队。在这样的熏陶之下，17 岁时她前往纽约，开始为各种爱好者杂志撰稿，并最终成为如今已经停刊的《克里姆》杂志的主编。后来，她的作品还出现在《滚石》《名利场》《旋转》《新闻日》《纽约每日新闻》（New York Daily News）等众多刊物中。她还写了很多随笔和书，其中包括《压裤器杂志 1990 年代摇滚指南》（The Trouser Press Guide to '90s Rock）和《杀死你的偶像：新一代摇滚写作者重论经典作品》（Kill Your Idols: A New Generation of Rock Writers Reconsiders the Classics）。

罗伯特·斯沃德（Robert Sward）出版过小说《一位结婚多次的男人》（A Much-Married Man）和《四种化身：新诗选集》（Four Incarnations: New & Selected Poems）等 12 本书，他是古根海姆奖获得者。他的小说曾出现在国家公共电台的《写作之声》（The Sound of Writing）节目中。斯沃德目前在卡布利洛学院和位于圣克鲁兹的加利福尼亚大学继续教育学院担任教职工作。

史蒂夫·特纳（Steve Turner）生活在伦敦，他为《滚石》《新音乐快递》等期刊撰稿，还曾出版《那个叫卡什的男人》（The Man Called Cash）、《天使般圣洁的嬉皮士（杰克·凯鲁亚克的生平）》［Angelheaded Hipster (a biography of Jack Kerouac)］，以及《艰难写作的一天：每一首披头士歌曲背后的故事》（A Hard Day's Write: The Stories Behind Every Beatles Song）。

苏珊·薇格（Suzanne Vega）广受好评的同名出道专辑于 1985 年发行，后来在英国成为白金唱片。随后发行的专辑《孤独站立》（Solitude Standing）收录了世界热门单曲《露卡》（Luka）（在美国排行榜位列第三位）。自那之后，她又发行了9张录音室专辑，最新的一张是《特写第四辑：家庭之歌》（Close-Up, Vol. 4: Songs of Family）。薇格从14岁开始就是莱昂纳德·科恩的粉丝，她在1995年的致敬专辑《歌之塔》（Tower of Song）中翻唱了《以撒的故事》。两人在1992年时进行了一次漫长且值得深思的对话，这次对话可以在 suzannevega.com 找到。

史蒂夫·文莱特（Steve Venright）所写的诗集和短篇小说集有《螺旋搅拌器》（Spiral Agitator）和《经久之美的层次》（Floors of Enduring Beauty）。除了作家和视觉艺术家的身份之外，他还拥有自己的厂牌——"蛰伏守夜"（Torpor Vigil），厂牌旗下作品包括塞缪尔·安德烈耶夫（Samuel Andreyev）的《管状的西方》（The Tubular West）以及《和迪翁·麦格雷戈一起肆意做梦：世界最知名梦游者的更放肆之作》（Dreaming Like Mad with Dion McGregor: More Outrageous Recordings of the World's Most Renowned Sleeptalker）。文莱特于1961年出生于安大略省萨尼亚市，他说自己从出生开始就在不断地变化。

帕特里克·沃森（Patrick Watson）是一名加拿大电视和电台主持人、作家、制作人和导演，有近五十年的从业经验。在1989年到1994年间，他曾担任加拿大广播公司主席。

乔恩·王尔德（Jon Wilde）本来要成为一名职业足球运动员，但是"脚趾的严重伤势使得一切化为泡影"。不过，他的记者事业非常长久且多彩，他非常擅长采访那些世界上最难搞的人，比如丹尼斯·霍珀（Dennis Hopper）、理查德·哈里斯（Richard Harris）、奥利弗·里德（Oliver Reed）、乔治·贝斯特（George Best）、基思·理查兹和哈维·凯特尔（Harvey Keitel）。王尔德是《星期日邮报生活杂志》（*Mail on Sunday's Live Magazine*）的驻报记者。他目前和自己的西班牙猎犬班卓，以及一群生龙活虎的猫鼠一同生活在英国霍夫。

保罗·威廉斯（Paul Williams）于 1966 年创办了深具影响力的《龙虾！》杂志，这是美国第一本全国性的评论类摇滚杂志。后来他还出版了 20 多本书，其中包括《法外布鲁斯》（*Outlaw Blues*）、《力量》（*Das Energi*）和三册《鲍勃·迪伦：表演艺术家》（*Bob Dylan: Performing Artist*）。威廉于 2013 年去世。

保罗·佐罗（Paul Zollo）是 Trough 唱片的签约艺人，他曾与史蒂夫·艾伦（Steve Allen）、达里尔·波珀斯（Darryl Purpose）和塞维林·布朗（Severin Browne）等人合作写歌。他在歌曲《身处这个世界》（Being in This World）中——收录于他的首张个人专辑《橘子大道》（*Orange Avenue*）——与阿特·加芬克尔合唱。佐罗也是《歌曲创作者访谈录》（*Songwriters on Songwriting*）、《汤姆·佩蒂访谈集》（*Conversations with Tom Petty*），以及《回忆好莱坞》（*Hollywood Remembered*）等书的作者。他的第一本摄影集《洛杉矶人》（*Angeleno*）于 2014 出版。佐罗目前是 Bluerailroad.com 的主编和《美国歌曲创作者》杂志的高级编辑，他与妻子和儿子一同生活在洛杉矶。

关于编者

杰夫·伯格是芝加哥评论社于2013出版的《斯普林斯汀谈斯普林斯汀：采访、演讲、会面》（ *Springsteen on Springsteen: Interviews, Speeches, and Encounters* ）的编者。他是一名作家，也是一名有四十多年从业经历的编辑，作为一名记者，他一直致力于从事音乐相关报道。他所撰写的评论、随笔、报道出现在各类杂志、报纸和书籍上，包括《巴伦周刊》（ *Barron's* ）、《洛杉矶时报》、《家庭圈》（ *Family Circle* ）、《旋律制造者》、《高保真》（ *High Fidelity* ）、《克里姆》、《马戏团》（ *Circus* ）、《读者文摘》（ *Reader's Digest* ）、《绅士季刊》（ *Gentlemen's Quarterly* ）、《音乐完全指南》（ *All Music Guide* ）、《不要沮丧》（ *No Depression* ）等，数量远超75种。他采访过很多知名音乐人，比如布鲁斯·斯普林斯汀、汤姆·威兹、比利·乔尔（ Billy Joel ）、正义兄弟（ Righteous Brothers ）、罗杰·麦奎因（ Roger McGuinn ）、汤米·詹姆斯（ Tommy James ）、异国人乐队（ Foreigner ）的米克·琼斯（ Mick Jones ），以及斯迪利·丹（ Steely Dan ）乐队的各位成员。他采访过的名人包括苏茜·欧曼（ Suze Orman ）、詹姆斯·卡维尔（ James Carville ）、理查德·布兰森爵士（ Sir Richard Branson ）、F. 李·贝利（ F. Lee Bailey ）、西德尼·波拉克（ Sydney Pollack ）、狼人杰克（ Wolfman Jack ）和克里夫·罗伯逊（ Cliff Robertson ）。

伯格还是几家周刊的编辑，比如位于亚利桑那州的《凤凰》（ *Phoenix* ）杂志，除此之外，他在《医药经济》（ *Medical Economics* ）担任过14年高管职位，这是美国最大的面向医生的商业杂志。他也曾担任时代公司的顾问编辑。他目前任职于《商务航班旅客》（*Business Jet Traveler*），在2011年到2013年间，这家杂志被美国商务出版编辑协会推选为美国最佳商务杂志之一。

伯格的个人网站是byjeffburger.com，他目前住在新泽西州的里奇伍德。他的妻子玛德琳·贝瑞斯福德（Madeleine Beresford）是一名教师和木偶戏演员。两人育有一儿一女，名字分别是安德烈（Andre）和米莉亚姆（Myriam）。

图书在版编目（CIP）数据

再次远行：莱昂纳德·科恩访谈录/（美）杰夫·
伯格编；韩晓蕾译. -- 北京：北京联合出版公司，
2024.7
（雅众.音乐）
ISBN 978-7-5596-7562-0

Ⅰ.①再… Ⅱ.①杰…②韩… Ⅲ.①莱昂纳德·科
恩—访问记 Ⅳ.① K837.115.76

中国国家版本馆 CIP 数据核字 (2024) 第 096661 号

北京市版权局著作权合同登记 图字：01-2024-2134

再次远行：莱昂纳德·科恩访谈录

编　者：[美] 杰夫·伯格
译　者：韩晓蕾
出 品 人：赵红仕
策划机构：雅众文化
策 划 人：方雨辰
特约编辑：傅小龙　王　乐
责任编辑：龚　将
特约校对：吴泽源
装帧设计：方　为

北京联合出版公司出版
（北京市西城区德外大街83号楼9层　　100088）
北京联合天畅文化传播公司发行
山东临沂新华印刷物流集团有限责任公司印刷　新华书店经销
字数508千字　889毫米×1194毫米　1/32　21印张
2024年7月第1版　2024年7月第1次印刷
ISBN 978-7-5596-7562-0
定价：138.00元